新时代高校国民经济管理专业核心课程教材
科学出版社“十四五”普通高等教育本科规划教材

国民经济分析方法

主　编◎张红伟　张红霞　杨飞虎　贾　男

科学出版社
北　京

内 容 简 介

本书系统阐述了国民经济分析方法，为读者提供了丰富的国民经济学研究方法与实用工具。全书共分为六篇十四章，第一篇聚焦于国民经济分析方法论，包括导言、系统论概述、国民经济系统的分析方法三章；第二篇聚焦于国民经济投入产出分析，包括投入产出分析的基本原理和投入产出分析的应用两章；第三篇聚焦于国民经济分析理论模型，包括可计算一般均衡模型简介及其应用和动态随机一般均衡模型两章；第四篇聚焦于国民经济政策评价方法，包括事后政策评价方法和事前政策评价方法两章；第五篇聚焦于国民经济分析计量模型，包括向量自回归模型和 BVAR 估计、结构向量自回归模型和短期约束识别和空间计量经济模型与应用三章；第六篇聚焦于国民经济预测与预警方法，包括国民经济预测方法与应用和国民经济监测预警方法与应用两章。

本书适合作为国民经济管理、经济学等专业本科高年级以及经济管理类研究生阶段的教材，也适合经济领域的研究人员、政策制定者以及对国民经济学研究方法感兴趣的读者学习参考。

图书在版编目（CIP）数据

国民经济分析方法 / 张红伟等主编. -- 北京 : 科学出版社, 2025. 6.
(新时代高校国民经济管理专业核心课程教材)(科学出版社“十四五”普通高等教育本科规划教材). --ISBN 978-7-03-082280-2

Ⅰ. F123

中国国家版本馆 CIP 数据核字第 2025HY8642 号

责任编辑：方小丽 / 责任校对：贾娜娜
责任印制：赵 博 / 封面设计：有道设计

科 学 出 版 社 出版
北京东黄城根北街 16 号
邮政编码：100717
http://www.sciencep.com
保定市中画美凯印刷有限公司印刷
科学出版社发行 各地新华书店经销
*
2025 年 6 月第 一 版 开本：787×1092 1/16
2026 年 1 月第二次印刷 印张：26
字数：617 000

定价：78.00 元

（如有印装质量问题，我社负责调换）

新时代高校国民经济管理专业核心课程教材

编辑委员会

总 序

2023 年 7 月 8 日，全国设有“国民经济管理”本科专业的高校骨干教师聚集成都，完成了一项富有历史性的使命：编写符合习近平新时代所需要的、新型的国民经济管理专业系列教材。

众所周知，国民经济学是研究和阐释一个国家的经济如何运行以及如何管理的经济学科。新中国的国民经济学科起步于 1950 年，经历了三个时期的艰难发展历程：最初通过引进苏联经验，在计划经济时期建立起满足当时国民经济建设和发展所需要的国民经济计划学；进入改革开放时期，又将这种学科理论转型为满足社会主义市场经济所需要的国民经济管理学；进入 21 世纪之后，国民经济学科开始逐步定型。在 2000 年，保留了“国民经济管理”本科专业的七所高校的专业教师聚集北京，集体商定编写了教育部“面向 21 世纪课程教材”之“高等学校国民经济管理专业主干课教材”。该丛书共计四本，列有《国民经济管理学》《宏观经济数量分析方法与模型》《可持续发展战略学》《区域经济管理学》。该套丛书得到过老一辈学者钟契夫、刘成瑞、张今声、侯荣华的悉心指导，一些学科前辈如杜肯堂、戴士根、刘起运、李华、江勇等均担纲主编了该丛书。该套丛书在各个高校中使用了 20 多年，获得不少学术奖励，其中部分教材还发行了三版。

时过境迁，当中国经济实践进入经济高质量发展阶段之后，当中国经济理论也进入习近平新时代中国特色社会主义思想阶段时，“面向 21 世纪”的课程教材就需要更新为“新时代”的课程教材。特别是，2022 年 4 月 25 日习近平总书记考察中国人民大学，提出“加快构建中国特色哲学社会科学，归根结底是建构中国自主的知识体系”[①]。面对这场时代巨变和时代呼唤，国民经济学科需要与时俱进，及时更新教学内容并进一步完善学科体系。

本套丛书同样规划为四本，列有《国民经济学原理》《国民经济分析方法》《国民经济发展战略与规划》《国民经济学案例》。不难看出，本套丛书在继承上一套丛书的基础上，更加注重规范和创新。首先，学科与专业区分开来，教材名称更加规范。目前全国高校本科专业设为“国民经济管理”，研究生专业设为“国民经济学”。经过 20 多年教学实践、体验和观察，国民经济学更加符合该学科的应用经济学科性质。国民经济学属于经济学大家庭中的一员，所以从研究对象和研究方法上更多采用经济学科范式。以前的国民经济管理学介于经济学与管理学之间，内容更多偏重管理理论与方法。通过数十年的发展，国民经济学的理论与方法都已经向经济学靠拢，因此丛书各本基本不再采用管

---

① 《习近平在中国人民大学考察时强调：坚持党的领导传承红色基因扎根中国大地 走出一条建设中国特色世界一流大学新路》，https://www.gov.cn/xinwen/2022-04/25/content_5687105.htm，2022 年 4 月 25 日。

理说法。然而，由于国民经济学科本身不仅研究国民经济运行问题，也研究国民经济管理问题，尤其是在中国一直采用发展战略与规划的形式来引导国民经济运行，因此作为该专业的核心课程之一“国民经济发展战略与规划”仍然是富有管理专业性质的。丛书专门编写了富有国民经济管理特色的《国民经济发展战略与规划》教材，这个做法是实事求是的。如今，类似战略与规划课程多数设在“公共管理”专业下，而国民经济学专业保留该课程是专业性质和特色所决定的。其次，课程教材体现了中国的国情和经济发展特点。实际上，中国的国民经济学科本身就是土生土长的，与国外的经济学科基本没有学脉关系，所以在编写本套丛书时就继续强调了要总结好中国经验，讲好中国故事。本套丛书专门编写了《国民经济学案例》一书，这本书在全国范围内也不多见，力图更加聚焦中国发展经验与教训，为后人提供丰富的中国教案。最后，本套丛书基本上凝聚了本学科的专业核心内容。四本教材基本上都是在各个高校已经开设的核心课程基础上，为国民经济管理本科专业或国民经济学研究生专业量身定制的，不存在与其他专业课程教材重合、边界不清的问题，学科建设和教学更加专业和规范。

本次新编丛书的教师来自全国设有国民经济管理本科专业和国民经济学研究生专业的高校。这些教师大都年富力强，专业教学科研经验丰富，对中国国民经济管理理论、实践和方法比较熟悉。其中不少教师具有海外留学或研修经历，常年跟踪国内外学术研究前沿进展，对中外学术进展状况比较了解。这种高素质、高素养的编书人才队伍的构成，使得本套教材丛书的编写极有可能进入国内外领先行列。

本套教材丛书在编写过程中参考了国内许多优秀科研专著和教材，同时还借鉴了国内三套具有代表性的国民经济学科系列教材，即张今声等主持的教育部“面向 21 世纪国民经济管理专业教学内容与课程体系改革研究”系列教材、林木西主编的“国民经济学系列丛书”、刘瑞主持的“21 世纪国民经济管理学系列教材”。感谢这些中国化的国民经济学科教材为本套丛书提供了丰厚的学术资源和教案素材。同时，本套丛书的编写也得到了相关学校“十四五”规划教材和教改工程项目的资助，被列入科学出版社“十四五”普通高等教育本科规划教材，部分教材得到了中国人民大学“钟契夫国民经济学科发展基金”出版赞助，借此机会对上述机构及人员表示诚挚的谢意。

编委会

2025 年 4 月

前　言

本教材的编写，源于新时代中国特色国民经济管理人才培养的迫切需要。当前我国正处于高质量发展的关键阶段，面对复杂多变的国内外经济形势，亟须培养既掌握现代经济分析方法，又深刻理解中国国情的高层次经济管理人才。本教材立足中国经济发展实践，以马克思主义政治经济学基本原理为指导，系统整合了国民经济分析方法领域的最新理论成果和实践经验，力求为读者构建一个完整的方法论体系。

教材内容设计充分体现了系统性、实用性和创新性的特点。本教材从国民经济分析方法论基础入手，循序渐进地介绍了投入产出分析、可计算一般均衡模型、动态随机一般均衡模型等核心分析方法，并专门设置了国民经济政策评价、计量经济模型应用以及预测预警方法等实践性内容。本教材区别于同类传统教材的一个突出特点在于，不仅保留了经典的国民经济分析方法，更创新性地将大数据分析、机器学习等现代技术手段作为核心内容纳入方法论体系，形成了传统与现代方法有机衔接、互为补充的特色架构。在案例选取方面，我们注重结合中国经济发展中的实际问题，通过本土化案例帮助学生更好地理解方法的应用场景。

作为一本面向国民经济管理和经济学专业高年级本科生及研究生的教材，我们在编写过程中特别注重理论深度与实践应用的平衡。各章节不仅包含严谨的理论推导，还设置了丰富的案例分析、实证研究和课后练习，力求培养学生的理论思维能力和实际操作能力。同时，教材内容严格遵循国家教学标准，确保知识体系的科学性和规范性。

本教材的编写凝聚了国内多所高校专家学者的集体智慧。本教材由张红伟、张红霞、杨飞虎、贾男任主编，负责全书的统筹与审定工作。各章节编写分工如下：杨飞虎编写第 1 章；程锐编写第 2 章；杨飞虎、孙玉阳编写第 3 章；张红霞编写第 4～5 章；王文甫编写第 6 章；吴楠编写第 7 章；张晋晋编写第 8 章；张红伟、贾男编写第 9 章；祝梓翔编写第 10 章；张红伟、祝梓翔编写第 11 章；周沂编写第 12 章；黄乃静编写第 13 章；吕一清编写第 14 章。各位编者结合自身多年的教学科研经验，对内容进行了反复推敲和打磨。我们衷心希望这本教材能够成为国民经济分析领域的一本实用指南，为培养新时代经济管理人才贡献力量。当然，由于编者水平有限，书中难免存在不足之处，恳请广大师生和读者提出宝贵意见，以便我们在今后的修订中不断完善。

张红伟

2025 年 6 月

目　录

第一篇　国民经济分析方法论

第二篇　国民经济投入产出分析

第一篇

国民经济分析方法论

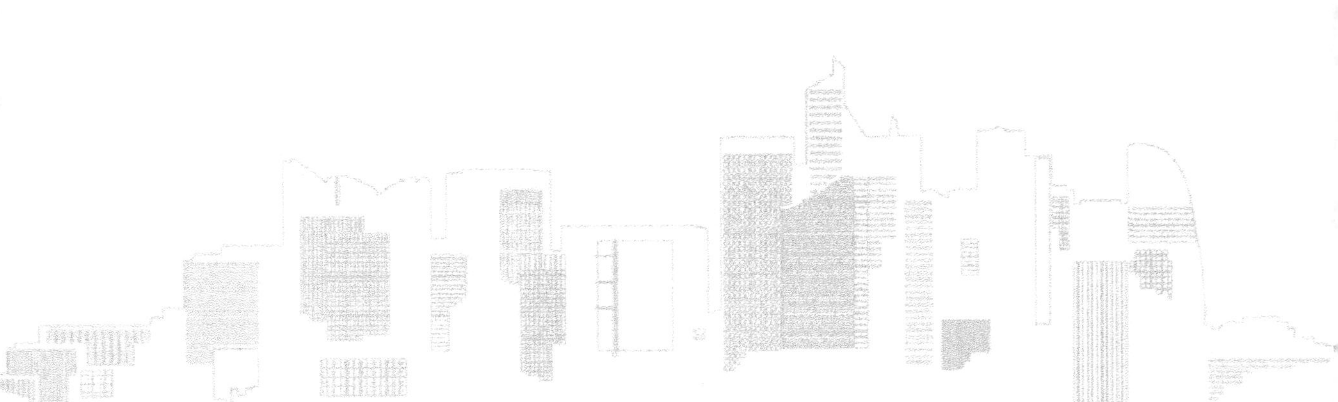

第 1 章

导　　言

> **学习目标**

1. 掌握国民经济分析方法的相关概念
2. 了解国民经济分析的方法论基础及其应用
3. 熟悉国民经济分析系统及其方法运用
4. 了解国民经济分析系统的理论模型构建
5. 掌握国民经济分析方法的基本内容
6. 了解国民经济分析方法的重要意义

> **知识点摘要**

1. 国民经济分析方法的内涵
2. 国民经济分析方法的方法论基础
3. 国民经济分析系统及其方法
4. 国民经济分析理论模型
5. 投入产出分析、经济分析理论模型、分析计量模型、预警方法及其应用
6. 国民经济分析方法的理论意义及现实意义

1.1　国民经济分析方法的内涵

国民经济分析方法论是一套支持国民经济学科研究的系统化方法。这些方法不仅适用于经济学领域的一般研究，而且特别偏好于分析国民经济运行的某些特定方法。国民经济分析方法论从国民经济的调查、分析和预测等方面出发，系统梳理了该领域的主要研究方法，并构建了国民经济分析的方法框架。国民经济分析方法论综合了定性分析、综合平衡法、案例分析、多种经济调查方法（包括文献法、焦点小组访谈法、深层访谈

法等）以及总量与结构分析、系统分析等多种工具和理论。这些方法旨在深入理解和预测国民经济的运行规律及其发展趋势，适应于不同的经济环境和研究需求。通过结合历史和比较分析，强调实证研究与理论模型的相互作用，这套方法论构成了国民经济学科的核心框架，提供了一套全面的探讨和剖析国民经济运行的分析工具集，以适应国民经济分析的复杂性和动态性，能够更准确地分析国民经济的运行规律和未来发展趋势。

国民经济分析方法论的发展是一个动态、迭代的过程，它起源于苏联，并深受苏联国民经济管理和规划理论的影响。最初，这一方法论并非来源于单一书籍，而是建立在多种经济理论和实践的基础上。卡尔·马克思的《资本论》对国民经济分析方法产生了深远影响，马克思在书中基于劳动价值论和剩余价值理论提出了一种分析方法。这种方法探讨了资本积累、资本主义经济的周期性波动和内在矛盾，以及生产力与生产关系的相互作用如何影响资本主义经济的发展。然而，马克思理论在《资本论》中只是进行了抽象概括，直至 1959 年苏联经济学家斯特鲁米林的《苏联经济学界关于国民经济平衡表的理论与方法论问题论文集》等著作的出版，国民经济分析方法才得到系统的阐述和具象化讨论。随后，经济学家康托罗维奇通过其《最优化规划论文集》和《工业企业生产技术财务计划编制方法》等作品，进一步发展了这一方法论。随着时间的推进，中国的经济学家们开始发展适应本国国情的国民经济管理理论和分析方法。学者如乌家培和华罗庚认为，国民经济分析方法应融合宏观和微观经济学视角，协调市场机制和政府干预的作用，同时考虑开放经济和全球化的影响，关注可持续发展和社会福利问题。此外，他们强调运用现代经济分析工具，如计量经济学和数据分析，以适应中国特色社会主义市场经济体制的需求。总体来说，国民经济分析方法论的构建是一个不断评估、调整和完善的过程，旨在适应经济环境和研究需求的持续变化。

本书以实用性为核心，致力于提供支持国民经济管理的实用工具和理论。这些方法和理论不仅仅是理论层面的纯数学分析，而是旨在直接应用于实际经济活动，主要关注的是国民经济变量之间的关系。书中介绍了一系列常用的国民经济分析方法，包括综合平衡分析法、国民经济调查方法、国民经济的总量与结构分析，以及经济预测和预警方法。根据不同的经济问题的分类，书中深入探讨了各种经济模型，旨在为读者提供一套全面的国民经济分析工具和实际操作方法。

1.2 国民经济分析的方法论基础

国民经济学是一门研究整个国家经济运行和发展的学科。它主要关注的是国家整体经济活动的规律和机制，研究国民收入的分配、国民生产总值的计算、宏观经济政策的制定等内容。国民经济学不仅关注宏观经济运行的总体情况，还对微观经济单位的行为及其对整体经济的影响进行分析。它的研究对象广泛，包括了货币、财政、国际贸易、产业结构、经济增长、就业等方面，通过对这些方面的研究，国民经济学可以为国家经济政策的制定和执行提供理论和实证依据。而国民经济分析方法的形成和发展以经济学理论为指导，大量运用统计学、数学等方法，极大地增强了对经济问题的分析能力。与此同时，任何一种独立的分析方法的形成和发展，都是以一定的思想和理论为指导的。方法论是一种以解决问题为目标的理论体系或系统，通常涉及对问题阶段、任务、工具、方法技巧的论述。方法论会对一系列具体的方法进行分析研究、系统总结并最终提出较为一般性的原则。方法论基础是指一门学科或研究领域所依赖的一系列方法和理论体系并用于进行研究、分析和解决问题的基础。在学科发展和研究实践中，建立在方法论基础上的理论框架和研究方法是实现科学研究和有效应用的重要保障，可以为学科研究提供规范、科学和系统的研究路径和手段。因此，探寻国民经济分析背后的方法论基础，对于正确理解国民经济分析方法本身，以及进一步更好地运用有相当的必要性。

1.2.1 国民经济分析方法论的哲学基础

哲学试图通过思辨和分析，揭示事物间的关系以及宇宙的本源和规律。哲学是关于自然知识、社会知识和思维知识的概括和总结。哲学以具体科学为基础，随着具体科学的发展而发展；同时，具体科学的发展又是以哲学为指导的，哲学为具体科学的发展提供世界观和一般方法论的指导。国民经济分析方法必然也要受到一般哲学思想的影响，如运用历史唯物主义基本原理来分析社会经济关系和经济利益的方法。马克思以毕生精力发现的历史唯物主义，是研究人类社会发展的一切科学工作的指导思想，也是研究经济问题的指导思想。历史唯物主义的发现，在社会科学研究中具有划时代的意义，正是唯物史观，使得国民经济分析有可能从纷繁复杂的社会现象中，找出内在的带有本质性的联系，发现人类社会发展的规律，为国民经济分析认识社会和改造社会提供了科学的武器。历史唯物主义揭示了人类社会发展的一般规律，指出生产力决定生产关系，经济基础决定上层建筑，这就为研究国民经济学提供了最科学的方法，即在生产力与生产关系、经济基础与上层建筑的矛盾运动中研究生产关系，研究社会经济现象的本质和发展规律。

马克思在《资本论》第一卷第二版跋中，精辟地论述了在辩证唯物主义和历史唯物主义指引下形成的总方法，即研究方法和叙述方法。研究方法属于从感性认识阶段上升到理性认识阶段所运用的方法，是从具体到抽象，充分占有材料（事实材料和文献资料），从中找出事物的内在的规律性联系，得出科学结论，形成概念、范畴等抽象规定，为叙述方法阶段进行逻辑加工提供思想材料，以便最后能把研究对象作为一个包含“许多规定的综合”的思想总体或思想具体再现出来。所谓叙述方法，即“从抽象上升到具体的方法”。这里的具体是思想具体，是思维以本质层次的概念和范畴为研究对象，综合运用多种逻辑形式和逻辑方法，对研究方法阶段形成的概念、范畴等抽象规定系列，进行再研究再加工，从其内部本质联系上来安排概念、范畴，亦即思维用来掌握具体并把它当作一个精神上的具体再现出来的方法，是把本质逐步还原成为包含着诸多规定和关系的思想总体。研究方法和叙述方法，两者对立统一，相辅相成，缺一不可，共同形成表达真理的严整的逻辑方法的体系。国民经济学研究，还包括历史与逻辑相一致等重要方法。历史与逻辑相一致，一方面，从个别上升到一般、从简单上升到复杂的逻辑发展进程，从最简单上升到复杂这个抽象思维的进程符合现实的历史进程；另一方面，把经济范畴按它们在历史上起决定作用的先后次序来排列是不行的，应该舍弃历史的偶然因素和干扰条件。经济学的研究要透过现象，找到本质，发现规律，既不能用显微镜，也不能用化学试剂，必须运用理论的抽象力。

1.2.2 国民经济学方法论的经济学实证方法基础

1. 经济学实证方法演变阶段

针对经济学实证方法演变阶段划分的问题，国内学者按照科学方法论的内在逻辑将经济学实证方法演变分为四个阶段，即前实证主义阶段、实证主义阶段、证伪主义阶段和历史主义阶段。

1）前实证主义阶段

前实证主义阶段的经济学方法论是一种不定型的、朴素的、自发的阶段，还处于朦胧的状态，但这一阶段的经济学方法论启迪了人们思想的火花。例如，重商主义和重农学派的现象描述法和科学抽象法已经初露端倪，而在斯密经济学说中抽象演绎法和现象描述法得到了系统化的体现。斯密之后抽象演绎法在李嘉图和西斯蒙第那里得到了进一步的发展使其渐趋精细化。此后，现象描述法又得到了马尔萨斯和萨伊的大力发展。

2）实证主义阶段

实证主义阶段是经济学方法论史上第一个具有较完整理论表现形态的发展阶段。比如这一时期，西尼尔在将李嘉图的抽象演绎法发展到当代意义上的假说演绎法的过程中，充当了不可或缺的中介环节。约翰·穆勒把归纳-演绎方法确立为经济学研究唯一合理的方法，他的方法论可以说是标准实证主义的样板，但他并不排除抽象演绎法的功能。凯恩斯发展了演绎法并承认归纳法和演绎法有互补作用，他将西尼尔的抽象演绎法与历史学派的历史归纳法调和起来，但在原则性的问题上，他仍然是一个十足的实证主义者。罗宾斯摒弃了历史归纳主义，他指出了经济学不依赖于伦理上恰如其分的个人评价，他强调抽象在构成特定假设过程中的作用。奥地利学派对特定理论正确性的最终标准归结于经验事实表现出了强烈的不满，他们反对方法论的一元性，主张个人主义的方法论，并对将自然科学方法不加批判地运用于社会现象中表现出强烈的愤慨，但是他们自认为是对于西尼尔—穆勒—凯恩斯传统的注释。

3）波普的证伪主义阶段

卡尔·波普是科学哲学发展史上具有突出地位的人物。证伪主义的基本思想最早是在20世纪30年代波普在其《研究的逻辑》一书中提出来的。波普的证伪主义突出表现在它的证伪思想上，以此建立起科学与非科学的划分标准，成为波普科学哲学的基础。所谓证伪是指理论只可能被经验事实证明是错误的，而不可能被证明是正确的。任何一个理论都无法用经验事实去证明它是正确的，而一旦有一个相反的经验事实就足以证明它是错误的。另外，理论又是从哪里来的？波普认为不是来自归纳，而是来自天才思想的自由创造，对问题的一种大胆猜想。这一过程是从混沌世界中跳出来的非逻辑活动。这样波普建立起科学发展的新的模式：猜想—证伪—猜想的不断循环发展过程。该学说反对归纳主义和以证实原则作为科学分界标准，认为没有一个普遍科学陈述可以从观察陈述推演出来，或者可以描述为观察陈述的真理函项。单个观察事实足以证伪全称陈述，科学与非科学的划界标准是经验证伪原则。证伪主义强调的科学方法是猜测—反驳方法或试错法。任何科学理论都是试探地被提出，然后加以检验。如果检验的结果表明这个理论是错误的，这个理论就要被放弃，为新的理论所代替。试探性理论总有可能是错的，在科学中应该贯彻批判的精神，通过批判性的讨论和研究，人们认识到这些错误，从错误中吸取教训，推动科学发展。波普的证伪主义引入经济学以后，成为经济学方法论的重要思想基础，其可检验性标准极大地促进了实证经济方法的进步。

4）库恩的历史主义阶段

波普以后，科学哲学上突出的理论是库恩的历史主义。库恩思想的核心概念是“范式”。它的含义是指一个科学共同体成员所共有的信念。科学共同体是指由一些专业科学家围绕某一学科而组成的专业集团，其内部交流充分，专业看法一致，吸收文献基本相同，其外部交流则很困难，如物理学家共同体、化学家共同体、天文学家共同体等。集团内的共同信念是集团成员在专业上的一致观念，这使他们有共同的基本理论、基本方法，共同的理论模型、思维框架，共同的科学传统、发展方向等。范式的特点是相对稳定，单个的经验事实不能推翻它，只有新范式出现并被共同体接受，才能取代旧范式。范式与范式之间有质的差别，其结构相同，但成分完全不同。范式不是科学家们对世界的认识，而是不同历史条件下科学家们的心理信念。因而范式的改变也不是认识的深化，而是心理上的转换，即对同一个问题的完全不同于原来的心理反应，如同格式塔心理学所说的格式塔转换。转换前后的范式也没有真、假之分，而仅仅是信念的不同。库恩提出范式概念是为了说明科学发展的结构。

库恩认为，科学发展是一个动态结构，是科学共同体活动的结果，表现为范式的完善与更迭。科学发展的根源是科学内部因素和外部因素的共同作用，如社会压力、哲学思潮、重大历史事件等都能对科学危机的产生和消除起作用。库恩描述了科学发展的一般过程：第一阶段是前科学时期。这时还不存在科学共同体，也没有公认的范式，只有互相竞争的学派和学者。经过长期争论，范式逐渐形成，于是前科学时期结束。第二阶段是常规科学时期。这时有了范式，科学共同体不发生原则争论，在范式支配下共同解决科学研究中的问题，常规科学迅速进步。范式的这种积极作用保证了常规科学具有自我延伸力，它能够同化和吸收反常，使之转向预期的结果，范式结构也随之完善和发展起来，科学知识稳步扩大。第三阶段是科学危机时期。这时，范式并不能吸收所有的反常，当反常越来越多，理论的调整已无法阻止反常对范式的动摇，常规科学便陷入困境，人们开始对范式产生怀疑，科学共同体出现分裂，争论又起。第四阶段是科学革命时期。这时，在科学家的争论中，新范式出现，旧范式随之被取代。这种取代类似政治革命，以危机作先导，通过激烈竞争而实现，以推翻旧的范式建立新的范式为任务。科学家们选择竞争范式的价值标准是范式的精确性、一致性、广泛性、简单性和有效性，同时，根据他们的个人经历和个性因素去评判。也就是说，范式的被选定是主观因素与客观标准相作用的结果。这四个阶段的周期性运行构成了科学发展的动态过程。

2. 经济学实证方法在国民经济分析中的应用

经济学方法论就是经济学所运用的科学哲学。随着科学哲学的不断发展，经济学方法论也经历着相应的发展阶段。在国民经济学发展的早期，经济分析多为经验式的理论归纳方法，亚当·斯密在《国富论》中运用的综合和历史的分析方法更多地表现出经验归纳的方法特征。但是，古典学派到了大卫·李嘉图的时候，与理论上对亚当·斯密的继承和发展形成对照的是，李嘉图在方法上来了一次革命，抽象演绎法成为其主要方法。19 世纪后期出现了“边际革命”，兴起了新古典经济学。从方法论上来看，这些新古典学派经济学家把经济学的基本假定建立在心理分析的基础上，完全摒弃了历史与现实的经验对于理论形成的作用，从而把抽象的演绎方法推向了极端。20 世纪 30 年代以后，凯恩斯宏观经济学的出现，就方法论意义而言，改变了过去抽象演绎法一定程度对经验事实的背离，提出理论对实际预测的重要性，推动了理论向实用化方向的发展。同时，波普的证伪主义从科学哲学的角度对经济学方法论也产生了重大影响，使经济学实证方法成为占主导地位的经济学方法论。经济学理论研究经验表明，数学工具在分析工作中扮演了重要的角色，甚至引致了实证主义与规范主义之间的现实鸿沟。但是，我们应正确对待数学这个工具，如果仅仅追求数学模型的复杂和艰深，而忽视了理论是用来解释经验现象的，那么一旦数学模型的推论和经验现象不一致，这样的模型充其量只是数学游戏，不能称为经济理论（林毅夫，2001）。但同时，数学又是个很好的工具，我们应该让数学为我们的经济学研究服务。

经济学实证法是一种重要的研究方法，广泛应用于国民经济分析领域。运用经济学实证方法时，针对国民经济领域一些现象或问题，该方法基于观察、实验和数据分析，依据实际数据和事实来推断、验证和归纳总结国民经济现象或相关规律。下面将从三方面介绍经济学实证法在国民经济学分析中的应用。首先，能够高效地对国民经济运行经济数据进行收集和分析。经济学实证法在国民经济分析中的首要应用是国民经济运行数据的收集和分析。可以通过收集国民经济运行中大量的实证数据，建立经济模型和经济理论，并利用实证数据来验证这些模型和理论的有效性。基于统计学和计量经济学等工具对国民经济运行数据进行专业分析，以揭示国民经济运行现象背后的规律。通过实证研究，可以更准确地了解国民经济的运行规律和特点。其次，助力精准政策制定和决策支持。这是经济学实证法在国民经济分析中的另一个应用。政府部门和决策者通常需要依据数据分析和实证研究结果来制定政策和做出决策。通过实证研究，可以评估不同政策和政策措施对国民经济和社会发展的影响。实证研究可以为政府部门提供有力的依据，帮助他们制定更合理、更科学的政策。最后，有助于国民经济管理理论的发展和改进。经济学实证法对国民经济管理理论的发展和改进起到了重要的推动作用。通过实证研究，可以对国民经济管理理论进行验证和修正，使之更符合实际情况。实证研究可以揭示国民经济管理理论在实践中的效果和局限性，为相关部门和专业人士提供反思和改进的机会，推动国民经济管理理论的不断发展。

综上所述，经济学实证法在国民经济学分析中的应用是多方面的。从国民经济运行数据的收集和分析、精准政策制定和决策支持，到国民经济管理理论的发展和改进，经济学实证法在国民经济学分析中都起到了重要的作用。实证研究通过对国民经济运行中实际数据和事实的观察和分析，可以揭示国民经济运行现象的规律和特点，为经济学家和政府部门提供有力的决策依据和指导。通过实证法的应用，国民经济学科不断发展，为国民经济和社会发展提供了有力的支持。

1.2.3 国民经济分析方法的经济理论基础

国民经济分析方法的经济理论基础是指在研究国民经济运行和发展过程中所依据的经济学原理和理论体系。这些经济理论基础构成了国民经济学分析的核心框架，影响着对国民经济现象的解释和预测。国民经济分析方法的经济理论基础主要包括了宏观经济学理论、微观经济学理论、发展经济学理论等。首先，宏观经济学理论是国民经济分析的重要经济理论基础之一。宏观经济学关注整体经济运行和政策调控，包括国民收入、总需求、总供给、通货膨胀、失业率等宏观经济指标。在国民经济学领域，宏观经济学理论为研究国民经济总体运行提供了重要的理论支持，如凯恩斯经济学的总需求理论等。这些理论帮助经济学家分析国民经济的总体运行状况，预测宏观经济走势，为制定宏观经济政策提供指导。其次，微观经济学也是国民经济分析的重要经济理论基础之一。微观经济学理论关注个体经济单位的行为和决策，包括企业、家庭、市场等微观经济主体。在国民经济学中，微观经济学理论为研究国民经济的细部结构和运行机制提供了理论框架，如供求理论、生产函数理论、价格理论等。这些理论帮助经济学家分析国民经济中的微观经济主体行为，揭示市场机制和资源配置规律，为深入理解国民经济提供了重要支持。此外，发展经济学理论也是国民经济分析的重要经济理论基础之一。发展经济学理论关注发展中国家经济增长和减贫问题，包括经济增长模型、发展经济政策、贫困陷阱等。在国民经济学中，发展经济学理论为研究不同发展阶段国家的经济问题提供了理论指导，如哈罗德-多马模型、索洛模型等。这些理论帮助经济学家理解和分析发展中国家的经济特点和问题，为制定相应的经济发展政策提供了理论支持。这些经济理论基础为分析国民经济问题提供了丰富的理论工具和方法，便于更深入理解国民经济的运行机制和发展规律，为制定经济政策、推动经济发展提供了理论支持。因此，国民经济分析的经济理论基础对于推动国民经济学的发展和实践具有重要的意义。

然而，对于我国国民经济分析方法的发展和运用而言，必须注意不能简单地以西方的经济理论为基础，而必须结合我国的实际，以我国的经济理论为基础。国民经济分析的很多方法作为方法本身往往是中性的，但用于分析我国的经济问题必然要受我国经济现实的影响，因此，只有建立在我国经济基本理论的基础上才能切合实际，发挥其对经济管理的应有作用，不能认清经济现实则只能是适得其反。我国经济正处在体制变革的伟大时期，运用国民经济分析方法时必须努力结合这一经济现实。处在体制转变中的我国经济既有别于我国传统的计划经济，集中的计划经济体制已不复存在，并开始向市场经济体制转变，又从根本上有别于发达资本主义经济，相对于资本主义私有制，我国是实行公有制，相对于资本主义发达的市场经济，我国经济体制正处于转变过程中，市场经济还远不成熟。因此，探索如何把现代国民经济分析方法和手段与我国经济结合起来，建立适应我国经济的国民分析方法是一个重要的理论课题。

1.3　国民经济分析方法的基本内容

国民经济分析方法以国民经济为研究对象，是关注研究国民经济运行状态与质量的方法，通过搜集、整理和分析相关数据来揭示国民经济现象。国民经济结构复杂、组成个体间关系多样，是一个不断发展、不断运动的总体，单一方法不足以全面客观地评估国民经济运行质量。因此，自国民经济学诞生以来，已经衍生出多种国民经济分析方法，借助不同原理、方法与范式，对国民经济运行进行全方位评估。国民经济的丰富内涵决定了分析角度的多维：既关注静态的收支平衡，也关注动态的一般均衡；既关注总量增长，也关注结构优化；既关注政策的短期效应，也关注长期风险；既关注国内经济，也关注国际环境；既关注全国，也关注区域。因此，对于不同分析角度，应当充分考虑分析对象的特点，采用适宜的分析方法。

本书的主要内容包括：国民经济系统及其分析方法论、国民经济投入产出分析、国民经济分析理论模型、国民经济政策评价方法、国民经济分析计量经济模型、国民经济预测与预警方法。

1.3.1　国民经济系统及其分析方法论

国民经济分析方法是经济分析方法中的一类，伴随着经济分析方法的发展，统计分析方法的地位越发重要、方法逐渐复杂化，极大地增强了对经济问题的分析能力。但国民经济分析方法又与其他经济分析方法有所区别，其形成与发展以独有的思想和理论为指导。因此，探寻分析方法背后的思想理论基础，有助于正确理解方法本身，并更好地将其运用。

国民经济运行总体表现为供需双方的动态均衡与静态稳定，这一均衡通过价格、产量、进出口等多种形式表现，但最终都归为国民经济系统这一整体。在系统论理念指导下，国民经济系统被构建为一个层次分明、要素复杂、目标繁多、开放包容的完整系统，其发展既有赖于通过顶层设计进行自上而下的统筹规划管理，也与各层次间的能动互通、个体间的自发组织密切相关。因此，要分析国民经济系统，需要从多角度出发，分别适用不同的分析方法论。当前，对国民经济系统的分析主要从综合平衡法、总量与结构、静态与动态、定性与定量、访谈调研等其他方法入手。

其一，综合平衡法的实质是根据客观规律的要求和国家的实际情况，通过各种平衡表的编制，对整个社会所拥有的人力、物力、财力资源量和分配使用进行计算、对比分析和作必要的调整，来确定国民经济各个领域在发展规模和发展速度上所应该保持的数量关系。主要关注规划期社会总产值和国民收入增长的可能，并以此统筹安排积累（投资）和消费的比例关系，从而确定财政收支规模，并根据价值形态和实物形态相互平衡的情况，确定基本建设规模与政策调控力度。在这个总平衡的基础上再进一步安排好其他目标指标。

其二，总量与结构分析方法是国民经济分析方法论中的基础与重点，总量分析方法确定经济运行的总体状况，结构分析方法以总量分析结论为基础，在统计分组的基础上，计算各组成部分所占比重，进而分析国民经济的各部分的结构特征依时间推移或空间变化而表现出的变化规律，对国民经济的结构分析主要从需求结构、产业结构与区域结构三个角度展开。本书主要介绍投入产出模型与空间计量模型。

其三，静态与动态分析方法主要结合经济模型，探讨经济的均衡状态及其达成路径，二者间的最大区别为是否考虑时间变量，动态分析方法考虑变量随时间变化时，经济状态的变化，与之相对，静态分析方法将与时间有关的变量固定并外生化，而比较经济在同一外生变量取不同数值时的差异的分析方法，则被称为比较静态分析。随着经济学发展，相关模型不断复杂化，从而变得更为普适、贴近经济现实。本书主要介绍可计算一般均衡（computable general equilibrium，CGE）模型与动态随机一般均衡（dynamic stochastic general equilibrium，DSGE）模型两类一般均衡模型。

其四，在国民经济分析中，定性与定量分析方法犹如车之两轮、鸟之双翼，对同一问题先后进行定性与定量分析，二者相互印证、相互启发，从而能够增强分析结论的可信度。定性分析不使用统计分析的方法，而是通过对国民经济运行态势进行归纳、分类、比较，从而对其性质和特征做出概括与判断。定量分析则广泛使用统计分析方法，通过收集国民经济运行中的可对比量化信息，使用统计学进行描述与实证分析，使分析者对国民经济运行的认识进一步精确化，以便更加科学地揭示规律，把握本质，理清关系，进而预测其发展趋势。定性与定量分析均被广泛运用于国民经济分析中，也是本书介绍的主要内容。

其五，国民经济中的每个个体都具有主观能动性，但国民经济运行是宏大的主题，若只使用上述方法对国民经济进行分析，则往往会忽略个体因素，因此，访谈调研对国民经济分析同样意义重大。本书将主要介绍德尔菲法、访谈法与田野调查法。德尔菲法也称专家调查法，于 1946 年由美国兰德公司首创，其流程为：在将要调查的主题征得专家的意见后，进行整理、归纳与改进，再匿名反馈给各专家，再次征求意见，再进行集中与反馈，直至得到一致的意见。德尔菲法是一种利用函询形式进行的集体匿名思想交流过程，能够有效消除权威与情绪波动的影响。访谈法与田野调查法往往同时使用，通过事前调查确定问题与访谈对象，并与其进行直接交流。它要求调查者要与被调查对象共同生活一段时间，从中观察、了解和认识他们的社会与文化。其中，田野调查工作的理想状态是调查者在被调查地居住两年以上，并精通被调查者的语言，这样有助于对被调查者文化的深入研究和解释，其流程包括：准备阶段、开始阶段、调查阶段、撰写调查研究报告阶段、补充调查阶段五个阶段。

1.3.2 国民经济投入产出分析

投入产出分析是研究国民经济各部门间平衡关系所使用的方法，基本目的是分析国民经济中复杂产业间的相互依存关系，其分析使用的基本信息是产品流，基本信息包含在一张产业间交易表中，表的行描述生产者的产出在整体经济中的分配，列描述某一特定产业在生产其产出时需要的各种投入的构成。投入产出分析从一般均衡的假定出发，把各部门的产品量的依存关系表现为方程组。再依据统计材料，制成矩阵形或棋盘形的平衡表，表现国民经济各部门产品的供给和需求相平衡的全貌；并由此求得每一部门的产品总量与它生产这个总量所需其他部门的产品量的比例（称“技术系数”），从而确定上述方程组中的有关参数值。从含有这些参数值的方程组，推断某一部门产销情况的变化对其他部门的影响，计算为满足社会上一定的“最终消费”（即个人及政府消费、投资和输出）所需生产的各种产品总量，并预测国民经济发展前景。

投入产出模型的种类繁多，在国民经济分析框架下，主要根据不同计量单位，将其分为实物模型和价值模型两大类，全国的静态实物模型和价值模型是其他各种模型的基础，能表现出投入产出法的最基本原理。

投入产出分析的理论基础为一般均衡理论，通过国民经济核算体系（system of national accounts，SNA）所得数据，编制实物型投入产出表，对国民投入与产出情况进行整合，并在此基础上形成投入产出价格模型，从而对国民经济运行的未来需求量与价格进行预测，为未来的政策制定提供依据。投入产出表中既对国民经济中的各类产业进行了划分，又同时包含了原材料、中间产品与制成品三阶段的信息，因此，基于此类信息，可以进行产业的前后向关联情况分析，并分析初始投入及中间品价格的变量分别会如何影响制成品价格。当前，在基本投入产出模型的基础上，又发展出了区域与区域间投入产出分析、能源与环境投入产出分析、广义投入产出分析等投入产出分析方法。

1.3.3 国民经济分析理论模型

本部分主要介绍CGE与DSGE两类一般均衡模型。一般均衡理论（general equilibrium theory）寻求在整体经济的框架内解释生产、消费和价格。一般均衡是指经济中存在着这样一套价格系统，它能够使每个消费者都能在给定价格下提供自己所拥有的生产要素，并在各自的预算限制下购买产品来达到自己的消费效用极大化，此时，每个企业都会在给定的价格下决定其产量和对生产要素的需求，来达到其利润的极大化，而每个市场（产品市场和要素市场）都会在这套价格体系下达到总供给与总需求的均衡。当经济具备上述这样的条件时，就是达到一般均衡，这时的价格就是一般均衡价格。一般均衡是局部均衡概念的扩展，在一个一般均衡的市场中，每个单独的市场都是局部均衡的。

在过去，由于一般均衡所包含的组成元素过于繁杂，故在实际的经济分析中，仍以局部均衡为主，但伴随着经济学发展，CGE 与 DSGE 应运而生，力图建立更复杂的经济模型，从而更好解读经济运行、进行经济预测。

CGE 模型包括三个显著特征。其一，“一般的”（general），即对经济主体行为做了外在设定。在这个模型中，代表性客户的特征是追求效用最大化，厂商遵循成本最小化的决策原则，还包括政府、贸易组织、进出口商等经济主体，这些主体对价格变动做出反应。因此，价格在 CGE 模型中扮演着极为重要的角色。其二，“均衡的”（equilibrium），意指它包括需求和供给两个方面，模型中的许多价格都是由供求双方所决定的，价格变动最终使市场实现均衡。其三，“可计算的”（computable），该模型使用量化分析，通过实际数据对实际经济问题进行更贴近现实的解答，涉及产业政策、收入分配、环境政策、就业等。

与之相对，DSGE 的模型主体包含总需求方程、价格调整方程，即新凯恩斯菲利普斯曲线（new Keynesian Philips curve，NKPC）方程以及货币政策规则，并在此基础上进行拓展。通过上述模型设定，DSGE 具有了动态、随机与一般均衡三个特点，能够对经济的动态运行与政策组合的影响进行综合预测。当前，DSGE 已经成为现代宏观经济学的主流研究框架，不仅被学术界（包括顶级学术期刊在内）竞相推崇，也被广泛应用于政府经济与金融决策机构的研究中，如 OECD 国家央行和新兴经济体央行（如中国人民银行）等。

一般均衡是一类理想的经济状态，在现实中，经济是动态且多变的，很难达到或维持一般均衡状态，但这并非对一般均衡分析提出否定，恰恰相反，一般均衡分析为经济体指明了发展的方向，而在向这一状态调整的过程，本身就能够提升经济运行的效率，实现总体福利的增加。

1.3.4 国民经济政策评价方法

政策评价是指依据一定的标准和程序，运用科学的方法，对政策的效益、效率、效果及价值进行综合判断与评价的行为，为公共政策的延续、修正、终止和重新制定提供依据。广义的政策评价，分为对政策的事前、事中和事后评价三种类型，狭义的政策评价则专指事后评价，主要着眼于政策实施效果。规范类、指引类重大政策评价属于事中或事后评价的范畴，而意见类、方案类重大政策评价则大多属于事前评价。本书主要从事后与事前两个角度出发，介绍政策评价方法。

事后政策评价方法主要包括断点回归法、双重差分法与合成控制法。第一，断点回归法，是一种将数据分割为几个断点（break point），并在每个断点间分别建立回归模型的方法。依据一段时间内的状态变化，将数据划分为数个阶段，每个阶段的变化趋势可以根据不同的数据集使用回归模型来估计，通过比较各阶段回归结果的异同，分析政策对国民经济的影响。第二，双重差分法，作用原理与自然实验相类似。它将某项政策的实施看作一项自然实验，在样本中加入一组未受政策影响的控制组，并视原本受政策影响的样本为实验组，建立回归模型进行比较分析，以此考察政策实施对分析对象造成的净影响，因此，此方法仅适用于面板数据。第三，合成控制法，其基本思想是，通过对若干大城市进行适当的线性组合，构造一个更为优秀的“合成控制地区”（synthetic control region），以此作为实验的控制组，通过与实验组结果进行对比，评价政策的实施效果。合成控制法作为一种非参数的方法，是对传统的双重差分法的拓展，通过数据驱动确定权重，减少了主观选择的误差，避免了政策内生性问题。

事前政策评价方法主要包括随机实地实验及结构模型与估计。

其中，随机实地实验主要通过进行小范围实地实验，检验政策的实施效果，为政策的调整与全面实施提供可靠依据，并通过随机分组，减弱组间差异，使结论更为可信。实验流程为：确定实验人群、进行随机分组、开展实验干预、数据收集、对数据进行处理和分析，并得出结论。

结构模型与其他经济学理论模型或统计学计量模型的核心差别在于，后者强调通过统计模型检验经济理论，而前者主要关注用清晰的理论“指导”统计模型的构建，其中，经济理论与统计模型间存在先后、轻重的差别，并且尤其强调数据与理论的紧密连接关系，结构模型与估计主要包括经济理论、统计假设与参数估计三部分，通过机器学习构建结构模型，并进行参数估计，从而能够评估外生的政策冲击对经济运行的整体与结构影响，并评估不同政策的影响差异。

1.3.5 国民经济分析计量经济模型

国民经济运行的影响因素繁多，彼此之间相互关联，关系复杂，因此，为识别变量间的因果关系，以便对经济现象进行归因，从而制定更有针对性的应对政策，国民经济分析中引入了多种计量经济模型，本部分将主要介绍 BVAR（Bayesian vector autoregression）模型、SVAR（structured vector autoregression）模型的识别与应用、空间计量经济模型与应用。

BVAR，即贝叶斯向量自回归，是一种经济学中常用的时间序列分析方法，它结合了向量自回归（vector autoregression，VAR）和贝叶斯统计学的理论基础。VAR 模型的一般缺点是，估计系数的数量与滞后的数量成比例地增加。因此，随着滞后次数的增加，每个参数可用的信息将会变少。因此，减轻这种“维数诅咒”的一种方法是随机搜索变量选择（stochastic search variable selection，SSVS）。SSVS 的基本思想是将通常使用的先验方差分配给应包含在模型中的参数，设定不相关参数的先验方差接近零。这样，通常就可以估算出相关参数，并且无关变量的后验值接近于零，因此它们对预测和冲击响应没有显著影响。这是通过在模型之前添加层次结构来实现的，其中在采样算法的每个步骤中评估变量的相关性。

SVAR，即结构向量自回归。在传统 VAR 模型中，通过对模型的扰动项进行结构识别，能够分解出经济含义较为明确的结构冲击，即楚列斯基分解法或递归识别法。然而由于楚列斯基分解法的限制作用较强，易受到变量排序影响，且现实中变量间的递归结构关系往往并不存在，为使 VAR 模型扰动项的经济含义更加明晰，脉冲响应、方差分解、情景预测等动态效应分析更加有效，众多学者相继提出了有关 VAR 模型扰动项的结构识别方案。由于 VAR 模型的识别问题在宏观计量分析中占有重要地位，故研究人员习惯于将带有结构识别的 VAR 模型统称为 SVAR 模型。

本书对各类主流空间计量模型分别进行了介绍。空间统计方法主要是探索性空间数据分析，如空间数据（截面与面板）连接与合并、空间数据的描述性统计、空间数据的相关性与异质性度量与热点图展示、空间数据的可视化。当前，空间计量理论模型主要包含四代，第一代为经典的空间截面模型，如截面空间自回归模型、空间误差模型、空间杜宾模型；第二代为静态空间面板数据模型；第三代为动态空间面板数据模型；第四代为具有共同因子约束的动态空间面板数据模型；此外，空间计量模型还包含空间离散选择模型、分位数空间面板回归模型、地理加权回归模型、时空地理加权回归模型、空间计数回归模型等。

1.3.6　国民经济预测与预警方法

在国民经济运行中风险与波动时常出现，但其波及范围与持续时间难以明确，这也成为政策制定的一大难题，因此，经济预测与预警对于经济管理和风险防控具有重要意义，通过及时进行经济预测与风险识别，帮助政府与其他个体了解当前经济状况和未来风险趋势，从而为政府提供了调控措施的制定与实施依据，能有效降低经济波动与危机对国民经济平稳运行的冲击。本部分将介绍各类国民经济预测与预警方法及其应用。

国民经济预测模型主要包括时间序列模型、机器学习模型及大数据与深度学习三类。

第一，时间序列预测模型种类繁多，主要分为三类：以朴素预测法、简单平均法、移动平均法为代表的简单预测方法；以二次、三次指数平滑法为代表的指数平滑方法，通过预设的指数增长模式，基于过去数据，估计模型参数，从而预测未来数据，其中，三次指数平滑法常用于估计具有季节特征的数据；以自回归（auto regression，AR）模型为基础的自回归方法，将时间序列数据与滞后的同一数据进行回归，探究同一变量的过去取值对其未来取值的影响，常与移动平均、差分、条件异方差（conditional heteroskedasticity）等方法结合。

第二，机器学习（machine learning，ML）模型，预测常用的机器学习模型为神经网络模型，由节点层组成，包含一个输入层、一个或多个隐藏层和一个输出层。每个节点也称为一个人工神经元，它们连接到另一个节点，具有相关的权重和阈值。如果任何单个节点的输出高于指定的阈值，那么会激活该节点，并将数据发送到网络的下一层。否则，不会将数据传递到网络的下一层。通过将数据集划分为训练组与对照组，神经网络将使用训练组进行学习，预测未来的数据增长，并将预测结果与对照组进行对比，随着时间推移，其准确性将不断提高，最终变得可信，从而可用于经济预测。

第三，大数据与深度学习，二者为两个不同领域的名词，但二者结合将产生“1+1>2”的效果。大数据（big data）是对数据集特征的描述，被广泛接受的定义是3个V上的“大”：volume（数据量）、velocity（数据速度）与variety（数据类别）。深度学习（deep learning）是机器学习的一个子类，一般特指学习高层数的网络结构，这个结构中通常会结合线性和非线性的关系。当大数据与深度学习结合，就能够训练得到具有广泛涉猎维度与精准预测能力的模型，从而能够更好地预测经济走势。

国民经济预警模型则主要包括指标预警模型、专家系统与决策支持系统、景气指数与预警系统。

第一，指标预警模型，其核心在于预警指标体系的设计，不仅包含经济预警指标，还有其他影响政策目标实现的量化预警指标，不仅包含经济体内部的量化预警指标，还应当设计国际影响因素的量化预警指标。风险预警指标有定量指标，也有部分定性指标，除了指标设计之外，每个指标的预警规则，触发预警的有效性与灵敏性，都需要设定完善。

第二，专家系统与决策支持系统是两个不同但相关的系统，都以人工智能为基础。

其中，专家系统通过抽取专家的知识并加以组织，以提供专家水平的咨询，强调专用性，侧重某一专门领域的知识，使用者只需要向专家系统提出待解答问题的事实和表征，就能够得到决策建议；而决策支持系统是在管理信息系统基础上发展起来的系统，专注于解决非结构化问题，包含数据库与模型库，数据库提供数据或资料，模型库提供组成分析能力的部件，二者结合，将非结构化问题转化为结构化问题，便于决策者进行直观分析与决策，但并不直接给出决策方案。显然，通过将专家系统与决策支持系统结合，就能够得到一套有效解答复杂的、非结构化问题的耦合系统。

第三，景气指数与预警系统，又称宏观经济景气监测预警体系，是利用一系列经济指标建立起来的宏观经济晴雨表或报警器。景气分析有多种方法，主要包括基于数理模型和客观统计数据的宏观经济景气监测方法，与基于对企业、消费者等开展景气调查，了解其对经济的定性判断，并由此形成的定量情绪指数。宏观经济景气指数主要包括先行指数、一致指数、滞后指数和预警指数等。编制宏观经济景气指数主要有合成指数法、扩散指数法等方法。在实践中，通常采用合成指数法。该方法的优点在于通过编制的一致指数精确地反映景气波动的方向和程度，且通过编制的先行指数预测宏观经济的走势和转折点。根据景气指标变动与经济周期波动之间的时滞关系，可以将经济指标划分为先行指标、一致指标和滞后指标。与宏观经济景气指数的定量分析不同，景气调查方法是一种定性调查，被调查者仅需就调查问题从“上升”、“不变”和“下降”三个选项中进行选择即可。调查结果反映的是调查对象主观信心的变化，具有较高的时效性和前瞻性，可以较好地预测未来的经济发展趋势。情绪指数的编制方法一般采用“上升”比重减去“下降”比重的简单扩散指数法，调查周期一般为月度或季度。

1.4 研究国民经济分析方法的重要意义

国民经济分析方法是指用于对国民经济系统中各组成部分及其对比关系变动规律分析的研究方法。在我国特有的社会主义市场经济体制下，国民经济分析方法在我国国民经济发展研究中占据特殊地位，能为国民经济学科的发展提供帮助，对社会也有着重要贡献，其实际应用价值被广泛推广。

有效的经济学研究有助于人们了解各种经济政策，有效的研究方法可以指导人们制定相应政策。国民经济学研究国民经济运动过程与国民经济发展政策，国民经济分析方法为国民经济研究提供了衡量方法与分析手段，通过研究国民经济分析方法可以更好地将国民经济相关原理与具体实际相结合，让理论更好地指导实践，这对于了解整个国民经济运行情况、制定与评估相关政策、优化资源配置具有重要作用。

1.4.1 理论意义

国民经济分析方法是经济学的重要分支，研究国民经济分析方法，对进一步发展和完善国民经济理论具有重要意义。国民经济分析以国民经济理论作为指导理论，通过引入国民经济相关数据资料，将国民经济各部门与生产环节的主要要素进行有机结合，并做出综合性评估，由此加深对国民经济的认识，更为深入地了解国民经济运行规律与特点。作为一门经济学科，国民经济学需要不断地通过实践和研究来丰富与完善相关理论体系，而国民经济分析方法综合运用了各种分析工具，从不同角度对国民经济的内在特点与运行机制进行分析，为国民经济学的理论与方法体系的完善提供了重要补充。

作为经济学研究的基础和分析工具之一，国民经济分析方法可以帮助我们分析国民经济的各项指标与数据，为国民经济整体运行情况提供参照依据。在了解国民经济现状的基础上，通过研究国民经济分析方法，可以预测未来经济走势和风险，并制定合理的经济政策，可以更加科学准确地了解各产业的资源配置与市场供求情况以及行业发展趋势，从而更好地把握国民经济整体运行情况。同时，利用国民经济分析方法对历史数据进行分析，可以更加清晰地了解经济周期规律，为国民经济平稳运行与发展提供理论支撑，并在此基础上进一步完善理论。

研究国民经济分析方法可以为我国未来社会主义市场经济走向指明道路，规划出适合我国经济持续健康发展的合理目标。随着经济全球化的深入，国际竞争力的强弱成为一国能否实现经济可持续发展的决定性因素。通过对国民经济分析方法的研究不仅可以分析我国经济发展状况与优势，使国家宏观管理部门对国民经济整体状况有大致把握，制定出更具针对性的经济政策与措施；还能对比各国经济发展数据，更好地了解各国经济发展情况与政策措施，为全球经济治理提供重要参考，为促进国际经济合作与交流提供重要的理论支持；更能推动经济学领域对国际经济合作的研究，为提高人民生活水平、促进社会稳定、增强我国国际竞争力提供启发性建议。

从总体来看，国民经济分析方法存在的主要理论意义是为解决国家经济问题、实现国民经济繁荣提供更加真实可靠的理论依据。

1.4.2 现实意义

经济增长、失业率、通货膨胀等指标是把握经济运行整体趋势的重要内容，国民经济分析方法则从宏观、战略角度研究国民经济与社会发展问题。在了解国民经济运行规律的基础上，更加全面、系统和深入地把握国家或地区的经济形势、产业结构、市场需求等，对国民经济与社会发展做出预测与规划，从而把握经济社会整体运行态势，制定更为科学、有效的经济政策。例如，在制定财政政策时，可以利用国民经济分析方法如预测分析法来预测财政赤字对 GDP 的影响，由此来确定更为科学合理的财政政策；利用结构分析法来分析经济增长的动力和源泉，制定与经济增长对应的政策目标；通过分析就业形势与产业结构，制定出促进就业、推动产业升级的政策。

研究者可以比较不同国民经济管理制度和政策干预行为对国民经济和总体市场的影响，根据结果得出有针对性的政策建议。国民经济分析方法作为经济学领域的重要分析工具之一，也是国际通用的经济分析工具，利用对应方法可以进行宏观分析并处理搜集到的资料，能够为决策者提供真实、准确、及时的数据支持与反馈。随着大数据和人工智能技术的不断发展，国民经济分析方法将更加精细化，可以对经济数据进行更加深入的挖掘与分析，提供更加精准的预测与决策支持。通过研究国民经济分析方法可以了解产业结构优化、创新能力提高、国际合作加强等途径对提升我国在全球价值链中的地位的内在机理。

人才是研究国民经济分析方法的主体，只有具备相应专业知识和技能的人才才能准确地使用国民经济分析方法，才能正确地将相关理论推导出的结论用于进一步的理论研究中，并且不断推陈出新，使国民经济分析方法适应不断变化的经济形势与社会需求。同时，研究国民经济分析方法需要具备深厚的经济学理论基础和实践经验。通过学习和研究国民经济分析方法，可以培养出一批高素质经济学人才，为我国经济发展与社会进步提供有力的人才保障。另外，国民经济分析方法可以促进跨学科研究与发展，通过对国民经济各个领域和层面的分析，可以发现不同学科之间的联系，促进国民经济学与其他学科交叉融合发展，推进经济学的深入研究。

国民经济分析方法作为一种科学、客观的分析工具，面对国民经济运行中出现的不同问题，可以利用相应的分析方法进行分析判断。比如，可以利用综合平衡法从国民经济总体出发，按照统筹兼顾、适当安排的方针，通过定量分析，协调社会再生产各环节、国民经济各部门和地区间的联系，以实现国民经济按比例协调发展；也能利用静态分析方法来考察某一时间点上的经济状态，包括经济结构、各部门之间的比例关系等，通过该分析方法了解各经济政策对整体经济的影响程度和作用，观察经济系统中各部门的生产能力、资源分配情况以及市场需求等，从而为决策者制定经济发展战略提供建议，还能通过该分析方法进一步评估经济政策的实施效果，由此提出改进意见；还能利用动态分析方法关注经济变量的时间变化过程，从而揭示经济变量之间的相互作用和影响，包括利用该分析方法研究经济周期、通货膨胀等经济现象的变化规律并预测未来的经济发展趋势，同时评估政策调整的后果。

总之，加强国民经济分析方法的研究能够为我国政策制定、经济规划、战略分析提供分析工具和技术支持，对更好地服务我国经济社会发展具有较好的现实意义。

专栏 1-1　国民经济运行的宏观协调

在社会再生产过程中，生产、流通产生社会总供给，分配、再分配产生社会总需求，供需双方到市场见面商品需求者把得到的货币收入，拿去购买所需要的东西——吃的、穿的、住的、用的，各式各样。如果需求者能够及时买到他所需要的东西，买其所需，吃的有，穿的有，用的有，各样都有，那么他就满足，很高兴，讲形势很好。同样，供给者即商品出售者，能够把所持有的商品，及时卖出，卖其所有，既不脱销也不积压。买者能够买其所需，卖者卖其所有，物尽其用，货畅其流，那么这个时候，我们可以认为是天下太平、国泰民安!它集中表现为社会总供需的平衡，不仅总量平衡，而且结构平衡，说明国民经济运行处于宏观协调之中。按照过去提法是国民经济综合平衡工作搞得很好，国民经济处于稳定、协调、按比例发展之中。

国民经济包括的部门和单位无以计数，各部门和单位都有自己的供需问题，供给要有去向，需求要求满足，而且要求保质保量和按时间进行，这是一个极大而又十分复杂的问题，大有文章，大有学问。从总体来说，有两类方法，一类是计划方法，一类是市场方法。实践证明，在社会主义经济条件下，计划调节不可不要，但有很大的局限性，必须十分重视市场调节的作用。市场调节通过市场机制，运用经济杠杆包括价格杠杆、财政杠杆、信贷杠杆以及对外经济杠杆等进行调节。例如，通过税率高低来鼓励或限制某些产品的生产，通过对不同部门的缴款拨款来调节部门之间的比例关系。通过信贷部门利息率的升降，或对不同部门采取不同的信贷政策来调节需求。一般来说，提高利率会促使存款增加，贷款减少，抑制社会需求；反之，降低利率会引起存款减少、贷款增加，扩大社会需求。同样在对外经济等方面，可以利用外汇汇率等经济杠杆加以控制和调节。但是作为经济杠杆的宏观调节，必须有一个前提条件，即要求国民核算及时提供国民经济运行包括生产、分配、流通以及使用等方面的数量材料，提供各种总量指标、分析指标和纵向、横向对比和预测分析的材料。可见，国民经济核算对国民经济管理、宏观经济调控是十分重要的，离开了国民经济核算，国民经济管理就无法正常地开展和有效地进行。

本章小结

在本章中，介绍了国民经济分析方法的相关内容。首先，对国民经济分析方法的内涵进行了一个基本的说明；其次，分析了国民经济的方法论基础，包括哲学基础、经济学实证方法基础和经济理论基础。并对各类国民经济分析方法，如投入产出分析、政策评价方法、计量经济模型、预测与预警方法等内容进行简介；最后，总结了研究国民经济分析的理论意义和现实意义，为进一步的研究奠定基础。

本章习题

1. 如何看待数学在经济学中的运用？
2. 什么是国民经济分析方法？
3. 国民经济分析方法有哪些？
4. 什么是经济学的实证方法？
5. 国民经济分析方法和模型体系包括哪些内容？

第 2 章

系统论概述

➢ **学习目标**

1. 了解系统的内涵、系统论的基本内容、系统论的研究对象
2. 熟悉系统论的基本原理、系统论的基本规律
3. 掌握国民经济系统的构成、性质、功能和基本内容

➢ **知识点摘要**

1. 系统论的内涵
2. 系统论的基本内容
3. 系统论的研究对象
4. 系统论的八个基本原理
5. 系统论的五个基本规律
6. 国民经济系统的构成
7. 国民经济系统的八大性质
8. 国民经济系统的四大功能
9. 国民经济系统的三大结构

2.1 系统的内涵和系统论研究内容

2.1.1 系统的内涵

在科学技术发展的征程上，人类认识，以物理学革命叩开了 20 世纪的大门，人类知识在宏观和微观两极率先打开了新天地，科学技术进入了一个新的飞跃发展时期。

科学技术的发展，极大地促进了物质生产组织、社会组织形式的发展和变化，同时

也促进了科学技术研究本身以及社会科学研究的进步。社会物质生产的组织性、复杂性，社会生活系统的组织性和复杂性，都极大地增加了。这些组织性、复杂性事物的特点，可以概括为：因素众多，涉及面广；联系紧密，结构复杂；动态多变，随机性强；非线性，非加和性；因果关系的反直观性；滞后效应，影响深远。这就注定科学技术研究要进一步突破以往的理论模式和研究框架，由追求基元性向深究组织性挺进，由向往简单性向探索复杂性发展，由崇拜线性规律向探索非线性而努力。

以系统为研究和实践对象的理论和技术应运而生。这些进步，最先是以一般系统论、控制论和信息论、系统工程的诞生为标志，接着又随着耗散结构理论、协同学、超循环理论、突变论、混沌学、分形学等新成就而被推向了一个发展的新阶段。这就孕育和发展起来以系统为特定研究对象的新兴科学门类——系统科学。

系统科学的诞生，代表了 20 世纪科学技术发展的新方向，是认识组织性、复杂性、非线性问题的新起点，其将研究视角从无组织的基元性转向有组织的组织性，从少量粒子低阶层次的简单性拓展到多粒子高阶层次的复杂性，从可加和的线性深入到非加和的非线性（图 2-1）。

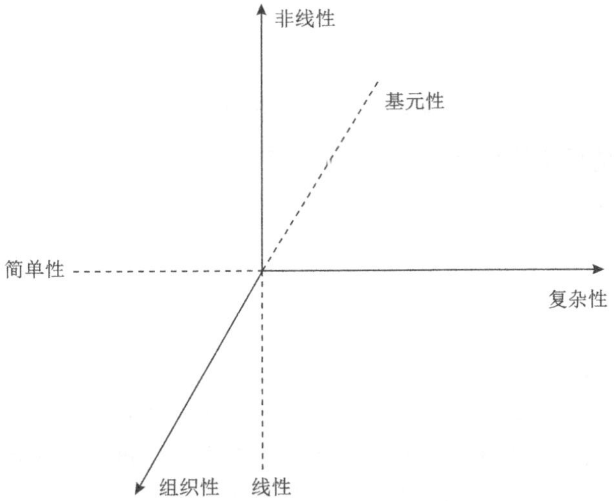

图 2-1　系统分类的三维坐标系

图 2-1 中共 8 个象限，代表了 8 种系统类型：Ⅰ组织性，复杂性，非线性；Ⅱ基元性，复杂性，非线性；Ⅲ基元性，简单性，非线性；Ⅳ组织性，简单性，非线性；Ⅴ组织性，复杂性，线性；Ⅵ基元性，复杂性，线性；Ⅶ基元性，简单性，线性；Ⅷ组织性，简单性，线性。

哲学是自己的时代精神。不同时代的科学，为哲学提供着不同的营养。科学技术的新成就，更加有力地影响了自己时代的哲学，这里首先是更加有力地影响自己时代的科学技术哲学，包括科学技术方法论、科学技术思维方式。也就是说，系统科学的兴起，既意味着科学技术的新方向，也呼唤并孕育着与自己的发展相适应的时代的科学技术哲学——系统论。系统论是对系统科学、一般系统论进行的哲学概括，是系统科学与辩证唯物主义联系的桥梁，也可称为系统科学哲学。

2.1.2 系统论的基本内容

系统论认为，整体性、层次性、开放性、目的性、稳定性、突变性、自组织性和相似性是所有系统的基本特征。这些，既是系统所具有的基本思想观点，也是系统方法的基本原则。系统论不仅是反映客观规律的科学理论，还具有科学方法论的含义，这正是系统论这门科学的特点。

系统论的核心思想是系统的整体观念。贝塔朗菲强调，任何系统都是一个有机的整体，它不是各个部分的机械组合或简单相加，系统的整体功能是各要素在孤立状态下所没有的性质。他用亚里士多德的“整体大于部分之和”的名言来说明系统的整体性，反对那种认为要素性能好，整体性能一定好，以局部说明整体的机械论的观点。同时认为，系统中各要素不是孤立地存在着，每个要素在系统中都处于一定的位置上，起着特定的作用。要素之间相互关联，构成了一个不可分割的整体。要素是整体中的要素，如果将要素从系统整体中割离出来，它将失去要素的作用。正像人手在人体中它是劳动的器官，一旦脱离人体，那时它将不再是劳动的器官了。

系统论的基本思想方法，就是把所研究和处理的对象，当作一个系统，分析系统的结构和功能，研究系统、要素、环境三者的相互关系和变动的规律性，并运用系统观点看问题，世界上任何事物都可以看成一个系统，系统是普遍存在的。大至渺茫的宇宙，小至微观的原子，一粒种子、一群蜜蜂、一台机器、一个工厂、一个学会团体……都是系统，整个世界就是系统的集合。

系统是多种多样的，可以根据不同的原则和情况来划分系统的类型。按人类干预的情况可划分自然系统、人工系统；按学科领域可分成自然系统、社会系统和思维系统；按范围划分则有宏观系统、微观系统；按与环境的关系划分就有开放系统、封闭系统、孤立系统；按状态划分就有平衡系统、非平衡系统、近平衡系统、远平衡系统等。此外还有大系统、小系统的相对区别。

系统论的任务，不仅在于认识系统的特点和规律，更重要的还在于利用这些特点和规律去控制、管理、改造或创造一系统，使它的存在与发展合乎人的目的需要。也就是说，研究系统的目的在于调整系统结构，协调各要素关系，使系统达到优化目标。

系统论的出现，使人类的思维方式发生了深刻的变化。以往研究问题，一般是把事物分解成若干部分，抽象出最简单的因素来，然后再以部分的性质去说明复杂事物。这种方法的着眼点在局部或要素，遵循的是单项因果决定论，虽然这是几百年来在特定范围内行之有效、人们最熟悉的思维方法，但是它不能如实地说明事物的整体性，不能反映事物之间的联系和相互作用，它只适用于认识较为简单的事物，而不胜任于对复杂问题的研究。

在现代科学的整体化和高度综合化发展的趋势下，人类面临许多规模巨大、关系复杂、参数众多的复杂问题，传统分析方法就显得无能为力了。正当传统分析方法束手无策的时候，系统分析方法却能站在时代前列，高屋建瓴，综观全局，别开生面地为现代复杂问题提供了有效的思维方式。所以系统论，连同控制论、信息论等其他横断科学一起所提供的新思路和新方法，为人类的思维开拓新路，它们作为现代科学的新潮流，促进着各门科学的发展。

系统论反映了现代科学发展的趋势，反映了现代社会化大生产的特点，反映了现代社会生活的复杂性，所以它的理论和方法能够得到广泛的应用。系统论不仅为现代科学的发展提供了理论和方法，而且为解决现代社会中的政治、经济、军事、科学、文化等方面的各种复杂问题提供了方法论的基础，系统观念正渗透到每个领域。

2.1.3　系统论的研究对象

系统论的主要任务就是以系统为对象，从整体出发来研究系统整体和组成系统整体各要素的相互关系，从本质上说明其结构、功能、行为和动态，以把握系统整体，达到最优的目标。

宇宙、自然、人类社会，由于人类设定的参照系不同，而分属于不同的子系统。如果把世界上所有的存在，划分为物质与精神世界的话，那么宇宙、自然、人类社会就通通属于物质与精神世界这个复杂巨系统。如果这样来看全宇宙，系统论就是具有哲学价值的世界观，因此可以说，宇宙是由具有组织性和复杂性的不同子系统构成的，这就是宇宙系统观。

同时系统论又有很多类似数学模型的具体方法，面对具体的子系统，从科学工具的角度来看系统论，系统论又是具有哲学价值的方法论。总之系统论在具备系统科学之个性化属性的同时，又有别于具体的数学方法、物理方法或化学方法等具体科学门类的技术方法，从而具有普遍意义上的哲学属性，像宗教观、物质观、信息观一样，具有世界观和方法论意义。

2.2　系统论的基本原理和基本规律

2.2.1　系统论的基本原理

整体性、层次性、开放性、目的性、突变性、稳定性、自组织性和相似性，是种种系统的八种基本特性，每种基本特性也就是系统的一个基本方面，形成了系统论的八个基本原理。

1. 系统整体性原理

系统整体性原理指的是，系统是由若干要素组成的具有一定新功能的有机整体，各个作为系统子单元的要素一旦组成系统整体，就具有独立要素所不具有的性质和功能，形成了新的系统的质的规定性，从而表现出整体的性质和功能不等于各个要素的性质和功能的简单加和。

2. 系统层次性原理

系统的层次性原理指的是，由于组成系统的诸要素的种种差异包括结合方式上的差异，从而使系统组织在地位与作用、结构与功能上表现出等级秩序性，形成了具有质的差异的系统等级，层次概念就反映这种有质的差异的不同的系统等级或系统中的等级差异性。

3. 系统开放性原理

系统的开放性原理指的是，系统具有不断地与外界环境进行物质、能量、信息交换的性质和功能，系统向环境开放是系统得以向上发展的前提，也是系统得以稳定存在的条件。

4. 系统目的性原理

系统目的性原理指的是，组织系统在与环境的相互作用中，在一定的范围内其发展变化不受或少受条件变化或途径经历的影响，坚持表现出某种趋向预先确定的状态的特性。

5. 系统突变性原理

系统突变性原理指的是，系统通过失稳从一种状态进入另一种状态是一种突变过程，它是系统质变的一种基本形式，突变方式多种多样，同时系统发展还存在着分叉，从而有了质变的多样性，进而使系统发展更加丰富多彩。

6. 系统稳定性原理

系统的稳定性原理指的是，在外界作用下开放系统具有一定的自我稳定能力，能够在一定范围内自我调节，从而保持和恢复原来的有序状态、保持和恢复原有的结构和功能。

7. 系统自组织原理

系统的自组织原理指的是，开放系统在系统内外两方面因素的复杂非线性相互作用下，内部要素的某些偏离系统稳定状态的涨落可能得以放大，从而在系统中产生更大范围的更强烈的长程相关，并自发组织起来，使系统从无序到有序，从低级有序到高级有序演进。

8. 系统相似性原理

系统的相似性原理指的是，系统具有同构和同态的性质，体现在系统的结构和功能、存在方式和演化过程具有共同性，这是一种有差异的共性，是系统统一性的一种表现。

2.2.2 系统论的基本规律

系统论的基本规律是关于系统存在基本状态和演化发展趋势的必然的、稳定的普遍联系和关系，是比系统论原理具有更大普遍性的一种对于系统的一般性的把握。系统论的基本规律主要包括五个：结构功能相关律、信息反馈律、竞争协同律、涨落有序律、优化演化律。

1. 结构功能相关律

结构和功能是普遍存在的两种既相互区别又相互联系的基本属性，揭示结构与功能相互关联和相互转化就是结构功能相关律。

2. 信息反馈律

信息反馈在系统中是一种普遍的现象，通过信息反馈机制的调控作用，系统的稳定性或得以加强，或远离稳定状态。把揭示信息反馈调控影响系统稳定性的内在机制概括为信息反馈律。

3. 竞争协同律

系统内部的要素之间以及系统与环境之间，既存在整体同一性又存在个体差异性，整体同一性表现为协同因素，个体差异性表现出竞争因素，通过竞争和协同的相互对立、相互转化，推动系统的演化发展，即竞争协同律。

4. 涨落有序律

系统的发展演化通过涨落达到有序，通过个别差异得到集体响应方法，通过偶然性表现出来必然性，从而实现从无序到有序、从低级向高级的发展，即涨落有序律。

5. 优化演化律

系统处于不断的演化之中，优化在演化之中得到实现，从而展现了系统的发展进化，即优化演化律。

2.3　国民经济系统及基本内容

2.3.1　国民经济运行系统概论

1. 国民经济系统的有机构成

根据系统理论，国民经济是一个规模庞大、结构复杂、功能综合、目标多样、影响因素错综复杂的巨系统，它由一系列紧密联系的系统要素或子系统组成，主要有以下几方面。

1）多产业部门相互依赖的社会经济综合体

国民经济是多产业部门的综合体。按照《国民经济行业分类》（GB/T 4754—2017）[①]，共有 20 个门类，97 个大类、473 个中类和 1382 个小类，相比于 GB/T 4754—2011 而言，增加了 1 个大类、41 个中类和 288 个小类[②]。其中 20 个门类即 A 农、林、牧、渔业，B 采矿业，C 制造业，D 电力、热力、燃气及水生产和供应业，E 建筑业，F 批发和零售业，G 交通运输、仓储和邮政业，H 住宿和餐饮业，I 信息传输、软件和信息技术服务业，J 金融业，K 房地产业，L 租赁和商务服务业，M 科学研究和技术服务业，N 水利、

① 《国民经济行业分类》历次版本情况，分别为：GB/T 4754—1984、GB/T 4754—1994、GB/T 4754—2002、GB/T 4754—2011 和 GB/T 4754—2017。

② 门类代码用一位拉丁字母表示，即用字母 A、B、C……T 依次表示不同门类；大类代码用两位阿拉伯数字表示，打破门类界限，从 01 开始按顺序编码；中类代码用三位阿拉伯数字表示，前两位为大类代码，第三位为中类顺序代码；小类代码用四位阿拉伯数字表示，前三位为中类代码，第四位为小类顺序代码。

环境和公共设施管理业，O 居民服务、修理和其他服务业，P 教育，Q 卫生和社会工作，R 文化、体育和娱乐业，S 公共管理、社会保障和社会组织，T 国际组织。制造业门类最多，总共 31 个大类、179 个中类、609 个小类。

随着经济的发展和科技的不断进步，一系列新的产业不断涌现，成为国民经济系统的新产业，如生物技术产业、新材料技术产业、高技术服务业、新能源及节能技术产业、环保新技术产业、现代农业技术产业等高新技术产业，以及云计算、大数据、物联网、工业互联网、区块链、人工智能、虚拟现实和数字孪生等数字经济重点产业。可见国民经济系统部门结构极其复杂。

专栏 2-1 国民经济行业分类新旧结构对照表

GB/T 4754—2017				GB/T 4754—2011			
门类	大类	中类	小类	门类	大类	中类	小类
A 农、林、牧、渔业	5	24	72	A 农、林、牧、渔业	5	23	60
B 采矿业	7	19	39	B 采矿业	7	19	37
C 制造业	31	179	610	C 制造业	31	175	532
D 电力、热力、燃气及水生产和供应业	3	9	18	D 电力、热力、燃气及水生产和供应业	3	7	12
E 建筑业	4	18	44	E 建筑业	4	14	21
F 批发和零售业	2	18	128	F 批发和零售业	2	18	113
G 交通运输、仓储和邮政业	8	27	67	G 交通运输、仓储和邮政业	8	20	40
H 住宿和餐饮业	2	10	16	H 住宿和餐饮业	2	7	12
I 信息传输、软件和信息技术服务业	3	17	34	I 信息传输、软件和信息技术服务业	3	12	17
J 金融业	4	26	48	J 金融业	4	21	29
K 房地产业	1	5	5	K 房地产业	1	5	5
L 租赁和商务服务业	2	12	58	L 租赁和商务服务业	2	11	39
M 科学研究和技术服务业	3	19	48	M 科学研究和技术服务业	3	17	31
N 水利、环境和公共设施管理业	4	18	33	N 水利、环境和公共设施管理业	3	12	21
O 居民服务、修理和其他服务业	3	16	32	O 居民服务、修理和其他服务业	3	15	23
P 教育	1	6	17	P 教育	1	6	17
Q 卫生和社会工作	2	6	30	Q 卫生和社会工作	2	10	23
R 文化、体育和娱乐业	5	27	48	R 文化、体育和娱乐业	5	25	36
S 公共管理、社会保障和社会组织	6	16	34	S 公共管理、社会保障和社会组织	6	14	25
T 国际组织	1	1	1	T 国际组织	1	1	1
（合计）20	97	473	1382	（合计）20	96	432	1094

国民经济系统不是众多部门的简单相加，而是各部门的有机结合。每一个部门、每一个行业，作为国民经济系统的组成要素和子系统，都有自己的活动范围、活动特点和独立功能，但又不是孤立的，而是国民经济系统整体的有机组成部分。各部门、各行业之间相互依存、相互联系，形成极其复杂的网络结构。以汽车产业为例，汽车产业链以汽车整车为核心环节，上游是汽车零部件，下游是汽车后市场。汽车整车核心零部件包括动力系统（发动机变速箱或电池、电机、电控）、底盘系统、车身及内外饰件、电子电器、通用件，以及新兴的智能座舱、智能驾驶等，每个核心零部件可继续拆分为细分零部件，最终追溯至钢材、铝、铜、石油、塑料粒子等大宗原材料；整车下游包括汽车金融、汽车保险、汽车租赁、维修保养、汽车用品及二手车等后市场领域。汽车供应链呈现为网络结构，配套体系庞大而复杂，专业化分工和全球化程度高。汽车产业链以整车为中心，向外层辐射为一级、二级、三级零部件供应商，三级供应商主要向二级供应商提供配套产品和服务，二级供应商主要向系统集成商提供配套产品和服务，系统集成商再直接向整车企业供货，并同时提供对应零部件的系统解决方案，呈现出专业化分工和产业集群的特征。一般情况下，系统集成商具备与整车汽车更深厚的客户关系与更强的同步开放能力，能获得更高产业附加值，处于产业链金字塔上方。

2）多区域经济组成的综合体

从空间角度来看，国民经济系统由若干个相互联系和相对独立的区域经济子系统构成。区域经济主要有两种划分方式：一是依据政治、经济、民族、文化以及历史沿革，把全国划分为若干行政区，按行政区组织经济，其中又分为省、市、县、乡若干层次；二是着重考虑经济协作和经济联系而形成的若干经济区，如长江三角洲经济区、珠江三角洲经济区、京津冀经济区、东部经济区、西部经济区、中部经济区和东北经济区等。

区域经济总是处于一定的自然地理环境和社会经济环境之中。各区域因发展条件和发展水平不同而存在较大差异：一是自然环境条件的差异，如各地区的气候、雨量、地形、地貌、土壤会具有很大差异性，各地拥有的矿产资源、能源、森林、草原、耕地、水域、野生动植物等的数量、质量及其开发利用价值也各不相同，被称为“第一自然”；二是社会经济条件的差异，各地区经济基础、发展条件、交通运输条件、市场条件、科学与教育发展水平等各有不同，同时技术水平和管理水平也会存在差异，比如生产技术工艺水平、科技发展水平和管理能力，劳动者的技能和文化素质，以及对各种资源的开发利用能力。区域经济作为国民经济系统的组成要素，既有相互联系而形成的综合性，又有相对独立性。一方面，基于比较优势原则，各地区因禀赋差异而形成相互联系的经济系统；另一方面，各地区内部又具有相对完整的经济系统，从而形成相对独立的特色产业。

专栏 2-2　中国区域古今划分对比

中国区域划分有多种层次和方法，古代和现代的区域范围存在一定差异，比较常见的划分方法有：

第一，九州。

《尚书·禹贡》以名川大山为标志将天下分成九州：冀、兖、青、徐、扬、荆、豫、梁、雍。北部六个州：冀、兖、青、徐、豫、雍；南部三个州：扬、荆、梁。冀州大致相当于今天的河北和山西部分；兖州是指古济水和古黄河下游，大致相当于今山东北部和河北部分；青州为今山东、辽东半岛；徐州为泰山以南、淮河以北、东至黄海的地区，大致为今黄淮平原；扬州为淮河以南的长江三角洲地区；荆州为湖南、湖北的部分地区；豫州为今天河南的大部分地区；梁州大致为今天的四川盆地；雍州为今陕西、甘肃地区。九州边界的确定主要遵循三个原则：一是山脉确定山地、丘陵边界，二是河流确定高原、平原边界，三是山、河、海混合确定地形复杂地区的边界。每个州都面临区域整治的任务：冀州重点整治山、原、水，兖州为治水，青州为治水和开发滩涂，徐州为治水和开发平原地带，扬州为治水，荆州为治水和开发云梦泽，豫州为治水，梁州为治水、治山，幽州为治水。九州不仅是地理区划，而且是一个较为详细的国土开发规划。2000 多年过去了，水资源的开发、利用与生态保护依然是现在区域与城市发展面临的突出问题。

第二，省。

省是区域经济分析中的基本单位之一，大量的研究成果基于省级数据。中国目前有 34 个省级行政单位，包括 23 个省：黑龙江、吉林、辽宁、山西、安徽、江西、河南、湖北、湖南、河北、江苏、浙江、福建、山东、广东、海南、四川、贵州、云南、陕西、甘肃、青海和台湾；4 个直辖市：北京、天津、上海、重庆；5 个自治区：广西、内蒙古、新疆、宁夏、西藏；2 个特别行政区：香港和澳门。

省或曰行省，起源于元朝初年，元设立 10 个行省，即岭北、辽阳、河南江北、陕西、四川、甘肃、云南、江浙、江西、湖广，后来明清完善了行省制度，如江西行省包括了现在的江西、广东的大部分，江浙行省则包括了现在的福建省，而不包括江苏省的苏北地区。经过几百年的演变，清后期的省级行政区划和现在的基本轮廓差别已经很小。

中国省域划分的原则是山川形便和犬牙交错，山川形便是地理因素，犬牙交错是政治因素的考量。例如，河北省与山西省分界于太行山脉，而陕西省与山西省分界于黄河，是山川形便的因素；陕西省包括陕北、关中、汉中三个地区，汉中地区与关中地区隔着秦岭山脉，汉中与四川的自然环境、人文特征更为相似，而之所以被划分到陕西，是为了控制四川之需要，这体现了犬牙交错的特征；类似的还有江苏，江苏的徐州、连云港等地区完全是中原文化区，与山东、河南同属于一个文化区，和苏州、无锡等苏南地区语言文化差异很大，但被划到江苏省，主要是平衡苏南，削弱河南、山东的政治之需要。

第三，中国四大区域与南北之划分。

中国基本可以由三条分界线划分为四个大的地理区域，三条分界线为大兴安岭-阴山-贺兰山线、昆仑山脉-祁连山脉-横断山脉线、秦岭-淮河线，四个地区为南方地区、北方地区、西北地区、青藏高原地区。秦岭-淮河以南为南方地区，以北为北方地区，大兴安岭-阴山-贺兰山线以西为西北地区，昆仑山脉-祁连山脉-横断山脉线以南为青藏高原地区。大兴安岭-阴山-贺兰山线是季风与非季风的分界线以及 400 毫米年等降水量线；昆仑山脉-祁连山脉-横断山脉线是地形之第一阶梯与第二阶梯分界线；

而秦岭–淮河线为 1 月份 0℃等温线，也是 800 毫米年等降水量线，此外还是古代中原王朝抗击游牧民族的第二道防线（其中第一道是长城）。

第四，东西之划分。

现在通常的东西划分方法有两类：一类为东、中、西三分法，东部地区包括北京、天津、河北、辽宁、上海、江苏、浙江、福建、山东、广东、海南 11 个省（直辖市），以及香港特别行政区、澳门特别行政区、台湾省，中部地区包括黑龙江、吉林、山西、安徽、江西、河南、湖北、湖南 8 个省，西部地区包括内蒙古、广西、重庆、四川、贵州、云南、西藏、陕西、甘肃、青海、宁夏、新疆 12 个省（自治区、直辖市）；另一类为东、中、西和东北四分法，辽宁、吉林、黑龙江和内蒙古的东部地区单列为东北地区。

第五，司马迁线和胡焕庸线。

中国的地理环境特点从整体上塑造着中国的经济社会总体格局，中国人口、民族、耕地资源分布也形成了一条明显的分界线。

司马迁在《史记·货殖列传》中提出了从龙门山到碣石（河北省昌黎）的一条线，即龙门–碣石线，后人称为司马迁线。这条线从龙门山开始，向东北经过霍山，然后再往东北到河北省的昌黎。龙门、碣石之北多马、牛、羊、旃裘、筋角，为北方游牧民族居住地区，之南则为中原民族居住地区。

胡焕庸线是胡焕庸（1935）提出的，又称为瑷珲–腾冲线（或黑河–腾冲线），即从黑龙江省的瑷珲（黑河）到云南的腾冲画一条线，线之东南占全国 36%的国土面积，分布着 88%的耕地，居住着全国 96%的人口，线之西北占全国 64%的土地，分布着 12%的耕地，居住着约全国 4%的人口。自 1935 年以来，中国人口分布的这种格局基本不变。

注：资料来源于踪家峰《区域与城市经济学》。

3）投入—产出生产系统的综合体

研究和分析国民经济各部门间产品生产与消耗之间的数量依存关系的方法，又称投入产出分析或部门间平衡经济数学模型，是系统工程的一种重要建模方法。各个生产部门都需要从其他生产部门购入产品和支付服务性费用，同时也为其他部门生产产品和提供服务。为了研究这种投入和产出的数量依存关系，可以将各种经济活动情况表示在一张专门设计的投入产出表中，从而为研究一个国家或地区的整个经济活动提供一个简明而又系统的结构模型。

通过编制投入产出表（表 2-1）和模型，能够清晰地揭示国民经济各部门、产业结构之间的内在联系；特别是能够反映国民经济中各部门、各产业之间在生产过程中的直接与间接联系，以及各部门、各产业生产与分配使用、生产与消耗之间的平衡（均衡）关系。正因为如此，投入产出法又称为部门联系平衡法。此外，投入产出法还可以推广应用于各地区、国民经济各部门和各企业等类似问题的分析。当用于地区问题时，它反映的是地区内部之间的内在联系；当用于某一部门时，它反映的是该部门各类产品之间的内在联系；当用于公司或企业时，它反映的是其内部各工序之间的内在联系。

表 2-1　投入产出表

产出 投入		中间使用	最终使用	总产出
		产品部门 1……产品部门 n		
中间投入	产品部门 1 ⋮ 产品部门 n	第Ⅰ象限	第Ⅱ象限	X_i
初始投入（增加值）		第Ⅲ象限		
总投入		X_j		

2. 国民经济系统的性质

1）目的性

国民经济作为复杂的巨系统，是一个多目标的系统，用任何一个单一目标，都难以概括国民经济发展的多方面要求，即使某一目标十分重要，也不能以偏概全，忽视其他目标。在我国现实经济生活中，一些地区、一些部门，曾经出于追求任期内短期政绩的需要，习惯于高投入、高消耗、高污染、高增长、低效益的传统增长模式，热衷于片面地追求速度，追求 GDP 总量增长。为此，已经付出了沉重的代价，造成资源过度消耗与严重浪费，环境严重污染与自然生态系统破坏，这不是造福千秋万代，而是贻害子孙后代。还有一些地区和部门，曾经不求真务实，不讲实效，一方面，以城市改造为名，大肆破坏几百年、几千年流传下来的象征着中华民族优秀文化的文物古迹；另一方面，不惜花费纳税者缴纳的大量钱财，大搞“形象工程”“面子工程”和复制“现代文物”。所有这些，显然都是片面理解国民经济系统的目标。

在总结我国几十年经济社会发展经验教训的基础上，2017 年，中国共产党第十九次全国代表大会提出高质量发展。坚持以推动高质量发展为主题，把实施扩大内需战略同深化供给侧结构性改革有机结合起来，增强国内大循环内生动力和可靠性，提升国际循环质量和水平，加快建设现代化经济体系，着力提高全要素生产率，着力提升产业链供应链韧性和安全水平，着力推进城乡融合和区域协调发展，推动经济实现质的有效提升和量的合理增长。

专栏 2-3　《高举中国特色社会主义伟大旗帜　为全面建设社会主义现代化国家而团结奋斗——在中国共产党第二十次全国代表大会上的报告》中有关高质量发展的相关内容

四、加快构建新发展格局，着力推动高质量发展

高质量发展是全面建设社会主义现代化国家的首要任务。发展是党执政兴国的第一要务。没有坚实的物质技术基础，就不可能全面建成社会主义现代化强国。必须完整、准确、全面贯彻新发展理念，坚持社会主义市场经济改革方向，坚持高水平对外

开放，加快构建以国内大循环为主体、国内国际双循环相互促进的新发展格局。

我们要坚持以推动高质量发展为主题，把实施扩大内需战略同深化供给侧结构性改革有机结合起来，增强国内大循环内生动力和可靠性，提升国际循环质量和水平，加快建设现代化经济体系，着力提高全要素生产率，着力提升产业链供应链韧性和安全水平，着力推进城乡融合和区域协调发展，推动经济实现质的有效提升和量的合理增长。

（一）构建高水平社会主义市场经济体制。坚持和完善社会主义基本经济制度，毫不动摇巩固和发展公有制经济，毫不动摇鼓励、支持、引导非公有制经济发展，充分发挥市场在资源配置中的决定性作用，更好发挥政府作用。深化国资国企改革，加快国有经济布局优化和结构调整，推动国有资本和国有企业做强做优做大，提升企业核心竞争力。优化民营企业发展环境，依法保护民营企业产权和企业家权益，促进民营经济发展壮大。完善中国特色现代企业制度，弘扬企业家精神，加快建设世界一流企业。支持中小微企业发展。深化简政放权、放管结合、优化服务改革。构建全国统一大市场，深化要素市场化改革，建设高标准市场体系。完善产权保护、市场准入、公平竞争、社会信用等市场经济基础制度，优化营商环境。健全宏观经济治理体系，发挥国家发展规划的战略导向作用，加强财政政策和货币政策协调配合，着力扩大内需，增强消费对经济发展的基础性作用和投资对优化供给结构的关键作用。健全现代预算制度，优化税制结构，完善财政转移支付体系。深化金融体制改革，建设现代中央银行制度，加强和完善现代金融监管，强化金融稳定保障体系，依法将各类金融活动全部纳入监管，守住不发生系统性风险底线。健全资本市场功能，提高直接融资比重。加强反垄断和反不正当竞争，破除地方保护和行政性垄断，依法规范和引导资本健康发展。

（二）建设现代化产业体系。坚持把发展经济的着力点放在实体经济上，推进新型工业化，加快建设制造强国、质量强国、航天强国、交通强国、网络强国、数字中国。实施产业基础再造工程和重大技术装备攻关工程，支持专精特新企业发展，推动制造业高端化、智能化、绿色化发展。巩固优势产业领先地位，在关系安全发展的领域加快补齐短板，提升战略性资源供应保障能力。推动战略性新兴产业融合集群发展，构建新一代信息技术、人工智能、生物技术、新能源、新材料、高端装备、绿色环保等一批新的增长引擎。构建优质高效的服务业新体系，推动现代服务业同先进制造业、现代农业深度融合。加快发展物联网，建设高效顺畅的流通体系，降低物流成本。加快发展数字经济，促进数字经济和实体经济深度融合，打造具有国际竞争力的数字产业集群。优化基础设施布局、结构、功能和系统集成，构建现代化基础设施体系。

（三）全面推进乡村振兴。全面建设社会主义现代化国家，最艰巨最繁重的任务仍然在农村。坚持农业农村优先发展，坚持城乡融合发展，畅通城乡要素流动。加快建设农业强国，扎实推动乡村产业、人才、文化、生态、组织振兴。全方位夯实粮食安全根基，全面落实粮食安全党政同责，牢牢守住十八亿亩耕地红线，逐步把永久基本农田全部建成高标准农田，深入实施种业振兴行动，强化农业科技和装备支撑，健全种粮农民收益保障机制和主产区利益补偿机制，确保中国人的饭碗牢牢端在自己手中。

树立大食物观，发展设施农业，构建多元化食物供给体系。发展乡村特色产业，拓宽农民增收致富渠道。巩固拓展脱贫攻坚成果，增强脱贫地区和脱贫群众内生发展动力。统筹乡村基础设施和公共服务布局，建设宜居宜业和美乡村。巩固和完善农村基本经营制度，发展新型农村集体经济，发展新型农业经营主体和社会化服务，发展农业适度规模经营。深化农村土地制度改革，赋予农民更加充分的财产权益。保障进城落户农民合法土地权益，鼓励依法自愿有偿转让。完善农业支持保护制度，健全农村金融服务体系。

（四）促进区域协调发展。深入实施区域协调发展战略、区域重大战略、主体功能区战略、新型城镇化战略，优化重大生产力布局，构建优势互补、高质量发展的区域经济布局和国土空间体系。推动西部大开发形成新格局，推动东北全面振兴取得新突破，促进中部地区加快崛起，鼓励东部地区加快推进现代化。支持革命老区、民族地区加快发展，加强边疆地区建设，推进兴边富民、稳边固边。推进京津冀协同发展、长江经济带发展、长三角一体化发展，推动黄河流域生态保护和高质量发展。高标准、高质量建设雄安新区，推动成渝地区双城经济圈建设。健全主体功能区制度，优化国土空间发展格局。推进以人为核心的新型城镇化，加快农业转移人口市民化。以城市群、都市圈为依托构建大中小城市协调发展格局，推进以县城为重要载体的城镇化建设。坚持人民城市人民建、人民城市为人民，提高城市规划、建设、治理水平，加快转变超大特大城市发展方式，实施城市更新行动，加强城市基础设施建设，打造宜居、韧性、智慧城市。发展海洋经济，保护海洋生态环境，加快建设海洋强国。

（五）推进高水平对外开放。依托我国超大规模市场优势，以国内大循环吸引全球资源要素，增强国内国际两个市场两种资源联动效应，提升贸易投资合作质量和水平。稳步扩大规则、规制、管理、标准等制度型开放。推动货物贸易优化升级，创新服务贸易发展机制，发展数字贸易，加快建设贸易强国。合理缩减外资准入负面清单，依法保护外商投资权益，营造市场化、法治化、国际化一流营商环境。推动共建“一带一路”高质量发展。优化区域开放布局，巩固东部沿海地区开放先导地位，提高中西部和东北地区开放水平。加快建设西部陆海新通道。加快建设海南自由贸易港，实施自由贸易试验区提升战略，扩大面向全球的高标准自由贸易区网络。有序推进人民币国际化。深度参与全球产业分工和合作，维护多元稳定的国际经济格局和经贸关系。

2）整体性

国民经济系统是由相互依存、相互联系的子系统组成的有机整体。各子系统、各组成要素既有相对独立性和特殊性，有自己的独特功能，又作为系统有机整体的组成部分，具有对系统整体的依赖性。离开系统整体，其独立机能和作用将失去意义。例如，一架由许多零部件构成的准确走动的钟表，有其独特作用，如果把它拆开，每一个拆下来的零件，则作用不大。又如，国民经济系统按部门划分，包括农业、制造业、建筑业、商业、交通运输业、服务业等许多部门，每个部门各有自己的功能，但它们只有协调在国民经济系统之中时，才能发挥应有的作用，离开了系统整体，任何部门都不能孤立存在。

深刻认识系统的整体性，具有重要的现实意义，要求不能只见树木、不见森林，头疼医头，脚疼医脚，需要就事论事地研究问题。随着国民经济活动日益复杂化，国民经济系统各组成要素之间的相互依赖性和相互制约性越来越显著，对系统组成部分之间的相互适应、相互匹配的要求越来越高。中国系统理论奠基人、著名科学家钱学森教授曾多次提出建议，建立国民经济总体协调部和总体设计部，统筹协调国民经济大系统的多种复杂关系。

3）相关性

国民经济作为极其复杂的系统，就其本身来说，是一个多部门、多地区、多环节、多层次相互交织的系统，诸多子系统、组成要素之间，关系错综复杂。我们需要研究其相互影响、相互依赖、相互制约、相互促进的关系，研究系统组成要素之间的关联性，形成良性互动有机结合的合理结构，构造一个协调运转、有序运行、性能良好、机动灵活、功率大、效能高的体系，才能大大提高国民经济系统整体的功能和水平。以部门为例，由于各部门互为条件，每一部门都需要其他一系列部门的支持，同时又为其他一些部门发展提供条件，一些表面看来不相关的部门，实际上却存在间接联系和间接影响，因而必须从产业部门之间错综复杂的相关性出发，使各部门协调配合。这种相互依存关系表明，当某一子系统行为扭曲不能正常发挥作用时，或子系统之间互相脱节、互不协调时，将使整个系统的运行受到严重阻碍。因此，必须高度重视产业关联。美国著名经济学家列昂惕夫（Leontief①）创造性地运用投入产出分析理论和方法，以精确的定量分析，深刻揭示了各产业部门作为不可分割的既是动态也是静态的统一体，相互之间的直接联系与间接联系、影响力系数与感应度系数、关联度与依存度，并且运用这一理论，建立了地区投入产出模型，在一定程度上揭示了地区之间互相依存的经济联系。显然，相关性作为国民经济系统的重要特性，对系统运行具有重要的意义。

4）开放性

国民经济系统是一个开放的系统，在特定环境下运行，受外部环境的制约，并与外部环境发生多种多样的联系。国民经济系统的外部环境，主要包括：自然生态环境、社会人文环境、政治环境、国际经济环境等。

按照系统论的观点，当一个系统处于大系统之中时，大系统就是它的环境。例如，企业本身是一个系统，但又是国民经济系统的组成要素，这时国民经济系统就是企业的环境。同样道理，国民经济作为经济活动，它与生态环境、社会、政治相互制约、相互影响，如果把经济、政治、社会、资源、生态作为一个整体，这实际上是一个更高层次的巨系统。从世界范围看，一国国民经济不过是世界经济巨系统的组成部分，它与世界经济形成多方面复杂的联系。

由于国民经济系统处于一定的环境之中，必然产生多方面的相互影响：一是必须充分考虑环境对国民经济活动的制约，研究环境的承载能力。以自然生态环境来说，它是人类生存的环境，是经济活动的环境，但在一定时期自然资源探明的储量是有限的，人们不能掠夺性地开发资源，更不能竭泽而渔，经济活动应力求避免对环境造成污染，必须充分考虑自然生态环境的承载力。二是研究环境所赋予的种种条件，包括有利条件和

---

① 术语在线的翻译为“里昂惕夫”，本领域用“列昂惕夫”也较多。

不利条件。力求避开不利条件，善于利用有利条件加快经济发展，如利用自然条件的某些优势，利用政治稳定、民心振奋良好的政治环境，利用国际经济态势提供的发展机遇等，促进国民经济更好更快地发展。三是研究国民经济发展对环境的积极影响，积极改善环境，创造更有利的发展环境。比如，经济发展是社会进步的基础，社会进步既是经济发展的目的，又是促进经济发展的条件，在经济发展的同时，积极推进社会进步，大力发展科学、教育、文化，就会极大提高国民的素质，提高整个国民经济的质量和发展水平。

5）动态性

国民经济系统不是固定不变的静态系统，而是不断变化着的动态系统。国民经济的动态运动过程，可以从以下几个方面进行分析。

首先，国民经济系统运动过程是社会再生产过程。国民经济系统的动态性质是由再生产的连续性所决定的。国民经济运动过程，实际上就是以持续的生产经过分配和交换进入不断消费的过程，它是往复循环、永不停止的。把国民经济运动作为再生产过程进行研究，不仅要研究如何高效地组织生产，合理地进行分配，有效地组织交换，积极地组织和引导消费，更要研究再生产各环节活动如何紧密衔接、顺畅有序地进行，并从再生产过程本身，寻求增强积累能力和发展能力、实现良性循环的有效途径。

其次，国民经济系统运动是从低到高不断发展的过程。国民经济的运动过程，不是在原有基础上的简单循环，而是一个由低级到高级不断发展不断提高的过程。纵观人类社会经济发展的实践，人类社会经济形态经历了农业经济、工业经济，随着数字技术的快速发展，当前已经进入了数字经济时代。新技术、新工艺、新产品、新设备层出不穷，形成了以信息技术为核心，涵盖生物技术、航天技术、海洋技术、新材料、新能源等高技术群体和高技术产业群体。国民经济发展水平不断提高不断优化升级的过程，实际上就是不断现代化的过程。

最后，国民经济系统运动是实物运动与价值运动相统一的过程。在社会产品生产阶段，产品的实物形态与价值形态是统一的，实物生产过程同时也是价值形成过程。生产过程一结束，实物产品作为物流、商品流进入市场，用于生活消费或生产消费：价值形态的货币流、资金流的流向则比较复杂，企业收入的一部分以工资形式发给员工，员工除消费外一部分作为储蓄进入银行；企业发放工资后的净收入，除企业家消费外，则用于投资或存入银行；另外，企业和员工都要纳税，这部分进入各级财政。如果各环节都能量入为出，则价值总量与实物总量可能达到平衡。

6）能动性

国民经济系统的能动性，主要在于经济活动是以人为主体的活动，人是经济活动中最活跃的因素，充满活力和能动性。人的主观能动性、创造性和活力，会使国民经济系统充满生机，这是它与宇宙天体系统、自然生态系统、机械系统的根本区别。国民经济学作为一门经济科学，不能只研究国民经济增长和种种经济现象，必须研究复杂经济现象背后的人，研究人的目的、人的追求、人的动机、人的行为、人的观念、人的心理倾向和偏好，才能发现经济活动的规律性，比较深入地说明经济运行过程中的因果关系。

7）不确定性

由于国民经济系统受复杂多变的内部外部诸多因素影响，国民经济系统运行既要按一定的规律循序向前发展，同时又面临着许多或然性、随机性、不确定性因素。所谓不确定性，是指难以准确把握和预见的因素。随着时代发展和社会进步，世界处于急剧变革之中，经济和社会日益显示出更多的相对性、无序性、或然性和不确定性。未来的世界，是一个充满风险和变数的世界。对于国民经济系统来说，影响其运行的不确定性因素主要有：首先，国际经济形势的不确定性；其次，自然系统变化的不确定性；再次，市场变化的不确定性；最后，人的经济行为的不确定性。

经济系统作为人直接控制的系统，加之外部环境的复杂性，必然存在随机性和不确定性。问题在于如何深刻认识：一是努力搜寻和尽可能地掌握相关信息，提高科学预见的能力，即充分考虑随机性因素，在定性分析的基础上进行认真的定量分析，定性分析与定量分析相结合，力求把握大体趋势；二是提高对外部环境变化的适应能力，在剧烈变动的环境中灵活应对，寻求机遇，积极创新，超越混沌，走出一条新路，既要重视风险、积极防范风险，又要有一定的冒险精神、积极开拓创新；三是面对可能出现的突发事件，必须建立有效的应急系统和必要的财力、物力的储备，以防患于未然。

8）可控性

国民经济系统既有许多不确定性因素，有难以控制的一面，也有一定的规律和确定性，有一定自我调整恢复稳态的功能。作为宏观经济调控主体的政府，也会对国民经济运行偏离目标的状态进行必要的干预，对国民经济系统运行进行必要的控制。宏观经济控制与工程控制、机械控制等不同，它是人直接参与其中的活动，因而更为复杂。宏观经济调控是以经济控制理论为基础，运用当代科学方法分析国民经济运动过程，对国民经济系统进行有效控制的活动。依据国家中长期发展规划目标和总供求格局实施宏观调控，必须选好政策工具，实行合理组合和措施，当前主要是完善以财政政策、货币政策为主，产业政策、区域政策、投资政策、消费政策和价格政策等协调配合的政策体系，强化政策工具之间的有机组合，形成调控合力，确保宏观调控目标的总体实现。同时，使前馈控制、过程控制与反馈控制互相配合，以提高宏观经济调控效果。

3. 国民经济系统的功能

1）系统转换功能

国民经济系统首要功能是转换功能，即将系统投入要素转换为系统产出成果。当系统产出大于系统投入时，国民经济系统产生经济效益，这是系统转换功能的主要目的，也是经济活动的根本性问题。国民经济系统从投入到产出的转换，力求达到以最少的投入实现最大的产出，实现帕累托最优状态。国民经济系统转换功能，既要满足投入—产出最大化效率，又要能够通过多样化、高质量型产出以满足人民日益增长的美好生活需要。

2）系统协调功能

国民经济系统由多产业、多空间的庞大复杂的子系统构成，各个子系统之间、子系统内部各个结构之间存在着相互关联，这种关联可能会出现不协调、不均衡、不和谐的现象，从而影响和阻碍系统的正常运转。国民经济系统有效运行，需要系统协调功能，具体而言：一是系统组成要素的协调，如部门之间、区域之间、城乡之间、经济与社会各项事业之间，国有企业与民营企业之间等的协调发展；二是发展目标的协调，即分清并正确处理主要目标与从属目标、长期目标与近期目标、整体目标与局部目标、宏观调控目标与经济体制改革目标等的关系；三是调整经济利益关系，主要协调整体利益与局部利益、地方利益与中央利益、政府利益与广大人民群众利益等；四是协调经济社会发展与人口资源环境的关系，通过系统协调和能量转换，促进可持续发展，推动经济绿色低碳转型；五是协调国内经济发展与国际经济的关系，新发展阶段，我国提出了“双循环”发展战略，以国内大循环为主体，也要更好推进高水平国际循环，向国外市场提供高性价比产品服务，同时充分利用国外的生产要素，努力实现内循环为主、外循环赋能、双循环畅通高效。

3）系统创新功能

创新是经济持续发展的根本动力。新知识、新思想、新理论、新技术、新工艺、新产品、新服务形式不断涌现，为构建创新型国家提供了支撑。国民经济系统本身具有自我发展、自我升华、自我创造的功能，具有推动创新的内在机制。创新机制主要体现在：一是市场需求的拉力。经济活动的目的是满足人的需求，创新也是以市场需求为导向的。随着经济社会发展和人民生活水平的不断提高，需求日益增长并呈现出多样化、个性化的特点，因而要求不断创新。二是市场竞争的压力。面对国内外市场的激烈竞争，每个企业、每个经济组织只有不断创新，才能在竞争中生存和成长。国家为了推动国民经济的发展，也需要竞争力，主要是提高科学技术的竞争力，即不断提高自主创新能力，建设创新国家，这是国家发展战略的核心，是提高综合国力和国际竞争力的关键。三是创新型人才的推力。所谓创新型人才，是指站在学科前沿阵地积极开拓探索，具有强烈创新意识和创新能力，不断创造出新技术、新知识的高层次人才。一批创新型人才的涌现与成长，是推动创新的重要力量。

4）系统自调节功能

自调节功能是指社会主义市场经济的自我调节机制。市场机制是价格机制、供求机制、竞争机制的统一体。但市场机制不是万能的，也会出现“市场失灵”，因而还需要国家（或政府）的宏观经济调控。宏观调控机制是基于国民经济系统运行状态的信息反馈，主要运用利益导向的经济手段进行调控，是基于对宏观经济运行规律的把握，基于对市场机制的自觉运用，而不是人们的主观任意行为。

需要指出的是，调节和控制是为了经济协调、稳定、有序运行，但协调和稳定只是相对的，不是绝对的。在现实经济生活中，经常出现不协调、不稳定和无序的状态。这是因为：一方面，由于人们急功近利的短期行为，追求力所不及的过高目标、过高速度破坏了经济系统组成要素的相互制约关系，这是应力求避免的；另一方面，国民经济系统不是永远处于稳态的固定不变的僵化系统，而是不断运动着的“活”的系统，不断产生着新技术、新产品、新产业、新规则，不断进行新陈代谢，有时会突破原有的结构和相互联系，出现一定的无序和暂时的混乱，需要建立新的协调关系。例如，实行经济体制改革，以新体制代替旧体制，在体制交替过程中，会出现一定的混乱，出现一些矛盾，需要逐步调整。国民经济运动过程，实际上就是从稳态到变革、从无序到有序、从冲突到协调、从平衡到不平衡再到新平衡的过程，走出混乱和无序，就会使国民经济发展进入一个新的更高的层次。

2.3.2　国民经济运行系统基本内容

国民经济系统由若干个互相联系、互相影响的子系统构成，并对国民经济系统功能的发挥产生影响。国民经济系统主要包含国民经济系统结构和国民经济系统环境。

1. 国民经济系统结构

国民经济系统结构主要包括产业结构、区域结构、城乡结构。主要分析产业结构演进规律和产业结构优化对国民经济增长的影响，区域结构优化与国民经济协调发展的关系，以及城乡结构变化及如何推进城乡一体化协调发展。

1）产业结构

从系统论的角度分析，产业结构是一个动态演进的结构，是指国民经济各产业部门之间以及各产业部门内部的构成，以及部门之间相互促进、相互制约的经济联系和数量对比关系。从国民经济学的角度分析，主要通过研究产业结构演化的规律，分析产业结构调整和优化的路径，探索其对国民经济系统功能发挥的影响。

从产业结构划分方法来看，主要有如下几种方法：三次产业分类法、国际标准分类法、国家标准分类法、生产要素集约度分类法、产业发展阶段分类法。

产业结构演进是指产业结构由一个较低层次向较高层次不断成长或高级化的过程。判断产业层次高低的依据是看生产对资源和科学技术的依赖程度，大体可分为三个层次：一是低层次结构，主要由资源禀赋决定，产业设置取决于该国所拥有或有权支配的自然资源种类及数量，产业增长速度和规模取决于资源的储量、质量和开发成本；二是中层次结构，主要由资源和技术双重决定，但技术主导型产业所占比例逐步高于资源主导型产业所占比例；三是高层次结构，主要由技术水平决定，生产效率的提高促使产品生产过程缩短，其发展趋势是技术含量高的最终制成品占据社会生产主体地位。

专栏 2-4 《中华人民共和国国民经济和社会发展第十四个五年规划和2035年远景目标纲要》中的数字经济重点产业

01 云计算

加快云操作系统迭代升级，推动超大规模分布式存储、弹性计算、数据虚拟隔离等技术创新，提高云安全水平。以混合云为重点培育行业解决方案、系统集成、运维管理等云服务产业。

02 大数据

推动大数据采集、清洗、存储、挖掘、分析、可视化算法等技术创新，培育数据采集、标注、存储、传输、管理、应用等全生命周期产业体系，完善大数据标准体系。

03 物联网

推动传感器、网络切片、高精度定位等技术创新，协同发展云服务与边缘计算服务，培育车联网、医疗物联网、家居物联网产业。

04 工业互联网

打造自主可控的标识解析体系、标准体系、安全管理体系，加强工业软件研发应用，培育形成具有国际影响力的工业互联网平台，推进“工业互联网+智能制造”产业生态建设。

05 区块链

推动智能合约、共识算法、加密算法、分布式系统等区块链技术创新，以联盟链为重点发展区块链服务平台和金融科技、供应链管理、政务服务等领域应用方案，完善监管机制。

06 人工智能

建设重点行业人工智能数据集，发展算法推理训练场景，推进智能医疗装备、智能运载工具、智能识别系统等智能产品设计与制造，推动通用化和行业性人工智能开放平台建设。

07 虚拟现实和增强现实

推动三维图形生成、动态环境建模、实时动作捕捉、快速渲染处理等技术创新，发展虚拟现实整机、感知交互、内容采集制作等设备和开发工具软件、行业解决方案。

2）区域结构

任何一个国家的国民经济，都是由部门、空间和时间要素构成的三维系统。从空间维度来看，国民经济是由异质的区域经济有机耦合而成，因而可以将区域结构看成国民经济的子系统。

区域是人类从事社会经济活动的一定空间范围。区域经济既有其相对完整的结构和相对独立的功能，又是国民经济系统的有机组成部分。具有如下性质和特点。

（1）差异性。每一个区域其自然条件、资源禀赋、地理位置、经济基础、市场容量、文化底蕴和人员素质等各不相同，并由此形成地区的优势与劣势，直接影响到经济发展水平和产业结构。

（2）开放性。区域结构是国际贸易系统结构的缩影，但绝不是独立的封闭的经济系统而是国民经济系统的有机组成部分，需要与其他区域进行物质、能量、信息的广泛交换，形成区域间相互依存、相互制约、相互促进的有机结合的国民经济地区结构系统。

（3）层次性。不论经济区也好，行政区也罢，其中都包含若干层次，因而在经济活动中，各层次间相互协调、分工协作关系相当复杂。研究区域结构，必须处理好系统、子系统和分系统之间的关系。城市综合承载能力不断提升，实现由“单个城市—城市圈—城市群—城市带”到“城市域”的转变；海绵城市、卫星城市、智慧城市、特色小镇等新型城市类型不断涌现。

（4）动态演变性。每一个区域的发展以及区域之间的相互关系受诸多因素的影响，所以区域经济的发展层次以及在国民经济系统中的地位，都会不断发生变化，先进地区不一定永远先进，后进地区也可能快速赶上。造成这些变化的主要因素包括技术、管理的重大创新，新资源的重大发现，体制的重大改革，发展环境的建设等。

3）城乡结构

在经济发展过程中，产业结构和区域结构都有一个城乡分布问题。城乡结构是产业结构和区域结构的具体体现，同时也对产业结构和区域结构从而对国民经济系统结构产生影响。从一定意义上说，城乡结构是一国（地区）工业化、城市化和现代化水平的一个缩影。

一国的国民经济系统结构从大的方面可分为产业结构和区域结构两个方面，也可以进一步细分。城乡结构属于区域结构，但是由于城市和农村是两个具有特定含义的区域，它们在产业结构、发展水平、影响因素和发展趋势，以及由此形成的关系上，明显不同于一般的区域结构，因而应具体进行分析。

概括起来，城市是人口集中、工业发达以非农人口为主的地区。在空间载体上，城市体现出环境的高组织化和物质设施的集聚化。前者指对自然环境的人为改造，其目的是使环境适合人的需求；后者则表现为各种工作、居住场所和交通设施在市区内的高密度分布。在人口上，其人口集中程度远高于乡村，而且绝大多数人口从事非农产业。在经济上，其产业结构以第二、第三产业为主，经济门类相对齐全。

乡村则是相对于城市的一个范畴，主要是以农业生产为主的人口集聚场所和农业生产区域。与城市相比，乡村的特征主要表现为在空间载体上呈现环境的低组织化和物质设施的分散化。在人口上，集中程度较低，且大多数人从事农业生产活动。在经济上，产业结构较为单一，通常以第一产业为主。

城乡结构是根据城市和乡村的特点，按照城乡自然地理区域，并结合行政管理区域进行划分的。城乡结构不同于一般的区域结构。从城乡区域的产业布局来看，主要涉及农业与非农业的关系；从城乡区域经济活动主体的角度来看，主要涉及农民和市民的关系；从城乡结构发展趋势分析，主要涉及城乡人口分布。

城乡结构研究的主要内容包括：一是反映产业布局的城乡产业结构，主要是农业与非农产业结构；二是反映农民与市民关系的城乡收入分配结果，主要指城镇居民可支配收入和农民人均纯收入的水平；三是反映城乡结构发展趋势的城乡人口结构，主要指人口在城市和农村的分布。

人类文明的发展历史表现为城市进化的历史。在当今的世界发达国家，无不是城市化率较高的国家，其发展都经历了由农业向工业、农村向城市的发展历程，城市化是人类生产和生活方式，由乡村型向城市型转型的历史过程。主要表现为农村人口向城市人口转化以及城市不断发展与完善。其本质特征为以人口转移和集中为前提，以经济活动的集聚为主要内容，以经济社会结构转变为核心，以农村和城市互动为基本方式。

迄今为止，发达国家大多完成了工业化与城市化的历史任务，随着科技的进步和经济的发展，城市和乡村在经济发展水平与社会文明程度上的差距已经消除，但是对于发展中国家来说，其工业化进程明显地存在城乡二元结构，破解二元结构是发展中国家从理论到实践亟待解决的核心问题。从历史的角度来看，城乡关系大致经历了如下几个阶段：乡育城市（城乡关系的起点）、城乡分离（缺乏市场交换的城市偏好主导阶段）、城乡联系（关联发展阶段）、城乡融合（互惠共生阶段）和城乡一体化（全面发展阶段）。

2. 国民经济系统环境

影响和制约国民经济系统运行的各种外部因素即为系统环境，国民经济系统的健康运行离不开系统环境的和谐状态，从对人类发展观的反思来研究国民经济系统环境的构成，从可持续发展的视角探讨国民经济系统与其运行环境保持协调关系的途径，从开放的格局论述国民经济系统与全球化的关系。

人类社会除了人口的生产、经济的生产和自然的生产之外，还有社会关系的生产和精神的生产，而后者可称为第四种生产。根据马克思的再生产理论，社会再生产过程是物质资料的再生产、人类自身的再生产和生产关系的再生产，三者的完美结合与统一，构成社会再生产的全部。物质资料的生产和再生产是人类社会存在与发展的基础，人类自身的生产和再生产，创造出新的社会成员形成社会活动的主体，而社会生产关系的再生产，则不断地规范着人们在物质资料生产过程中结成的相互关系及一定的社会经济形式，三者互相依存缺一不可，只有这三者有机结合在一起，形成一个统一的整体社会，再生产才能够顺利地进行下去。

社会关系的生产和精神的生产，或者说社会制度结构的完善和精神文明的进步是一个国家人口的生产、物质的生产、自然的生产可持续进行的必要条件，也是一个国家综合国力中的软实力的重要体现。通过提高这一软实力，可以带动提高人口、经济和自然生产力等硬实力。由此可以推断，人口、资源环境、经济和社会协调发展，或者说四种生产协调发展是一个国家可持续发展的根本保障。

本章小结

本章主要内容包括：系统的内涵和系统论研究内容、系统论的八个基本原理和系统论的五个基本规律、国民经济系统的构成、国民经济系统的八大性质、国民经济系统的四大功能和国民经济系统的三大结构。通过本章的学习，重点掌握国民经济系统的构成、性质、功能和结构。

本章习题

1. 系统论的内涵。
2. 系统论的基本原理。
3. 系统论的基本规律。
4. 国民经济系统的构成。
5. 国民经济系统的性质。
6. 国民经济系统的结构。

第 3 章

国民经济系统的分析方法

> **学习目标**

1. 掌握综合平衡法及其应用
2. 了解总量分析与结构分析法及其应用
3. 熟悉静态分析与动态分析法及其应用
4. 熟悉定性分析与定量分析法及其应用
5. 掌握国民经济调查方法及其应用

> **知识点摘要**

1. 综合平衡法的相关概念及其主要内容
2. 总量分析与结构分析的内涵及应用案例
3. 静态分析与动态分析的内涵及模型应用
4. 定性分析与定量分析的内涵及模型应用
5. 国民经济调查方法的主要内容及应用

3.1 综合平衡法

3.1.1 综合平衡法的内涵

综合平衡法是从国民经济总体出发，按照统筹兼顾，适当安排的方针，从数量上协调社会再生产各环节、国民经济各部门和各地区的联系，以实现国民经济按比例发展的一种方法。所谓综合平衡，就是国家遵循客观规律的要求，从全局出发对经济系统的各个组成部分间、各个要素间、各个环节间以及经济系统与环境间的相互关系，进行统筹安排和协调，确定和衔接各项计划指标，求得社会生产（供给）和社会需要（需求）的平衡的一种方法。综合平衡的对象是经济系统的总体平衡和结构的协调，目的是实现经济系统的持续、稳定、协调的发展。综合平衡遵循的总方针是从全局出发，统筹兼顾，适当安排（李震中等，1992）。在计划经济时期，综合平衡的主体是国家计划部门，它在制定和执行计划过程中要根据综合平衡的要求，及时发现和克服经济发展中的矛盾和不平衡现象，主动地自觉地进行调节和实现平衡。在中国特色社会主义市场经济时期，综合平衡法应与时俱进，与现代方法有机结合。

综合平衡是在我国长期的国民经济管理实践中逐步形成的重要方法，它有着科学的理论依据。任何事物的运动和发展都是平衡和不平衡的辩证统一。平衡是相对的，而不平衡是绝对的。所谓相对的，就是暂时的、有条件的。经济发展也是如此，总是在不断打破旧的平衡，出现了不平衡又建立新的平衡的过程中进行的。可见，经济的平衡，就是经济系统和经济活动中各种矛盾的暂时的相对的统一，这种统一是有条件的而不是无条件的、绝对的。可见，无论是计划经济时期，还是社会主义市场经济时期，综合平衡法都具备实施空间和实施条件。

3.1.2 综合平衡法的基本内容

综合平衡就其所反映的经济内容而言，主要包括：总量平衡，产业结构和比例关系，比例关系和速度问题，财力、物力和人力的综合平衡、地区综合平衡等内容。

1. 总量平衡

这里所说的总量平衡，是指社会总产品、国民收入、国民生产总值（国内生产总值）等总量指标的生产与分配使用的平衡以及其中所体现的补偿（或中间投入）、消费和积累的比例关系。总量平衡从商品经济的市场供求关系来分析，可称为社会总供给和总需求的平衡。总量平衡，反映了国民经济总生产或总供给与社会总需要或总需求的平衡。它是综合平衡中一种最概括、最综合，从而也是最简单的表现形式，是国民经济总体运行平衡最终的集中表现。

社会总供给和总需求的平衡同国民收入、国内生产总值的生产与分配使用的平衡有所不同，它是从社会商品总流通的角度分析总供给和总需求的平衡。供给是处在市场上的产品，也即能提供给市场的产品。需求则是在市场上出现的需要，是一种有支付能力的社会需要，体现为一定货币额的购买需求。因此，在核算社会总供求的平衡时，在总供给一方必须从国民收入或国内生产总值中扣除不能分配部分即不能进入市场的部分；在总需求一方则体现为投资的购买需求、消费的购买需求、出口需求等。

2. 产业结构和比例关系

产业结构是经济结构的一部分。产业结构和比例关系都是指国民经济各个产业部门之间的相互关系。结构是指系统的构成，包括各个单项的比例关系。

国民经济综合平衡所要研究和安排的重要的、全局性的结构和比例关系大致如下：

（1）社会生产两大部类（生产资料生产和消费资料生产）的结构。

（2）三次产业的结构。

（3）农业、轻工业和重工业的结构。

（4）生产和建设的比例。

（5）经济建设和科学、教育、文化事业的比例。

（6）经济建设和国防建设的比例。

（7）人口再生产和物质资料再生产的比例。

（8）国民经济的地区结构和生产布局等。

以上所列举的主要是宏观经济范围的结构和比例关系，实际上国民经济中的结构和比例关系可分为不同的层次，它们之间存在错综复杂的联系。

3. 比例关系和速度问题

国民经济综合平衡所要解决的问题很多，许多问题交织在一起，难以分清主次，必须抓住对国民经济和社会发展有重大影响的主要问题，集中主要力量加以突破，才能推动全局发展。就整个综合平衡来说，应当紧紧把握住正确处理国民经济各项主要比例关系和速度问题，合理使用人力、财力和物力，以求得社会生产和社会需要的平衡，使国民经济协调地向前发展。综合平衡要处理好的主要比例关系及其基本途径有：①农业、轻工业和重工业的比例关系；②积累（投资）和消费的比例关系；③能源、交通与其他部门的关系；④经济建设和科学教育及人口发展的比例关系等。

速度问题是牵动全局、关系国家建设和人民生活的大问题。速度和比例是密切相关的。没有按比例，就没有高速度；而速度的高低，又直接影响到比例和效益。要把速度定得比较适当，从以往的实践经验看，至少应做到这样几点：一是速度应与对全局有决定性影响的能源、原材料等的多少相协调；二是速度应与主要生产能力和配套条件基本相一致，不能过多依靠新项目的新增投产能力；三是正确估量人的因素，经过努力确能实现，最好是超额完成；四是把速度和效益统一起来，速度服从效益；五是有利于积蓄力量，增强后劲。总之，要力求基本符合实际，有利于调动各方面的积极性，实现持续稳步增长。

4. 财力、物力和人力的综合平衡

财力、物力和人力的综合平衡，是搞好国民经济综合平衡的基本条件和基本内容。在实际工作中，财力、物力和人力的综合平衡，主要分为财政平衡、信贷平衡、物资平衡、市场平衡、外汇平衡、劳动力平衡等六大平衡。①财政平衡，即财政收支的平衡，基本上体现了实物供需总量的平衡，反映了国民经济发展的规模和速度。②信贷平衡，即信贷收支的平衡，也就是信贷资金来源和资金运用的平衡。③物资平衡，指生产和建设中原材料、燃料及机械设备等重要生产资料的可供资源与国民经济各部门需要之间的平衡。④市场平衡，指社会商品购买力同商品可供量之间的平衡。⑤外汇平衡，是外汇收入和支出间的平衡。⑥劳动力平衡，指社会劳动力资源与国民经济对劳动力的需要之间的平衡。

5. 地区综合平衡

地区综合平衡是指在一个地区范围内对国民经济和社会发展进行的综合平衡，它

和全国综合平衡有许多相同之处，也有一些不同之处。地区综合平衡，是因地制宜发展地区经济的客观需要，尤其在我们这样一个大国，搞好地区平衡就更为重要（钱伯海，1982）。

搞好地区综合平衡是一项相当复杂的事情，因为它涉及纵横各个方面，涉及综合平衡所必需的相关条件。因此，在方法上必须从地区的实际出发，而不能简单照搬全国的一套模式。根据实践经验，应着重掌握以下几点：①搞好地区平衡要与国家平衡相衔接；②搞好地区平衡要深入进行调查研究；③搞好地区综合平衡要抓准抓好重点；④搞好地区综合平衡要坚持走群众路线。

3.1.3 综合平衡法的主要做法

1. 综合平衡的基本原则

国民经济及其各个部门，都是在平衡和不平衡的对立统一中向前发展的。平衡是相对的、暂时的；不平衡是绝对的、经常的。这是经济发展的普遍规律。综合平衡的过程，实际上就是正确处理各种经济矛盾、调节各方面经济关系的过程，最后实现保持平衡即按比例发展的要求。根据我国经济发展的历史经验，进行国民经济的综合平衡，最重要的是从我国的国情出发，严格按照客观规律办事，把贯彻执行党的战略思想、方针、政策同处理好各方面的比例关系有机地结合起来。在综合平衡中，应当认真遵循以下几项原则：①实事求是，量力而行；②积极可靠，留有余地；③保证重点，照顾一般；④瞻前顾后，长短结合；⑤注重经济效益，选择最优比例（刘光明等，1985）。

2. 综合平衡的做法

综合平衡的正确做法是留有余地，不能留有缺口。认为“缺口是动力”、留缺口的平衡是积极平衡的观点是不对的。国民经济发展规划是指导经济发展的行动纲领，它一经制定并付诸实施，就会对经济生活产生决定性的影响。因此，它必须具有严格的科学性。必须看到，规划就其性质来说，不过是对客观经济过程的一种预见。再好的规划也只是大致地反映客观经济过程，不可能把客观进程中的一切因素全部都预见到。这是因为人的认识受主观和客观条件的限制。所以，综合平衡必须留有余地，物力、财力的使用要留有后备。这样，即使发生意外的情况，也不致陷于被动地位，而能应付自如。规划留有余地、留有后备，不是放慢速度，而恰恰是为实现持久的高速度提供了可靠的物质基础。

由于国民经济和社会发展规划涉及社会经济生活的很多方面，需要妥善安排的各项指标任务千头万绪，这就产生一个综合平衡从何入手的方法论问题。这个问题的实质，就是综合平衡的逻辑顺序问题。在选择出发点的问题上，可以有多种做法，这里只介绍两种做法。

一种做法是先研究规划期工农业生产发展的可能，按照农轻重的次序安排好农业、轻工业和重工业的增长速度和比例关系，匡算出生活资料和生产资料的产量，据以安排人民生活水平的提高幅度和基本建设规模（积累和消费比例），在考虑进出口贸易的条件下进行必要的调节。如果不合适，再反复调整、平衡。

另一种方法是先确定综合指标，如先确定国民收入的生产和分配使用，然后根据这些综合指标来计算各部门的详细指标，编制各个部门的规划。规划期国民收入可能达到的水平，可根据影响国民收入增长的因素（基期积累额和计划期积累利用系数，或生产劳动者人数的增加，劳动生产率提高和物质消耗的节约等因素）来计算。然后，确定合理的积累和消费比例，再确定积累基金和消费基金各自的实物构成，据此再确定农轻重的生产比例和产量，经过反复平衡，使综合指标与具体部门（产品）的生产指标和分配指标相互衔接起来。从初步的综合指标的匡算到分解的各个部分的具体计算，反过来再从局部的详细指标的计算修正综合指标的计算，评价与选择出最优方案。这种做法，叫作"总盘子"法。

上述两种方法各有优缺点，可以结合使用，相互验证。这样编制的国民经济发展规划，可以大体反映社会主义基本经济规律的要求，统筹安排国家建设和人民生活，把社会主义生产的目的和达到这一目的的手段结合起来。只要把关系国民经济全局的综合比例安排好，就能保证整个国民经济协调地持续增长，而不致出现大的比例失调。

3.2　总量与结构分析方法

3.2.1　总量分析和结构分析的内涵

1. 总量分析

1）总量分析的内涵

国民经济学以整个国民经济为考察对象，研究经济中各有关总量的决定机制及其变动规律，以解决失业、通货膨胀、经济波动、国际收支失衡等问题，实现长期持续均衡发展。国民经济运行不局限于总量或结构，而是一个复合体，但是分析可以从逻辑上分别考察总量和结构。对国民经济总量进行分析，主要是对国内生产总值、国民收入、社会总供给、社会总需求、总消费、总投资、经济增长、就业状况、物价总水平、税率、利率、汇率等宏观经济总量指标的总体与平均水平、增长速度、变化趋势、波动规律等进行数量分析，以便从总体上把握经济发展状况。宏观经济学的理论和模型是国民经济总量分析的理论基础，包括宏观经济理论、宏观经济政策和宏观经济计量模型；具体分析方法有：简单的国民收入决定模型、IS-LM 模型、总需求-总供给模型等。

2）总量分析中的总量指标

总量指标是反映某种社会经济现象在一定时间、空间和条件下的总规模、总水平或工作总量的综合指标。由于总量指标的表现形式为绝对数，因此，总量指标又叫统计绝对数。国民经济总量分析中的总量指标是指反映社会经济现象在一定时间、地点条件下所达到的总规模、总水平或工作总量的综合指标。例如，2022 年我国国内生产总值 1 210 207 亿元，社会消费品零售总额 439 733 亿元，全社会固定资产投资 579 556 亿元，货物进出口总额 420 678 亿元，全国一般公共预算收入 203 703 亿元，广义货币供应量（M2）余额 266.4 万亿元，年末国家外汇储备 31 277 亿美元，全部工业增加值 401 644 亿元等，这些总量指标反映我国这一年国民经济所达到的规模和绝对水平。[①]

总量指标在国民经济总量分析中具有重要的作用。

首先，总量指标是认识国民经济现象的起点。人们要想了解一个国家或一个地区的国民经济和社会发展状况，首先就要准确地掌握客观现象在一定时间、地点条件下的发展规模或水平，然后才能更深入地认识社会。例如，为了科学地指导国民经济和社会的协调发展，就必须通过总量指标正确地反映社会主义再生产的基本条件和国民经济各部门的工作成果，即反映我国土地面积、人口和劳动资源、自然资源、国民财富、钢产量、工业总产值、粮食产量、农业总产值、国民收入额以及教育文化等方面的发展状况。

其次，总量指标是实行国民经济管理的依据之一。一个国家或地区为更有效地指导经济建设，保持国民经济协调发展，就必须了解和分析各部门之间的经济关系。它虽然可以用相对数、平均数来反映，但归根结底还是需要掌握各部门在各个不同时间的总量指标。

最后，总量指标是计算相对指标和平均指标的基础。总量指标是统计整理汇总后，首先得到的能说明具体国民经济总量的综合性数字，是最基本的统计指标。相对指标和平均指标一般都是由两个有联系的总量指标相对比而计算出来的，它们是总量指标的派生指标。总量指标计算是否科学、合理、准确，将会直接影响相对指标和平均指标的准确性。

2. 结构分析

1）结构分析的内涵

结构分析法是指对经济系统中各组成部分及其对比关系变动规律的分析。结构分析主要是一种静态分析，即对一定时间内经济系统中各组成部分变动规律的分析。如果对不同时期内经济结构变动进行分析，则属动态分析。结构分析法是在统计分组的基础上，计算各组成部分所占比重，进而分析某一总体现象的内部结构特征、总体的性质、总体内部结构依时间推移而表现出的变化规律的统计方法。结构分析法的基本表现形式，就是计算结构指标。

$$结构指标（\%）=（总体中某一部分/总体）\times 100\%$$

结构指标就是总体各个部分占总体的比重，因此总体中各个部分的结构相对数之和，即等于 100%。

2）国民经济结构分析

全面深刻认识国民经济现象，仅仅考察总量及其变化是不够的，还要考察国民经济系统中各构成部分及其对比关系的变动。对国民经济结构进行分析，主要是对国民经济一些指标或变量结构之间的关系进行数量分析，以便从宏观总体上把握这些指标或变量

---

① 国家统计局. 中华人民共和国 2022 年国民经济和社会发展统计公报，http://www.scio.gov.cn/xwfb/gwyxwbgsxwfbh/wqfbh_2284/49421/49813/xgzc49819/202307/t20230704_725287.html.

之间的相互依存关系。常用的数量分析方法有：边际分析、效用分析、弹性分析、乘数分析、投入产出分析、比较静力学分析等。此外还包括在时间和空间上、在国民经济各组成部分、各子系统中，从数量上对宏观经济结构所进行的数量分析，如宏观经济结构分析、产业结构分析、地区结构分析、投资结构分析和消费结构分析等。

国民经济主要的结构分析有以下方面。

首先，需求结构分析。需求结构一般以各部分需求占总需求的比重来反映。总需求通常分为投资、消费、出口三部分，相应的结构特征常使用资本形成总额、最终消费支出、货物和服务净出口占总需求的比重来表征。考察需求结构重点是看国内需求和国外需求、投资与消费的变动是否协调，还可以进一步考察投资结构、消费结构以及进出口结构是否合理。例如，看国内需求与国外需求的关系时，如果外需占比过高，则经济容易受外部冲击影响；如果内需占比高，政府宏观调控能力强，则有利于经济稳定。观察国内需求要看最终消费支出和资本形成总额，观察国外需求要看货物和服务净出口或货物出口。

其次，产业结构分析。产业结构是国民经济各产业部门之间以及各产业部门内部的构成，标志着一国经济发展水平的高低和发展阶段变化。产业发展是相互依存的，相互间存在一定的比例关系，如果比例关系适当，则不同产业相互促进；反之，将相互制约。分析产业结构，一般采用产业增加值占国民经济的比重，行业增加值占部门增加值的比重等。例如，一、二、三产业增加值占国内生产总值的比重。

最后，区域结构分析。区域结构是国民经济各地区之间的发展关系和结合情况。区域结构受自然资源、交通、科技、管理、市场、发展战略等多种因素的影响，是在长期发展过程中形成的。合理的区域结构是根据不同地区的优势和特点，形成地区间合理分工，实现资源合理利用和优化配置，并在发展过程中逐步缩小地区之间发展差距，实现区域协调发展。如果区域结构不合理、差距过大，会加剧地方保护、市场分割，降低资源配置效率，也会加剧社会矛盾，影响社会稳定。

3.2.2　总量和结构的各种状态分析

总量分析是国民经济分析的最高层次和基本内容。它主要包括总供给和总需求两个方面。在以下分析中，我们以一个封闭的系统作为模型，舍弃进出口和资本的流入流出，也不考虑库存对总供给和总需求的调节作用。简化模型不会影响经济分析的实质，只要我们在分析实际问题时记住出口是国内总供给的减少，进口则是国内总供给的增加，资本的净流入也相应增加了国内的供给水平。合理库存则只是经济运行过程中调节供给与需求的中介，本质上不会影响供给和需求水平。

在上述前提下，我们将国民经济分成几个部门，总供给可以概括为一定时期国民经济的最终产品和劳务的价值总量，即各经济部门最终产品和劳务价值量的总和，而总需求则可以概括为一定时期全社会对各部门产品和劳务的有支付能力的需求量的价值总和。我们将其表示为

$$S=\sum_{i=1}^{n}S_i \qquad D=\sum_{i=1}^{n}D_i \tag{3-1}$$

其中，S 为总供给；S_i 为 i 部门最终产品和劳务供给的价值量；D 为总需求；D_i 为对 i 部门的最终产品和劳务的有支付能力的需求。

从这里可以看到，宏观经济总量分析的前提是各部门的产出量和劳务供给量是可加的，对各部门的产品和劳务的需求也是可加的。前者要求产品的价格反映产品的边际成本，而且投入要素在各部门之间是可以自由流动的，后者要求产品的价格反映人们的边际效用，而且人们在实现需求方面具有完全的选择自由。显然，这两项要求是以西方的自由市场经济制度为基础提出的。只要能满足这两项要求，就不会出现长期的结构失衡。传统的社会主义计划体制很难满足这种要求，结构失衡自然就成为常态。当前西方许多国家的混合经济制度和改革中的社会主义体制则居于这两种极端状态之间，前者较接近于结构平衡的一端，后者则较接近于结构失衡的一端。按照以上思路，我国目前的总供给和总需求似乎更适合于写成向量形式，即

$$S=\begin{pmatrix} S_1 \\ S_2 \\ \vdots \\ S_n \end{pmatrix} \qquad D=\begin{pmatrix} D_1 \\ D_2 \\ \vdots \\ D_n \end{pmatrix} \tag{3-2}$$

它们分别表示供给结构和需求结构。由于和是以价值量计算的，我们可以在货币单位的意义上将供给和需求加总：

$$S^*=\sum_{i=1}^{n}S_i \qquad D^*=\sum_{i=1}^{n}D_i \tag{3-3}$$

我们分别称 S^*和 D^*为名义总供给和名义总需求，以区别于有效供给和有效需求。名义总供给和名义总需求与供给向量和需求向量的几种逻辑关系可概述如下：

（1）$S=D\Rightarrow S^*=D^*$。这就是说，当结构平衡时，总量一定平衡，名义总供给和名义总需求分别等价于有效供给和有效需求。

（2）$S\neq D\Rightarrow S^*\neq D^*$ 这表明总量不平衡时结构一定不平衡。

（3）$S^*=D^*$时，也有可能 $S\neq D$。这表明总量平衡时结构也有可能不平衡。

总之，总量平衡是结构平衡的必要条件，但不是充分条件。总量不平衡时，结构一定不平衡。总量平衡时，结构不一定平衡；而结构平衡时，总量一定平衡。这样看来，总量与结构相结合的平衡态共有三种形式六种状态：

（1）$S^*=D^*$，$S=D$ 即 $S_i=D_i$，$i=1,2,\cdots,n$。

（2）$S^*=D^*$，$S\neq D$ 即 $S_a>D_a$，$S_b<D_b$，$S_c=D_c$。

（3）$S^* \neq D^*$，$S \neq D$ 即 $\begin{cases} S^* > D^* \begin{cases} S_i > D_i, & i=1,2,\cdots,n \\ S_a > D_a, & S_b < D_b, \ S_c = D_c \end{cases} \\ S^* < D^* \begin{cases} S_i < D_i, & i=1,2,\cdots,n \\ S_a > D_a, & S_b < D_b, \ S_c = D_c \end{cases} \end{cases}$。

其中，$a \in A = \{$供过于求的部门$\}$；$b \in B = \{$供不应求的部门$\}$；$c \in C = \{$供求平衡的部门$\}$；$A \cap B \cap C = \varnothing$;　$A \cup B \cup C = N = \{$所有经济部门$\}$。

第一种形式只有一种状态，即总量平衡，结构也平衡。这是一种理想的经济状态，可称为“双对称状态”。

第二种形式也只有一种状态，即总量平衡，但结构不平衡，有的部门供给大于需求，有的部门供给小于需求，有的部门则供需平衡。可称为“结构不对称状态”。

第三种形式有四种状态。一是名义总供给大于名义总需求，而结构同向不平衡，即各部门的供给都大于需求，我们称之为“同向过剩双重不对称状态”；二是名义总供给大于名义总需求，而结构异向不平衡，即有的部门供给大于需求，有的部门需求大于供给，而有的部门供需相等，我们称之为“异向过剩双重不对称状态”；三是名义总需求大于名义总供给，而结构同向不平衡，即各部门需求均大于供给水平，我们称之为“同向短缺双重不对称状态”；四是名义总需求大于名义总供给，而结构异向不平衡，即不同部门的供求关系表现出相反的特征，我们称之为“异向短缺双重不对称状态”。由此可见，在相同的总量关系下可能有不同的结构特征。因此，总量状态和结构状态既不能割裂，也不能替代，不能简单地把二者视为同一内容的两个方面，而应就二者结合的不同状态所具有的不同特征提出相应的政策措施。这样分析从经济现实出发，很有实际意义。

3.2.3　中国国民经济总量和结构：案例分析

本书结合中华人民共和国 2022 年国民经济和社会发展统计公报案例，对中国国民经济总量和结构进行分析。

1. 综合

据统计测算，我国 2022 年国内生产总值 1 210 207 亿元，比上年增长 3.0%。其中，第一产业增加值 88 345 亿元，比上年增长 4.1%；第二产业增加值 483 164 亿元，增长 3.8%；第三产业增加值 638 698 亿元，增长 2.3%。第一产业增加值占国内生产总值比重为 7.3%，第二产业增加值比重为 39.9%，第三产业增加值比重为 52.8%。全年最终消费支出拉动国内生产总值增长 1.0 个百分点，资本形成总额拉动国内生产总值增长 1.5 个百分点，货物和服务净出口拉动国内生产总值增长 0.5 个百分点。全年人均国内生产总值 85 698 元，比上年增长 3.0%。国民总收入 1 197 215 亿元，比上年增长 2.8%。全员劳动生产率为 152 977 元/人，比上年提高 4.2%。年末全国就业人员 73 351 万人，其中城镇就业人员 45 931 万人，占全国就业人员比重为 62.6%。全年城镇新增就业 1 206 万人，比上年少增 63 万人。全年全国城镇调查失业率平均值为 5.6%。年末全国城镇调查失业率为 5.5%。全国农民工总量 29 562 万人，比上年增长 1.1%。其中，外出农民工 17 190

万人，增长 0.1%；本地农民工 12 372 万人，增长 2.4%。全年居民消费价格比上年上涨 2.0%。工业生产者出厂价格上涨 4.1%，工业生产者购进价格上涨 6.1%。农产品生产者价格上涨 0.4%。年末国家外汇储备 31 277 亿美元，比上年末减少 1 225 亿美元。全年人民币平均汇率为 1 美元兑 6.7261 元人民币，比上年贬值 4.1%。

2. 农业

2022 年，我国粮食种植面积 11 833 万公顷，比上年增加 70 万公顷。其中，稻谷种植面积 2945 万公顷，减少 47 万公顷；小麦种植面积 2 352 万公顷，减少 5 万公顷；玉米种植面积 4307 万公顷，减少 25 万公顷；大豆种植面积 1 024 万公顷，增加 183 万公顷。棉花种植面积 300 万公顷，减少 3 万公顷。油料种植面积 1 314 万公顷，增加 4 万公顷。糖料种植面积 147 万公顷，增加 1 万公顷。全年粮食产量 68 653 万吨，比上年增加 368 万吨，增产 0.5%。其中，夏粮产量 14 740 万吨，增产 1.0%；秋粮产量 51 100 万吨，增产 0.4%。全年谷物产量 63 324 万吨，比上年增产 0.1%。其中，稻谷产量 20 849 万吨，减产 2.0%；小麦产量 13 772 万吨，增产 0.6%；玉米产量 27 720 万吨，增产 1.7%。大豆产量 2028 万吨，增产 23.7%。全年棉花产量 598 万吨，比上年增产 4.3%。全年猪牛羊禽肉产量 9227 万吨，比上年增长 3.8%。全年水产品产量 6869 万吨，比上年增长 2.7%。全年木材产量 10 693 万立方米，比上年下降 7.7%。全年新增耕地灌溉面积 78 万公顷，新增高效节水灌溉面积 161 万公顷。

3. 工业和建筑业

2022 年，我国全部工业增加值 401 644 亿元，比上年增长 3.4%。规模以上工业增加值增长 3.6%。在规模以上工业中，分经济类型看，国有控股企业增加值增长 3.3%；股份制企业增长 4.8%，外商及港澳台商投资企业下降 1.0%；私营企业增长 2.9%。分门类看，采矿业增长 7.3%，制造业增长 3.0%，电力、热力、燃气及水生产和供应业增长 5.0%。年末全国发电装机容量 256 405 万千瓦，比上年末增长 7.8%。全年规模以上工业企业利润 84 039 亿元，比上年下降 4.0%。全年建筑业增加值 83 383 亿元，比上年增长 5.5%等。

4. 服务业

2022 年，我国批发和零售业增加值 114 518 亿元，比上年增长 0.9%；交通运输、仓储和邮政业增加值 49 674 亿元，下降 0.8%；住宿和餐饮业增加值 17 855 亿元，下降 2.3%；金融业增加值 96 811 亿元，增长 5.6%；房地产业增加值 73 821 亿元，下降 5.1%；信息传输、软件和信息技术服务业增加值 47 934 亿元，增长 9.1%；租赁和商务服务业增加值 39 153 亿元，增长 3.4%。全年规模以上服务业企业营业收入比上年增长 2.7%，利润总额增长 8.5%。全年货物运输总量 506 亿吨，全年旅客运输总量 56 亿人次等。年末全国民用汽车保有量 31 903 万辆；全年完成邮政行业业务总量 14 317 亿元，比上年增长 4.5%。互联网普及率为 75.6%，其中农村地区互联网普及率为 61.9%。全年移动互联网用户接入流量 2618 亿 GB，比上年增长 18.1%。全年软件和信息技术服务业完成软件业务收入 108 126 亿元，按可比口径计算，比上年增长 11.2%等。

3.3 静态和动态分析方法

3.3.1 国民经济的静态分析

静态分析就是分析经济现象的均衡状态以及有关经济变量处于均衡状态所必须具备的条件，但并不论及达到均衡状态的过程，即完全不考虑时间因素，是一种状态分析。均衡这一概念有着不同的内涵。本书将均衡定义为“选定的一组具有内在联系的变量经过彼此调整，从而使这些变量所构成的模型不存在内在变化倾向”的状态。定义中，有几个词需要特别加以注意。第一，“选定的”一词强调了这样一个事实：确实存在一些变量，由于分析者的选择而未包含于模型之中。因此，这里所讨论的均衡与选定的特定变量有关。如果模型扩大，包含了额外的变量，适合于较小模型的均衡状态便不再适用于这种新的状态。第二，“内在联系”，一词意味着为实现均衡状态，模型中的所有变量必须同时处于静止状态；而且每一变量的静止状态必须与所有其他变量的静止状态相一致。否则某一（些）变量将会变化，并引起其他变量的连锁反应，均衡便不再存在。第三，“内在”一词意指再定义均衡时，所涉及的静止状态仅以模型内部力量的平衡为基础，而假定外部因素不变。从运算角度来看，这意味着参数和外生变量被视为常数。当外部实际变化时，将会导致定义在新参数值基础上的新均衡；但在定义新均衡时，还要假设新参数值保持不变。从本质上看，一个特定模型的均衡分析，是以缺乏变化趋势为特征的一种状态，正是因为如此，均衡分析也被称为静态分析。

1. 国民收入模型

$$Y=C+I_0+G_0 \tag{3-4}$$

$$C=a+by \tag{3-5}$$

$$\text{s.t. } a>0,\ 0<b<1$$

其中，Y 和 C 分别表示内生变量国民收入和消费支出；I_0 和 G_0 分别表示外生决定的投资和政府支出。第一个方程表示均衡条件（国民收入等于总支出）。第二个方程即消费函数，是行为方程。消费函数中的两个参数 a 和 b 分别表示自发消费支出和边际消费倾向。很明显，这两个方程包含两个内生变量，它们既不存在函数相关，也非互不相容。因此，我们可以求出以参数 a、b 和外生变量 I_0、G_0 表示收入与消费支出的均衡值 Y^* 和 C^*。

将式（3-5）的方程代入式（3-4）的方程中，可将其简化为包含一个变量 Y 的方程：

$$Y=a+bY+I_0+G_0 \tag{3-6}$$

或

$$(1-b)\,Y=a+I_0+G_0 \tag{3-7}$$

因此，Y 的解值（均衡收入）为

$$Y^* = \frac{a + I_0 + G_0}{1 - b} \tag{3-8}$$

需要指出的是，此式完全是以模型给定的数据，即参数和外生变量表示的。将式（3-8）代入到式（3-4）中，则得到均衡的消费支出水平。

$$C^* = a + bY^* = \frac{a(1-b) + b(a + I_0 + G_0)}{1-b} = \frac{a + b(I_0 + G_0)}{1-b} \tag{3-9}$$

此式也是完全以给定参数表示的。

Y^*和 C^*的分母均为表达式（$1-b$），因此，限定 $b \neq 1$ 是必要的，以避免被零除。因为，边际消费倾向 b 已被限定为一个正分数，所以 $b \neq 1$ 的限制自然满足。因为要使 Y^*和 C^*为正，则式（3-8）和式（3-9）的分子也必须为正。由于外生支出 I_0 和 G_0 通常为正，参数 a（消费函数的纵截距）为正，所以分析表达式也为正。

2. 国民收入模型中的应用

简单的国民收入模型也可用克莱姆法则来解。可以将式（3-4）和式（3-5）改写为

$$Y - C = I_0 + G_0 \tag{3-10}$$

$$-bY + C = a \tag{3-11}$$

从而使内生变量 Y 和 C 仅出现在等号左边，而外生变量和常数参数位于等号右边，系数矩阵为$\begin{bmatrix} 1 & -1 \\ -b & 1 \end{bmatrix}$，常数列向量（数字）为$\begin{bmatrix} I_0 + G_0 \\ a \end{bmatrix}$，注意，和 $I_0 + G_0$ 被视作一个整体，即常数项量中的一个元素。利用克莱姆法则可立即得到下列解

$$Y^* = \frac{\begin{vmatrix} (I_0 + G_0) & -1 \\ a & 1 \end{vmatrix}}{\begin{vmatrix} 1 & -1 \\ -b & 1 \end{vmatrix}} = \frac{I_0 + G_0 + a}{1 - b} \tag{3-12}$$

$$C^* = \frac{\begin{vmatrix} 1 & (I_0 + G_0) \\ -b & a \end{vmatrix}}{\begin{vmatrix} 1 & -1 \\ -b & 1 \end{vmatrix}} = \frac{b(I_0 + G_0) + a}{1 - b} \tag{3-13}$$

我们可以用系数矩阵求逆的方法来解此模型。因为系数矩阵为 $A = \begin{bmatrix} 1 & -1 \\ -b & 1 \end{bmatrix}$，其余

子式矩阵为$\begin{bmatrix}1 & b\\1 & 1\end{bmatrix}$，因而我们有 adj$A$=$\begin{bmatrix}1 & 1\\b & 1\end{bmatrix}$。由此可知逆矩阵为

$$A^{-1}=\frac{1}{|A|}(\mathrm{adj}A)=\frac{1}{1-b}\begin{bmatrix}1 & 1\\b & 1\end{bmatrix} \tag{3-14}$$

对方程组 $Ax=d$，解可以表示为 $x^*=A^{-1}d$。将其应用于现在模型，这意味着

$$\begin{bmatrix}Y^*\\C^*\end{bmatrix}=\frac{1}{1-b}\begin{bmatrix}1 & 1\\b & 1\end{bmatrix}\begin{bmatrix}I_0+G_0\\a\end{bmatrix}=\frac{1}{1-b}\begin{bmatrix}I_0+G_0+a\\b(I_0+G_0)+a\end{bmatrix} \tag{3-15}$$

这个解同前面得到的解也是相同的。

3. 静态分析的局限性

在国民收入静态均衡讨论中，我们主要关心的是求模型中内生变量的均衡值。在这种分析中我们忽略了一个基本问题：导致均衡状态的各变量调整和再调整的实际过程（若这种状态可以达到）。我们只关心在何处达到均衡状态，但对何时达到均衡状态以及达到均衡状态过程中会出现何种问题并不关心。

因此，这种静态均衡分析有两个重要问题没有顾及。一个问题是，因为调整过程需要很长时间方能完成，所以如果模型中的外生变量在此期间发生了某些变化，在特定静态分析框架中决定的静态均衡将在它最终达到之前，就失去了其实际意义。这就是均衡状态的移动问题。另一个问题是，即使调整的过程不受干扰，静态分析所构想的均衡状态也可能难以达到。这可能是由于出现了所谓的“非稳态均衡”的情况，其特征是调整过程驱动变量逐渐偏离，而不是逐渐趋于均衡状态。因此，忽略调整过程，也就是忽略了均衡的可实现性问题。

3.3.2　国民经济的动态分析

动态分析是对经济变动的实际过程所进行的分析，其中包括分析有关变量在一定时间过程中的变动，以及这些经济变量在变动过程中相互影响和彼此制约的关系。其目的是探寻和研究变量的具体时间路径，或者是确定在给定的充分长的时间内，这些变量是否趋向收敛于某一（均衡）值。其显著的特征就是确定变量的时间，把时间因素明确纳入分析范围。具体可以划分为两种方式，一种是将时间视为连续变量，另一种方式将时间视为离散变量。在前一种情况下，变量每一时间都要发生某些变化；而在后一种情况下，变量仅在某一时段内才发生某些变化。

1. 多马增长模型

多马增长模型的基本假设前提如下：

（1）年投资（流量）比率 $I(t)$ 的任意变化会产生双重效果——它将影响总需求及

该经济体的生产能力。

（2）$I(t)$ 变化的需求效应通过乘数过程立即发挥作用。因此，$I(t)$ 的提高会通过 $I(t)$ 增量的乘数作用增加年收入流量比率 $Y(t)$。乘数是 $k=1/s$，其中 s 表示已知的边际储蓄倾向，假设 $I(t)$ 是唯一的影响收入流量比率的（参数的）支出流量，则我们可以写出

$$\frac{\mathrm{d}Y}{\mathrm{d}t}=\frac{\mathrm{d}I}{\mathrm{d}t}\frac{1}{s} \tag{3-16}$$

（3）投资的生产能力效应通过该经济能够生产的潜在产出能力的变化来度量。假设能力-资本比率不变，我们可以写出：

$$\frac{\kappa}{K}=\rho \tag{3-17}$$

其中，κ（希腊字母 Kappa）表示生产能力或每年的潜在产出流量；ρ（希腊字母 rho）表示已知能力-资本比率。当然，这意味着资本存量为 $K(t)$ 的经济体每年能够生产的产出或收入，等于 $\kappa=\rho k$ 美元。注意由 $\mathrm{d}\kappa=\mathrm{d}\rho k$（生产函数），可得

$$\mathrm{d}\kappa=\rho\mathrm{d}k \text{ 和 } \frac{\mathrm{d}\kappa}{\mathrm{d}t}=\rho\frac{\mathrm{d}K}{\mathrm{d}t}=\rho I \tag{3-18}$$

在多马模型中，均衡被定义为生产能力得到充分利用的状态。因此，为达到均衡，要求总需求恰好等于该年度能够生产的潜在产出，即 $\kappa=K$。但是，若我们从均衡状态出发，则要求生产能力变化与总需求变化相等，即

$$\frac{\mathrm{d}Y}{\mathrm{d}t}=\frac{\mathrm{d}\kappa}{\mathrm{d}t} \tag{3-19}$$

何种投资 $I(t)$ 的时间路径能够时时满足这一均衡条件？

2. 求解

为回答此问题，我们先将式（3-17）和式（3-18）代入均衡条件（3.16）。结果得到如下微分方程：

$$\frac{\mathrm{d}I}{\mathrm{d}t}\frac{1}{s}=\rho I \text{ 或 } \frac{\mathrm{d}I}{\mathrm{d}t}\frac{1}{I}=\rho s \tag{3-20}$$

在这个简单的例子中，直接将式（3-20）中的第二个方程的两边对 t 积分，便可得到解。事实上，方程两边相等，可以保证其积分也相等。因此，

$$\int\frac{1}{I}\frac{\mathrm{d}I}{\mathrm{d}t}\mathrm{d}t=\int\rho s\,\mathrm{d}t \tag{3-21}$$

根据代数法则和对数法则，方程左边给出

$$\int \frac{\mathrm{d}I}{I} = \ln|I| + c_1 \quad (I \neq 0) \tag{3-22}$$

而右边则给出（ρs 为常数）

$$\int \rho s \mathrm{d}t = \rho st + c_2 \tag{3-23}$$

令两个结果相等并合并常数，有

$$\ln|I| = \rho st + c \tag{3-24}$$

为从 $\ln|I|$ 求得 $|I|$，我们要进行被称为“取反对数”的运算，这要利用公式 $\mathrm{e}^{\ln x} = x$。令式（3-24）的每一边成为常数 e 的指数，得到

$$\mathrm{e}^{\ln|I|} = \mathrm{e}^{(\rho st + c)} \tag{3-25}$$

或 $|I| = \mathrm{e}^{\rho st} + \mathrm{e}^{c} = A\mathrm{e}^{\rho st}$，在此 $A=\mathrm{e}^{c}$。

若我们取投资为正，则 $|I| = I$，从而上述结果成为 $I(t) = A\mathrm{e}^{\rho st}$，其中 A 为任意值。为了消除这个任意常数，令方程 $I(t) = A\mathrm{e}^{\rho st}$ 中的 t=0，以得到 $I(0) = A\mathrm{e}^{0} = A$。此式定义了常数 A，使我们可以将解，即所求的投资路径表示成

$$I(t) = I(0)\mathrm{e}^{\rho st} \tag{3-26}$$

其中，$I(0)$ 表示初始投资率。

此结果含有不平常的经济意义：为使生产能力和需求在不同时间保持平衡，投资流量比率必须严格按照指数 ρs 调整。显然，所要求的投资增长率越高，生产能力-资本比率和边际储蓄倾向也应越大。但是，无论如何，一旦 ρ 和 s 的值已知，所要求的投资增长路径便完全确定了。

3. *刃锋*

如果实际投资增长率（称其为比率 r）与所要求的比率 ρs 不同，会出现何种情况呢？多马的方法是定义一个利用系数：

$$u = \lim_{t \to \infty} \frac{Y(t)}{\kappa(t)} \quad [u = 1 \text{意味着生产能力的充分利用}] \tag{3-27}$$

并证明 $u = \dfrac{r}{\rho s}$，从而当 $r > \rho s$ 时，$u > 1$。当 $r = \rho s$ 时，$u = 1$。当 $r < \rho s$ 时，$u < 1$。

换言之，如果实际的和所要求的比率间存在差距（$r \neq \rho s$），那么我们最终（当$t \to \infty$）将发现或者生产能力不足（$u > 1$），或者生产能力过剩（$u < 1$），具体情况视r是大于还是小于ρs而定。

但是，我们可以证明，关于生产能力短缺或过剩的结果可以在任意时间t应用，而不是仅在$t \to \infty$时才能应用。增长率为r意味着

$$I(t) = I(0)\mathrm{e}^{rt} \text{ 和 } \frac{\mathrm{d}I}{\mathrm{d}t} = rI(0)\mathrm{e}^{rt} \tag{3-28}$$

因此，由式（3-32）和式（3-34），我们有

$$\frac{\mathrm{d}Y}{\mathrm{d}t} = \frac{\mathrm{d}I}{\mathrm{d}t}\frac{1}{s} = \frac{r}{s}\ I(0)\mathrm{e}^{rt} \tag{3-29}$$

$$\frac{\mathrm{d}\kappa}{\mathrm{d}t} = \rho It = \rho I(0)\mathrm{e}^{rt} \tag{3-30}$$

这两个导数间的比率

$$\frac{\mathrm{d}Y / \mathrm{d}t}{\mathrm{d}\kappa / \mathrm{d}t} = \frac{r}{ps} \tag{3-31}$$

应当能揭示出实际增长率为r的条件下，在任意时间t，投资的需求创造效应与投资的生产能力生成效应的大小。如果实际投资增长率 r 大于要求的增长率ρs，则$\frac{\mathrm{d}Y}{\mathrm{d}t} > \mathrm{d}\kappa / \mathrm{d}t$，那么需求效应将超过生产能力效应，导致生产能力不足。相反，若r小于要求的增长率ρs，将存在总需求不足，从而导致生产能力过剩。

这一结论的奇特之处在于：如果投资的实际增长率快于所要求的比率（$r > \rho s$），那么最终将导致生产能力短缺而非过剩。同样令人费解的是：如果实际投资增长滞后于所要求的比率（$r < \rho s$），我们将面临生产能力过剩而非短缺。的确，由于这样一个相悖的结果，如果我们现在让厂商按照其目前的生产能力状况调整其实际投资增长率 r（目前为止，视r为常量），厂商多半会做出“错误”的调整决策。比如，在$r > \rho s$情况下，严重的生产能力短缺会刺激更快的投资增长率，而这意味着r的增加，而非在此情形下所要求的r的减少。结果，两个增长率之间的偏差不仅不会缩小，而且还会扩大。

最终的结果是：给定参数ρ和 s，则避免生产能力短缺或过剩的唯一方法是谨慎确定控制投资流，使其沿着均衡路径，以增长率 $r^* = \rho s$增长。而且正如我们已经证明的那样，任何对这个“刀锋”时间路径的偏离都将导致多马在此模型中所设想的生产能力充分利用标准永远不能得到满足。

4. 动态分析的局限性

首先，为使分析易于把握，动态模型一般是按线性方程来构建的。尽管这样可以获得简洁性，但线性假设在许多情况下会极大损害模型的现实性。因为与线性模型有密切

联系的时间路径并不总是近似于对应的非线性模型的时间路径，所以，在解释和应用线性动态模型的分析结果时，必须保持足够的谨慎，在这方面，定性图示法可能会发挥更大的作用，因为这种方法可在非常一般的条件下把非线性纳入模型，却没有使分析增加更多的复杂性。

动态经济模型另一个常见的缺点是在微观或差分方程中使用常系数。由于系数的主要作用是设定模型的参数，所以，系数的不变性实际上是“冻结了”所研究问题的经济环境。换言之，这意味着模型的内生调整是在某种经济真空中进行研究的，以致不允许外生因素干扰。当然，在某些情况下，这一问题并不十分严重，因为许多经济参数确实在较长时期内相对稳定。在另一些情况下，我们可以进行比较动态分析，以考察变量时间路径如何被某些变化所影响。然而，在解释趋向于遥远未来的时间路径时，如果模型进行了简化的常系数假设，那么，我们一定要非常谨慎，对时间路径在更远的时间中的有效性不能过于自信。

3.4　定性和定量分析方法

3.4.1　国民经济的定性分析方法

定性分析则是建立在经验和逻辑思维的基础上，关注事物的本质及属性，探寻事物的发展规律和变化趋势，演绎经济发展的一般规律，对事物进行非数量化分析。因为国民经济定性分析方法众多，本部分重点介绍常用的国民经济观察分析法、国民经济比较分析法和国民经济案例分析法。

1. 国民经济观察分析法

观察法是指研究者根据一定的研究目的、研究提纲或观察表，用自己的感官和辅助工具去直接观察被研究对象，从而获得资料的一种方法。观察国民经济现象意味着确定相关经济行为的动机、后果、过程和作用。我们可以直接通过观察自身的精神世界，来了解自己行为的动机，再据此推己及人；我们通过感觉的印象来感知在世界上发生的一切，并把这些作为“客观事件”来理解、认知。我们所有的经验都来自这两个感知的源泉。但在我们学会正确地观察自身和这个世界之前，经验的发展经历了数千年时间。今天，我们必须抱着怀疑的态度对待每一个观察，想想它是否正确，是否由于主观的错误、不完整的观看、仓促和冲动的操作、不熟练、偏见以及利益，而向我们展示错误的图像。只有我们反复观察同样的对象，但不同的观察总是获得相同的结果，以及当结论中的所有主观作用被排除的时候，我们才能相信自己进行了正确、科学、可供应用的观察。

无论是哪一种观察，都是为了探究从大量现象构成的混沌中隔离出一个事件过程。这些观察依赖于抽象，它们分析的是事物的部分内容。这个部分内容的范围越窄，对它的描述越与外部条件相似，分析工作越容易。观察应该是详尽、完整和准确的，它应该澄清研究对象的一切可感知的关系，包含明确的范围、时间和空间界定；它想要确定该对象与类似的和相反的现象之间的相似性、近似性或者差异。然而对国民经济事实的观察是一项困难的工作，当待观察的个别现象越庞大、枝节越多越复杂时，观察就越容易为错误所歪曲。那种就其本身而言很合理的研究范式，即把每个有待考察的过程分解为最小的部分，分别对这些部分进行观察，然后用收集到的观察结果构建一个总的结论，只有在特殊的有利条件下才能完全地被实现。一般情况下，研究意味着先确定关于某个过程的可靠资料,然后利用这些资料推断性地补充其余没有或者尚未充分观察到的现象，并由此勾勒一幅关于这个过程的总体图像。想象力的创造性活动产生了某些总体的印象，研究工作总是在这些印象的影响下进行。然而，如果没有足够的天赋和训练把精神引向正轨，这种想象力的活动也可能犯错。当我们要进一步运用观察的结果时，绝不能忘记的是，各种经验材料——这些经验或者从生活中谛听而来，或者从别人那获取——在心理上会带来多么不同的效果。前一种经验总是带着色彩、生命和直观的全部明晰性，它总是显得更强大也更富有影响力；然而由于它的范围比较狭窄，因此，一般而言又被学者们认为具有较大的局限性。另外一种经验从书本、新闻或别人的讲述中收集得来，当接受者越缺乏创造性的想象力时，它就越容易变为苍白的图画和模式，或者干脆成为缺少血肉的纯粹的名称和概念。只有计划周详地、有意识地进行的不懈努力，才能把有生命的和苍白的材料加工成具有同等价值的部件，而最终把它们综合成一个现实的总的结论。

2. 国民经济比较分析法

比较分析法又叫作对比分析法，是把客观事物加以比较，从而认识事物的本质和规律并做出正确的评价。对比分析法通常是把两个相互联系的指标数据进行比较，从数量对比的角度展示和说明研究对象规模的大小，水平的高低，速度的快慢，以及各种关系是否协调。

对比分析法根据分析的需要有绝对数对比分析和相对数对比分析两种形式，其中绝对数对比分析是利用绝对数指标进行对比，从而寻找差异的一种方法。例如，比较一定时期内两个地区的净出口总额，发现两地净出口规模的差别，从而了解两地的对外开放或对外依存情况。相对数对比分析有以下五种形式：①结构相对数对比分析，指将同一总体内的部分数值与全部数值对比求得结构相对数（如比重），然后再进行比较，用以说明事物的性质、结构或质量等方面的不同。②比例相对数对比分析，指将同一总体内不同部分的数值对比得出比例相对数，表明总体内各部分的比例关系，进而再在不同对象间进行比较。③强度相对数对比分析，将两个性质不同但有一定联系的总量指标对比得到强度相对数，用以说明现象的强度、密度和普遍程度，进而再对不同对象的强度、密度等进行比较。④计划完成程度相对数对比分析，将某一时期实际完成数与计划数对比得到某指标的计划完成程度，进而再对不同对象的完成程度进行比较。⑤动态相对数对比分析，将同一现象在不同时期的指标数值对比得到动态相对数，用以说明发展方向和变化的速度，进而对不同对象的发展方向和变化速度进行对比分析。

对比分析法在经济社会研究中的作用是多方面的。首先，对比分析法可以用来追溯事物发展的历史渊源并确定事物发展的历史顺序，找出事物发展的历史脉络。例如，通过比较不同时期该地区万元 GDP 能耗的水平可以看出该地区经济发展过程中一直致力于节能降耗，同时预测未来该地区的节能降耗将保持良好水平。其次，对比分析法的运用可以对事物进行定性的鉴别和定量的分析。例如，以经济发展水平较高的国家单位 GDP 能耗为参照，该地区单位 GDP 能耗还有进一步降低的空间。

在对比分析的实际操作过程中，必须遵循可比性原则，具体来说，就是指标的内涵和外延可比、指标的时间范围可比、空间可比、指标的计算方法可比、总体性质可比等。两个完全不具有可比性的对象，摆在一起进行对比分析是徒劳无功的。

3. 国民经济案例分析法

案例分析方法亦称为个案分析方法或典型分析方法，是对有代表性的事物（现象）深入地进行周密而仔细的研究从而获得总体认识的一种科学分析方法。

其具体分析步骤为：①依据分析目的，选择有代表性的事件作为分析研究对象；②全面收集有关被选对象的资料，包括直接资料和间接资料，可以收集他人对该对象所研究的间接资料，但是，主要收集的是第一手资料（直接资料），包括事件参与者亲自写的实验记录、学术报告、著作、论文及笔记等，尤其重视收集系统的数据资料；③系统地整理收集到的资料，依据分析研究的项目和内容进行分类；④对所要求分析的内容（如特征、属性、关系等）进行逐项分析研究；⑤对各项分析结果进行综合分析，探求反映总体的规律性认识。该方法既可用来为某种假说作论证，又可把得到的研究成果作为进行更广泛研究的基础。在从个别到一般或从一般到个别的认识过程中均能发挥作用。该方法也有一定的局限性，个别不等于一般，而且在选取研究对象时有一定的主观随意性等。在实际研究工作中，应与其他研究方法结合起来使用。

案例分析在管理学（特别是工商管理硕士）中运用得比较普遍。实际上，在国民经济学分析中也经常涉及。从系统论的角度看，国民经济系统及其子系统、分系统都可以看作“案例”：对于整个“系统”而言，“国民经济系统”是一个案例；相对于世界经济来说，中国的国民经济是一个“案例”；对中国经济改革来说，农村改革、城市改革是一个“案例”，而城市改革的每一步骤、每一个环节也都可以视为一个“案例”等。在国民经济学分析中引入案例分析方法，是为了在分析国民经济系统运动的过程中，通过个性寻找共性，通过分析“特色”从中更好把握其运动的规律性。

4. 定性分析方法的优缺点

定性分析方法的优点主要体现在，一是提供深度和细节：通过想法、感知和行为探究原因。二是促进讨论：当受访者开始表明他们这么想和实施的原因目的，那么讨论就可能会衍生出更多新的观点和话题。三是更加灵活：能够根据回收信息的质量和特点快速调整问题。定性分析方法的缺点体现在，一是样本量少：深入研究会花费大量时间，占用太多资源，导致受访者甚少。二是难以归纳：样本过少所以难以归纳结论。三是依赖经验丰富的调查员：数据质量取决于主持深访或调查员的访问技巧。四是缺乏私密性：对于有些话题，受访者不一定愿意沟通交流，可能更愿意通过匿名的方式回答。

3.4.2 国民经济的定量分析方法

定量分析是利用数学和计算技术，分析事物的数量关系和数量变化，探寻事物的经济关系和经济规律。因为国民经济定量分析方法众多，本部分重点介绍常用的国民经济的统计分析法和宏观经济预测法。

1. 国民经济的统计分析法

国民经济统计是以国民经济为总体，反映和研究国民经济总体运行状况的数量关系，即从总体上说明社会再生产过程的全貌和在再生产过程中由各种纵横交错的复杂经济联系所形成的各项比例关系的状况与变化，特别是国民经济运行供求总量和结构的状况与变化，为国民经济宏观调控及决策提供系统、完整的资料。

国民经济统计内容的构造应该以社会再生产各环节为主线，按照经济运行的不同阶段，分别组织再生产条件的核算、产品生产过程的核算、商品流通过程的核算、价值分配过程的核算以及产品使用过程的核算等。归纳起来，现行国民经济统计主要有以下几个方面的内容。一是生产和使用统计：以国内生产总值为中心，阐述国民经济生产统计的内容以及生产与使用（包括消费和积累）的平衡关系，最终形成国内生产总值核算表。二是对外经济统计：阐述对外贸易统计、利用外资统计以及外债统计的内容，同时对反映一国对外经济活动整体状况的国际收支平衡表做简单介绍。三是自然资源和环境统计：说明如何针对一国所拥有的自然资源及其环境进行统计。四是人口和劳动力统计：针对一国人口和劳动力状况的统计描述等。

国民经济统计在研究国民经济现象的数量方面时，除运用统计学原理中已阐述的各种方法，如分组法、综合指标法、相关分析法、抽样法等方法外，还运用其他一些特有的统计方法。这些方法主要有以下几种：一是国民经济平衡表法。它是以平衡表式来直接表现需要进行平衡核算的某一现象总量双方及其内部构成的平衡关系。包括静态平衡法和动态平衡法。其中静态平衡法，包括横向平衡和结构平衡。①横向平衡。它是指有联系的两个时期指标的平衡或许多个时期指标的连续性和相关性的平衡。例如，收入与支出的平衡，供应量与需求量的平衡，资源量与消费量的平衡等，横向平衡的主要作用是能反映某些现象在国民经济活动过程中，于一定时期内形成的各环节之间总量平衡关系，找出影响平衡的各种因素，并在平衡核算中找出平衡项目。②结构平衡。它是指层、量指标在内部构成中或总量的各项来源与去向中的平衡关系。例如，国内生产总值从来源看，是国民经济各部门增加值之和；从使用方向看，是最终用于消费、投资和出口的数额。由此组成了国内生产总值指标的各项来源总量与去向总量间的平衡关系。动态平衡是指总量间在期末、期初两个时点上变动的平衡。其基本公式为：期初数+本期增加数额=本期减少额+期末数。二是账户式平衡法。它是西方国家进行国民经济核算和国民经济综合平衡的基本方法。这种平衡法采用一系列会计核算中的账户表式，对每一项活动的数量，在相互有关联的对应账户中本着“有收有支，收支相等”和“项目对等、不重不漏”的原则，平衡地登记两次。因为每笔交易涉及两个主体，所以具有双边性质；一次登在付款人的账户作为支出，一次登在收款人的账户作为收入。也就是说，进入一个账户的“收入”必定是出自另一个账户的“支出”。三是投入产出法。投入产出法是对国民经济中各个部门间投入与产出的相互依存关系进行数量分析的一种方法。所谓“投入”是指产品生产过程中所消耗的原材料、燃料、动力、固定资产折旧和劳动力。“产出”是指生产出来的产品及其分配去向。利用投入产出表，可以详细地记录一个时期内产品在国民经济部门间输送的过程和流量，从而揭示部门间或单位间及各项生产活动间投入与产出所具有的一定数量依存关系及比例关系。此外，还有经济数学模型法等其他方法。

为了充分发挥其作为宏观经济管理工具的重要职能，国民经济统计必须遵循系统分析的原则来组织进行，具体表现为满足以下三个方面的要求。一是“整体性”要求：国民经济是一个有机整体，相应的，国民经济统计就必须从整体上考虑问题，形成一个相对完整的核算体系。这一体系的内容应该能够全面反映国民经济循环的主要数量方面。二是“层次性”要求：国民经济是一个多部门、多环节、多层次的有序整体，相应的，国民经济核算就必须对其进行分门别类的研究。为此，需要充分运用各种统计分类和统计标准去组织大量、丰富的核算资料，形成不同层次的核算子系统。在此基础上，构造出层次井然、组织有序的完整的国民经济核算体系。三是“关联性”要求：国民经济是一个内部联系错综复杂的整体，相应的，国民经济核算就必须充分考虑这些联系，通过具体的核算反映国民经济各部门、各环节、各要素、各方面的数量关系。同时，还要适当地反映出国民经济系统与社会人口、资源环境以及科技教育等系统的交叉关系和相互影响。

2. *宏观经济预测法*

宏观经济预测是在科学的方法手段和掌握一定信息资料的基础上，根据经济发展规律，对未来经济前景进行展望性推测。掌握宏观经济预测是指以国民经济、部门、地区的经济活动为范围进行的各种经济预测。

宏观经济预测在经济决策中发挥着重要的作用。在政府层面，宏观经济预测是国家制定宏观经济政策、编制经济发展规划、进行宏观经济调控的重要依据；在企业层面，对宏观经济走势的判断是企业制定生产、销售及投资等经营决策的首要前提；在家庭层面，掌握一定的宏观经济预测知识有助于家庭更好地安排其消费、储蓄和投资。

宏观经济预测方法包括计量经济模型方法、宏观经济统计分析预测法、系统动力学方法等。一是宏观经济计量模型。经济计量模型是用经济学、数学、统计学相结合的方法建立的经济数学模型，它是根据某种经济理论和某些假设条件，建立单一的或联立的方程，用以描述各经济变量之间的相互关系，并用数理统计的方法加以估计、检验与推测，从而对经济变量的未来数值进行预测。宏观经济计量模型可对国民经济进行经济结构分析、经济预测和经济政策评价。目前，世界银行、国际货币基金组织等一些国际机构，中国人民银行、中国社会科学院、国家统计局统计科学研究所等国内研究机构常用的宏观经济预测模型有时间序列模型、向量自回归模型、联立方程模型等。二是宏观经济统计分析预测法。该分析方法是以宏观经济理论为指导，从经济指标实际观测数据出发，对宏观经济总量和结构、国民经济运行过程及其整体进行统计分析，通过宏观经济统计指标的统计关系对宏观经济进行预测、分析的数量分析方法体系。传统的统计预测分析法有：对比分析法、平均分析法、因素分析法、相关分析法、抽样分析法和动态分析法等。现代统计预测分析法有：主成分分析、因子分析、聚类分析、典型相关分析和判别分析等。三是系统动力学方法。该方法是将宏观经济系统或其某一子系统作为具有连续变化的非线性的多回路信息反馈的复杂系统，综合运用系统论、控制论、信息论和组织理论，并采用一套计算机模拟（仿真）技术，来对宏观经济进行预测分析的一种方法。只有研究系统的因果反馈结构，通过定量模拟实验，才能揭示系统的行为模式或动态趋势，这就是系统动力学的基本研究思路。其预测的主要步骤是：第一步把被研究系统划分为若干子系统，并且建立各子系统的因果关系；第二步构造系统的仿真模型；第三步计算机仿真；第四步验证模型的有效性；第五步做出预测。系统动力学方法主要用于生态环境、房地产、能源、交通运输等领域。四是大数据在宏观经济预测中的应用。传统宏观经济预测方法的核心思想是通过特定的模型与方法发现统计数据的内在规律，并利用这种规律预测未来。传统方法的有效性在很大程度上依赖于所使用统计数据的质量，同时也存在数据相对滞后、数据获取成本高等不足。在大数据时代，大数据已成为宏观经济分析和预测的重要工具和手段。基于大数据进行宏观经济分析和预测具有及时性、精准性、低成本等各种优势，是对传统方法的有益补充和改进，未来应用前景广阔。目前国内外有关部门和研究机构在宏观经济分析领域都已开始运用大数据，在基于大数据构建宏观经济指数、在宏观经济预测模型中纳入大数据等方面做了大量尝试，应用越来越广泛。

宏观经济预测必须遵循以下基本原则：一是全面分析和掌握经济社会现象之间的内在联系；二是应从实际出发，以准确可靠的资料作为依据；三是根据研究对象特点，经过试验，选用科学的预测方法。预测的一般步骤可以概括为：一是确定预测目标；二是收集资源与数据；三是选择预测方法；四是进行预测；五是结果分析与判断。

3. 定量分析方法的优缺点

定量分析方法的优点主要包括四点。一是样本量大：调查范围广泛，主题多样，便于归纳结论。二是客观精准：数据来源于封闭信息，所以变数少。三是方便快捷：信息收集过程自动化，通过数字和移动设备，令各地受访者能够同时参与调查。四是节约成本：定性调查的人均成本会远远高于定量调查。定量分析方法的缺点是缺乏细节：结果来自数据分析反馈，不涉及太多思想和行为洞察，所以无从考证被调查者做出选择的来龙去脉。

3.5 国民经济调查方法

国民经济学科是应用性及实践性较强的学科，因此，加强对国民经济进行常态化、动态化的调查与分析是学习及掌握运用该学科知识的前提和基础，掌握科学合理的经济调查方法其作用及意义怎么强调都不过分。常见的经济调查方法主要包括：文献法、焦点小组访谈法、深层访谈法、德尔菲法、头脑风暴法、实验法、访问调查法、电话调查法、邮寄调查法、媒体调查法等。

3.5.1　文献法

文献法是国民经济调查中根据既定目的和选题范围收集文献资料的一种方法，在国民经济调查和科学研究中具有重要的地位和作用。一般来说，文献可分为文字文献、数字文献、图像文献和有声文献等。文献法在国民经济调查与分析运用中有四个显著的特点：第一是间接性的特点，其主要用来调查既定的目的和要求所需要的现有文献资料；第二是具有较强的机动性和灵活性的特点，它可以不受时空限制，收集到比实地调查更广泛的多方面信息资料；第三具有较为真实、客观的特点，它收集所得的信息资料一般都是以文字、图表等书面形式表现的，因而不易受调查人员和调查对象主观因素的干扰影响，反映的内容较为真实、客观；第四是历史性特点，其研究反映过去（历史）状况的资料。一般来说，文献法有利于在国民经济调查与分析中开阔视野，启迪智慧，更好地进行宏观经济分析与管理。

3.5.2　焦点小组访谈法

焦点小组访谈法，又称小组座谈法，就是采用小型座谈会的形式，挑选一组具有同质性的被调查对象或客户，在一个装有单向镜和录音录像设备的房间内，在主持人的组织下，就某个专题进行讨论，从而获得对有关问题的深入了解。

焦点小组访谈法借用心理学的有关知识，在国民经济调查实践中是一种很重要的定性调研方法，在国内外被广泛应用。焦点小组访谈法的特点在于，它不是一对一的调查，而是同时访问若干个被调查者，它不仅仅是一问一答式的面谈，一个人的发言会点燃其他人的许多思想火花，从而可以观察到受试者的相互作用，这种相互作用会产生比同样数量的人做单独陈述时所能提供的更多的信息。小组座谈过程是主持人与多个被调查者相互影响、相互作用的过程，要想取得预期效果，不仅要求主持人要做好各种准备工作，熟练掌握主持技巧，还要求有驾驭会议的能力。

3.5.3　深层访谈法

深层访谈是指国民经济调查实践中由调查员和一名受访者在轻松自然的气氛中围绕某一问题进行深入的讨论，目的是让受访者自由发言，充分表达自己的观点和情感。深层访谈法的特点在于它是无结构的、直接的、一对一的访问。因深层访谈是无结构的访问，其走向依据受访者的回答而定。随着会谈的逐渐展开，调查员可以彻底地探究每一个问题。深层访谈是一对一的访问，所以受访者有很多说话机会，能够把自己的观点淋漓尽致地表达出来。

3.5.4　德尔菲法

德尔菲法是美国兰德公司在20世纪60年代首创和使用的调查方法，当前在国民经济调查与分析中应用非常普遍。它是指通过函询的方式，征求每个专家的意见，经过客观分析和多次征询反复，逐步形成统一的调查结论。德尔菲法也是一种专家调查法，但它用背对背的判断代替了面对面的会议，在一定程度上克服了畏惧权威和不愿当众发表不同意见的弊病，使被调查的专家能够充分地发表自己的意见，最后取得较为客观的调查结论。德尔菲是古希腊传说中的神谕之地，城中有座阿波罗神殿可以预卜未来，因而借用其名而得名。

3.5.5 头脑风暴法

头脑风暴法当前在国民经济调查与分析中应用也比较普遍。头脑风暴法也是一种专家小组访谈法，一个小组由一位主持人和几位专家组成，在主持人的主持下小组成员按一定的顺序依次发言。第一位专家发言后，第二位专家结合第一位专家的观点发表自己的意见，第三位专家结合前两位专家的观点发表自己的意见，依此类推，直到最后一位专家发表完自己的意见，则第一轮发言结束。然后再从第一位专家开始第二轮发言，在第二轮发言中如果某位专家没有需要补充的观点或意见，可以保持沉默，由下一位专家发言，由此轮流到最后一位专家发言，第二轮发言结束。这样循环下去，第三轮发言，第四轮发言……直到每一位专家都没有需要补充的观点，则访谈结束。

3.5.6 实验法

在国民经济调查实践中，实验法是通过小规模的实验来了解被调查经济问题，以测定调查效果的经济调查方法。在国民经济问题实验中，如果其他未控制的因素真的保持不变，那么实验的结果应该是和自然科学实验一样是准确的，但是实际上未能控制而又可能在实验期间有所变动的外来因素太多，为此，在进行国民经济运行实验的设计时，要特别考虑如何尽可能地减少实验的误差；此外，正式的国民经济问题实验的数据应该通过统计分析的方法进行检验，以确定在一定的水平下，自变量对因变量的影响是否显著。

3.5.7 访问调查法

在国民经济调查实践中，访问调查是调查人员直接实地向被调查者口头提问，并当场记录答案的一种面对面的调查。在国民经济调查中，访问调查是应用最普遍的方法之一，不论是以个人或家庭为调查单位，还是以机关团体、企业为调查单位，往往都需要通过访问调查搜集资料。在国民经济访问调查中，调查人员可以直接了解被调查者对调查的问题所持有的态度、观点和数据，掌握被调查者陈述的第一手资料，而且可以观察到被调查者的表情、举止和调查现场的环境，这就为判断调查结果的可靠程度提供了一定的依据。在有些访问调查中，调查人员还可以搜集到许多很好的建议，为进一步研究问题和解决问题提供了直接的信息。所以，在搜集数据的各种方法中，访问调查占据着十分重要的地位。

根据不同的调查对象，在国民经济调查实践中，访问调查有不同的类型，大体上可以分为三类：居民入户调查、座谈会和当事人或知情者个别采访等。

3.5.8 电话调查法

在国民经济调查实践中，电话调查是调查人员利用电话这种通信工具，同被调查者进行语言交流，从而获取信息、采集数据的一种调查方法。与其他调查方法最显著的区别是，进行电话调查需要一个前提，即调查者和被调查者双方都要具备交流信息的工具电话。如果不具备这个条件，电话调查便无法进行。应注意的是，在进行电话调查时，采访员的语言运用能力十分重要。要使被调查者产生“如闻其声，如见其人”的感觉，在很短的时间内，建立起对调查人员的基本信任，给予积极的配合。这样，电话调查就会取得满意的结果。

3.5.9 邮寄调查法

在国民经济调查实践中，邮寄调查法应用比较普遍，主要有普通邮寄调查、留置问卷调查、固定样本邮寄调查三种方法。其中：①普通邮寄调查就是通过邮局寄给选定的调查对象，并要求他们按规定的要求和时间填写问卷并寄回调查机构。②留置问卷调查综合了邮寄调查由于匿名而保密性强的优点，又综合了面访调查回收率高的优点，是介于邮寄调查和面访调查之间的一种方法。③固定样本邮寄调查指事先抽取一个地区性的或全国性的样本，样本中的家庭或个人都已同意参加某方面研究的定期的邮寄调查，然后由调查机构向这个固定样本中的成员定期地邮寄调查问卷，样本成员将问卷按要求填写后及时寄回调查机构。

3.5.10 媒体调查法

在国民经济调查实践中，媒体调查是指以媒体为载体进行调查，不与调查对象直接接触。根据媒体的不同，有报纸调查、杂志调查、互联网调查等。其中：①报纸调查就是把调查问卷刊登在报纸上，通过报纸的发行将问卷送到读者手中，由读者回答后寄回的调查方法。其具有回收率低，回答质量差等缺点。②杂志调查就是把调查问卷刊登在期刊上，通过杂志的发行将问卷送到读者手中，由读者回答后寄回的调查方法。杂志这种媒体针对性强，具有明显的读者选择性。③互联网调查是一种以各种基于互联网的技术手段为研究工具，利用网页问卷、电子邮件问卷、网上聊天室、电子公告板等网络多媒体通信手段来收集调查数据和访谈资料的一种新式调查方法。该方法具有降低经济调查的成本、效率高、准确性高、科学性高及误差低等优点。

专栏 3-1 研究国民经济主要比例关系和宏观经济效果，对国民经济发展前景进行预测分析

国民经济综合平衡统计的另一个重要任务，就是利用国民经济基本统计资料，辅以各种调查材料，加以整理分析，研究国民经济的主要比例关系和宏观经济效果，探索按比例高速度发展国民经济的规律性，为制定和检查国民经济计划服务。

国民经济各种比例关系，既是各种复杂关系相互制约相互作用的结果，又是实际经济活动的综合表现。我们的任务是分析怎样的比例关系最能充分发挥国民经济的潜力。例如，两大部类的比例和积累消费的比例是密切联系、相互制约的。要通过这两个比例关系各自的增长速度来观察两种比例关系的适应程度，研究两种比例关系变化的高低界限。

在国民经济各种比例关系中，仅仅研究两大部类的比例和积累消费的比例关系是远远不够的，必须进一步研究各种具体的结构和比例。例如，固定资金与流动资金的比例，就有它自己的变动规律。一般来说，随着科学技术的发展，工艺装备的提高，生产周转速度的加快，流动资金的比例有逐步下降的趋势。如果出现相反的情况，就可能有多种原因，或是货不对路，质量不好，卖不出去；或是盲目采购，原材料、零部件大量积压；或是劳动生产率下降，存在浪费；或是管理不善，周转速度缓慢等。凡此种种，都是一种非正常现象。当然，固定资金与流动资金的比例与产业部门结构有着密切的关系，在不同的技术发展阶段，二者的比例差别很大。总之，需要通过对比，特别是通过历史资料和国内外先进资料的对比，才能有效地发现问题，找出改进措施，促进国民经济的发展。

高速发展国民经济是社会主义制度优越性的具体表现，但国民经济到底应以什么速度增长，取决于一系列国内外政治经济条件，国民经济综合平衡统计就是要对国民经济的发展前景和实现国民经济发展目标的可能性进行研究，对部门发展的规模、速度和可能出现的问题，进行预测分析。

本章小结

国民经济系统的分析方法主要包括：综合平衡法，总量与结构分析方法，静态和动态分析方法，定性和定量分析方法，国民经济调查方法等。其中综合平衡法强调从国民经济总体出发，按照统筹兼顾，适当安排的方针，从数量上协调社会再生产各环节、国民经济各部门和各地区的联系，以实现国民经济按比例发展的一种方法。总量分析侧重于总量指标速度的考核，侧重分析经济运行的动态过程；结构分析侧重于对一定时期经济整体中组成部分相互关系的研究，侧重分析经济现象的相对静止状态。静态分析就是分析经济现象的均衡状态以及有关经济变量处于均衡状态所必须具备的条件。动态分析是对经济变动的实际过程所进行的分析，其中包括分析有关变量在一定时间过程中的变动，这些经济变量在变动过程中相互影响和彼此制约的关系。定性分析则是建立在经验和逻辑思维的基础上，关注事物的本质及属性，探寻事物的发展规律和变化趋势，演绎经济发展的一般规律，对事物进行非数量化分析。定量分析是利用数学和计算机技术，分析事物的数量关系和数量变化，探寻事物的经济关系和经济规律。国民经济学学科是应用性及实践性较强的学科，因此，加强对国民经济进行常态化、动态化的调查与分析是学习及掌握运用该学科知识的前提和基础。

本章习题

1. 什么是综合平衡法？有何改进建议？

2. 静态分析和动态分析的局限性？

3. 多马模型明确考察了多少种生产要素？对生产中的资本劳动比率而言，意味着什么？

第二篇

国民经济投入产出分析

第 4 章

投入产出分析的基本原理

➢ **学习目标**

1. 掌握投入产出表的基本结构和投入产出分析的基本概念
2. 掌握列昂惕夫投入产出模型的基本原理
3. 掌握 Ghosh 投入产出模型的基本原理
4. 了解供给使用核算的基本结构和主要国家和地区的投入产出数据情况
5. 掌握 RAS 法的原理和求解过程
6. 了解 UV 表法推算对称形式投入产出表的原理

➢ **知识点摘要**

1. 投入产出表的结构
2. 列昂惕夫投入产出模型
3. Ghosh 投入产出模型
4. 完全消耗系数与完全分配系数的含义
5. RAS 法基本原理
6. 基于供给使用表推导对称投入产出表

4.1 引　　言

4.1.1 投入产出分析的起源与发展

投入产出分析是瓦西里·列昂惕夫（Wassily Leontief）教授于 20 世纪 30 年代后期所建立的分析框架（Leontief，1936，1941），他也因此在 1973 年被授予诺贝尔经济学奖。列昂惕夫 1931 年在美国着手研究投入产出表的编制工作，1932 年开始收集资料，编制美国 1919 年的投入产出表。1936 年 8 月，他在《经济学与统计评论》上发表了著名论文《美国经济体系中投入产出的数量关系》，这篇论文被后人公认为投入产出分析产生的标志。列昂惕夫于 1941 年出版专著《1919—1929 年美国经济结构：均衡分析的经验应用》，正式公布了美国 1919 年和 1929 年投入产出表，又于 1951 年再版该书，增添了 1939 年投入产出表，更名为《1919—1939 年美国经济结构：均衡分析的经验应用》。至 1953 年，他与另几位经济学家合作出版了《美国经济结构研究：投入产出分析的理论与实证探索》，全面系统地论述了投入产出分析的原理。

列昂惕夫利用所编制的系列投入产出表研究美国的经济结构问题，考察美国第二次世界大战后军火生产对整个经济的影响，得出一些有意义的结论，也引起了大量关注。20 世纪四五十年代，投入产出分析首先在美国、加拿大、英国、意大利等西方一些经济较发达的国家传播与应用，50 年代末传入苏联和东欧国家，60 年代初传入我国，之后陆续推广到东南亚、非洲、拉丁美洲等地的发展中国家。据统计，目前全世界已有一百多个国家和地区编制了投入产出表。联合国经济和社会事务部于 1968 年公布了当时西方国家采用的 SNA，20 世纪 90 年代、21 世纪又先后出版了新的版本，均把投入产出表（或供给使用表）作为其中一个重要账户，成为核算体系的基本内容。国际投入产出学会（International Input-Output Association，IIOA）于 1988 年成立，截至 2024 年已召开过三十次世界范围的投入产出分析国际学术研讨会。历经多年发展，投入产出分析在世界范围内广泛传播和普及，目前仍在不断向纵深发展，主要表现在如下三个方面。

（1）投入产出技术在社会经济不同领域中的发展和应用。例如，区域间或国家间投入产出模型被广泛用于区域协调发展、国际贸易、全球价值链、双循环等问题的分析中；能源和环境的投入产出模型用于“双碳”问题、环境问题的研究中；投入产出方法与其他社会经济结构数据结合用于结构转型、生产率和经济增长等相关问题的研究中等。

（2）投入产出基础数据方面的进展。除了各国、各经济体公布的官方投入产出数据之外，为了实际研究的需要，非官方的研究机构、相关学者等也建立了不同类型的投入产出数据库。例如，国家信息中心编制中国八区域投入产出表，国务院发展研究中心编制我国 31 省级的区域间投入产出表，中国人民大学编制我国时间序列投入产出表，中国科学院数学与系统科学研究院编制区分加工贸易的非竞争型投入产出表，美国普渡大学的全球贸易分析计划（Global Trade Analysis Project，GTAP）、OECD、欧盟等编制国家间投入产出表等。这些数据库为投入产出方法的应用提供了坚实的支撑。

（3）投入产出分析理论与方法的发展。例如，我国学者陈锡康在国际上首先提出投入占用产出分析的方法，被列昂惕夫等著名学者誉为“先驱性研究”“投入产出技术领域的重大发展”；我国学者刘起运等（2020）独立提出对称投入产出分析等。Johansen（1960）将投入产出方法与一般均衡理论结合，建立了可计算的一般均衡模型，在各个领域得到广泛的应用；Almon（1998）将计量经济学模型与投入产出方法结合，建立了 INFORUM 模型，在很多国家得到推广和应用。此外，投入产出分析还与线性规划、动态规划等模型结合，用于经济、环境等各类问题的研究中。

在我国，投入产出分析的推广虽然起步较晚，但是发展迅速。20 世纪 50 年代末，由著名经济学家孙冶方、著名科学家钱学森倡导，在中国科学院成立投入产出专门研究小组。60 年代初，中国科学院数学研究所运筹室研究人员赴鞍山试编了鞍山钢铁联合企业的投入产出表。我国第一张投入产出表是包括 61 种产品的 1973 年全国实物型投入产出表，是在国家计委和统计局主持下于 1974 年至 1976 年间编制的，它标志着我国正式引入投入产出分析。

20 世纪 70 年代末至整个 80 年代我国掀起了普及、推广、应用投入产出分析的高潮。其间，高等院校相关专业开设了投入产出课程，出版了多种版本的讲义、教材；系统地编制了国家、地区、部门和企业的投入产出表；投入产出模型在经济分析、政策模拟、规划制定等各个方面都得到成功的应用。

关于国家表的编制情况，先由国家计委、国家统计局组织编制了 1981 年的含 146 种产品的实物型投入产出表和包括 26 个部门的价值型投入产出表，之后还编制了 1983 年的包括 22 个部门的价值型投入产出表。由于当时仍采用 MPS 核算制度（System of Material Product Balance），以上两个表带有试编性质。1987 年 3 月，国务院办公厅下发了《关于进行全国投入产出调查的通知》，由国家统计局负责编制 1987 年全国投入产出表，并原则上要求各省、市、自治区及计划单列市同步编表。同时明确规定，此后每 5 年编制一次调查表，即逢 2、7 为编制投入产出表的年份，并且逢 0、5 为编制延长表的年份。此项工作标志着投入产出技术在我国的发展与应用已进入规范化、制度化阶段。

4.1.2　投入产出分析的特点

标准的投入产出模型通常被称为列昂惕夫模型，其基本目的是分析经济中产业间的相互依存关系，也被称为产业关联分析。与其他数量经济学的方法相比，投入产出分析是涵盖了理论、方法和数据的完整的分析体系，具有独特性。投入产出分析之所以能够成为一种被人们广泛使用的分析技术，还在于它拥有一个科学的方法论基础，即系统论的思想。其主要特点如下。

（1）整体性。该方法将国民经济视为一个完整的经济系统，投入产出表和数学模型主要是通过诸如社会总产品总量、总投入、总产出等指标再现了国民经济系统整体。它们所描述的内容几乎囊括了一个国家的全部经济活动，比如社会生产、消费、投资等。模型具有明确的边界，以出口、进口反映国民经济系统内与系统外的经济往来。

（2）生产性。投入产出技术所描述的内容虽然囊括了一个国家的全部经济活动，但经典的投入产出模型侧重于对于各个产业生产过程和产业之间生产关联的描述。它打开了国民经济系统总量生产函数的黑箱，清晰地展现了每一个生产部门的生产过程消耗了哪些投入品和初始要素，各个生产部门之间是一种什么样的关联特征。因此，投入产出方法具有生产性的特点。

（3）结构性。投入产出模型不仅包含总量，而且更主要的是表现结构。它的表和矩阵形式对结构有着很强的表现力。它与其他经济数学模型相比具有突出的结构性特征。这一模型最适合研究产品结构、部门结构、消费结构、投资结构、地区结构以及经济比例关系等重大经济结构性问题。

（4）相互依存性。主要是指系统内部要素相互之间的作用和联系，也包括系统内与外界的联系及依存关系。投入产出分析是将部门或产品视为系统的要素，一方面通过表中的数据分布以及数量关系明确记录要素间的作用与联系；另一方面还利用数学模型计算它们之间的直接联系、间接联系乃至完全联系。经济生活中相互联系、相互影响或具有连锁反应、波及效应的现象十分普遍，具有这类性质的问题都可以考虑采用这一分析方法。

总之，投入产出分析成功地把经济理论与数学方法融合在一起，为我们提供了观察和研究国民经济系统的有效工具。

4.2 投入产出数量模型

4.2.1 投入产出表的基本结构与平衡关系

通常所说的投入产出模型指的是投入产出数量模型，其对偶面是投入产出价格模型，这里主要介绍投入产出数量模型（以下简称为投入产出模型），投入产出价格模型以用于实际问题研究的价格影响模型为主，将在第 5 章的应用部分介绍。投入产出模型的引入可以从投入产出表开始。

投入产出表是投入产出模型的数据基础，其基本构成是一张棋盘式表格，如表 4-1 所示。投入产出表对整个国民经济以不同产品的生产进行部门分类，进而反映国民经济各个部门之间的相互关联。投入产出表的行向和列向相互交叉，形成了三个象限，这三个象限从行向和列向来看涉及投入产出分析中的几个关键概念。

表 4-1 简化的投入产出表

投入＼产出		中间使用				最终使用				进口	**总产出**
		部门 1	部门 2	…	部门 n	消费	资本形成	出口	**最终使用合计**		
中间投入	部门 1	z_{11}	z_{12}	…	z_{1n}	c_1	k_1	e_1	$\boldsymbol{y_1}$	m_1	$\boldsymbol{x_1}$
	部门 2	z_{21}	z_{22}	…	z_{2n}	c_2	k_2	e_2	$\boldsymbol{y_2}$	m_2	$\boldsymbol{x_2}$
	⋮	⋮	⋮		⋮	⋮	⋮	⋮	⋮	⋮	⋮
	部门 n	z_{n1}	z_{n2}	…	z_{nn}	c_n	k_n	e_n	$\boldsymbol{y_n}$	m_n	$\boldsymbol{x_n}$
增加值	劳动报酬	w_1	w_2	…	w_n						
	固定资产折旧	d_1	d_2	…	d_n						
	生产税净额	t_1	t_2	…	t_n						
	营业盈余	m_1	m_2	…	m_n						
	增加值合计	$\boldsymbol{v_1}$	$\boldsymbol{v_2}$	…	$\boldsymbol{v_n}$						
总投入		$\boldsymbol{x_1}$	$\boldsymbol{x_2}$	…	$\boldsymbol{x_n}$						

首先是“投入”与“产出”这一对概念。投入产出表要描述的就是各个产业如何用一定的投入生产出自己的产出，以及自己的产出如何被使用掉。在投入产出表中，列向

表示各个产业生产过程中的投入及其构成，而行向则表示产品产出及其分配使用去向。

列向的投入进一步分为“中间投入”和“初始投入”。中间投入指的是生产中消耗的各种原材料、燃料、服务等，也就是各种物耗和服务消耗；初始投入则是生产中所需要的工资、租金和利息等的支出。投入产出表中初始投入具体包括劳动者报酬、固定资产折旧、生产税净额、营业盈余等，它们构成初次分配项目。

那么中间投入与初始投入区分的标准是什么呢？根本的分界点在于某种投入是否是当期被某个生产部门生产出来并且当期被消耗掉了，即中间投入的价值被完全转移到新的产品中去了；而初始投入对应的初始生产要素则无法被生产部门所生产（如劳动力），或者无法在一个生产时期中被完全消耗掉（如固定资产），初始投入包括劳动报酬、营业盈余等，被视为是新创造的价值，因此也称为增加值。固定资产折旧本质上它与中间投入并没有差异，都属于转移价值，但是其价值是在多个生产时期中转移。从国民经济核算的角度看，它是增加值和 GDP 的组成部分。在投入产出表的构造上，一般也把它从中间投入中区别开来，作为初始投入的一个组成部分。

投入产出表的行向为各个部门产出及其分配使用去向，分为中间产品与最终产品。中间产品指在当期用于各部门生产过程的产品，即本期生产出来，又再次进入生产过程；最终产品则是本期退出不再进入生产过程的产品。需要注意的是，除了时间边界之外，还有空间边界的限制，例如以本国为研究对象，则退出指的是本期退出本国生产过程的产品。

通常而言，一种产品既可以用作中间产品，也可以用作最终产品。但是，如果不考虑存货的情形，不同产品的性质存在差异，有些产品或服务可能主要是作为中间产品，如原油，而有些产品或服务则主要是作为最终产品，如建筑物、居民服务。中间产品主要是用于当期生产中的各种投入品，既包括各种原材料、燃料，也包括各种服务。最终产品则进一步分为多种类型，包括消费品、资本品、存货、出口品等。消费品指我们日常所需的物品，包括了冰箱、电视、汽车等耐用消费品，还包括所消费的各种服务，如公共交通服务、快递服务、医疗服务等。资本品包括固定资本，如建筑、机器设备、经济林木等有形资本品，以及计算机软件、研发资本等无形资本品等；还有一些产品，属于需要进一步加工的半成品，或未销售的库存品，由于它们在本期内脱离了生产过程，不再属于中间产品或是消费品，统一归为存货增加，即存货的期初期末变化；存货增加与固定资本形成一起构成资本形成总额。最后一类产品是出口品，出口到国外脱离了本国生产过程，无论之后是用于其他国家的中间使用还是最终使用，都统一称为出口。全部最终产品就是由消费、资本形成和出口所构成。在我国投入产出表中，消费又进一步细分为农村消费与城镇消费，资本形成总额分为固定资本形成与存货变化。这些产品永远或暂时地脱离本国加工过程。

如表 4-1 所示，投入产出表包括三个象限。行向中间使用与列向的中间投入构成第Ⅰ象限，称为中间产品象限。中间使用的行向右侧延伸，与最终使用列交叉构成的象限为第Ⅱ象限，称为最终产品象限。中间投入的列向下延伸，与初始投入行交叉构成的象限为第Ⅲ象限，称为初始投入象限，描述初次收入分配。

通常，第Ⅰ象限是一个 $n \times n$ 的方阵，其每一元素 z_{ij} 有双重含义，从列向看表示 j 产品生产中对 i 产品的消耗量，从行向看则表示 i 产品分配给 j 产品生产用的使用量。第Ⅱ象限行向表示某产品作为最终产品使用的各种用途，是用于消费、资本形成还是用于出口，而从每一类最终使用的列向上看，则反映了该类最终使用的产品构成，例如消费列向量反映了居民或政府对于不同产品的消费支出数量。需要注意的是，在表 4-1 中，除了最终使用之外，第Ⅱ象限还单独设置了进口列，表示各个部门产品的进口量。这是通常的投入产出表处理进口的方法，后续会具体加以解释。第Ⅲ象限从列向上看描述了各个部门不同类型的初始投入构成，而行向上则反映了某种类型的收入在不同部门的分配状况。例如，通过劳动报酬行向量可以计算不同部门劳动报酬在整个劳动报酬中所占的比重。

在投入产出表中，一个部门中间投入与初始投入的合计称为该部门的总投入，中间使用与最终使用的合计为该部门的总产出。任何部门总产出的价值量都等于其总投入的价值量，投入与产出的总价值量是相等的。正因为投入产出表中每个部门的总投入等于总产出，如果把所有部门加总，则第Ⅰ象限的合计数加上第Ⅱ象限的合计数将等于第Ⅰ象限合计数加上第Ⅲ象限合计数。也就是说，第Ⅱ象限与第Ⅲ象限在合计数上是相等的。但是，需要注意的是从单个部门来说，第Ⅱ象限与第Ⅲ象限的数值，也就是同一部门的初始投入与最终产品两者价值量并不相等。

投入产出表与 GDP 核算之间密切关联，GDP 的三种核算方法都包含在投入产出表框架中。第Ⅱ象限反映的正是支出法 GDP 核算的内容，第Ⅲ象限可以视作各部门增加值的合计，即生产法 GDP 核算的内容，也可以视作各种收入的合计，即收入法 GDP 核算。从理论上说某个年度投入产出表第Ⅱ与第Ⅲ象限的合计应该等于该年份的 GDP。

根据投入产出表的结构，可以建立其行向和列向的平衡关系式，具体如下。

行向：中间产品+最终产品=总产品

列向：中间投入+初始投入=总投入

行向说明某一部门产品分配使用的去向，所有使用之和等于总产出。列向说明产品生产中的各种投入，所有投入的价值量之和即为总投入。从我国 2017 年投入产出表（表 4-2），可以清楚地看出上述平衡关系。

需要进一步说明的是，投入产出表中无论总产出还是 GDP 在空间上通常为一个国家或地区自身创造的价值总量，在时间上都限定为一个核算期内，通常为一个年度。但是，在投入产出表的中间投入中，不可能只使用本国产品，也不可能只使用本年度内生产出来的产品，这就意味着总投入的价值量中包含了进口品和往年生产的产品，而生产出的总产出又是当年一个年度内本国产品的价值量。这就牵涉到在投入产出表中我们如何对进口品与存货进行处理。在一般形式的投入产出表（即不对进口品的使用去向做区分的投入产出表，即竞争型投入产出表）中，对于进口品的处理只是采取了一种最简单的方式。也就是在表中把各部门的进口作为一个列向量与最终产品象限并列在一起，在行向加总中作为扣减项。这样在行向的加总中，中间使用的进口产品和最终使用的进口

表 4-2　中国 2017 年投入产出表（产品×产品）按当年生产者价格计算

单位：亿元

投入 \ 产出		代码	中间使用							最终使用				进口	总产出
			农业	采掘业	制造业	电力热力燃气水的生产和供应业	建筑业	服务业	**中间使用合计**	消费	资本形成总额	出口	**最终使用合计**		
代码			01	02	03	04	05	06		TC	GCF	EX	**TFU**	IM	**GO**
中间投入	农林牧渔业	01	14 684	25	62 764	7	1 896	5 692	**85 068**	27 479	2 401	1 194	**31 074**	6 018	**110 124**
	采掘业	02	62	6946	56 469	10 879	1 915	268	**76 539**	135	316	487	**938**	23 291	**54 186**
	制造业	03	20 672	9681	507 832	7 588	106 997	116 355	**769 125**	117 498	87 768	131 620	**336 886**	97 130	**1 008 881**
	电力热力燃气水的生产和供应	04	1004	2611	24 135	17 331	3 084	8 986	**57 151**	6 202	70	95	**6 367**	19	**63 499**
	建筑业	05	75	21	248	200	7 307	2 649	**10 500**	0	218 044	825	**218 869**	583	**228 786**
	服务业	06	8 175	6 603	128 715	7 105	52 288	233 248	**436 134**	292 863	55 861	29 626	**378 350**	22 228	**792 256**
	中间投入合计	**TII**	**44 672**	**25 887**	**780 163**	**43 110**	**173 487**	**367 198**	**1 434 517**	**444 177**	**364 460**	**163 847**	**972 484**	**149 269**	**2 257 732**
增加值	劳动者报酬	VA001	65 271	9 950	88 359	6 703	34 212	218 774	**423 269**						
	生产税净额	VA002	−3 411	9 000	44 242	3 020	8 073	34 053	**94 977**						
	固定资产折旧	VA003	2 285	4 325	26 690	7 481	1 958	67 586	**110 325**						
	营业盈余	VA004	1 307	5 024	69 427	3 185	11 056	104 645	**194 644**						
	增加值合计	**TVA**	**65 452**	**28 299**	**228 718**	**20 389**	**55 299**	**425 058**	**823 215**						
总投入		**TI**	**110 124**	**54 186**	**1 008 881**	**63 499**	**228 786**	**792 256**	**2 257 732**						

注：本表根据国家统计局公布的中国 2017 年投入产出表整理得到

产品都同时被剔除了，只剩下本国生产的产品。对于生产中使用以往年份的产品，则是通过存货变化的方式，也就是期末存货减期初存货的一个净变化，做了类似的处理，也就是从总使用中扣除了往年生产的产品，同时加上了今年生产的作为存货的产品。这就保证了在投入产出表中产出以及 GDP 都为一个生产时期内本国或本区域的产出。

进一步在行向平衡关系基础上建立行向的数学关系式：

$$
\begin{gathered}
z_{11}+z_{12}+\cdots+z_{1n}+y_1=x_1 \\
z_{21}+z_{22}+\cdots+z_{2n}+y_2=x_2 \\
\vdots \\
z_{n1}+z_{n2}+\cdots+z_{nn}+y_n=x_n
\end{gathered} \tag{4-1}
$$

上述行向关系可简写为

$$
\sum_{j=1}^{n} z_{ij}+y_i=x_i \quad (i=1,2,\cdots,n) \tag{4-2}
$$

如果以 Z 表示中间流量矩阵，那么上述行向关系可用矩阵表示为

$$
Zi+y=x \tag{4-3}
$$

其中，x、y 分别表示总产出与最终产品列向量；i 为元素全为 1 的列向量。

同样可以建立价值表的列向关系式：

$$
\begin{gathered}
z_{11}+z_{21}+\cdots+z_{n1}+v_1=x_1 \\
z_{12}+z_{22}+\cdots+z_{n2}+v_2=x_2 \\
\vdots \\
z_{1n}+z_{2n}+\cdots+z_{nn}+v_n=x_n
\end{gathered} \tag{4-4}
$$

上述列向关系可简写为

$$
\sum_{i=1}^{n} z_{ij}+v_j=x_j \qquad (j=1,2,\cdots,n) \tag{4-5}
$$

同样以 Z 表示中间流量矩阵，那么上述列向关系可用矩阵表示为

$$i'Z+v=x' \tag{4-6}$$

4.2.2　直接消耗系数引入与列昂惕夫模型

在上节中，我们根据投入产出表的结构得出了行向和列向的等式关系。这些等式关系还无法揭示出部门之间的生产关联。列昂惕夫建立投入产出分析方法的关键就是从引入直接消耗系数开始的。通过直接消耗系数的引入，可以清晰地描述部门之间的生产关联。

直接消耗系数（direct input coefficient）是投入产出分析中的基本概念之一，也称为直接需求系数（direct requirements coefficient）或技术系数（technical coefficient）。其含义是某个部门生产单位产品对某种产品的消耗量。公式形式为

$$a_{ij}=\frac{z_{ij}}{x_j} \tag{4-7}$$

分子 z_{ij} 为中间流量矩阵（价值表第 I 象限）的元素，表示 j 部门生产中对 i 产品所消耗的价值量，分母 x_j 是价值表列向总计，为 j 部门的总投入量。由于任何一部门的投入量等于该部门的产出量，因此，a_{ij} 的含义是 j 部门每生产单位产出所消耗的 i 产品价值量。

投入产出模型中，直接消耗系数主要反映的是技术水平。价值表的直接消耗系数除反映技术外，还受不同产品相对价格变化的影响。对于价值表的直接消耗系数，其元素要求满足 $0\leqslant a_{ij}<1$，表明投入不超过产出。

将直接消耗系数引入行向平衡关系式，得到

$$\sum_{i=1}^{n}a_{ij}x_j+y_i=x_i \quad (i=1,2,\cdots,n) \tag{4-8}$$

用矩阵形式可以表示为

$$Ax+y=x \tag{4-9}$$

其中，A 为直接消耗系数矩阵；x 与 y 分别为总产品与最终产品列向量，即

$$A=\begin{bmatrix} a_{11} & a_{12} & \cdots & a_{1n} \\ a_{21} & a_{22} & \cdots & a_{2n} \\ \vdots & \vdots & & \vdots \\ a_{n1} & a_{n2} & \cdots & a_{nn} \end{bmatrix},\ x=\begin{bmatrix} x_1 \\ x_2 \\ \vdots \\ x_n \end{bmatrix},\ y=\begin{bmatrix} Y_1 \\ Y_2 \\ \vdots \\ Y_n \end{bmatrix}。$$

Ax 的部分是中间产品的行向合计，因此该式仍然表示的是中间产品加最终产品等

于总产品。进一步：

$$(I-A)x=y \tag{4-10}$$

$$x=(I-A)^{-1}y \tag{4-11}$$

这就是经典的列昂惕夫模型，该模型中最终需求 y 为外生变量，总产出向量 x 为内生变量，模型的含义是为了满足最终需求各部门的产出是什么样的，也被称为需求拉动模型。

$(I-A)^{-1}$ 被称为列昂惕夫逆矩阵（Leontief inverse matrix），也被称为完全需求系数矩阵，是经典投入产出模型描述部门之间产业关联的核心，它的元素反映了一个部门产品的生产与其他部门之间完全的生产联系。之所以叫作“完全”，是因为完全需求系数矩阵的元素既包含了两个部门之间的直接生产关联，也包含了间接生产关联。举例说明如下。

假设某个居民家庭要买一台汽车，这台汽车要生产出来需要消耗多少电力呢？如图 4-1 所示，首先，汽车本身的生产过程要消耗电力、金属、橡胶、电子产品等，这里所消耗的电力的数量是汽车对于电力的直接消耗；然而，汽车生产过程中需要投入的电力、金属、橡胶、塑料、电子产品等原材料、能源等中间投入品的生产过程中也要消耗电力以及其他中间投入品，这里的电力消耗是汽车对于电力的一次间接消耗；进一步，汽车生产过程中所需要的电力、金属、橡胶、塑料、电子产品等中间投入品的生产过程要消耗的电力以及其他中间投入品的生产会进一步带来对于电力的消耗，这是汽车对于电力的二次间接消耗，以此类推，这个过程可以无限进行下去。所有轮次间接消耗的合计等于间接消耗总量，而汽车对于电力的完全消耗则等于直接消耗与间接消耗的合计。

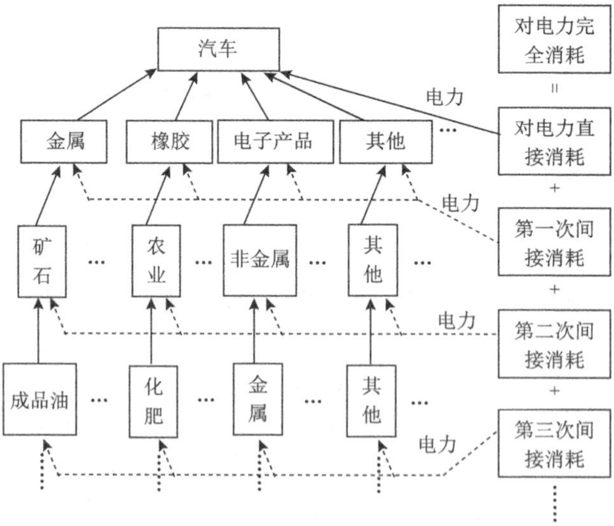

图 4-1　汽车生产对电力的完全消耗

可以看到，正因为完全消耗的原因，汽车生产本身可能并不需要农产品，但是却间接需要农产品（橡胶）。类似地，比如食品生产中不直接使用煤炭，但由于消耗电力，带来对煤炭的间接消耗，农产品生产中不直接使用原油，而由于对化肥的使用带来对原油的间接消耗等。完全消耗所描述的完全联系中，常常意味着产品之间的相互消耗，如电力的生产中需要煤来发电，而煤的采掘则需要电力。也就是说，完全联系的特征在于“循环流”，从而区别于“线性流”。

图 4-1 展示的完全消耗也可以归纳为完全消耗系数。完全消耗系数是指某产品 j 生产单位产品量对另一产品 i 的完全消耗量，记为 b_{ij}。根据图 4-1，计算关系式应是

完全消耗系数=直接消耗系数+全部间接消耗系数

要计算汽车 j 对电力 i 的完全消耗系数 b_{ij}，首先包括汽车对电力的直接消耗系数 a_{ij}，进一步需要计算汽车对电力的全部间接消耗系数，有两种推导途径。

1）第一种途径

完全消耗系数=直接消耗系数+一次间接消耗系数+二次间接消耗系数+⋯

$$b_{ij} = a_{ij} + \sum_{k=1}^{n} a_{ik} a_{kj} + \sum_{s}\sum_{k} a_{is} a_{sk} a_{kj} + \sum_{t}\sum_{s}\sum_{k} a_{it} a_{ts} a_{sk} a_{kj} + \cdots \tag{4-12}$$

用矩阵形式表示：

$$B = A + A^2 + A^3 + A^4 + \cdots = (I - A)^{-1} - I \tag{4-13}$$

2）第二种途径

完全消耗系数=直接消耗系数+第一种中间投入品传递的间接消耗+第二种中间投入品传递的间接消耗+⋯

如图 4-2 所示，汽车在生产中可能直接消耗 1，2，3，⋯种产品，而这些产品又直接或间接消耗电。汽车 j 通过 1 号产品对电 i 的全部间接消耗 $b_{i1} \cdot a_{1j}$。这是因为生产一台汽车消耗产品 1 是 a_{1j}，而每一单位产品 1 对电的完全消耗系数为 b_{i1}，那么汽车通过产品 1 对电力的全部间接消耗系数应是 $b_{i1} \cdot a_{1j}$。

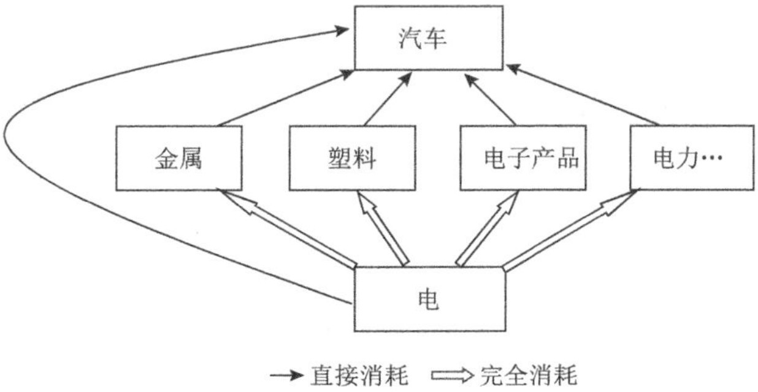

图 4-2　汽车对电力的完全消耗（第二种分析途径）

通过产品 2 传递的全部间接消耗系数为 $b_{i2}\cdot a_{2j}$，以此类推则有 $b_{i3}\cdot a_{3j}$，…，$b_{ii}\cdot a_{ij}$，一直到 $b_{in}\cdot a_{nj}$。最后将各途径传递的间接消耗系数加总起来，则有

$$b_{ij}=a_{ij}+\sum_{k=1}^{n}b_{ik}\cdot a_{kj} \tag{4-14}$$

进一步用矩阵形式表示，即

$$B=A+BA \tag{4-15}$$

其中，A 为直接消耗系数矩阵，B 为完全消耗系数矩阵，是一个包括 $n\times n$ 个完全消耗系数的 n 阶方阵。

从上式可做进一步推导：

因为 $B(I-A)=A$，所以有

$$B=A(I-A)^{-1} \tag{4-16}$$

表明直接消耗系数右乘一个列昂惕夫逆矩阵，得到完全消耗系数。进一步：

$$B=\left[I-(I-A)\right](I-A)^{-1}=(I-A)^{-1}-I$$

所以有

$$B=(I-A)^{-1}-I \tag{4-17}$$

B 就是完全消耗系数矩阵，式（4-17）表明列昂惕夫逆矩阵与完全消耗系数在对角元素上相差 1。此外，我们还应该记住列昂惕夫逆矩阵和完全消耗系数的另一个表达式：

$$(I-A)^{-1}\approx I+A+A^2+\cdots+A^{p-1} \tag{4-18}$$

$$B=(I-A)^{-1}-I\approx A+A^2+\cdots+A^{p-1} \tag{4-19}$$

上面两式的证明很简单，因为：

$$(I-A)\left(I+A+A^2+\cdots+A^{p-1}\right)\approx I \tag{4-20}$$

从经济含义上看，式中 A^2 是第一间接消耗系数，A^3 为第二间接消耗系数，式（4-19）表明完全消耗系数等于直接消耗系数，加上第一间接消耗系数，加上第二间接消耗系数，如此下去，各层次的间接消耗系数加总得到全部间接消耗系数，与推导完全消耗系数的

第一种途径的结果相同。

至此，我们不仅推导出完全消耗系数的表达式，而且也得到了完全消耗系数 B 与列昂惕夫逆矩阵 $(I-A)^{-1}$ 之间的关系。两者间实际上只是在对角元素上差一个 1。我们用 B 表示完全消耗系数，用 L 表示列昂惕夫逆矩阵，即

$$B=\begin{bmatrix} b_{11} & b_{12} & \cdots & b_{1n} \\ b_{21} & b_{22} & \cdots & b_{2n} \\ \vdots & \vdots & & \vdots \\ b_{n1} & b_{n2} & \cdots & b_{nn} \end{bmatrix},$$

$$L=(I-A)^{-1}=\left(B+I\right)=\begin{bmatrix} L_{11} & L_{12} & \cdots & L_{1n} \\ L_{21} & L_{22} & \cdots & L_{2n} \\ \vdots & \vdots & & \vdots \\ L_{n1} & L_{n2} & \cdots & L_{nn} \end{bmatrix}=\begin{bmatrix} b_{11}+1 & b_{12} & \cdots & b_{1n} \\ b_{21} & b_{22}+1 & \cdots & b_{2n} \\ \vdots & \vdots & & \vdots \\ b_{n1} & b_{n2} & \cdots & b_{nn}+1 \end{bmatrix} \tag{4-21}$$

列昂惕夫逆矩阵元素的含义是什么呢？假设第一个部门产品最终需求增加一个单位，其他部门不变，则对各部门产出的影响为

$$\begin{bmatrix} x_1 \\ x_2 \\ \vdots \\ x_n \end{bmatrix}=\begin{bmatrix} L_{11} & L_{12} & \cdots & L_{1n} \\ L_{21} & L_{22} & \cdots & L_{2n} \\ \vdots & \vdots & & \vdots \\ L_{n1} & L_{n2} & \cdots & L_{nn} \end{bmatrix}\begin{bmatrix} 1 \\ 0 \\ \vdots \\ 0 \end{bmatrix}=\begin{bmatrix} L_{11} \\ L_{21} \\ \vdots \\ L_{n1} \end{bmatrix} \tag{4-22}$$

第一个部门最终产品增加一个单位带动的各部门产出增加量恰好是列昂惕夫逆矩阵的第一列。例如，L_{21} 的含义是第一个部门单位最终产品增加带动第二个部门产出增加 L_{21} 个单位。如此类推，L_{ij} 表示 j 部门单位最终需求增加拉动的 i 部门产出增加量。通过该模型可以计算为了获得某种最终需求的组合,各部门必须要达到什么样的产出水平。根据列昂惕夫模型，可以发现：

第一，当某种最终产品的需求增加时，不仅该最终产品的生产部门要进行生产，其他生产部门也要生产。单个部门的最终产品是需要全社会所有部门的参与才能最终生产出来。

第二，列昂惕夫逆矩阵与完全消耗系数矩阵之间的差异，即对角元素所差的 1 表示该部门总产出中包含了想要得到的那个最终产品本身。这个 1 只影响对角元素，也就是因为对于想要得到的某个部门的 1 单位最终产品，首先要在该部门生产出这个最终产品，然后是为了生产这个最终产品所拉动各部门的产出增加，包括对部门自身产出的拉动。

列昂惕夫逆矩阵有时也称为完全需要系数矩阵（total requirements matrix），以区别于完全消耗系数矩阵。其元素 L_{ij} 表示 j 部门生产单位最终产品对 i 产品的完全需要量。

这里既包括对中间产品的需要，又包括了对最终产品自身的需要，即对总产品的完全需要。

投入系数除了直接消耗系数外，还可以就初始投入计算相应的系数，包括直接劳动报酬系数、直接营业盈余系数等。用向量形式可以表示如下：

$$\text{直接劳动报酬行向量：}\quad A_w=\left(a_{w1},a_{w2},\cdots,a_{wn}\right)$$

$$\text{直接营业盈余行向量：}\quad A_m=\left(a_{m1},a_{m2},\cdots,a_{mn}\right)$$

向量中元素 a_{wj} 、 a_{mj} 分别表示第 j 部门单位产出中的劳动报酬和营业盈余。它们的合计将等于增加值系数（不考虑折旧和生产税净额），表示各部门增加值或初始投入占总产出的比重：

$$A_v=A_w+A_m=\left(a_{v1},a_{v2},\cdots,a_{vn}\right) \tag{4-23}$$

另外，根据它们的定义我们很容易能够得出这些直接投入系数与直接消耗系数的列向加总将等于 1，即

$$i'A+A_w+A_m=i'A+A_v=i' \tag{4-24}$$

其中，i' 表示元素为 1 的行向量。

在前面的分析中，特别是式（4-16）中我们知道，直接消耗系数右乘列昂惕夫逆矩阵就得到完全消耗系数。利用列昂惕夫逆矩阵这样一个放大器就可以把直接消耗系数转换为完全消耗系数。上述各项直接的初始投入系数也可以利用这个放大器转换为完全的投入系数。分别为

$$\text{完全劳动报酬行向量：}\quad B_w=A_w(I-A)^{-1}=\left(b_{w1},b_{w2},\cdots,b_{wn}\right) \tag{4-25}$$

$$\text{完全营业盈余行向量：}\quad B_m=A_m(I-A)^{-1}=\left(b_{m1},b_{m2},\cdots,b_{mn}\right) \tag{4-26}$$

问题是这样计算出来的各项完全初始投入系数的经济含义是什么呢？我们以完全劳动报酬系数为例进行分析，其他系数则可以类似给以说明。

$$B_w=A_w(I-A)^{-1}$$

$$\left(b_{w1},b_{w2},\cdots,b_{wn}\right)=\left(a_{w1},a_{w2},\cdots,a_{wn}\right)\begin{bmatrix} b_{11}+1 & b_{12} & \cdots & b_{1n} \\ b_{21} & b_{22}+1 & \cdots & b_{2n} \\ \vdots & \vdots & & \vdots \\ b_{n1} & b_{n2} & \cdots & b_{nn}+1 \end{bmatrix}$$

我们看到完全劳动报酬系数行向量的第一个元素 b_{w1} 实际上是直接劳动报酬系数行向量与列昂惕夫逆矩阵第一列相乘所得到的结果。而前面的分析中，列昂惕夫逆矩阵第一列的经济含义我们已经知道，是为生产第一个部门 1 个单位最终产品所需要的各部门产出增加。左乘直接劳动报酬行向量，意味着这些各部门产出的增加进一步带来所有部门劳动报酬的增加。b_{w1} 只不过是由第一部门单位最终产品生产所拉动的所有部门劳动报酬增加的合计。这就是完全劳动报酬系数的经济含义。

此外，依据价值型投入产出表还可以建立列模型。

$$\sum_{i=1}^{n} z_{ij}+v_j=x_j \quad (j=1,2,\cdots,n)$$

引入直接消耗系数后，上式变为

$$\sum_{i=1}^{n} a_{ij}x_j+v_j=x_j \tag{4-27}$$

令 $a_{cj}=\sum_{i=1}^{n} a_{ij}$ ，表示中间投入比或中间投入率，即中间投入合计占总投入的比例，令 $A_c=(a_{c1},a_{c2},\cdots,a_{cn})$，表示中间投入率向量，上式写成矩阵形式：

$$x'\hat{A}_c+v=x' \tag{4-28}$$

其中，$\hat{A}_c$ 为行向量 A_c 对角化得到的对角矩阵。矩阵展开则是

$$[x_1,x_2,\cdots,x_n]\begin{bmatrix} a_{c1} & & & \\ & a_{c2} & & \\ & & \cdots & \\ & & & a_{cn} \end{bmatrix}+[v_1,v_2,\cdots,v_n]=[x_1,x_2,\cdots,x_n] \tag{4-29}$$

上述公式可以变形为如下形式：

$$x\left(I-\hat{A}_c\right)=v \tag{4-30}$$

$$x=v(I-\hat{A}_c)^{-1} \tag{4-31}$$

也即

$$[x_1,x_2,\cdots,x_n]\begin{bmatrix}1-a_{c1} & & & \\ & 1-a_{c2} & & \\ & & \cdots & \\ & & & 1-a_{cn}\end{bmatrix}=[v_1,v_2,\cdots,v_n]$$

$$[x_1,x_2,\cdots,x_n]=[v_1,v_2,\cdots,v_n]\begin{bmatrix}\frac{1}{1-a_{c1}} & & & \\ & \frac{1}{1-a_{c2}} & & \\ & & \cdots & \\ & & & \frac{1}{1-a_{cn}}\end{bmatrix}$$

其中的$1-a_{cj}$和$\frac{1}{1-a_{cj}}$分别表示增加值或初始投入占总投入的比重，以及该系数的倒数。因此，上述模型（4-30）与（4-31）表示的是利用初始投入或增加值占总投入的比重，可以从总产出推算初始投入或增加值，反之亦然。

可以看到，该模型性质上只是直接联系，而非完全联系。直接消耗系数被压缩成对角元素，导致丧失丰富的结构信息。这是由于直接消耗系数是列向构造的，在建立行模型的过程中，列向构造的直接消耗系数与行向关系结合，表现了完整的相互联系，而列向构造的直接消耗系数与列向关系结合，则产生不了这种行列结合的效应。要利用列向平衡关系的信息，可以从行向构造系数。这就是后续介绍的基于分配系数的列模型。

4.2.3 投入产出模型的基本假定

前面我们对投入产出表及其模型做了一个基本的介绍。而投入产出模型的背后依赖于假定条件。如果不对这些假定有一个很好的理解，我们对投入产出方法的认识就难以深入。

1. 固定比例生产函数

比例性假设，即国民经济各部门的各种投入品与其产出之间成固定比例关系，随着产品产出的增加，所需的各种消耗（投入）则以同样的比例增加。从生产函数的角度来看，这种类型的生产函数的特征是对应的等产量线为 L 型，与平滑的等产量线形成对比，投入品之间完全互补，没有任何替代关系，被称为固定比例生产函数，实际上指的正是投入产出生产函数，也称为列昂惕夫生产函数（Leontief production function）。举例说明如下。假设有一个简单的两部门投入产出系统，如表 4-3 所示。

表 4-3　简化的两部门投入产出系统

	对行业Ⅰ的投入	对行业Ⅱ的投入	最终使用	总产出
行业Ⅰ	z_{11}	z_{12}	y_1	x_1
行业Ⅱ	z_{21}	z_{22}	y_2	x_2
劳动投入	z_{01}	z_{02}		

投入产出生产函数的一般形式为

$$x_1 = f\left(z_{11}, z_{21}, z_{01}\right) \tag{4-32}$$

$$x_2 = g\left(z_{12}, z_{22}, z_{02}\right) \tag{4-33}$$

在固定比例系数假定下，a_{ij} 表示直接消耗系数，即每单位 j 产品的产出所需要 i 产品的投入。那么 L 型生产函数的形式成为

$$x_1 = \min(\frac{z_{11}}{a_{11}}, \frac{z_{21}}{a_{21}}, \frac{z_{01}}{a_{01}}) \tag{4-34}$$

$$x_2 = \min(\frac{z_{12}}{a_{12}}, \frac{z_{22}}{a_{22}}, \frac{z_{02}}{a_{02}}) \tag{4-35}$$

另外，如图 4-3 所示，我们比较柯布-道格拉斯生产函数与固定比例生产函数。需要指出的是，对于柯布-道格拉斯生产函数而言，投入比例的变化并不必然意味着技术的改变。投入比例从 A 点变换为 B 点，背后的技术并没有改变。但是，对于图中的列昂惕夫技术而言，投入比例从 A 点变换为 B 点，背后的技术也发生了改变。

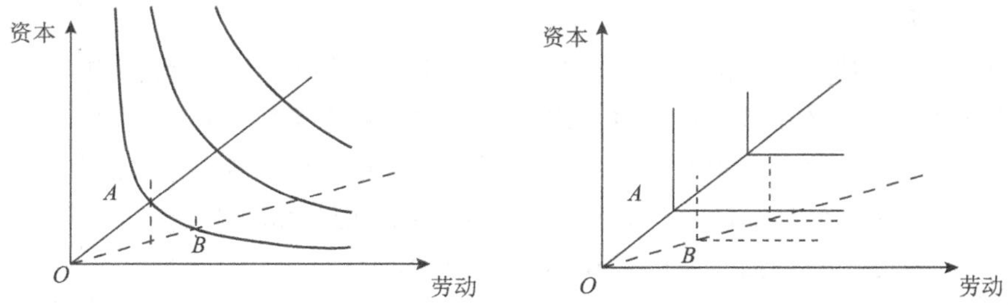

图 4-3　Cobb-Douglas 技术和 Leontief 技术

2. 纯部门假定

在很多国家公布的投入产出表中，常常会注明为产品×产品表（也有产业×产业表，此时的产业指的是混合产品的产业部门）。产品×产品表指的是行向和列向的部门分类都是产品分类。这里涉及投入产出分析的另一个重要假定——纯部门假定。为了说明这一

问题，需要从直接消耗系数入手。

在前面的分析中，我们看到列昂惕夫建立投入产出模型中的关键一步是引入了直接消耗系数。直接消耗系数以单位产出的投入清单的方式描述了每个部门的生产技术，具有重要的理论含义。在投入产出模型中，通常假设一定时期内特别是短期内直接消耗系数稳定不变，这是基于技术在短期中不会发生突变的假定；而在长期内技术的变化体现为直接消耗系数的变化。也就是说，在投入产出模型中，我们需要保证直接消耗系数矩阵是对技术的准确画像，这也是纯部门假定的重要目的。

为达到这一点，需要确保投入产出的部门都是纯部门。如果某一部门不是纯部门的话，假定包含两种产品，那么即使这两种产品的生产技术没有发生任何变化，只是由于两种产品的生产量发生了变化，就会使两种产品组合在一起的这个“混部门”直接消耗系数发生变化。显然这样的变化与技术没有任何关系。

从这一点而言，核算中通常的产业分类还达不到纯部门的要求，只有按产品分类才能更好地满足这样一种要求。因此，投入产出表中尽管采用了产业分类的名称，但经过调整，转化为纯部门的产品分类。例如，投入产出表中的建筑业与标准产业分类中的建筑业是存在差异的。标准产业分类中的建筑业更多反映的是建筑企业的活动，而投入产出表中的建筑业则包含了农业、制造业及其他所有产业中所发生的与建筑相关的活动。

3. 消耗系数稳定性假定

如前所述，投入产出分析中通常假设直接消耗系数 a_{ij} 在一定时期内是稳定不变的，这一假设包括了两层含义：一方面，直接消耗系数不随时间变化，即在一定时期内，各部门的生产技术水平固定不变，抽象了技术进步与劳动生产率提高的因素；另一方面，直接消耗系数在同一部门的各企业之间保持不变，即同一部门内各企业的技术水平、技术条件相同，或者它们有相同的消耗系数，或者整个部门各企业的平均数为直接消耗系数。在投入产出模型中，国民经济各部门间的生产技术联系是通过直接消耗系数来建立的，并通过计算（$I-A$）的逆矩阵来反映国民经济各部门、再生产各环节之间的间接联系，所以可以说，a_{ij} 是投入产出模型的基础。直接消耗系数越准确，就越能通过投入产出模型反映客观经济过程的实际。

在实际中，尤其是长期情况下生产技术是在不断发展的，因此要使投入产出模型有实际应用的价值，就必须考察技术进步趋势和直接消耗系数矩阵的变化规律。在价值型投入产出模型中，a_{ij} 除了受生产技术变化的影响外，还受到价格变化以及部门产品构成变化的影响。对于部门产品的构成，投入产出模型中通过纯部门假定避开其影响，在实际中则通过产业分类到产品分类的转化尽可能去满足。

对于价格的影响，价值形态的 a_{ij} 可以看作各部门产品的实物量乘以它们的单价而计算出来的，它间接地反映了各部门产品实物量之间的联系。价值直接消耗系数 a_{ij} 计算公式可表示为

$$a_{ij} = \frac{p_i q_{ij}}{p_j Q_j} = a'_{ij} \ \frac{p_i}{p_j}$$

其中，p_i, p_j 分别为 i, j 种产品的价格；a'_{ij} 为实物单位的直接消耗系数。上式表明，a_{ij} 除了受 a'_{ij} 变化的影响外，还要受到相对价格 p_i / p_j 变化的影响。亦即只有在产品价格与其价值相符的条件下，a_{ij} 才准确反映了各部门之间的生产技术联系。一般来说，用不变价格来计算，a'_{ij} 就可在一定程度上消除不同时期的价格对 a_{ij} 的影响。

4.2.4 投入产出模型有经济意义的解的存在条件

下面我们分析投入产出模型的求解条件，即模型 $x=(I-A)^{-1}y$。在抽象了进出口因素的情况下，这个模型建立了各部门最终产品与总产品的关系式，在最终产品外生给定的情况下，可以解得总产出向量。从经济意义上讲，外生变量最终产品非负，求解得到的总产品也应该非负。因此，要得到有经济意义的解，需要的条件有：第一，（$I-A$）可逆；第二，（$I-A$）的逆矩阵即列昂惕夫逆矩阵非负（指矩阵中各个元素都要大于等于零）。

（1）直接消耗系数矩阵 A 非负。根据直接消耗系数的定义式 $a_{ij}=\dfrac{z_{ij}}{x_j}$，$z_{ij}\geqslant 0$，$x_j\geqslant 0$，有 $a_{ij}\geqslant 0$。从列向平衡关系式可知，$z_{ij}<x_j$，有 $a_{ij}<1$。从经济意义上讲，a_{ij} 表示每生产单位 j 部门产品，要消耗 i 部门产品的数量，在用价值作为计量单位时，a_{ij} 都应该小于 1，如果消耗系数大于 1，说明生产过程中的物质消耗要多于生产的成果，这样的生产是无法进行下去的，是不正常的。因此，矩阵 A 应该是一个非负矩阵。

（2）在直接消耗系数矩阵 A 中，每一列的合计数，是每一部门单位产品价值中属于对各部门产品的中间投入所占的比重。由于产品的价值是中间投入与初始投入之和，所以在单位产品价值中，中间投入系数加初始投入系数应等于 1。用公式表示为

$$\sum_{i=1}^{n} a_{ij} + a_{vj} = 1 \quad (j=1,2,\cdots,n) \tag{4-36}$$

其中，a_{vj} 为初始投入所占总投入的比重，称为初始投入系数或增加值系数。$0<a_{vj}<1$，因此必有

$$0<\sum_{i=1}^{n} a_{ij} < 1 \quad (j=1,2,\cdots,n) \tag{4-37}$$

亦即各部门中间投入系数小于 1。

进一步，有

$$\sum_{i=1}^{n} a_{ij} = a_{jj} + \sum_{i\neq j} a_{ij} < 1 \tag{4-38}$$

$$0<\sum_{i\neq j} a_{ij} < 1 - a_{jj} \quad (j=1,2,\cdots,n) \tag{4-39}$$

上式表明，每个部门单位产品价值扣除了对本部门产品的消耗后，应大于对其他部门产品的消耗，因为产品的总投入中还必须包括初始投入的部分，而社会生产也只有在这种情况下才有可能持续下去。

矩阵 $I-A$ 的列和就是初始投入系数（或增加值系数），$0<\sum_{i=1}^{n}a_{ij}<1$。根据上述条件可以证明$|I-A|\neq 0$，$I-A$ 矩阵可逆。

有了上面的三个结果（条件）：就可以证明$|I-A|\neq 0$，亦即（$I-A$）的逆矩阵存在。因此，$x=(I-A)^{-1}y$的解存在并唯一。进一步，

$$(I-A)^{-1}=I+A+A^2+\cdots$$

由于 A 为非负矩阵，$A^p\geqslant 0$，有

$$(I-A)^{-1}\geqslant 0$$

$$x=(I-A)^{-1}y\geqslant 0$$

在应用投入产出模型时，只要实际经济过程符合上述条件，这个模型就肯定有解，而且是正值解。其他投入产出模型的求解条件也可类似地得到证明。

现实中，只要生产正常，编制投入产出表的资料又比较准确，就能保障直接消耗系数矩阵满足上述要求，可以通过直接消耗系数计算出（$I-A$）的逆矩阵，并保证其中各元素不出现负值。

4.2.5 Ghosh 模型简介

分配系数是与直接消耗系数相对称的，从行向构造的系数。基于分配系数能够建立起与直接消耗系数相对称的一个完整的分析体系，包括数量模型和价格模型。这里只介绍利用分配系数来构造投入产出数量模型。

分配系数的计算公式为

$$r_{ij}=\frac{x_{ij}}{x_i}\quad (i,j=1,2,\cdots,n) \tag{4-40}$$

直接消耗系数是同列元素与该列所代表的部门的总投入或总产出相除，而分配系数则是同行元素与该行所代表的部门的总产出或总投入相除。分配系数的含义是 i 产品分配给 j 产品中间消耗使用量在总产出量中所占的比例。

$n\times n$ 个分配系数构成的 n 阶方阵 R，称为分配系数矩阵：

$$R=\begin{bmatrix} r_{11} & r_{12} & \cdots & r_{1n} \\ r_{21} & r_{22} & \cdots & r_{2n} \\ \vdots & \vdots & & \vdots \\ r_{n1} & r_{n2} & \cdots & r_{nn} \end{bmatrix}$$

分配系数由于是同行元素相除，都是同一种产品，假设同一种产品价格唯一，即不存在价格歧视或价格差异，则系数不受价格变动的影响。因此，从理论上来说，按照相同产品分类的实物表与相应的价值表计算的分配系数应该是相同的。

在分配系数的基础上，可以在对称的形式上建立投入产出列模型：

$$xR+v=x \tag{4-41}$$

$$x\left(I-R\right)=v \tag{4-42}$$

$$x=v(I-R)^{-1} \tag{4-43}$$

这里的列模型（4-43）与行模型相对称。可以称 $(I-R)^{-1}$ 为完全供给系数。进一步可以推导出：

$$x=vD+v \tag{4-44}$$

其中，$D=(I-R)^{-1}-I$，可以称之为完全分配系数，而 R 则是直接分配系数。完全分配系数与完全供给系数也是在对角元素上相差 1。

完全分配系数的经济含义是什么呢？把式（4-44）展开可以看得很清楚：

$$\left[x_1,x_2,\cdots,x_n\right]=\left[v_1,v_2,\cdots,v_n\right]\begin{bmatrix} d_{11} & d_{12} & \cdots & d_{1n} \\ d_{21} & d_{22} & \cdots & d_{2n} \\ \vdots & \vdots & & \vdots \\ d_{n1} & d_{n2} & \cdots & d_{nn} \end{bmatrix}+\left[v_1,v_2,\cdots,v_n\right]$$

上式右端的第二项 $\left[v_1,v_2,\cdots,v_n\right]$ 是生产中直接的初始要素投入，而右端第一项则是初始投入要素通过产品的分配，直接和间接进入到不同部门的生产过程，在价值量上等于各部门中间投入的合计。具体而言，对于完全分配系数矩阵 D，其第 i 行元素 $\left[d_{i1},d_{i2},\cdots,d_{in}\right]$ 表示的是第 i 部门单位初始投入，直接与间接分配给第 1，一直到第 n 个部门的价值量。从列向上看，第 j 列表示的是所有部门初始投入直接与间接分配给第 j 部门的价值量。

值得指出的是，利用分配系数建模，在假定上将与直接消耗系数建模产生差别。直接消耗系数的建模假定的是技术是稳定的，从而直接消耗系数是相对稳定的，而分配系数建模则要假定分配结构是稳定的。问题在于分配系数与直接消耗系数，如果假定其中一个是稳定的，那么通常另一个就不是稳定的。因此，在分配系数假定为稳定的情况下，技术系数往往是变化的。

4.3 投入产出数据

4.3.1 国民经济核算体系下的供给使用核算

国民经济核算体系（SNA），简称国民核算体系，是在一定经济理论的指导下，综合应用统计、会计、数学等方法，为测定一个国家（地区、部门）在特定时期内的经济活动（经济流量）和特定时点上的经济成果（经济存量）而构成的一个相互联系的系统。这个核算体系的各项总量指标及其组成，描述了国民经济的结构和联系，反映了生产、分配、交换和消费的各个领域和各个部门，是进行经济分析、经济预测和决策研究的重要依据。目前，世界各国所采用的国民核算体系主要是联合国及相关国际组织所公布的 SNA。归纳起来，SNA 主要强调了两点：一是为实现对经济活动的准确记录，所达成的国际公认的一系列标准的约定，具体表现为一套完整的概念、定义、分类准则，以及相互关联的一整套账户；二是核算体系提供了对于经济中的复杂经济活动，不同经济主体之间交往的全面而详细的记录，因而可用于监测经济行为，宏观经济分析和国际比较，为经济分析、决策与政策制定提供帮助。

供给使用表是投入产出核算的核心内容，是 SNA 的重要组成部分。其在核算中主要有两个目的，一是对生产核算的补充，以及对于货物与服务账户（即生产账户）的进一步细化，其本身成为协调各种数据来源的重要工具；二是在它的基础上进一步推导对称的投入产出表。在 SNA 中，对产品流转过程的描述主要是通过货物与服务账户来实现的。货物与服务账户的核心是产品来源与产品使用之间的平衡关系。供给使用表则是对货物与服务账户的进一步细化。在供给使用表的基础上，再推导出对称的投入产出表，进而可利用投入产出模型进行经济分析。从产品与服务的视角看，产品供给来自本国企业生产的产品产出（以下称为产出）与进口，而产品的使用则包括中间消耗、最终消费、资本形成和出口。产品供给与使用的平衡关系是整个经济过程中最重要的平衡关系。[①]产品的生产与产品的使用往往采用不同的价格，产品的生产采用基本价格，而产品的使用则采用购买者价格。因此，供给与使用的平衡需要考虑价格的调整。为简化起见，以下对于供给表和使用表的介绍忽略它们之间的价格差异，感兴趣的读者请参考夏明和张红霞（2019）。

---

① 参考 SNA2008，第 272 页。

1. 供给表（V 表）

按照 SNA2008 的定义，供给表采用基本价格，其行向为产品，列向为产业。每一行对应一类产品，表示这类产品的供给来源，包括了采用基本价格估价的国内企业生产的供给以及来自国外的进口产品，进一步加上从基本价格到购买者价格总供给所需要的价格调整矩阵，得到购买者价格的总供给；产出矩阵的列向表示每个产业所生产的各种产品。如果不考虑进口，则得到供给表的简表，即表示国内企业供给的产出矩阵，以下重点介绍。产出矩阵为产品×产业的矩阵，主要反映每种产品如何由各个产业生产、提供，或各个产业究竟生产从而供给了哪些产品，也被称为“制造矩阵”（make matrix）或 V 表、产出表。

SNA 中供给表与使用表统一以行表示产品，以列表示产业。产品的分类采用《产品总分类》（Central Product Classification，CPC），产业的分类则采用《国际标准产业分类》（International Standard Industrial Classification，ISIC）。这样，对于供给表而言，从任何一列来看，表示某个产业生产的所有产品，而从行来看，是任何一个产品究竟由哪些产业来生产。通常 V 表以供给表转置的方式给出，表 4-4 是用符号表示的 V 表简表，行向为部门，列向为产品。之所以用供给表转置的方式来描述，是为了便于后续介绍 UV 表法推导对称形式投入产出表。

表 4-4　转置的供给表简表（V 表）

		产品	总产出
		1　2　…　n	
产业	1 2 ⋮ m	$\left[V_{ij}\right]_{m\times n}$	X
总产品		Q^{T}	

在表 4-4 所展示的转置形式的供给表简表中，行为部门，列为产品，它表示各产业生产的各种产品的数量，或者说，它表示各种产品分别是由哪些产业生产的，这是一张“产业×产品”表。V 表的流量矩阵$[V_{ij}]_{m\times n}$称为产出矩阵，或称制造矩阵。其中V_{ij}表示 i 产业生产的 j 种产品数量。产出矩阵一般是以现有统计数据为基础，从行向将国民经济各产业（混合部门）的产出按其实际构成，分别计入其对应的产品中（纯部门）。因此产出表是将各混合部门的产出按其实际构成情况进行分解。由流量矩阵$[V_{ij}]_{m\times n}$行向求和可以计算出各混合部门总产出列向量 X，列向求和可以计算出各纯部门总产品列向量 Q。

2. 使用表（U 表）

使用表是由一组产品平衡关系组成的，采用购买者价格，经济系统中所有产品以矩阵的形式出现在行和列中，表示产品如何配置到各种使用中。使用表的结构非常接近投入产出表，包括中间使用象限、最终使用象限与增加值象限三个象限，但是在行和列的分类上与投入产出表不同，是不对称的，为产品×产业。在 SNA 中，使用表采用了与供给表相同的行与列的分类，行向是产品分类，列向则是产业分类。使用表的行向表示货物与服务如何被使用，列向则表示了各产业部门的生产成本。使用表位于中间产品象限的部分是消耗矩阵（use matrix），反映各产业生产过程中中间投入情况。使用表也被称为 U 表或投入表。表 4-5 是用符号表示的使用表简表。

表 4-5　使用表简表（U 表）

		产业	最终产品	总产品
		1　2　…　m		
产品	1 2 ⋮ n			
增加值				
总产出				

使用表行向为购买者价格，包括中间产品象限的中间消耗，最终使用象限的出口、最终消费和资本形成都按购买者价格估价。出口按离岸价，类似于常住单位产出的购买者价格。

使用表的核心为中间使用矩阵 U，其行向为产品，表示各种产品作为中间产品在各部门的分配数量，列向为部门，表示各部门对各种产品的中间消耗。U 表的流量矩阵一般从纵向填列，即以现行统计数据为基础，根据国民经济各产业（混合部门）当年生产过程中消耗的各种产品的数据直接填写，不需要复杂的纯部门分解。流量矩阵$[U_{ij}]_{n\times m}$也称投入矩阵，其中 U_{ij} 表示 j 部门生产中使用的 i 产品数量。Y 表示最终产品列向量；Q 表示各种产品的总产出列向量；X 表示各个产业（混合部门）的总产出列向量；$\tilde{N}$ 表示各个部门的初始投入列向量。

结合 U 表和 V 表可以看出，两表的核心内容是流量矩阵$[U_{ij}]_{n\times m}$和$[V_{ij}]_{m\times n}$。根据 V 表行列分别求和得到各混部门总产出列向量 X 和各纯部门总产品列向量 Q 后，可以根据 U 表的行列平衡关系分别求出表示纯部门最终产品列向量 Y 和各个部门（混部门）的初始投入列向量 $\tilde{N}$ 。

根据 UV 表可以推算“产品×产品”投入产出表和“产业×产业”投入产出表。推算“产品×产品”投入产出表，就是要把混部门对产品的中间消耗 U 换算成产品对产品的中间消耗，把部门的初始投入 $\tilde{N}$ 换算成产品的最初投入 N。推算“产业×产业”投入产出表，则需要把中间消耗 U 换算成产业对产业的中间消耗，同时，把对产品的最终需求 Y，换算成对各部门的最终需求 $\tilde{Y}$ 。下文的非调查方法中将具体介绍推导方法。

4.3.2　基本的非调查方法

这一部分主要介绍投入产出表编制中最为常用的非调查方法——RAS 法，以及通过供给表和使用表推算对称形式投入产出表的方法。

1. RAS 法

基准年度投入产出表的编制需要大量调查数据资料，编制成本很高。因此，多数国家通常参考基准表信息估计非基准表年度的投入产出表。此时就需要在一定的假设条件下使用非调查方法来编制。此外，面对多样化的实际应用的需要，在官方数据存在局限的情况下，研究者也会根据官方投入产出数据利用非调查法编制满足特定需要的投入产出表。目前应用广泛的非调查方法包括 RAS 法及其改进方法（GRAS、KRAS 等）、叉熵法、数学规划法等。其中，RAS 法是英国著名经济学家斯通及其助手提出的一种直接消耗系数的修订方法，在世界各国被普遍应用，以下进行重点介绍。

确定流量矩阵（第I象限）是编制投入产出延长表的主要工作。在总产出向量 X 为已知的情况下，如果能够得到直接消耗系数，就可以求出流量矩阵 $A\hat{X}$（$\hat{X}$ 为以各部门总产出为对角线元素的对角矩阵）。直接消耗系数是投入产出表的核心。直接消耗系数的大小能客观地揭示出部门间的生产联系强度。在短期内，如果生产技术结构和中间产品的作用没有变化，则直接消耗系数可视为相对稳定的固定值，这是投入产出的基本假定之一。但是长期中，随着生产技术的变化、纯部门产品结构的变化、生产资料价格的变化等，直接消耗系数会发生变化，RAS 法就是根据基准投入产出表更新直接消耗系数矩阵、估计目标年度的中间流量矩阵的方法。

RAS 法假定代表技术的直接消耗系数的变化来自两类因素：替代效应和制造效应。替代效应指随着技术发展一种投入品被另一种投入品替代，如铝代替铜，塑料代替金属等。制造效应指的是效率的提升带来的单位产品投入的整体改变。RAS 法假设：在所有部门的生产过程中，两种投入品之间的替代率相同，例如无论是农业部门还是制造业部门，塑料对铝的替代比率都相同；同一个部门由于效率的提升，对所有种类的投入品使用的改变幅度都相同，例如随着技术或管理效率的提升，生产单位农产品的所有投入品同时减少 5%。在上述假设成立的情况下，A 矩阵的改变可以通过替代效应 R 和制造效应 S 来描述，在基准年度直接消耗系数矩阵 A_0 的基础上，通过如下调整得到目标年度直接消耗系数矩阵 A：

$$A = R \times A_0 \times S \tag{4-45}$$

用 RAS 法估计目标年度直接消耗系数通常采用迭代法得到替代矩阵 R 和制造矩阵 S。下面通过具体实例说明 RAS 法的原理。以 2007 年的投入产出表为基准用 RAS 法估计 2017 年的中间流量矩阵和直接消耗系数矩阵。表 4-6 为基期投入产出表。

表 4-6　我国 2007 年 6 部门投入产出表

	农业	采掘业	制造业	电力热力燃气水的生产和供应业	建筑业	服务业	中间使用合计	消费	资本形成总额	出口	最终使用合计	进口	其他	总产出
农业	6 877	78	24 579	1	259	2 550	**34 344**	11 498	2 042	666	**14 206**	2 329	2 672	**48 893**
采掘业	33	2 188	30 933	4 297	892	430	**38 773**	148	249	640	**1 037**	10 339	−292	**29 179**
制造业	9 746	7 444	248 694	5 100	36 177	43 391	**350 552**	35 472	42 544	80 494	**158 510**	55 286	−1 870	**451 906**
电力热力燃气水的生产和供应	469	2 458	13 255	11 731	857	3 162	**31 932**	2 997	5	65	**3 067**	18	−1 207	**33 774**
建筑业	11	27	121	12	598	1 231	**2 000**	932	58 847	409	**60 188**	221	754	**62 721**
服务业	3 097	3 185	37 722	3 053	9 425	38 732	**95 214**	80 697	7 233	13 267	**101 197**	5 828	1 802	**192 385**
中间投入合计	**20 233**	**15 380**	**355 304**	**24 194**	**48 208**	**89 496**	**552 815**	**131 744**	**110 920**	**95 541**	**338 205**	**74 021**	**1 860**	**818 858**
劳动报酬	27 182	4 863	31 290	2 435	7 405	36 871	**110 046**							
生产税净额	48	2 516	21 460	1 234	1 800	11 461	**38 519**							
固定资产折旧	1 430	1 499	11 813	4 074	776	17 664	**37 256**							
营业盈余	0	4 921	32 039	1 837	4 532	36 893	**80 222**							
增加值合计	**28 660**	**13 799**	**96 602**	**9 580**	**14 513**	**102 889**	**266 043**							
总投入	**48 893**	**29 179**	**451 906**	**33 774**	**62 721**	**192 385**	**818 858**							

基准年度 2007 年的直接消耗系数矩阵为

0.1407	0.0027	0.0544	0.0000	0.0041	0.0133
0.0007	0.0750	0.0685	0.1272	0.0142	0.0022
0.1993	0.2551	0.5503	0.1510	0.5768	0.2255
0.0096	0.0842	0.0293	0.3473	0.0137	0.0164
0.0002	0.0009	0.0003	0.0004	0.0095	0.0064
0.0633	0.1091	0.0835	0.0904	0.1503	0.2013

根据目标年度 2017 年的总产出向量、最终产品向量、增加值向量（表 4-2），得到目标年度中间流量矩阵的行和和列和向量，这就是使用 RAS 法推算 2017 年中间流量矩阵需要满足的边界条件。

							$U(1)$
							85 068
							76 539
							769 125
							57 151
							10 500
							436 134
$V(1)$	44 672	25 887	780 163	43 110	173 487	367 198	

根据 2017 年总产出向量和基准年度 2007 年的直接消耗系数矩阵 A_0，得到 2017 年中间流量矩阵的初始估计值。

						U_1	$U(1)$	R_1
15 489	145	54 873	2	945	10 501	81 955	85 068	1.038 0
74	4 063	69 058	8 079	3 254	1 771	86 299	76 539	0.886 9
21 951	13 823	555 212	9 589	131 960	178 688	911 222	769 125	0.844 1
1 056	4 564	29 592	22 056	3 126	13 021	73 416	57 151	0.778 5
25	50	270	23	2 181	5 069	7 618	10 500	1.378 3
6 976	5 914	84 215	5 740	34 379	159 501	296 725	436 134	1.469 8

计算初始估计矩阵的行和，用行和边界条件除以当前矩阵行和得到行调整比例向量 R_1；用 R_1 乘以初始矩阵估计的每一行，得到一次调整的中间流量矩阵：

	16 078	150	56 957	2	981	10 900
	66	3 603	61 248	7 165	2 886	1 571
	18 528	11 667	468 632	8 094	111 382	150 823
	822	3 553	23 036	17 170	2 433	10 137
	34	69	372	31	3 006	6 987
	10 253	8 693	123 781	8 437	50 531	234 440
V_1	45 781	27 736	734 026	40 899	171 219	414 856
$V(1)$	44 672	25 887	780 163	43 110	173 487	367 198
S_1	0.9758	0.9333	1.0629	1.0541	1.0132	0.8851

此时行向边界约束条件满足，但列和边界约束条件不满足。用列和约束值除以当前中间流量矩阵的列和得到列向的第一次调整系数 S_1，用 S_1 的元素分别乘以中间流量矩阵的列向，得到第二次调整的中间流量矩阵：

						U_2	$U(1)$	R_2
15 688	140	60 537	2	994	9 648	87 008	85 068	0.977 7
64	3 363	65 098	7 553	2 924	1 390	80 392	76 539	0.952 1
18 079	10 890	498 088	8 531	112 857	133 497	781 941	769 126	0.983 6
802	3 316	24 484	18 098	2 466	8 972	58 139	57 151	0.983 0
33	64	396	33	3 046	6 184	9 757	10 500	1.076 2
10 004	8 113	13 1561	8 893	51 200	207 507	417 280	436 134	1.045 2

此时列和边界约束条件满足，但是行向约束条件不满足，同样，根据当前的行和以及行向边界约束 $U(1)$ 计算行向调整系数 R_2，并用 R_2 调整当前中间流量矩阵的行，得到第三次调整的中间流量矩阵：

$Z(R_2)$	15 338	137	59 186	2	971	9 432
	61	3 202	61 978	7 191	2 784	1 323
	17 783	10 711	489 924	8 391	111 008	131 309
	789	3 260	24 069	17 791	2 424	8 820
	36	69	426	35	3 278	6 655
	10 456	8 480	137 506	9 295	53 514	216 883
V_2	44 463	25 860	773 088	42 705	173 978	374 423
$V(1)$	44 672	25 887	780 163	43 110	173 487	367 198
S_2	1.0047	1.0011	1.0092	1.0095	0.9972	0.9807

接下来，基于当前矩阵 $Z(R_2)$ 计算列和，以及列向调整系数 S_2，利用 S_2 调整 $Z(R_2)$ 的列，得到新的中间流量矩阵，此时列向边界约束条件满足，行向不满足：

						U_3	$U(1)$	R_3
15 410	137	59 728	2	969	9 250	85 496	85 068	0.995 0
62	3 205	62 545	7 259	2 776	1 298	77 145	76 539	0.992 1
17 866	10 722	494 408	8 471	110 694	128 775	770 936	769 125	0.997 7
792	3 263	24 289	17 959	2 417	8 650	57 371	57 151	0.996 2
36	69	430	36	3 269	6 527	10 367	10 500	1.012 8
10 505	8 489	138 764	9 383	53 362	212 698	433 203	436 134	1.006 8

进一步计算行向调整系数，并调整行，以此类推。可以发现，在迭代过程中，行向和列向的合计逐渐向边界条件收敛。经过 7 次迭代之后，我们得到满足约束条件的 2017 年中间流量矩阵估计值：

							U_8	R_8
$Z(S_7)$	15 338	137	59 467	2	962	9 161	85 068	1.000 0
	61	3 176	62 065	7 208	2 748	1 281	76 539	1.000 0
	17 842	10 695	493 866	8 467	110 305	127 950	769 125	1.000 0
	790	3 249	24 215	17 916	2 404	8578	57 151	1.000 0
	37	71	437	36	3 317	6 603	10 500	1.000 0
	10 604	8 559	140 113	9 480	53 751	213 625	436 134	1.000 0
V_7	44 672	25 887	780 163	43 110	173 487	367 198		
S_7	1.0000	1.0000	1.0000	1.0000	1.0000	1.0000		

根据调整得到的 2017 年中间流量矩阵估计值和 2017 年总产出向量，可以得到估计的直接消耗系数矩阵。

2. 基于供给使用表估计对称形式的投入产出表

利用供给表和使用表中的数据推算对称投入产出表，实际上就是利用供给表的信息对使用表进行投入分解。这一分解过程中有两个重要的数据：一个是供给表的制造矩阵（V 表）；另一个是使用表中的使用矩阵（use matrix）（U 表）。因此把利用供给使用表推算对称投入产出表的方法称为 UV 表法。

在推算过程中，可以采用两种假定，即产品技术假定（commodity-based technology

assumption，CTA）和产业技术假定（industry-based technology assumption，ITA）[①]。产品技术假定是指无论在哪个产业部门中生产，同一种产品有相同的投入结构。产业技术假定指的是一个产业部门所生产的所有产品是用相同的投入结构生产的。这意味着在同一个产业的主产品与次要产品将按照同一技术来生产，拥有同样的投入结构。因此，由于所生产的产业部门的不同，相同产品就有不同的投入结构。

推算产品×产品（或部门×部门）投入产出表时，可以从这两个假定中选择其中一个使用，或者根据各部门的实际情况，两个假定结合使用，下面分别介绍在这两种假定之下投入产出表的推导。为便于描述，将供给表和使用表放在一个框架中，注意此时 V 表是前述供给表的转置状态（表 4-7）。

表 4-7　UV 表法数据框架

		商品（产品）	产业部门	最终需求	总产出
商品（产品）	1 2 ⋮ n	(X) 产品×产品中间流量矩阵	U 产品×产业使用矩阵	Y	Q 产品总产出向量
产业部门	1 2 ⋮ n	V 产业×产品制造矩阵			G 产业总产出向量
最初投入	1 2 ⋮ k	$(\bar{Z})$ 产品生产的初始投入	Z 产业生产的初始投入		
总投入		Q^{T}	G^{T}		

这里，商品是纯部门（产品部门），产业部门是混合部门（企业部门），假设两者的部门分类相同。首先基于表 4-8 中的信息引入重要的系数矩阵。

产品-产业直接消耗系数：

$$b_{ij} = \frac{U_{ij}}{G_j} \tag{4-46}$$

其中，b_{ij} 表示 j 产业部门单位产出所消耗的 i 种产品的数量，也即投入系数，用矩阵形式表示为

$$B = U\hat{G}^{-1} \tag{4-47}$$

市场份额系数：

① 核算体系中认为产品要比商品概念更为准确。为此，我们在很多使用“商品”概念的情况下都改称“产品”。

$$d_{ij} = \frac{V_{ij}}{Q_j} \tag{4-48}$$

其中，d_{ij} 表示市场份额系数，即第 j 类商品总额中由第 i 部门提供的比例，用矩阵形式表示为

$$D = V\hat{G}^{-1} \tag{4-49}$$

产品比例系数：

$$c_{ij} = \frac{V_{ji}}{G_j} \tag{4-50}$$

其中，c_{ij} 表示第 j 产业部门产出中第 i 类商品比重，用矩阵形式表示为

$$C = V^{\mathrm{T}}\hat{G}^{-1} \tag{4-51}$$

其中，C 矩阵也被称为制造系数矩阵或产出系数矩阵。

以下重点给出产品工艺假定和产业工艺假定下对于产品×产品的对称形式投入产出表的推导。

1）产品工艺假定下对称形式投入产出表的推导

根据该假定，某种商品不论由哪个产业部门（混合部门）制造，其消耗系数都相同。为便于说明，我们假设产品和产业部门都是 2 个，$U = \begin{pmatrix} U_{11} & U_{12} \\ U_{21} & U_{22} \end{pmatrix}$，$V = \begin{pmatrix} V_{11} & V_{12} \\ V_{21} & V_{22} \end{pmatrix}$，$A = \begin{pmatrix} a_{11} & a_{12} \\ a_{21} & a_{22} \end{pmatrix}$，以 U_{12} 为例说明 U 表和 V 表之间的关系。U_{12} 表示部门 2 生产过程中对于产品 1 的消耗数量。部门 2 在生产过程中之所以消耗产品 1 是因为要生产产品 1 和产品 2，生产量分别为 V_{21} 和 V_{22}，而单位产品 1 对于产品 1 的消耗为 a_{11}，单位产品 2 对于产品 1 的消耗为 a_{12}，因而，部门 2 对于产品 1 的使用量为

$$U_{12} = a_{11}V_{21} + a_{12}V_{22}$$

以此类推，一般的，有

$$U_{ij} = \sum_{k=1}^{n} a_{ik}V_{jk}$$

含义为

$$第j个产业部门对i种产品消耗量=\sum_{k=1}^{n}(第k种商品对i种商品的直接消耗系数 \times 第j个产业部门生产第k种产品数量)$$

用矩阵形式表示为

$$U = AV^{\mathrm{T}}$$

左右两边右乘以 $\hat{G}^{-1}$，得到

$$U\hat{G}^{-1} = AV^{\mathrm{T}}\hat{G}^{-1}$$

$$B = AC$$

如果 C 满秩，解得

$$A = BC^{-1} \tag{4-52}$$

或

$$A = U(V^{\mathrm{T}})^{-1}$$

可计算出在商品工艺假定下的中间投入矩阵 X，即

$$X = A\hat{Q}$$

利用商品工艺假定可计算 $\overline{Z}$，即各商品部门的初始投入数额。

以 A_Z 表示各产业部门单位产出的初始投入系数矩阵，即

$$A_Z = Z\hat{G}^{-1}$$

以 $A_{\overline{Z}}$ 表示各商品部门单位产值的最初投入系数矩阵，即

$$A_{\overline{Z}} = \overline{Z}\hat{Q}^{-1}$$

由商品工艺假定，某种商品不论由哪个产业部门生产其初始投入系数（增加值系数）矩阵 $A_{\overline{Z}}$ 都是相同的。与上述推导直接消耗系数矩阵 A 类似，有

$$Z_j = \sum_k a_{\overline{Z}k} V_{jk}$$

$$Z = A_{\bar{Z}} V^{\mathrm{T}}$$

两端都右乘 $\hat{G}^{-1}$，得出

$$A_Z = A_{\bar{Z}} C \qquad A_{\bar{Z}} = A_Z C^{-1}$$

由此可得出

$$\bar{Z} = A_{\bar{Z}} \hat{Q} \tag{4-53}$$

2）产业工艺假定下对称形式投入产出表的推导

根据产业部门工艺假定的含义，同一部门所生产的各种不同商品的消耗系数都相同，例如炼油厂生产的各种成品油的消耗系数都相同，因此在这个假定下，某一种商品如果由不同部门生产，其消耗系数就不同，某种商品的直接消耗系数取决于该种商品在各个部门生产的比例。仍然以上述两部门、两产品的情况为例，分析产品 2 对产品 1 的直接消耗系数。产品 2 的生产由部门 1 和部门 2 完成，其中部门 1 生产的产出量为 V_{12}，部门 2 生产的产出量为 V_{22}，而部门 1 单位产出对产品 1 的消耗为 b_{11}，部门 2 单位产出对于产品 1 的消耗为 b_{12}，从而，产品 2 的生产对于产品 1 的消耗量为

$$X_{12} = b_{11} V_{12} + b_{12} V_{22}$$

上式左右两边同时除以产品 2 的产出量 q_2，有

$$\frac{X_{12}}{q_2} = \frac{b_{11} V_{12}}{q_2} + \frac{b_{12} V_{22}}{q_2}$$

即

$$a_{12} = b_{11} d_{12} + b_{12} d_{22}$$

一般地，有

$$a_{ij} = \sum_{k=1}^{n} b_{ik} d_{kj}$$

即

$$j\text{种商品对}i\text{种商品的直接消耗系数} = \sum k\text{部门对}i\text{种商品的直接消耗系数} \times j\text{种商品由}k\text{部门生产的份额系数}$$

矩阵形式为

$$A = BD \tag{4-54}$$

$$X = A\hat{Q}$$

$$X = BD\hat{Q}$$

类似地，各产业部门生产很多种商品，假定同一部门所生产的各种不同商品其最初投入系数（增加值系数）矩阵 $A_{\overline{Z}}$ 都是相同的，故

$$a_{\overline{Z}j} = \sum_{k=1}^{n} a_{zk} d_{kj}$$

$$A_{\overline{Z}} = A_Z D \tag{4-55}$$

又因 $A_{\overline{Z}} = \overline{Z}\hat{Q}^{-1}$，即

$$\overline{Z} = A_{\overline{Z}}\hat{Q}$$

$$\therefore \quad \overline{Z} = A_Z D\hat{Q}$$

专栏 4-1　产业×产业投入产出表的推导

我们也可以基于供给使用表和一定的数学假定推导产业×产业投入产出表（即混合部门×混合部门的对称投入产出表）。具体而言，需要推出产业×产业直接消耗系数矩阵 $\overline{A}$ 及产业部门下的最终产品 E 的计算方法（求 W）。简要说明如下。

1）在市场份额基础上的推算方法

假定：社会上某种商品是按固定比例由各产业部门提供，即市场份额矩阵保持稳定不变。据此

$$W_{ij} = \sum_{k=1}^{n} d_{ik} U_{kj}$$

$$\begin{pmatrix}\text{混合部门对混}\\\text{合部门的流量}\end{pmatrix} = \sum \begin{pmatrix}\text{第}k\text{种商品属于}\\ i\text{部门的比例}\end{pmatrix} \times \begin{pmatrix}\text{第}j\text{混合部门消耗}\\ k\text{种商品的数量}\end{pmatrix}$$

$$\Rightarrow W = DU$$

$$W\hat{G}^{-1} = DU\hat{G}^{-1}$$

$$\overline{A} = DB$$

类似地，

$$E_i = \sum_{k=1}^{n} d_{ik} Y_k$$

$$\begin{pmatrix}\text{最终需求中第}i\\ \text{混合部门数量}\end{pmatrix} = \sum \begin{pmatrix}\text{第}k\text{种商品属于}\\ i\text{部门比例}\end{pmatrix} \times \begin{pmatrix}\text{最终需求中}k\\ \text{种商品数量}\end{pmatrix}$$

即

$$E=DY$$

2）在部门制造比例（产出系数）假定基础上计算

假定：每个产业部门生产各种商品的比例固定，即产出系数矩阵稳定不变。有

$$U_{ij} = \sum_{k} c_{ik} w_{kj}$$

$$\begin{pmatrix}\text{第}j\text{混合部门消}\\ \text{耗}i\text{种商品数量}\end{pmatrix} = \sum_{k} \begin{pmatrix}\text{第}k\text{混合部门产值}\\ \text{中第}i\text{种商品比重}\end{pmatrix} \times \begin{pmatrix}\text{第}j\text{混合部门对}k\text{混合}\\ \text{部门的中间消耗量}\end{pmatrix}$$

$$\Rightarrow U = CW$$

$$U\hat{G}^{-1} = CW\hat{G}^{-1}$$

$$B = C\overline{A}$$

$$\therefore \overline{A} = C^{-1}B$$

类似地，可以计算 E（各产业部门的最终需求向量）

$$Y_i = \sum_{k} c_{ik} E_k$$

$$\therefore \begin{aligned} Y &= CE \\ E &= C^{-1}Y \end{aligned}$$

本章小结

本章重点介绍了投入产出分析的基本原理和投入产出表编制中常用的基础的非调查方法。其中需要重点掌握的内容是投入产出分析的基本原理，特别是相关的重要概念和基础模型。

本章习题

1. 投入产出分析的根本特点是什么？

2. 基于本章中的我国 2017 年 6 部门投入产出表计算直接消耗系数矩阵和完全需求系数矩阵。

3. 根据第 2 题计算的完全需求系数矩阵，分析制造业 1 亿元出口的增加带动的各个部门的产出有多少，带动的所有部门的总产出合计是多少。

4. 将本章的 2017 年和 2007 年投入产出表合并为三个产业的表，然后以 2007 年三部门投入产出表为基准表，用 RAS 法推算 2017 年三部门投入产出表，并进一步比较估计的表与 2017 年实际的表之间的误差。

5. 基于 2017 年投入产出表计算完全分配系数矩阵，并说明采掘业完全分配系数的含义。

第 5 章

投入产出分析的应用

➢ **学习目标**

1. 掌握产业关联分析的基本概念和分析方法
2. 掌握投入产出价格模型的基本原理
3. 掌握初始投入变化和某些产业价格变化的价格影响分析方法
4. 掌握产出乘数和收入乘数的概念
5. 掌握局部闭模型的原理和分析方法
6. 掌握区域和区域间投入产出模型的基本原理
7. 掌握能源投入产出分析的基本原理

➢ **知识点摘要**

1. 后向联系与前向联系
2. 影响力系数和推动力系数
3. 初始投入变化的价格影响模型
4. 某些产业价格变化的价格影响模型
5. 局部闭模型
6. 区域间投入产出模型
7. 完全能源需求系数

5.1 产业关联分析

5.1.1 后向联系与前向联系

在投入产出分析中，产业关联通常被分为前向联系（forward linkage）与后向联系

（backward linkage），经常应用前向效应和后向效应的概念。例如，要分析水利基建投资对国民经济的作用（如对 GDP 和就业的拉动作用），从这两个概念出发，水利基建的后向部门是指为水利基建提供原材料、辅助材料、能源和各种劳务的部门，水利基建的前向部门是指水利基建完成后的得益部门，即其使用部门；通过后向部门所产生的效应即水利基建投资的后向效应，通过前向部门所产生的效应即水利基建投资的前向效应。

如图 5-1 所示，水利基建投资的后向部门包括了为水利建筑业提供支持的所有原材料、服务、能源、初始要素，比如钢材、水泥、电力、居民（提供劳动力等）；水利基建投资的前向部门包括了水利建筑产品的使用部门或受益部门，比如供水、灌溉、淡水养殖、水电、防洪除涝等。

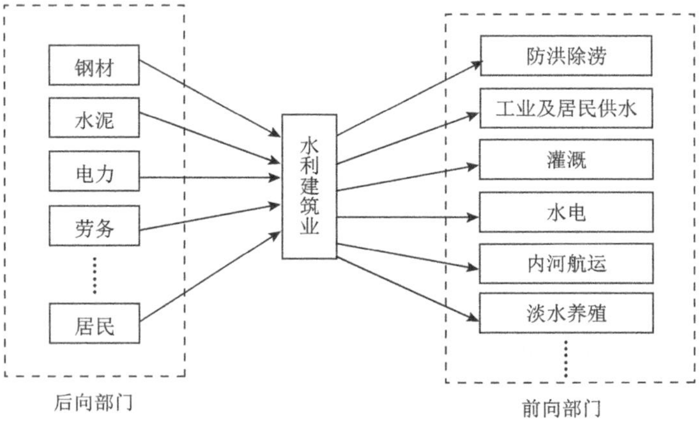

图 5-1　水利基建投资的后向部门与前向部门

在投入产出分析中，一个生产部门的支持部门体现为投入产出表的列向，即该生产部门在生产过程中需要的各种投入品来源部门；而一个生产部门产品的使用部门体现为投入产出表的行向，即该生产部门所生产的产品的分配使用去向部门。因此，我们可以根据投入产出表的信息描述一个部门的后向联系与前向联系。

需要注意的是，投入产出表的信息并不能对前向与后向关联做出完全的描述，如水利基建投资后向的负影响（如破坏或影响生态环境、淹没部分地区、移民等），水利投资通过防洪除涝，减轻灾害损失，减少 GDP 损失、国民财富损失和人员伤亡，而带来的前向效应等都是投入产出方法所无法刻画的，需要结合其他的模型来给出完备的描述。

5.1.2　影响力系数与推动力系数

在投入产出分析中，我们用完全消耗系数反映后向联系，而用完全分配系数反映前向联系。完全消耗系数借助于产品的投入，反映了产品生产过程中对其他部门产品的拉动，而完全分配系数则借助于产品的分配使用，反映了产品分配给其他部门带来的对不同部门的推动。

作为对上述结论的进一步说明，我们可以比较一下完全消耗系数与完全分配系数行向与列向合计的含义。

$$B=\begin{bmatrix} b_{11} & b_{12} & \cdots & b_{1n} \\ b_{21} & b_{22} & \cdots & b_{2n} \\ \vdots & \vdots & & \vdots \\ b_{n1} & b_{n2} & \cdots & b_{nn} \end{bmatrix}\begin{matrix} b_{10} \\ b_{20} \\ \vdots \\ b_{n0} \end{matrix} \qquad D=\begin{bmatrix} d_{11} & d_{12} & \cdots & d_{1n} \\ d_{21} & d_{22} & \cdots & d_{2n} \\ \vdots & \vdots & & \vdots \\ d_{n1} & d_{n2} & \cdots & d_{nn} \end{bmatrix}\begin{matrix} d_{10} \\ d_{20} \\ \vdots \\ d_{n0} \end{matrix}$$

$$\begin{matrix} b_{01} & b_{02} & \cdots & b_{0n} \end{matrix} \qquad\qquad \begin{matrix} d_{01} & d_{02} & \cdots & d_{0n} \end{matrix}$$

对于完全消耗系数 B，其列向合计 b_{0j} 的经济含义是第 j 部门单位最终产品带来的各部门总产出价值增量的合计。通过对不同部门该系数大小的比较，反映不同部门最终产品拉动能力的大小。影响力系数就是在这基础上，对计算结果进一步标准化而得到的，也就是通过该系数与它们的平均值相除而得到。完全消耗系数行向合计 b_{j0} 的经济含义则是所有部门同时增加一个单位最终产品，带来的对 j 部门产出增量的合计。有文献中提出的感应度系数，就是通过该增量合计的标准化而得到的。但是要注意的是，如此计算的感应度系数反映的也是拉动力，而非推动力。

推动力的计算可以通过完全分配系数的行向合计而得到。这时得到的 d_{i0} 的经济含义是第 i 部门单位初始投入的增加，推动的各部门产出增量的合计。通过不同部门行向合计数的比较，可以获得不同部门推动能力大小的比较。完全分配系数的列向合计 d_{0j} 则表示所有部门同时增加一个单位初始投入，带来的对第 j 部门产出增量的合计。

通常，定义标准化的影响力系数如下：

$$F_j=\frac{\frac{1}{n}\sum_{i=1}^{n}b_{ij}}{\frac{1}{n^2}\sum\sum b_{ij}} \quad (j=1,2,\cdots,n) \tag{5-1}$$

定义标准化的推动力系数：

$$S_i=\frac{\sum_{j=1}^{n}d_{ij}}{\frac{1}{n}\sum_{i=1}^{n}\sum_{j=1}^{n}d_{ij}} \quad (i=1,2,\cdots,n) \tag{5-2}$$

此外，根据基本的投入产出模型，我们还可以定义其他的指标，描述不同部门或最终需求类别对于国民经济的效应，具体如下。

消费（投资、出口）生产诱发度指标为

$$V_{ik}=\frac{\sum_{j=1}^{n}l_{ij}Y_{jk}}{\sum_{j=1}^{n}Y_{jk}}\quad\begin{pmatrix}i=1,2,\cdots,n\\k=1,2,\cdots\end{pmatrix} \tag{5-3}$$

该指标表示第 k 种最终产品需求（消费、基建、出口）变动一个单位对 i 部门生产的诱发度。

$$V_k=\sum_{i=1}^{n}V_{ik} \tag{5-4}$$

反映第 k 类最终需求变动一个单位对国民经济各部门的拉动作用之和。

例 5.1 基于 2017 年投入产出表计算不同部门的影响力系数和推动力系数。

首先，基于我国 2017 年投入产出表得到完全消耗系数矩阵和完全分配系数矩阵。

完全消耗系数矩阵 B：

0.1954	0.0448	0.1696	0.0466	0.1047	0.0487
0.0440	0.2048	0.1673	0.3182	0.1059	0.0415
0.5500	0.5764	1.3056	0.5974	1.2502	0.5013
0.0398	0.1046	0.0966	0.4230	0.0781	0.0438
0.0020	0.0021	0.0027	0.0063	0.0358	0.0056
0.2397	0.3343	0.4798	0.3956	0.6032	0.5289

完全分配系数矩阵 D：

0.1954	0.0221	1.5538	0.0268	0.2175	0.3506
0.0894	0.2048	3.1155	0.3729	0.4469	0.6064
0.0600	0.0310	1.3056	0.0376	0.2835	0.3937
0.0690	0.0893	1.5351	0.4230	0.2813	0.5466
0.0009	0.0005	0.0121	0.0017	0.0358	0.0194
0.0333	0.0229	0.6110	0.0317	0.1742	0.5289

完全消耗系数矩阵列向合计，表示各部门影响力的绝对衡量，即单位最终产品带动的经济系统的产出量，为

$$\begin{pmatrix}1.0709 & 1.2670 & 2.2216 & 1.7871 & 2.1779 & 1.1698\end{pmatrix}$$

例如，制造业单位最终产品对经济系统产出的拉动为 2.2216 个单位。进一步计算相对的影响力系数：$F_j = \dfrac{\frac{1}{n}\sum_{i=1}^{n} b_{ij}}{\frac{1}{n^2}\sum\sum b_{ij}}$，为

$$\begin{pmatrix} 0.6627 & 0.7842 & 1.3750 & 1.1061 & 1.3479 & 0.7240 \end{pmatrix}$$

影响力系数小于 1，则说明某个部门需求拉动力小于平均水平，大于 1 则说明某个部门需求拉动作用高于平均值。

完全分配系数行向合计，表示各部门推动力的绝对衡量，即单位初始投入增加能够推动的经济系统的产出总量，衡量供给方的瓶颈作用，为

$$\begin{pmatrix} 2.3662 & 4.8359 & 2.1114 & 2.9443 & 0.0704 & 1.4020 \end{pmatrix}$$

数值越大表示瓶颈作用越大，例如采掘业增加 1 单位初始投入，所能够推动的所有部门产出总计为 4.8359 个单位。进一步计算相对的推动力系数：$S_i = \dfrac{\sum_{j=1}^{n} d_{ij}}{\frac{1}{n}\sum_{i=1}^{n}\sum_{j=1}^{n} d_{ij}}$，结果为

$$\begin{pmatrix} 1.0340 & 2.1133 & 0.9226 & 1.2866 & 0.0308 & 0.6127 \end{pmatrix}$$

大于 1 表示某个部门的推动力高于平均值，小于 1 则表示某个部门的推动力低于平均值，显然，与其他产业相比，农业、采掘业的瓶颈作用更强。影响力系数反映了后向联系的大小，推动力系数则反映了前向联系的大小。二者结合，可以描述某个产业的性质。典型的如采掘业，显然其前向关联更强，在国民经济中属于基础产业，对整个经济的瓶颈作用强。

5.2　价格影响分析

5.2.1　投入产出价格模型

投入产出价格模型是投入产出数量模型的对偶面。由于价值型投入产出表包含了价格因素本身，本节首先从实物型投入产出表出发建立投入产出价格模型，然后再以价值型投入产出模型引入投入产出价格影响模型。所谓实物型投入产出表，如表 5-1 所示，指其中所有流量都以实物单位计量，如电力用千瓦时，粮食用万吨等。表 5-1 是一个简

化的实物型投入产出表。

表 5-1　实物型投入产出表

部门	部门				最终需求	总产出
	1	2	…	n		
1	q_{11}	q_{12}	…	q_{1n}	d_1	q_1
2	q_{21}	q_{22}	…	q_{2n}	d_2	q_2
⋮	⋮	⋮		⋮	⋮	⋮
n	q_{n1}	q_{n2}	…	q_{nn}	d_n	q_n

引入实物单位的直接消耗系数：

$$a_{ij}^* = \frac{q_{ij}}{q_j} \tag{5-5}$$

表示为矩阵形式：

$$A^* = Q\hat{q}^{-1} \tag{5-6}$$

其中，Q 为实物型中间流量矩阵。

为计算价格，需引入各部门初始投入价值行向量：

$$v = (v_1, v_2, \cdots, v_n)$$

用 p 表示各部门价格行向量，价格模型可以表示为

$$p\hat{q} = pQ + v$$

变换得到：

$$p = pA^* + v\hat{q}^{-1} \tag{5-7}$$

令 $A_v^* = v\hat{q}^{-1}$ 为除以实物产出量的初始投入系数行向量，进一步有

$$p = A_v^*(I - A^*)^{-1} \tag{5-8}$$

这里得到的价格向量是各部门的“实际”价格，既单位实物产量的价格。

当基于价值型投入产出表建立"价格"模型时，我们有

$$p\hat{x} = pA\hat{x} + v \tag{5-9}$$

其中，$\hat{x}$ 为各实物型各部门总产出向量；x 为对角元素的对角矩阵；A 为实物型直接消耗系数。

对上式变形可得到

$$p = pA + v\hat{x}^{-1} \tag{5-10}$$

实际上 $v\hat{x}^{-1}$ 正是直接的初始投入系数，用 $A_v = v\hat{x}^{-1}$ 表示。进一步有

$$p(I - A) = A_v \tag{5-11}$$

$$p = A_v(I - A)^{-1} \tag{5-12}$$

此时，"价格向量" p 将是一个元素全为 1 的行向量，可以理解为当前各部门价格指数都为 100%。尽管这时基于该模型并不能得到实际产品价格，但是可以在它的基础上，进一步来分析当某种产品价格或初始投入要素价格变化后，对价格体系的影响，这被称为价格影响模型，将在随后的内容中介绍。

5.2.2 初始投入变化的价格影响模型

当一个或几个部门的某种初始投入发生变化后，首先会引起本部门成本变化，从而引起本部门价格水平变化。本部门价格水平变化进一步引起其他部门投入成本的提高，从而其他部门价格水平发生变化。这样，由于初始投入价值量的变化，引起所有部门产品相对价格的改变。例如，农业部门的劳动报酬提高，农业部门成本提高，从而农产品价格提高，工业部门在生产中使用农产品，因而工业部门成本提高，从而工业部门价格提高，农业部门在生产中使用工业部门产品，因而农产品生产成本和价格进一步提高等。

这种初始投入变化引起的各部门价格水平变化，可推导如下：

$$p = pA + A_v$$

$$\Delta p = \Delta pA + \Delta A_v$$

得到

$$\Delta p = \Delta A_v (I - A)^{-1} \tag{5-13}$$

例如，第 s 部门工资提高到原有工资的 α 倍，而其他部门工资不变，即

$$\Delta a_{vs} = \alpha a_{vs}\ ,\quad \Delta a_{vj} = 0 \quad (j = 1, 2, \cdots, s-1, s+1, \cdots, n)$$

根据价格影响模型，有

$$\Delta p = \Delta A_v (I - A)^{-1} = \left(0, \cdots, \alpha a_{vs}, \cdots, 0\right)(I - A)^{-1} \tag{5-14}$$

这样一个外部冲击下相对价格的变化过程往往基于如下的假定条件：

（1）产品价格随成本提高而提高，不存在内部消化。

（2）其他初始投入要素等均不变。

（3）技术系数保持不变。

初始投入的改变会使得原有的直接消耗系数发生改变，因为初始投入系数的变化必然伴随直接消耗系数的变化。那么初始投入的变化真的对技术不产生影响吗？或者说，系数还能保持不变吗？实际上，初始投入的改变影响的只是相对价格，价值型的直接消耗系数虽然变化，但是变化前后所反映的技术关系没有任何改变，变化纯粹是一种价格现象，而无任何实质性的改变。

5.2.3 中间品价格变化的价格影响模型

价格影响模型反映的外生冲击一类是来自利润、工资等初始投入变化引起的价格水平变化，对此已在上一部分进行了说明。另一类是一个或者某几个部门价格变化给其他部门价格带来的影响。

在一个经济系统中，各种商品的价格之间有着密切的联系，一种商品价格的变化会引起其他商品价格的变化，这种变化很大程度上是通过成本的变动传导的。通过成本变动引起的价格变化有直接的，也有间接的，例如，当煤炭价格升高时会引起煤电生产成本的变化，从而导致煤电价格的上升，这是煤炭价格上升的直接影响；进一步，煤电价格的上升会导致钢铁生产成本的上升，从而使得钢铁价格上升，这是煤炭价格变化的间接影响。当要考察一种商品价格上升对经济系统整体价格的影响时，需要全面考虑这种连锁的反应。投入产出价格模型是研究价格变化连锁影响最为合适的方法。

这一类反映价格变化相互影响的价格影响模型可以推导如下：

$$p = pA + v$$

$$\left(p_{n-k}, p_k\right) = \left(p_{n-k}, p_k\right)\begin{pmatrix} A_{11} & A_{12} \\ A_{21} & A_{22} \end{pmatrix} + \left(v_1, v_2\right)$$

$$(p_{n-k}, p_k) = (p_{n-k}A_{11} + p_kA_{21}, p_{n-k}A_{12} + p_kA_{22}) + (v_1, v_2)$$

$$p_{n-k} = p_{n-k}A_{11} + p_kA_{21} + v_1$$

$$p_{n-k} = p_kA_{21}(I - A_{11})^{-1} + v_1(I - A_{11})^{-1}$$

因此有

$$\Delta p_{n-k} = \Delta p_k \cdot A_{21}(I - A_{11})^{-1} \tag{5-15}$$

这就是反映价格变动相互影响的价格影响模型。表明第 k 种产品价格变化 Δp_k，对其他产品价格的影响 Δp_{n-k}。

对上述结果还可以变形，因为：

$$(I - A)^{-1}(I - A) = I$$

$$\begin{pmatrix} \overline{B_{11}} & \overline{B_{12}} \\ \overline{B_{21}} & \overline{B_{22}} \end{pmatrix} \begin{pmatrix} I - A_{11} & -A_{12} \\ -A_{21} & I - A_{22} \end{pmatrix} = I$$

所以：$\overline{B_{21}}(I - A_{11}) - \overline{B_{22}}A_{21} = 0$。

进一步有：$A_{21}(I - A_{11})^{-1} = \overline{B}_{22}{}^{-1}\overline{B}_{21}$。

利用上述结果可以转化价格影响模型：

$$\Delta P_{n-k} = \Delta P_k \cdot \overline{B}_{22}{}^{-1}\overline{B}_{21} \tag{5-16}$$

这样做的好处是在已知列昂惕夫逆矩阵的情况下，可以比较简便地计算。如果研究最后一种，即第 n 种商品涨价 ΔP_n 对其他商品价格的影响 ΔP_{n-1}，就有

$$\Delta P_{n-1} = \Delta P_n \left(\frac{\overline{b}_{n1}}{\overline{b}_{nn}}, \frac{\overline{b}_{n2}}{\overline{b}_{nn}}, \cdots, \frac{\overline{b}_{n,n-1}}{\overline{b}_{nn}} \right) \tag{5-17}$$

这时的 $\overline{B}_{22}$ 是整个矩阵 $(I - A)^{-1}$ 中最右下角的一个元素 $\overline{b}_{nn}$。因此，$\overline{B}_{22}{}^{-1}$ 就成为 $\dfrac{1}{\overline{b}_{nn}}$。如果分析的外生的价格变化中，不是仅有 1 种产品，而是多种商品的价格发生改变，如两种产品价格变化，那么模型不变，只是 $\overline{B}_{22}$ 成为矩阵 $(I - A)^{-1}$ 中最右下角的一个 2×2 的矩阵，$\overline{B}_{22}{}^{-1}$ 则是这个矩阵的逆矩阵。

需要注意的是，我们一般计算使用的数据是价值型投入产出表，因此，计算的结果并不是价格变动的绝对量，而只能是一种相对量。例如，某种商品价格上涨百分之一，其他所有商品价格将因此上涨百分之多少。

上述模型通常需要如下一些假定：

（1）假定商品价格的变动都是成本中物质或服务消耗费用的变化引起的，不考虑工资或者利税变化对价格带来的影响；不考虑折旧的变化。

（2）不考虑在原材料、燃料、动力价格提高后，企业可能采取的各种降低成本的措施。

（3）假设不考虑供求对价格的影响。

投入产出价格影响模型的优点在于，投入产出方法的特点就是能够全面反映经济中的相互联系和相互影响，不仅是直接联系，而且是完全的联系。所以，利用投入产出价格模型分析价格变动的影响时，其特点就在于不仅可以体现价格变动的直接影响，还可以反映价格变动的间接影响。这是其他的分析方法所不具备的。但是不足在于它无法对需求变动做出反应，因此，投入产出计算的价格影响是一种最大的影响，而这种影响会多大程度上在现实中反映出来，则需要结合需求和市场条件的分析，才能做出更为准确的说明。

例 5.2　价格影响分析

以我国 2017 年投入产出表简表为基础数据，分析初始投入或某个部门价格变化的影响。

我国 2017 年直接消耗系数矩阵 A：

0.1333	0.0005	0.0622	0.0001	0.0083	0.0072
0.0006	0.1282	0.0560	0.1713	0.0084	0.0003
0.1877	0.1787	0.5034	0.1195	0.4677	0.1469
0.0091	0.0482	0.0239	0.2729	0.0135	0.0113
0.0007	0.0004	0.0002	0.0031	0.0319	0.0033
0.0742	0.1219	0.1276	0.1119	0.2285	0.2944

对应的完全需求系数矩阵 L：

1.1954	0.0448	0.1696	0.0466	0.1047	0.0487
0.0440	1.2048	0.1673	0.3182	0.1059	0.0415
0.5500	0.5764	2.3056	0.5974	1.2502	0.5013
0.0398	0.1046	0.0966	1.4230	0.0781	0.0438
0.0020	0.0021	0.0027	0.0063	1.0358	0.0056
0.2397	0.3343	0.4798	0.3956	0.6032	1.5289

如果农业部门的工资提高 10%，计算对各个部门的价格带来的影响。

增加值率变动：

$$\Delta A_v = \begin{pmatrix} 0.0593 & 0 & 0 & 0 & 0 & 0 \end{pmatrix}$$

对各部门价格变化的影响：

$$\Delta p = \Delta A_v (I - A)^{-1} = \begin{pmatrix} 7.08\% & 0.27\% & 1.01\% & 0.28\% & 0.62\% & 0.29\% \end{pmatrix}$$

即农业部门工资提高 10%，使得农产品价格提高 7.08%，制造业部门产品价格提高 1.01%等。

如果农产品价格提高 10%，计算对其他部门的价格影响。

将列昂惕夫逆矩阵中的农业部门置换到第 n 个部门，有

1.2048	0.1673	0.3182	0.1059	0.0415	0.0440
0.5764	2.3056	0.5974	1.2502	0.5013	0.5500
0.1046	0.0966	1.4230	0.0781	0.0438	0.0398
0.0021	0.0027	0.0063	1.0358	0.0056	0.0020
0.3343	0.4798	0.3956	0.6032	1.5289	0.2397
0.0448	0.1696	0.0466	0.1047	0.0487	1.1954

则

$$\begin{aligned}\Delta P_{n-1} &= \Delta P_n \left(\frac{\bar{b}_{n1}}{\bar{b}_{nn}}, \frac{\bar{b}_{n2}}{\bar{b}_{nn}}, \cdots, \bar{b}\,\frac{\bar{b}_{n,n-1}}{\bar{b}_{nn}} \right) = 10\% \times \left(\frac{0.0448}{1.1954}, \frac{0.1696}{1.1954}, \cdots, \frac{0.0487}{1.1954} \right) \\ &= \begin{pmatrix} 0.37\% & 1.42\% & 0.39\% & 0.88\% & 0.41\% \end{pmatrix}\end{aligned}$$

即农产品价格提高 10%，采掘业产品价格提高 0.37%，制造业产品价格提高 1.42%等。

5.3　投入产出乘数的应用

5.3.1　产出乘数与收入乘数

在投入产出基本模型 $x = (I - A)^{-1} y$ 中，如果给定某个或若干个部门最终需求的增量，最终会带来各部门总产出的若干倍的增加，而这种倍数关系产生的原因就在于部门之间的生产关联，具体而言，也就是列昂惕夫逆矩阵 $(I - A)^{-1}$，因此列昂惕夫逆矩阵就是投

入产出乘数。投入产出乘数被称为矩阵乘数（matrix multiplier）（Goodwin，1949）。

根据列昂惕夫逆矩阵元素的含义可知，投入产出乘数本身是针对产出的乘数。L_{ij} 表示部门 j 单位最终需求增加所带来的部门 i 产出的扩大，列昂惕夫逆矩阵第 j 列的合计则表示部门 j 单位最终需求增加引发的所有部门产出增加的合计值，相对于初始的冲击而言，呈现出成倍数的影响。而这种倍数的出现，是由于一个单位最终需求的扩大会带来中间投入的直接增加，而为生产这些中间产品又会同样带来相应的中间投入的增加，以此类推，部门之间中间产品的相互需求不断放大，从而最终使总产出数倍于最终需求的增加，从而带来投入产出乘数的倍数关系。

而通常情况下，相比于对产出的影响，研究者可能更关注对收入增加的影响。在投入产出框架下，如何分析某部门单位最终需求变化对初始投入要素收入的影响？基于投入产出的基本模型，系统的外生变量是最终需求，而产出是为了满足最终需求，从而作为生产产出的要素投入也根据产出而确定。根据固定比例系数假设（或列昂惕夫生产函数的假设），我们可以通过要素收入系数在产出基础上引入最终需求变化对于收入的影响。

例如，令直接劳动报酬系数为 A_l，可以通过投入产出乘数放大为完全劳动报酬系数 B_l，即

$$B_l = A_l(I - A)^{-1} \tag{5-18}$$

直接劳动报酬系数 A_l 表示第 j 个部门单位总产出增加需要增加的劳动报酬数量，而完全劳动报酬系数 B_l 则是 j 部门单位最终产品增加不仅直接需要劳动投入的增加，还间接需要其他部门的中间投入品，而为生产这些中间投入品也需要劳动要素投入，进而增加这些部门的劳动要素收入，放大了这种收入创造过程。这也正是投入产出体系所体现的最终需求扩大带来劳动收入扩大。

如果我们关注最终需求变化对初始投入要素总收入的影响，则需要利用增加值率向量（或初始投入系数向量）A_v，有

$$B_v = A_v(I - A)^{-1}$$

$$B_v = \left(i^{\mathrm{T}} - i^{\mathrm{T}} A\right)(I - A)^{-1} = i^{\mathrm{T}}$$

i^{T} 表示所有元素都为 1 的行向量，这意味着增加 1 个单位的最终需求只会增加 1 个单位的国民收入，两者不存在倍数关系。也就是说，当我们将最终需求方需求的增长所带动的直接和间接的产出增长转化为要素收入增加的时候，在产出上所体现的放大作用就消失了。原因在于产出的倍数放大来自中间消耗品相互需求带来的倍数放大，当从总产出中扣除中间消耗而分离出“净”的收入时，总产出的重复累计被剔除掉了，体现为 1 单位最终需求带来的收入也为 1 个单位，不会有任何增加。

这与凯恩斯乘数的思想有着显著的不同。凯恩斯乘数（Keynes multiplier）指的是任

何外生的最终需求的增加，如投资的增加，将引起收入的增加，而收入的增加又进一步以一定的比例引起消费的增加，消费需求的增加又引起新一轮收入的增加，如此下去，使得社会在具有闲置资源与过剩生产能力的条件下，获得数倍于最初外生需求增量的收入增量。显然，经典模型的投入产出乘数并没有考虑收入引起消费增加进而消费增加又引起收入增加这么一个循环往复的过程，从收入到消费再到收入的环节不在投入产出乘数中，因此，没有出现从需求到收入的倍增效应。

通过在经典的投入产出模型中将消费内生化，则可以将消费-收入的倍增效应引入投入产出乘数。其中，住户部门的局部闭模型或宫泽乘数模型都是消费内生化的方法。以下我们将介绍局部闭模型中消费内生化的方法。

5.3.2　局部闭投入产出乘数

我们前面学习的投入产出基本模型为

$$X=(I-A)^{-1}Y$$

在该模型中，最终需求为外生变量，包括了消费、资本形成和出口等项，由此分析外生的最终需求 Y 的变化，在技术系数矩阵 A 不变的情况下，将带来产出 X 多大程度的改变。在这个模型所描述的系统中，所有最终需求项都是外生变量，被称为投入产出开模型（open model）。

如果在上面的模型中，我们将所有最终需求部门都内生化到系统中，即居民、政府、投资、国外等部门的行为都为内生变量，则得到投入产出闭模型

$$AX=X \tag{5-19}$$

或

$$\left(I-A\right)X=0 \tag{5-20}$$

闭模型具有重要的理论价值，然而其所有变量内生的假定往往不满足实际情况，不适合于实际应用。例如，一些偶然的外部因素的冲击，一项主动的政策改变，以及无法由一个国家单独决定的对外贸易等。因此，针对现实经济问题研究和政策分析的需要，投入产出开模型成为投入产出模型的一般形式。

但是，开模型把最终需求的所有部分都作为外生变量，往往也无法满足分析的需要，例如上一节中所指出的，基本模型的投入产出乘数没有考虑收入与消费之间的相互影响，使得投入产出乘数仅仅涵盖对于总产出的乘数效应，而无法描述最终需求对于收入的乘数效应。因此，在投入产出研究中提出了把最终需求的一部分放到中间流量中，加以内生化，称为局部闭模型（semi-closed model）。实际分析中，最常用的做法是把居民部门视作第 n+1 个“生产部门”加到中间流量象限中。居民部门的行表示居民部门对各部门

的投入，为各部门支付的劳动报酬及通过利润分配给居民的收入，即居民从各部门得到的总收入。居民部门的列则是居民部门对消费品和劳务的购买。居民收入增加后，对各部门产品和服务的需求必然随之而扩大，从而刺激各部门产出的增长。进一步，各部门产出增长之后，会增加对居民支付的劳动报酬和利润分配等，从而使得居民收入增加；而居民收入增加之后，将再一次增加对各部门产品和服务的消费需求，从而引起各部门产出增加，……，以此类推。因此，引入居民部门的局部闭模型可以对收入与消费之间的关系，以及这种关系在生产中所产生的连锁反应给以反映，从而能够反映最终需求通过收入—消费的连锁反应所引发的乘数效应。

局部闭模型的扩展的直接消耗系数矩阵可以表示为

$$A^* = \begin{bmatrix} a_{11} & \cdots & a_{1n} & a_{1,n+1} \\ \vdots & \vdots & & \vdots \\ a_{n1} & \cdots & a_{nn} & a_{n,n+1} \\ a_{n+1,1} & \cdots & a_{n+1,n} & a_{n+1,n+1} \end{bmatrix} = \begin{bmatrix} A & H_c \\ H_r & h \end{bmatrix} \tag{5-21}$$

其中，$H_r = \left(a_{n+1,1}, a_{n+1,2}, \cdots, a_{n+1,n}\right)$ 为居民从各部门所得到的收入系数行向量；$H_c = \left(a_{1,n+1}, a_{2,n+1}, \cdots, a_{n,n+1}\right)'$ 为居民收入中各部门产品的消费额比例列向量；h 为居民对居民的支付系数。

在扩展的直接消耗系数 A^* 基础上可计算扩展的完全消耗系数矩阵和扩展的完全需要系数矩阵，即扩展的投入产出乘数。令 $X^* = \begin{pmatrix} X \\ g \end{pmatrix}$，其中，$g$ 表示居民部门的总收入，$Y^* = \begin{pmatrix} \tilde{Y} \\ m \end{pmatrix}$，$\tilde{Y}$ 为除了居民消费之外其他的最终需求项，m 为居民其他收入来源，则有

$$A^* X^* + Y^* = X^* \tag{5-22}$$

$$X^* = \left(I - A^*\right)^{-1} Y^* \tag{5-23}$$

$L^* = \left(I - A^*\right)^{-1} = \begin{pmatrix} L_{11}^* & L_{12}^* \\ L_{21}^* & L_{22}^* \end{pmatrix}$，下标 1 表示产业部门，下标 2 表示居民部门，即为扩展的投入产出乘数。考虑最终需求对于增加值的乘数效应，有

$$B_v^* = A_v L_{11}^* \tag{5-24}$$

此时，由于考虑了收入—消费—生产之间的联动效应，最终需求对于收入有了倍增的影响。

专栏 5-1　投入占用产出技术和基于投入占用产出技术的投入产出乘数

投入占用产出分析（input-occupancy-output analysis）是我国投入产出技术领域的著名学者陈锡康教授于1989年在国际上首先提出的一种对投入产出技术的扩展分析方法。该方法提出之后，获得了国外很多著名科学家的好评。列昂惕夫称“投入占用产出及完全消耗系数计算方法是我们领域的一个非常重要的发明和创造”，美国科学院院士沃尔特·艾萨德（Walter Isard）则认为是“非常有价值的发现”，是“先驱性研究”。

投入占用产出技术是对投入产出技术的重要发展，其特点是不仅研究部门间产品的投入与产出的关系，而且研究占用与产出、占用与投入之间的数量关系。占用包括各部门在某个时点所拥有的不同熟练程度和受教育程度的劳动力、各种固定资产、流动资金和各种自然资源等。从国民经济核算角度看，投入产出分析研究流量与流量间的关系，而投入占用产出不仅研究流量与流量间的关系，还研究存量与流量之间的关系。投入占用产出技术中的占用是指对生产中长期使用的物品，如固定资产、流动资产、劳动力、科技和教育、自然资源等的拥有状况。从国民经济核算和统计学角度来看，投入与占用是两类性质不同的统计量。投入属于流量范畴，而占用属于存量范畴。流量与存量的性质是完全不相同的。存量是产生流量的前提和基础。一个企业只有具有一定数量的存量，才能有流量。存量的数量和质量决定了流量的规模和状态，但存量的增加和损耗的补充依靠流量，两者之间存在辩证关系。

我们以考虑固定资产的占用为例，说明投入占用产出技术下的产业关联与产业间乘数效应。考虑固定资产占用的完全消耗系数的公式推导如下：

$$b_{ij}^* = a_{ij} + \sum_{k=1}^{n} b_{ij}^* a_{kj} + \alpha_i d_{ij} + \sum_{s=1}^{n} b_{is}^* \alpha_s d_{sj} \quad (i, j = 1, 2, \cdots, n)$$

其中，b_{ij}^* 为包含固定资产消耗的完全消耗系数；α_i 为第 i 种固定资产的折旧率；d_{sj} 为 j 部门对 s 种固定资产的直接占用系数。上式右端第 3 项和第 4 项分别表示通过固定资产的直接消耗和间接消耗，如化工产品生产中所消耗的设备对煤炭的直接消耗和间接消耗。由此可得到

$$B^* = A + B^* A + \alpha D + B^* \alpha D$$

从数学上可以证明矩阵$\left(I - A - \alpha D\right)$为非奇异矩阵，其逆矩阵存在。由此可以得到

$$B^* = \left(A + \alpha D\right)(I - A - \alpha D)^{-1}$$

$$B^* = \left\{I - \left(I - A - \alpha D\right)\right\}(I - A - \alpha D)^{-1}$$

$$B^* = (I - A - \alpha D)^{-1} - I$$

最终产品反映生产领域的最终成果，它等于最终消费、资本形成总额（固定资本形成总额与增加库存）和净出口三者之和。本期生产过程中耗用了固定资产，所以固定资本形成总额中的一部分应当弥补本期固定资本的消耗。固定资本形成净额反映扣除固定资本损耗后的固定资本净增加额。最终净产品（最终净需求）反映生产领域的最终净成果，它等于消费、资本形成净额（固定资本形成净额与增加库存）和净出口之和。上述利用投入占用产出方法计算的完全消耗系数反映单位最终净产品对各部门产出的完全消耗。

$$L^* = B^* + I = (I - A - \alpha D)^{-1}$$

L^* 为投入占用产出技术下的列昂惕夫逆矩阵，也即部门间产出乘数矩阵。基于 L^*，可以计算部门间产业关联程度，分析一个部门最终需求变化对各个部门的产出带动作用。由于考虑了固定资本占用的损耗补偿，显然基于 L^* 的产出带动作用一定大于经典投入产出模型的结果。

基于投入占用产出模型，还可以计算完全收入乘数、完全劳动力乘数等，例如完全收入乘数为

$$B_V = A_V (I - A - \alpha D)^{-1}$$

其中，B_V, A_V 分别表示各部门的完全增加值系数行向量和直接增加值系数行向量。

例 5.3　局部闭乘数分析

基于 2017 年投入产出表简表，建立局部闭模型，将居民部门内生化，计算增加值乘数效应。

首先，建立扩展的直接消耗系数矩阵 A^*，并计算 L^*。

A^* 为

0.1333	0.0005	0.0622	0.0001	0.0083	0.0072	**0.0619**
0.0006	0.1282	0.0560	0.1713	0.0084	0.0003	**0.0003**
0.1877	0.1787	0.5034	0.1195	0.4677	0.1469	**0.2645**
0.0091	0.0482	0.0239	0.2729	0.0135	0.0113	**0.0140**
0.0007	0.0004	0.0002	0.0031	0.0319	0.0033	**0.0000**
0.0742	0.1219	0.1276	0.1119	0.2285	0.2944	**0.6593**
0.5927	**0.1836**	**0.0876**	**0.1056**	**0.1495**	**0.2761**	**0.0000**

$$L^* = \left(I - A^*\right)^{-1}$$

1.4584	0.1713	0.3195	0.1721	0.2686	0.2087	0.3148
0.1813	1.2708	0.2456	0.3838	0.1914	0.1250	0.1643
2.2550	1.3967	3.2776	1.4112	2.3128	1.5382	2.0408
0.1730	0.1687	0.1726	1.4866	0.1611	0.1248	0.1595
0.0100	0.0060	0.0073	0.0101	1.0408	0.0105	0.0096
2.2440	1.2986	1.6225	1.3522	1.8524	2.7478	2.3991
1.7346	0.8345	0.9889	0.8279	1.0811	1.0549	2.0762

$$A_v = \begin{pmatrix} 0.5944 & 0.5223 & 0.2267 & 0.3211 & 0.2417 & 0.5365 \end{pmatrix}$$

各个部门最终需求的增加值乘数为

$$B_v^* = A_v L_{11}^* = \begin{pmatrix} 2.7346 & 1.8346 & 1.9889 & 1.8279 & 2.0811 & 2.0549 \end{pmatrix}$$

其含义为，在考虑居民部门局部闭的情况下，农业部门 1 单位最终产品对 GDP 的拉动作用为 2.7346 单位，制造业部门 1 单位最终产品对 GDP 的带动作用为 1.9889 单位等，显然，与开模型相比，具有大于 1 的真正意义上的“乘数效应”。

5.4　投入产出分析的拓展应用

5.4.1　区域与区域间投入产出分析

1. 单区域投入产出表

这里，我们把“区域”界定为次国家级的空间边界，如我国按东中西划分的区域，或者按照省级行政单位划分的区域、按照地级市行政单位划分的区域等。单区域投入产出表描述类似这样的区域范围内的生产。单区域投入产出表与全国投入产出表主要有以下差异。

第一，产业体系的不完整性。受地理位置、资源条件、历史上形成的生产力发展水平和文化水平等条件的制约，各地区国民经济的发展是不平衡的。一般在长期发展中，逐步形成了地区发展的重点和专业方向，各地区都有一个或若干个对其经济发展起重要作用的主导部门，如云南省的有色金属工业和旅游业、山西省的煤炭工业等。因此，单区域投入产出表所呈现的一个重要特点是其产业体系的不完整性，并由此带来单区域投入产出表的第二个特点。

第二，调入和调出占据重要地位。由于地区经济是整个国民经济的有机组成部分，而地区经济又很难形成一个完整的体系，因此，地区之间存在着密切的经济联系，单个地区中的主要产品大量提供给其他地区，满足其他地区的需求；而很多本地区不生产的产品则完全依靠其他地区来供应。反映在单区域投入产出表中，重要特点是调入、调出占总产出或总使用的比例通常很大，其重要性要远远大于全国表中的进出口。此外，随着区域空间范围的缩小，其调入、调出的比例越大，重要性也越大。

第三，一国所有区域的最终产品之和在数量上并不等于全国的最终产品。对于单区域而言，调出到其他区域的产品属于本区域的最终产品，但是，其他区域可能把这些产品用于最终需求，也有可能用于生产过程，而后者对于全国范围而言就不属于最终产品，而属于中间产品。因此，单区域最终产品合计不等于全国的最终产品，从中减去用于生产过程的中间品贸易量之后，才等于全国的最终产品。

单区域投入产出表有多种形式。根据对调入/进口的不同处理可以分为竞争型单区域表和非竞争型单区域表，竞争型单区域表将调入产品与本地生产产品等同对待，不在使用去向上做分离处理；非竞争型单区域表则考虑调入产品与本地生产产品在使用方向上的异质性，将其分离出来。这里我们给出单区域非竞争型投入产出表的结构，如表 5-2 所示，为简化起见，不考虑对外贸易。

表 5-2　较详细反映调入调出的单区域非竞争型投入产出表

		中间使用	最终使用				总产出/总调入
		1　2　…　n	消费	资本形成	总计	调出	
中间投入	1 2 ⋮ n	Z^d			Y^d	f	X
调入	1 2 ⋮ n	Z^m			Y^m		M
初始投入		V					
总投入							

在单区域投入产出表的基础上建立单区域投入产出模型。

1）反映本区域生产的产品与分配使用之间的平衡方程

本区域生产供本区域使用的中间产品+本区域生产供本区域使用的最终产品+本区域生产产品的调出（出口）=本区域生产的总产出。其数学表达式为

$$\sum_{j=1}^{n} z_{ij}^{d} + y_i^{d} + f_i = X_i \quad (i = 1, 2, \cdots, n) \tag{5-25}$$

其中，z_{ij}^{d} 为本地区生产 j 部门产品时要消耗本地区生产的 i 产品的数量；y_i^{d} 为本地区生产的 i 产品中供本地区使用的最终产品；f_i 为本地区生产的 i 产品用于输出的数量。

在式（5-25）中，引入直接消耗系数 a_{ij}^d，它表示本地区每生产单位 j 部门产品要消耗本地区生产的 i 部门产品的数量，其计算公式为

$$a_{ij}^d = \frac{z_{ij}^d}{X_j} \quad (i, j = 1, 2, \cdots, n) \tag{5-26}$$

将式（5.26）代入式（5.25），可得

$$\sum_{j=1}^{n} a_{ij}^d X_j + y_i^d + f_i = X_i \quad (i = 1, 2, \cdots, n) \tag{5-27}$$

写成矩阵形式为

$$A^d X + Y^d + F = X \tag{5-28}$$

解得

$$X = \left(I - A^d\right)^{-1} \left(Y^d + F\right) \tag{5-29}$$

式（5-29）建立了本区域生产的总产出与本区域生产供本区域使用的最终产品及调出（出口）数量之间的关系。

设本地区内各部门产品的完全消耗系数为 b_{ij}^d，与基础模型推导过程相同，可以得到

$$B^d = \left(I - A^d\right)^{-1} - I \tag{5-30}$$

b_{ij}^d 表示本区域 j 部门每生产一单位本区域使用的最终产品（或调出产品），需要完全消耗本区域生产的 i 部门产品的数量。通过它可以了解区域内各部门之间的内在联系。b_{ij}^d 与前面全国投入产出模型中的 b_{ij} 并不相同，b_{ij}^d 所反映的不是本区域生产单位 j 部门最终产品（包括输出）完全消耗 i 部门产品的数量，只是完全消耗本区域生产 i 部门产品的数量，而不包括完全消耗的调入产品的数量。$\left(I - A^d\right)^{-1}$ 也被称为区域内乘数。

2）反映调入产品与其分配使用之间的平衡方程

本区域生产中使用调入产品的数量+调入产品用于最终产品的数量=总调入量。其数学表达式为

$$\sum_{j=1}^{n} z_{ij}^m + y_i^m = m_i \quad (i = 1, 2, \cdots, n) \tag{5-31}$$

其中，z_{ij}^m 为本地区 j 部门生产中需要消耗调入的 i 产品的数量；y_i^m 为调入的 i 部门产品用于最终产品的数量；m_i 为 i 部门产品的总调入量。

在此模型中引入直接消耗系数 a_{ij}^m，它表示本区域 j 部门生产单位产出需要直接消耗的调入的 i 部门产品的数量。其计算公式为

$$a_{ij}^m = \frac{z_{ij}^m}{X_i} \quad (i, j = 1, 2, \cdots, n) \tag{5-32}$$

将式（5-32）代入式（5-31）得

$$\sum_{j=1}^{n} a_{ij}^m X_j + y_i^m = m_i \quad (i = 1, 2, \cdots, n) \tag{5-33}$$

写成矩阵的形式：

$$A^m X + Y^m = M \tag{5-34}$$

式（5-34）表示调入产品在区域内分配使用的平衡情况。而至于调入产品本身在生产过程中与其他部门之间的直接、间接联系，则是在其他区域生产中发生的，因此在单区域的模型中无法反映出来。

若要计算本区域生产的最终产品在生产过程中对调入产品的完全消耗，则可以利用下式来计算：

$$B^d = A^m \left(I - A^d\right)^{-1}$$

其中，B^d 为本区域对调入产品的完全消耗系数矩阵，其中每一个元素 b_{ij}^m，表示本区域每生产单位 j 部门最终产品，要完全消耗调入的 i 部门产品的数量。

结合前面的模型，可计算所需调入产品的数量为

$$M = A^m X + Y^m$$

$$M = A^m \left(I - A^d\right)^{-1} \left(Y^d + F\right) + Y^m$$

$$M = B^m \left(Y^d + F\right) + Y^m \tag{5-35}$$

2. 区域间投入产出模型

区域间投入产出模型描述区域之间生产上的联系，在区域协调发展问题的分析中有重要作用。区域间投入产出模型结构最初是 Isard（1951a，1951b，1951c）提出，Isard

（1960）给出了详细描述（即“Isard 模型”）。列昂惕夫（1953）构建了一个国家内投入产出模型的框架（常被称为“平衡区域模型”）（Leontief，1965）。多区域投入产出模型几乎同时由 Chenery（1953）（意大利的两区域模型）和 Moses（1955）（9 区域的美国模型）提出——因此被称为“Chenery-Moses 模型”。本节主要以两区域为例介绍区域间投入产出模型的基本原理。

一个两区域的区域间投入产出表如表 5-3 所示（不考虑进出口等对外贸易）。

表 5-3　两区域的区域间投入产出表

			中间使用		最终使用		总产出
			区域 r 1 2 … m	区域 s 1 2 … n	区域 r	区域 s	
中间投入	区域 r	1 2 ⋮ m	Z^{rr}	Z^{rs}	f^{rr}	f^{rs}	X^r
	区域 s	1 2 ⋮ n	Z^{sr}	Z^{ss}	f^{sr}	f^{ss}	X^s
初始投入			v^r	v^s			
总投入			$(X^r)^{\mathrm{T}}$	$(X^s)^{\mathrm{T}}$			

表 5-3 中，上标 r 表示区域 r，上标 s 表示区域 s，Z 表示中间流量矩阵，Z^{rr} 表示区域 r 各部门生产过程中对区域 r 内部生产的产品的使用矩阵，即 z_{ij}^{rr} 表示区域 r 部门 j 生产中使用的来自区域 r 内部生产的部门 i 产品的数量；类似地，Z^{sr} 表示区域 r 生产过程中对区域 s 生产的产品的使用矩阵，即 z_{ij}^{sr} 表示区域 r 部门 j 生产中使用的来自区域 s 部门 i 产品的数量。Z^{ss} 和 Z^{rs} 的含义类似。在区域间投入产出表中，最终使用同样可以按照区域分成不同的部分，f^{rr} 表示区域 r 生产的产品用于区域 r 最终需求的数量向量，f^{rs} 表示区域 r 生产的产品出口到区域 s 用于其最终需求的数量向量。f^{sr} 和 f^{ss} 的含义类似。比较单区域投入产出表和区域间投入产出表，可以看出二者的本质差异在于区域间投入产出表站在更高视角，关注区域之间的生产关联，既要描述一个区域调入（进口）产品在本区域如何被使用，也描述本区域调出（出口）到其他区域的产品如何被使用。一个区域的调出（出口）也被详细区分了使用去向，例如区域 r 出口到区域 s 的产品被区分为用于区域 s 生产过程的中间使用和用于区域 s 最终部门的最终使用。在这种情况下，单区域表中完全属于外生变量的调出（出口）中用于中间使用的部分（也即中间产品出口）被内生化了。

为便于说明，假设区域 r 有三个生产部门，区域 s 有两个生产部门，根据行向平衡关系，可以写出每个区域每个部门的平衡方程，例如区域 r 部门 1 的产出可以表示为

$$x_1^r = \boxed{z_{11}^{rr} + z_{12}^{rr} + z_{13}^{rr}} + \boxed{z_{11}^{rs} + z_{12}^{rs}} + f_1^r$$

区域 r 部门 1 产品用于区域内生产	区域 r 部门 1 产品用于区域 s 生产	区域 r 部门 1 产品用于最终使用

区域 r 的所有部门和区域 s 的所有部门都满足上述平衡关系式。用矩阵形式可以表示为

$$Z^{rr}i + Z^{rs}i + f^r = X^r \tag{5-36}$$

$$Z^{sr}i + Z^{ss}i + f^s = X^s \tag{5-37}$$

或

$$Zi + f = X \tag{5-38}$$

其中，$Z = \begin{pmatrix} Z^{rr} & Z^{rs} \\ Z^{sr} & Z^{ss} \end{pmatrix}$，$f = \begin{pmatrix} f^r \\ f^s \end{pmatrix}$，$X = \begin{pmatrix} X^r \\ X^s \end{pmatrix}$，$i$ 表示所有元素都为 1 的列向量。

进一步引入直接消耗系数

$$a_{ij}^{rr} = \frac{z_{ij}^{rr}}{x_j^r}，\quad a_{ij}^{sr} = \frac{z_{ij}^{sr}}{x_j^r}，\quad a_{ij}^{rs} = \frac{z_{ij}^{rs}}{x_j^s}，\quad a_{ij}^{ss} = \frac{z_{ij}^{ss}}{x_j^s}$$

矩阵形式为

$$A^{rr} = Z^{rr}\left(\hat{X}^r\right)^{-1}，\quad A^{sr} = Z^{sr}\left(\hat{X}^r\right)^{-1}，\quad A^{rs} = Z^{rs}\left(\hat{X}^s\right)^{-1}，\quad A^{ss} = Z^{ss}\left(\hat{X}^s\right)^{-1}$$

以区域 r 部门 1 为例，将直接消耗系数代入行向平衡关系式，得到

$$x_1^r = a_{11}^{rr}x_1^r + a_{12}^{rr}x_2^r + a_{13}^{rr}x_3^r + a_{11}^{rs}x_1^s + a_{12}^{rs}x_2^s + f_1^r \tag{5-39}$$

区域 r 其他部门和区域 s 各个部门同样满足上述关系式。矩阵形式为

$$A^{rr}X^r + A^{rs}X^s + f^r = X^r \tag{5-40}$$

$$A^{sr}X^{r} + A^{ss}X^{s} + f^{s} = X^{s} \tag{5-41}$$

进一步有

$$\left(I - A^{rr}\right)X^{r} - A^{rs}X^{s} = f^{r} \tag{5-42}$$

$$-A^{sr}X^{r} + \left(I - A^{ss}\right)X^{s} = f^{s} \tag{5-43}$$

或

$$\left\{\begin{bmatrix} I & 0 \\ 0 & I \end{bmatrix} - \begin{bmatrix} A^{rr} & A^{rs} \\ A^{sr} & A^{ss} \end{bmatrix}\right\}\begin{bmatrix} X^{r} \\ X^{s} \end{bmatrix} = \begin{bmatrix} f^{r} \\ f^{s} \end{bmatrix} \tag{5-44}$$

令 $A = \begin{bmatrix} A^{rr} & A^{rs} \\ A^{sr} & A^{ss} \end{bmatrix}$，$I = \begin{bmatrix} I & 0 \\ 0 & I \end{bmatrix}$，$X = \begin{bmatrix} X^{r} \\ X^{s} \end{bmatrix}$，$f = \begin{bmatrix} f^{r} \\ f^{s} \end{bmatrix}$

有

$$\left(I - A\right)X = f \tag{5-45}$$

求解得到

$$X = \left(I - A\right)^{-1} f = Lf \tag{5-46}$$

与直接消耗系数类似，完全需求系数矩阵 L 也可以按照区域写为分块矩阵：

$$L = \begin{bmatrix} L^{rr} & L^{rs} \\ L^{sr} & L^{ss} \end{bmatrix}$$

$$\begin{bmatrix} X^{r} \\ X^{s} \end{bmatrix} = \begin{bmatrix} L^{rr} & L^{rs} \\ L^{sr} & L^{ss} \end{bmatrix}\begin{bmatrix} f^{r} \\ f^{s} \end{bmatrix} \tag{5-47}$$

完全需求矩阵 L 描述了区域之间完全的生产关联。其中，L^{rr} 的元素 l_{ij}^{rr} 表示区域 r 部门 j 单位最终需求完全需要的区域 r 部门 i 产品的数量，或者拉动的区域 r 部门 i 产出的数量；L^{ss} 的元素有类似的含义。L^{sr} 的元素 l_{ij}^{sr} 表示区域 r 部门 j 单位最终需求完全需要的区域 s 部门 i 产品的数量，或者区域 r 部门 j 单位最终需求拉动的区域 s 部门 i 产出的数量。L^{sr} 的元素 l_{ij}^{rs} 表示区域 s 部门 j 单位最终需求拉动的区域 r 部门 i 产出的数量。区域间的这种生产关联包含了区域之间生产中的溢出效应和反馈效应。

注意在区域间投入产出模型中，通常不但假设区域（区域内）投入系数 A^{rr} 和 A^{ss} 稳定，同时也假定 A^{rs} 和 A^{sr} 区域间投入系数不随时间变化。因此，在该模型中，每个区域的生产和区域间贸易模式都是固定的。在区域间投入产出系数矩阵 A 稳定的条件下，利用区域间投入产出模型，可以分析一个区域需求变化对所有区域所有产业的影响。

区域间的生产关联效应包括溢出效应和反馈效应。例如，考虑区域 r 的汽车生产商的出口有一个提高，而其汽车生产中的某些配件和零件需要从区域 s 的企业购买（如发动机），这将会带动区域 s 的产出增加。这种由区域 r 的需求或新产出而导致的对区域 s 的新产出的刺激通常叫作区域间溢出。对汽车需求的提高将会提高对汽车发动机的需求，继而对发动机制造中的所有直接和间接投入需求都会提高，而区域 s 发动机生产中需要的某个配件投入来自区域 r 的制造商，因此该种配件的生产就带动了区域 r 的产出，这就是反馈效应。具体如图 5-2 所示。

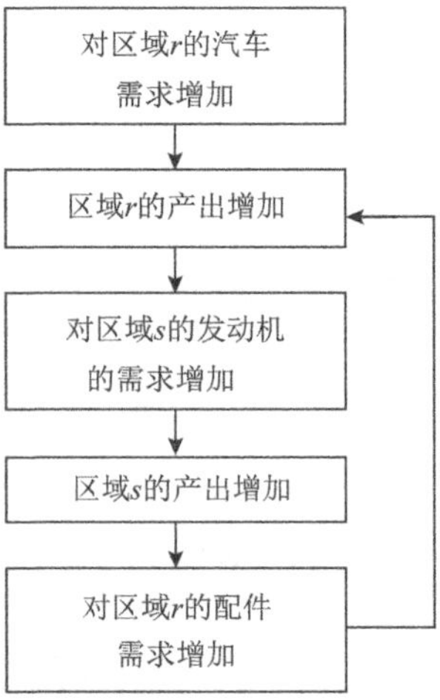

图 5-2　区域间生产的溢出效应和反馈效应

对于溢出效应和反馈效应大小的衡量，有多种方法，下面的例子给出了一种简单的方法。

1）两区域模型

令

$$f^r = \begin{bmatrix} 120 \\ 600 \\ 30 \end{bmatrix},\quad f^s = \begin{bmatrix} 300 \\ 270 \end{bmatrix}，所以 f = \begin{bmatrix} f^r \\ f^s \end{bmatrix} = \begin{bmatrix} 120 \\ 600 \\ 30 \\ \\ 300 \\ 270 \end{bmatrix}$$

因此，$x^r = \begin{bmatrix} 600 \\ 1200 \\ 600 \end{bmatrix}$，$x^r = \begin{bmatrix} 700 \\ 500 \end{bmatrix}$，所以 $x \begin{bmatrix} x^r \\ x^s \end{bmatrix} = \begin{bmatrix} 600 \\ 1200 \\ 600 \\ \\ 700 \\ 500 \end{bmatrix}$

基于表 5-4，可以计算得到

表 5-4　区域间中间流量矩阵示例

		地区 r			地区 s	
		部门 1	部门 2	部门 3	部门 1	部门 2
地区 r	部门 1	90	300	30	15	45
	部门 2	120	60	240	120	60
	部门 3	180	270	30	40	50
地区 s	部门 1	45	50	35	120	150
	部门 2	30	15	35	90	60

$$A^{rr} = \begin{bmatrix} 0.1500 & 0.2500 & 0.0500 \\ 0.2000 & 0.0500 & 0.4000 \\ 0.3000 & 0.2250 & 0.0500 \end{bmatrix}$$

类似地，

$$A^{ss} = \begin{bmatrix} 0.1714 & 0.3000 \\ 0.1286 & 0.1200 \end{bmatrix}, \quad A^{sr} = \begin{bmatrix} 0.0750 & 0.0417 & 0.0583 \\ 0.0500 & 0.0125 & 0.0583 \end{bmatrix}, \quad A^{rs} = \begin{bmatrix} 0.0214 & 0.0900 \\ 0.1714 & 0.1200 \\ 0.0571 & 0.1000 \end{bmatrix}$$

从而，

$$A = \begin{bmatrix} A^{rr} & A^{rs} \\ A^{sr} & A^{ss} \end{bmatrix} = \begin{bmatrix} 0.1500 & 0.2500 & 0.0500 & 0.0214 & 0.0900 \\ 0.2000 & 0.0500 & 0.4000 & 0.1714 & 0.1200 \\ 0.3000 & 0.2250 & 0.0500 & 0.0571 & 0.1000 \\ \\ 0.0750 & 0.0417 & 0.0583 & 0.1714 & 0.3000 \\ 0.0500 & 0.0125 & 0.0583 & 0.1286 & 0.1200 \end{bmatrix}$$

定义

$$L=\begin{bmatrix}L^{11} & L^{12}\\ L^{21} & L^{22}\end{bmatrix}=\begin{bmatrix}1.4264 & 0.4593 & 0.2999 & 0.2009 & 0.3111\\ 0.6380 & 1.4072 & 0.6820 & 0.4293 & 0.4810\\ 0.6357 & 0.5007 & 1.3367 & 0.2708 & 0.3775\\ & & & & \\ 0.2680 & 0.1861 & 0.2083 & 1.3500 & 0.5367\\ 0.1714 & 0.1065 & 0.1458 & 0.2327 & 1.2643\end{bmatrix}$$

我们用 L_{11}, L_{12} 等，是因为之后我们将必须引用这些 L 中的单个子矩阵。它们不同于 $L^{rr}=(I-A^{rr})^{-1}$ 和 $L^{ss}=(I-A^{ss})^{-1}$，这后者常常用于表示与区域直接投入系数矩阵相关联的列昂惕夫逆矩阵。

某个区域或者所有两个区域的不同的新最终需求向量对两个区域的部门的影响就可以计算出来。例如，如果区域 r 部门 1 产出的新需求为 100，$(f^{new})'=[100\quad 0\quad 0\quad\quad 0\quad 0]$，使用上面的 L，得到

$$X^{new}=\begin{bmatrix}\left(X^{r}\right)^{new}\\ \left(X^{s}\right)^{new}\end{bmatrix}=L\quad f^{new}=\begin{bmatrix}142.64\\ 63.80\\ 63.57\\ \\ 26.80\\ 17.14\end{bmatrix}$$

由区域 r 的新的需求而产生的区域 s 部门 1 的新产出（26.80）和部门 2 的新产出（17.14）反映了区域间的溢出效应——除了发生外生变化的区域之外，另一个区域受到的经济刺激（本例中，溢出从区域 r 到区域 s）。

如果不考虑区域之间的生产关联，只考虑区域内部，则根据单区域投入产出模型同样可以计算区域 r 部门 1 新增 100 个单位最终需求对本区域的影响：

$$X^{rnew}=\left(I-A^{rr}\right)^{-1}f^{rnew}=\begin{pmatrix}136.18\\ 51.95\\ 55.31\end{pmatrix}$$

对于区域 r 部门 1 最终需求变化对本区域的影响而言，区域间模型与单区域模型计算结果的差异就在于是否考虑了区域间关联带来的反馈效应，即反馈效应为

$$\begin{pmatrix}142.64\\ 63.80\\ 63.57\end{pmatrix}-\begin{pmatrix}136.18\\ 51.95\\ 55.31\end{pmatrix}=\begin{pmatrix}6.46\\ 11.85\\ 8.26\end{pmatrix}$$

2）多于两区域的区域间模型

多于两个区域的模型的基本结构与两个区域的情况是类似的，只是矩阵维度增加。例如，在 3 区域模型中（区域 1，2 和 3），完整的系数矩阵应为

$$A=\begin{pmatrix} A^{11} & A^{12} & A^{13} \\ A^{21} & A^{22} & A^{23} \\ A^{31} & A^{32} & A^{33} \end{pmatrix}$$

可以类似地写出三区域间投入产出方程：

$$\left(I-A^{11}\right)X^{1}-A^{12}X^{2}-A^{13}X^{3}=f^{1} \tag{5-48}$$

$$-A^{21}X^{1}-\left(I-A^{22}\right)X^{2}-A^{23}X^{3}=f^{2} \tag{5-49}$$

$$-A^{31}X^{1}-A^{32}X^{2}-\left(I-A^{33}\right)X^{3}=f^{3} \tag{5-50}$$

令 $f=\begin{pmatrix} f^{1} \\ f^{2} \\ f^{3} \end{pmatrix}$， $X=\begin{pmatrix} X^{1} \\ X^{2} \\ X^{3} \end{pmatrix}$，

$$X=\left(I-A\right)^{-1}f=\begin{pmatrix} L^{11} & L^{12} & L^{13} \\ L^{21} & L^{22} & L^{23} \\ L^{31} & L^{32} & L^{33} \end{pmatrix}\begin{pmatrix} f^{1} \\ f^{2} \\ f^{3} \end{pmatrix} \tag{5-51}$$

类似地，可以将模型推广到 p 个区域的情况：

$$X=\begin{pmatrix} L^{11} & L^{12} & \cdots & L^{1p} \\ L^{21} & L^{22} & \cdots & L^{2p} \\ \vdots & \vdots & & \vdots \\ L^{p1} & L^{p2} & \cdots & L^{pp} \end{pmatrix}\begin{pmatrix} f^{1} \\ f^{2} \\ \vdots \\ f^{p} \end{pmatrix} \tag{5-52}$$

随着区域数量的增加，编制区域间投入产出表所需数据量迅速增加。区域间投入产出表的编制存在很多困难，最大的难点在于编制区域间中间流量矩阵所需数据信息的欠缺。多区域投入产出表是现实应用最为广泛的实现区域间数据编制的方案。限于篇幅这里不做介绍。

专栏 5-2 国家间投入产出表与全球价值链研究

当区域间投入产出模型中的“区域”为国家时，对应的就是国家间投入产出模型，国家间投入产出模型与区域间投入产出模型的原理是相同的。国家间投入产出模型在全球价值链、国际贸易等相关问题的研究中得到广泛的应用。国家间投入产出模型的数据基础是国家间投入产出表或世界投入产出表。目前，有很多国际研究机构编制国家间投入产出表（或世界投入产出表），如 OECD 编制的国家间投入产出表，由欧盟支持、格罗宁根大学牵头、多个欧盟国家的研究机构共同编制完成的世界投入产出数据库等。

全球价值链研究中应用最为广泛的指标是基于世界投入产出模型的增加值贸易（trade in value-added，TiVA），简要介绍如下。

与区域间投入产出模型类似，国家间投入产出模型为

$$\begin{pmatrix} X^1 \\ X^2 \\ \vdots \\ X^p \end{pmatrix} = \begin{pmatrix} L^{11} & L^{12} & \cdots & L^{1p} \\ L^{21} & L^{22} & \cdots & L^{2p} \\ \vdots & \vdots & & \vdots \\ L^{p1} & L^{p2} & \cdots & L^{pp} \end{pmatrix} \begin{pmatrix} f^1 \\ f^2 \\ \vdots \\ f^p \end{pmatrix}$$

考虑最终产品的国家间贸易，有

$$\begin{pmatrix} X^{11} & X^{12} & \cdots & X^{1p} \\ X^{21} & X^{22} & \cdots & X^{2p} \\ \vdots & \vdots & & \vdots \\ X^{p1} & X^{p2} & \cdots & X^{pp} \end{pmatrix} = \begin{pmatrix} L^{11} & L^{12} & \cdots & L^{1p} \\ L^{21} & L^{22} & \cdots & L^{2p} \\ \vdots & \vdots & & \vdots \\ L^{p1} & L^{p2} & \cdots & L^{pp} \end{pmatrix} \begin{pmatrix} f^{11} & f^{12} & \cdots & f^{1p} \\ f^{21} & f^{22} & \cdots & f^{2p} \\ \vdots & \vdots & & \vdots \\ f^{p1} & f^{p2} & \cdots & f^{pp} \end{pmatrix}$$

其中，$X^{ij} = \begin{pmatrix} L^{i1} & L^{i2} & \cdots & L^{ip} \end{pmatrix} \begin{pmatrix} f^{1j} \\ f^{2j} \\ \vdots \\ f^{pj} \end{pmatrix}$，表示国家 i 由于满足国家 j 的最终需求而生产的产出，或国家 j 的最终需求带动的国家 i 的产出。进一步转化为增加值，可得

$$\begin{pmatrix} V^{11} & V^{12} & \cdots & V^{1p} \\ V^{21} & V^{22} & \cdots & V^{2p} \\ \vdots & \vdots & & \vdots \\ V^{p1} & V^{p2} & \cdots & V^{pp} \end{pmatrix} = \begin{pmatrix} \hat{v}^1 & 0 & \cdots & 0 \\ 0 & \hat{v}^2 & \cdots & 0 \\ \vdots & \vdots & & \vdots \\ 0 & 0 & \cdots & \hat{v}^p \end{pmatrix} \begin{pmatrix} X^{11} & X^{12} & \cdots & X^{1p} \\ X^{21} & X^{22} & \cdots & X^{2p} \\ \vdots & \vdots & & \vdots \\ X^{p1} & X^{p2} & \cdots & X^{pp} \end{pmatrix}$$

$$
=\begin{pmatrix}
\hat{v}^1X^{11} & \hat{v}^1X^{12} & \cdots & \hat{v}^1X^{1p} \\
\hat{v}^2X^{21} & \hat{v}^2X^{22} & \cdots & \hat{v}^2X^{2p} \\
\vdots & \vdots & & \vdots \\
\hat{v}^pX^{p1} & \hat{v}^pX^{p2} & \cdots & \hat{v}^pX^{pp}
\end{pmatrix}
$$

其中，V^{ij} 表示国家 j 最终需求中所隐含的国家 i 的增加值，或国家 j 最终需求所吸收的国家 i 的最终需求，这就是国家 i 对国家 j 的增加值出口，或者反过来，为国家 j 从国家 i 的增加值进口。增加值出口和增加值进口即为增加值贸易指标。

5.4.2　能源投入产出分析

目前常用的能源投入产出分析包括基于价值型投入产出模型的简单方法，以及基于混合单位投入产出模型的方法。相对而言，混合单位的能源投入产出模型满足能量守恒条件，更易于得到合理的分析结果（Miller and Blair，2009）。因此，本节主要介绍混合单位的能源投入产出模型。在混合单位能源投入产出模型中，经济中的能源流量采用实物单位如 BTUs（British thermal unit，英制热量单位），而非能源流量使用价值单位如美元或人民币。在能源投入产出分析中，我们想要建立类似于部门间流量矩阵的能源流量矩阵，得到直接能源需求矩阵和完全能源需求矩阵，并给出完全能源消耗系数的计算方法。混合型能源投入产出表的基本表式见表 5-5。

表 5-5　混合型能源投入产出表基本表式

<table>
<tr><td colspan="3" rowspan="2">产出
投入</td><td colspan="2">中间需求</td><td colspan="5">最终需求</td><td rowspan="2">总产出</td></tr>
<tr><td>能源部门
$1,2,\cdots,m$</td><td>非能源部门
$m+1,m+2,\cdots,n$</td><td>消费</td><td>资本形成</td><td>出口</td><td>进口</td><td>合计</td></tr>
<tr><td rowspan="2">中间投入</td><td>能源部门</td><td>1
2
⋮
m</td><td></td><td></td><td colspan="5"></td><td></td></tr>
<tr><td>非能源部门</td><td>m+1
m+2
⋮
n</td><td></td><td></td><td colspan="5"></td><td></td></tr>
<tr><td>初始投入</td><td colspan="2">固定资产折旧
从业人员报酬
生产税净额
营业盈余</td><td></td><td></td><td colspan="5"></td><td></td></tr>
<tr><td colspan="3">总投入</td><td></td><td></td><td colspan="5"></td><td></td></tr>
</table>

传统的投入产出核算方程为

$$Zi + f = X \tag{5-53}$$

其中，Z 为部门间流量；f 为最终需求向量；X 为总产出向量，都用价值单位计量，i 表示所有元素都为 1 的列向量。在混合型能源投入产出表中，能源流量用实物单位衡量，非能源部门流量用价值量表示，能源部门的方程为

$$Ei + q = g \tag{5-54}$$

其中，E 为从能源生产部门到所有部门（作为能源消耗者）的能源流量矩阵；q 为最终需求的能源使用向量；g 为能源总消耗量向量。所有向量和矩阵都是用实物单位计量。注意如果经济中有 n 个部门，其中 m 个为能源部门，则 Z 为 $n\times n$ 的矩阵，E 为 $m\times n$ 的矩阵。F 和 X 为 $n\times 1$ 的向量，而 q 和 g 为 $m\times 1$ 的向量。

能源投入产出模型分析一单位最终需求需要的完全能源使用量，包括了一个产业生产中直接消耗的能源量，也包括了包含在这个产业其他投入中的间接能源使用量。用工程的说法，计算能源完全消耗量是所谓"过程分析"的结果：选定某种产品或者服务，然后列出一系列提供这种产品所需要的产品或者服务。这些投入中包括了直接需要的能源和其他非能源产品，而这些非能源产品或服务在其生产中又需要能源投入和非能源投入。这种过程分析可将投入品追溯到初始资源。第一轮的能源投入是直接能源需求，接下来一系列轮次的能源投入构成了间接能源需求。直接和间接能源投入的合计为完全能源需求。例如，在电子及通信设备制造业中直接使用的能源为能源直接投入，而包含在非能源原材料等投入中的能源消耗为间接能源投入。

设 A 为技术系数矩阵，则 $Z = A\hat{X}$，有 $L=(I-A)^{-1}$，我们期望有类似于 L 的能体现完全能源使用的矩阵，从而 $g = \alpha f$，α 为 $m\times n$ 的矩阵。若 α 存在，则我们可以在能源投入产出模型中界定体现一次和二次能源关系的能源守恒条件。这些条件如下：

$$\alpha_{kj} x_j = \sum_{i=1}^{n} \alpha_{ki} z_{ij} + g_{kj} \tag{5-55}$$

其中，α_{kj} 表示生产单位 j 部门产出对第 k 种类型能源的完全需要量；x_j 表示部门 j 的总产出；z_{ij} 表示部门 j 生产中使用 i 部门以价值单位表示的产品量；g_{kj} 表示能源部门的能源产出量，当 $k=j$ 时，$g_{kj}=g_k$，否则 $g_{kj}=0$，令 $G_{m\times n} = \left[g_{kj} \right]$。除了对应能源部门的对角元为能源总产出外，$G$ 的大多数元素都为 0。为了描述的方便，设前 m 个部门为能源部门，后 $n-m$ 个部门为非能源部门。

对所有经济部门来说，能量守恒条件可以被描述为：某一部门产出中包含的能源量等于它所消耗的所有投入中包含的能源量再加上初始能源投入，g_{kj}（只有初始能源部门非 0）。例如，有 3 个部门，其中前两个部门为能源部门，则

$$\begin{bmatrix} \alpha_{11} & \alpha_{12} & \alpha_{13} \\ \alpha_{21} & \alpha_{22} & \alpha_{23} \end{bmatrix} \begin{bmatrix} x_1 & & \\ & x_2 & \\ & & x_3 \end{bmatrix} = \begin{bmatrix} \alpha_{11} & \alpha_{12} & \alpha_{13} \\ \alpha_{21} & \alpha_{22} & \alpha_{23} \end{bmatrix} \begin{bmatrix} z_{11} & z_{12} & z_{13} \\ z_{21} & z_{22} & z_{23} \\ z_{31} & z_{32} & z_{33} \end{bmatrix} + \begin{bmatrix} g_{11} & 0 & 0 \\ 0 & 0 & 0 \end{bmatrix}$$

注意到 G 矩阵中只有一个非 0 元素，表明只有一个一次能源部门。

用矩阵形式表示为

$$\alpha\hat{X}=\alpha Z+G \tag{5-56}$$

由于 $Z=A\hat{X}$，有

$$\alpha\hat{X}=\alpha A\hat{X}+G \tag{5-57}$$

得到

$$\alpha=G\hat{X}^{-1}(I-A)^{-1} \tag{5-58}$$

定义了完全能源需求矩阵。

至此，我们还没有表明上式给出的完全能源系数满足能源守恒条件的条件。但是当我们用混合单位定义部门间流量矩阵的时候这一点就很清晰了。用混合单位来描述部门间流量实际上是用实物单位的能源流量矩阵 E 来代替矩阵 Z 中对应能源部门的行，将其定义为新的部门间流量矩阵 Z^*，其中能源行为实物单位，非能源行为价值单位。相应的，需要重新定义总产出向量以及最终需求向量，对应的能源部门为实物单位，非能源部门为价值单位。

$$Z^*=\left[z_{ij}^*\right]=\begin{cases}z_{ij}, & \text{非能源}\\ e_{kj}, & \text{能源}\end{cases}$$

$$f^*=\left[f_i^*\right]=\begin{cases}f_i, & \text{非能源}\\ q_k, & \text{能源}\end{cases}$$

其中，f^* 为 $n\times1$ 的向量。

$$X^*=\left[x_i^*\right]=\begin{cases}x_i, & \text{非能源}\\ g_k, & \text{能源}\end{cases}$$

其中，X^* 为 $n\times1$ 的向量。最后我们定义 g^*：

$$g^*=\left[g_i^*\right]=\begin{cases}0, & \text{非能源}\\ g_k, & \text{能源}\end{cases}$$

其中，g^*为 $n\times1$ 的向量。

相应的矩阵为

$$A^* = Z^*(\hat{X}^*)^{-1}$$

$$L^* = (I - A^*)^{-1}$$

其特点与传统投入产出模型不同，例如，A^*的列和不一定小于 1，实际上由于计量单位不同，求列和也没有意义。矩阵 A^*和矩阵 L^*具有相同的单位：

$$\begin{bmatrix} \dfrac{\text{BTU}}{\text{BTU}} & \text{BTU}/\$ \\ \dfrac{\$}{\text{BTU}} & \$/\$ \end{bmatrix}$$

要得到之前所提到的直接能源需求矩阵和完全能源需求矩阵，我们只需要从 A^*和 L^*中分出能源部门的行即可。简便的方法是建立矩阵乘积 $G(\hat{X}^*)^{-1}$，由矩阵 G 和 X^*的定义，可知这个矩阵乘积的元素对应能源部门的对角元素为 1，其他为 0。因此，直接能源需求矩阵和完全能源需求矩阵为

$$\delta = G(\hat{X}^*)^{-1}A^*$$

$$\alpha = G(\hat{X}^*)^{-1}L^* \quad (5\text{-}59)$$

混合单位能源投入产出模型举例如下。

假定经济体系中包含 2 个能源部门和 1 个非能源部门。能源部门为原油和电力，非能源部门为汽车制造。部门间流量矩阵如表 5-6 和表 5-7 所示。

表 5-6　混合单位能源投入产出表举例——价值流量表　　单位：亿元

	原油	电力	汽车	最终需求	总产出
原油	0	10	0	0	10
电力	5	5	5	25	40
汽车	0	0	0	20	20

表 5-7　混合单位能源投入产出表举例——能源流量矩阵　　单位：10^{15} BTUs

	原油	电力	汽车	最终需求	总产出
原油	0	40	0	0	40
电力	3.5	5.5	3.5	27.5	40

构建混合单位的矩阵

$$Z^* = \begin{bmatrix} 0 & 40 & 0 \\ 3.5 & 5.5 & 3.5 \\ 0 & 0 & 0 \end{bmatrix}, \quad f^* = \begin{bmatrix} 0 \\ 27.5 \\ 20 \end{bmatrix}, \quad X^* = \begin{bmatrix} 40 \\ 40 \\ 20 \end{bmatrix}$$

得到

$$A^* = \begin{bmatrix} 0 & 1 & 0 \\ 0.0875 & 0.1375 & 0.1750 \\ 0 & 0 & 0 \end{bmatrix}$$

$$L^* = \begin{bmatrix} 1.1129 & 1.2903 & 0.2258 \\ 0.1129 & 1.2903 & 0.2258 \\ 0 & 0 & 1 \end{bmatrix}$$

构建 G，

$$G = \begin{bmatrix} x_1^* & 0 & 0 \\ 0 & x_2^* & 0 \end{bmatrix} = \begin{bmatrix} 40 & 0 & 0 \\ 0 & 40 & 0 \end{bmatrix}$$

得到

$$G(\hat{X}^*)^{-1} = \begin{bmatrix} 1 & 0 & 0 \\ 0 & 1 & 0 \end{bmatrix}$$

$$\alpha = G(\hat{X}^*)^{-1}L^* = \begin{bmatrix} 1 & 0 & 0 \\ 0 & 1 & 0 \end{bmatrix} \times \begin{bmatrix} 1.1129 & 1.2903 & 0.2258 \\ 0.1129 & 1.2903 & 0.2258 \\ 0 & 0 & 1 \end{bmatrix}$$

$$\alpha = \begin{bmatrix} 1.1129 & 1.2903 & 0.2258 \\ 0.1129 & 1.2903 & 0.2258 \end{bmatrix}$$

注意α的特征，除了第一列之外，第 2 行和等于第 1 行；而对应于第一列的为初次能源部门，第 2 行与其第 1 行元素相差 1。下面我们将对此做出说明。

α矩阵中的第一个能源部门是初次能源部门，而另外一个则是二次能源部门。最后一列则是对应汽车制造部门，唯一的一个非能源部门。α_{13}=0.2258 是汽车制造的完全的初次能源强度，其含义是为得到汽车制造部门价值 1 元人民币的产出需要消耗 0.2258×10^{15} BTUs 的原油。类似地，α_{23}=0.2258，是汽车制造部门的二次能源完全消耗强度，含义是生产汽车制造部门价值 1 元人民币的产出需要消耗 0.2258×10^{15} BTUs 的电力。然而，由于电力最终来源于原油，能源守恒要求二次能源强度的合计等于一次能源强度。实际上还应该减去能源转化过程中的损失，此处忽略。这个条件应该对所有部门适用，除了一次能源部门。一次能源部门从经济系统之外取得能源。

也就是说，除一次能源部门之外，二次能源的完全强度合计应该等于一次能源强度。如果初次能源部门多于 1 个，则初次能源强度是所有初次能源强度的合计。对于初次能源部门对应的列，其二次能源强度合计与初次能源强度相差 1，可以解释为初次能源部门需要从经济系统之外取得能源。

专栏 5-3　基于价值型投入产出模型的能源和碳排放分析

结合分部门的能源使用数据和分部门的能源碳排放数据，基于价值型投入产出模型，可以建立分析完全能源消耗或完全碳排放的方法。从方法的基本原理和逻辑上讲，二者是一致的。以下以碳排放为例进行介绍。

设分部门的碳排放强度为 $c=(c_1,c_2,\cdots,c_n)$，其中，$c_i=\dfrac{C_i}{X_i}$，C_i 表示部门 i 生产中所排放的二氧化碳数量，c_i 表示部门 i 单位产出所排放的二氧化碳量，即部门 i 的直接碳排放强度。结合价值型投入产出模型，有

$$\text{TC}=c(I-A)^{-1}Y$$

其中，TC 表示各部门总的碳排放量。$\text{tc}=c(I-A)^{-1}$ 为完全排放强度向量，其元素 tc_i 表示部门 i 生产单位最终产品完全排放的二氧化碳量。

在 $\text{TC}=c(I-A)^{-1}Y$ 中，如果我们将直接排放强度向量替换为直接能耗强度向量，则可以得到每个部门单位最终产品生产过程所完全消耗的能源量。这就是基于价值型投入产出模型分析完全能源排放的简单方法。

本章小结

本章介绍了投入产出方法的基本应用，包括产业关联分析（前向关联和后向关联，影响力系数与推动力系数）、价格影响模型（初始投入变化的价格影响、价格变化的相互影响等）、投入产出乘数分析（产出乘数和收入乘数）以及区域和能源投入产出分析。这些基本的应用建立在投入产出基础模型之上，都是需要重点掌握的内容。

本章习题

1. 以建筑业为例，说明前向联系和后向联系的概念。

2. 以第 4 章 2007 年 6 部门投入产出表为数据基础，计算各个部门的影响力系数和推动力系数，并与 2017 年进行比较，说明其中差异的原因。

3. 以 2007 年 6 部门投入产出表为基准，分析制造业工资水平提高 10%对各部门价格的影响；如果采掘业价格提高 20%，对其他部门价格有什么影响。

4. 说明投入产出局部闭模型与开模型的差异。试利用局部闭模型分析投资增加 1 亿元对各部门产出以及 GDP 的影响。

5. 利用两区域的区域间投入产出模型和本章示例中的数据，分析区域 r 部门 3 最终需求增加 100 个单位对两个区域的产出有什么影响。

6. 构造能源投入产出模型，用于分析服务业的完全能源消耗。

第三篇

国民经济分析理论模型

第 6 章

可计算一般均衡模型简介及其应用

➢ **学习目标**

1. 了解 CGE 模型的框架
2. 掌握简单 CGE 模型的构建
3. 了解 CGE 模型的求解工具
4. 掌握简单 CGE 模型的代码

➢ **知识点摘要**

1. CGE 模型简介均衡条件与宏观闭合
2. CGE 模型在国民经济分析中的应用
3. CGE 模型的理论基础
4. GAMS 工具简介
5. 社会核算矩阵

6.1 CGE 模型简介

6.1.1 CGE 模型框架介绍

CGE 模型是一种当前各国政府和研究机构应用十分广泛的经济分析模型，主要用于模拟和评估政策或某种冲击对经济的影响。相比其他经济政策评估研究方法，CGE 模型具有微观理论基础坚实、综合性强、分析结果细致、分析范围全面、实用性突出等独特的优势，令其成为联合国、世界银行、国际贸易中心（International Trade Centre，ITC，世界贸易组织和联合国贸易和发展会议共同管理）等机构和部门长期关注和采用的主要政府评估工具之一。

当经济中所有相互影响的市场中的供给与需求都相等时，就实现了瓦尔拉斯一般均衡。CGE 模型是阿罗-德布鲁一般均衡结构的抽象代数表达式，它利用经济数据进行校准。相应的数学问题就是解出能够使某些特定市场都实现均衡的供给、需求和价格，这些市场可以是单一国家的某个区域，也可以是全球经济中相互影响的多个国家。尽管如此，这类模型中的每个经济体通常具有相同的基本结构，即有一群生产者、消费者和政府，它们（基本结构）的行为通过产品和要素市场以及税收、补贴或其他扭曲因素联系起来。每个 CGE 模型的核心概念框架是经济中相似的循环流向图，如图 6-1 所示。该循环流向图从市场中三个部门之间的相互影响开始：①家庭，假设它们拥有生产要素；②企业，它们向家庭租用生产要素用于生产商品，并出售给家庭和其他企业；③政府，它提供公共物品，供家庭和企业消费。商品和要素在部门间的转移用黑色实线表示，每条实线代表了一个不同的市场。均衡时，每个市场中交易的产品和服务的价值通过补偿性金融转移来平衡，用黑色虚线表示。要素租赁使家庭（A）获得了收入流，该收入用于支持家庭购买商品。反过来，家庭购买商品又使得企业（B）获得了收入。同样地，一个企业购买中间投入品又为生产这些产品的其他企业（B）提供了收入。而政府（C）通过对企业和家庭征税获得提供公共物品的资金。通常，大多数经济还包含一个国外部门，企业和家庭将与国外部门交换产品和支付流。

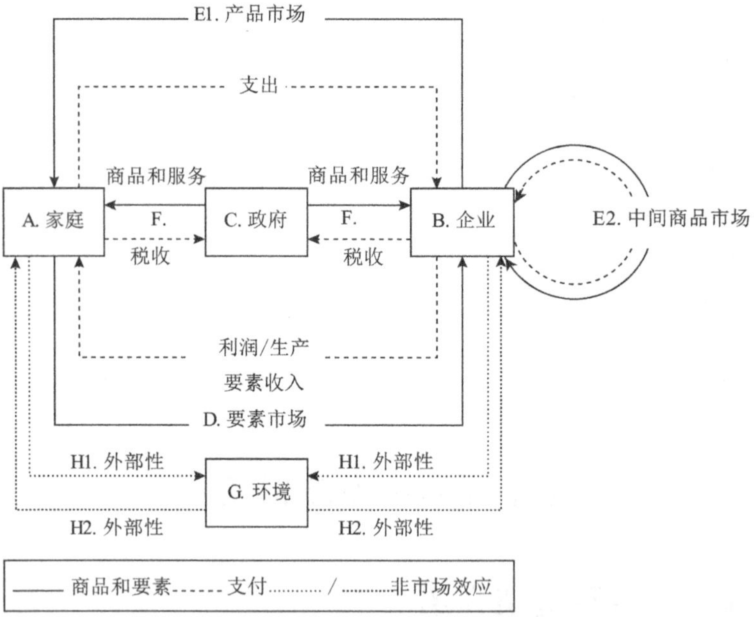

图 6-1　经济循环流向图（包含与环境的相互影响）

过去十年中，大多数 CGE 文献要么是量化内生的进程、政策变化或外生的影响环境质量的冲击对循环流向的影响，要么是研究试图通过改变污染废弃物或环境资源消费的分配来提高环境质量的这种政策对循环流向的影响。如图 6-1 中虚线（H1）所示，这些分析通常设定一个从经济到环境的单向联系，并将环境视为经济活动在一定程度上外生的边界条件。

在相反的方向上性质相似的连线也可见于一些应用研究中，虽然不那么常见但增加速度相当快。这些应用包括：评估环境质量变化的经济影响（包括人为的或自然的灾难），如图 6-1 中虚线（H2）所示的那样。最后是相对较少的研究，即全盘考虑上述循环流向图中环境的作用，同时将 H1 和 H2 纳入分析框架，即同时考虑经济活动对环境的影响以及与此同时环境对生产、消费和福利的反馈作用。原因是以这种方式代表物理过程且将它们整合进 CGE 模型的抽象均衡结构中存在很大的困难。

6.1.2　CGE 模型的特点

1. 微观经济理论基础完备

相比基于凯恩斯经济学的宏观经济分析框架和基于统计推断的计量经济政策分析评估框架，CGE 作为一种一般均衡模型，基于瓦尔拉斯提出的一般均衡理论，强调经济体系中各种微观价格（商品价格或要素价格）和数量之间存在互相影响的关系。一般认为 CGE 模型最早源自列昂惕夫开创的投入产出模型（Leontief，1936），该模型能表示出国民经济中不同部门或不同区域经济之间的相互依赖关系以及数量关系，是第一个使用矩阵表示国家（或地区）经济的研究方法，这种工具一直被 CGE 模型沿用至今并成为其核心特色之一。CGE 模型在充分运用经济事实数据的同时，也一定程度上规避了卢卡斯关于基于历史数据的宏微观经济研究缺乏微观经济基础的批判。

2. 综合分析能力较强

相比局部均衡模型，CGE 模型因其基于一般均衡开始建模的特点天然具有较强的全面分析能力。CGE 模型能够综合考虑经济各个领域之间的相互依赖关系，包括生产、消费、贸易、政策和福利等方面，可以同时考虑多个因素的影响，包括价格、生产率、劳动力供应和技术进步等。这使得它能够捕捉到复杂的经济互动关系，适用于研究复杂的宏观经济政策问题，如贸易政策、税收政策和气候政策等。此外，其他一般均衡分析框架通常存在的重点问题详细建模次要问题粗略带过等问题，CGE 因使用全面的社会核算矩阵（social accounting matrix，SAM）加以解决，使评估结果较为忠实和公正地体现了经济事实数据中的信息。特定的 CGE 模型虽然建立起来十分复杂，但是一旦建立就具备相当的实用性，只要改变数据输入一般都能得到相应的分析结果供参考和验证，这也是相比其他一般均衡模型，CGE 模型更多被追求效率和结果导向的政府机构采用的原因之一。另外，理论化的一般均衡模型一般来说基于众多假设，数学计算复杂，求解困难，想要定量地分析经济现象存在困难，而 CGE 模型主要通过数量化的方式刻画经济系统以价格为核心的变化机制，可应用性较强，因此在一些文献里又被称为应用一般均衡模型，基于 CGE 模型的研究更多的是一种实证研究而非理论研究。

3. 分析范围较为全面

以 DSGE 为代表的宏观一般均衡分析模型通常基于同质性代理人假设，即使是基于异质性代理人的新凯恩斯模型，因为维数诅咒的存在，为了得到均衡的解析解，每个部门一般最多也只能设置两个差异比较明显的异质性代理人主体，如李嘉图家庭和非李嘉图家庭、有融资约束的企业和没有融资约束的企业等，对同一部门内部主体间可能存在分布快速变化的问题分析能力较为薄弱。而 CGE 模型能够估计不同社会群体（如富人和穷人、城市和农村）之间的收入和福利分布效应，最终利用数值解得出较为清晰的分布变化结论，这对于分析当前各国政策评估中非常注重的公平性和社会可持续性目标至关重要。因此，CGE 模型普遍被运用在社会福利均等性分析、消费公平性分析方面（Chalmers and Weiler，2011；Taylor，1990）。

4. 在特定经济因素分析方面具有特色

环境与能源问题是时下全球政府和学者关注的热点问题。CGE 模型可以很容易地并入新的产业部门，能较好地把碳排放、污染等环境主要变量与碳税、环保税等环境政策结合在一起，因此被广泛运用于关注能源与环境的经济学分析。此外，在财政税收政策的分析上，CGE 模型因其基于微观数据进行宏观问题研究的特征，以及其天然引入的异质性主体，可以被运用在消费与税收的关系研究中、不同税种互相影响和替代的程度的研究中（Shoven and Whalley，1984）、税收与投资和储蓄（Jorgenson and Yun，2013）的关系研究中，甚至可以被用作避税和逃税行为的研究（Feltenstein et al.，2022），而其他宏观研究模型被认为很难进行这些研究。此外，虽然 CGE 模型看似规模较大，涉及经济系统方方面面，但是开始建立 CGE 模型所需的数据仅需要包括投入产出表、国民经济账户和贸易统计数据在内的一些宏观数据，且只需要某一年的数据即可开始分析，因此 CGE 模型进行实证分析时对数据规模和质量的要求并不高。另外，CGE 模型诞生伊始，就是面向发展中国家开发的，已经考虑了大多数发展中国家经济数据缺失和失真的问题。

虽然 CGE 模型具有如上优势，然而，需要注意的是，与所有研究方法相似，CGE 模型自身也有一些局限性。例如，对模型参数的敏感性、模型简化带来的局限性和难以捕捉不确定性等，另外，过于复杂的模型同样面临着代数上均衡解取得困难的问题，数据的需求量小也意味着分析结果受某些年份异常数据影响较大。

6.1.3 CGE 模型的理论基础

CGE 模型是经济学一般均衡理论在实际中的应用。要真正掌握 CGE 建模并能独立设计，需要一般均衡理论的基础。不少学生感觉高级微观经济学的一般均衡理论部分比较困难，其实困难的部分主要集中在德布鲁（Debreu）用拓扑概念证明一般均衡存在性的部分。这些理论细节在 CGE 应用中一般不需要，因为 CGE 模型是在已有结论下的应用。CGE 通用的结构和各种函数通常保证了均衡点必然存在。在大部分标准 CGE 应用研究中，均衡点不但存在，而且还都是唯一的。当然，懂得存在性理论在一些基本条件下还是很有用的。譬如，一般均衡理论证明，如果 CGE 建模者将生产函数改变为规模递增的，会使追逐盈利的企业扩大生产至无穷大，从而均衡点不存在。因此，要避免直接使用规模递增的生产函数，或者在模型中设置其他一些附加条件。

1. 局部均衡

微观经济学的市场均衡通常指在一个单一市场上达到的供求平衡，这仅仅是局部均衡（partial equilibrium）。

如图 6-2 所示，商品市场 i 有供应函数 $q_i^s = f_i(p_i)$，有需求函数 $q_i^d = g_i(p_i)$，于是有该市场（局部）均衡条件：

$$q_i^s = q_i^d \tag{6-1}$$

也就是：

$$f_i(p_i) = g_i(p_i) \tag{6-2}$$

求出的解 p_i^* 和 q_i^* 为均衡解。但是这仅仅是局部均衡，是在单一市场上达到的供求平衡，这里假设其他市场上的变量不会受该市场变化的影响。数学上，局部均衡的完整表达为

$$\text{供应函数：}\ q_i^s = f_i(p_i, \overline{p}_{-i})$$
$$\text{需求函数：}\ q_i^d = g_i(p_i, \overline{p}_{-i})$$
$$q_i^s = q_i^d$$

其中，$\overline{p}_{-i}$ 为其他部门的价格，假设固定不变。

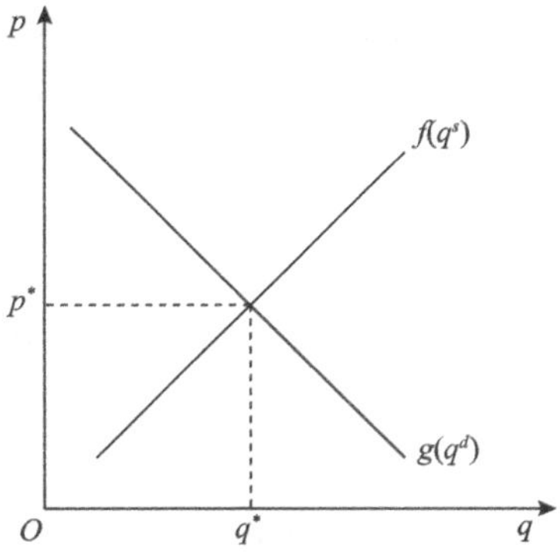

图 6-2　单个商品市场上的均衡

2. 一般均衡

局部均衡的假设，“$\overline{p}_{-i}$ 为其他部门的价格，假设固定不变”，在一个多部门相互依存关联的大经济框架下是有问题的。因为一个市场上的调整会影响到其他市场，包括其他市场的供求和价格 p_{-i}。这种效应叫作溢出效应（spillover effect）。如图 6-3 所示，当左面图中 q_i 市场上价格调整趋向均衡时，会产生溢出效应，造成其他商品 q_{-i} 市场上供求曲线的平移，可以使那些原来处于均衡的市场变得不均衡。

因此，我们必须考虑所有市场的联动关系。一般均衡指所有市场同时达到均衡的状况。它的原始思想并不复杂，只是将前面的局部均衡的理论扩大到整个经济的所有部门。下面是数学描述。

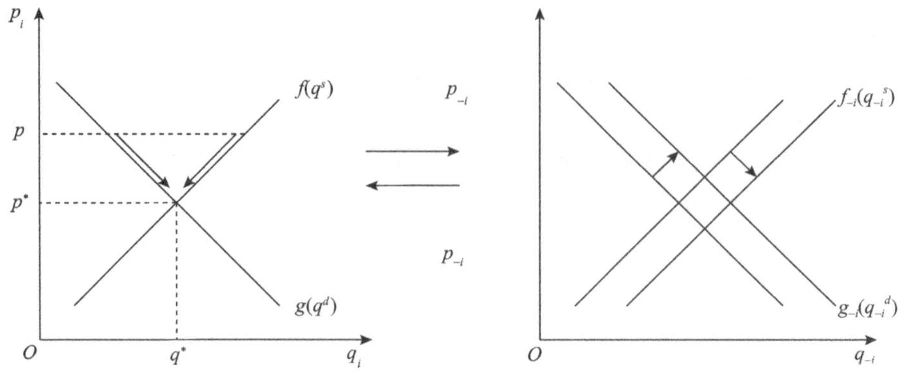

图 6-3　多个商品市场上的均衡

设整个经济有 n 个部门，即 n 个市场，有 n 个商品。商品 i 的价格为 p_i。让所有商品价格以向量来简洁表示：$p=(p_1,p_2,\cdots,p_n)$。整个 i 部门的所有企业对商品 i 的供应函数为 $q_i^s(p)$。所有居民对商品 i 的需求函数是 $q_i^d(p)$。狭义地说，一般均衡状态指在一个特定价格向量 $p^*=(p_1^*,p_2^*,\cdots,p_n^*)$ 下，所有市场上商品供求平衡。

$$q_i^s(p^*)=q_i^d(p^*),\quad (i=1,2,\cdots,n) \tag{6-3}$$

理论上，一般均衡状态也允许一些商品市场上供大于求，不过这时这些商品的价格必须为 0。在这种情况下，市场其实也是均衡的。因为此时价格是 0，而消费者的需求已经满足，是有限的。再消费此种商品，只会带给他负效用。这种情况下由需求决定了实际市场交易的产量。因此，德布鲁的一般均衡状态是，对所有 $i=1,2,\cdots,n$ 市场，存在这么一个价格向量 $p^*=(p_1^*,\cdots,p_n^*)$：

$$\begin{aligned} q_i^s(p^*)&=q_i^d(p^*),\quad \text{如果} p_i>0 \\ q_i^s(p^*)&\geqslant q_i^d(p^*),\quad \text{如果} p_i=0 \end{aligned} \tag{6-4}$$

这叫市场出清（clear），也可以称为市场均衡。不过，在一般的使用中，我们假设所有商品都是有效用的（desirable），这时，一般均衡状态只需要等式（6-3）的供求平衡条件。这样，计算就简便得多。在 CGE 模型中，一般都假设为此种情况。

定义：一般均衡是指能使所有市场同时出清（market clear）这样一组价格向量和商品向量的组合 (p^*,q^*)。

在经济学中，求解一般均衡状态，是对均衡价格和数量求解。阿罗-德布鲁（Arrow-Debru）理论证明了一般均衡在相对弱的条件下的存在性。在理论或者假想的简化案例的情况下，求解一般均衡是可以的。但是，这个理论和现实世界的实际应用还有很大距离，需要做很多的简化。CGE 模型，也称为应用一般均衡模型，是将阿罗-德布鲁理论的应用化。这里借鉴了投入产出模型的许多做法，也可以看成投入产出模型向一般均衡理论进化的结果。

3. 一般均衡状态下，消费者实现了效用最大化和企业实现了利润最大化

一般均衡状态是供应需求函数上的匹配，因此，在一般均衡状态下，消费者已经是效用最大化而企业也已经是利润最大化。供应函数是企业利润最大化下做出的供应决定，而需求函数是消费者效用最大化下做出的需求决定。因此，我们可以从生产函数、效用函数和它们的优化条件下求得商品和要素各自的供应和需求函数。

设整个经济有 n 个市场，m 个生产要素。记 q 为商品，x 为要素，上标 d 为需求，上标 s 为供应。然后有商品向量 $q=(q_1,q_2,\cdots,q_n)$，要素向量 $x=(x_1,x_2,\cdots,x_m)$。一般均衡状态要求所有的商品和要素市场上都要出清。图 6-4 展示了这个一般均衡状态。

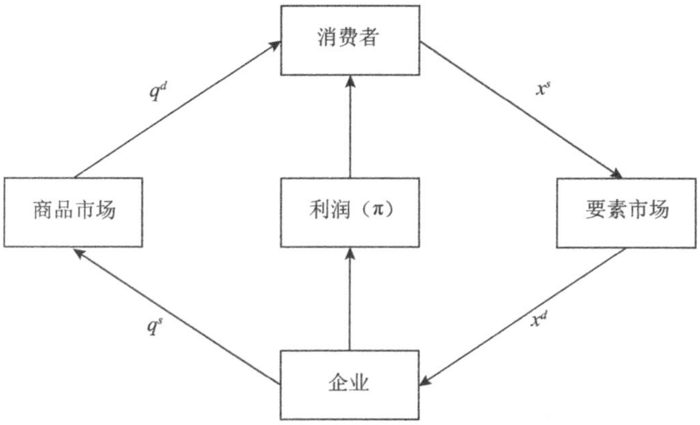

图 6-4　一般均衡

先看居民即消费者。他们的行为形成了商品需求函数和要素供应函数。居民 j 在商品市场上购买商品，如购买食品；在要素市场上出售生产要素，如向企业提供劳动服务。他的行为是在预算约束下根据商品价格和要素价格来选择商品需求和要素供应量，使效用最大化。他的偏好由他的效用函数 $u_j(\cdot)$ 来代表。他的预算约束和他的要素禀赋相关。设他的要素禀赋为 $e=(e_1,e_2,\cdots,e_m)$。一般均衡理论存在性要求整个经济的要素禀赋必须为正。记要素价格为 $w=(w_1,w_2,\cdots,w_m)$。他从要素禀赋中得到的收入，用向量数量积表示，为 $w\cdot e_j$。在下文，我们省掉当中的“点”，向量的数量积直接写为 we_j。或者，将 e_j 认作列向量。

效用函数里的元素包括商品消费和要素支出。居民消费商品会带来愉悦感，产生正效用。居民从禀赋中支出要素会使其付出代价，产生负效用。因此，效用函数是 $u_j(q_j,e_j-x_j)$。但是支出要素带来了可以购买商品的收入，因此他要权衡。一般均衡的存在要求效用函数是拟凹的（quasi-concave），这样，消费者的偏好为凸集（convex set），导出的要素供应和商品需求函数才是连续的。CGE 模型文献中被使用的效用函数如常替代弹性效用函数（constant elasticity of substitution，CES）、线性支出系统效用函数（linear expenditure system，LES）都符合拟凹条件。

让 Y_j 代表居民 j 的收入。最后居民 j 的行为方式是在预算约束下效用最大化：

$$\max_{q_j,x_j} u_j\left(q_j,e_j-x_j\right) \quad \text{s.t.}\ pq_j+w\left(e_j-x_j\right)\leqslant Y_j \tag{6-5}$$

居民的预算收入为Y_j，除了他的要素禀赋收入外，他还获得企业利润分配或者其他转移支付。设π_j^h为他收到的其他转移支付，有$Y_j = we_j + \pi_j^h$。当商品对居民j来说是有效用的，即可以带来愉快感受（而不是像垃圾那样会带来负效用的东西），居民会用足他的收入预算。

下面我们举例说明商品、要素支出和禀赋的关系。假如居民的时间禀赋为一天 24 小时，以$\bar{L}$=时间禀赋来表示。要素支出L^s=劳动力供应。禀赋减去劳动时间是休闲l，$l=\bar{L}-L^s$。预算约束规定消费者把劳动赚来的钱花在购买商品上，则有

$$pq_i^d = wL^s = w(\bar{L}-l) \tag{6-6}$$

其中，w为工资。得

$$pq_i^d + wl = w\bar{L} \tag{6-7}$$

式（6-7）也可以这样理解，消费者在其要素禀赋收入wl下，购买商品 q 和休闲 l（leisure）。“休闲”也是消费者购买的一种商品。

给定效用函数，对上面居民的效用最大化行为求解，可以求得居民对商品的需求函数$q_i^d\left(p\right)$和对要素的供应函数$x_i^s\left(p\right)$。

例 6.1 假设居民的效用函数为$U=\alpha\ln q+(1-\alpha)\ln l$，要素禀赋为$\bar{L}$，没有其他转移支付，求该居民的商品需求和要素供应函数。

解：先设置下述优化问题：

$$\max_{q,l} U=\alpha\ln q+(1-\alpha)\ln l \quad \text{s.t.}\ pq+wl=w\bar{L} \tag{6-8}$$

设拉格朗日等式：

$$\max_{q,l,\lambda} L=\alpha\ln q+(1-\alpha)\ln l-\lambda(pq+wl-w\bar{L}) \tag{6-9}$$

然后求解，得

$$q^d=\frac{\alpha w\bar{L}}{p},\ L^s=\alpha\bar{L} \tag{6-10}$$

再看企业。我们要导出商品供应函数和要素需求函数。

企业的行为是在现有技术上实现利润最大化。现有技术在一般均衡理论中由生产集描述。一般均衡存在性理论要求生产集为凸集。为了简便和易懂起见，这里不用集合概念，而用生产函数来表示。每个商品由一个生产过程来生产。经济学中通常使用的生产函数的投入往往只有要素，如$q_i=f_i(K,L)$，有资本 K 和劳动 L 投入。不过，在一般均衡理论和应用中，生产过程的投入应该包括要素和其他作为中间投入的商品，如生产钢

铁，不仅需要劳动和资本，还需要煤炭、机械设备等。一般均衡理论通常用生产集和净产出（netput）来处理这些关系。这里生产部门 i 的生产函数为

$$q_i = f_i\left(g\left(q_i\right), q_{-i}, x\right) \tag{6-11}$$

其中，q_i 为商品 i 的毛产出量；x 为生产中的要素投入；$g\left(q_i\right)$ 为生产中需要使用的作为中间投入的本身产品；q_{-i} 为生产中作为中间投入的其他各种商品。

一般均衡的存在性要求生产函数是弱凹函数（weakly concave），或者说，是规模报酬不变或者递减的。由此，规模递增的生产函数不符合要求。规模递增导致企业为了利润无限制扩大生产，从而使供求均衡点不存在。

给定生产函数，企业的行为是利润最大化：

$$\max_{q,x} \pi_i = pf_i\left(g\left(q_i\right), q_{-i}, x\right) - p_i g\left(q_i\right) - p_{-i} q_{-i} - wx \tag{6-12}$$

上述问题可导出企业对商品 i 的商品供应函数和要素需求函数。

企业把产出利润分配给居民，设 $\theta_{ji}\pi_i^s$=企业 i 分配给家庭 j 的利润，显然对所有居民汇总，有 $\sum_j Q_{ji} = 1$。

4. 瓦尔拉斯法则

瓦尔拉斯法则（Walras law）的原意是所有价格乘以超额需求后相加总计等于零。设商品市场的超额需求为 $z_y(p) = q^d - q^s$，要素市场的超额需求为 $z_x(p) = x^d - x^s$，有

$$pz_y + wz_x = 0 \tag{6-13}$$

或者用函数表达：

$$\sum_i^n p_i\left(q_i^d - q_i^s\right) + \sum_k^m w_k\left(x_k^d - x_k^s\right) = 0 \tag{6-14}$$

瓦尔拉斯法则是出于居民穷尽其预算约束的自然结果。瓦尔拉斯法则是相当广义的。即使经济不在一般均衡状态中，只要消费者效用最大化和企业利润最大化，消费者用足预算，瓦尔拉斯法则即成立。

瓦尔拉斯法则的一个重要结论是，如式（6-14）所示，这个包括商品和要素的经济的总共 m+n 个市场是线性相关的，其中只有 m+n–1个市场是独立的。也就是说，在 m+n–1市场出清时，剩下的一个市场自动出清。从等式 $\sum_i^n p_i\left(q_i^d - q_i^s\right) + \sum_k^m w_k\left(x_k^d - x_k^s\right) = 0$ 可以看出，假如 m+n–1的市场出清，即在那些市场上，$p_i\left(q_i^d - q_i^s\right) = 0$ 或者 $w_k\left(x_k^d - x_k^s\right) = 0$，那么，剩下的一个市场必然出清。譬如剩下的市场是商品市场 j，那么有 $p_j\left(q_j^d - q_j^s\right) = 0$。假定该商品是有效用的，有价格 $p_j > 0$，那么，在 j 市场上，$q_j^d - q_j^s = 0$，供求数量必然

相等。

如果商品和要素市场等式只有 $m+n-1$个独立，而所有价格变量 p_i 和 w_j 加起来有 $m+n$，多了一个，等式和内生变量数量不相等。从数学上说，导出的矩阵不是非降秩的（not non-singular），对内生变量不能确定地求解。其实，一般均衡模型中，价格也只有 $m+n-1$ 是独立的，这 $m+n-1$ 的商品价格之间的比例是确定的，而各个价格的绝对数值却还没有确定。如果所有商品和要素价格都按同一比例变化，譬如商品价格、工资等这些货币单位变量都翻个倍，一般均衡模型的供求数量和均衡状态都维持不变。在数学上，这个方程组对价格是零次齐次的。经济学称这个经济模型是货币单位中性的。如果要确定每个商品和要素的数值价格，方法是，任意选定一个商品作为价格基准商品，把它的价格设定为 1，作为价格基准，然后以这个价格基准作为单位，其他商品和要素的价格就能有特定的数值。这个价格基准商品可以是劳动，或者加权的商品价格，或者是某一商品。

6.2　CGE 模型的构建

6.2.1　基础 CGE 模型构建

本节将会展示一个最基础的 CGE 模型的构建过程，该模型由代表性居民部门、两种企业、两种商品和两类要素（资本和劳动）构成。虽然真实的 CGE 模型远比本例复杂，但是基本的建模思路和主要经济含义与本例并无区别，复杂的 CGE 模型可以从简单的模型中方便地扩展出来。CGE 模型的主要要素仍然是最优化行为和一定的约束条件，这与其他一般均衡模型类似。事实上，CGE 模型与常见的一般均衡模型的主要区别体现在社会核算矩阵的建立、参数的校准等数据处理过程上，因此，其他一般均衡模型在研究特定问题时也可以迁移到 CGE 模型的分析框架。

基础 CGE 模型是一个封闭的静态模型，不考虑经济的动态性质也不考虑国际贸易（后续会简单介绍包含世界经济和动态化的 CGE 模型）。假定存在一个居民部门代理人，两种商品（下标 i 和 j 分别表示大米和牛肉），两种企业（每家企业分别选择其中的某一种商品生产），两种要素投入（下标 h 和 k 分别表示劳动与资本）。居民和企业都是理性的，市场是完全竞争的，不存在摩擦，也不存在失业。CGE 模型的建立起步阶段与传统的一般均衡相同，基于一系列的基本假设展开。在基础的一般均衡状态下，企业超额利润为零，消费者实现效用最大化的同时企业实现利润最大化。

居民行为：居民希望消费两种产品的组合获取最大效用 U，假定其效用函数为柯布-道格拉斯形式，其行为可以用收入约束下的效用最大化来表示：

$$\max_{X_i} U = \prod_i X_i^{\alpha^i} \tag{6-15}$$

$$\text{s.t.} \sum_i p_i^x X_i = \sum_h p_h^f E_h \tag{6-16}$$

式（6-15）代表居民效用最大化的行为，X_i 表示第 i 种商品的消费量，α^i 表示这种商品的支出份额系数，$0 \leqslant \alpha^i \leqslant 1, \sum \alpha^i = 1$。式（6-16）代表相应的约束条件，$p_i^x$ 是第 i 种最终商品的均衡价格，p_h^f 为第 h 种要素的均衡价格（如果是资本，则代表利率；如果是劳动，则代表工资率），E_h 代表居民所拥有的第 h 种要素的禀赋数量，该约束条件意味着居民可以消费商品的总价值等于自身拥有要素禀赋的总价值，也就是总支出等于总收入。

引入拉格朗日乘子 λ，构建拉格朗日函数：

$$L(X_i;\lambda) \equiv \prod_i X_i^{\alpha^i} + \lambda\left(\sum_h p_h^f E_h - \sum_i p_i^x X_i\right) \tag{6-17}$$

其最优化一阶条件为

$$\frac{\partial L}{\partial X_i} = \alpha^i \frac{\prod_j X_j^{\alpha^j}}{X_i} - \lambda p_i^x = 0 \tag{6-18}$$

$$\frac{\partial L}{\partial \lambda} = \sum_h p_h^f E_h - \sum_i p_i^x X_i = 0 \tag{6-19}$$

联立式（6-18）和式（6-19），消去 λ，即可得到第 i 种商品的需求函数为

$$X_i = \frac{\alpha^i}{p_i^x} \sum_h p_h^f E_h \tag{6-20}$$

企业行为：每个企业选择投入的要素组合生产一种商品，希望获得最大的利润 R，生产函数同样符合柯布-道格拉斯形式：

$$\underset{Z_i, F_{h,j}}{\text{mjn}}\, R_j = p_j^Z Z_j - \sum_h p_h^f F_{h,j} \tag{6-21}$$

$$\text{s.t.}\, Z_j = b_j \prod_h F_{h,j}^{\beta_{h,j}} \tag{6-22}$$

因为每个企业可以选择某种商品 i 或者 j 生产，所以两个企业也可以称为 i 或者 j 企业，R_j 表示第 j 个企业的利润，Z_j 表示其产出量，p_j^Z 表示第 j 种商品均衡价格，p_h^f 表示第 h 种要素的均衡价格，F_h 表示这种要素的投入量。约束条件中，b_j 表示生产函数中的规模系数，$\beta_{h,j}$ 表示生产函数中要素份额系数。

第 j 个企业选择投入要素数量 $F_{h,j}$，并产出某个数量 Z_j，从而最大化其利润，$p_j^x Z_j$ 是总销售额，$\sum_h p_h^f F_{h,j}$ 是总的生产成本。类似于居民部门处理方法，使用拉格朗日乘子 μ 构建拉格朗日函数：

$$L(Z_j, F_{h,j};\mu) = \left(p_j^Z Z_j - \sum_h p_h^f F_{h,j}\right) + \mu\left(b_j \prod_h F_{h,j}^{\beta_{h,j}} - Z_j\right) \tag{6-23}$$

一阶最优条件为

$$\frac{\partial L}{\partial Z_j}=p_j^Z-\mu=0 \tag{6-24}$$

$$\frac{\partial L}{\partial F_{h,j}}=-p_h^f+\mu\beta_{h,j}\frac{b_j\prod_k F_{k,j}^{\beta_{k,j}}}{F_{h,j}}=0 \tag{6-25}$$

$$\frac{\partial L}{\partial \mu}=b_j\prod_h F_{h,j}^{\beta_{h,j}}-Z_j=0 \tag{6-26}$$

联立消去μ可得企业对于要素h的需求$F_{h,j}$：

$$F_{h,i}=\frac{\beta_{h,i}}{p_h^f}p_i^Z Z_i \tag{6-27}$$

市场出清条件：在上述设定中，并未直接设定企业商品出售价格和销量与居民购买价格和数量相等，企业面对的要素价格和居民的收入价格也并不相等，即并未体现出完全竞争市场的零利润特征。我们把这些经济特征体现在市场出清条件之中：

$$X_i=Z_i \tag{6-28}$$

$$\sum_j F_{h,j}=E_h \tag{6-29}$$

$$p_i^X=p_i^Z \tag{6-30}$$

三个条件中的第一个含义是市场的总供给量和总需求量相等，第二个含义是生产可以投入的全部要素数量等于居民拥有的劳动和资本的禀赋总量，第三个含义是企业出售商品的价格和居民购买的价格相同，企业无法取得超额利润。

6.2.2 模型系统

将上述商品与要素的供给、需求方程和市场出清条件方程联立起来，即可组成最基础的 CGE 模型方程系统：

$$X_i=\frac{\alpha^i}{p_i^x}\sum_h p_h^f E_h,\quad \forall i \tag{6-31}$$

$$Z_j=b_j\prod_h F_{h,j}^{\beta_{h,j}},\quad \forall j \tag{6-32}$$

$$F_{h,i}=\frac{\beta_{h,i}}{p_h^f}p_i^Z Z_i,\quad \forall h,j \tag{6-33}$$

$$X_i=Z_i,\quad \forall i \tag{6-34}$$

$$\sum_j F_{h,j}=E_h,\quad \forall h \tag{6-35}$$

$$p_i^X = p_i^Z, \quad \forall i \tag{6-36}$$

联立上述方程即可得到一个一般均衡。注意，虽然这里列出了 6 个方程，但是事实上因为存在两种商品、两个公司和两种要素，所以式（6-31），（6-32），（6-33），（6-34），（6-36）中均含有 2 个方程，式（6-35）中含有 4 个方程，因此实际上联立方程组拥有 14 个方程。此外，未定的内生变量个数也是 14 个。为了使方程存在均衡解，可以选取一种商品价格或者要素价格作为外生变量，或者设置为 1 作为基准价格。这样，最后求解出的其他价格就是一个相对价格，这也符合本模型中货币中性的设定。

6.2.3　CGE 模型的均衡条件与宏观闭合

CGE 模型包含的变量总是多于方程，因此必须在模型外部设置某些变量。这些变量被称为外生变量，由模型确定的其余部分称为内生变量。闭合理论（closure theory）确保了 CGE 模型中的方程总数与变量总数相等，也就是确保了模型均衡解的存在性、稳定性与唯一性。宏观上闭合的方式有多种，不同的闭合方式会改变 CGE 模型的特性。所谓的闭合，是指在一般均衡模型中以相应的宏观经济理论为指导而选择特定的方程结构、生产函数、效用、内生变量和外生变量，宏观闭合的关键步骤是选择合适的外生变量使模型中各种宏观变量实现均衡，从而设定和区分模型的内部机制和外部环境。在 CGE 模型中，主要有三个宏观恒等关系：储蓄-投资平衡、政府财政收支平衡和国际收支平衡。每个平衡都可以选择不同的宏观闭合方式。具体来说，无论在哪种平衡当中，都可以根据研究的出发点和总体研究思路，选择合适的闭合方式。

按模型建立和问题分析的经济学指导思想来分类，常见的宏观闭合有以下三种。

（1）新古典主义闭合。新古典主义闭合是指模型中的所有价格，包括要素价格和商品价格都是完全弹性的，由模型内生决定，市场始终实现充分就业。新古典主义闭合一般假定投资总额内生地等于储蓄总额，可以选取投资或者储蓄作为外生变量，这也是封闭经济中最经典的恒等条件。如果投资储蓄平衡是动态的，则外生变量是利率，市场根据特定的利率改变投资（或者储蓄）与消费的配置情况，进而实现市场均衡。在市场化程度较高的欧美，许多研究都选择新古典主义闭合方式，但这种闭合在新兴市场国家和发展中国家适用度较低。新古典主义的宏观闭合的设置，经济学理论上叫作瓦尔拉斯一般均衡。目前大部分流行 CGE 模型的 GAMS[①]程序，基本上是新古典主义的宏观闭合设置，加上一些小的变动。不过在现实世界里，很多时候经济并非处于瓦尔拉斯均衡状态。譬如一个市场经济处于萧条的情况下，那就是凯恩斯均衡状态而不是瓦尔拉斯均衡状态。对很多发展中国家来说，或者是因为市场和价格机制不健全，或者是因为劳动力无限制供应的两元经济，它们的经济也不在瓦尔拉斯均衡状态。如果用新古典主义的模型来模拟政策的效果，就会南辕北辙，得出错误的结论。

（2）凯恩斯闭合。现实经济常常需要考虑其他的宏观经济条件。如果经济处在凯恩斯描述的萧条状况下，就不能用新古典主义闭合来模拟经济现状。新古典主义的结构假

---

① general algebraic modeling systems，通用代数建模系统。

设劳动力市场充分就业，因而不能模拟财政刺激政策如何增加就业。凯恩斯闭合在现有CGE文献和应用中比较少见，而实际应用中又经常需要。因此，我们后面会对该模型设置和程序编写做更多的细节解释。按照凯恩斯理论，在宏观经济萧条的状况下，劳动力大量失业，资本闲置，因此生产要素劳动和资本的供应量不受限制。要素的就业是内生的，由需求方面决定。劳动和商品价格则是刚性的。按照这个理论采取的CGE模型的系统闭合，称为凯恩斯闭合。在大型完整的CGE模型框架下，凯恩斯闭合还可以有其他细节的设置，如需求函数中的常数项和边际消费倾向、财富效应等。另外，在凯恩斯模型中，消费函数用LES函数更适合，因为LES函数包括了基本生存消费量，相当于凯恩斯模型中消费函数里的常数项。凯恩斯理论的另一部分描述是，因为居民储蓄过多而投资不足，造成了总需求不足，引起经济衰退。

（3）新凯恩斯闭合。新凯恩斯闭合（new-Keynesian closure）是一种处理市场清算和宏观经济调节机制的方法。这种闭合一般假定真实工资小于劳动的边际产品，进而政府可以通过税收等收入分配机制实现投资储蓄的均衡。这种闭合方式受新凯恩斯经济学派的影响，强调市场不完全调节和价格黏性。新凯恩斯闭合主要有以下特点。①价格黏性（price stickiness）：在新凯恩斯闭合中，价格不会立即调整以清算市场。这意味着市场可能不会立即达到供需平衡，导致短期内的产量和就业偏离其长期均衡水平。②需求驱动的产出：在这种闭合方式下，总需求在短期内对产出和就业有重要影响。政府支出、投资、消费和净出口的变化都会影响总需求，进而影响产出和就业。③名义刚性（nominal rigidities）：除了价格黏性外，新凯恩斯闭合还可能包括工资黏性或其他形式的名义刚性。这些刚性限制了价格和工资对经济变化的快速反应。④非完全竞争市场：新凯恩斯闭合通常假设市场存在一定程度的垄断或寡头垄断，这影响了企业的定价决策和市场的整体效率。⑤政策干预：在新凯恩斯闭合中，政府和中央银行的政策干预在调节经济中扮演重要角色。例如，通过财政政策和货币政策来影响总需求和经济稳定。新凯恩斯闭合在CGE模型中的运用使模型能够更好地捕捉短期内市场调节不完全和政策干预的效果。这种闭合方式尤其适用于分析经济危机、政策变化或其他导致市场显著偏离长期均衡的情景。通过在CGE模型中引入新凯恩斯闭合，研究者可以更全面地分析和理解宏观经济政策和市场动态之间的复杂互动。

6.3 CGE模型在经济分析领域的常见应用与发展趋势

要正确运用CGE模型，需要详细分析研究对象的特点与模型的适用性。本节从经济政策效果评估、环境可持续性分析、国际贸易与区域发展这三个CGE模型应用最为广泛的领域出发，回顾了相应的经典研究文献和国内外最新研究进展。

6.3.1 经济政策效果评估

经济政策效果评估一直是宏观经济学研究的关键领域之一。当前，CGE模型在经济政策效果评估中的研究面临一系列新的挑战和机遇。在财政政策方面，模型被广泛用于评估税收政策对经济增长、就业和收入分配的影响。此外，对社会保障体系的改革、福利政策的调整等也成为研究的热点，CGE 模型通过综合考虑各个方面的影响，为政策制定者提供科学的决策支持。在货币政策方面，CGE 模型被广泛应用于研究货币政策工具的效果。研究者通过模拟利率变化、货币供应调整等对实体经济的传导机制，为中央银行制定货币政策提供了参考依据。尤其是在国际金融危机后，对宏观审慎政策和货币政策配合的研究引起了广泛关注。

随着计算能力的提升和研究者对模型结构的不断优化，CGE 模型在经济政策效果评估中取得了显著的进展。在最新的研究中，模型不仅能够更准确地考虑各个产业之间的联系，还能够纳入更多现实中存在的因素，如不完全竞争、异质性代理人和金融市场的不确定性。在全球化和数字化的时代，CGE 模型还逐渐加强了对国际贸易、跨国公司和全球供应链等方面的建模。这使得研究者能够更全面地分析贸易政策、外汇政策和全球产业布局对国家和全球经济的影响。

6.3.2　环境可持续性分析

全球气候和环境变化问题是国际社会广泛关注的热点问题，而大多数观点认为全球气候变化主要是由人类经济活动强度日益提升所带来的温室气体和污染物排放导致的。系统评估环境问题与经济问题的内在关系，有助于更全面地评估经济活动的成本，符合新发展阶段的要求。CGE 模型能够综合考虑经济系统内各个部门和要素之间的相互关系，使研究者能够更全面地评估环境政策和经济发展之间的关系。目前，CGE 模型已经被广泛运用于能源、环境等问题研究，用于分析节能减排的经济成本、环境财税政策等问题。其中比较具有代表性的模型包括 OECD 的 GREEN 模型（The OECD Green Model）和美国环保局与布鲁金斯学会的 G-CUBED 模型。

在这个领域，最早的相关工作可以追溯到 20 世纪 70 年代，由 2018 年诺贝尔经济学奖得主，经济学家威廉・诺德豪斯（William Nordhaus）提出（Nordhaus，1977）。基本的研究范式是在基础的 CGE 模型中引入能源环境因素。比如引入能源模块，将能源生产和消费纳入模型，以研究能源政策对经济的影响，或者引入排放模块，将温室气体排放和其他污染物排放作为一种产出引入原有模型，评估环境政策对排放水平的影响。需要注意，能源问题与环境问题存在一定的内在关系，但因为它们在经济生产中的位置不同，能源通常是生产的原材料，而带来环境问题的污染物通常是产品的一部分。因此，它们的研究路径很可能不是完全相同的。

回顾 CGE 模型在能源环境方面的研究历程，结合最新研究，会发现该领域研究目前呈现综合性变强、建模尺度变大、学科交叉的发展趋势。未来的研究将更加注重综合性分析，考虑经济、社会和环境的多方面影响，以实现人、环境、经济等多方面的可持续发展目标。随着全球经济能源数据可获得性提升、计算机运算性能的提升、新的计算模块被不断开发出来，较新的研究更加强调多尺度建模，包括国家、区域和全球水平，以更好地理解不同尺度上的环境可持续性问题。此外，能源与环境问题首先是一个自然科学问题，然后才是一个经济问题，因此从自然科学角度深刻理解能源环境变化有利于保证研究的深度，一些新的研究已经呈现出了与气象学、生态学等领域的跨学科合作趋势。

6.3.3 国际贸易与区域发展

最初的 CGE 模型主要关注一国内部的经济结构，通过考虑各个部门之间的相互依赖关系，模拟政策对产业和就业的影响。然而，随着全球化的发展，研究者逐渐意识到需要更加综合性的模型，以更好地捕捉国际贸易和金融市场的复杂性。在 20 世纪 80 年代，CGE 模型逐渐演化为能够考虑多国之间相互依赖关系的全球模型，为研究者提供了更全面的评估经济政策效果的工具。事实上，CGE 模型也十分适用于开放经济下的国际经济问题研究。为了避免模型规模过大，在常见的研究中一般只详细分析几个重要国家或者研究关心的国家，其他国家则进行加总组成一个虚拟的“世界其他地区”（rest of world）来处理。

在当前研究中，CGE 模型是一种强大的经济分析工具，它在国际贸易和区域发展领域中发挥着至关重要的作用。这些模型能够模拟和分析经济政策变化或外部冲击对整个经济体系的影响，包括生产、消费、投资、贸易和价格等多个方面。CGE 模型的核心优势在于其能够捕捉经济中所有市场和行业之间的相互作用。在国际贸易领域 CGE 模型被广泛用于评估贸易政策的经济影响，如关税调整、贸易协定或贸易壁垒的撤销。这些模型通过模拟不同贸易政策下的经济活动，可以揭示政策变化对国内生产、消费、出口和进口的影响，以及对全球贸易格局的长远影响。例如，CGE 模型可以用来分析贸易自由化（如关税减免）对国内产业、就业和消费者福利的影响。在全球化的背景下，CGE 模型有助于分析不同国家在全球价值链中的角色和地位。这包括了解国际分工如何影响国家的产业结构、就业和经济增长。此外，CGE 模型还可用于评估新市场准入对国内产业的影响，以及国际贸易紧张关系对经济的影响。在区域发展领域，CGE 模型特别适用于分析不同的经济政策如何影响特定区域或城市。这些模型可以帮助政策制定者理解税收优惠、基础设施投资或劳动力市场改革等政策对区域经济的具体影响。此外，CGE 模型在分析区域间经济整合，如自由贸易区或经济联盟的影响方面也显示出其独特优势。这些模型不仅能评估区域内部的经济动态，还能揭示区域间经济活动的相互依赖和互动效应。

总体而言，CGE 模型是分析国际贸易和区域发展政策影响的有力工具。它们提供了一个全面的框架，用于评估经济政策和市场变化对经济体的影响。尽管存在数据和方法上的挑战，CGE 模型仍然是理解和预测经济政策结果的重要手段。通过这些模型，政策制定者和研究人员可以更好地理解经济政策的潜在影响，制定更有效的策略来促进经济增长和发展。在国际贸易领域，CGE 模型特别有助于评估不同贸易政策的长期和短期影响，帮助决策者更好地理解和适应全球经济环境的变化。在区域发展方面，这些模型可以揭示特定政策对区域经济增长、就业和收入分配的影响，帮助制定更有效的区域发展策略。

6.4　CGE 模型求解工具——GAMS

GAMS 是一个用于数学规划和优化的高级建模系统，它是一个高度灵活和强大的建模工具，由一个语言编译器和一系列相关的求解器组成，专门用于解决线性、非线性、混合整数和大规模优化问题，广泛应用于各个领域，如经济学、工程、运筹学、能源分析、环境科学和农业规划等。GAMS 提供了一个易于理解且功能强大的环境，使用户能够以高效和直观的方式构建模型，并解决复杂的实际问题。GAMS 系统源于 20 世纪 70 年代的一个经济建模小组在世界银行的研究项目，它是第一个将数学代数语言与传统语言相结合并用以描述和解决优化问题的软件系统，目前在各国高校、研究机构、政府和企业等部门使用非常广泛。GAMS 建模语言允许建模人员快速地将现实世界的优化问题转换为计算机代码，其语言编译器将此代码转换为求解器可以理解和求解的格式。这种架构具有极大的灵活性，允许在不改变模型公式的情况下更改所使用的求解器。

GAMS 的主要特点可概括如下。①建模语言：GAMS 使用一种声明式建模语言，这意味着用户只需描述优化问题的数学结构，而不需要编写求解问题的算法。这种方法使得模型的构建更为简单直观，同时降低了编程错误的风险。②数据处理：GAMS 能够处理各种数据类型，如标量、向量、矩阵和高维数据结构。这使得模型能够以高效和灵活的方式处理复杂的数据集。③多种求解器：GAMS 支持多种优化求解器，包括线性规划、混合整数规划、非线性规划、差分演算规划等。这种多求解器支持使得 GAMS 能够解决各种类型的优化问题。④模型开发和调试：GAMS 提供了一系列工具来帮助用户开发和调试模型，如数据检查、模型跟踪和性能分析。这些工具使得用户能够有效地识别和解决模型中的问题。⑤可扩展性和集成性：GAMS 可以与其他软件和平台集成，如 Excel、数据库和地理信息系统（geographic information system，GIS），使得数据导入和结果输出更加方便。此外，GAMS 也支持通过 API 与其他编程语言（如 Python、Java 和 C++）的交互，增强了其功能的扩展性。

GAMS 在不同领域有广泛的应用。①经济学和金融分析领域：GAMS 被用于构建和求解经济模型，如一般均衡模型、宏观经济模型和风险管理模型。这些模型帮助经济学家和政策制定者分析经济政策的影响，预测经济趋势，并制定有效的经济策略。②在工程和运筹学领域，GAMS 的应用包括物流优化、生产规划、设施布局和供应链管理。这些模型能够帮助企业和组织优化资源分配，提高运营效率。③在能源分析和环境科学领域，GAMS 被用于模拟和优化能源系统，如电力市场建模、可再生能源优化和温室气体排放分析。这些模型对于制定可持续能源政策和控制环境影响至关重要。④在农业规划和资源管理领域，GAMS 的应用包括作物规划、水资源管理和土地利用规划。这些模型可帮助决策者制定更有效的资源管理策略，以支持可持续发展。

GAMS 的主要优势在于其强大的建模能力、灵活的数据处理能力和多样化的求解器支持。它能够处理非常复杂的优化问题，并提供直观的方式来构建和解析这些问题。此外，GAMS 的可扩展性和与其他软件的集成能力使其在多个领域都非常实用。虽然 GAMS 是一个强大的工具，但它的学习曲线相对陡峭，特别是对于没有编程背景的用户。

此外，高级功能和大规模问题的处理可能需要深入的数学和优化知识。对于大型和复杂的模型，调试和性能优化可能也是一项挑战。

GAMS 软件的一个优势是学习成本较低，其变量定义、方程建立的过程与表现形式基本与数学建模的形式一致，语法也比较简单。在一般问题的处理当中，程序编写只需按照既定模式定义变量并输入方程即可，符合直觉。GAMS 模型包含的基本程序要素如表 6-1 所示。

表 6-1　GAMS 模型的基本要素

输入输出类型	程序要素
输入	集合（Sets）声明，集合名
	数据（Data）声明，数值（Parameters，Tables，Scalars）
	变量（Variables）声明，类型
	变量分配以及初始化（可选）
	方程（Equations）声明，定义
	模型与求解语句
	显示语句
输出	回显（Echo Print）
	参考映射（Reference Maps）
	方程列表（Equation Listings）
	状态报告（Status Reports）
	结果报告（Solution Reports）

以下是一个较为简单的 GAMS 程序，也是 GAMS 官方入门指导（McCarl et al.，2014）中的第一个示例程序，主要为了解决美国国内运输与贸易问题（Dantzig，1966）。

```
$title a transportation model
Sets
    i  canning plants  / seattle, san-diego /
    j  markets       / new-york, chicago, topeka / ;
*集合：定义各类元素和集合是模型建立的最基础工作。本例中定义了两个公司（西雅图和圣地亚哥）和三个市场（纽约、芝加哥和托皮卡）。
Parameters
    a(i)  capacity of plant i in cases
     /   seattle    350
        san-diego  600  /
    b(j)  demand at market j in cases
     /   new-york   325
        chicago    300
        topeka    275  / ;
Table d(i,j)  distance in thousands of miles
            new-york    chicago    topeka
```

```
   seattle       2.5       1.7       1.8
   san-diego      2.5       1.8       1.4  ;
Scalar f  freight in dollars per case per thousand miles  /90/ ;
Parameter c(i,j)  transport cost in thousands of dollars per case ;
      c(i,j) = f * d(i,j) / 1000 ;
```

*参数：在参数部分，可以使用 Parameter，Table，Scalar 三个命令来声明和定义已知的常数量。其中 Scalar 用于定义标量，Parameter 用于定义一维向量，Table 用于定义二维变量。

```
Variables
   x(i,j)  shipment quantities in cases
   z    total transportation costs in thousands of dollars ;
Positive Variable x ;
```

*变量：这部分用于声明模型中的内生变量。除了可以用 Variable 指定变量，也可以用 Positive Variable 命令指定非负变量（如消费一般属于非负变量），Negative Variable 命定指定非正变量。

```
Equations
   cost      define objective function
   supply(i)  observe supply limit at plant i
   demand(j)  satisfy demand at market j ;
cost ..      z  =e=  sum((i,j), c(i,j)*x(i,j)) ;
supply(i) ..  sum(j, x(i,j))  =l=  a(i) ;
demand(j) ..  sum(i, x(i,j))  =g=  b(j) ;
```

*方程：在 GAMS 中，需要先定义方程名称，之后列出每个方程的具体形式。列出方程具体形式时，需要在方程名后加上“..”，如上例中，列出 cost 这个方程的具体形式时，就需要写作“cost ..”。在方程形式输入当中，只能使用等于符号“=e=”，小于号“=l=” 和大于号“=g=”。

```
Model transport /all/ ;
```

*模型的声明与定义：这部分定义了该模型名字“transport”，并用“/all/”声明该模型包括上述所有方程。更大规模的模型也可以在这一部分先求解一部分，只要注明需要求解的方程名称即可。

```
Solve transport using lp minimizing z ;
```

*模型求解：本例中，“minimizing”指求解“z”（也就是总运输成本）最小化问题，自然也可以用“maximizing”求解最大化问题。其中“lp”指本例使用线性求解器（linear programming），不过大部分 CGE 模型都属于非线性规划问题，因此需要使用非线性求解器 nlp（nonlinear programming）等其他求解方式。

```
Display x.l, x.m ;
```

*显示结果

GAMS 并不是每一行都需要用分号结束，完整的单条语句需要用分号，可以用星号“*”之后的内容标注注释信息，增加程序的可读性。程序编辑完成后，可以保存为“***.gms”的文件。点击 GAMS 界面的“Run”按钮，如果程序编辑无误，就可以得到相应结果。结果会自动在同文件夹下创建“***.lst”的文件。以下是上述程序的运行输出结果：

```
GAMS 44.1.1  Aug *, 202*        WEX-WEI x86 64bit/MS Windows
a transportation model
Solution Report    SOLVE transport Using LP From line 47
        S O L V E    S U M M A R Y
```

```
   MODEL  transport        OBJECTIVE  z
   TYPE   LP           DIRECTION  MINIMIZE
   SOLVER  CPLEX         FROM LINE  47
**** SOLVER STATUS    1 Normal Completion
**** MODEL STATUS    1 Optimal
**** OBJECTIVE VALUE          153.6750
 RESOURCE USAGE, LIMIT        0.000 10000000000.000
 ITERATION COUNT, LIMIT       4   2147483647
--- *** This solver runs with a demo license. No commercial use.
--- GMO setup time: 0.00s
--- GMO memory 0.50 Mb (peak 0.50 Mb)
--- Dictionary memory 0.00 Mb
--- Cplex 22.1.1.0 link memory 0.00 Mb (peak 0.00 Mb)
--- Starting Cplex
--- LP status (1): optimal.
--- Cplex Time: 0.00sec (det. 0.01 ticks)
Optimal solution found
Objective:       153.675000
               LOWER       LEVEL       UPPER      MARGINAL
---- EQU cost              .          .          .          1.0000
  cost  define objective function
---- EQU supply  observe supply limit at plant i
          LOWER       LEVEL       UPPER      MARGINAL
seattle        -INF      350.0000     350.0000        EPS
san-diego      -INF      550.0000     600.0000         .
---- EQU demand  satisfy demand at market j
         LOWER       LEVEL       UPPER      MARGINAL
new-york     325.0000     325.0000       +INF        0.2250
chicago      300.0000     300.0000       +INF        0.1530
topeka       275.0000     275.0000       +INF        0.1260
---- VAR x  shipment quantities in cases
               LOWER       LEVEL       UPPER      MARGINAL
seattle  .new-york       .        50.0000      +INF          .
seattle  .chicago        .       300.0000      +INF          .
seattle  .topeka         .          .          +INF        0.0360
san-diego.new-york       .       275.0000      +INF          .
san-diego.chicago        .          .          +INF        0.0090
san-diego.topeka         .       275.0000      +INF          .
               LOWER       LEVEL       UPPER      MARGINAL
---- VAR z             -INF      153.6750      +INF          .
  z  total transportation costs in thousands of dollars
**** REPORT SUMMARY :        0     NONOPT
                     0 INFEASIBLE
                     0  UNBOUNDED
```

```
GAMS 44.1.1  27c4d1f8 Aug 3, 2023        WEX-WEI x86 64bit/MS Windows
a transportation model
E x e c u t i o n
----    49 VARIABLE x.L  shipment quantities in cases
        new-york    chicago    topeka
seattle      50.000    300.000
san-diego    275.000            275.000
----    49 VARIABLE x.M  shipment quantities in cases
         chicago    topeka
seattle              0.036
san-diego    0.009
EXECUTION TIME      =      0.047 SECONDS    4 MB  44.1.1 27c4d1f8 WEX-WEI
```

真实的运行结果还包括很长的求解过程展示，这里从略。如果结果中存在“Optimal solution found”语句，说明已经找到了该模型的最优解，反之会显示其他信息。最优解分为两个部分显示在结果之中，分别是方程部分（EQU）和变量部分（VAR），每个部分列出了该类结果的值（LEVEL），上下界（LOWER，UPPER）和边界值（MARGINAL）。其中方程的边界值代表了方程的拉格朗日乘子取值，变量的取值代表了相应变量的最优结果取值。更大规模的模型与简单模型的区别主要在于变量、参数更多，但是总体的建模过程没有区别。想要流畅运行 GAMS 程序得到正确的结论，或者想要找出运行报错的原因，还是需要熟练掌握建立一般均衡经济模型的基本数学知识和经济学知识，使得模型满足均衡解存在的条件。

GAMS 软件可以在其官方网站下载并申请在一定时间内免费使用，若要使用其高级功能、长期使用或者用于商业用途则需要购买。限于篇幅，本书不详细介绍其使用方法和技巧，感兴趣的读者可以阅读专门介绍 CGE 模型建模求解的书籍，这些书籍一般都对 GAMS 使用方式进行了详尽的介绍，并附上了相应的代码供读者学习。此外，GAMS 的官方网站也提供了十分详细的使用教程。

6.5　CGE 模型的数据基础

CGE 模型以其全面性和系统性而受到青睐，但要使这些模型能够准确地反映现实情况，数据基础的质量和完整性至关重要。事实上，CGE 模型建立在大量宏观和微观经济数据的基础上。宏观层面的数据包括国民账户、投资、就业和通货膨胀等方面的统计信息。这些数据提供了对整体经济状况的基本了解，为模型提供了宏观经济运行的基本框架。微观层面的数据则包括各个产业和部门的生产、投入产出、就业和薪酬等细致的信息。这些数据使得 CGE 模型能够更准确地模拟各个部门和要素之间的相互作用。

CGE 模型的准确性和可靠性直接依赖于其数据基础的质量。合理、完整的数据可以使模型更好地捕捉实际经济运行的特征，从而提高模型的预测能力和政策评估的准确性。准确的宏观经济数据可以确保模型在整体上具有可信度，而详细的微观数据则使模型能够在产业和部门层面展现精细的经济变化。

在 CGE 模型中，投入产出表和社会核算矩阵则是数据基础中的两个关键元素。投入产出表提供了产业之间的详细联系，使得模型能够更好地捕捉政策变化对各个产业的影响。社会核算矩阵则为模型提供了有关各个要素之间相互关系的重要信息，从而使模型能够更全面地评估政策对经济体系各个方面的影响。投入产出表在第 4～5 章已有详细阐述，本部分着重介绍社会核算矩阵以及 CGE 模型的微观基础。

6.5.1 社会核算矩阵

投入产出表局限在生产性部门之间的投入产出流量关系，不包括国民经济核算各个账户的关系，如非生产性部门和机构账户之间的物流和资金流关系、居民的要素收入和开支、政府财政收入与开支等。要描述宏观经济变量之间的流量关系，经济学界发展了被称为社会核算矩阵（简称 SAM 表）的描述形式。SAM 表以矩阵形式描述国民经济核算体系中各账户的供应和使用流量及其平衡关系。SAM 表形式上和价值型投入产出表类似，是以货币为单位对各个账户收入支出或供应使用流量描述的二维矩阵。但是 SAM 表在投入产出表基础上获得了较大的发展。SAM 表包括国民经济中的生产和非生产性账户，也包括了它们之间的闭合关系，以前投入产出表中不存在的矩阵第四象限（即右下方的部分）在 SAM 表中必须存在。SAM 表是 CGE 模型的数据基础。

SAM 表是一个正方形矩阵，即行和列的数量相等。每行和每列代表一个国民核算账户，如居民、政府、企业、世界其他地区等。相同的行和列代表同一个账户。矩阵中的元素数值代表各账户间的交易量，该数值是列部门对行部门的支付。因此，SAM 表中行代表账户的收入，列代表账户的支出。因为总收入和总支出必须平衡，因此，每列的总数和每行的总数必须相等。

表 6-2 给出了在一些文献中被称为“标准”的 SAM 表，其中有八个主要账户：活动、商品、要素、居民、企业、政府、储蓄-投资账户和国外。对其中一些账户，有必要作些解释和说明。

表 6-2 描述性的标准 SAM 表

<table>
<tr><td colspan="3" rowspan="3"></td><td colspan="8">支出</td><td></td></tr>
<tr><td>1</td><td>2</td><td>3</td><td>4</td><td>5</td><td>6</td><td>7</td><td>8</td><td rowspan="2">汇总</td></tr>
<tr><td>活动</td><td>商品</td><td>要素</td><td>居民</td><td>企业</td><td>政府</td><td>储蓄-投资账户</td><td>国外</td></tr>
<tr><td rowspan="2">收入</td><td>1</td><td>活动</td><td></td><td>市场销售产出</td><td></td><td>居民自产自销</td><td></td><td></td><td></td><td></td><td>总产出</td></tr>
<tr><td>2</td><td>商品</td><td>中间投入</td><td>交易费用</td><td></td><td>用于购买市场销售商品的居民消费</td><td></td><td>政府消费</td><td>投资（固定资本形成）</td><td>出口</td><td>总需求</td></tr>
</table>

续表

			支出								
			1	2	3	4	5	6	7	8	汇总
			活动	商品	要素	居民	企业	政府	储蓄-投资账户	国外	
收入	3	要素	增值							海外要素收入	要素收入
	4	居民			居民要素收入	居民之间转移支付	企业对居民的转移支付	政府对居民的转移支付		国外对居民转移支付	居民总收入
	5	企业			企业要素收入			政府对企业的转移支付		国外对企业的转移支付	企业总收入
	6	政府	生产税增值税	销售税，关税，出口税	要素税，政府要素收入	直接税，收入税	企业直接税，企业向政府缴纳盈余			国外对政府的转移支付	政府总收入
	7	储蓄-投资账户				居民储蓄	企业储蓄	政府储蓄		国外净储蓄	总储蓄
	8	国外		进口	对国外要素的支付		企业向国外支付盈余	政府对国外的支付			外汇支出
	汇总		总投入	总供应	要素支出	居民支出	企业支出	政府支出	总投资	外汇收入	

活动和商品。一般投入产出表中，一个产业部门生产一个商品，没有“活动”和“商品”的区别。标准 SAM 表区分“活动”和“商品”。活动指产业部门的生产活动，因此活动账户中的数值是按出厂价格来计算的。商品指在市场上销售的商品，商品账户的价格是按市场价格计算的。这个区分，有利于描述现代经济的一些特征，如有时一个活动部门生产多种商品，像石油部门除了生产石油，还可能涉及化工产品、电力以及医药产品等多种商品的生产；而有时，多活动部门生产同一商品，如石油、煤炭、农业等部门都生产燃气。还有，活动部门可以按照所有制性质来分开，如外国直接投资企业和其他企业分开，这在研究一些课题如中国 2007 年内外资企业两税合一对经济的影响是必需的。研究另外一些课题如劳动法和税收政策对经济作用时，需要将中小企业和大企业分开，虽然这些不同的活动部门在生产同一种商品。还有，在开放经济情况下，国内生产活动和国内消费的商品不是一致的。因为国内消费商品中的进口部分不是国内生产活动生产的，而国内生产活动生产的出口商品又不在国内消费的商品中。因此，也需要将活动与商品区分开来。

要素为生产要素，包括劳动、资本、土地等，如我们前面讨论过的。四个经济人主体——居民、企业、政府、国外，和宏观经济中的定义一致。这个设置有利于分析宏观经济问题。另外，很多 SAM 表还包括储蓄-投资账户，可以帮助分析宏观经济中的一些

主要问题。宏观经济中，国民经济核算的最重要平衡就是总投资=总储蓄。它概括了两个主要的国民经济核算恒等式

$$\begin{aligned} &C+I+G+X-\mathrm{IM}=Y \\ &C+S+T=Y \end{aligned} \tag{6-37}$$

其中，C 为消费；I 为投资；G 为政府支出；X 为出口；IM 为进口；S 为储蓄；T 为税收。将两式合并，有

$$I=S+(T-G)+(\mathrm{IM}-X) \tag{6-38}$$

其中，S 为居民储蓄；$T–G$ 为政府净储蓄；$\mathrm{IM}–X$ 为国外净储蓄（在简化的假设外汇储备不变的情况下，净进口等于国外净储蓄）。总投资包括企业新增固定资产、新增存货和新建的居民住房。总储蓄包括居民储蓄、企业储蓄、政府储蓄，还有国外净储蓄（如海外金融资本的流入）。储蓄-投资账户这些变量，包括了宏观经济研究通常最重要的一些变量。最后一个是国外账户，这里是外汇收入和支出的平衡项。国外账户列的各项是外汇收入，如出口、国外给国内的转移支付。国外账户行的各项是外汇支出，如进口、国内对外的转移支付等，其中国外净储蓄在国民核算账户上表现为上述外汇收支平衡的余数。

这八个账户是概括性的主要账户。为了需要可以将一些账户合并，如商品和活动。为了需要也可以增加其他的大账户，如将投资账户拆分成固定资产、存货变动和居民住房三个账户；政府支出包括政府消费和转移支付等重大组成部分。每个大账户下可以继续细分下去，建立很多子账户。每个单元格也因此可以细分为一个子矩阵，譬如，第 1 列和第 2 行的单元格是中间投入。这个单元格，就是整个投入产出表的中间投入部分（第二象限），即投入产出矩阵。

从资金流上看，SAM 表的每一行表示该账户从其他账户得到的收入，而每一列表示该账户在其他账户上所花费的支出。每个单元格中用文字解释该交易的定义。例如，表 6-2 第 2 行表示商品在各个账户中供应后得到的收入。第 3 列第 4 行则表示居民从供应要素上所获得的收入，如工资、地租等。或者也可以认为是要素使用付给居民的费用。SAM 表右下方有很多种转移支付的交易，也有很多关于储蓄-投资等资金流的交易，这些都是投入产出表中没有的。

表 6-3 是假想的 C 国的 SAM 表矩阵。每个单元格中有具体数字，即表 6-2 解释的交易的数值。例如列 3 行 4 的 4.4 万亿元，是居民从要素投入获取的收入，包括工资、地租等。

制作具体应用的 SAM 表，要根据研究问题做调整或做具体设计。对一些账户也可以进行合并或者拆分。对一些要特殊处理的数据，如果原来是合并在某些项目中的，可以将它们分出来，在 SAM 表中单独设立账户。例如，在表 6-2 中，不同的税种都合并在政府账户中的数据中。如果要单独研究，就要将它分出来。譬如本书后面讨论的案例要研究增值税从生产型到消费型的转移，在这个情况下必须将对劳动要素投入的增值税和对资本要素投入的增值税分开。这时，先要将政府从要素中获取收入的数据分解出增

表 6-3　假想 C 国的 SAM 表　　　　（单位：亿元）

			支出								
			1	2	3	4	5	6	7	8	汇总
			活动	商品	要素	居民	企业	政府	储蓄-投资	国外	
收入	1	活动		200 900		5 390					206 290
	2	商品	135 150	19 000		29 000		6 800	26 800	16 500	233 250
	3	要素	54 440							300	64 740
	4	居民			44 000		4 900	850		390	50 140
	5	企业			18 900						18 900
	6	政府	6 700	850	180	450	1 700		2 500	40	12 420
	7	储蓄-投资				15 300	12 300	4 700		−3 000	29 300
	8	国外	10 000	12 500	1 660			70			14 230
	汇总		206 290	233 250	64 740	50 140	18 900	12 420	29 300	14 230	

值税的数额，再将劳动和资本各自的增值税在 SAM 表中单列出来，即要增加劳动要素增值税和资本要素增值税两个行和两个列。如果要研究某项政策对居民收入分配的影响，那么要将居民按照不同收入分组设立不同的账户。

通常 SAM 表元素数值应该是非负数，不然，负数会在之后的 SAM 表平衡和 CGE 估计参数和模拟中造成麻烦。从经济学本身讲，SAM 表的有些元素数值可能是负数。譬如美国的一种负税，称为工薪所得税收抵免（earned income credit，EIC）。为了鼓励低收入劳动者坚持工作而不是待在家里吃救济，联邦政府对这些家庭退税的数值大于他们缴纳的税收。实践中，解决这个问题的办法是，如果元素 X 是负数，那么，将这个单元格归零，然后将其绝对值加到矩阵与 X 对称的单元格中去，如负税变成对称单元格中的转移支付去。这样做虽然会影响行和列的汇总数字，但是，整个 SAM 表流量和平衡是一样的。有些对称单元格的数字本来会计意义就是一样或接近的。譬如，第（6,8）项，国外对本国政府的转移收入。如果是负数，表示本国政府给国外的转移支付比较多。把这个数值移到第（8,6）项，变为正数，表示了同样意思。

在编制社会核算矩阵时，需要确保数据来源可靠和准确：因为社会核算矩阵的准确性和可靠性取决于所使用的数据。因此，在编制矩阵时，需要确保使用的数据来自可靠的统计局、调查机构或其他官方渠道，并且要确保数据的时效性；此外，还要注意保持数据一致性：各个部分的数据在整个矩阵中需要保持一致，如生产部分的产出应该等于收入部分的支出；在进行分类和划分时，经济体系中的各个部门、产品和要素需要被准确地分类和划分，以确保矩阵的完整性和可用性；最后，在可能的情况下，最好使用国际标准的分类系统，以便与其他国家的数据进行比较和分析。

6.5.2 微观经济学基础

列昂惕夫生产函数（Leontief production function）是一种在经济学中广泛使用的生产函数，由经济学家瓦西里·列昂惕夫（Wassily Leontief）提出。这种生产函数主要用于描述投入品和产出之间的关系，尤其是在输入品之间存在固定比例关系的情况下。列昂惕夫生产函数的特点是其对投入品的完全互补性，这与其他类型的生产函数（如柯布-道格拉斯生产函数）形成鲜明对比。列昂惕夫生产函数具有如下基本特征。①固定投入比例：列昂惕夫生产函数的核心特征是投入品之间存在固定的比例关系。这意味着为了生产一定量的产出，必须以一定比例组合各种输入品。如果任一输入品的数量不足，将会直接限制产出量。②完全互补性：在列昂惕夫生产函数中，所有投入品都是完全互补的。这意味着缺少任何一种投入品都会导致生产无法进行。③无替代性：与柯布-道格拉斯生产函数中的可替代性不同，列昂惕夫生产函数中的投入品之间没有替代性。投入品必须按照固定比例同时存在，不能用一种投入品的增加来弥补另一种投入品的减少。

为了变量符号方便起见，这里 q 为产出量，x 为投入量，p 为产出价格，ω 为要素价格。列昂惕夫生产函数是：

$$q = \min\{a_1x_1, a_2x_2, \cdots, a_nx_n\} = \min\{a \cdot x\} \tag{6-39}$$

生产优化要求各个要素投入是按固定比例组合：

$$q = a_1x_1 = a_2x_2 = \cdots = a_nx_n \tag{6-40}$$

如果一个要素的投入量超过比例过多，这个要素成为松弛变量（slack variable），它的边际生产率是零，因为那些多余的要素投入量对产出毫无贡献。计划经济用的投入产出表就是基于列昂惕夫生产函数，可根据表里的投入产出系数即 $1/a_i$ 从列昂惕夫生产函数推导其他的厂商（企业）函数，不可直接用微观经济学中对柯布-道格拉斯生产函数微分求导的优化方法。列昂惕夫生产函数等产量线是一个直角线，在角点上没有导数。因此，要得到条件要素需求函数，可以利用等式（6-40）求出。

本章小结

本节中，我们深入探讨了 CGE 模型及其广泛的应用领域。首先，我们对 CGE 模型进行了全面介绍，包括其基本概念、构建过程以及均衡条件与宏观闭合的原理。通过深入了解简单 CGE 模型的建立，我们为读者提供了一个清晰的认识框架，使其能够理解模型在经济分析中的重要性。在模型的均衡条件与宏观闭合方面，我们强调了这一理论在实际应用中的关键性，揭示了模型在捕捉经济系统内在相互关系方面的优势。通过详细讨论 CGE 模型在经济分析领域的常见应用及相关文献介绍，我们凸显了模型的多样性和适用性，使其成为解决各种宏观微观经济问题的有力工具。为了使读者更好地运用 CGE 模型，我们介绍了通用代数建模系统（GAMS），可用于 CGE 模型的实施和求解。通过了解 GAMS 的基本原理，读者可以更加高效地进行模型的开发和应用。另外，我们深入研究了 CGE 模型的数据基础，尤其是社会核算矩阵的应用。这一步骤对于模型的准确性和可靠性至关重要，我们提供了一些建议和方法，以确保数据的有效处理和正确输入。

综合而言，本章提供了一个基础的 CGE 模型的学习和应用指南。通过对模型构建、均衡条件、宏观闭合、应用领域以及相关工具的介绍，读者可以更好地理解和利用 CGE 模型，为解决实际经济问题提供有力支持。这一领域的深入研究和广泛应用将为经济学和决策制定者提供更为准确和全面的分析工具，促进社会经济的可持续发展。在 CGE 模型中，模型建立的合理性决定了相关分析是否符合相关的经济事实，而数据基础的质量直接关系到模型的可信度和实用性。在模型建立过程中，既需要掌握经济学和数学的基础知识，也需要对待研究的问题有着深入了解和感性的认识。在数据处理过程中，投入产出表和社会核算矩阵作为模型的核心数据，为模型提供了宏观和微观层面的关键信息，在模型建立完成后，对于数据库的维护更新是确保 CGE 模型更全面、更准确地模拟经济体系的运行和政策效果的主要工作。CGE 模型的建立和数据处理细节与技巧十分繁杂，限于篇幅，在此仅对基础方法进行了简单介绍，若要处理复杂问题还需要读者进行进一步专门学习。

本章习题

1. 详细解释 CGE 模型中的宏观闭合原理，以及它在经济分析中的作用。举例说明宏观闭合对模型结果的影响。

2. 使用 GAMS 软件，构建一个简单的 CGE 模型，考虑两个部门和两个产品。设定初始条件，并通过模型运算，观察不同参数变化对模型结果的影响。

3. 阅读一篇关于 CGE 模型在具体领域（如能源、国际贸易等）应用的相关文献，总结作者的研究方法和发现。并提出你对该研究的看法，以及是否有进一步研究的建议。

第 7 章

动态随机一般均衡模型

➢ **学习目标**

1. 了解宏观经济管理和分析中 DSGE 模型的起源和优点
2. 熟悉 DSGE 模型的一般结构
3. 掌握 DSGE 模型的构建、参数估计和政策分析的思路
4. 掌握真实经济周期模型的设定以及求解方法
5. 了解 DSGE 模型的重要拓展

➢ **知识点摘要**

1. DSGE 模型开发与演进的历史
2. DSGE 模型中各部门设定、部门内微观主体设定以及一般均衡的概念
3. DSGE 模型的优势
4. DSGE 模型的构建与应用的思路和必要步骤
5. DSGE 模型的重要应用：真实经济周期模型
6. DSGE 模型的重要拓展

7.1 DSGE 模型的基本介绍

7.1.1 DSGE 模型的起源和发展

宏观经济政策的效果往往是该政策产生的作用于经济不同部分影响的效应的加总。因此，政策制定者面对的一个核心问题在于如何评估这些影响的相对大小。经济学家拥有一系列的工具来进行这些评估，而 DSGE 模型在分析问题时具有开放和透明的性质，成为这些评估工具中较为突出的一种工具。

在本部分，我们将描述 DSGE 模型的发展过程。从实践的角度，人们常常用 DSGE 模型来指代经济增长或者经济周期波动的量化模型。这一经典模型可以追溯到 Kydland 和 Prescott（1982）的真实经济周期模型。他们的模型假定经济中的消费者面对完全竞争的商品、要素和资产市场，而宏观经济活动所呈现的波动是经济对外生的技术冲击这一不确定性的有效的反应。

由于真实经济周期模型无法回答有关货币政策、汇率等重要的宏观经济问题，后续的 DSGE 模型在真实经济周期模型中引入了名义摩擦（nominal frictions），形成了新凯恩斯 DSGE 模型。在该模型的帮助下，学者们对货币政策的短期与长期影响开展了众多的研究。为了与现实数据更为吻合或者考察其他问题，诸多研究者对新凯恩斯 DSGE 模型进行了修正或拓展。比如，Christiano 等（2005）修改了模型中的效用函数并增加了调整投资的成本，产生了与现实一致的货币政策冲击下消费和投资变动。再比如，Bernanke 等（1999）将金融摩擦引入 DSGE 模型中以考察金融部门的影响。

近年来伴随着经济形势的变化和新的经济问题的出现，DSGE 模型也不断推陈出新，展现出了强大的生命力。2008 年美国金融危机的爆发给 DSGE 模型带来了挑战，但 Gertler 和 Kiyotaki（2015）的拓展成功解释了金融危机爆发的原因。随着微观数据的愈发丰富，DSGE 模型还进一步引入了异质性个体等特征。

DSGE 模型飞速发展，凭借着透明的建模框架、理论的规范性、微观基础与宏观框架的融合以及明确的政策含义，得到了学者和政策制定者的青睐。许多国家的中央银行、财政部门和其他经济部门以及国际组织已经开发了不同的 DSGE 模型，并利用这些模型研究货币政策、财政政策、国际贸易、汇率制度和金融稳定等问题。

7.1.2　DSGE 模型的一般结构

虽然研究者们会根据研究对 DSGE 模型进行调整或拓展，但各类模型的结构具有共通之处。DSGE 模型要求从理论上对经济主体的行为进行详细的描述，并进一步说明经济主体在各自的目标函数约束条件下进行最优决策，以及这些最优决策所决定的市场均衡。本部分将呈现 DSGE 模型通常包含的部门、各部门中经济主体的决策以及经济的均衡如何形成。

模型中的经济主体包括居民部门、生产部门，一些模型中也包括政府部门、金融部门等。

居民部门由各居民家庭（个体）组成，他们在各自的预算约束下，对消费、劳动力供给、资产投资等问题进行决策。居民的预算约束取决于工资性收入和财产性收入，前者来自居民从劳动力市场中获得的劳动报酬，后者则是居民持有各类资产带来的收益。可供居民投资的资产包括实物资产和金融资产，实物资产包括企业生产所需的资本、房屋和土地等生产要素，而金融资产则包括国内外的货币、债券、股票等。

生产部门由生产各类产品的厂商构成。按照生产的上下游关系，这些厂商可以被分为生产中间产品的厂商和生产最终产品的厂商。中间产品厂商在生产中投入劳动力、资本等各类生产要素，并将产出的中间产品出售给最终产品的厂商。在垄断竞争的环境下，生产中间产品的厂商面临需求约束，决定中间产品价格以最大化利润，并将利润转移支付给居民。最终产品的厂商将中间产品加工成最终产品，并提供给其他部门。另外，在开放经济的 DSGE 模型中，根据厂商所在地，可以将厂商分为本国厂商和外国厂商；根据本国厂商生产产品是否销往国外，可以将本国厂商划分为出口厂商和非出口厂商。如果一类厂商所处的市场具有垄断竞争性质，则该类厂商从利润最大化的角度决定是否进入或退出市场并且在进入该市场后具有一定的定价权。

政府部门包括中央财政部门、中央银行、地方政府等机构，能够实施财政政策、货币政策、区域政策和环境规制等各类政策与规制，影响其他部门经济主体的决策与行为，从而实现社会福利最大化或自身部门利益最大化等目标。政府部门通过税收、债券等方式获得收入以支撑其实施各类政策。

金融部门则包括商业银行等各类金融中介机构。商业银行通过从家庭吸收存款等方式获得资金，并向厂商提供贷款。同时在经营过程中，商业银行受到金融监管机构在存款准备金率和经营业务等方面的约束，并在这些约束下最大化盈利。

经济中劳动力、产品以及金融等多个市场同时达到均衡。劳动力市场的均衡要求家庭供给的劳动力与厂商需求的劳动力相等，产品市场的均衡则要求最终产品与各类中间产品的供需都相等。金融市场中各类产品的利率或价格使得各类金融产品供需平衡，并且决定家庭在消费与各类投资之间的权衡。

7.1.3 DSGE 模型的优点

诺贝尔经济学奖得主罗伯特·卢卡斯（Robert Lucas）在 1976 年提出了著名的“卢卡斯批判”。通俗地讲，卢卡斯认为完全基于历史数据，尤其是高度加总的历史数据，难以预测经济政策变化产生的影响。如果我们想要预测政策效果，我们需要将决定个体行为的深层次的参数，如偏好，技术和资源约束等，纳入模型中，这也被称为模型的微观基础。相较于计量等其他经济政策的评估方式，DSGE 模型可以较好地解决“卢卡斯批判”这一问题。具体而言，DSGE 模型具有以下优点。

1. 理论的严谨性和一致性

DSGE 模型在理论上是非常严谨的，这是因为 DSGE 模型严格依据一般均衡理论，利用动态优化方法对各经济主体在不确定环境下的行为决策进行了详细的描述并得到经济主体在资源约束、技术约束及信息约束等条件下的最优决策行为满足的一阶条件，因而它具有坚实的微观经济理论基础。DSGE 模型理论上的严谨性使其真正能够成为整合微观经济分析和宏观经济分析的经济模型。

DSGE 模型具有理论上的一致性，具体体现在以下几个方面。一是 DSGE 模型在微观经济理论的基础上，基于经济主体的行为决策采用适当的加总技术得到经济总量满足的行为方程，这从根本上保证了宏观经济分析与微观经济分析的一致性，并使模型具有良好的整体特性。二是 DSGE 模型不仅对经济主体的最优行为决策方式及各经济主体决策行为之间的相互关系进行了清晰的描述，而且对经济的长期均衡状态（即稳态）及短期的动态调整过程进行了细致的刻画，从而使长期分析与短期分析得到了有机的结合。

三是 DSGE 模型在不确定性环境下对经济主体的行为决策、行为方程中参数所依赖的深层次参数（即结构性参数）、各经济冲击的设定和识别进行了详细的描述，因而 DSGE 模型本质上是结构性模型，这可以避免“卢卡斯批判”。

2. 模型结构透明性

DSGE 模型具有明确的框架，模型结构清晰透明，对模型中的微观假设、宏观加总的推导、参数的校准和估计、外生冲击的识别以及模型的动态演化等方面通过数学表达式明确定义。

这种显性的数理建模方式能够直白地反映模型的开发者对问题的分析思路，各种机制之间的相互作用，便于模型的读者和应用者理解模型，在模型的基础上做出进一步的拓展。另外，由于模型结构透明，模型的预测结果也更容易理解并且令人信服。

3. 政策分析的优越性

DSGE 模型在政策分析的诸多方面体现了一定的优越性。首先，DSGE 模型具有微观基础的特点使其能够捕捉政策变化下各类经济主体决策的变化，因此能够避免“卢卡斯批判”，从而在政策分析和评价中发挥巨大作用。其次，DSGE 模型中的一般均衡设定考虑了大规模的政策实施后产品和要素价格变化以及这么变化的后续影响，有助于评估试点政策推广后所产生的影响。最后，DSGE 模型可以系统化地提供政策冲击后价格、产量和消费者福利等一系列变量的变化，尤其是为福利分析提供了便利性，更能够解答最优政策的问题，也更适合基于不同的评价标准比较不同政策的优劣。

7.2　DSGE 模型的建模与求解

7.2.1　模型的构建

虽然 DSGE 模型能够容纳多个部门并且反映各部门之间的相互影响，然而现实中的经济问题通常更为复杂。经济问题可能是由多重机制共同产生，而且产生问题的机制也往往相互纠缠。因此，在模型构建时，我们需要对待考察问题进行明确的界定，分析该问题相关的微观行为主体所面临的权衡与决策，剖析产生问题的重要成因以及作用机制，并在理论范畴内进行抽象。

DSGE 模型的基础是微观经济理论，我们首先需要根据具体要分析的经济问题确定其中的各类经济主体并将各类经济主体纳入模型中，如模型中通常假设包括居民、厂商、政府等经济主体。虽然各部门的经济主体在最简洁的设定下是同质的，但出于研究需求，有时需要假设经济主体存在异质性。比如为了研究收入不平等问题，模型中的居民可能被设定为具有不同的工作能力或者财富数量。再比如，为了研究社会保障问题，模型需要设定居民的出生时间不同。其次，我们需要在模型中描述各经济主体所面临的问题以及约束条件，并得到其行为决策。DSGE 模型中各经济主体的行为决策的推导对应了不确定环境下该经济主体的优化问题的求解，即经济主体在一定的约束条件下通过选择控制变量的大小从而实现其目标函数最大化或者最小化。对于每种类型的经济主体，其目标函数和约束条件不尽相同。比如，研究社会保障的模型需要刻画居民在收入约束下进行各期的消费和储蓄决策从而最大化终身效用。再比如，研究企业创新行为的模型描述了厂商在当前技术和盈利水平的约束条件下进行研发投资从而最大化企业价值。

在之前的步骤中，我们得到了各类经济主体的行为决策，但值得注意的是，DSGE 模型关注宏观经济结果，因此，我们需要将模型中微观个体的行为方程通过合适的方式加总为宏观层面的行为方程。

如果一类经济主体中的微观个体面临的目标函数和约束条件是相同的，我们将这些个体称为同质的，这类模型也通常称为代表性代理人（representative agent）模型。这类模型中，宏观层面的行为方程与微观经济个体的行为方程在形式上是一致的，通过研究其中微观经济个体的决策行为，就足以描述该类群体在宏观经济层面的特征。

在一些研究问题中，我们必须将构成一些部门经济主体的微观个体设定为异质的。在这种情况下，宏观层面的加总也就变得复杂。在一些情况下，微观个体行为的宏观加总可以由这些经济主体的平均值来表示，而更复杂的情况下，宏观加总的方程不仅受到均值的影响，还取决于微观个体的分布，因此，我们难以得到显性的宏观层面总量表达式。

DSGE 模型基于微观经济理论推导出微观经济主体的行为决策并进一步加总得到宏观经济总量的表达式，这一过程从根本上保证了宏观经济现象与微观经济理论的一致性。

模型中的各类经济主体根据各类产品和要素的价格进行最优决策，而产品和要素的价格则是由对应的产品和要素的市场出清条件决定。将宏观层面的经济行为方程与经济中各市场出清条件结合起来，就构成了 DSGE 模型的均衡。

7.2.2 模型的求解及参数确定方法

DSGE 模型的求解最常见的方法则是找到模型的稳态，并在稳态附近对模型进行包括线性化在内的近似处理。然而，大部分 DSGE 模型具有新古典经济学模型的特点，一些模型具有增长的趋势，因此确定 DSGE 模型的稳态就需要先去除这些趋势。我们需要对产生共同趋势项的根源进行深入的分析，采取适当方法去掉经济变量的共同趋势项，将模型变换成平稳形式。比如，模型中的加总变量由于技术和人口的增长处于平衡增长路径，那么我们可以去除各变量中技术和人口增长的趋势，获得有效人均变量，从而得到模型的平稳形式。

在对 DSGE 模型进行平稳形式的变换后，我们可以根据求解需求选择合适的方法进行求解。大部分 DSGE 模型都是非线性模型，对其求解非常复杂，需要对解的存在性、唯一性及稳定性进行深入的分析。求解的具体方法可以分为两类：一类方法是将模型变换成线性模型后对线性模型求解，另一类则是对非线性模型使用高阶近似方法进行求解。

线性求解方法是先对模型进行对数变换，然后在稳态附近进行泰勒展开，再对展开后的模型进行求解。如果只对变量的一阶矩感兴趣，那么可以采用一阶近似即可，此方法通常称为对数线性化的求解方法。

高阶近似的非线性方法则是当研究者对变量的高阶矩感兴趣时，可以采用二阶或者高阶近似，这一类方法大多可进一步划分为扰动法（perturbation method）和投影法（projection method）。扰动法的思路是在低阶情况下找到模型的一个特解（稳态或一阶近似解），然后拓展找到满足模型要求的高阶近似解。投影法的思路则是将模型的解投影到一个多项式函数构成的泛函空间，由待定系数法找到解的投影坐标，然后推导出模型的解。非线性方法求解能揭示更深入的经济规律，但是求解时不同的算法对计算精度和效率有很大影响。

虽然 DSGE 模型基于微观理论并且逻辑严密，但其求解结果仍然可能与实际经济数据的特征存在差异，而差异产生的原因有二：一是经济理论的构建存在错误，二是模型求解时选择的参数有偏差。为避免由模型参数选择不合适导致的模型求解结果与现实不符，我们需要采取合适的方法来确定不同类型的参数值。

DSGE 模型中的参数可以分为两类：第一类是反映模型稳态特性的有关参数；第二类是反映模型动态特性的有关参数。对于第一类参数，通常采用校准（calibration）的方法来设定；对于第二类参数，通常采用估计的方法来确定，常用的估计方法有最大似然估计（maximum likelihood estimation）①、广义矩估计（generalized method of moments，GMM）②、模拟矩估计（simulated method of moments）③及贝叶斯估计方法。

7.2.3　经济模拟和政策分析

模型建立之后，我们可以对政策变化及各种冲击进行定量的经济分析，评估其对经济系统中各变量的影响和作用机制。利用模型进行经济模拟不仅能检验模型的计算结果是否符合经济理论，而且可以分析宏观经济政策的实施效果，从而为政策的制定提供决策依据。模拟包括确定性模拟和随机模拟。确定性模拟是指在不考虑误差项的情况下通过改变模型中外生变量（如政策变量等）的数值，观察模型中内生变量的变化情况。随机模拟是指分析各种不确定性因素（如生产率冲击）对模型中内生变量所产生的影响。

DSGE 模型具有坚实的微观经济理论基础，消费者的福利在模型中具有明确的定义，这就为福利分析及最优经济政策的选择提供了基础，其中最优的经济政策指的是政策决策部门在约束条件下通过选择政策操作工具使政策目标达到最优。

7.3　DSGE 模型的应用：真实经济周期模型

DSGE 模型具有广泛的应用情景，经济学家针对不同的问题开发了不同的 DSGE 模型。在诸多模型中，真实经济周期模型的设定最为基础，本节将予以介绍。

---

① 最大似然估计：是利用已知的样本结果信息，反推最具有可能（最大概率）导致这些样本结果出现的模型参数值的一种估计方法。

② 广义矩估计：是基于模型实际参数满足一定矩条件而形成的一种参数估计方法，是矩估计方法的一般化。

③ 模拟矩估计：是通过模拟寻找一组能够使得模型模拟数据的矩与样本数据的矩最为接近的参数作为估计结果的方法。

7.3.1 真实经济周期模型的介绍

经济由许多相同的家庭户和厂商组成，它们都是价格接受者。该经济中时间是离散的，用t表示，$t=0,1,\cdots$，家庭户可以存活无限期。厂商生产投入资本（K）、劳动（L）和技术（A）获得产品产出（Y），生产函数为柯布-道格拉斯形式：

$$Y_t=K_t^{\alpha}\left(A_tL_t\right)^{1-\alpha}，0<\alpha<1 \tag{7-1}$$

产出被用于消费（C）、投资（I）和政府购买（G），即$Y_t=I_t+C_t+G_t$。政府购买的资金来源于一次性总付的税收，假设每期的税收和政府购买相等。每一期资本以δ的比例折旧，因此，第$t+1$期的资本存量为

$$K_{t+1}=K_t+I_t-\delta K_t \tag{7-2}$$

劳动和资本按照各自的边际产出得到报酬，第t期的实际工资和实际利率分别为

$$w_t=(1-\alpha)K_t^{\alpha}\left(A_tL_t\right)^{-\alpha}A_t \tag{7-3}$$

$$r_t=\alpha K_t^{\alpha-1}\left(A_tL_t\right)^{1-\alpha}-\delta \tag{7-4}$$

代表性家庭户最大化期望收益：

$$U=\sum_{t=0}^{\infty}\mathrm{e}^{-\rho t}u\left(c_t,1-\ell_t\right)\frac{N_t}{H} \tag{7-5}$$

其中，u为代表性家庭户中成员的瞬时效用函数；ρ为折现率；N_t为总人口数；H为家庭户的数量；N_t/H为家庭户中的成员数。人口的增速为n，可以表示为

$$\ln N_t=\bar{N}+nt，\ n<\rho \tag{7-6}$$

因此N_t的水平由$N_t=\mathrm{e}^{\bar{N}+nt}$给出。

瞬时效用函数$u(\cdot)$含有两个参数。第一个参数是家庭户成员人均的消费c。第二个参数是人均闲暇，用标准化为 1 的人均时间禀赋减去每个成员的工作时间ℓ来刻画。所有家庭户都相同，因此有$c=C/N$和$\ell=L/N$。简单起见，将$u(\cdot)$写成人均消费和人均闲暇这两个参数的对数的线性组合，即

$$u_t=\ln c_t+b\ln(1-\ell_t)\quad(b>0) \tag{7-7}$$

为了刻画趋势增长，假设在没有任何冲击的情况下，$\ln A_t$等于$\bar{A}+gt$，g是技术进步率，但同时技术也受到随机扰动，即

$$\ln A_t=\bar{A}+gt+\tilde{A}_t \tag{7-8}$$

其中，$\tilde{A}$反映了随机的外生冲击导致技术水平偏离技术增长趋势的程度。假设$\tilde{A}$服从一阶自回归过程：

$$\tilde{A}_t = \rho_A \tilde{A}_{t-1} + \epsilon_{A,t}\text{，}\quad -1 < \rho_A < 1 \tag{7-9}$$

其中，$\epsilon_{A,t}$为白噪声干扰项，即一系列相互独立且满足零均值的随机外生冲击。式（7-9）显示，技术水平中的随机项$\tilde{A}_t$等于其上一期该项数值的ρ_A倍加上该期的随机外生冲击。

我们假设人均政府购买的趋势增长率等于技术的趋势增长率，从而确保在长期经济增长过程中政府购买相对于经济总量的比例合理，因此有

$$\ln G_t = \bar{G} + (n+g)t + \tilde{G}_t \tag{7-10}$$

$$\tilde{G}_t = \rho_G \tilde{G}_{t-1} + \epsilon_{G,t}\text{，}\quad -1 < \rho_G < 1 \tag{7-11}$$

其中，$\epsilon_{G,t}$为白噪声干扰项，且与$\epsilon_{A,t}$无关。至此我们就完成了对一个具体的真实经济周期模型的描述。

7.3.2　真实经济周期模型的分析

本部分首先讨论在技术和政府购买中引入随机性以及在效用函数中考虑闲暇所产生的影响。

本模型中家庭户最优化问题面临着收益率和未来工资的不确定性。由于存在这种不确定性，家庭户无法选择消费和劳动供给的确定性路径。相反，对c和ℓ在任意时期的决策潜在地取决于决策当期之前所有期的技术和政府购买冲击，这使得完整地描述出家庭户的行为变得异常复杂。幸运的是，我们可以通过刻画家庭户的关键特征来理解其行为而不用完全求解出其最优化问题。

在不确定性下，我们可以推导出将当期消费与下期利率、消费的期望相联系的方程。想象家庭户在第t期减少了一个很小量Δc的人均消费，然后将这部分财富用于下一期的人均消费，使得下一期的人均消费高于原有的水平。如果家庭户的行为是最优的，这种边际的变化就不会改变其期望效用。

式（7-5）和式（7-7）表明，第t期人均消费c_t的边际效用为$\mathrm{e}^{-\rho t}(N_t/H)(1/c_t)$，因此减少$\Delta c$带来的效用损失为$\mathrm{e}^{-\rho t}(N_t/H)(\Delta c/c_t)$。由于家庭户在第$t+1$期的成员数是在第$t$期的$\mathrm{e}^n$倍，在第$t+1$期人均消费$c_{t+1}$的增加量为$\mathrm{e}^{-n}(1+r_{t+1})\Delta c$。第$t+1$期人均消费的边际效用为$\mathrm{e}^{-\rho(t+1)}(N_{t+1}/H)(1/c_{t+1})$，因此第$t$期的期望效用收益为$E_t[\mathrm{e}^{-\rho(t+1)}(N_{t+1}/H)\mathrm{e}^{-n}(1+r_{t+1})/c_{t+1}]\Delta c$。其中$E_t$代表家庭户基于截至第$t$期的信息所得的条件期望。令成本和期望收益相等可得

$$\mathrm{e}^{-\rho t}\left(\frac{N_t}{H}\right)\left(\frac{\Delta c}{c_t}\right) = E_t\left[\mathrm{e}^{-\rho(t+1)}\left(\frac{N_{t+1}}{H}\right)\mathrm{e}^{-n}\frac{1}{c_{t+1}}(1+r_{t+1})\right]\Delta c \tag{7-12}$$

由于 $e^{-\rho(t+1)}\left(N_{t+1}/H\right)e^{-n}$ 不含不确定性以及 $N_{t+1}=N_t e^n$，上式可简化为

$$\frac{1}{c_t}=e^{-\rho}E_t\left[\frac{1}{c_{t+1}}\left(1+r_{t+1}\right)\right] \tag{7-13}$$

需要注意式（7-13）的右端不等同于 $e^{-\rho}E_t\left[1/c_{t+1}\right]E_t\left[1+r_{t+1}\right]$，也就是说当前和未来消费间的权衡不仅取决于未来边际效用的期望和收益率的期望，而且取决于它们的相互作用。具体地，对未来边际效用和收益率的期望等于它们各自的期望之积加上二者的协方差，因此由式（7-13）可导出：

$$\frac{1}{c_t}=e^{-\rho}\left\{E_t\left[\frac{1}{c_{t+1}}\right]E_t\left[1+r_{t+1}\right]+\mathrm{Cov}\left(\frac{1}{c_{t+1}},1+r_{t+1}\right)\right\} \tag{7-14}$$

设想当 r_{t+1} 较高的时候 c_{t+1} 也较高，那么 $\mathrm{Cov}\left(1/c_{t+1},1+r_{t+1}\right)$ 为负。也就是当消费的边际效用较低时储蓄的回报较高，这使得储蓄相较于在 $1/c_{t+1}$ 和 r_{t+1} 无关的情况下不那么有吸引力，因此家庭户会倾向于提高当前消费。

家庭户不仅会在每一期选择其消费，还会选择劳动供给，因此家庭户最优化问题的另一个一阶条件联系了当前消费和劳动供给。具体而言，想象家庭户在第 t 期增加了一个很小量 Δl 的人均劳动供给，并将由此多获得的收入用于增加当期的消费。同样，如果家庭户的行为是最优的，这种边际上的变化不会改变其期望效用。

由式(7-5)和式(7-7)可得，第 t 期劳动供给的边际负效用为 $e^{-\rho t}\left(N_t/H\right)\left[b/\left(1-\ell_t\right)\right]$，因此增加 $\Delta\ell$ 带来的效用损失为 $e^{-\rho t}\left(N_t/H\right)\left[b/\left(1-\ell_t\right)\right]\Delta\ell$。同时这一变化使人均消费增加了 $w_t\Delta\ell$，带来的效用收益为 $e^{-\rho t}\left(N_t/H\right)\left(1/c_t\right)w_t\Delta\ell$。令成本和收益相等有

$$e^{-\rho t}\frac{N_t}{H}\frac{b}{1-\ell_t}\Delta\ell=e^{-\rho t}\frac{N_t}{H}\frac{1}{c_t}w_t\Delta\ell \tag{7-15}$$

或者：

$$\frac{c_t}{1-\ell_t}=\frac{w_t}{b} \tag{7-16}$$

式（7-16）把给定工资水平下的当期闲暇和消费关联了起来。因为此式只涉及已知的当期变量，所以没有不确定性。式（7-13）～式（7-16）是描述家庭户行为的关键方程。

模型无法计算出解析解，问题在于它既包含了线性部分如折旧，将产出用于消费、投资和政府购买，又含有对数线性化部分如生产函数和偏好。我们接下来研究该模型的一个简化版本。

具体来说我们对模型做出两个改变：去掉政府，以及假设资本在每期完全折旧。由此，描述政府购买行为的两个方程，式（7-10）和式（7-11）从模型中去掉了，描述资本存量变化和实际利率决定的式（7-2）和式（7-4）变为

$$K_{t+1} = Y_t - C_t \tag{7-17}$$

$$1 + r_t = \alpha \left(\frac{A_t L_t}{K_t} \right)^{1-\alpha} \tag{7-18}$$

去掉政府是一个合理的假设，这有助于我们单独分析技术冲击的影响，而假设资本完全折旧则仅是为了能求解出模型的解析解。

由于市场是竞争性的，没有外部性且个体的数量有限，因此模型的均衡是帕累托最优的。我们可以忽略市场直接求解社会最优，或者通过求解竞争性均衡来找到模型的均衡。前者往往更加简单，这也是为什么许多真实经济周期模型都通过这种方法来求解。在此我们使用后者，因为它能更好地应用于帕累托最优不成立的模型变形。

模型中有两个状态变量：继承自前一期的资本存量和当期的技术水平。经济在某一时期的状态由这两个变量来描述。

模型中的两个内生变量是消费和就业，由于内生变量随时间变化，因此聚焦于产出中用于储蓄的比例 s 和人均劳动供给 ℓ 会更加容易一些。我们的基本策略是，先把模型中的方程重新写成对数线性化形式，将所有 C 替换成 $(1-s)Y$，再考虑 ℓ 和 s 需要如何取决于两个状态变量才能满足均衡条件。我们将关注家庭户最优化的两个条件，式（7-13）和式（7-16）。

我们发现储蓄率与技术和资本存量无关。直觉上，对数化效用、柯布-道格拉斯生产函数和完全折旧使得技术变动和资本变动对储蓄的收入效应和替代效应相互抵消了。也正因为 s 是常数，模型才能求得解析解。

先来看式（7-13）的条件 $1/c_t = \mathrm{e}^{-\rho} E_t\left[(1+r_{t+1})/c_{t+1}\right]$，由于 $c_t = (1-s_t)Y_t/N_t$，按前所述重写式（7-13）得到

$$-\ln\left[(1-s_t)\frac{Y_t}{N_t}\right] = -\rho + \ln E_t\left[\frac{1+r_{t+1}}{(1-s_{t+1})Y_{t+1}/N_{t+1}}\right] \tag{7-19}$$

式（7-18）意味着 $1+r_{t+1}$ 等价于 $\alpha\left(A_{t+1}L_{t+1}/K_{t+1}\right)^{1-\alpha}$ 或 $\alpha Y_{t+1}/K_{t+1}$。此外完全折旧的假设意味着 $K_{t+1} = Y_t - C_t = s_t Y_t$。将这些等式代入式（7-19）得

$$\begin{aligned}
&-\ln(1-s_t) - \ln Y_t + \ln N_t \\
&= -\rho + \ln E_t\left[\frac{\alpha Y_{t+1}}{K_{t+1}(1-s_{t+1})Y_{t+1}/N_{t+1}}\right] \\
&= -\rho + \ln E_t\left[\frac{\alpha N_{t+1}}{s_{t+1}(1-s_{t+1})Y_t}\right] \\
&= -\rho + \ln\alpha + \ln N_t + n - \ln s_t - \ln Y_t + \ln E_t\left[\frac{1}{1-s_{t+1}}\right]
\end{aligned} \tag{7-20}$$

其中，最后一行利用了α，N_{t+1}，s_t和Y_t在第t期都是已知的，且N以速率n增长。式（7-20）可简化为

$$\ln s_t - \ln\left(1-s_t\right) = -\rho + n + \ln\alpha + \ln E_t\left[\frac{1}{1-s_{t+1}}\right] \tag{7-21}$$

两个状态变量A和K并未出现在式（7-21）中，这意味着满足该式的s是一个常数。为理解这一点，假设s是一个值为$\hat{s}$的常数，则s_{t+1}没有不确定性，$E_t\left[1/\left(1-s_{t+1}\right)\right]$就等于$1/\left(1-\hat{s}\right)$，因此式（7-21）变为

$$\ln\hat{s} = \ln\alpha + n - \rho \tag{7-22}$$

或者：

$$\hat{s} = \alpha \mathrm{e}^{n-\rho} \tag{7-23}$$

即模型存在一个储蓄率为常数的解。

再来看式（7-16），$c_t/\left(1-\ell_t\right) = w_t/b$，由于$c_t = C_t/N_t = \left(1-\hat{s}\right)Y_t/N_t$，可以将这个条件重写为

$$\ln\left[\left(1-\hat{s}\right)\frac{Y_t}{N_t}\right] - \ln\left(1-\ell_t\right) = \ln w_t - \ln b \tag{7-24}$$

又因为生产函数是柯布-道格拉斯形式的，有$w_t = \left(1-\alpha\right)Y_t/\left(\ell_t N_t\right)$，将其代入式（7-24）得

$$\ln\ell_t - \ln\left(1-\ell_t\right) = \ln\left(1-\alpha\right) - \ln\left(1-\hat{s}\right) - \ln b \tag{7-25}$$

最终通过代数运算得到：

$$\begin{aligned}\ell_t &= \frac{1-\alpha}{\left(1+\alpha\right)+b\left(1-\hat{s}\right)} \\ &\equiv \hat{\ell}\end{aligned} \tag{7-26}$$

由此，人均劳动供给也是常数。虽然家庭户愿意跨期替代其劳动供给，但是人均劳动供给仍为常数，这是因为技术或资本的变动抵消了劳动供给中的相对工资和利率的影响。例如，技术进步使得相对于预期的未来工资，当前的工资水平会提高，导致劳动供给上升；但同时储蓄量的增加会降低预期的未来利率，导致劳动供给下降。在我们所考虑的这个简化的模型中，这两种效应正好相互抵消。模型中剩余的方程式不涉及最优化问题，其余变量也可以根据剩余方程解出，至此我们找到了该模型的解，其中s和ℓ为常数。

如前所述，本节中完整的模型无法计算出解析解，然而这一问题在很多的现代宏观

经济学模型中都是普遍存在的。解决这一问题通常的做法是将模型进行对数线性化处理，即经济主体的决策规则和状态变量的运动路径用经济在没有冲击的路径附近的泰勒一阶展开式来近似替代。我们下面就将使用并讲解这种方法。

虽然对模型进行对数线性近似能求出解析解，但过程较为复杂烦琐。鉴于此，我们将仅描述推导过程和结果的大致特征而不详细讨论具体的细节。

经济中有三个状态变量（继承自前一期的资本存量、当期的技术水平和政府购买），两个内生变量（消费和就业）。如果我们对模型在非随机的平衡增长路径上做对数线性化，消费和就业的决策规则有如下形式：

$$\tilde{C}_t \simeq a_{CK}\tilde{K}_t + a_{CA}\tilde{A}_t + a_{CG}\tilde{G}_t \tag{7-27}$$

$$\tilde{L}_t \simeq a_{LK}\tilde{K}_t + a_{LA}\tilde{A}_t + a_{LG}\tilde{G}_t \tag{7-28}$$

其中，a 为模型中参数的函数。和之前一样，变量上方的波浪线代表该变量对数值和其平衡增长路径的对数值之差。例如，$\tilde{A}_t$ 等于 $\ln A_t - \left(\overline{A} + gt\right)$。式（7-27）和式（7-28）表明，消费和就业的对数是 K, A 和 G 的线性函数，当 K, A 和 G 的值分别等于其平衡增长路径值时，消费和就业也等于其平衡增长路径值。我们知道这些条件一定成立，因为我们正是在平衡增长路径附近做对数线性化来构建这个模型的。

和在简化版本模型中一样，我们聚焦于家庭户最优化的两个条件，式（7-13）和式（7-16）。如果有一组 a 是模型的解，那么它们也一定满足家庭户最优化这两个条件，因此通过对 a 施加的约束条件可以求解出它们，进而求出模型的解。

这种求解方法被称作"待定系数法"，其思想是使用理论（或者在某些情况下使用有依据的推测）找到解的一般函数形式，然后确定函数中的系数应该取什么值才能满足模型的方程组。这一方法在很多情形下都适用。

首先考虑家庭户在当期消费和当期劳动供给间权衡的一阶条件 $c_t / \left(1-\ell_t\right) = w_t / b$ [式（7-16）]。将式（7-3），$w_t = \left(1-\alpha\right)K_t^{\alpha}\left(A_tL_t\right)^{-\alpha}A_t$ 代入替换工资，并取对数，可以将一阶条件改写成：

$$\ln c_t - \ln\left(1-\ell_t\right) = \ln\left(\frac{1-\alpha}{b}\right) + \left(1-\alpha\right)\ln A_t + \alpha\ln K_t - \alpha\ln L_t \tag{7-29}$$

接着，我们对上式中模型变量的对数在经济没有冲击的平衡增长路径附近做一阶泰勒展开。对等式右端做近似非常直观：其真实值和平衡增长路径值之差为 $\left(1-\alpha\right)\tilde{A}_t + \alpha\tilde{K}_t - \alpha\tilde{L}_t$。对等式左端做近似需要注意，由于人口增长不受冲击的影响，人均消费的对数和其平衡增长路径值之差就等于总消费的对数和其平衡增长路径值之差，因此 $\tilde{c}_t = \tilde{C}_t$。类似地，$\tilde{\ell}_t = \tilde{L}_t$。式（7-29）左端对 $\ln c_t$ 求导等于 1；在 $\ell_t = \ell^*$ 处对 $\ln\ell_t$ 求导等于 $\ell^* / \left(1-\ell^*\right)$，其中 ℓ^* 是 ℓ 在平衡增长路径上的值。因此，将式（7-29）在平衡增长路径附近做对数线性化得

$$\tilde{C}_t + \frac{\ell^*}{1-\ell^*}\tilde{L}_t = (1-\alpha)\tilde{A}_t + \alpha\tilde{K}_t - \alpha\tilde{L}_t \tag{7-30}$$

至此我们可以使用$\tilde{C}_t$和$\tilde{L}_t$是$\tilde{K}_t$、$\tilde{A}_t$和$\tilde{G}_t$的线性函数这一条件，将式（7-27）和式（7-28）代入式（7-30）中得

$$a_{CK}\tilde{K}_t + a_{CA}\tilde{A}_t + a_{CG}\tilde{G}_t + \left(\frac{\ell^*}{1-\ell^*}+\alpha\right)\left(a_{LK}\tilde{K}_t + a_{LA}\tilde{A}_t + a_{LG}\tilde{G}_t\right) = (1-\alpha)\tilde{A}_t + \alpha\tilde{K}_t \tag{7-31}$$

式（7-31）必须对所有的$\tilde{K}$、$\tilde{A}$和$\tilde{G}$都成立，否则会存在某些$\tilde{K}$、$\tilde{A}$和$\tilde{G}$的组合使得家庭户不满足其同期一阶条件。式（7-31）两端$\tilde{K}$前的系数必须相等，对$\tilde{A}$和$\tilde{G}$也是一样，因此a必定满足：

$$a_{CK} + \left(\frac{\ell^*}{1-\ell^*}+\alpha\right)a_{LK} = \alpha \tag{7-32}$$

$$a_{CA} + \left(\frac{\ell^*}{1-\ell^*}+\alpha\right)a_{LA} = 1-\alpha \tag{7-33}$$

$$a_{CG} + \left(\frac{\ell^*}{1-\ell^*}+\alpha\right)a_{LG} = 0 \tag{7-34}$$

为理解这些条件，我们先来考虑式（7-34）。该式将消费和就业对政府购买的反应联系了起来。政府购买并没有直接出现在式（7-29）中，也就是其对给定的劳动供给水平下的工资没有影响。如果政府购买增加时家庭户提高了劳动供给，工资就会下降且工作的边际负效用上升，所以家庭户仅会在消费的边际效用较高也就是消费较低的时候才这么做。因此，如果劳动供给和消费受政府购买的影响，二者的变化方向一定相反。式（7-34）不仅表明了上述的定性结论，还揭示了劳动供给和消费间需要满足的数量关系。

其次考虑式（7-33），技术进步增加了给定劳动供给水平下的工资，如果劳动供给和消费都不做出反应，家庭户就可以通过工作得更多和增加当期消费来提高其效用。由此家庭户必须增加劳动供给或者增加消费（或二者都增加）。

最后考虑式（7-32）。式（7-29）中劳动供给和消费对资本变化反应的约束与二者对技术进步反应的约束是类似的，唯一的区别在于工资对资本的弹性在给定的L下是α而不是$1-\alpha$。

对跨期一阶条件的分析联系了当期消费和下期消费$1/c_t = \mathrm{e}^{-\rho}E_t\left[(1+r_{t+1})/c_{t+1}\right]$［式（7-13）］，相比同期一阶条件更加复杂。基本的分析思路是，首先定义一个$\tilde{Z}_{t+1}$用于表示$(1+r_{t+1})/c_{t+1}$的对数和其平衡增长路径值之差。然后利用式（7-4），用K_{t+1}、A_{t+1}和L_{t+1}来表示$1+r_{t+1}$，这样我们就可以用$\tilde{K}_{t+1}$、$\tilde{A}_{t+1}$、$\tilde{C}_{t+1}$和$\tilde{L}_{t+1}$来近似表示$\tilde{Z}_{t+1}$。式（7-27）和式（7-28）对每期都成立，因此有

$$\tilde{C}_{t+1} \simeq a_{CK}\tilde{K}_{t+1} + a_{CA}\tilde{A}_{t+1} + a_{CG}\tilde{G}_{t+1} \tag{7-35}$$

$$\tilde{L}_{t+1} \simeq a_{LK}\tilde{K}_{t+1} + a_{LA}\tilde{A}_{t+1} + a_{LG}\tilde{G}_{t+1} \tag{7-36}$$

上述方程使我们能够用 $\tilde{K}_{t+1}$、$\tilde{A}_{t+1}$ 和 $\tilde{G}_{t+1}$ 来表示 $\tilde{Z}_{t+1}$。

由于 $\tilde{K}_{t+1}$ 是内生变量，需要将其从 $\tilde{Z}_{t+1}$ 的表达式中消去。具体而言，我们可以对资本的变化方程（7-2）做对数线性化，将 $\tilde{K}_{t+1}$ 用 $\tilde{K}_t$ 、$\tilde{A}_t$、$\tilde{G}_t$ 、$\tilde{L}_t$ 和 $\tilde{C}_t$ 表示，然后用式（7-27）和式（7-28）替换 $\tilde{L}_t$ 和 $\tilde{C}_t$ 。这样就得到如下形式的方程：

$$\tilde{K}_{t+1} \simeq b_{KK}\tilde{K}_t + b_{KA}\tilde{A}_t + b_{KG}\tilde{G}_t \tag{7-37}$$

其中，b 为模型中参数和 a 的复杂函数。

将式（7-37）代入用 $\tilde{K}_{t+1}$、$\tilde{A}_{t+1}$ 和 $\tilde{G}_{t+1}$ 表示的 $\tilde{Z}_{t+1}$ 中，就能用 $\tilde{A}_{t+1}$ 、$\tilde{G}_{t+1}$ 、$\tilde{K}_t$ 、$\tilde{A}_t$ 和 $\tilde{G}_t$ 来表示 $\tilde{Z}_{t+1}$ 了。最后一步是用 $\tilde{K}_t$ 、$\tilde{A}_t$ 和 $\tilde{G}_t$ 来表出 $E_t\left[\tilde{Z}_{t+1}\right]$，我们可以利用 $E_t\left[\tilde{A}_{t+1}\right]=\rho_A\tilde{A}_t$ 和 $E_t\left[\tilde{G}_{t+1}\right]=\rho_G\tilde{G}_t$ [参见式（7-9）和式（7-11）]来完成推导。将 $E_t\left[\tilde{Z}_{t+1}\right]$ 的表达式代入式（7-13）得出关于 a 的三个另外的限制条件，就足以根据模型中的其他参数来确定 a 的取值了。

7.3.3　真实经济周期模型的拓展

标准的真实经济周期模型较为程式化，其存在假设较强、不符合实际或模型的含义与实际数据不一致等问题，因此真实经济周期模型也存在大量的拓展。我们接下来介绍几个基准真实经济周期模型的具有重要影响力的拓展。

1. 不可分的劳动

基准真实经济周期模型并不能很好地解释劳动供给的波动，在基准真实经济周期假设中，劳动供给和代表性家庭户中成员的工作时长有关。但现实数据显示，总劳动时间的波动主要取决于就业率。基于 Hansen（1985），我们可以通过一个拓展的不可分劳动模型来解释总劳动供给的波动。

我们首先在模型中引入就业率的概念。经济中仍然有许多相同的劳动者，假设每个劳动者每期以概率 n 获得工作机会，并且工作既定的时间。由大数定律可知，宏观经济中就业率为 n，相应地失业率为 $1-n$。劳动者选择就业和失业状态下的消费，在消费约束下最大化其期望效用，由此我们可以得到每个劳动者的期望效用函数。

接着我们讨论 Hansen 的不可分劳动模型。假设效用函数是可分的，是关于消费和闲暇的对数线性形式[参见式（7-7）]。由劳动者最优化决策的一阶条件可以得出，即使每个劳动者的劳动供给是完全无弹性的（要么处于就业状态，工作既定的时间；要么处于失业状态，劳动时间为 0），经济中的总劳动供给却是完全有弹性的。

2. 可变的要素利用率

为使真实经济周期理论能更好地解释现实数据的波动，我们将引入可变的要素利用率，作为真实经济周期模型放大生产率冲击的途径。下面我们具体讨论引入两种类型的因素：资本利用率和劳动利用率（Burnside and Eichenbaum，1996）。

在基准模型中，代表性厂商以柯布-道格拉斯生产函数形式使用劳动、资本和技术进行生产。我们将资本这一投入要素拓展为资本利用率u_t和资本K_t二者的乘积，并且二者都由厂商决定。由此可以写出厂商生产的最大化问题并求解出最优决策的一阶条件。资本利用率的一阶条件（有效资本的边际产出和资本利用的边际成本相等）显示，当资本的边际产出较高时，厂商更愿意在生产中使用资本。将求得的最优资本利用率代回到生产函数中可得，生产中资本的产出弹性减小了，即资本利用率降低了资本要素在生产中的相对重要性。

再来看劳动利用率的引入。代表性家庭户选择消费、储蓄、工作的努力程度和工作时间来最大化其终身效用。由最优化决策的一阶条件可导出工作努力程度和工作时间共同决定的有效劳动时间，其揭示出越高的工资导致工作越加努力。

引入可变的要素利用率增加了索洛残差的波动，放大了技术冲击。该设定下不需要很大的技术冲击也能解释美国实际数据的波动，并且要素利用率是随时间变化的，二者的降低可能导致索洛残差的降低。这为技术没有倒退而索洛残差下降提供了理论依据。

3. 不可分的偏好

基准真实经济周期模型偏好的可分性体现在两方面：期内消费和闲暇的可分性，以及跨期消费的可分性。接下来我们将介绍三种不可分偏好的设置：KPR（King，Plosser and Rebelo，1988），GHH（Greenwood，Hercowitz and Huffman，1988）和习惯形成。前两种对应期内的偏好不可分性，后一种对应跨期的偏好不可分性。

我们从与平衡增长一致的偏好设置KPR说起。平衡增长路径要求工作时间不增长，也就是消费和真实工资必须以相同的速度增长。考虑一个标准的相对风险规避系数不变的偏好，仅当风险规避系数σ为1时，劳动供给的一阶条件才满足与平衡增长一致。但$\sigma=1$的假设并不那么符合实际情况（如需要σ较大才能够解释风险溢价）。KPR偏好的拓展通过参数的控制变化成对数、不可分劳动等形式，不仅让我们能讨论不同的σ取值（σ衡量了家庭户平滑消费的意愿，值越大越倾向于平滑消费），且能与平衡增长相一致。

GHH不可分偏好设置同样也刻画了期内消费和闲暇的不可分性，但其与平衡增长不一致。这是因为在GHH偏好下，劳动供给的一阶条件中没有出现消费，劳动仅是关于工资的函数，这意味着不存在财富效应。例如当技术冲击引起对劳动需求增加时，不存在因为消费上升导致的劳动供给减少，相当于技术冲击带来的经济效应被放大了。

最后一种习惯形成的偏好设置刻画了跨期的偏好不可分性。基准真实经济周期模型假设家庭户的效用取决于当期的消费水平。习惯形成设置的思想是，人们获得的效用不是来自消费水平，而是来自相对于过去消费的消费水平。习惯形成这种设置可用于解释如消费过度平滑等持续性收入假说中的一些经验缺陷，在资产定价领域也较为常见。另一种习惯形成的设置称作“外部习惯形成”或“追赶邻居”（Abel，1990）。顾名思义，其思想是效用取决于相对滞后总消费的消费，也就是人们会关心自己相对于周围人的消费。

7.3.4　DSGE 模型的其他重要应用

1. 新凯恩斯主义模型

新凯恩斯主义模型的核心仍然是真实经济周期模型，但在真实经济周期模型的基础上加入了价格黏性和不完全竞争等设定，以更好地刻画现实经济运行的特征，并可用于分析货币政策的影响。Christiano 等（2005）就是新凯恩斯主义 DSGE 模型的重要成果，它能定量地解释货币政策冲击下经济的反应。我们下面来看该模型的基本特性。

和宏观经济学长期传统相一致，模型存在一个代表性家庭户。每一期家庭户将金钱分配至购买金融资产、消费和投资上；家庭户的收入来自工资、向企业提供租赁的资本收入和金融资产收入。为了和现实经济观察到的消费和利率对货币政策冲击的反应一致，模型采用了不可分偏好的习惯形成设置以及假设家庭户面临投资率变化的成本。

不同于真实经济周期模型，本模型中商品和劳动力市场是不完全竞争的。做出此假设是为了引入价格黏性和黏性名义工资。此外，本模型还通过上述黏性名义工资以及资本利用率可随冲击变化的假设来使得企业的边际成本是非周期的。

这一模型成功解释了由政策导致的利率下降后消费、投资和实际 GDP 的“驼峰状”变化和通胀率的小幅上升现象。模型具有实际工资不受政策冲击影响这一特性；此外，模型还具有反费雪特征，即在短暂的货币政策冲击后名义利率和通胀向相反的方向变动。

2. 金融摩擦

关于金融摩擦的文献可以大致分为两类：一类关注源自金融机构内部的摩擦，如银行挤兑和展期危机理论；另一类关注与从金融机构借款的人相关的摩擦，如抵押品约束借款人理论。我们下面讨论两类金融摩擦的一些具体例子。

Gertler 和 Kiyotaki（2015）构建了一个关于影子银行展期危机的 DSGE 模型。影子银行通过发行短期债务，为购买长期资产提供资金。银行有两种方法处理即将到期的短期债务，发行新的短期债务（即“滚动债务”）和出售资产。模型中总是存在一种均衡，即影子银行可以滚动短期债务。但也可能存在另一种均衡，即每个债权人选择不展期债务，这种情况下银行将会出现系统性崩溃，因为试图偿还银行债务会导致资产大量抛售，从而摧毁银行权益。此模型说明了 DSGE 模型的两个潜在用途，可以根据经济状态使用估计的 DSGE 模型来计算出现展期危机的概率，以及可用于设计应对金融危机的政策。

接下来看第二类的金融摩擦。Christiano 等（2014）的 DSGE 模型说明经济周期波动的主要来源是个别公司风险的干扰，即他们定义的“风险冲击”。他们使用大量的宏观经济和金融变量估计 DSGE 模型，得出的结论是风险的波动可以解释 GDP 波动的大部分。其直觉是，考虑一个由企业风险增加引发的经济衰退，随着借贷成本上升，企业对资本的需求减少，使得资本的数量和价格均下降。在名义刚性和泰勒法则下，投资的下降导致了整个经济的衰退，包括消费的减少和企业破产的增加。随着总需求的下降，通货膨胀率也会下降。此外，经济衰退还和股市下跌有关。所有的这些影响在一个典型的经济衰退中都能观察到。

3. 异质性代理人模型

在标准的新凯恩斯主义模型中，货币政策引起的利率变化影响消费的主要途径是代表性家庭户重新分配跨期消费。然而，有大量的微观经验证据表明这一途径的影响有限，部分原因是许多家庭户面临着有约束力的借贷限制。受此启发，宏观经济学家们正在探索异质性消费者面临异质冲击和约束性借贷限制的 DSGE 模型（Kaplan et al.，2018）。相关文献仍处于发展阶段，但它们已经对一些重要的政策问题给出了重要的见解，同时也使人们对货币政策如何影响经济有了更丰富的理解。

以 Kaplan 等（2018）的研究为例。货币政策最初影响的是一小部分积极调整跨期支出以应对利率变化的家庭户。然而，货币政策的大部分影响是通过乘数型过程产生的，因为其他企业和家庭户会根据“跨期调整者”的需求变化调整其支出。这一研究领域代表了 DSGE 模型的前沿，其关键特征是微观数据驱动，其影响（如对于乘数型过程）是通过同时使用微观和宏观数据进行评估的。

专栏 7-1　DSGE 模型是如何在政策机构中被使用的？

DSGE 模型在包括美联储在内的诸多政策机构中得到了广泛的应用。在美联储联邦公开市场委员会开会做出政策决定之前，所有参会者都会收到被称作蓝绿书（Tealbook）的文件，其中包括 A 部分和 B 部分。A 部分包含对美国和外国近期经济和金融发展的总结与分析以及工作人员的经济预测。工作人员还提供基于模型的一些可能发生的情况的经济模拟来突出经济上行和下行的风险，可能包括油价下跌、美元价值上涨或工资增长幅度高于基准预测中设定的水平等。这些模型中就包括 DSGE 模型。蓝绿书的 A 部分还包含美联储使用替代的货币政策规则的未来结果的估计，以及基于模型的最佳货币政策估计。蓝绿书的 B 部分则提供了对特定政策选项的分析。DSGE 模型和其他方法一起，在所考虑的具体的政策替代方案中给出定量的分析。Fischer（2017）认为，DSGE 模型在政策决策过程中扮演着核心角色，尽管其不是唯一重要的。

美联储并不是唯一使用 DSGE 模型的政策机构。例如，欧洲中央银行、国际货币基金组织、以色列银行、捷克国家银行、瑞典国家银行、加拿大银行和瑞士国家银行在其政策决策过程中都使用了这些模型。在各种政策机构中，DSGE 模型被用于政策模拟。因为这些模型在经验上是可信的，所以其模拟的结果是有用的。

总而言之，DSGE 模型在政策决策过程中至关重要。需要清楚的是，虽然政策制定者们的决策过程表明了 DSGE 模型的有用性，但模型不能也不应该代替判断。

资料来源：Stanley Fischer. 2017. “Stanley Fisher: I’d Rather Have Bob Solow than an Econometric Model, But ...” Speech at the Warwick Economics Summit, Coventry, United Kingdom, 11 February 2017. http://www.bis.org/review/r170214a.htm.

本章小结

在本章中，我们介绍了 DSGE 模型的相关内容。我们首先对 DSGE 模型进行了一个基本的说明，包括 DSGE 模型的起源和发展、模型的一般结构和模型所具有的优点。接着我们讲述了 DSGE 模型的建模、求解过程和参数确定方法，以及模型在经济模拟和政策分析中的应用。最后一部分内容，我们陈述了 DSGE 模型的具体应用，对 DSGE 模型中设定最为基础的真实经济周期模型进行了描述、分析和拓展，并介绍了 DSGE 模型的一些其他重要应用。

本章习题

1. 请简要陈述 DSGE 模型的优点。

2. 请说明 DSGE 模型具有的各类部门以及各类部门常见的设定。

3. 请说明构建和求解 DSGE 模型的必要步骤以及各步骤中的关键环节。

4. 假设第 t 期的效用函数为 $u_t = \ln c_t + b\left(1-\ell_t\right)^{(1-\gamma)} \big/ \left(1-\gamma\right)$，$b>0$，$\gamma>0$：

（a）考虑家庭户仅存活 1 期的最大化问题，劳动供给是如何取决于工资的?

（b）考虑家庭户存活两期，在两期中对闲暇的相对需求是如何取决于相对工资的?又如何取决于利率的? 直观地解释为什么 γ 会影响劳动供给对工资和利率的反应?

5. 本题为具有可加性技术冲击的一个简化版真实经济周期模型。考虑一个经济体由存活无限期的固定人口组成，代表性个体最大化期望值 $\sum_{t=0}^{\infty} \frac{u\left(C_t\right)}{\left(1+\rho\right)^t}$，$\rho>0$。瞬时效用函数为 $u\left(C_t\right) = C_t - \theta C_t^2$，$\theta>0$。

产出是资本的线性函数加上一个可加的扰动项：$Y_t = AK_t + e_t$。资本不存在折旧，即 $K_{t+1} = K_t + Y_t - C_t$。利率为 A，假设 $A=\rho$。生产函数中的扰动项遵循一阶自回归：$e_t = \phi e_{t-1} + \epsilon_t$，其中 $-1<\phi<1$ 且 ϵ_t 为一系列零均值满足独立同分布的冲击。

（a）写出关于 C_t 和 C_{t+1} 期望的一阶条件（欧拉方程）。

（b）假设消费满足 $C_t = \alpha + \beta K_t + \gamma e_t$ 的形式，写出用 K_t 和 e_t 表示的 K_{t+1} 的表达式。

（c）为使（a）中的一阶条件对所有的 K_t 和 e_t 都成立，参数 α，β 和 γ 分别需要取什么值?

（d）ϵ 的一次性冲击如何影响 Y、K 和 C 的路径?

6. 本题要求对资本运动方程进行对数线性化处理。考虑资本的运动方程 $K_{t+1} = K_t + K_t^{\alpha}\left(A_t L_t\right)^{1-\alpha} - C_t - G_t - \delta K_t$。

（a）i. 保持 A_t，L_t，C_t 和 G_t 不变，证明 $\partial \ln K_{t+1} / \partial \ln K_t$ 等价于 $\left(1+r_{t+1}\right)\left(K_t / K_{t+1}\right)$。

ii. 证明 $\partial \ln K_{t+1} / \partial \ln K_t$ 在平衡增长路径上的值为 $\left(1+r^*\right) / \mathrm{e}^{n+g}$。

（b）证明 $\tilde{K}_{t+1} \simeq \lambda_1 \tilde{K}_t + \lambda_2\left(\tilde{A}_t + \tilde{L}_t\right) + \lambda_3 \tilde{G}_t + \left(1-\lambda_1-\lambda_2-\lambda_3\right)\tilde{C}_t$，其中 $\lambda_1 \equiv \left(1+r^*\right) \big/ \ \mathrm{e}^{n+g}$，

$\lambda_2 \equiv (1-\alpha)(r^* + \delta)/(\alpha e^{n+g})$，$\lambda_3 \equiv -(r^* + \delta)(G/Y)^*/(\alpha e^{n+g})$；$(G/Y)^*$ 表示在没有冲击的平衡增长路径上 G 和 Y 的比值。（提示：生产函数是柯布-道格拉斯形式，$Y^* = (r^* + \delta)K^*/\alpha$，在平衡增长路径上 $K_{t+1} = e^{n+g}K_t$，这意味着 $C^* = Y^* - G^* - \delta K^* - (e^{n+g} - 1)K^*$）

（c）用（b）中的结果和式(7-27)～式(7-28)推导出式(7-37)，其中 $b_{KK} = \lambda_1 + \lambda_2 a_{LK} + (1 - \lambda_1 - \lambda_2 - \lambda_3)a_{CK}$，$b_{KA} = \lambda_2(1 + a_{LA}) + (1 - \lambda_1 - \lambda_2 - \lambda_3)a_{CA}$，$b_{KG} = \lambda_2 a_{LG} + \lambda_3 + (1 - \lambda_1 - \lambda_2 - \lambda_3)a_{CG}$。

第四篇

国民经济政策评价方法

第 8 章

事后政策评价方法

> **学习目标**

1. 理解断点回归设计的相关概念和基本原理,掌握断点回归设计的估计方法及 Stata 实现
2. 理解双重差分法的相关概念和基本原理，掌握双重差分法的估计方法及 Stata 实现
3. 理解合成控制法的相关概念和基本原理，掌握合成控制法的估计方法及 Stata 实现

> **本章知识点摘要**

1. 断点回归设计的相关概念和基本原理
2. 双重差分法的相关概念和基本原理
3. 合成控制法的相关概念和基本原理

公共决策的科学化依赖于科学的公共政策评估。在公共政策制定过程中，政府常常需要评估已实施政策的效果，以便更好地服务于公众利益。事后政策评价方法起到了至关重要的作用，可以帮助政府决策者了解政策的实际效果，并为进一步政策制定提供有价值的信息。随着国外公共政策评估研究越来越依赖于评估政策因果效应的因果推断方法，国内的公共政策学者也开始进行初步尝试。本章结合公共政策评估的前沿实证研究，重点介绍三种常用的事后政策评价方法：断点回归设计、双重差分法、合成控制法。

8.1 断点回归设计

断点回归设计（regression discontinuity design，RDD）最早由美国西北大学心理学家坎贝尔（Campbell）在 1958 年发展设计出来的。Thistlethwaite 和 Campbell 在 1960 年发表的论文中正式提出在非实验条件下断点回归是处理处置效应的一种有效办法。在美

国，学术评估测试预考（preliminary scholastic assessment test，PSAT）是一项绝大多数即将报考大学的高中生都会参加的考试，那些准备参加学术评估测试（scholastic assessment test，SAT）的高中生更是会参加这项考试，依照该考试成绩，美国的高中生会获得国家优秀奖学金。Thistlethwaite 和 Campbell（1960）的目的是研究奖学金对于未来学业的影响，比如获得国家优秀奖学金的高中生是不是会更愿意读研究生。学生是否获得国家优秀奖学金取决于 PSAT 考试的分数。由于国家优秀奖学金由学习成绩决定，故成绩刚好达到获奖标准与差一点达到的学生具有可比性，且这个获奖标准具有随意性，这种随意性为我们提供了性质良好的实验。如果 PSAT 考试分数大于获奖标准分数，则进入处理组；如果 PSAT 考试分数小于获奖标准分数，则进入控制组。因此，处理变量在获奖标准分数处形成了一个断点，该研究设计的主要思想是利用靠近这一断点附近的样本来有效估计处理效应。此后 30 年，该方法并未引起学术界的重视，作者也认为断点回归设计适用场景有限，[①]直到 1990 年以后，断点回归设计开始被应用于各种领域，特别是 Hahn 等（2001）对断点回归设计的识别条件、估计方法、统计推断进行了理论上的证明，并提出了相应的估计方法。自此之后，断点回归设计的理论和应用文献大量涌现，在经济学、政治学及社会学等领域广泛应用，并且近年来成为因果分析和政策评估领域最重要的研究方法之一。

8.1.1 断点回归设计的基本原理

1. 断点回归设计的基本思想

断点回归设计是一种类似于随机实验的方法，也是准实验方法中最具有可信性的方法，能够有效地利用相关条件来分析变量之间的因果关系。Lee（2008）认为在随机实验不可得的情况下，断点回归能够避免参数估计的内生性问题，从而真实反映出变量之间的因果关系。断点回归设计应用的关键假设要求在断点附近的个体特征相同，这一假设可以通过统计分析得到检验。由此可见，断点回归设计的吸引力不仅在于它的实验性，还在于它的因果推断可以方便得到检验。在使用断点回归设计时，要挖掘处理状态是如何被决定的，规则的随意性为我们提供了性质良好的实验。其基本思想是：存在一个连续变量 X，该变量能决定个体在某一临界点两侧接受政策干预的概率，由于 X 在该临界点两侧是连续的，因此个体针对 X 的取值落入该临界点任意一侧是随机发生的，即不存在人为操控使得个体落入某一侧的概率更大，则在临界值附近构成了一个准自然实验。一般将该连续变量 X 称为分组变量（assignment variable）或驱动变量（running variable 或 forcing variable）。通过计算临界值样本左右两侧的差异，进而计算出断点处的局部平均处理效应（local average treatment effect，LATE）。

Imbens 和 Lemieux（2008）发表的一篇综述中指出，断点回归设计的核心特点在于其与匹配方法的本质区别：匹配方法通过调整样本[如倾向评分匹配（propensity score matching，PSM）]，使处理组和对照组的协变量分布趋于平衡，从而在给定协变量条件

① Compbell 认为断点回归设计仅适用于教育学领域有限的场景。

下比较两组结果差异；断点回归的有效性依赖于协变量在断点处的连续性假设（即协变量在运行变量的临界值附近不存在不连续跳跃），而非要求协变量取值相同。断点回归设计通过比较断点两侧的局部样本（处理组和对照组）来估计因果效应，且效应仅适用于断点附近的群体。

断点回归设计根据干预的分配规则可以分为两类：清晰断点回归（sharp regression discontinuity，SRD）和模糊断点回归（fuzzy regression discontinuity，FRD）。清晰断点回归，其特征在于个体在断点处，个体得到处理的概率从 0 跳跃到 1。模糊断点回归，其特征在于个体在断点处，个体得到处理的概率从 a 跳跃到 b，其中 $0<a<b<1$。本章重点介绍清晰断点回归设计。

作为一个依靠观测数据的研究方法，断点回归设计需要满足一些前提条件。

断点回归的数据需要包含三个基本变量。①分组变量：分组变量是个体的一个连续特征变量，匹配变量的值是否大于断点将决定个体是否接受处置。②断点（cut-point）：用于决定个体是否接受处置的阈值。③观测结果：个体接受处置或未接受处置的观测结果。

分组变量的值在断点附近无法被准确操纵。"无法被准确操纵"的意思是，存在一些随机因素，导致分组变量的值大于或小于断点存在偶然性。

断点的选择不受分组变量的影响。

除了处置状态在断点处发生跳跃式变化外，其他未处置的个体特征变量在断点处没有显著的差异。如果其他特征变量在断点处也有显著差异，则观测结果在断点处的变化不一定是由处置状态变化造成的。

实际研究中，我们需要检验这些条件是否满足，这需要对分组变量和断点的产生有充分的了解，进而确定断点选择不受分组变量的影响、分组变量不会被准确操纵，而且其他未处置的特征变量在断点处没有显著差异。

2. 清晰断点回归设计

我们通过一个简单的例子来理解清晰断点回归的原理。比如，研究上大学是否能提高一个人的工资。假设上大学与否（D_i）完全取决于高考成绩 X_i 是否超过 500 分。具体线性模型如下：

$$Y_i = a + \beta X_i + u_i \quad (i = 1, 2, \cdots, n) \tag{8-1}$$

上述模型（8-1）中，自变量 X_i 是连续变量，但在 $X_i = 500$ 处存在断点：

$$D_i = \begin{cases} 1, & x_i \geqslant 500 \\ 0, & x_i < 500 \end{cases}$$

评估上大学是否能提高个人工资？若直接对比上大学与未上大学群体的工资差异，潜在的能力差异、家庭背景等不可观测变量无法控制，进而导致估计偏误。为此，断点回归设计提供了一种准实验解决方案：以高考分数线为断点，假设高考成绩在分数线附近的考生，其可观测特征与不可观测特征分布近似随机。例如，499 分（未达线）与 500

分（达线）考生的差异可视为“是否上大学”的随机分配。通过比较分数线附近学生的工资，可估计大学教育对分数线附近群体的局部平均处理效应。若大学入学率在分数线处呈现显著跳跃（如达线者入学率骤升），且工资数据同步跳跃，则可为教育回报率提供证据。断点回归设计的名称源于回归模型中处理效应在断点处的“跳跃”特征，其结论仅适用于分数线附近的群体。

由于 $X_i = 500$ 分相当于一个随机的外生变量，存在随机分组，故可一致地估计在 $X_i = 500$ 分附近的局部平均处理效应：

$$
\begin{aligned}
\text{LATE} &\equiv E(Y_{1i} - Y_{0i} \mid X = 500) \\
&= E(Y_{1i} \mid X = 500) - E(Y_{0i} \mid X = 500) \\
&= \lim_{X \downarrow 500} E(Y_{1i} \mid X) - \lim_{X \uparrow 500} E(Y_{0i} \mid X)
\end{aligned}
$$

其中，$X \downarrow 500$ 表示 X 从高于 500 分无限趋近于 500 分；$X \uparrow 500$ 分表示 X 从低于 500 分无限趋近于 500 分。潜在结果函数的连续性保证了通过在断点处两边附近的观测值去估计断点处的处置效应是合理的。因此，“连续性”是理解断点回归的一个要点。此外，“局部随机性”是理解断点回归的另一个要点，即在断点两边附近个体是否接受处置是随机的。

如何估计出上述 LATE 呢?通常将断点标准化为 0，即以（$X_i - 500$）作为驱动变量，将模型（8-1）进一步改写为

$$
Y_i = a + \beta(X_i - 500) + \delta D_i + \gamma(X_i - 500)D_i + u_i \quad (i = 1, 2, \cdots, n) \tag{8-2}
$$

模型（8-2）中，（$X_i - 500$）为 X_i 的标准化，交互项 $\gamma(X_i - 500)D_i$ 是为了允许在断点两侧的回归线斜率不同。对模型（8-2）进行普通最小二乘法（ordinary least square method，OLS）回归，得到的 $\hat{\delta}$ 就是在断点 $X_i = 500$ 处的 LATE 估计量。这个例子说明断点回归设计适用于估计断点处的处置效应，但不能推广到其他个体，其结论具有局限性。

对于清晰断点回归，若仅使用一次项进行回归，存在以下两个问题。

（1）回归模型中仅包含一次项，忽略了高次项，比如二次项、三次项或四次项，导致模型设定偏差。早期断点回归研究中，常使用三次项、四次项甚至更高阶的多项式进行回归，然而高阶多项式回归结果不稳定，故 Gelman 和 Imbens（2018）建议使用一次或二次的局部回归。

（2）断点回归是一种局部随机实验，其有效性依赖于仅使用断点附近（带宽内）的观测值。若模型中使用了整个样本数据，会因远离断点区域的非线性趋势导致估计偏误。为此，可以限定 X 的取值范围，将其控制在断点附近。比如，对上述例子，$500 - h < X < 500 + h$，h 为带宽。选择最优带宽涉及偏差与方差的权衡，因此，Imbens 和 Kalyanaraman（2012）提出通过最小化估计量的均方误差来选择最优带宽；Calonico 等（2014）提出通过最小化置信区间的覆盖误差率来选择最优带宽。

3. 断点回归设计的步骤

在实际运用中，根据目的和具体执行方式，断点回归设计有以下主要步骤。

第一步：理解使用断点回归设计方法背后的经济机制，需要回答为什么要使用和为什么能使用断点回归设计方法，即从经济意义角度讨论分组变量和断点的产生过程，确定分组变量和断点选择是独立的。

第二步：观察结果变量在断点处是否有明显的跳跃。具体如下：

首先，用散点图显示结果变量和分组变量的关系（twoway scatter）。

其次，用拟合图显示结果变量和分组变量的关系（rdplot），通常有多项式回归拟合和区间均值拟合两种方法。

（1）多项式回归拟合：选择多项式次数。

（2）区间均值拟合：①选择区间的分割方式，按分组变量值平均分割；按观测数量平均分割。②选择区间的数量，手动设置；选择积分均方误差最优区间数量（命令 rdbwselect）。

第三步：从统计角度具体检验数据是否符合使用断点回归设计的前提条件。

首先，检验分组变量密度函数在断点处的连续性（命令 rddensity，DCdensity）。

其次，检验非结果特征变量在断点处的连续性（命令 rdplot，rdrobust）。

第四步：在确定使用断点回归设计合理性后，估计处置变量在断点处的跳跃程度和显著性，即断点处处置效应的点估计。通常采用以下两种方法。

（1）全局多项式回归：多项式次数选择。

（2）局部多项式回归：多项式次数选择；带宽选择；权重选择。

第五步：稳健性检验。

首先，检验其他影响结果变量的因素（协变量），在断点处是否存在跳跃。

检验协变量在断点处是否存在跳跃，可以画出协变量与参考变量的关系图，检测在断点处是否跳跃。若是存在跳跃，说明该协变量的条件密度函数在断点处不是连续的，需要剔除。若将存在跳跃的协变量剔除，则需要重新选择最优带宽再重新进行断点回归分析。

其次，参考变量分布函数连续性检验/检验内生分组。

检验内生分组，即主要检验分组变量，其实就是断点回归设计中个体是否将自行进入断点两侧，决定是否进入实验，并是否存在某种跳跃性的变化。如果存在内生分组，个体将自行进入实验，导致在断点两侧的分布不均匀，这样分组变量 x 的密度函数 $f(x)$ 在 $x=c$ 处不连续，出现左右极限不相等的情况。

McCrary（2008）提出了一种核密度函数的检验方法（命令 DCdensity），检验参考变量在断点处的密度是否连续。若个体能够操纵参考变量，则断点处的密度函数会出现跳跃。具体操作是将参考变量划分成多个区间，计算各区间个体数量，并通过核密度曲线拟合断点两侧的密度函数，最后检验断点处的密度差异是否统计显著。如果个体能够操纵参考变量，我们将能观测到断点左右个体数量有较大差别，比如很多个体通过操纵到了断点的右侧，那么，在断点右侧的区间中个体数量可能将大大超过断点左侧区间中个体的数量，利用带宽选择和曲线拟合方法，可以检验在断点处 c 是否存在跳跃。

再次，可以选择不同的带宽，检验断点回归设计估计结果是否稳健。

设置不同带宽，通过选择最优带宽，再检验并选择相对应的模型。另外还有图形选择（在最优带宽处画线），可以考虑加协变量进行选择。

最后，伪断点检验，看看在其他位置，断点回归设计估计量是否显著。

选取伪断点进行安慰剂检验，如果伪断点处检验的结果是连续的，则能够更好地表明原断点的真实性。

专栏 8-1　断点回归设计命令介绍

目前，断点回归设计的 Stata 命令基本为非官方命令。这里主要介绍 Calonico 等（2017）编写的 Stata 非官方断点回归设计命令组。其优点是，可以完整地执行断点回归设计的所有需求，且选项较多，在计算估计标准误时较严谨。

清晰断点回归的 Stata 命令可以使用非官方命令“rdrobust”及子命令“rdplot”。在 Stata 命令窗口中输入如下命令即可自动安装：

```
ssc install rdrobust, replace
```

rdrobust 的基本语法格式如下：

```
rdrobust  depvar  runvar,c(#)p(#)kernel(kernelfn)weights(weightsvar)
level(#) bwselect(bwmethod) covs(varlist) all
```

具体解释如下：

“depvar”为结果变量；

“runvar”为驱动变量或分组变量；

选择项“c(#)”指定断点，默认为 0；

选择项“p(#)”指定局部回归的阶数，默认为 1 阶拟合（局部线性回归）；

选择项“kernel(kernelfn)”指定核函数，通常有三种形式：kernel(triangular)三角核、kernel (epanechnikov)二次核、kernel(uniform)均匀核。默认为三角核；

选择项“weights(weightsvar)”指定权重；

选择项“level(#)”表示选择置信水平；

选择项“bwselect(bwmethod)”指定带宽，默认为根据均方误差最小化选择最优带宽；

选择项“covs(varlist)”表示指定加入断点回归的协变量；

选择项“all”表示同时汇报三种估计结果：传统估计值与传统标准误、偏差校正估计值与传统标准误、偏差校正估计值与稳健标准误。

命令 rdplot：绘制结果变量和分组变量拟合图，基本语法格式如下：

rdplot depvar runvar,c(#)p(#)

选择项“p(#)”指定回归的阶数，默认 p(4)，即四次多项式。

另外，比较常用的断点回归设计命令有 Stata 的官方命令 cmogram 和 McCrary（2008）写的 DCdensity 命令。

8.1.2　断点回归设计应用实例——评价房地产调控的政策效应[①]

2006 年 5 月国务院颁布《关于调整住房供应结构稳定住房价格的意见》（国办发〔2006〕37 号，简称《国六条》），首次通过鼓励居民购买中小户型商品房，满足人民群众对住房的"刚性需求"，抑制炒房等住房投机需求。具体而言，《国六条》规定从 2006 年 6 月 1 日起实施，将建筑面积小于或等于 $90m^2$ 的住房购买首付比例降低到 20%（仅限自住房且为第一套住房），而建筑面积大于 $90m^2$ 的住房购买首付比例不得低于 30%。为进一步抑制投机和投资性购房需求，从 2006 年 6 月 1 日起，个人购买普通住房超过 5 年（含 5 年）转手交易的，销售时免征营业税；个人购买非普通住房超过 5 年（含 5 年）转手交易的，销售时按其售房收入减去购买房屋的价款后的差额征收营业税。随后的一系列政策，如 2007 年 9 月 27 日由中国人民银行和中国银行业监督管理委员会联合发布《关于加强商业性房地产信贷管理的通知》（银发〔2007〕359 号），2010 年 1 月 7 日，国务院发布《关于促进房地产市场平稳健康发展的通知》（国办发〔2010〕4 号，国四条），2010 年 4 月 17 日国务院发布《关于坚决遏制部分城市房价过快上涨的通知》（国发〔2010〕10 号，《国十条》），都继续强调了住房面积在 $90m^2$ 以上时，首付款的比例不小于 30%。除了对首付比例的调整，2008 年 10 月，财政部和国家税务总局联合发布了《关于调整房地产交易环节税收政策的通知》（财税〔2008〕137 号），自 2008 年 11 月 1 日起，个人首次购买 $90m^2$ 及以下普通住房时，房产契税税率由原来的 3%降低到 1%。因此，以《国六条》为代表的一系列政策，开启了以购房面积和持有时间为基准的差别化住房调控政策，在 2006 年 5 月以后，$90m^2$ 以下的中小户型商品房由于在未来交易时可以享受更低的首付比例、营业税和契税税率，存在巨大的升值预期。在此考察住房面积与预期房价的关系，检验 $90m^2$ 处是否存在住房价格的差异。

1. 基准模型设定

利用《国六条》等房地产调控政策中关于不同住房面积的首付和契税比例差异带来的房价预期的差别，采用断点回归的方法，分析检验 $90m^2$ 处是否存在住房价格的差异。基准模型如下：

$$\text{Price}_{ijt} = a + \beta_0 D_{(S_i \leqslant 90)} + \beta_1 (S_i - 90) + \beta_2 D_{(s_i \leqslant 90)} (S_i - 90) + \beta_3 D_{(S_i \leqslant 90)} (S_i - 90)^2 + \delta_{tj} + \gamma_{Tj} + \epsilon_m + \varepsilon \tag{8-3}$$

其中，Price_{ijt} 表示实际购房价格、预期住房价格以及年均住房价格增长率；$D_{(S_i \leqslant 90)}$ 表示虚拟变量，当房屋面积小于等于 $90m^2$ 时取 1，反之取 0；$S_i - 90$ 表示房屋面积到断点的距离，$(S_i - 90)^2$ 表示房屋面积到断点距离的平方，$D_{(S_i \leqslant 90)}(S_i - 90)$ 和 $D_{(S_i \leqslant 90)}(S_i - 90)^2$ 是它们的交互项；δ_{tj} 表示调查年份与省份的联合固定效应，用来控制所在省份当前的宏观

① 本案例文章来源：王岳龙，蔡玉龙，唐宇晨. 2023. 房价升值预期、财富幻觉与家庭消费：基于《国六条》的证据. 数量经济技术经济研究，40（9）：116-137.

经济环境。γ_{Tj} 表示购房年份与省份的联合固定效应，捕捉买房时面临的外界环境影响；ϵ_m 表示住房面积是 10 的倍数的虚拟变量，标准误聚类到住房面积上。设置住房面积是 10 的倍数的虚拟变量，是因为数据中的住房面积存在明显在 10 的倍数（比如 80、90、100 等）集聚的现象。

2. 断点有效性检验

在进行断点回归之前，需要验证断点并不被人为操控，文中从两个方面来检验：第一是检验分组是否随机，也就是检验分组变量，住房面积的密度分布在断点两侧是否均匀；第二是检验前定变量和协变量在断点两侧是否连续。

1）密度检验

为了检验住房面积在断点处分布是否连续，首先合并使用了中国家庭金融调查（China Household Finance Survey，CHFS）和中国家庭追踪调查（China Family Panel Studies，CFPS）数据库的数据[①]画出了住房面积的分布直方图，结果如图 8-1（a）所示，发现住房面积在 90m^2 两侧的分布并没有明显差异，表明住房面积整体上分布平滑。而为了进一步证明住房面积分布在断点两侧的均匀性，又使用政策实施前的 2002～2005 年的中国城镇住户调查（Urban Household Survey，UHS）数据进行分析，结果如图 8-1（b）所示，住房面积在 90m^2 两侧分布也没有明显变化。在两个数据集中，住房面积在断点 90m^2 左右的密度分布比较一致，通过密度检验，证明了在本文的估计样本中不存在操控住房面积的行为。

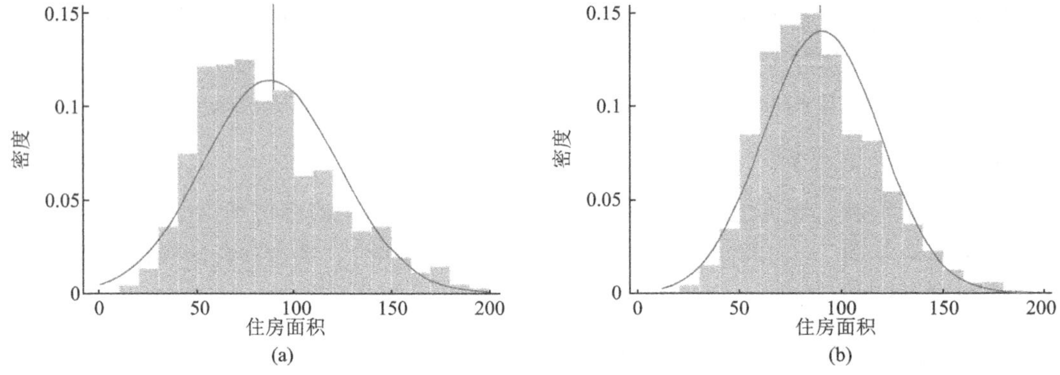

图 8-1 住房面积分布直方图

2）变量平衡性检验

住房面积分布密度检验，在一定程度上说明了住房面积的断点不是被人为操纵的，进一步检验家户的前定变量和其他协变量在断点处是否连续。主要考察了与家户经济特征和社会特征相关的五个变量：户主受教育年限、户主性别、户主婚姻状态、户主年龄、户主户口状态。首先，使用估计样本来检验前定变量在断点处是否跳跃，结果如表 8-1

① CHFS 数据库中 2011 年、2013 年、2015 年、2017 年四期的数据和 CFPS 数据库中 2010 年、2012 年、2014 年、2016 年四期的数据，构成了包含 2010～2017 年八年的混合截面数据。

所示，所关注的前定变量的回归系数基本都不显著，也就是说明断点两侧的家户在主要家庭特征上并没有显著差异。唯一的例外是住房面积小于 $90m^2$ 的家庭户主为男性的概率更大，为了排除干扰，接下来的回归中将加入户主性别这一变量作为控制变量①。文章又分析了政策实行前 UHS 数据的变量平衡性，UHS 的变量平衡性结果如表 8-2 所示，在住房面积断点处确实不存在前定变量跳跃。

表 8-1　CHFS+CFPS 数据平衡性检验

变量	(1)	(2)	(3)	(4)	(5)
	户主受教育年限	户主性别	户主婚姻状态	户主年龄	户主户口状态
D	0.580 (0.360)	0.076*** (0.017)	0.021 (0.015)	−0.447 (0.897)	0.007 (0.062)
观测值	14 289	14 320	14 310	14 327	13 002
R^2	0.241	0.141	0.122	0.216	0.263
均值	10.56	0.658	0.878	53.55	0.243
方差	4.253	0.474	0.328	14.08	0.429

***表示在 1%水平上显著

表 8-2　UHS 数据平衡性检验

变量	(1)	(2)	(3)	(4)	(5)
	户主受教育年限	户主性别	户主婚姻状态	户主年龄	户主户口状态
D	0.048 (0.079)	0.008 (0.027)	0.027 (0.017)	0.585 (0.570)	−0.001 (0.018)
观测值	8 294	8 294	8 294	8 294	8 294
R^2	0.091	0.120	0.100	0.119	0.088
均值	5.768	1.255	2.037	44.51	1.047
方差	1.470	0.436	0.295	11.51	0.301

3. 基准回归

采用基准模型（8-3）考察住房面积是否大于 $90m^2$ 与住房价格之间的关系，结果如表 8-3 所示。由第（1）列可知，购房时间在 2006 年之前的 $90m^2$ 以下的中小户型商品房，由于不能享受首付和交易契税比例的优惠，因此与 $90m^2$ 以上面积的实际住房价格并没有明显差异；而第（2）列关注现住房的预期价格，由于此前购买的中小户型面积住房在未来能享受首付和契税优惠，未来交易会有很大升值空间，结果显示相对于住房面积大

① 文章中做了三方面的检验，首先，对比了加入性别控制变量前后主回归的系数变化，发现并没有显著影响；其次，继续检验了家户规模、房产数量以及购房时间等家庭变量的平衡性，发现在断点处不存在明显跳跃；最后，文章研究发现户主性别为女性的人均家庭消费增加更多。而平衡性检验显示，样本中住房面积在 $90m^2$ 以下的家庭中男性户主更多，如果我们遗漏了一些与户主性别相关特性对结果的影响，那么也只会使得结果被低估，因此研究的基本结论依旧是可靠的。

于 $90m^2$ 的家户，小于 $90m^2$ 的家户的预期价格要高约 1433 元/m^2，考虑到样本 9352.508 元的均值水平，高出将近 15%，这个结果不仅在统计意义上显著，也在经济意义上显著。第（3）列讨论的是住房预期价格年增长率，系数同样是正向的并且显著，具体来说，住房面积小于 $90m^2$ 的预期房价增长速度比面积大于 $90m^2$ 的住房高 0.9%，上述 3 列回归结果基本表明了住房面积是否超过 $90m^2$ 确实会对家户预期的住房价格有影响，使得家户对未来住房财富有不同预期。第（4）列只包括购房年份在 2006 年之后的样本，研究《国六条》之后实际购买价格在断点两侧是否存在差异，结果显示，2006 年之后买房的面积小于 $90m^2$ 的住房购买价格，要比面积大于 $90m^2$ 的住房购买价格每平方米高约 603 元，这可以认为是政策导致的实际住房价格增长。

表 8-3　住房面积与住房价格变动

变量	(1)	(2)	(3)	(4)
	实际购房价格	购房价格<2006 预期住房价格	住房预期价格年增长率	购房价格>2006 实际购房价格
D	74.670 (53.931)	1432.774*** (466.572)	0.009* (0.005)	602.878** (281.279)
样本量	13 462	14 329	13 462	7 318
R^2	0.370	0.570	0.300	0.406
均值	1 236.223	9 352.508	0.133	4 206.986
方差	1 640.819	13 607.133	0.090	5 804.671

注：所有回归都控制了调查年份与省份的联合固定、购房年份与省份的联合固定及住房面积是 10 的倍数的虚拟变量，表中括号为聚类到住房面积的标准误

*、**、***分别表示在 10%、5%、1%水平上显著

8.2　双重差分法及其拓展

双重差分法（difference-in-differences，DID）又名倍分法、倍差法、差分再差分等。经济学者将 DID 设计最早归于英国麻醉学家、流行病学家约翰·斯诺（Snow，1855），通过分析 1854 年伦敦霍乱爆发数据，研究霍乱到底是由空气原因，还是自来水原因引起。他巧妙地应用两个邻近的水厂进行对比，一个水厂改变取水来源，使用更清洁的水，另一个水厂维持不变，由于这两个水厂位置邻近，这使得疾病差异是由水的清洁程度引起。该研究被视为自然实验（natural experiment）的早期经典案例，但严格意义上的 DID 需满足干预组与对照组在政策前后的双重比较，而斯诺的研究更接近横截面比较（无明确时间维度前后对比）。斯诺的研究，对于公共卫生学者产生了较大影响，也是首次使用 DID 设计的尝试。20 世纪 70 年代末，Ashenfelter（1978）将 DID 引入经济学研究领域，评估美国《综合就业与培训法案》（Comprehensive Employment and Training Act，CETA）对劳动者收入的影响，随后 Card 和 Krueger（1994）通过 DID 研究美国新泽西州最低工资提升对就业的影响，成为经典范例。而国内最早引入 DID 对公共政策评估的权威文献或为周黎安和陈烨（2005）研究税费改革对农民收入

增长的影响。该文巧妙利用我国农村税费改革最早在安徽省进行试点，其后在江苏、湖南、湖北的部分县进行试点，最后才推向全国的事实，将试点期的税费改革视为一次“准实验”，从而对农村税费改革的政策效果进行了系统的双重差分实证检验。自此，我国基于 DID 的经济研究成果如雨后春笋般出现。DID 是政策分析中广为使用的一种计量方法，通过对政策实施前后的数据进行对比分析，以评估政策的实施效果。

8.2.1　双重差分法的基本原理

1. 双重差分法的基本思想

DID 一般用于检测在两个时期之间的政策变化对某一关注变量产生的影响。顾名思义，该方法的使用依赖于对关注变量中两个差别的计算，一是政策变化前后的时间差别，二是处理组与对照组之间的组间差别。该方法的原理非常简单，它要求数据期至少有两期，所有的样本被分为两类——处理组和对照组，其中处理组在第一期没有受到政策影响，此后政策开始实施，第二期就是政策实施后的结果，对照组由于一直没有受政策干预，因此其第一期和第二期都是没有政策干预的结果。DID 的测算也非常简单，它是处理组差分与对照组差分之差，两次差分的效应就是政策效应。这就是所谓的双重差分估计量。

DID 基准模型设定，如下所示：

$$Y_{it} = a_0 + a_1\mathrm{du} + a_2\mathrm{dt} + a_3\mathrm{du}\cdot\mathrm{dt} + \varepsilon_{it} \tag{8-4}$$

其中，du 为分组虚拟变量，若个体 i 受政策实施的影响，则个体 i 属于处理组，对应的 du 取值为 1；若个体 i 不受政策实施的影响，则个体 i 属于对照组，对应的 du 取值为 0。dt 为政策实施虚拟变量，政策实施之前 dt 取值为 0，政策实施之后 dt 取值为 1。du·dt 为分组虚拟变量与政策实施虚拟变量的交互项，其系数 a_3 反映了政策实施的净效应，也是使用 DID 时最为关注的。

从模型的设定形式可以知道 DID 的两个前提条件：截面数据没法构造政策冲击变量 dt，一刀切政策没法构造分组变量 du。为什么交互项 du · dt 的回归系数就反映了政策实施的净效应呢？这个问题的答案可以通过表 8-4 来体现，表 8-4 形象体现了双重差分法五个字的真正含义。

表 8-4　双重差分

	政策实施前	政策实施后	差分
处理组	$a_0 + a_1$	$a_0 + a_1 + a_2 + a_3$	$a_2 + a_3$
对照组	a_0	$a_0 + a_2$	a_2
差分	a_1	$a_1 + a_3$	a_3

很显然，a_3 是两次差分的结果，一次差分在时间维度，一次差分在个体维度。更直观地，可以用图形来表述表 8-4 以及 DID 的逻辑（图 8-2）。

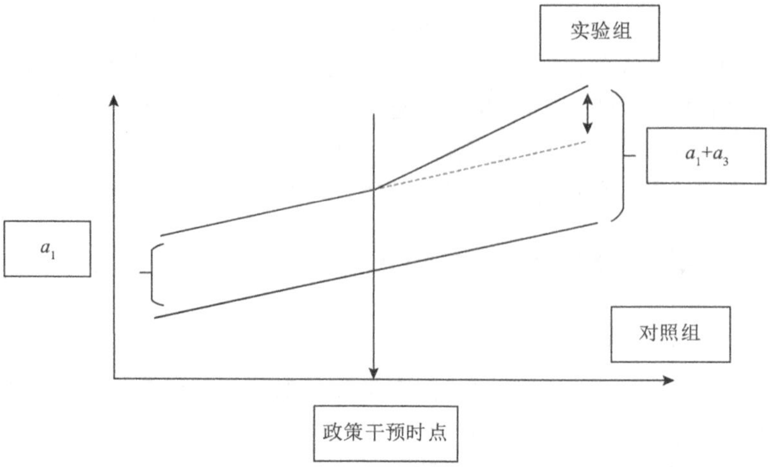

图 8-2　双重差分图示

图 8-2 中虚线表示的是假设政策并未实施时，实验组的变化趋势，即实验组的反事实情况。实际上，这个图形也反映出了 DID 最为重要和关键的前提假设——共同趋势假设（common trend assumption），也就是说，处理组和对照组在政策实施之前必须具有相同的变化趋势。

因此，总结来说，DID 的基本思想或原理就是通过对政策实施前后对照组和处理组之间差异的比较构造出反映政策效果的双重差分统计量。将该思想与表 8-4 的内容转化为简单的模型（8-4），这个时候只需要关注模型（8-4）中交互项的系数，就得到了想要的 DID 下的政策净效应。模型（8-4）是 DID 的基准形式，在实际使用时，只需要加上控制变量就可以了。

2. 双重差分法的基本假定

为了使 OLS 一致地估计方程，DID 需要做以下两个假定。

假定 1：模型设定正确。特别地，无论处理组还是控制组，其时间趋势项在政策前相同。此假定即“平行趋势假定”（parallel trend assumption）。

DID 并不要求实验组和控制组是完全一致的，两组之间可以存在一定的差异，但是 DID 要求这种差异不随着时间产生变化，也就是说，处理组和对照组在政策实施之前必须具有相同的发展趋势。

假定 2：暂时性冲击与政策虚拟变量不相关。这是保证双向固定效应为一致估计量（consist estimator）的重要条件。在此，可以允许个体固定效应与政策虚拟变量相关[可通过双重差分或组内变换消去，或通过最小二乘虚拟变量法（least squares dummy variable）控制]。

DID 允许根据个体特征进行选择，只要此特征不随时间而变；这是 DID 的最大优点，即可以部分地缓解因“选择偏差”（selection bias）而导致的内生性（endogeneity）。

使用 DID 时一定要注意这个方法本身的假设或前提条件。上面提到的使用 DID 的两个前提条件只是这个方法的适用范围，并不是方法本身的假设。根据图 8-2，DID 最为重要、最为关键（甚至可以说唯一）的假设是：处理组和对照组在政策实施之前必须具有共同的变化趋势。DID 不要求随机分组，都随机了的话直接一个差就可以了；DID 也不要求政策冲击是随机的。

实际应用时应该怎么来检验共同趋势假设是否满足呢？首先强调一下，对于只有两年的面板数据，共同趋势假设是无法直接验证的，所以很多文章就不提这事儿。在多年的面板数据下，有两种方式可以用以关注共同趋势：画图和回归。

例如：假设考察某一政策冲击对企业生产率的影响，政策发生在 2001 年，样本期间为 1995～2006 年。

（1）画图。画出 1995～2001 年实验组和对照组的年度生产率（年度生产率均值）趋势图，如果两条线的走势完全一致或基本一致，说明共同趋势假设是满足的。

（2）回归。建立如下回归模型：

$$Y_{it} = a_0 + a_1\text{du} + a_j \sum_{j=1995}^{2000} \text{dt}_j + a_k\text{du} \cdot \sum_{k=1995}^{2000} \text{dt}_k + \varepsilon_{it} \tag{8-5}$$

其中，du 为分组虚拟变量；dt 为年份虚拟变量，当年份为 1995 时，dt 取值为 1，反之为 0，当年份为 1996 时，dt 取值为 1，反之为 0。从而，政策实施前有 6 个年份虚拟变量，以及 du 与其得到的 6 个交互项。交互项的系数反映的是政策实施前的某一年，实验组和对照组的差异。如果回归得到的这 6 个交互项都不显著，说明政策实施前实验组和对照组不存在明显的差别，从而共同趋势得到验证。其实，“都不显著”可以稍微放松，即便存在一两个显著的情况，但只要这 6 个联合不显著，也是能够说明问题的。

3. DID 的步骤

验证完共同趋势假设外，还需要进一步的稳健性检验以论证估计结果的可靠性。DID 中常用的稳健性检验有以下三种。

（1）安慰剂检验。具体可以：①选取政策实施之前的年份进行处理，比如原来的政策发生在 2008 年，研究区间为 2007～2009 年，这时可以将研究区间前移至 2005～2007 年，并假定政策实施年份为 2006 年，然后进行回归；②选取已知的并不受政策实施影响的群组作为处理组进行回归。如果不同虚构方式下的 DID 估计量的回归结果依然显著，说明原来的估计结果很有可能出现了偏误。

（2）利用不同的对照组进行回归，看研究结论是否依然一致。

（3）选取一个完全不受政策干预影响的因素作为被解释变量进行回归，如果 DID 估计量的回归结果依然显著，说明原来的估计结果很有可能出现了偏误。要说明的是，如果回归结果显著，说明原结果是一定有问题的，而如果回归结果不显著，并不一定能表明原结果没问题。

模型（8-4）是 DID 最普通和一般的形式，通常被视作理论框架的标准表达。然而，在文献实证研究中，我们观察到实际采用的模型设定往往与上述标准形式存在显著差异。这种差异可能源于哪些模型设定调整？

$$Y_{it} = a_0 + a_1\text{du} \cdot \text{dt} + \delta_i + v_t + \varepsilon_{it} \tag{8-6}$$

凡是做交互项，组成交互项的各部分（A、B 以及 A·B）一定要同时存在，可是别人的模型里只有交互项，du 哪里去了，dt 哪里去了？其实，模型（8-6）在多年面板数据里比基准形式更为常见，对于面板数据，通常的估计方法是双向固定效应。这里面，δ_i 为个体固定效应，更为精确地反映了个体特征，替代了原来粗糙的分组变量 du；v_t 为时间固定效应，更为精确地反映了时间特征，替代了原来粗糙的政策实施变量 d_t。因而，du 和 dt 并未真正从模型中消失。

既然模型（8-2）和模型（8-4）本质是一样的，那实际使用时应该用哪个好呢？其实都行，根据研究需要选择，比如除了交互项系数，还想关注下 du 或 dt 的系数，那这时无疑应该用模型（8-2）。

专栏 8-2　DID 的扩展

近年来，DID 之所以这么流行，很大程度上与它的灵活多变有关系，做适当的调整就能用来应对不同的状况。接下来再介绍一些 DID 的扩展内容。

扩展 1：滞后效应与预期效应

不论是模型（8-4）还是模型（8-6），估计出来的都是政策实施后的一个平均效应。然而，对于有些政策，其效果的显现需要一定的时间，比如政策 2008 年开始实施，但其效果 2010 年才开始出现。对政策滞后效应的考察往往很重要，有助于我们准确地评估政策的动态效果，为政策的调整和完善提供建议。同样的，政策的出台和实施通常不是突然的毫无预兆的，微观主体如果预期到某个时点政策一定会推行，可能会提前做出反应，这便是预期效应。对预期效应的考察一样很重要。

模型（8-5）除了可以用来观察共同趋势外，还可以用来考察预期效应，比如政策是 2001 年实施的，而 2000 年的交互项显著，说明可能存在预期效应。将模型（8-5）中的年份换成政策实施之后，便可用于考察滞后效应了，比如政策是 2001 年实施的，2002 年和 2003 年的交互项不显著，从 2004 年开始才显著，说明政策效应可能存在两年左右的时滞。

扩展 2：倾向评分匹配倍差法

倾向评分匹配（PSM）和 DID 都是单独可用的方法，结合在一起能干吗呢？可以这么简单理解，DID 不是要求共同趋势吗？共同趋势不是意味着实验组和对照组基本类似吗？然而很多时候我们的原始样本并不满足这个条件。这时，我们可以先用 PSM 在原始样本中挑选出基本特征都比较相似的新的实验组和对照组，然后再基于新的实验组和对照组进行 DID 回归，这种情况下共同趋势假设肯定满足了。另外，对于某些政策冲击，实验组和对照组之间可能存在自选择性，而这会对结果产生影响。比如，研究出口问题时，企业是否出口（是否进入实验组或对照组）可能并不是偶然的，这时用 PSM 也能较好地解决这个问题。不过，不是所有政策冲击情景下都能 PSM 搭配 DID，这涉及 PSM 的基本原理。

扩展 3：连续型 DID

不管是 DID 的基准模型还是面板数据双向固定效应形式的模型，du 和 dt 都是虚拟变量的形式，交互项估计系数表明的是政策实施后的效应。也就是说，这里体现的是有与无之间的区别。以一个具体的例子为例，在研究出口的问题中使用 DID，交互项表明的是企业出口（有这个行为）的影响。这种设定无法体现出程度的变化，比如无法体现出口数额的影响，出口数额每增加一单位的影响。

如果我们想考察程度的变化，便可以采用连续型 DID 进行估计，基准模型设定如下：

$$Y_{it} = a_0 + a_1\text{rate} + a_2\text{dt} + a_3\text{rate}\cdot\text{dt} + \varepsilon_{it} \tag{8-7}$$

模型（8-7）与模型（8-4）的区别在于，原来的分组虚拟变量被连续型变量 rate 所替代了。在出口问题的考察中，rate 可以是企业的出口额或出口比例；在空气污染问题的考察中，rate 可以是空气质量指数的具体数值等。此时，交互项的系数反映的是政策实施之后，rate 每一单位变化带来的净效应。

尽管模型（8-7）看上去就是最普通的交互项模型，跟传统的 DID 好像一点也不搭，但它确实也是 DID 大家庭中的一种。模型（8-7）这种形式较早出现在 Qian（2008）的文章里，称这种形式“具有 DID 的一切优点”。

扩展 4：截面数据 DID

模型（8-4）或模型（8-6）一样的传统型 DID 肯定是无法适用于截面数据的，但模型（8-7）都算 DID，截面数据做 DID 也不是不可能的。

举个例子来说明这种情况。研究中国 2010 年新型农村合作医疗（New Rural Cooperative Medical Scheme，NCMS）政策对农民医疗负担的影响。由于 NCMS 政策在各省份的报销比例存在显著差异，根据农户的参保状态构造处理变量，然后用参保状态与省份层面的报销比例进行交乘识别效应：

$$\begin{aligned} Y_{i,p} = {} & \alpha + \beta_1(\text{Enrolled}_i \times \text{ReimburseRate}_p) + \beta_2\text{Enrolled}_i + \beta_3\text{ReimburseRate}_p \\ & + \gamma X_{i,p} + \theta_p + \varepsilon_{i,p} \end{aligned} \tag{8-8}$$

其中，$Y_{i,p}$ 为个体医疗支出占收入比重；Enrolled_i 为参保状态虚拟变量（参加 NCMS=1，未参加=0）；ReimburseRate_p 为省份 p 的住院费用平均报销比例；$X_{i,p}$ 为个体控制变量（年龄、慢性病史、家庭收入等）；θ_p 为省份固定效应；$\varepsilon_{i,p}$ 为随机扰动项。

模型（8-8）和模型（8-5）以及模型（8-7）是不是很像？这时，交互项的系数 β_1 反映的便是不同报销比例下 NCMS 政策对减轻医疗负担的净效应，即截面意义上的 DID 效果。

扩展 5：三重差分 DDD 模型

三重差分法引入了第三个维度“组别”（group），通过比较不同组别间的处理组和控制组在干预政策前后结果变量变化的差异来识别因果效应。三重差分法的应用场景通常有两个：

一是在平行趋势假设不满足时引入第三个维度的差分来帮助消除处理组和控制组间的时间趋势差异。

二是在平行趋势满足时，用于识别干预政策在不同群体间的异质性处理效应。

专栏 8-3 DID 命令介绍

下载安装命令方法为：

ssc install diff, replace 下载安装方法（外部命令）

语法格式为：

diff outcome_var [if] [in] [weight],[options]

模型必选项介绍：

“outcome_var”表示结果变量。

“trcat(varname)”为必选项，用来指定处理变量。

“period(varname)”用来指定实验期虚拟变量（1=实验期，0=非实验期）。

可选项介绍：

cov(varlist)，协变量，加上 kernel 可以估计倾向评分。

kernel，执行双重差分倾向评分匹配。

id(varname)，kernel 选项要求使用。

bw(#)，核函数的带宽，默认是 0.06。

ktype(kernel)，核函数的类型。

qdid(quantile)，执行分位数双重差分。

pscore(varname)，提供倾向评分。

logit，进行倾向评分计算，默认 Probit 回归。

ddd(varname)，三重差分。

cluster(varname)，计算聚类标准误。

robust，稳健标准误。

8.2.2 DID 的应用实例——评估国家级新区对区域经济增长的带动效应①

国家级新区是由国务院批准设立，承担国家重大发展和改革开放战略任务的综合功能区。1992 年 10 月上海浦东新区成立，2009 年 11 月天津滨海新区成立，2010 年 6 月重庆两江新区成立，2011 年 6 月浙江舟山群岛新区成立，2012 年 8 月兰州新区成立，2012 年 9 月广州南沙新区成立，2014 年 1 月陕西西咸新区成立、贵州贵安新区成立，2014 年 6 月青岛西海岸新区成立、大连金普新区成立，2014 年 10 月四川天府新区成立，2015 年 4 月湖南湘江新区成立，2015 年 6 月南京江北新区成立，2015 年 9 月福州新区成立、

① 本案例文章来源：曹清峰. 2020. 国家级新区对区域经济增长的带动效应：基于 70 大中城市的经验证据. 中国工业经济，（7）：43-60.

云南滇中新区获批成立，2015 年 12 月哈尔滨新区成立，2016 年 2 月长春新区成立，2016 年 6 月 14 日江西赣江新区成立，2017 年 4 月 1 日河北雄安新区成立。国家级新区达到 19 个，基本上覆盖了中国主要经济板块。

1. 基准模型设定

利用 DID 检验国家级新区设立后对区域经济增长的带动效应。为了满足使用 DID 的前提条件，文中在选取样本时进行了如下预处理：①为了保证处理组与控制组的可比性，以中国 70 个大中城市作为基础研究样本。②为了控制国内外制度环境的异质性，将研究样本的时间段选取为 2002 年以后。为了控制国家级新区自身政策的异质性，剔除了上海浦东新区的样本。由于国家级新区是分批次设立的，采用渐进双重差分法，基础回归模型如下：

$$\mathrm{gdpr}_{it} = \beta_0 + \beta_1 D_{it} + \gamma Z_{it} + v_i + u_t + \varepsilon_{it} \tag{8-9}$$

其中，被解释变量 gdpr_{it} 为城市 i 在 t 年的经济增长率；D_{it} 为虚拟变量，如果城市 i 在 t 年设立了国家级新区，那么城市 i 在 t 年及之后的年份中 $D_{it}=1$，否则为 0；D_{it} 的系数揭示国家级新区对所在区域经济增长的带动效应；Z_{it} 为一组影响经济增长的控制变量；v_i 为城市固定效应；u_t 为年份固定效应；ε_{it} 为随机扰动项。

2. 平行趋势检验

使用渐进双重差分方法的一前提条件是设立国家级新区的城市（处理组）与没有设立国家级新区的城市（对照组）在政策实施之前的经济增长率不存在显著差异或者具有共同的增长趋势。根据图 8-3 的结果可以发现，国家级新区设立之前的变量在统计上都是不显著的，表明样本中处理组与对照组城市在国家级新区设立之前的经济增长率不存在显著差异，满足了平行趋势假设。

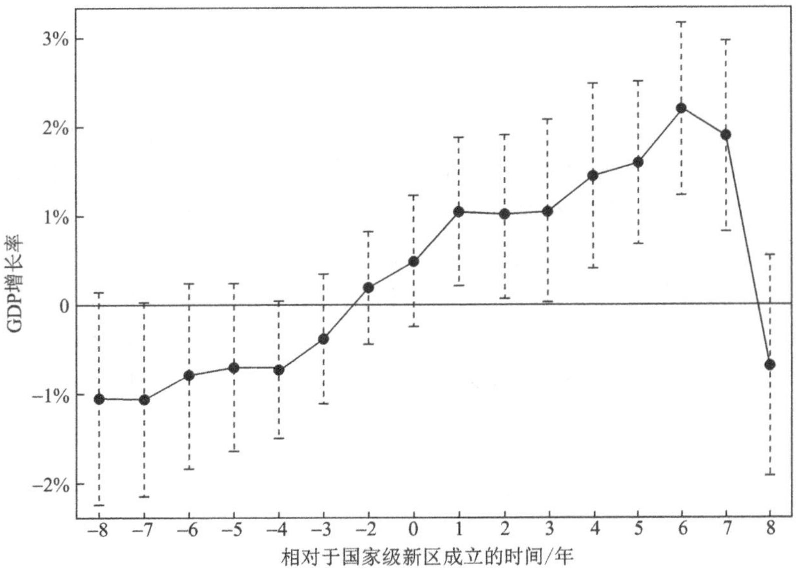

图 8-3　国家级新区政策效应的时间异质性

3. 基准回归

回归结果表 8-5 显示，变量 D 的系数在 1%的统计水平上显著为正，这表明国家级新区的设立对所在城市的经济增长具有显著带动效应。根据模型（2），国家级新区设立后会导致所在城市年均 GDP 增长率提高约 1.51 个百分点，这对一个城市的经济增长而言是一个相当明显的增幅，说明国家级新区对所在区域经济增长的带动效应具有很强的统计与经济显著性。

表 8-5　基准回归结果

变量	(1)	(2)
D	1.1629* (0.5852)	1.5074*** (0.4751)
常数项	13.6130*** (0.3814)	5.4771** (2.6775)
控制变量	未控制	控制
城市固定效应	控制	控制
年份固定效应	控制	控制
样本量	1035	1035
R^2	0.5589	0.6310

注：括号内为城市层面聚类稳健标准误

***、**、*分别表示在 1%、5%与 10%的统计水平上显著

8.3　合成控制法

合成控制法（synthetic control method），又名综合控制方法，是由 Abadie 和 Gardeazabal（2003）提出来的一种政策效果评估方法，旨在解决传统因果推断方法在非随机实验和小样本研究中的局限性。Abadie 和 Gardeazabal（2003）将该方法用于评估恐怖冲突对巴斯克地区经济的影响效应。Abadie 等（2010）应用该方法研究了加州香烟控制法案对人均香烟消费的影响。该方法通过对控制组个体进行加权平均，进而构造出与干预组实施政策前相似的合成控制组，用该合成控制组个体政策干预后的结果来估计干预组的反事实结果。对于自然实验和准实验的因果推断来说，合成控制法有助于解决不少关键方法论问题。合成控制法能够弥合定量与定性研究的方法论之争，并为比较案例研究提供了量化分析途径。目前，该方法在公共政策评估中应用广泛，是近些年来因果推断领域的重要方法论创新之一。

8.3.1　合成控制法的基本原理

1. 合成控制法的基本思想

合成控制法可视为 DID 方法的延伸，适用于考察某一政策冲击对个体影响的效应分

析，此时 DID 方法并不适用，经济学研究中评估某项政策或事件的效应时，该政策往往是在某个国家或地区（省、州或城市）内实施的。较为简单的方法是考察政策实施前后的时间序列，看所关心的结果如何变化。但结果还可能受其自身时间趋势的影响和其他事件带来的综合影响，为此，常使用“鲁宾的反事实框架”（Rubin’s counterfactual framework），即假想该地区如未受政策干预将会怎样，并与事实上受到干预的实际数据进行对比，二者之差即为“处理效应”（treatment effect，借用医学术语）。这一方法的困难之处在于这一假设是无法观测的。

鉴于反事实无法观测，通常的解决办法是寻找适当的控制组，即在各方面都与受干预地区相似却未受干预的其他地区，以作为处理组的反事实替身。但现实情况中这种控制组的寻找也是相当困难的。比如，要考察仅在 A 市实施的某政策效果，自然会想到将与之相近的 B 市作为控制地区；但 B 市与 A 市可能并不完全相同。或可用其他城市（B 市、C 市、D 市）构成 A 市的控制组，比较 B 市、C 市、D 市与 A 市在政策实施前后的差别，此方法也称“比较案例研究”（comparative case studies）。但如何选择控制组通常存在主观随意性（ambiguity），而 B 市、C 市、D 市与 A 市的相似度也不尽相同。

为了解决控制组选择的难题，Abadie 和 Gardeazabal（2003）提出“合成控制法”。其基本思想是，虽然无法找到 A 市的最佳控制地区，但通常可对若干大城市进行适当的线性组合，以构造一个更为优秀的“合成控制地区”，并将“真实 A 市”与“合成 A 市”进行对比，故名“合成控制法”。合成控制法的一大优势是，可以根据数据驱动来选择线性组合的最优权重，避免了研究者主观选择控制组的随意性。

2. 合成控制法的算法

假设共有 n+1 个地区，其中第 1 个地区为受到政策影响的地区，可视为处理组，另外 n 个地区为未受到政策影响的地区，即为潜在控制组。

这里的潜在假设是，政策效应仅影响处理组而不会波及潜在控制组。将潜在对照组的权重设为

$$\omega=(\omega_2,\omega_3,\cdots,\omega_{n+1})^{\mathrm{T}}$$

根据不同潜在控制组不同的权重来构成“合成控制地区”。可以看出，权重的选取是合成控制法中最为重要的一环，只有潜在控制组能够较好地拟合“真实地区”时，该研究方法的结果才具有意义。需要选择权重 ω 使得 $X_0\omega$ 尽可能接近处理组的特征向量 X_1，经过加权后，“合成控制地区”的经济特征需要尽量接近处理地区。为了衡量 $X_0\omega$ 与 X_1 之间的接近程度，通常使用加权二次损失函数（类似欧几里得距离）。由于 x_1 中的每个预测变量对于 y 的预测能力大小不同，应在距离函数中享有不同的权重，故考虑以下有约束最小化问题。

$$\min_{w}\left(x_1-X_0\omega\right)/V\left(x_1-X_0\omega\right)$$

$$\text{s.t. }\omega_j\geqslant 0, j=2,\cdots,J+1;\sum_{j=2}^{J+1}\omega_j=1$$

其中，V 为 $k\times k$ 维对角矩阵，对角线元素均为非负权重，反映相应的预测变量对于 y 的相对重要性。此最小化问题的目标函数是二次函数，为“二元规划”问题，一般进行数值求解。记此约束最小化问题的最优解为 $\omega^*(V)$；显然，它依赖于对角矩阵 V。最终拟合效果可通过合成趋势图和真实趋势图的对比来观测。

基于上述分析，合成控制法的价值包括：①对控制组的若干对象形成加权线性组合；②构造一个合理的“合成控制对象”或反事实（假如没有处理或干预，结果会怎样？）③将合成对象与处理对象进行对比，估计政策效应。

合成控制法优点包括：①作为一种非参数的方法，是对传统的 DID 的拓展；②通过数据驱动确定权重，减少了主观选择的误差，避免了政策内生性问题；③通过对多个控制对象加权来模拟目标对象政策实施前的情况，不仅可以清晰地反映每个控制对象对“反事实”事件的贡献，同时也避免了过分外推；④可以对每一个研究个体提供与之对应的合成控制对象，避免平均化的评价，不至于因各国政策实施时间不同而影响政策评估结果，避免了主观选择造成的偏差；⑤研究者们可在不知道实施效果的情况下设计实验。

专栏 8-4 合成控制法命令介绍

在 Stata 命令窗口中输入如下命令即可自动安装 synth 命令：

```
ssc install synth, replace
```

synth 的基本语法格式如下：

```
synth depvar predictorvars(x1 x2 x3) , trunit(#) trperiod(#)  ///
  [ counit(numlist) xperiod(numlist) mspeperiod()  ///
  resultsperiod() nested allopt unitnames(varname) ///
  figure keep(filename) customV(numlist) optsettings ]
```

具体解释如下：

“depvar”为因变量。

“predictorvars”代表预测变量 x1、x2、x3 等的平均值，默认所有预测变量都是干预前期的平均值。

必选项“trunit(#)”用于指定处理地区（trunit 表示 treated unit）。

必选项“trperiod(#)”用于指定政策干预开始的时期（trperiod 表示 treated period）。

选择项“counit(numlist)”用于指定潜在的控制地区（即 donor pool，其中 counit 表示 control units），默认为数据集中的除处理地区以外的所有地区。

选择项“xperiod(numlist)”用于指定将预测变量（predictors）进行平均的期间，默认为政策干预开始之前的所有时期（the entire pre-intervention period）。

选择项“mspeperiod()”用于指定最小化均方预测误差的时期，默认为政策干预开始之前的所有时期。

选择项“figure”表示将处理地区与合成控制的结果变量画时间趋势图，而选择项“resultsperiod()”用于指定此图的时间范围（默认为整个样本期间）。

选择项“nested”表示使用嵌套的数值方法寻找最优的合成控制（推荐使用此选项），这比默认方法更费时间，但可能更精确。在使用选择项“nested”时，如果再加上选择项“allopt”（即“nested allopt”），则比单独使用“nested”还要费时间，但精确度可能更高。

选择项“keep(filename)”将估计结果（比如合成控制的权重、结果变量）存为另一 Stata 数据集（filename.dta），以便进行后续计算。

8.3.2 合成控制法的应用实例——评价房地产税对产业转移的政策效应①

利用 2011 年重庆和上海房产税改革试点事件（表 8-6）作为自然实验，运用合成控制法，基于 2006～2015 年 35 个大中城市的面板数据，分析 2011 年以来重庆和上海实施房产税这一政策干预对产业转移的影响，重点分析“房产税政策是否对产业转移产生影响”和“不同的政策设计及其不同的实施条件对产业转移的影响有何差异”这两个关键问题。客观评估房产税政策对产业转移的影响，观察房产税对实体经济发展的支持作用。房产税与企业生产成本及企业投资决策紧密相关，房产税政策对产业转移的影响主要通过降低企业生产成本和改变企业投资取向两个方面来实现。一方面，房产税通过降低企业生产成本，促进产业向本地转移；另一方面，房产税通过影响企业的投资取向，促使资本向生产部门转移。

表 8-6　重庆和上海房产税实施细则差异对比

类别	重庆	上海
征税对象	个人拥有的独栋商品住宅；个人新购的高档住房（包括存量房）；三无人员新购的第二套（含第二套）以上的普通住房	本市居民家庭新购第二套及以上的住房（包括新购的二手存量住房和新建商品住房）；非本市居民家庭新购的住房
房产税率	0.5%～1.2%	0.4%或 0.6%
税额计算	应纳税额=应税建筑面积 × 建筑面积交易单价 × 税率	应纳税额=新购住房应税面积 × 新购住房单价 × 70% × 税率
免税面积	一个家庭只能对一套应税住房扣除免税面积，独栋商品住宅为 180 平方米；新购的独栋商品住宅、高档住房为 100 平方米；三无人员不扣除免税面积	家庭全部住房面积人均 60 平方米（不含 60 平方米）以下

合成控制法通过参照组的加权平均构造每个政策干预个体的“反事实”参照组，即合成控制对象，模拟房产税改革试点城市在不实施房产税政策下的产业转移情况，对比该项政策的实施效果。即虽然无法找到重庆的最佳控制地区，但通常可对中国的若干大城市进行适当的线性组合，以构造一个更为优秀的“合成控制地区”，并将“真实重庆”与“合成重庆”进行对比。这相当于一种准实验研究，即在研究期内的同一时间点对同一地区进行对比实验，该地区实施房产税和不实施房产税两种情形下产业转移状况的比

---

① 本案例文章来源：刘友金，曾小明．2018．房产税对产业转移的影响：来自重庆和上海的经验证据．中国工业经济，（11）：98-116.

对结果即为房产税对产业转移影响的政策效果。

1. 权重计算

假设第 1 个地区在 T_0 期后受到房产税政策干预，而其他 N 个地区所有时期都没有受到房产税政策干预，那么对于 $t > T_0$，房产税的政策效应可以表示为 $\tau_{1t} = Y_{11t} - Y_{01t} = Y_{1t} - Y_{0t}$。由于第 1 个地区实施了房产税政策，因而在 $t > T_0$ 期，可以观测到潜在结果 Y_{11t}，但无法观测到如果其没有受到政策干预时的潜在结果 Y_{01t}。为了估计地区 1 的反事实结果，根据 Abadie 等（2010）的模型，Y_{01t} 可以用下列模型表示：

$$Y_{01t} = \delta_t + \theta_t Z_i + \lambda_t u_i + \varepsilon_{it} \tag{8-10}$$

其中，δ_t 为时间固定效应；Z_i 为可观察到的 $K\times1$ 维协变量，表示不受房产税试点影响的控制变量；θ_t 为一个 $1\times K$ 维未知参数向量；λ_t 为一个 $1\times F$ 维无法观测到的公共因子向量；u_i 为 $F\times1$ 维系数向量；ε_{it} 为每个地区不能观测到的短期冲击，假设在地区层面满足均值为 0。

可以看出，模型（8-10）是对传统 DID 模型的扩展。DID 模型允许存在观测不到的影响因素，但是这些影响因素的效应不随时间变化，即 λ_t 为常数。而模型（8-10）则允许观测不到因素的效应可以随时间变化，即设定 λ_t 不为常数。

为求出 Y_{0it}，可以考虑一个 $N\times1$ 维的权重向量 $W = (w_2, w_3, \cdots, w_{N+1})$，满足 $w_j \geqslant 0$，$j = 2,3,\cdots,N+1$，并且 $w_2 + w_3 + \cdots + w_{N+1} = 1$。这里将权重限制非负，相当于用控制组地区的凸组合来合成控制组，是为了避免外推造成的可能偏差。向量 W 的每一个特定值代表对第 1 个地区的合成控制，这是参照组内所有地区的一个加权平均。对每个参照组地区的变量值进行加权可以得到：

$$\sum_{j=2}^{N+1} w_j Y_{jt} = \delta_t + \theta_t \sum_{j=2}^{N+1} w_j Z_j + \lambda_t \sum_{j=2}^{N+1} w_j \mu_j + \sum_{j=2}^{N+1} w_j \varepsilon_{jt} \tag{8-11}$$

假定存在权重向量 $(w_2^*, w_3^*, \cdots, w_{N+1}^*)$，使得

$$\sum_{j=2}^{N+1} w_j^* Y_{j1} = Y_{11}, \sum_{j=2}^{N+1} w_j^* Y_{j2} = Y_{12}, \cdots, \sum_{j=2}^{N+1} w_j^* Y_{jT_0} = Y_{1T_0}, \sum_{j=2}^{N+1} w_j^* Z_j = Z_1 \tag{8-12}$$

Abadie 等（2010）证明了如果 $\sum_{t=1}^{T_0} \lambda_t' \lambda_t$ 为非奇异矩阵（nonsingular matrix），则有

$$Y_{01t} - \sum_{j=2}^{N+1} w_j^* Y_{kt} = \sum_{j=2}^{N+1} w_j \times \sum_{s=1}^{T_0} \lambda_t \left(\sum_{n=1}^{T_0} \lambda_n' \lambda_n \right)^{-1} \lambda_s' \left(\varepsilon_{js} - \varepsilon_{1s} \right) - \sum_{j=1}^{N+1} w_j^* \left(\varepsilon_{js} - \varepsilon_{1s} \right) \tag{8-13}$$

可以证明，在一般条件下式（8-13）趋近于 0。因而，对于 $T_0 < t \leqslant T$，地区 1 的反事实结果近似可以用合成控制组来进行表示，即 $\hat{Y}_{01t} = \sum_{j=2}^{N+1} w_j^* Y_{jt}$，从而得到政策效果的估

计值：

$$\hat{\tau}_{1t} = Y_{1t} - \sum_{j=2}^{N+1} w_j^* Y_{jt},\quad t \in [T_0 + 1, \cdots, Y] \tag{8-14}$$

求取 $\hat{\tau}_{1t}$ 的关键是找到使式（8-12）成立的权重 W^*，可以通过近似解来确定合成控制向量 W^*。选择最小化 X_1 和 X_0W 之间的距离 $|X_1 = X_0W|$ 来确定权重 W^*。其表达式为 $\| X_1 = X_0W \| = \sqrt{(X_1 - X_0W)' V (X_1 - X_0W)}$。$X_1$ 是房产税征收前地区的 $m \times 1$ 维特征向量；X_0 是 $m \times N$ 矩阵，X_0 的第 j 列为地区 j 房产税征收前相应的特征向量。V 是一个 $m \times m$ 的对称半正定矩阵。尽管这里的推导过程对任意的 V 都有效，但实际上 V 的选择会影响估计均方误差，这里使用 Abadie 等（2010）开发的程序计算得到 V，使得合成地区近似房产税征收地区在政策实施前的产业转移轨迹。通过加权后得到的合成地区的产业转移情况，实际上是模拟了假设房产税征收地区不实施该项政策时的产业转移情况，政策实施地区与合成地区之间的产业转移差异即是房产税政策对该地区产业转移的影响。

通过合成控制法可以计算出构成合成控制对象的权重组合，具体见表 8-7。

表 8-7　不同预测变量下合成控制对象的城市权重

	工业相对产值		工业相对就业率		服务业相对产值		服务业相对就业率	
	重庆	上海	重庆	上海	重庆	上海	重庆	上海
天津	0.084	—	0	0	0	0	0.935	0.597
沈阳	0.672	—	0	0	0	0	0	0
合肥	0.244	—	0	0	0	0	0	0
北京	0	—	0	0	0	0.91	0.065	0.354
哈尔滨	0	—	0	0	0.648	0	0	0
广州	0	—	0	0	0.185	0	0	0
深圳	0	—	0.259	0.866	0	0.076	0	0
成都	0	—	0	0	0.167	0	0	0
武汉	0	—	0.741	0	0	0	0	0
宁波	0	—	0	0.134	0	0	0	0
厦门	0	—	0	0	0	0.013	0	0
海口市	0	—	0	0	0	0	0	0.049

注：其他未列明城市的权重均为 0；由于上海的工业产值份额在全国居第一位，其他经济特征也比较特殊，在使用工业相对产值分析房产税政策对产业转移的影响时，无法找到合适的权重对其他城市进行加权平均拟合房产税政策前的工业相对产值

2. 基础回归结果

合成控制法所估计的房产税政策对产业转移的影响，是征收房产税后重庆和上海的工业和服务业的相对产值或相对就业率相对于其合成控制对象的增加或降低程度。表 8-8

报告了 2011～2015 年重庆和上海的相对产值和相对就业率的平均变动程度。重庆的工业相对产值和服务业相对产值分别平均增加 0.4329 和 0.3397，工业相对就业率和服务业相对就业率分别平均增加 1.7398 和 2.3208。上海的服务业相对产值减少 0.2063，工业相对就业率和服务业相对就业率分别平均增加 0.4707 和 0.7628。

表 8-8　相对产值和相对就业率平均变动程度

城市	工业相对产值	工业相对就业率	服务业相对产值	服务业相对就业率
重庆	0.4329	1.7398	0.3397	2.3208
上海	×	0.4707*	−0.2063**	0.7628

资料来源：参考论文作者根据计算结果整理

注：变动程度=城市实际值−合成控制对象值，×表示该城市未能找到合成控制对象

*表示政策实施前拟合效果非常不理想情况下得到的值，**表示政策实施前拟合效果较差情况下得到的值，未注明的表示拟合效果较好情况下得到的值

3. 安慰剂检验

借鉴 Abadie 等（2010）的安慰剂检验方法进一步来检验结果的稳健性，类似于虚假实验（falsification test）的检验方法，基本思想如下：选择一个在样本期间没有征收房产税的城市同重庆一样进行分析，如果发现该城市的产业转移趋势与重庆相同，那就说明合成控制法得到的结果并不可靠，也就不能证明房产税征收对产业转移的影响，否则，说明结果是稳健的。以相对工业产值预测变量为例，这里考虑两个城市，一个是在“合成重庆”当中所占权重最大的沈阳，权重最大说明在所有样本城市当中，与重庆的城市特征最为相似；另外一个是在“合成重庆”当中所占权重为零的武汉市，权重为零说明与重庆的城市特征相差较远，将这两个极端城市作为处理组来检验房产税政策的效果。

图 8-4 给出了对沈阳的检验结果，图 8-5 给出了对武汉的检验结果。从中可以看出，沈阳和武汉的实际工业相对产值在 2011 年之后并未出现与重庆相同的走势，武汉的实际工业相对产值始终沿着合成对象相对工业产值的走势变化，而沈阳的实际工业相对产值还出现了与重庆相反的走势。因此，这一检验再次证明房产税政策是 2011 年后重庆工业相对产值增加的重要原因。

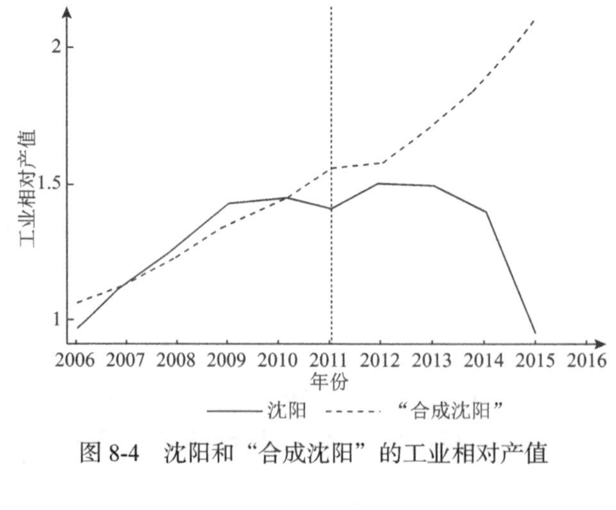

图 8-4　沈阳和“合成沈阳”的工业相对产值

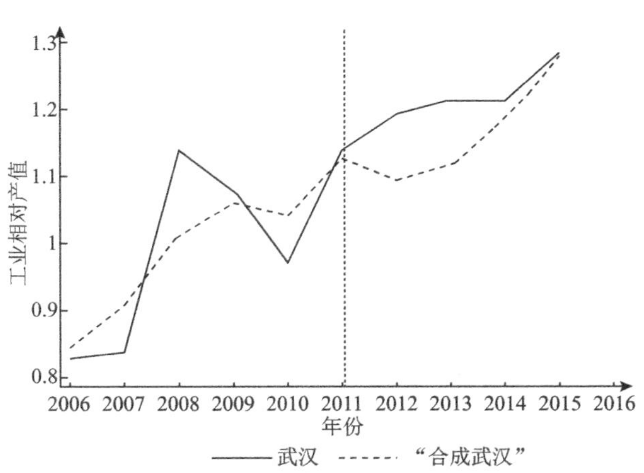

图 8-5　武汉与“合成武汉”的工业相对产值

本章小结

本章主要介绍了断点回归设计、双重差分法和合成控制法三种常用的事后政策评价方法的基本原理及应用实例。断点回归设计是一种准自然实验，通过识别政策成效的实质转变点（也称作断点）来评估政策的效果，关注处于断点附近的政策效果。双重差分法通过比较处理组和对照组中，政策实施前后的差异来评估政策效果。合成控制法是一种较为复杂的事后政策评价方法，适用于那些无法进行随机实验的情况，通过构建一个人工合成的“虚拟”对照组，来评估政策对因变量的影响。三种方法各自有着不同的优势和局限性，在具体应用中需要根据评估目标和数据可用性来选择合适的方法。

本章习题

1. 什么是断点回归设计？请解释其基本原理和应用场景。

2. 请结合实际案例，详细说明如何使用断点回归设计来研究一个特定的经济现象或社会问题。

3. 什么是双重差分法？请解释其基本原理和应用场景。

4. 请结合实际案例，详细说明如何使用双重差分法来评估一个政策或干预措施的效果，并分析其经济或社会影响。

5. 简述合成控制法的前提条件、权重构建及优点？

第 9 章

事前政策评价方法

➢ 学习目标

1. 理解随机实地实验的基本原理及其优势
2. 了解随机实地实验设计的基本流程
3. 了解随机实地实验在国民经济分析中的应用领域
4. 理解结构模型估计的含义，以及与简约式估计的区别
5. 了解结构模型估计在国民经济分析中的应用领域

➢ 知识点摘要

1. 随机实地实验的基本原理及关键步骤
2. 随机实地实验在国民经济分析中的应用领域
3. 如何在“政策试点”实践中融入随机实地实验的思想
4. 结构模型的基本含义及其与其他政策评价方法的区别
5. 反事实模拟的含义与作用

政策制定者和研究者试图评估真实世界中的政策效果，以促进政策优化。为实施科学合理的国民经济政策，实现国家治理体系和治理能力现代化，需要运用实证研究方法，科学地评估各项政策产生的效应。第 8 章介绍了几种基于“准实验”的事后政策效果评价方法，主要用于评估已实施政策的效果，但对于尚未实施的政策或干预，由于政策尚未实施无法获得观测数据，上述方法就力所难及了。“事前政策评价”是指评估贯穿政策执行全程，结合事前、事中和事后评估方法，及时根据评估反馈调整、优化政策实施与执行。对于尚未正式成为公共政策的潜在有效干预进行事前政策效果评估是意义重大的，它可以帮助政策制定者在正式实施政策之前发现潜在的问题和挑战，降低政策实施

的风险，确保政策在实施后能够达到预期的目标，提高政策的效果和成功实施的可能性。本章介绍两种前沿的事前政策评价方法：随机实地实验和结构模型估计。

9.1　随机实地实验

2019 年的诺贝尔经济学奖颁给了三位致力于采用随机实地实验研究的经济学家[阿比吉特·班纳吉（Abhijit Banerjee）、埃丝特·迪弗洛（Esther Duflo）以及迈克尔·克雷默（Michael Kremer）]，他们的研究“大大提高了我们应对全球贫困的能力。在短短的二十年中，他们基于实验的新方法改变了发展经济学，如今这已成为一个蓬勃发展的研究领域”[①]。随机实地实验在国外被广泛应用于移民政策、税收政策、信息法律、教育政策、社会保障、贫困等领域。在我国的国民经济分析中，随机实地实验方法的应用还不广泛，主要聚焦于农业、健康、教育等民生领域。

9.1.1　随机实地实验的基本原理

1. 随机实地实验的起源和含义

随机实地实验的起源，可以追溯到在医学、自然科学和社会科学研究中的随机对照试验。随机对照试验一直在医学和自然科学中被认为是最有效力的实验研究方法之一，也是因果推理的理想形态。随机实地实验借鉴了随机对照试验的基本思路，但与随机对照试验不同的是，国民经济分析中的随机实地实验的实验场景是在真实的社会生活中，即通过对真实世界的人群或事件进行合理随机分组，对各实验组进行不同的干预，进而观察各组间的差异，从而得出结论。

在 20 世纪 60 年代，美国和欧洲开始把随机实地实验引入到社会实验中以解决医疗卫生服务、福利政策以及教育等问题。最近 10 多年，这一方法被引入到政策评价的相关研究中，并逐渐成为国民经济分析中重要的研究工具，现在这一方法在全球不同环境下被用于指导政策制定（Levitt and List，2009）。

随机实地实验是实验经济学方法中的一种。到目前为止，实验经济学主要发展出了实验室实验和实地实验这两大类别，这两种方法相辅相成，推动了各自的发展，同时也存在各自的优点和缺点。实验室实验在操作上比较简单便捷，但在保证外部有效性方面存在不足；而实地实验在确保外部有效性方面表现出显著的优势，但在实施过程中较为复杂。实地实验进一步被细分为人工实地实验、框架实地实验和自然实地实验等类型。人工实地实验类似于把实验室的游戏搬到实地的工人、农民或者管理者中去，是在现实社会中完成实验室实验设计，其中的实验情景是完全人为设计出来的，并非自然生成。框架实地实验则指在现实的环境中针对实地的参与者探讨现实的行为、信息、影响效果等的实验，但参与者对实验开展是知晓的。自然实地实验则在框架实地实验的基础上更加贴近现实，参与者不知道实验的开展。框架实地实验和自然实地实验的核心区别是实

---

① 瑞典皇家科学院 2019 年诺贝尔经济学奖颁奖词。

验被试是否知情。由于这三类实验都具有随机安排干预措施的特点，因而都被称为随机实地实验（陆方文，2017）。

2. 随机实地实验进行政策评价的基本方法

随机实地实验基本过程一般包括五个步骤。第一步是明确政策目标和实验对象，即梳理政策实施需要达到的目标，并依据目标来选择适合研究目的的参与者。第二步是选择随机方法进行随机分组。实验者需要将实验对象随机分配到一个控制组以及一个或多个实验组。随机分组的目的是通过消除实验前不同组别之间的系统性差异以实现可比性。第三步是开展实验干预。在这一步中，控制组保持自然状态，而实验组则会受到明确界定的干预措施的影响。干预措施可以是现实当中已有的政策，也可以由研究人员自己创新设计。第四步是收集实验数据。这可以通过多种手段实现，包括问卷调查、实地观察、经济学游戏等。第五步是进行数据分析，并得出评估结论。

1）明确政策目标和实验对象

所有的政策出台都有其目标与使命，公共政策评价前首先需要明确政策目标以及评估的关注重点，这决定了后续评估方案诸如样本选择、随机方法和指标构建等方面的设计。随机实地实验对政策的评估不是就“政策是否有效”这一直觉的问题给出简单的“有效”或“失效”答案。实验评估要求不仅能够回答政策干预是否有效，而且能够回答政策在何种程度上有效，更重要的是能够回答政策为什么有效、为什么失效，以及对比相似的政策干预回答哪种干预最有效的问题。因此，政策干预的设计需要在实验实施前就充分地考虑有效性和可行性。在有效性方面，需要设计出具有现实有效性的政策干预措施；在可行性方面，要求这些干预措施在现实中是潜在可推广的，成本和收益必须是社会可接受的。理想的实验设计应包含不同强度的政策干预措施，用低强度去尽可能满足可行性，用高强度去最大限度测试有效性。

在设计实验方案时，需要考察实地背景，明确实验对象。第一需要确定实地是否存在预设的问题。如果实际情况已经相当优化，就没有必要进行进一步的干预。第二需要了解当前存在预设问题的原因。对原因有所了解，有利于设计政策干预措施和理解干预措施的作用机制。第三个考量是判断这些措施是否能够解决预设的问题，并探讨可能的作用机制。在此过程中，建立政策的因果链显得尤为重要，因为这关系到评估是否能揭示政策投入与产出之间的内在联系。第四个考量是评估实地背景是否适宜进行干预。需要具体分析干预手段和媒介是否能有效实施。特别需要注意的是，控制组与实验组之间是否能有效隔离，以及如何避免或评估它们之间的溢出效应。

在评估方案设计前，协调评估可使用的各项权限与资源、明确评估中各部门的分工也是必要的准备，只有充分将评估目标与各部门接受评估的意愿相结合，才能确保评估的顺利开展与实施，这是随机实地实验与其他评估方法的不同之处。美国一些早期的社会实验，如住房搬迁项目、健康保险实验以及工作搜寻与援助项目等大型的公共政策评价均由政府主导发起，学者和研究机构以评估者的身份受托进行评估方案的设计和评估分析。许多发展中国家也不例外，墨西哥的 PROGRESA 项目（Program for Education, Health, and Nutrition，教育、健康与营养计划）和随后在拉丁美洲进行的条件性转移支付政策干预项目均由政府发起和资助，这些评估得到的宝贵经验对当地人力资本积累与经济发展产生了深远的影响。

2）选择随机方法进行随机分组

在充分的前期讨论与准备后，评估进入了方案设计阶段，这一阶段是随机实地实验技术性的集中体现，包括随机单位的确定与随机化的实施、实验组与控制组的设计。标准的随机实地实验包括两步随机，第一步随机是在政策受众中随机选择接受评估的样本，以保证政策效果评估的外部有效性；第二步随机是在评估样本中随机地分配政策干预，实现政策实验组与控制组的随机化，以保证政策评价实验的内部有效性。

随机实验中的随机方法可以大致分为三种。第一种是简单随机分组。这种方法不考虑样本特征，直接进行随机分组。首先生成一组随机数字，然后按照这些数字对实验对象名单进行排序，得到随机排序的名单列表。根据需要，可以将实验组和控制组平均分配，或按照设定比例进行划分。简单随机分组的优点在于简单易行，但缺点是可能导致分组后各组样本的可比性不好，特别是在样本较小或差异较大的情况下。第二种是分层随机分组。这种方法首先根据个体特征进行分层，然后在每个小组内部进行随机分组，最后将各小组的实验组和控制组合并成总体的实验组和控制组。第三种是匹配随机分组。这种方法是将每两个个体中的一个实验组个体和一个控制组个体随机匹配。匹配随机分组本质上是分组随机的极致形式，在小样本的随机分组中具有重要的应用价值。

随机实地实验不仅仅是简单地将实验组和控制组区分为“有”政策干预与“无”政策干预，还可以根据不同政策内容或政策强度划分多个实验组，进而评估并比较不同政策内容的政策效果。比如一度成为美国历史上规模最大、耗资最高的“兰德健康保险实验”将不同健康保险计划的价格和服务设置为 14 项不同的保险计划，后来又合并为 4 类计划，7700 多名参与实验的民众被随机分入 4 种价格和服务不同的健康保险计划中。

专栏 9-1 兰德健康保险实验

美国联邦政府在健康和卫生方面的作用经历了一个发展变化的过程。20 世纪 50 年代，政府政策的主要关注点相对局限，主要集中在公众健康测度、支持公众健康计划、支持生物和医学方面的研究，当时的范围是比较狭窄的。随着人们对健康问题的关注和联邦政府在这方面的权力的扩大，联邦政府制订一系列关于健康、医疗卫生的政策。但与此同时，政府又比任何时候更加需要健康方面的咨询建议，尤其突出的问题是，医疗应该是免费的还是应该由个人支付一定费用，到底哪一种方式更有效和更有利于建立良好的医疗体系呢？1971 年，政府委托兰德公司进行了一项长期性的、综合性的研究，这就是有名的兰德健康保险实验，专门研究上述问题。

实验的参与者来自美国六个州的六个社区，包括加利福尼亚州、俄亥俄州、科罗拉多州、佛罗里达州、新泽西州和梅里兰州，总共涵盖了近 7000 个家庭，超过 22 000 名成员。这些参与者被随机分配到不同的保险计划组，包括自费支付、传统保险以及各种形式的预付费保险。在具体支付方案设计中，自付比例包括了 25%、50%和 95%；

最高自付限额包括占参保家庭年收入 5%、10%和 15%的比例，最高限额 1000 美元。不同的自付比例和自付限额改变了人们的医疗费用和就医行为。

研究人员通过对参与者进行长期的跟踪观察，记录他们的医疗消费、就医行为、健康状况等信息，并与不同保险计划组进行比较。这样的设计使得研究人员可以准确评估不同保险制度对个体的影响。

实验表明，在免费服务系统中，全部免费医疗和由被试者负担一定费用的医疗对健康水平都没有影响，也就是说，两种保险计划都能达到同样的健康水平。但是，在全部免费的医疗保险计划中，一些医疗服务是被去除了的。这种结果告诉政府，如果向人们表明增加医疗费用额不会导致较差的健康水平，就能说服人们支持重建私人保险业，并且对非免费的医疗系统进行管理，会有益于提升整个国家的健康水平。

实验的结果带来了一些重要的发现。例如，相对于自费支付组和低保费组，预付费保险组在医疗消费方面有较高的支出，但并未表现出更好的健康状况。此外，实验还揭示了医疗保险计划对就医选择、药物使用、预防保健等方面的影响，为政策制定者提供了宝贵的数据支持。兰德健康保险实验为医疗保健政策制定者提供了重要的参考。它强调了保险制度对个体激励和行为的影响，并帮助了解不同保险制度的优缺点。然而，实验也存在一些限制，如实验时间较短，无法涵盖所有可能的情况等。兰德健康保险实验为经济学家和政策制定者提供了关于医疗保险市场运作和优化的重要见解，对于推动医疗保险领域的改革和发展具有积极的影响。

3）开展实验干预

对政策干预展开实地实验的时候，首先需要确定实验所需的样本量，样本量与分析误差紧密相关。在一个实验组和一个控制组的简单对比分析中，干预措施的效果可以由 $Y_i = \alpha + \beta T_i + \varepsilon_i$ 方程中的 β 表示，在独立同方差性的假设下，$\hat{\beta}$ 的方差可以表示为：$\mathrm{Var}\left(\hat{\beta}\right) = \frac{\sigma^2}{\mathrm{SST}_T} = \frac{\sigma^2}{N \times \mathrm{Var}\left(T_i\right)} = \frac{\sigma^2}{NP\left(1-P\right)}$（$\mathrm{SST}_T$ 表示总离差平方和，数学表达：$\mathrm{SST}_T = \sum_{i=1}^{N}(T_i - \bar{T})^2$）。其大小受到误差的方差 σ^2、实验组样本占总样本的比例 P 和样本量 N 的影响。减小 $\hat{\beta}$ 的方差，主要有三个方式：一是通过增加控制变量来减小 σ^2。二是确定合适的实验组占比 P。实验组的比例（P）和控制组的比例（$1-P$）对方差的影响是一样的，如果二者的实验成本是相似的，那么 P=0.5 的时候 P（$1-P$）取最大值；如果实验组的成本远大于控制组的成本，那么可以适当地调整控制组的大小，$\frac{P}{1-P} = \sqrt{\frac{C_c}{C_T}}$，其中，$C_c$ 和 C_T 分别是控制组和实验组每一个样本的成本（Duflo et al.，2007）。三是确定足够的样本量 N。给定干预效果 E，使用通常的 0.05 的显著性水平和 80%的功效，拒绝 E=0 的虚拟假设要求 $N \geqslant \frac{7.84\sigma^2}{E^2 \times P\left(1-P\right)}$。上述公式中，干预效果 E 取决于对干预效果的预估，P 根据实施成本设定，σ^2 的值则有一定的复杂性。如果有前期数据基础，σ^2 可以明确地计算出来。如果不知道σ，经验而言，干预效果的大小一般定义：小效果0.2σ、中效果0.5σ、大效果 0.8σ。如果是在群体层面上进行随机分组，群体成员之间的相关性会使得σ迅速增加，对样本量会提出更高的要求（陆方文，2017）。

样本量确定后，政策干预的随机安排可以在两个层次上进行：一是个体层次，另一个是群体层次。以农村医疗保险政策的影响评估为例。假设当地还没有医疗保险，我们可以在家庭层次上进行随机干预，即把每一个村庄里的家庭分成有保险的家庭和没有保险的家庭；也可以在村庄的层面上干预，把村庄分成有保险的村庄和没有保险的村庄，在有保险的村庄里面的家庭就都有保险。究竟是以家庭为单位还是以村庄为单位做随机安排，需要进行至少四个方面的考察。第一，关于样本量的考察。如果以村庄为单位随机安排医保，需要很多的村庄实现随机分组的可比性，因为随机是大样本性质；同时由于同一村庄内部家庭之间的相关性，也需要更多的村庄确保估计的精确性。第二，关于溢出效应的考虑。如果有医保的村民会代没有医保的村民开药，那么就会导致医保的溢出效应；如果不同的家庭看同一医生，也会通过医生产生溢出效应。溢出效应会导致对比同一个村庄内部的村民无法准确地评估医保的效果。但如果村庄之间的溢出效应很小，应以村庄作为随机干预的单位。第三，关于干预措施实施的考虑。如果医保涉及特殊药品的供应或者不同表格的填写，让基层医生在不同的药品或者表格单据上来回切换可能很麻烦。因而，在干预的实施中，可能以村庄为单位在操作上更容易。第四，关于控制组家庭合作的考虑。以家庭为单位，同一个村庄内的控制组家庭更可能知道实验，可能会对调研人员产生敌视，也不利于收集控制组的相关数据。如果有若干个干预措施，他们可以并列实施或者是交互实施。

随机实地实验开展过程中需要遵守一定的伦理道德准则。第一，不能给实验对象带来直接伤害。这一要求非常严格，特别是对于涉及儿童和进入人体的实验，如食品、药品、注射等，实验对象必须完全知情并书面签署同意书。第二，实验设计应确保不对社会造成潜在的伤害。在规划实验过程中，必须考虑到可能产生的负面影响，并制定必要的预防措施及补救方法。例如，在一项涉及印度驾驶证的研究中，一些参与者利用实验提供的激励资金非法购买了驾驶证。这些不合格的驾驶员若上路驾驶，可能会对公众安全构成威胁。因此，为防止潜在的伤害，实验结束后，研究团队采取了回购这些驾驶证的措施。第三，不可以欺骗实验对象。经济学实验常常考察人们在面对现实激励时的反应，如果实验对象不把激励干预当真，就不能考察他们真实的反应（陆方文，2014）。第四，实验对象有权随时退出，不得被强制参加实验。无论实验对象是否事先知情并签署同意书，他们都有权选择退出实验。这一准则可以确保实验过程的自愿性和公正性。

4）收集实验数据

随机实地实验数据的收集包括干预前数据的收集和干预后数据的收集两类。干预前数据对随机实验具有以下四个方面的作用：一是在分组随机和匹配随机的情况下，为随机分组提供信息；二是通过干预前变量的可比性，验证干预措施安排的随机性；三是在结果变量回归分析中，增加控制变量有利于提高估计的精确度；四是检测在不同特征群体上的干预效果，探讨干预措施的异质性效果。干预前数据的收集可以通过基线问卷调查进行，但做一轮基线问卷可能会极大地增加成本，并且可能会改变被调查者的行为；

通过后期问卷来回顾，可以用于对干预前客观信息收集，特别是那些可以被准确回忆并且不容易受当前情境影响的信息。此外，合作机构出于业务等需求收集的行政性数据也是干预前数据的重要来源。例如，公安部门管理人口户籍数据、医院保留患者的医疗就诊情况数据以及银行的客户存贷款数据等，均属于行政性数据。干预后数据收集方法日益多元化。问卷是最常用的方式，此外还有实地检测以及各种经济学游戏。在收集干预后的数据时，非常重要的一点是确保控制组和实验组的数据收集方式完全一致。这是因为数据的收集方法本身可能会对结果产生影响。以一项研究为例，该研究探讨了印度尼西亚修路项目的影响，其中的一个干预措施包括预先通知参与者将加强审计。这种做法强调了在实验设计中保持收集方法一致性的重要性，以确保数据的准确性和研究结果的有效性。因为干预后数据也是从审计中得来，控制组的数据必须是在同种方式下收集。

实验方法在数据获取方面的优势突出体现在两类数据上：一类涉及微观个体行为与偏好，这类数据能够帮助政策制定者更好地理解政策效果，进而依靠推动民众个体决策的变化来实现政策发展的可持续。以就业帮扶政策为例，政策的成功与否取决于是否能激励帮扶对象主动寻找合适的工作岗位并成功就业。在一项研究中，通过评估秘鲁国家劳动局发送不同内容的帮扶短信对求职者的影响，研究发现包含丰富招工信息的短信能显著提升求职者对劳动力市场的信心。这种信心增强有助于求职者在决策上形成与市场现实相符的信念，从而促进劳动者与就业岗位的有效匹配，实现帮扶政策的初衷。在某些领域，如医疗、腐败与歧视等，传统调查方法无法有效获得个体微观数据，使得这些领域的政策效果难以通过传统评估方法进行测量。例如，在一个研究中，为了评估不同监督制度对资金挪用行为的抑制效果，研究人员通过测量村镇新建路段所用筑路材料的成本，并将这些数据与村镇负责人报告的建造成本进行对比，以此来测量当地村镇负责人的资金挪用水平。在另一项研究中，研究者采用实验方法来测量美国北加利福尼亚各县政府的信息透明度，他们通过向县政府发送电子邮件请求获取特定的行政信息，然后根据政府对公开请求的回复速度和完成信息申请的实际效率来评估各县政府的信息透明度。

5）进行数据分析、得出评估结论

对评估结果进行分析并形成最终报告是政策评价的最后一步，是评估所有前期准备与实验设计和执行的共同努力成果。与其他非实验评估方法相比，随机实地实验在评估时使用的数据与评估需求紧密贴合，政策产生的效果与政策投入之间的因果关系清楚，再加上实验设计时已经构建好数据结构和分析的框架，因此，与“准实验”方法相比，随机实地实验的结果分析比较清晰明确。政策效果的分析中，除了对平均处理效应的关注，对不同群体的异质性分析也是政策评价结果中备受关注的重点。

在数据分析时需要关注的一个问题是实验方案的不遵从问题。在评估方案正式实施时，严格的随机化方案在执行中会存在不遵从现象，进而影响到政策效果的评估。不遵从现象是指随机分配方案中属于控制组的样本错误地进入了实验组接受了政策干预，或是应该属于实验组接受政策干预的样本进入控制组没有接受干预，或二者兼而有之。根据不遵从现象的不同类型，可以选择不同的估计方式对“随机化”的不遵从情况进行“补救”。第一，可以完全按照评估方案的分组情况进行政策效果估计而不管实际政策干预分配情况，即估计意向处理效应（intention-to-treat effect，ITT）；第二，可以完全按照评估方案实际执行情况作为实验组与控制组的分组依据进行估计，即估计已干预效果（treatment on the treated，TOT）；第三，在不遵从情况较为复杂时，将评估方案中的分配方案作为实际分配的工具变量，估计政策的局部平均处理效应，TOT 方法可以被视为一种特殊的局部平均处理效应的估计。美国住房搬迁项目（Moving to Opportunity，是由美国住房和城市发展部设计的解决低收入家庭住房问题的一项社会实验，通过给居住在贫困社区的贫穷家庭发放租房补贴券，鼓励这些家庭向非贫困社区搬迁）最终的评估报告中同时汇报了政策的意向处理效应与已干预效果，而工作搜寻与援助计划项目的报告则主要汇报了政策的意向处理效应。

3. 随机实地实验进行政策评价的优势与局限性

1）优势

A. 实验设计的随机性

随机实地实验的一个核心环节是进行随机分配，随机分配使得控制组和实验组在期望上都能代表整体，实现可比性。如果没有干预措施，控制组和实验组无论在过去还是在潜在的未来都是可比的，因而，在干预实施后控制组和实验组之间的差异都可以归因于干预措施。控制组和实验组安排的随机性，为实验结果的可信性提供了有力的保障。“随机化”的实现使得随机实地实验能够根据政策评价情况设计出多种“反事实”，对政策机制予以识别。相比之下，即使“准实验”能够控制好政策实验组与控制组之间的“随机”，如果缺少第一步随机也可能会造成政策评价的外部有效性不足。

B. 评估政策的广泛性

“准实验”对政策的机制分析依赖于前提假设，可用于检验预先假设的政策机制；随机实地实验通过不同的设置既可以识别预先假设机制带来的政策效果，也可以由结果反推预期之外的机制。因此，随机实地实验评估范围更为广泛，既可以评估已出台的公共政策，还可以评估尚未正式成为公共政策的潜在有效干预。“准实验”将政策看作一个外生事件，并通过一定假设将政策的发生看作一个“随机实验”，因此，“准实验”往往只能沿着研究设计的逻辑链条验证预期的政策效果是否实现，政策效果是否依据先前假设的机制实现。对于假设之外的政策作用机制，“准实验”方法是很难涉及的。

C. 评估政策的实时性

“准实验”评估在政策发生之后，评估对象是已经实施的公共政策，属于事后评估；随机实地实验评估贯穿政策执行全程，结合事前、事中和事后评估方法，可以及时根据评估反馈调整、优化政策实施与执行。服务于政策评价的随机实地实验方法要求评估方案与现实世界紧密相连：在政策评价开始前，评估者需要梳理和判断评估中紧急、核心的问题，确定评估中所需识别的关键机制，分析和预测政策的预期效果，评估者只有在政策开始前与政策执行者、政策利益相关者和潜在政策受益者开展深入的访谈才能获知将要评估政策的全貌，进而在方案中瞄准最核心的问题予以识别并进行影响评估。在政策执行中，随机实地实验也可以通过比对实验组与控制组监测政策的执行情况，及时发现实验组在政策实施中的问题并予以调整。

D. 评估数据的创造性

相较于“准实验”，随机实地实验的数据获取更具主动性和创造性，基于评估的框架和目标，随机实地实验可以较为灵活地设计并获取评估所需要的指标和数据。一方面，随机实地实验赋予了评估者一定的数据使用权限，尤其在政府主导或支持的政策评价中，评估者可积极主动获取并整合行政数据与政府内部数据，既有效减少数据获取成本，提高信息利用率，两类数据相互佐证又能进一步提高数据的可信度。另一方面，随机实地实验具有“实验”的特征，能够主动设计并创造性地获取一些非常规的数据指标或与个体行为特征相关的指标。

2）局限性

A. 霍桑效应

霍桑效应（Hawthorne effect）是指在实地实验或观察研究中，被研究对象的行为或表现会因为知道自己正被观察而发生改变的情况。这种改变不是由于实验变量或研究对象本身的特质，而是由于受试者意识到自己正处于实验条件下而产生的。霍桑效应的产生可以归因于以下几个原因。①关注效应：受试者知道自己正被观察，因此可能会更关注自己的行为和表现，以符合他们认为研究者期望的态度或行为。②社会适应性：受试者希望给予积极的反馈，以增加自己的社会接受度或获得奖励。他们可能会改变自己的行为，使其看起来更符合社会期望。③实验者效应：研究者可能通过非语言和语言暗示传递信息，导致受试者感知到自己需要改变行为或表现。为了解决霍桑效应问题，可以采取以下四种措施：第一，尽量保持受试者的匿名性，使其不知道自己的行为或数据如何被记录和分析，以减少他们的意识影响；第二，将实验场景设计得尽量接近真实生活情境，以便受试者更自然地表现，而不是感到异常或特别受关注；第三，多个独立的观察者进行观察或评估，可以减少单个观察者的影响或偏见；第四，增加观察期限，使受试者逐渐适应实验条件，从而减少初期的行为改变。

B. 一般均衡效应

随机实验往往采用的是小规模实验设计，主要捕捉的是局部均衡效应。例如，在一项关于哥伦比亚学费优惠项目中，研究者通过对比通过摇号获得和未获得学费优惠的学生在未来的学习和收入上的差异，展示了典型的局部均衡效应。然而，从一般均衡的视角来看，还需要考虑其他因素。比如，学费优惠项目的存在，可能会激励所有学生更加努力学习以满足优惠资格；同时，资助学生进入私立学校可能会导致公立学校生源流失，这些都是需要进一步探讨的广泛影响。关于一般均衡的问题，并非实验所特有，很多实证分析都存在类似的问题。比如，探讨医保对健康的影响，很多实证研究在有医保的家庭和没有医保的家庭之间做对比。当一个地区医保比例增多，医生会增加设备等投入，也会影响没有医保的患者，因而在地区层面上做对比，才能够体现出一般均衡效应。

C. 实验结果的外部有效性

随机实地实验的外部有效性表现在三个方面。第一，从实验人群向社会大众的外推问题。这个问题通常发生在框架随机实地实验中，自然随机实地实验一般不会存在这个问题。在框架实地实验中，常常需要实验被试者签署同意书。如果实验在这些人身上的效果和在其他人身上不一样，就会产生从实验人群向社会大众的外推问题。这一潜在问题的一个解决办法是调整实验设计、减少样本的选择性，另一个解决方法是记录可能影响样本选择性的变量，探讨实验人群在这个变量上的差异是否会影响实验结果，从而给实验结果的外推提供判断。第二，从一个人群到另一个人群的外推问题。这个问题主要是指经济水平社会文化等因素差异导致同样的干预措施在不同地方的效果不同。要想减小该外推问题，一般有两个思路：一是采用更广泛更具代表性的实验地点和实验人群，当然，这不可避免地会带来实验成本和操作难度的增大；二是收集可能影响实验效果的背景变量，做差异性分析，增强实验结果解释的广度。第三，从小规模实验向大规模政府政策的外推问题。这涉及研究人员实施和公职人员推广的差异问题。在印度尼西亚修路的实验中探讨审计的作用，实验中设计者自己聘用了审计人员，从而确保审计人员能够认真客观地审核；但政策推广时，审计人员甚至可能主动寻租。这个问题要求实验不能仅仅满足于做简单的项目评估，还要研究影响结果的核心机制。

4. 随机实地实验进行政策评价的中国实践

迄今为止，在我国公共政策评估中应用随机控制实验的研究还相对较少。早期的研究通常通过随机实地实验对已经实施的政策进行事后评估。例如，有研究评估了校园营养餐政策对寄宿生人力资本发展的影响，以及“4+1”培养关爱模式①对留守儿童心理健康的影响。近年来，出现了一些运用随机控制实验对潜在有效的政策干预进行尝试性探索和评估的研究，主要集中在农业、健康、教育等民生领域。例如，在中国秦巴山区，通过“养育师入户亲子指导”的随机干预实验，探索促进儿童早期人力资本发展的有效政策干预方法。此外，还有研究在甘肃进行了大规模的为儿童提供验光配镜的项目干预，以及在西北地区通过现金激励提升儿童血红蛋白水平的措施。这些研究不仅关注儿童教育和健康问题，也针对中国人口老龄化及老年人健康照料问题，如研究在宁波和重庆开展的慢性阻塞性肺疾病预防性干预的疫苗接种效果，探讨其对老年人照料需求和照料模式选择的影响。

上述研究集中于教育、健康等人力资本领域，随机实地实验在我国国民经济其他领域的应用则非常有限。这主要是由于，一方面，国内学者缺乏与政府和非政府组织的合作。将随机控制实验用于一项大规模公共政策评估时，首先需要明确评估主体。而在我国，政府是评估主体的最佳选择，评估的开展必然离不开政府部门的主导和支持，因为从前期准备到设计评估方案、执行评估计划直至最后完成评估报告都是一项极为复杂、系统而科学的工程，整个环节需要统筹各部门资源，获取相关部门的配合和支持，无论是人力、物力还是财力的消耗都非常之大，而这些都非研究者单独行动所能完成。另一方面，运用随机控制实验进行公共政策评估一般时间跨度较长，尤其涉及长期效果的考察和追踪，耗时数年到数十年不等。例如，美国的住房搬迁项目评估，实际追踪长达近 20 年；工作搜寻与援助计划项目评估也开展了近 10 年。这些评估历时之久，耗资之大，导致政府的支持与配合意愿较低。尽管受上述条件限制，随机控制实验尚未在国内政策评估实践中得到普遍重视和广泛运用。但不可否认，当前诸多研究以丰富多样的干

① “4+1”培养关爱模式是重庆地区针对农村留守儿童的一项教育实验项目，包括思想品德教育、人格品质教育、心理情感教育、行为养成教育“4”大教育维度以及“1”项健康保障。

预方式将随机控制实验用于我国已有政策与潜在政策干预的评估实践，为我国未来政策评估方案的设计与实施、评估数据的处理与分析等都积累了宝贵经验；并且，各类研究所涉领域广泛、情境多样，也充分体现出随机控制实验在我国未来公共政策评估中运用前景广阔，大有可为。

9.1.2 随机实地实验进行政策评价的应用实例

1. “逢迎行为”与工作绩效

1）问题的提出

由于缺乏反映个体工作表现的一致可比的客观指标，主观绩效评估在私营和公共部门（中国和很多其他国家都如此）都非常常见，这一考核方式一定程度上可以有效减缓“信息不对称”问题，进而改善“委托-代理”合同设计；但主观绩效评估也可能为下属的“逢迎行为”大开方便之门，从而激励代理人将部分时间和精力放在去迎合考核者的偏好、而非提高（委托人看重的）实际工作表现。

“逢迎行为”（influence activities）是指在广泛提及的直接行贿或输送其他私人利益等方式之外，下属为了提高自己在主观绩效评估考核中的评分，将更多时间和精力用于影响负责考核的上级领导的主观评价上。这种行为可能背离了组织（委托人）的目标但行为本身是有一定实际意义的，比如下属更积极主动地完成考核领导所安排的工作或更加积极主动地参与考核领导所倡议或启动的项目或在考核领导更加看重的能力或态度维度上提升和改进等。但有时这种行为可能毫无意义，比如下属分配大量精力去溜须拍马、“投其所好”、为考核领导处理很多工作以外的其他事务等。

尽管有不少文献从理论上探讨了“逢迎行为”的前因和后果，但相关方面的经验证据非常缺乏。这主要是因为这种行为本身不容易被观察到，且即使被观察到之后也很难被界定为逢迎行为（例如，下属可能仅仅只是想表现出待人热情真诚的一面，而不是为了提高自己的考核成绩）。因此，界定“逢迎行为”并研究其后果在实证上非常困难。de Janvry 等（2023）发表在《美国经济评论》（*The American Economic Review*）的论文采用随机实地实验的方法研究了“逢迎行为”对工作绩效的影响。

2）政策背景

2006 年人力资源和社会保障部推出“三支一扶”项目。在这一项目中，大学生毕业后可以通过考试被选聘为临时基层公务员，服务于乡镇政府、乡镇小学和乡镇诊所等基层组织。大学生基层公务员的日常工作和正式公务员几乎一样，唯一的区别在于大学生基层公务员是和省政府签订了为期两年的合同，在服务期结束后省政府会依据主管考核领导的主管绩效评分决定是否留任转为正式编制，而正式公务员则是已经拥有正式编制的。

在党政双重领导的治理结构下，基层机构的两位领导都有可能是大学生基层公务员的监督人和评价人。根据“三支一扶”的评估制度，当省人力资源部门首次将一名大学生基层公务员分配到一个乡镇时，他会被明确告知，人力资源部门已经指定两位领导中的一位作为评估者，负责在年底对他的工作表现进行评估。评估结果将决定大学生基层公务员能否在完成两年任期后获得永久合同。然而，大学生基层公务员是为整个组织工作，而不是为特定的评估者工作，这意味着他要对两位领导分配的工作任务做出回应，尽管其中只有一位对他的评估结果有影响。

3）实验设计

2017 年，实验在中国的 A 省（沿海发达省份）和 B 省（内陆低收入省份）800 多个乡镇展开，对 3785 名大学生基层公务员依据“是否提前告知主管考核领导身份”进行随机分组。研究团队分析了随机引入的两种不同的考核机制。第一种为“事前已知”考核安排：下属从开始工作时，就知道谁是其工作绩效的考核领导。第二种为“事后抽签”考核安排：下属开始工作时并不知道谁是其工作绩效的考核领导，考核领导是在年终时进行抽签决定的。相对第一种安排，“事后抽签”引入了考核领导的不确定性。

两种不同考核机制的分配在工作单位维度是随机的（每个单位选取相同的考核机制），并且评估者身份也是随机确定的。除了进入“三支一扶”项目且被分配到第一种考核安排的参与者外，其他人（包括评估者自己以及参与者的同事）并不知道评估者具体是谁。主管考核领导于 2018 年 1 月对大学生基层公务员的工作进行绩效考核并给出评分。为了更为客观地衡量基层公务员的工作表现，在实验开始前和结束后还进行了非考核领导与同事的评价调查和实验参与人的自评调查，并通过行政数据搜集了实验参与人最终的工作去向和他们在服务期的工资水平。实验设计见表 9-1。

表 9-1　实验设计

	分配方案	
	事前已知（对照组）	事后抽签（实验组）
总参与者	3785（两省 2016 年、2017 年所有“三支一扶”人员）	
占总参与者比例	2/3	1/3
评估标准	评估者和同事评价（1～7 打分，越高代表表现越好）、工资	

4）实验结果

研究发现，在“事前已知”组中，事前被确定为负责考核的上级领导相比另一位上级领导对相应下属给出了明显更为正面的评价。同时，下属的确会将更多时间和精力用于负责考核的上级领导所交派的工作，倾向于认为负责考核的上级领导交派的工作任务更重要，在负责考核的上级领导更为看重的能力和（或）态度方面的进步更明显。这证明了基层公务员的确存在“逢迎行为”。在“事后抽签”组中，两位上级领导对相应下属的评价没有明显不同。这说明下属一旦不知道考核领导具体是谁，逢迎行为会明显减少。更为重要的是，研究发现，“事后抽签”组的下属选择更加努力工作、将更多时间和精力用于组织（包括两位上级领导）都看重的能力和（或）态度方面，由此对应其在一系列工作绩效评估指标上都有更好的表现（包括两位领导的评价、同事的评价、绩效工资、加班等）。

上述研究结论不仅为各类组织机构设计管理绩效评价体系提供了重要的决策依据，也凸显了中国党政双重领导所具有的制度优势。由于党政双重领导的存在，基层公务员会把更多精力投入到对组织整体有利的方面，而非单独去逢迎单一领导偏好。此外，为了进一步发挥党政双重领导的平衡牵制的作用，可在基层考核中引进随机机制，这对于提升整个体制运转效率、实现组织目标而言有重要意义。

2. 老年健康与照料需求

1）问题的提出

中国人口结构在迅速老龄化，同时伴随着严重的高龄化趋势。高龄人群是失能失智的高发人群。曾毅等（2012）的研究表明，我国 21 世纪上半叶，生活自理能力残障老人增速明显高于整体老年人口，残障老人家庭照料成本总额占 GDP 的百分比增速很快。根据联合国的预测，中国 80 岁以上高龄老人将从 2010 年的 2000 万增长至 2050 年的 1.34 亿（United Nations，2022），由此将带来庞大的照料需求。在影响照料需求的所有因素中，老年人的健康状况毫无疑问是最关键的因素之一。健康与养老二者关系究竟如何？健康以及相关的健康干预政策如何影响老年照料需求？健康和健康政策对家庭非正式照料和社会正式照料各有什么影响？这些问题具有重大理论价值和现实意义。

然而，科学地回答这些问题绝非易事。健康和照料之间存在着显著的双向因果关系，导致很难找到恰当且有力的识别策略。一项研究采用了完全随机对照试验设计，通过一项大样本的针对慢性阻塞性肺疾病患者的干预实验，随机选择实验对象并注射疫苗（流感疫苗或/和肺炎疫苗），外生影响老年人健康状况，然后观察相对于控制组，实验组家庭中老年照料需求的反应。随机对照试验在很大程度上克服了样本选择偏误、遗漏变量、双向因果等内生性带来的估计偏误，有助于精确识别健康对照料需求的因果效应。

2）实验设计

慢性阻塞性肺疾病是一种具有气流阻塞特征的慢性支气管炎和（或）肺气肿，可进一步发展为肺心病和呼吸衰竭的常见慢性疾病，在中国老年人中有很广泛的分布，也是导致失能的主要疾病之一。

该实验于 2013 年 10 月至 2014 年 10 月在宁波和重庆进行，考虑到城市间样本均衡，宁波和重庆每地抽取 936 个样本，分别占当地建档管理的慢性阻塞性肺疾病患者总数的 87%和 69%。实验首先在两个城市各选取 3 个国家级慢性病综合防控示范区；然后确定每个示范区抽取的样本数；再随机在示范区中分别随机选出 4 个居民小区。在样本小区内，采用整群抽样，随机将样本小区分为四组，其中前三组为实验组，分别接受流行性感冒病毒裂解疫苗（流感疫苗）注射、23 价肺炎球菌多糖疫苗（肺炎疫苗）注射和联合疫苗注射的干预；最后一组为控制组，不接受任何疫苗注射干预。值得注意的是实验没有在患者个体层面上进行随机分组，因为同一小区内部不同居民的随机分组极易造成信息的组间外溢。具体而言，在同一小区内，接种疫苗的老人或其家庭成员很可能会将疫苗相关信息（疫苗效果、副反应等）传递给控制组中的邻居。这样极易造成控制组中的样本在研究开展期间自行接种疫苗，从而造成研究设计上的混乱。

随机实验通过北京大学医学部伦理委员会批准，研究对象完全知情同意。在每个小区内选择具有疫苗接种等相关资质的社区医院完成疫苗接种干预和问卷调查工作。社区医生在 2013 年 10 月完成了实验组对象的疫苗接种和全部样本的基线调查工作，并分别在 2014 年 1 月、3 月、5 月和 10 月前两周完成四次跟踪问卷调查工作。

3）实验结果

该研究发现，在随机干预实验后，相对于控制组，实验组老年人的慢性阻塞性肺疾病自我评估测试得分显著下降，整体患病症状以及咳嗽、胸闷、气喘、活动、外出、精力等 6 项指标均显著改善。健康改善使得实验组老年患者所在家庭的总照料需求大幅度减少，健康干预政策有效减轻了老年家庭的照料负担。

除了分析老年健康和照料之间的关系，实验还进一步探讨了家庭在照料模式方面的选择。当老年人需要照料时，可以选择家庭非正式照料或正式社会照料，前者的成本是家庭成员的时间成本，后者的成本则是正式照料的价格。该研究发现，照料需求下降主要发生在社会照料需求下降方面，而家庭照料需求并没有显著变化。这是因为老年人在照料模式选择中存在“啄序偏好”：家庭会首先动用所有内部照料资源，然后再使用社会照料。在“啄序偏好”情况下，社会照料对健康敏感性更高，使得当健康状况改善后，社会照料需求迅速下降。上述发现表明，未来发展社会正式照料时应主要瞄准和解决内部照料资源较少的家庭。并且，当前我国老人社会照料的专业水平与家庭非正式照料的技术互补性还不够强，未来应着力提高社会照料与家庭非正式照料的技术互补，协同发展，提高社会照料的质量和效率。

3. 混合办公的效果评估

1）问题的提出

混合办公是指员工部分时间到工作单位、部分时间以远程方式办公。早在新冠疫情之前，混合办公在国外就已非常常见；新冠疫情期间，混合办公发挥了非常重要的作用，并日益成为灵活就业的“新风口”。混合办公对个人、企业和社会都有积极的影响：对个人而言，混合办公可以减少员工的通勤时间，赋予员工工作上的灵活性和自主性，员工能够借助第三方平台进行项目协作，实现资源共享，还能拥有更多时间陪伴家人，提升幸福感；对企业而言，混合办公可以提高员工的满意度，降低固定办公成本，还可以打破招聘的地域限制，实现跨区域的人才选拔；对社会而言，混合办公可以减少交通堵塞，有望缩小市中心和郊区及周边地区的房价差距，混合办公还能让员工更灵活地安排时间，更好地平衡工作和家庭，在一定程度上缓解育儿压力。

但是，混合办公对企业经营效率的潜在负面影响也是非常明显的。第一，混合办公会无形之间将办公时间延长，使得生活和工作的界限逐渐模糊。第二，远程办公对于各类软硬件的支持要求大幅提升，因此，混合办公虽然能帮助企业节省一部分商业租金，但高昂的数字化投入又成为一项新的成本。第三，混合办公使得人与人缺乏面对面交流，可能会降低工作效率。

为了验证上述混合办公的正面效应和负面效应哪一个更占主导地位，携程公司内部进行了一项旨在研究混合办公效果的随机实地实验。

2）实验设计

携程公司是我国最大的在线旅游服务商之一，总部在上海，并在 16 个城市设立分支机构，拥有一万多名员工。为了验证混合办公是否能提高员工满意度以减少自然裁员和缓解招聘压力，以及回答在家办公效率究竟如何的问题，携程在两个部门（航空部门和 IT 部门）开展随机实验，评估混合办公模式。在这两个部门中，超过 70%的员工是技术员工，主要负责为网站编写软件代码，以及进行前端或后端操作系统的开发工作。其余的员工则专注于业务开发，与航空公司、旅行社或供应商洽谈开发新的服务和产品，从事市场规划和广告、营销活动，提供商业服务，处理一系列财务、监管和战略问题，涵盖了从应届毕业生到部门主管等七个级别的员工。实验随机选择了航空部门和 IT 部门 1612 名工程师、市场和财务人员周三和周五混合办公。其中，奇数生日者（每月 1 日、3 日、5 日……出生者）随机分配至实行混合办公的实验组，偶数生日者作为实验对照组，正常至办公室线下办公。

3）实验结果

该实验主要有以下四个发现：第一，从工作时间上看，工作时间小幅增加。在周三、周五，工程师、产品经理沟通频次会比平时多，他们有时还会在周末做一些工作。并且，在家办公时间内，程序员提交的程序代码数也比对照组要高。因此，实验发现，混合办公的工作效率、工作时间和工作的产量反而更高，至少跟在公司工作的情况是差不多的。第二，从个人工作绩效来看，公司领导对各自员工的绩效评价也基本没有什么变化。在家办公的员工评价和在公司办公的员工评价几乎一致，绩效考评方面，两组数据差不多。第三，从员工的满意度看，员工流失率明显下降了。实验组的流失率比对照组的流失率低了 30%。这种混合模式在优秀人才保留方面，具有很大的价值和意义。第四，从企业工作效率来看，混合办公的工作量其实是增加了，工作的质量有待观察。从实验数据看，工作效率并没有受到明显的负面影响。

考虑到提高员工保留率和工作满意度的好处，6 个月的实验结束后，携程在整个公司推广混合办公计划。但这一新型办公模式是否适合其他的行业和职业，还有待更多的研究加以验证。

9.2 结构模型

结构模型（structural model）是实证经济学的重要分支。该方法不仅有着坚实的经济学理论基础，同时综合使用各种统计和计量分析方法，在政策评价、福利分析与反事实模拟中均具有重要作用。本节重点介绍结构模型的概念、作用及步骤，并通过实例介绍结构模型在国民经济分析中的具体应用方式。

9.2.1 结构模型的基本原理

1. 结构模型的起源和含义

1）结构模型的起源

凯恩斯主义浪潮之后，大量计量经济学研究都围绕着宏观数据与宏观模型进行政策效应的评估，宏观政策的政策效应评估成为各国政府及央行主要的决策参考。但是，20 世纪 70 年代美国遭遇经济滞胀，传统的凯恩斯主义计量经济学方法不再能解释现实。针对经济理论界的这一现象，罗伯特·卢卡斯提出了著名的“卢卡斯批判”，认为凯恩斯主义的计量经济学方法忽视了经济主体预期对宏观经济模型参数的影响。

与当时盛行的凯恩斯主义计量经济方法不同，考尔斯基金会（Cowles Foundation）践行“理论与测度”相结合的信条，认为经济理论是实证分析的基石，数据本身并不会揭示任何经济现象背后的原理，力图建立以微观数据为基础的模型，并寻找模型中不随外部政策环境改变的结构参数，以回应“卢卡斯批判”，并扩展政策分析的外部有效性及预测能力。考尔斯基金会将以微观数据为基础，揭示选择、结果与环境间结构关系的模型称为“结构模型”。虽然结构模型在 20 世纪 70 年代后风行一时，诞生了如约翰·鲁斯特（John Rust）、肯尼思·I. 沃尔平（Kenneth I. Wolpin）、安格斯·迪顿（Angus Deaton）等著名的经济学者，但是随着简约式实证方法在经济学界受到广泛接受以及科学可信的因果推断方式的普及，结构模型在实证经济学中的地位受到了冲击。

2021 年哈佛大学经济学教授以赛亚·安德鲁斯（Isaiah Andrews）因其在结构模型领域的贡献而获得约翰·贝茨·克拉克奖，以表彰他在结构模型的参数估计和检验等方面取得的丰硕的研究成果，这标志着结构模型开始回归主流经济学研究者的视野。结构模型的求解方法进一步发展，以 Carroll（2006）的内生格点法（endogenous grid-point method，EGM）发展而来的一系列模型求解方法，如离散-连续选择内生格点法（Iskhakov et al.，2017）、N 维内生格点法（Druedahl，2021）、顺序内生格点法（Lujan，2023）等，都极大简化了模型求解过程，并有效解决了传统求解方法中非凸性等问题，节约了模型求解的时间成本。同时，得益于 Isaiah Andrews 提出的结构计量模型中的参数敏感性分析方法（Andrews et al.，2017），结构模型所估计参数的可信度大幅增加。越来越多应用结构模型进行研究的学术论文发表在国内外权威学术期刊上，研究领域包含了劳动经济学、公共经济学、国际贸易、区域经济学、宏观经济学等领域。

2）结构模型的定义

结构模型（或结构估计）是以经济学理论及其数理形式为基础，构建能反映一定经济现实的、包含一系列结构参数的模型，通过适当的统计方法寻找与现实数据拟合程度最好的参数并且根据估计的参数进行一系列经济分析的实证方法，是计量经济学中一个以方法论发展和应用为中心的分支学科。根据 Matzkin（2007）的定义，结构模型是这样一类模型：

$$\mathcal{M}(Y,X,\varepsilon;F,G)=0$$

其中，Y 为一系列可观测的内生变量所组成的向量（如选择、结果）；(X,ε) 为一系列既不是选择也不是结果的可观测的或者不可观测的变量；F 为一系列方程；G 为一系列描述随机变量分布的方程；$\mathcal{M}()$ 则描述了选择、结果间的结构关系。

根据如上定义，可以将结构模型分为建模与估计两个部分。从建模角度出发，需要确定函数 F,G 的具体函数形式，这就需要通过经济理论，结合经验事实，构建量化的经济模型，因此，结构模型是经验化的理论模型，其中经验化有三层含义：第一层含义指建模经验化，模型应包含现实的经验特征（如家庭在一生中收入的变动情况、宏观的经济增长率等），而不仅仅是对某种经济现实的抽象；第二层含义指模型的定量化，模型应刻画的是经济现象的定量特征（如消费、收入、财富、劳动时间等），而不是抽象的定性特征（如环境）；第三层含义指模型的参数化，模型应通过校准或者估计（estimation）的方式得到模型参数，而非通过数理推导求得模型的解，这也是结构模型与传统理论建模最大的区别之一。从估计角度出发，结构模型是估计结构参数的过程，与传统估计方式不同，结构估计中需要选择合适的数据特征（如矩、似然函数等）[①]以唯一地确定不随政策环境改变的结构参数。

2. 结构模型进行政策评价的基本步骤

结构模型是一套严谨的实证经济学方法论，为了正确地使用这一实证工具，需要按照如下步骤，实现建模、求解、估计、反事实分析的过程（图 9-1）。

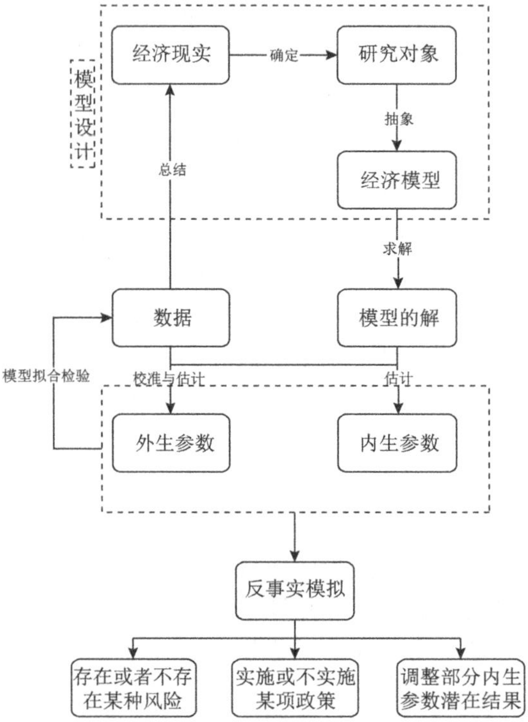

图 9-1　使用结构模型研究经济问题的流程图

1）模型设计

模型设计是建立结构模型的第一步。在构建结构模型之前，首先要明确模型要刻画的对象，也就是研究对象。要确定研究对象，首先需要发现经济问题，即发生在现实中的，影响人们经济生活的真实的问题。例如，医疗保险政策的改变是否会影响人们的储

① 所谓矩（moment）是对变量分布和形态特点的一组度量。n 阶矩被定义为一变量的 n 次方与其概率密度函数（probability density function，PDF）之积的积分。变量的一阶原始矩等价于数学期望（expectation）、二至四阶中心矩被定义为方差（variance）、偏度（skewness）和峰度（kurtosis）。所谓似然函数是一种关于统计模型参数的函数。给定输出 x 时，关于参数 θ 的似然函数 $l(\theta|x)$（在数值上）等于给定参数 θ 后变量 x 的概率：$l(\theta|x)=P(X=x|\theta)$。

蓄–消费决策，征收遗产税是否会影响不平等，关税政策的改变是否会影响一国的进出口状况及一国国内的福利状况等。这些经济问题一般是通过对特征事实的观察、分析发现的。在明确了研究对象后，需对感兴趣的问题进行抽象，即将研究对象参数化以便于建模，并结合经典经济学模型构建出能够正确刻画研究对象的结构模型。

2）模型求解

在完成模型的构建后，需要求解模型以便代入内生参数与外生参数。对于静态模型，一般需要构建拉格朗日函数求得最大化条件。对于动态模型，一般需要使用动态规划方法构建贝尔曼方程，或进一步求得欧拉方程，通过数值方法求解。

3）外生参数的估计与校准

所谓外生参数，即由宏观经济环境决定的，不受研究对象决策影响的参数，如总利率、收入冲击参数等。外生参数的处理方法分为两类，校准与估计。

所谓参数校准，即不使用统计方法估计参数，而使用现有文献中已验证过的参数作为模型的参数。例如，陈创练等（2023）在研究宏观审慎政策和货币政策如何配合促进财政政策提质增效的一般均衡模型中使用参数校准对家庭折现系数、资本产出弹性、政府投资产出弹性等参数进行赋值。一般而言，参数校准会在模型过于复杂无法求解或模型参数无法识别[①]的情况下使用，因此多见于复杂的宏观经济模型中（如 DSGE 模型）。

对于无法直接获得的参数（如收入波动参数、初始财富分布状况）则需要用统计方法估计。所谓参数估计，即综合使用统计方法首先得出相关数据的矩，再根据相关矩确定一组模型的结构参数。主要的估计方法有广义矩估计、最大似然估计、模拟矩估计等。

4）内生参数的估计

所谓内生参数，即影响研究对象行为的参数，如家庭的折现系数、风险偏好系数、消费与闲暇的替代率等。对于内生参数，一般需要结合模型与数据，使用最大似然估计、广义矩估计或模拟矩估计求得与数据最匹配的内生参数值。

5）模型拟合检验

在完成所有参数的校准与估计后，需要将模型模拟出的路径与现实数据的路径进行对比，以检验构建的模型能否刻画经济现实以保证之后的反事实分析的稳健性。

6）反事实模拟

根据研究的内容进行反事实分析，如关注养老保险政策对年轻时劳动供给的影响，此时可以更改养老金缴纳比例，观察模拟出的劳动供给数据与原始模型劳动供给数据的差异，明确养老保险费率变动对劳动供给的具体影响，包括影响程度、变化趋势以及边际效应。

---

① 这里的“识别”一词与常见实证研究中的“识别”存在区别，在使用回归模型进行的实证研究中，识别指的是寻找合适的外生冲击以排除自变量与因变量间潜在的反向因果、遗漏变量、样本自选择等问题，称为因果识别。在结构模型中，识别指的是经济学识别，即从数据中唯一地识别出具有经济学意义的参数，如识别出家庭的主观贴现率、家庭的风险偏好等。

3. 结构模型进行政策评价的优势与不足

1）优势

A. 能够进行反事实模拟并得到量化的政策效果

将已经实施的政策（或项目、冲击）形成的结果称为事实，那么反事实就对应着在相同条件下对应政策（或项目、冲击）未实施时形成的结果，比如，以“新农保”[①]为例，对于受新农保政策影响的居民而言，反事实就是指新农保没有推出下的状态。传统的基于回归模型的实证分析方法无法在保持其他条件不变的情况下单独改变政策相关的参数，因此反事实模拟是结构模型最重要的作用。反事实模拟是建立在正确估计参数之上的，在完成参数的估计与校准后，所获得的参数便可以称为事实，即反映现实中研究对象所处的状态，而反事实即在保持其他参数不变的前提下，根据研究的问题改变某个或某些（内生、外生）参数，构建一个除改变的参数外其他条件保持不变的研究对象，以此规避其他条件对于研究结果的影响。具体而言，假设估计了代表性家庭的生命周期模型，得到了正确的折现系数与风险规避系数，同时又有某项政策同时影响了折现系数与风险规避系数，为了分解这项政策对家庭一生消费的影响，可以固定折现系数，单独改变风险规避系数，并观察新模型生成的消费路径，求得一生平均消费，并与基准模型的一生消费对比，达到分解政策效应的目的，从而可以得到量化的政策效果，大大增强了政策事前评价的准确性。

B. 能够对未发生的政策进行政策分析

不同于事后政策效应评估框架，结构模型不仅可以评估已有政策的政策效应，还可以通过反事实模拟估计未发生的政策的效应，并选择最优政策。如所得税政策与养老金政策，传统的因果推断方法可以借助外生冲击估计已有税率与养老金政策调整在政策实施前后对消费、劳动供给等的边际效应，但是无法回答政策调整对于家庭或个人生命周期内消费、劳动供给、人力资本积累的影响，也无法估计现有政策是否能够最大限度地实现政策既定目标，如长期内提高消费、促进劳动供给。Iskhakov 和 Keane（2021）使用结构模型估计了澳大利亚所得税税率与养老金缩减率（taper rate）[②]对于家庭生命周期消费、劳动供给以及人力资本积累的影响，通过调整所得税税率与养老金缩减率模拟未发生的政策，他们发现澳大利亚当前的养老金系统精准度较差，没有较好地服务于低收入群体，并建议将养老金缩减率提高一倍，将所得税税率降低 5.9%将在保持政府预算约束的前提下实现帕累托改进。

C. 能够进行福利分析

结构模型以效用最大化为基础进行建模，因此，在求解模型后，可以使用反事实分析模拟不同政策（或项目、冲击）下的福利状况，为政策调整提供量化参考。回归模型可以使用代理变量（如主观幸福度）评估福利情况，但是由于代理变量常是主观指标，无法客观、定量地进行福利分析。与回归模型不同，由于结构模型在构建中大部分都需

---

① 即新型农村社会养老保险。

② 即当退休时资产超过特定门槛值时，养老金减少额与超过的资产的比率。

要引入效用函数与值函数[①]，因此具有客观的、可量化的福利指标[②]，能够使用这些指标客观地评估福利效应，寻找潜在的帕累托改进。

2）不足

A. 结构模型建模难度大

与简约式方法相比，使用结构模型研究某一类问题时并不存在统一的模型，需要根据研究的具体问题建模，建模难度大。其中还需涉及是否需要加入不确定性、是否引入动态过程等讨论，前期工作量显著高于简约式方法。

B. 结构模型求解难度大

与纯理论模型相比，很多结构模型并不存在解析解[③]，需要通过数值方法求解，但是由于结构模型在建模时模型差异较大，因此需要根据具体模型设定求解方式，对于编程能力有较高要求。

C. 结构模型使用领域存在限制

与 DSGE 模型相比，结构模型关注的是局部均衡，一般不进行一般均衡分析，一般仅在涉及区域问题、国际贸易问题时会使用一般均衡，且研究对象与 DSGE 模型所关心的就业、通胀等存在较大差异。同时，相较于简约式方法，结构模型更适用于理论较为成熟的研究领域（如消费理论、人力资本理论、投资理论等），使用范围较简约式方法更窄。

D. 内生性问题

所谓内生性，即计量经济学中所说的自变量与随机扰动项相关造成估计结果是有偏的性质。针对内生性，结构模型的处理方式是从理论出发，拆解自变量影响因变量的路径，明确自变量影响因变量的结构，通过引入动态行为、异质性以及局部均衡或一般均衡等要素，在一定程度上克服内生性。因此，在估计结构模型时，应假设结构参数不随模型、环境等外部条件的变化而变化。但在实践中，当模型改变时具有同一含义的结构参数的估计结果是会改变的，故而结构模型仍然面临着内生性的问题。

E. 透明性问题

即结构模型的建模过程是否透明、实证结果是否可重复、估计结果是否稳健。因为结构模型具有较高的技术门槛，在结构模型的建立过程中容易形成技术的“黑箱”导致读者与作者间的信息不对称，使得作者更易操纵实证结果。针对结构模型中的透明性问题，Andrews 等（2020）认为，可以通过更精确的参数识别说明、与经验事实结合得更稳健的参数估计过程以及估计参数的敏感性分析来提高结构模型的透明性。

3）结构模型与其他常用方法的区别

A. 结构模型与纯理论模型的区别

结构模型与纯理论模型（theoretical model）均是根据经济学理论对经济现实进行建

---

① 在贝尔曼方程中，值函数代表不同状态下对应最大化一生效用的值。

② 值得注意的是，在模拟过程中值函数常是负值，但根据序数效用论，值函数的正负性并不重要，只需明确哪些政策下值函数较大即可。

③ 解析解：又称闭合解（closed-form solution），是一种包括分式、三角函数、指数、对数甚至无限级数等基本函数的解的形式。对于解析解中任一独立变量，皆可代入解析解中求得正确的相关变量。

模，但是在研究方法论上二者存在以下差别。

（1）求解方法不同：纯理论模型需要得到理论结果（theoretical results），为了得到理论结果，纯理论模型需要有解析解，这使纯理论模型的应用范围天然地受到很大的限制，比如一个带有不确定性的模型很难有解析解。同时，即使模型存在解析解，分析结果可能也高度依赖参数值，结果仍是不确定的。结构模型无须获得解析解，但是需要通过数理方法获得模型的数值解（numerical solution）[①]以确定个体的决策方式。

（2）前期设定不同：纯理论模型无须设置具体参数值，而是在求得模型的解析解后分析不同参数变动对所关注的经济变量的影响。结构模型在求解前需要预先设定参数值，以便模型能够获得数值解。

（3）建模结果不同：纯理论模型通过解析解获得的是关于经济变量的定性结论，如索洛增长模型可以推知长期的经济增长是由技术进步决定的，但是并无法量化分析怎样的技术进步会带来多少的经济增长。不同于纯理论模型，结构模型是为了拟合现实，得到定量的结果获得数值解，如 Deaton（1991）构建了生命周期模型，研究了流动性约束对于家庭储蓄率的影响。

B. 结构模型与回归模型的区别

结构模型与回归模型（或简约式方法，reduced form approach）均属于实证经济学的重要工具，二者皆可定量地研究经济问题，但是二者还存在如下区别。

（1）建模依据不同：回归模型设定并不需要从理论模型中引出，更多的是从经济现实出发，分析各变量间的因果关系，如分析帮扶政策对低收入群体的影响，只需使用既定的因果推断方法即可。结构模型需要严谨的经济学模型作为建模依据。

（2）对待数据的态度不同：回归模型认为数据自己会“说话”，即通过适当的计量经济模型能够从数据中挖掘出研究感兴趣的结论。结构模型认为数据本身不会“说话”，任何对数据的解释都是建立在理论的基础上。

（3）分析的时间跨度不同：回归模型使用过去的数据估计当前两经济变量间的关系，是一种事后估计。结构模型一般是动态的，不仅能够评估两经济变量当下的关系，还可以估计未来两经济变量间的关系。

（4）结论形式不同：计量经济模型能够估计变量 A 对变量 B 影响的大小、方向及显著性，但是一般无法进行反事实模拟以及福利分析。结构模型不但能够估计变量 A 对变量 B 影响的大小、方向及显著性，还可以通过反事实模拟分析不同风险状况，不同经济环境下 A 对 B 影响的差异，同时可以进行福利分析。

面对两种不同的实证方法，需要根据具体的研究问题进行选择。一般而言，当需要得到经验事实或需要检验不同理论哪个更适合研究的问题时选择简约式方法，而面对所研究的问题对应的理论较成熟（如消费理论、人力资本理论、投资理论）或研究的问题需要反事实分析或福利分析时选择结构模型。

C. 结构模型与 DSGE 模型的区别

DSGE 是宏观经济分析中常用的方法，与结构模型相似，二者均是基于经济学理论

---

① 数值解：指采用某种数值方法求得的解，他人只能利用数值计算的结果，而无法将任一变量的值代入求得结果。

对于经济现实的抽象，二者之间既有联系又有区别。

（1）关注的问题不同：DSGE 模型关注经济增长、通货膨胀、失业率、技术进步等宏观经济变量，以及货币政策、财政政策等宏观经济政策，因而模型中需要包含整个经济中各类经济主体（如厂商、家庭、政府、科研机构等）。结构模型适用范围更广，从微观领域家庭的消费、储蓄、生育等决策到宏观的贸易政策及关税的选择均有涉及，建模时也主要聚焦于一类主体，如家庭、企业、一国等。

（2）求解方式不同：DSGE 模型涉及大量内生参数，直接求解难度大，多利用一阶条件通过线性化方式近似求解。结构模型一般参数较少，可以直接通过数值方法求得模型的数值解。按照是否直接求解模型划分，大多数 DSGE 模型是一种半结构模型（semi-structural model）[①]。

4. 结构模型在我国国民经济分析中的应用领域

结构模型在国民经济分析中的应用已经相当广泛。主要应用于养老金政策设计（He et al.，2019）、计划生育政策评价（Choukhmane et al.，2023）、税收政策设计（Heathcote et al.，2017）、健康保险与医疗救治政策评估（French and Jones，2011；de Nardi et al.，2016）、伤残保险与失业保险政策效果评估（Autor et al.，2019）等领域。

在我国，目前重点集中在劳动经济学、公共经济学、区域经济学、国际贸易等与国民经济相关的经济学分支。

在劳动经济学领域，结构模型可用于研究教育回报和收入差距等问题。例如，徐舒（2010）通过建立包含劳动者与厂商的信号博弈模型，研究了大学教育的信号作用及高校扩招对大学生工资溢价的影响。研究认为劳动力市场上的信息不对称与高校扩招相互作用，当高校扩招在更大程度上提高了高技术劳动者进入大学的概率时，在其他条件不变的情况下导致大学生与非大学生间收入差距扩大。

在公共经济学领域，结构模型在研究养老金设计、退休政策设计上均有应用。例如，徐舒和赵绍阳（2013）通过建立职工与公务员的生命周期模型评估了养老金“双轨制”对两类人群生命周期消费、财富的影响，并使用反事实分析模拟了养老金“并轨”潜在的福利改善。殷红（2019）校准了包括消费与劳动供给的生命周期模型用以研究延迟退休对于职工福利的影响，发现在现行养老金给付制度下，延迟退休年龄 5 年，可以提高职工生命周期消费 6.7%左右，生命周期总效用被提高 9.8%左右。尹恒和迟炜栋（2022）则研究了增值税减税的效应，他们提出一个分离增值税减税对企业需求端和成本端影响的模型，研究发现增值税减税的实质效应（产出和就业）相当可观，价格效应不明显，减税激发微观活力的代价是税收收入的较大幅度减少。

在区域经济学领域，有学者使用结构模型评估了我国城镇化政策的福利效应。段巍等（2020a）使用拓展的 Rosen-Roback 模型构建中国城镇居民福利变动的核算框架以及包括消费者、厂商、政府的空间均衡模型。段巍等（2020b）使用结构模型估计了部分省

① 结构模型最困难的步骤是求解、模拟模型。有些时候，可以不必求解整个模型，只需要求解模型的部分特征（如线性化后的一阶条件），称为半结构模型。因为不用求解模型，半结构模型能极大地降低难度，但代价是失去结构模型的绝大部分能力。

份强化提升省内中心城市首位度的政策导向对居民福利的影响，发现省会及副省级城市有更多用地指标时，可以在提高这些城市首位度的同时提升总体生产总值水平，但会导致均衡时居民福利水平降低。

在国际贸易领域，结构模型可以研究开放政策、关税政策、汇率变动等政策的福利效应。例如，樊海潮等（2021）在 Eaton 和 Kortum（2002）及 Melitz（2003）模型的基础上融入汇率因素，探讨了 2018 年以来中美两国关税和汇率水平的大幅变动对两国福利水平的影响。马盈盈（2022）通过构建嵌入了服务贸易壁垒以及全球价值链的结构模型，量化分析了 2014～2019 年中国服务业制度开放的贸易和福利效应以及对标高标准服务贸易规则的潜在收益。

从发展趋势看，结构模型逐步受到国内学者的重视，模型设计也逐步多元化，从博弈模型、简单生命周期模型，到空间均衡模型、开放贸易模型均有涉及；研究领域覆盖了国民经济的主要方面；分析指标囊括了消费、工资、福利；对于模型内外生参数的确定方法也涵盖了估计与校准，且估计在其中所占的比例逐渐扩大。但相比于其他政策评价方法，结构模型在我国国民经济政策评价中的应用尚处于起步阶段，有待进一步的探索和丰富。

9.2.2 结构模型进行政策评价的应用实例

1. 延迟退休对职工福利水平的影响

1）研究背景

随着人均预期寿命的延长和人口老龄化的加剧，养老金“空账”规模不断扩大。为了降低政府养老金支出压力，“延迟法定退休年龄”政策（简称延迟退休政策）成为养老制度改革的重要方向。但是，自延迟退休政策提出以来便一直饱受争议，反对的观点认为延迟退休减少了个人领取的养老金收入，并且影响了职工的休息权，挤占了他们的休闲效用。传统的简约式估计无法回答延迟退休政策对于当前劳动力人口退休时福利的影响，因此，需要引入结构模型从整个生命周期消费和效用的视角，研究延迟退休对职工福利水平的影响。

2）建模思路

为了研究延迟退休政策对于职工福利的影响，殷红（2019）构建了包含消费、储蓄与劳动供给的生命周期模型，假设每个个体于 t=1 期进入劳动市场，并获得包含永久性收入冲击与暂时性收入冲击的收入 Y。为了刻画外生的退休政策，作者假定个体最大工作期限为 T_w。此外，由于随着年龄增长存活率下降，作者将预期存活率引入模型。作者构建了贝尔曼方程求解这一生命周期问题，并使用内生格点法降低求解难度，最终得出了个体的最优决策规则。

3）参数估计与校准

对于部分外生参数与内生参数，作者使用了校准的方法，将无风险利率 R 设为 1.014、折现系数 β 设为 0.96、相对风险规避系数 ρ 设为 2。将未实施延迟退休政策时的养老金替代率 η 设为 0.503，将工作时期的休闲权重参数 a 确定为 0.15，休闲的曲率 φ 等于相对风险规避系数 2。作者也使用估计的方法估计了部分内生参数与外生参数，劳动者生存概率参考冯有宽（2006）提出的人类生存函数模型计算得到，遗赠效应中的参数θ与κ则使用模拟矩估计方法估计。

4）反事实分析

作者从消费与效用两个维度进行了反事实分析，通过将最大劳动期限从 60 岁调整至 65 岁，作者分析了延迟退休政策的福利效应。从消费看，在退休时期劳动者的年平均消费增加了 618 元，增幅为 8.87%，而在工作时期，劳动者的消费增长了 4.59%，总体来看，延迟退休提高了劳动者生命周期消费的 6.73%。从效用看，延迟退休和不延迟退休下劳动者生命周期的总效用分别为–67.9 和–75.3，即延迟退休使得劳动者的总效用水平提高了 9.8%。

5）研究结论

在现行养老金给付制度下，延迟退休年龄 5 年，可以提高职工生命周期消费的 6.7%左右，生命周期总效用被提高 9.8%左右，但对于休闲偏好较大的职工，总效用是下降的；只要基本养老金替代率能提高 8%，职工生命周期效用就基本不会遭受损失。这一研究结论为延迟退休政策的具体政策设计细节提供了定量的参考建议，并在政策出台之前就能对其可能的影响进行科学预判。

2. 中国服务业制度开放的福利效应评估

1）研究背景

中国已经进入服务经济时代，以制度型开放为引领，推动服务业更大范围、更宽领域、更深层次开放，是中国促进经济高质量发展的必经之路。然而，服务贸易的管制措施具有双重属性：一方面可以应对服务市场广泛存在的信息不对称、外溢性、垄断性等市场失灵问题，保障本国经济、政治以及文化的独立性和安全性；另一方面外资进入限制、人员流动限制、税收和采购政策等法律法规和政策管制构成了服务贸易、投资以及市场竞争的壁垒。加之中国服务业国际竞争力依然比较薄弱，服务业开放成为中国开放的重点和难点。因此，研判服务业各领域制度型开放的经济效应和综合风险，具有重要的现实意义和政策价值。

2）建模思路

为了测度服务业制度开放的福利效应，马盈盈（2022）基于 Caliendo 和 Parro（2015）的模型构建了嵌入全球价值链和服务贸易壁垒的多国多部门李嘉图结构贸易模型，包含了最终品厂商、中间品厂商以及消费者，贸易政策变化的福利效应分解为贸易条件效应和贸易规模效应。由于模型是静态的，因此可以直接求得解析解，并在此基础上进行参数校准，分析福利效应。

3）参数校准

该文采用了参数校准的方式识别参数。校准模型需要的数据包括双边贸易规模、增加值、总产出和投入产出关系。利用这些数据可以得出校准模型需要的参数：双边贸易份额、增加值份额、中间品投入份额以及最终品消费份额。

4）反事实分析

作者共进行了三种反事实分析。第一种反事实分析引入中国 2014～2019 年 6 个可贸易服务部门等价关税的变化，同时将中国的商品关税以及其他经济体的商品关税和服务业等价关税维持在 2014 年水平，保持全球商品关税和服务贸易壁垒不变。反事实模拟发现 2014～2019 年中国服务业制度开放使得中国福利增加了 17.91%，实际工资上涨了 7.14%。第二种反事实分析模拟了各经济体商品关税和服务贸易壁垒发生变化情况下中国服务业制度开放的经济效应，发现总福利效应随贸易壁垒不同而不同。第三种反事实模拟分析了放松前沿的服务业管制措施的潜在影响，发现总福利可提升 148.4%～160.1%，实际工资可以提高约 70%。

5）研究结论

2014～2019 年中国实行的服务业负面清单管理模式、优化服务业制度环境、对标国际通行规则、建设多样化开放平台等一系列开放举措，使得中国福利增加了 5.6%～17.9%，实际工资提高了约 7%，同时也通过溢出效应增加了世界各国的福利，使得中国贸易规模增加了 12.5%，其中从美国进口增加了 34.8%，对美出口增加了 10.9%，缩小了中美贸易逆差，因此服务业制度型开放具有积极的福利效应。

3. 关税与汇率变化对福利水平的影响

1）研究背景

贸易的福利效应，一直都受到国际经贸领域内的广泛关注。然而，现有研究多强调关税变动对各国福利水平的影响，有关汇率波动对福利水平的作用则鲜少探究。事实上，作为不同国家间商品（服务）价格比较的重要媒介，汇率在国际贸易中具有十分重要的作用。各国进口关税变动的同时，也往往伴随着各国货币汇率的波动。因此，一个完整的福利分析框架中，也应同时考量汇率变动对福利效应的影响。2018 年以来，中美两国关税和汇率水平的大规模变动，提供了良好的分析实例。樊海潮等（2021）通过构建相应的理论模型，利用结构模型下的量化分析方法，并具体以 2018 年中美两国关税及汇率波动为例，探究关税与汇率的双重变动对各国福利水平的影响。

2）建模思路

为了研究关税与汇率这一开放经济问题，首先需要建立开放经济模型，作者参考 Eaton 和 Kortum（2002）、Melitz（2003）的模型，建立了包括完全竞争市场与垄断竞争市场两种情况的开放经济模型，运用贸易矩阵与汇率变动矩阵，通过参数化关税与汇率研究关税、汇率变动的福利效应。在完成模型构建后，作者求得了模型的解析解，并在解析解的基础上近似得出了价格变化与福利变化随关税与汇率变化的近似形式，以此为基础进行福利分析与反事实分析

3）参数估计

由于现有文献中对于文章所涉及参数已有较为完备的赋值设定，作者采用参数校准的方式获得研究所涉及的内生参数。对于行业层面的进口关税、贸易矩阵、汇率变动矩阵等与福利分析直接相关的外生条件，作者参考已有文献，根据现实数据计算得出。

4）反事实分析

作者逐步放开对于汇率和关税的控制，以研究美国贸易政策的福利效应。首先，在不考虑汇率变动时，美国单方面对进口自中国的产品施加进口关税后，我国贸易条件会发生恶化（–0.181%～–0.188%），我国的总体福利水平会发生恶化（–0.240%～–0.265%）。其次，考虑加入汇率变动（人民币贬值）对福利水平的影响，当人民币兑美元贬值 5%时，与基准结果（无汇率）相比，无论是完全竞争还是垄断竞争模型下，我国总体福利水平的恶化程度均有所减轻；当人民币对所有货币均贬值 5%时，我国总体福利水平则会得到显著的改善（0.047%～0.167%）。最后，我国按照其公布的关税清单对美国有关行业加征 25%的关税进行反击后，不考虑汇率影响时，我国的福利水平会进一步恶化为–0.259%～–0.298%。考虑汇率变化后，当人民币兑美元单方面贬值 5%时，我国福利水平仅恶化–0.182%～–0.226%，当人民币兑所有货币均贬值 5%时，我国福利水平则会得到改善（0.014%～0.148%）。

5）研究结论

文章分析结果表明，中美两国互相加征关税会恶化两国的总体福利水平，而人民币贬值则可以对冲此次关税变动对我国福利水平的负面影响，因此，在发生贸易摩擦时，双方应积极沟通，以协作的方式解决双边或多边贸易问题。

专栏 9-2　随机对照试验、简约式估计与结构模型的联合应用：墨西哥 PROGRESA 政策效应评估

PROGRESA 是墨西哥政府推出的社会救助计划，其名称源自西班牙语“Programa de Educación，Salud y Alimentación”（教育、健康与营养计划），这是 PROGRESA 计划的三个主要领域。PROGRESA 是最早的，也可能是最著名的所谓“有条件现金转移支付”之一，其目的是在短期内缓解贫困，同时促进人力资本的积累，从长远来看减少贫困。这是通过向贫困家庭转移现金来实现的，条件是贫困家庭采取促进人力资本积累的行动：营养补贴支付给母亲，为孩子进行生长发育检查并接种疫苗，并参加卫生、营养和避孕课程。如果学龄子女正常上学，则向其母亲支付教育补助金。

为了评估这一政策对贫困家庭入学率的影响，估计政策潜在的长期效应，明确政策可能的调整方向，Attanasio 等（2012）借助这一随机实验，通过对比不同年龄段实验组儿童与控制组儿童的平均入学率，发现 PROGRESA 能够显著改善不同年龄段儿童的入学率，同时对于 14 岁的孩子政策效应更强。以上简约式估计虽然回答了 PROGRESA 政策的政策效应，但却不能回答政策可以如何调整以进一步改善贫困家庭儿童入学率。为了回答以上问题，作者建立了动态经济模型用于结构估计。在模型中，每个孩子（或他/她的父母）在决定是否上学或工作时，都考虑到与这种选择相关的经济激励因素。假设儿童只在上学与工作两个选项之间进行选择。如果他们决定工作，他们将获得特定村庄/教育/年龄的工资。如果他们去上学，他们就会产生（效用）成本（这可能取决于各种可观察和不可观察的特征），并且有一定的概率产生人力资本积累。在 18 岁时，每个人都结束了正规的学校教育，并以值函数的形式获得了学校教育投资的价值。

在对如上模型求解、估计后，作者将其与现实数据进行了对比，验证了模型具有较好的预测能力。进一步地，作者使用模型进行了反事实分析。第一种反事实分析为增加六年级以上儿童的补助力度，通过反事实模拟发现，在保持总预算不变的前提下，提高针对六年级以上儿童的补贴将显著提高六年级以上儿童的入学率而不会对其他年龄段儿童的入学率造成显著影响。在第二个反事实模拟中，作者假设不同年龄段儿童的工资降低幅度与补贴金额相同，然而，这一改变对儿童的入学率影响微乎其微。

通过综合使用随机对照试验、简约式估计以及结构模型，作者完成了对PROGRESA项目的政策效应评估以及政策模拟，其提高六年级以上儿童补助的结论也得到了墨西哥政府的谨慎考虑，具有明显的政策意义。

本章小结

本章介绍了两种前沿的事前政策评价方法：随机实地实验与结构模型。本章第一节介绍了随机实地实验的基本原理，包括随机实地实验的起源和含义，随机实地实验进行政策评价的基本方法，随机实地实验进行政策评价的优势与局限性以及随机实地实验进行政策评价的中国实践。随后分别介绍了公共经济学、健康经济学和劳动经济学领域的三个案例说明了利用随机实地实验在我国进行政策评价的具体应用。本章第二节介绍了结构模型的基本原理，包括结构模型和结构估计的起源和含义，使用结构模型进行政策评价的基本步骤，结构模型进行政策评价的优势与不足以及结构模型在我国国民经济分析中的应用领域。随后分别介绍了劳动经济学、产业经济学和国际贸易、国际经济学领域的三个案例说明了利用结构模型在我国进行政策评价的具体应用。目前，这两种前沿方法在我国国民经济分析中的应用尚处于起步阶段，但随着对政策制定科学性和精准性要求的逐步提高，这两种政策评价方法具有广阔的应用前景。

本章习题

1. 简述设计随机实地实验的基本步骤。

2. 简述如何缓解溢出效应对随机实地实验结果的干扰，请举例说明。

3. 请判断：警察多的地区，犯罪案件数量也多。警察数量与犯罪案件数之间是否有相关关系，是否有因果关系？二者谁为原因，谁为结果呢？

4. 请简述结构模型的概念，并辨析结构模型与纯理论模型、回归模型以及 DSGE 模型的区别。

5. 请简述结构模型的基本步骤。

第五篇

国民经济分析计量模型

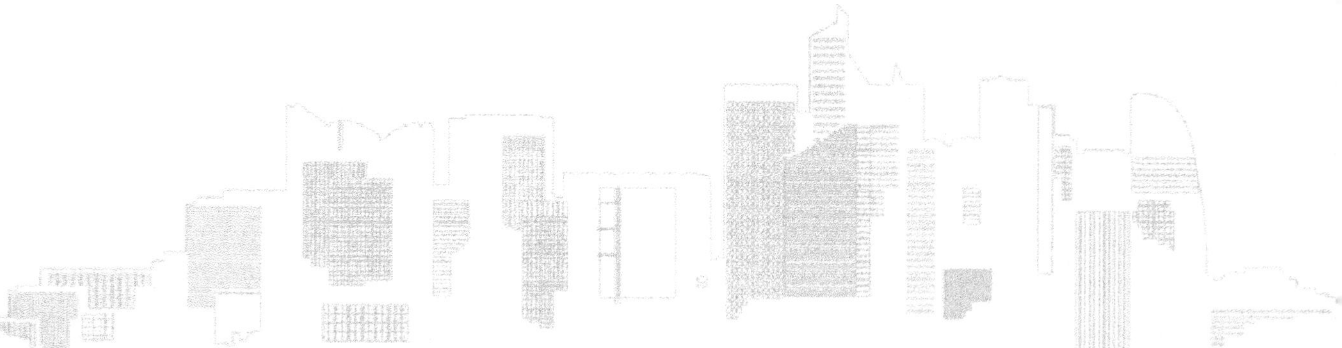

第 10 章

向量自回归模型和 BVAR 估计

➢ **学习目标**

1. 掌握向量自回归模型的简化式和矩阵表达式
2. 了解向量自回归的滞后阶数选择方式
3. 掌握贝叶斯估计的基本原理、主要后验抽样算法和先验设计
4. 掌握 BVAR 工具箱的基本使用方法

➢ **知识点摘要**

1. 简化式向量自回归模型的移动平均表达式和伴随矩阵表达式
2. 向量自回归模型的滞后阶数选择方法
3. 接受-拒绝抽样、马尔可夫链蒙特卡罗抽样和吉布斯抽样
4. 明尼苏达先验和自然共轭先验
5. BVAR 工具箱的基本操作命令

向量自回归（VAR）模型是一种多元时间序列分析模型，广泛应用于宏观经济学和金融学的实证研究。传统 VAR 模型也称为简化式 VAR 模型，由多个回归方程组成，每个模型变量都受到自身滞后期及其他变量滞后期的影响。已有研究表明，简化式 VAR 模型有助于概括数据特征、进行预测、检验均衡关系，以及量化变量在受到冲击后恢复到均衡状态的速度。本章主要讨论如何设计和估计简化式 VAR 模型。

10.1 标准 VAR 模型

10.1.1 平稳和非平稳过程

如果随机过程协方差具有恒定的一阶矩和二阶矩[①]，我们称该过程为协方差平稳过程。具体的，令 y_t 表示随机过程，如果 y_t 满足：

$$E(y_t)=\mu,\quad \operatorname{cov}(y_t,y_{t+h})=\gamma_h \tag{10-1}$$

并且 μ 和 γ_h 是不依赖于 t 的常数，那么 y_t 是协方差平稳的，也称为二阶平稳[②]。现实中，平稳的经济变量并不常见。因此在分析前，经济学家通常要对原始数据取自然对数，以弱化变量的异方差性，或者移除数据趋势。变量的趋势可视为数据的低频成分，没有标准形式。这里我们考虑三种趋势。

（1）线性趋势。y_t 的数据生成过程为 $y_t=\mu_0+\mu_1 t+x_t$。其中 μ_0 和 μ_1 表示常数，x_t 是一个零均值平稳随机过程。此时 y_t 具有确定性线性趋势，这意味着 y_t 围绕线性时间趋势线 $\mu_0+\mu_1 t$ 变化。

（2）随机游走。y_t 的数据生成过程为 $y_t=ay_{t-1}+u_t$，其中 a 是常数。此时 y_t 的趋势是一个随机趋势。如果 $a=1$，随机过程表示为 $y_t=y_{t-1}+u_t$，该过程称为随机游走（random walk）。随机误差 u_t 也称为新息（innovation），假定服从白噪声过程，均值为 0，方差为 σ_u^2。由于 $y_t-y_{t-1}=u_t$，这意味着 u_t 的变化对 y_t 的影响在未来不会衰减，即 u_t 对 y_t 的影响是永久性的。通过连续迭代可得

$$y_t=y_0+\sum_{i=1}^{t}u_i$$

根据上述表达式，于是有

$$E(y_t)=E(y_0),\quad \operatorname{Var}(y_t)=t\sigma_u^2+\operatorname{Var}(y_0)$$

上式表明，y_t 的方差趋于无穷大。相关系数表示为

$$\operatorname{Corr}(y_t,y_{t+h})=\frac{\operatorname{cov}(y_t,y_{t+h})}{\sqrt{\operatorname{Var}(y_t)\operatorname{Var}(y_{t+h})}}=\frac{E\left[\left(\sum_{i=1}^{t+h}u_i\right)\left(\sum_{i=1}^{t+h}u_i\right)\right]}{\left[t\sigma_u^2(t+h)\sigma_u^2\right]^{\frac{1}{2}}}=\frac{t}{(t^2+th)^{\frac{1}{2}}}\xrightarrow[t\to\infty]{}1$$

上式表明，当 t 变大时，无论时间间隔 h 大小如何，y_t 和 y_{t+h} 之间仍具有很强的相关

---

① 一阶矩包括均值，二阶矩包括方差、协方差、相关系数等。

② 如果 y_t 的联合分布 $y_t,\cdots,y_{t+h}$ 不随时间变化，则过程 y_t 是严格平稳的。

性，这表明随机游走具有高度的持续性。

（3）带漂移项的随机游走过程。此时 y_t 服从具有截距项的单变量 AR(1)过程：

$$y_t = \nu + y_{t-1} + u_t$$

将上式连续迭代，于是有

$$y_t = y_0 + t\nu + \sum_{i=1}^{t} u_i$$

显然，该过程的平均值呈线性趋势：

$$E(y_t) = E(y_0) + t\nu$$

在 VAR 分析前，我们需对数据的趋势进行调整。例如，我们可以使用霍德里克-普雷斯科特滤波器（Hodrick-Prescott filter，HP filter）对数据进行平滑处理。

10.1.2　基准模型

1. 模型构建

令 y_t 表示 $K\times1$ 维向量，$y_t = (y_{1t},\cdots,y_{Kt})'$。假设 y_t 可表示为确定性部分 μ_t 和均值为零的随机部分 x_t 之和：

$$y_t = \mu_t + x_t \tag{10-2}$$

于是 y_t 的期望值 $E(y_t)=\mu_t$。确定性项可能包含常数项、多项式趋势项、确定性季节项和其他虚拟变量。假设 $\mu_t = 0$，于是有 $y_t = x_t$。假设随机部分 x_t 服从 p 阶线性 VAR 过程（简称 VAR(p)模型）：

$$x_t = A_1 x_{t-1} + \cdots + A_p x_{t-p} + u_t \tag{10-3}$$

其中，A_i 表示 $K\times K$ 维参数矩阵，误差过程 $u_t = (u_{1t},\cdots,u_{Kt})'$ 表示 K 维零均值白噪声过程，协方差矩阵为 $E(u_t u_t') = \Sigma_u$，于是 $u_t \sim (0,\Sigma_u)$。白噪声假设排除了误差中的序列相关性。

方程（10-3）定义了一个方程组系统。y_t 中每个变量都对自己的滞后以及其他变量的滞后进行回归，直到滞后阶数 p。为了更紧凑地表示矩阵方程组，定义矩阵滞后算子 $A(L) = I_K - A_1 L - \cdots - A_p L^p$，于是方程（10-3）改写为

$$A(L)x_t = u_t \tag{10-4}$$

可将式（10-2）预先乘以 $A(L)$，于是有 $A(L)y_t = A(L)\mu_t + u_t$。如果确定性项是常数，即 $\mu_t = \mu_0$，那么

$$y_t = \nu + A_1 y_{t-1} + \cdots + A_p y_{t-p} + u_t \tag{10-5}$$

其中，$\nu = A(L)\mu_0 = A(1)\mu_0 = \left(I_K - \sum_{j=1}^{p} A_j\right)\mu_0$。在联立方程模型中，模型（10-5）是简化式，因为右侧变量都是滞后形式的，因此是前定的。

为便于计算，我们往往将高阶表达式转换为 1 阶表达式。具体的，通过构造伴随矩阵，K 维的 VAR(p)过程可以写成 pK 维的 VAR(1)过程。具体的，我们将 p 个连续 y_t 堆叠在一个 pK 维列向量 Y_t 中，即 $Y_t = \left(y_t', \cdots, y_{t-p+1}'\right)'$，于是有

$$Y_t = \nu + AY_{t-1} + U_t$$

其中，

$$\nu \equiv \begin{bmatrix} \nu \\ 0 \\ \vdots \\ 0 \end{bmatrix},\quad A \equiv \begin{bmatrix} A_1 & A_2 & \cdots & A_{p-1} & A_p \\ I_K & 0 & \cdots & 0 & 0 \\ 0 & I_K & \cdots & 0 & 0 \\ \vdots & \vdots & & \vdots & \vdots \\ 0 & 0 & \cdots & I_K & 0 \end{bmatrix},\quad U_t \equiv \begin{bmatrix} u_t \\ 0 \\ \vdots \\ 0 \end{bmatrix}$$

矩阵 A 称为 VAR(p)的伴随矩阵。如果伴随矩阵 A 所有特征值的模小于 1，那么 VAR(p)是平稳的。可以证明，矩阵 A 的特征值是 VAR 滞后多项式特征方程的根的倒数。

2. 移动平均表示形式

一般情况下，一个平稳的 VAR(p)过程 y_t 可表示为过去和现在新息的加权和。以 VAR(1)为例，

$$y_t = \nu + A_1 y_{t-1} + u_t$$

通过连续迭代可得

$$y_t = \sum_{i=0}^{\infty} A_1^i \nu + \sum_{i=0}^{\infty} A_1^i u_{t-i} = \left(I_K - A_1\right)^{-1} \nu + \sum_{i=0}^{\infty} A_1^i u_{t-i}$$

如果 A_1 的特征值的模都小于 1，则右侧存在无限阶移动平均和。类似地，更高阶的 VAR(p)可以转换为 VAR(1)模型，于是有

$$y_t = A(L)^{-1}\nu + A(L)^{-1}u_t = A(1)^{-1}\nu + \sum_{i=0}^{\infty} JA^i J'JU_{t-i} = \mu + \sum_{i=0}^{\infty} \Phi_i u_{t-i}$$

其中，$J \equiv \left[I_K, 0_{K\times K(p-1)}\right]$ 表示 $K \times Kp$ 维矩阵，$\mu = A(1)^{-1}\nu$ 表示 $K \times 1$ 维截距向量，逆滞后算子矩阵 $A(L)^{-1} = \sum_{i=0}^{\infty} \Phi_i L^i$ 表示 $K \times K$ 维系数矩阵，其中 $\Phi_i = JA^i J'$。通过递归计算，可得

$$\Phi_0 = I_K,\ \Phi_i = \sum_{j=1}^{i} \Phi_{i-j} A_j$$

当 $j > p$ 时，$A_j = 0$。平稳性确保了逆滞后算子 $A(L)^{-1}$ 的存在性。移动平均（move average，MA）表达式，也称为沃尔德移动平均表达式。事实上，白噪声过程 u_t 的任何非奇异线性转换都是白噪声过程。令 Q 表示任意可逆矩阵，$v_t = Qu_t$，于是 y_t 的 MA 表达式调整为

$$y_t = \mu + \sum_{i=0}^{\infty} \Theta_i v_{t-i}$$

其中，$\Theta_i = \Phi_i Q^{-1}$。沃尔德移动平均表达式的一个显著特征是非滞后误差项的加权矩阵 Φ_0 是单位矩阵，而 Θ_0 不一定是单位矩阵。根据沃尔德移动平均表达式，可得

$$E(y_t) = \mu$$

$$\Gamma_y(h) \equiv \operatorname{cov}(y_t, y_{t-h}) = E\left[(y_t - \mu)(y_{t-h} - \mu)'\right] = \sum_{i=0}^{\infty} \Phi_{h+i} \Sigma_u \Phi_i'$$

因此平稳的 VAR 过程的一阶矩和二阶矩是非时变的。

10.1.3　滞后阶数选择

在估计模型时，假设 VAR 模型的滞后阶数 p 是已知的。在实践中，p 通常必须根据现有数据样本来选择。顺序测试程序和信息标准是决定是否有适当的 VAR 顺序的常用工具。这两种类型的程序都要求规定可允许滞后顺序范围的上界和下界。被认为合理的最大滞后顺序用 $p_{\max}$ 表示。通常，相应的 $p_{\min}$ 被设置为零。对于自回归模型，滞后顺序上的下限 $p_{\min}$ 和上界 $p_{\max}$ 都需要以适当的速率随着样本量 T 的增加而增加。

VAR 模型最常用的三个信息标准分别称为赤池信息量准则（Akaike information criterion，AIC）、汉南-奎因准则（Hannan-Quinn criterion，HQC）和施瓦茨信息准则（Schwarz information criterion，SIC）。

1. 赤池信息量准则

$$\mathrm{AIC}(m) = \log\left(\det\left(\tilde{\Sigma}_u(m)\right)\right) + \frac{2}{T}\left(mK^2 + K\right)$$

其中，$c_T = 2/T$。该标准由 Akaike（1973，1974）提出。

2. 汉南-奎因准则

$$\mathrm{HQC}(m) = \log\left(\det\left(\tilde{\Sigma}_u(m)\right)\right) + \frac{2\log\left(\log(T)\right)}{T}\left(mK^2 + K\right)$$

其中，$c_T = 2\log\left(\log(T)\right)/T$。这个标准是在 Hannan 和 Quinn（1979）以及 Quinn（1980）的著作中提出的。

3. 施瓦茨信息准则

$$\text{SIC}(m) = \log\left(\det\left(\tilde{\Sigma}_u(m)\right)\right) + \frac{\log(T)}{T}\left(mK^2 + K\right)$$

其中，$c_T = \log(T)/T$。这个标准是由 Schwarz（1978）和 Rissanen（1978）提出的。因为 Schwarz（1978）在贝叶斯设置中推导出这个准则，所以它也被称为贝叶斯信息准则。然而，需要注意的是，大多数 VAR 模型的贝叶斯用户会反对使用信息标准来进行滞后顺序选择。

VAR 的顺序的选择使得相应的准则在可能的顺序 $m = 0, \cdots, p_{\max}$ 上最小化。Hurvich 和 Tsai（1993）、Phillips 和 Ploberger（1996）、Sin 和 White（1996）、Inoue 和 Kilian（2006）等提出了替代信息标准。

使用顺序测试程序的一个问题是，测试的顺序很重要。此外，如前所述，控制顺序测试程序的大小是一个挑战。显而易见，信息准则的使用等价于同时测试每个候选模型，临界值由惩罚函数隐式决定。与顺序测试不同，没有一个模型被青睐，因为它被选择为零假设，并且标准函数的评估顺序不影响滞后顺序的选择。这种优势是以用户不再能够在有限样本中控制程序的有效大小为代价的。然而，通过在信息准则中选择一个适当的惩罚项，我们可以确保大小渐近于零，下面将更详细地讨论。

实现信息准则的一个关键问题是上界和下界（$p_{\max}$ 和 $p_{\min}$）的选择。在未知有限滞后阶模型的情况下，默认设置 $p_{\min}$=0，有时设置 $p_{\min}$=1，将问题简化为选择合适的上界。$p_{\max}$ 的值必须选择足够长，以允许模型变量对冲击的响应延迟。在实践中，常见的选择是每月数据滞后 12 或 24 个，季度数据滞后 4 或 8 个。

关于脉冲响应分析：①在某些情况下，即使底层的 VAR 是无限阶的，使用 AIC 也是合理的；②在许多模拟研究中，AIC 表现得更好；③当使用月度数据时，基于 AIC 的脉冲响应点估计比基于其他标准的脉冲响应估计具有更低的均方误差。使用 AIC 得到更准确的脉冲响应置信区间。然而，这些证据不意味着 VAR 模型在实践中应以 AIC 的滞后顺序为条件，因为即使 AIC 在小样本中也有拟合不佳的趋势。因此，当估计 VAR 脉冲响应时，一种替代方法是预先施加一个固定滞后顺序，而不是依赖于滞后顺序的选择标准。

选择滞后阶数的推理过程与顺序选择标准的推理过程类似。适当的自回归滞后的数量与数据的持久性无关。实际上，即使是 VAR(1)模型也完全能捕获数据中任何程度的持久性。相反，它与对冲击反应的延迟有关。允许长时间滞后的一种情况是，我们在数据中构建周期模型。以大宗商品价格为例。对大宗商品价格数据的检验显示，这个周期可能持续 10 年以上。这些周期频率较低。一个过早截断延迟阶数的 VAR 模型将会错过这些周期，而这些周期与大宗商品需求的变化有关。例如，这一争论促使 Kilian（2009）将全球石油市场的 VAR 模型滞后阶数设为 24 个月。实证表明，如果滞后顺序被限定在 12 期内，那么模型中全球需求冲击对石油价格就不重要了。原因是，石油价格对潜在需求冲击的初期响应很小，只有延迟才会累积。足够的滞后对于检测需求冲击的作用至关重要。

然而，这并不意味着实证研究中总需要如此多的滞后期。滞后期取决于经济背景和模型中包含的变量。例如，美国宏观经济总量可以用更少的滞后阶数。许多实证 VAR 研究施加了 12 个月的滞后期或 4 个季度的滞后期。这些选择反映了一个事实，即大部分响应发生在冲击出现的第一年内。虽然滞后顺序标准可以使模型更加简洁，但必须谨慎看待这些标准，因为即使是最不简洁的滞后阶数选择标准也容易在小样本中匹配不足。例如，Edelstein 和 Kilian（2009）在一项关于自 20 世纪 70 年代以来月度能源价格冲击影响美国经济的研究中发现，AIC 在某些情况下产生了令人难以置信的低滞后阶数。一旦整个过程中使用较大的滞后阶数 6，这些问题就消失了，并且 VAR 估计在使用更高的滞后阶时仍然稳健。

在实践中，评估估计值对滞后期的敏感性是有用的。坚持使用高滞后期并不意味着信息标准不能提供有用的信息。例如，我们可将 AIC 的滞后阶估计解释为在估计中所施加的滞后阶下界。

Hamilton 和 Herrera（2004）也揭示了依赖滞后顺序选择标准的风险，他们表示把滞后阶数从 AIC 提出的 7 提升至 12 或者 16，那么将推翻 Bernanke 等（1997）在研究油价冲击对美国实际 GDP 增长的影响中的发现。具体来说，Hamilton 和 Herrera 发现了油价冲击在 $p=12$ 和 $p=16$ 时的巨大直接影响，而在 $p=7$ 中并不明显。这个例子说明了允许足够多滞后的重要性。任何在较高的滞后顺序下，实证结果反转都必须被认为是可疑的。另外，以较高的滞后阶数保持的结果很可能是可信的。

对包含太多滞后的错误策略的一个反对意见可能是，允许过多滞后阶数可能导致脉冲响应估计不显著。这确实是一种风险。在实践中，脉冲响应估计的不确定性可能比人们推测的要小。

此外，过度拟合的风险不意味着我们有理由施加一个较低的滞后阶数。Kilian（2001）通过模拟表明，在这种情况下，我们确实可能获得精确估计的响应函数。换句话说，经济问题的本质决定了滞后阶数，而不是研究人员所面临的数据约束。在某些情况下，如果样本量不足以支持所需的滞后阶数，可能就不适合估计 VAR 模型。

10.2　BVAR 估计

传统上，估计 VAR 模型基于一般的最小二乘法或简单自举法（Bootstrap）。随着研究问题的深入和 VAR 模型复杂性的增加（如非线性、高维 VAR 模型），传统估计方法受到过度参数化和不确定性的困扰。例如，大部分 VAR 模型的观测样本量有限，传统估计结果往往不精确。再比如，传统估计方法无法估计非对称、时变参数或大型 VAR 模型。尽管贝叶斯方法需要大量计算，但由于电脑硬件和算法的改进，目前计算成本已经大幅降低，因此基于先验的贝叶斯方法逐渐成为 VAR 估计的主流。本节主要介绍贝叶斯向量自回归（BVAR）模型及其应用。

贝叶斯方法与传统的频率方法存在根本不同，传统的频率方法包括最小二乘估计、矩估计、最小距离估计、最大似然估计等。贝叶斯方法在估计和推断中引入外部信息，而在频率分析中除工具变量外，很难纳入外部信息。频率论以参数向量 θ 和数据生成过程为条件，假设观测数据基于数据生成过程获得，然后从样本中推断出θ。虽然数据随机，但参数向量θ是非随机的。相反，在贝叶斯分析中，经济学家将参数向量θ视为随机，而数据视为非随机。贝叶斯研究者基于对θ的先验信念进行建模，这些先验信念以先验概率分布的形式存在。先验概率是一个主观概率，不需要重复抽样。在贝叶斯估计中，数据生成过程对参数向量θ的推断不重要，因为贝叶斯推断的条件是观测数据。先验信息与数据信息（由模型的似然函数表示）结合，形成θ的后验概率分布。采用频率法和贝叶斯法取决于使用者的偏好。这两种方法不仅在数值上可能不同，而且即使数值一致，它们的解释也有本质区别。

10.2.1 基本概念

贝叶斯方法将观测数据$y=\left(y_1',\cdots,y_T'\right)'$视为给定，而将相关参数$\theta$视为未知数。$\theta$的先验信息以概率密度形式存在。先验信息概括为先验概率密度函数$g\left(\theta\right)$，以参数θ为条件的样本概率密度函数为$f(y|\theta)$。$f(y|\theta)$与似然函数$l(\theta|y)$等价。根据贝叶斯定理，联合概率密度为

$$f\left(\theta,y\right)=g(\theta|y)f\left(y\right)$$

因此

$$g(\theta|y)=\frac{f(y|\theta)g\left(\theta\right)}{f\left(y\right)}$$

其中，$f\left(y\right)$表示无条件样本概率密度，它是给定样本y的标准化常数，与θ无关。用$f\left(y\right)$对后验分布$g(\theta|y)$缩放可确保后验概率密度积分为 1。换句话说，$g(\theta|y)$与似然函数$l(\theta|y)$和先验概率密度$g\left(\theta\right)$的乘积成正比

$$g(\theta|y)\propto f(y|\theta)g\left(\theta\right)=l(\theta|y)g\left(\theta\right)$$

其中，$\propto$表示右侧与左侧成正比。条件概率密度$g(\theta|y)$是后验概率密度函数，它包含了基于观察数据更新先验信息后的θ的所有信息。因此，后验概率密度函数是估计和推断的基础。

1. 点估计

参数向量θ的贝叶斯推断基于后验分布。如果后验分布是高斯分布或对称分布，后验均值可视为θ的点估计值。如果我们想构建某个函数$h\left(\theta\right)$的点估计值，那么我们基于某个损失函数最小化$h\left(\theta\right)$的预期损失。令$\mathcal{L}\left(h^{\dagger},h\left(\theta\right)\right)$表示损失函数，则点估计$\widetilde{h^{\dagger}}$需满足：

$$\widetilde{h^{\dagger}}=\operatorname{argmin}_{h^{\dagger}}\int\mathcal{L}\left(h^{\dagger},h\left(\theta\right)\right)g(\theta|y)\mathrm{d}\theta$$

其中，$h^{\dagger}$ 表示 $h(\theta)$ 的元素。例如，如果损失函数是二次函数，且后验分布的一阶和二阶矩存在，则点估计对应于后验均值。在其他损失函数下，可使用后验分布的中位数或模作为点估计值。如果后验分布是高斯分布，这些估计值重合。

2. 可信集

与经典推断中置信集相对应的贝叶斯概念是可信集。对于 $0<\gamma<1$，θ 的 $(1-\gamma)100\%$ 的可信集后验 $g(\theta|y)$ 是一个集合 Ω，使得

$$P(\theta\in\Omega|y)=\int_{\Omega}g(\theta|y)\mathrm{d}\theta=1-\gamma$$

这组集合可从后验分布中抽样。为了使可信集唯一，可选择 Ω，使得 $g(\theta|y)\geqslant c_{\gamma}$，其中 c_{γ} 是最大的数，使得 $P(\theta\in\Omega|y)=1-\gamma$。换句话说，我们可选择最大后验密度（highest posterior density，HPD）集。贝叶斯的可信集不同于频率置信区间。鉴于后验密度部分由先验决定，特定参数的后验可能是双峰的。在这种情况下，HPD 区域可能由两个不相交的集合组成。即使 HPD 集和频率置信集在数值上重合，它们的解释也完全不同。频率方法论支持者不能说真实参数是在特定置信区间还是之外，只能说构建的区间在重复抽样中包含真实值的概率为 $1-\gamma$。相比之下，贝叶斯可信集指定了一个区域，该区域集中了后验分布概率质量的 $(1-\gamma)100\%$。对于贝叶斯学家来说，θ 没有真实值，θ 的真实值是多少也不重要。可信集很容易推广到平滑函数 $h(\theta)$，可通过仿真来评估后验值。

3. 统计检验和模型比较

假设检验是频率统计的另一个重要部分。在频率主义假设检验中，除非有证据拒绝零假设，否则保留零假设下的模型。贝叶斯主义者通常对假设检验不感兴趣，而是对量化替代模型的实证支持感兴趣。贝叶斯学家通常根据模型的后验概率比选择模型。假设我们要比较两个模型 M_1 和 M_2，于是后验概率比为

$$\frac{g(M_1|y)}{g(M_2|y)}=\frac{g(M_1)}{g(M_2)}\times\frac{f(y|M_1)}{f(y|M_2)}$$

其中，$g(M_1)/g(M_2)$ 反映先验概率，$f(y|M_1)/f(y|M_2)$ 是贝叶斯因子。贝叶斯因子是边际似然或边际数据密度的比。

$$f(y|M_j)=\int f(y|M_j,\theta)g(\theta)\mathrm{d}\theta,\ j=1,2$$

边际数据密度通过对似然函数积分得到。如果后验概率比大于 1，则支持模型 M_1，小于 1 则支持模型 M_2。显然，如果所有模型的先验值相同，那么边际似然比（即贝叶斯因子）决定了哪个模型更受青睐。如果有 m 个模型，那么贝叶斯解决方案就是选择边际似然最高的模型。

请注意，贝叶斯模型比较和频率假设检验不同。频率假设检验将参数向量视为固定值。当样本生成的检验统计量超过显著性水平的临界值时，就会拒绝零假设，支持备择

假设。显著性水平反映了使用者对假设的怀疑。在贝叶斯估计中，我们根据后验概率比选择模型，但在实践中，执行这一规则同样需要选择一个临界值，超过这个临界值，贝叶斯学家将选择模型 M_1 。选择临界值类似于选择频率检验中的显著性水平。因此，贝叶斯模型比较类似于频率统计中的模型选择程序，而不是假设检验。

许多贝叶斯学家认为，在替代模型之间进行选择的尝试是错误的。一种替代方法是贝叶斯模型平均法。考虑 m 个候选模型 $M_1,\cdots,M_m$ 。如果我们的兴趣在 $E\left(h(\theta)\right)$ ，可对候选模型平均，使得

$$E\left(h(B)\right)=\sum_{i-1}^{m}E\left(h(B)\mid y,M_i\right)g\left(M_i\mid y\right)$$

或者，贝叶斯学家可以选择中位数模型。另一种方法是选择具有最大可能性的模型，也就是最大 $g\left(M_i\mid y\right)$ 的模型。每种选择都反映了不同的损失函数。

10.2.2 模拟后验分布

贝叶斯推断基于后验分布，但后验分布可能没有封闭形式，可用数值方法进行模拟。我们的目标是从参数的后验分布中生成随机抽样 $\theta^{(1)},\cdots,\theta^{(n)}$ 。从复杂高维分布中生成抽样是贝叶斯分析的重要部分。大数定律表明，我们可从后验分布中随机抽取 $\theta^{(1)},\cdots,\theta^{(n)}$ ：

$$\frac{1}{n}\sum_{i=1}^{n}h\left(\theta^{(i)}\right)\xrightarrow{\text{a.s.}}E\left(h(\theta)|y\right)=\int h(\theta)g(\theta|y)\mathrm{d}\theta$$

随机抽样次数 n 越多，近似精度越高。如果后验分布是非标准或未知的，那么仿真后验分布就很困难。如果参数的联合后验分布来自已知的分布族，那么就可使用标准随机数生成器生成随机样本。高斯后验分布就是这样的例子。遗憾的是，在实际应用中，后验分布往往不属于已知族，这就需要更复杂的抽样技术。接下来我们介绍几种重要的抽样方法。

1. 接受–拒绝抽样（accept-reject sampling）

有时，后验密度与某个密度函数成正比，但该密度函数积分不为 1，这样的函数称为密度函数核。例如，先验函数与似然函数的乘积 $g(\theta)l(\theta\mid y)$ 就是后验密度核。后验密度核不是一个概率密度，因为函数下所围成的面积通常不为 1。我们将后验密度核表示为 $g^*(\theta\mid y)$ 。

如果分布难以抽样，只要后验密度核 $g^*(\theta\mid y)>0$ ，我们可选择易于抽样且满足条件 $g^{AS}(\theta)>0$ 的概率密度 $g^{AS}(\theta)$ 。函数 $g^{AS}(\theta)$ 称为源密度。为确保 $g^*(\theta\mid y)>0$ ，源密度需严格为正。例如，我们可选择一个正态密度 $g^{AS}(\theta)$ ，因为正态密度严格为正。后验核和源密度之比的最大值定义为

$$\varrho = \sup_{\theta \in \{\theta | g^*(\theta | y) > 0\}} \frac{g^*(\theta | y)}{g^{AS}(\theta)}$$

可按如下步骤获得第 i 个后验抽样值 $\theta^{(i)}$：

步骤 1：令 $\mathcal{U}(0,1)$ 表示区间为 $(0,1)$ 的均匀分布，从中随机抽取一个数 u，并从 $g^{AS}(\theta)$ 对应的分布中抽取 θ^+。

步骤 2：如果 $u < g^*(\theta^+ | y) / (\varrho \cdot g^{AS}(\theta^+))$，保留 $\theta^{(i)} = \theta^+$。否则返回步骤 1。

可证明，上述算法提供了后验分布的随机样本。如果 $g^{AS}(\theta | y) = g^*(\theta | y)$，那么 $\varrho = 1$，

$$\frac{g^*(\theta^+ | y)}{\varrho \cdot g^{AS}(\theta^+)} = 1$$

因此，我们将在步骤 2 中保留源分布的所有抽样。但是，如果源密度 $g^{AS}(\theta)$ 与后验密度核 $g^*(\theta | y)$ 差别很大，如当 $g(\theta | y)$ 很大时，那么 $g^*(\theta^+ | y) / (\varrho \cdot g^{AS}(\theta^+))$ 趋于很小，只有少量抽样被接受。因此，要从后验分布中生成足够多的抽样，需从源分布中大量抽样。换句话说，虽然该算法是通用的，但计算成本可能很高。

2. 重要性抽样

重要性抽样（importance sampling）避免放弃许多后验抽样，转而保留所有后验抽样，以求其加权平均值。重要性抽样生成一个样本，以便于估计 θ 的函数的后验矩值。假设目标函数是 $h(\theta)$，令 $g^{IS}(\theta)$ 表示源密度函数，与后验密度核 $g^*(\theta | y)$ 近似。此外，加权函数定义为 g^* 和 g^{IS} 的比值，

$$w(\theta) = \frac{g^*(\theta | y)}{g^{IS}(\theta)}$$

那么，从 $g^{IS}(\theta)$ 的分布中随机抽取 $\theta^{(1)}, \cdots, \theta^{(n)}$，可得

$$\frac{\sum_{i=1}^{n} h(\theta^{(i)}) w(\theta^{(i)})}{\sum_{i=1}^{n} w(\theta^{(i)})} \xrightarrow{a.s.} E[h(\theta | y)]$$

因为

$$\int h(\theta) g^*(\theta | y) d\theta = \int h(\theta) \frac{g^*(\theta | y)}{\int g^*(\theta | y) d\theta} d\theta = \frac{\int \frac{h(\theta) g^*(\theta | y)}{g^{IS}(\theta)} g^{IS}(\theta) d\theta}{\int \frac{g^*(\theta | y)}{g^{IS}(\theta)} g^{IS}(\theta) d\theta}$$

因此，从源分布中的加权抽样集合可用来近似后验分布的期望值。与接受–拒绝抽

样法相比，重要性抽样的优势在于只需抽取一个大小为n的样本。由于预期近似值的精度随着样本量增加而提高，因此使用所有样本值的优势显而易见。但需注意，要找到一个好的后验密度近似值$g^{IS}(\theta)$并非易事。如果后验分布复杂且难以抽样，重要性抽样可能无法发挥作用。

3. 马尔可夫链蒙特卡罗方法

马尔可夫链蒙特卡罗（Markov Chain Monte Carlo，MCMC）方法使用马尔可夫链算法生成参数向量的一个长样本，如果该链运行时间足够长，其分布会收敛到参数的后验分布。然而，参数向量的抽样不是独立的，而是序列依赖的。如果后验来自依存样本而非随机样本，那么相关后验矩的近似精度会更低。因此，要精确推断，可能需要更长的样本。此外，为了确保后验的近似精度，通常会舍弃大量的初始样本，也称为预烧样本。尽管MCMC方法对计算要求很高，但由于它比其他抽样方法更简单、计算效率更高，因此近年来颇受欢迎。这种方法有多种变体，不同变体在选择θ的抽样方式上存在差异。

米特罗波利斯-黑斯廷斯（Metropolis-Hastings）算法基于条件密度$\eta\left(\theta \mid \theta^{(i-1)}\right)$。给定$\theta^{(i-1)}$，候选$\theta^{+}$来自$\eta\left(\theta \mid \theta^{(i-1)}\right)$的分布，且$\theta^{(i)}=\theta^{+}$的概率为

$$\min\left\{\frac{g\left(\theta^{+} \mid y\right) / \eta\left(\theta^{+} \mid \theta^{(i-1)}\right)}{g\left(\theta^{(i-1)} \mid y\right) / \eta\left(\theta^{(i-1)} \mid \theta^{+}\right)}, 1\right\}$$

否则$\theta^{(i)}=\theta^{(i-1)}$。换句话说，如果抽样增加了后验值，则接受的概率为1。否则，接受的概率小于1，其值取决于当期后验值比上次抽样低多少。可证明，这种算法会收敛到后验值。

与Metropolis-Hastings算法相关的问题有很多，最重要的是如何选择条件密度$\eta\left(\theta \mid \theta^{(i-1)}\right)$。如果存在简单的抽样方法，我们一般不会轻易使用MCMC方法。在实践中，Metropolis-Hastings算法只在没有其他选择的情况下，用于非标准问题。例如，许多时变系数VAR模型需要Metropolis-Hastings抽样。

4. 吉布斯抽样

吉布斯（Gibbs）抽样只适用于后验分布能分解的情况。如果满足条件，吉布斯抽样非常方便和高效。如果θ的后验分布难以直接抽样，可对参数向量进行分割。例如，在给定其余元素的情况下，参数向量θ中的一个子向量的条件后验分布具有已知的常规分布，因此可容易地抽取。考虑一种简单情况，θ可以划分为$\theta=\left(\theta_{(1)}^{\prime}, \theta_{(2)}^{\prime}\right)^{\prime}$，同时$g\left(\theta_{(1)} \mid \theta_{(2)}, y\right)$和$g\left(\theta_{(2)} \mid \theta_{(1)}, y\right)$对应于已知分布。从初始值$\theta_{(2)}^{(0)}$开始，给定$\theta_{(2)}^{(i-1)}$，我们可从$g\left(\theta_{(1)} \mid \theta_{(2)}, y\right)$中选择$\theta_{(1)}^{(i)}$，然后再从$g\left(\theta_{(2)} \mid \theta_{(1)}^{(i)}, y\right)$选择$\theta_{(2)}^{(i)}$。这种算法一般都能收敛到联合后验分布。例如，在线性VAR模型估计中，我们可将待估参数划分为VAR系数和

残差协方差矩阵。

要实施吉布斯抽样，参数向量θ需要划分为两个以上的子向量以获得标准条件后验分布。但需注意，吉布斯抽样只在不同子向量的后验分布相互独立或至少没有强烈相关性的情况下才能实现，因此研究者在参数分组时应充分考虑这点。另外，在某些情况下，某些条件后验分布可能不属于标准分布。然而只要有一个条件分布易于抽样，吉布斯抽样就值得考虑。其他非标准条件分布可通过 Metropolis-Hastings 算法来抽样。

10.2.3　简化式 VAR 参数的先验值

在贝叶斯分析中，重要的问题是如何设定参数的先验值。合适的先验分布可简化后验分析。一种常规做法是指定先验分布，以使后验分布来自已知的分布族，如正态分布。如果先验分布与似然函数分布类型相同，那么这种先验称为共轭先验。如果共轭先验与似然函数来自同一分布系，则称为自然共轭先验。例如，如果似然函数和先验都服从正态分布，那么后验也是正态分布。利特曼（Litterman）或明尼苏达（Minnesota）先验都是这样的例子。自然共轭先验也称为高斯逆威沙特（Wishart）先验。在使用已知分布族的先验时，需要设定先验分布的部分参数。经济学家通常对先验分布施加额外的结构约束，将需要设定的参数缩减至几个超级参数，从而简化分析。

1. 一般程序

在实际应用中，如果不加约束，设定先验分布往往非常困难。因此，贝叶斯学派通常对先验分布族施加额外的结构约束，以便将指定参数的数量减至少数几个超级参数。令γ表示超级参数向量，使得$g(\theta)=g_\gamma(\theta)$。通常，经济学家根据模型的样本内拟合度选择超级参数，因此γ使 VAR 模型产生准确的样本外预测。如果把先验分布看作以超参数γ为条件的分布，$g_\gamma(\theta)=g(\theta|\gamma)$，那么先验可视为分层先验。假设$\gamma$的先验密度为$g(\gamma)$，则后验分布为

$$g^*(\gamma)\propto h(y|\gamma)g(\gamma)$$

其中，超参数的样本密度为

$$h(y|\gamma)=\int f(y\theta,\gamma)g(\theta\gamma)\mathrm{d}\theta$$

这个表达式称为边际似然法，因为相关参数θ被积分掉。如果我们将先验设定为均匀分布，即$g(\gamma)=$常数，那么超级参数的后验等于边际似然。

2. 给定新息方差的 VAR 参数的正态先验

对 VAR 斜率参数设定先验的早期方法将新息方差Σ_u视为给定。我们可用最小二乘或最大似然估计值代替未知的Σ_u。考虑一个正态分布的K维 VAR(p)过程y_t：

$$y_t=\nu+A_1y_{t-1}+\cdots+A_py_{t-p}+u_t$$

其中，$u_t \sim \mathcal{N}(0,\Sigma_u)$是高斯白噪声误差项。模型可用矩阵符号表示为

$$Y = AZ + U$$

其中，$Y \equiv [y_1,\cdots,y_T]$，$A \equiv [v,A_1,\cdots,A_p]$和$Z \equiv [Z_0,\cdots,Z_{T-1}]$与$Z_{t-1} \equiv (1,y'_{t-1},\cdots,y'_{t-p})'$。将矩阵表达式矢量化，可得

$$y = (Z' \otimes I_K)\alpha + u$$

其中，$\alpha \equiv \text{vec}(A)$，$y \equiv \text{vec}(Y)$和$u \equiv \text{vec}(U)$。接下来，我们将讨论当白噪声协方差矩阵$\Sigma_u$已知时，系数向量$\alpha$的两种正态先验表达式。

1）先验分布的一种表达式

假设α的先验分布是多元正态分布，已知均值α^*和协方差矩阵V_α：

$$\alpha \sim \mathcal{N}(\alpha^*, V_\alpha)$$

因此，先验密度为

$$g(\alpha) = \left(\frac{1}{2\pi}\right)^{\frac{K(Kp+1)}{2}} |V_\alpha|^{-\frac{1}{2}} \exp\left[-\frac{1}{2}(\alpha-\alpha^*)' V_\alpha^{-1}(\alpha-\alpha^*)\right]$$

高斯似然函数为

$$l(\alpha \mid y) = \left(\frac{1}{2\pi}\right)^{KT/2} |I_T \otimes \Sigma_u|^{-1/2} \times \exp\left[-\frac{1}{2}[y-(Z'\otimes I_K)\alpha]'(I_T \otimes \Sigma_u^{-1})[y-(Z'\otimes I_K)\alpha]\right]$$

将先验信息与高斯似然函数的样本信息结合得出后验密度：

$$\begin{aligned} g(\alpha \mid y) \propto g(\alpha) l(\alpha \mid y) \propto \exp\Big\{-\frac{1}{2}\Big[\left[V_\alpha^{-1/2}(\alpha-\alpha^*)\right]'\left[V_\alpha^{-1/2}(\alpha-\alpha^*)\right]\Big] \\ +\left\{(I_T \otimes \Sigma_u^{-1/2})y - (Z' \otimes \Sigma_u^{-1/2})\alpha\right\}' \\ \times\left\{(I_T \otimes \Sigma_u^{-1/2})y - (Z' \otimes \Sigma_u^{-1/2})\alpha\right\}\Big\} \end{aligned}$$

定义：

$$w = \begin{bmatrix} V_\alpha^{-1/2}\alpha^* \\ (I_T \otimes \Sigma_u^{-1/2})y \end{bmatrix}, \quad W = \begin{bmatrix} V_\alpha^{-1/2} \\ Z' \otimes \Sigma_u^{-1/2} \end{bmatrix}$$

后验密度$g(\alpha \mid y)$中的指数部分可改写为

$$-\frac{1}{2}(w-W\alpha)'(w-W\alpha)=-\frac{1}{2}\left[(\alpha-\bar{\alpha})'W'W(\alpha-\bar{\alpha})+(w-W\bar{\alpha})'(w-W\bar{\alpha})\right]$$

其中，

$$\bar{\alpha}=(W'W)^{-1}W'w=\left[V_\alpha^{-1}+\left(ZZ'\otimes\Sigma_u^{-1}\right)\right]^{-1}\left[V_\alpha^{-1}\alpha^*+\left(Z\otimes\Sigma_u^{-1}\right)y\right]$$

请注意，如果精度矩阵 V_α^{-1} 为零，后验均值的表达式简化为无约束最小二乘估计表达式：

$$\left(ZZ'\otimes\Sigma_u^{-1}\right)^{-1}\left(Z\otimes\Sigma_u^{-1}\right)y=\left((ZZ')^{-1}Z\otimes I_K\right)\mathrm{vec}(Y)=\mathrm{vec}\left(YZ'(ZZ')^{-1}\right)$$

右边的第二项不包含 α，因此是一个常数，于是：

$$g(\alpha\,|\,y)\propto\exp\left[-\frac{1}{2}(\alpha-\bar{\alpha})'\bar{\Sigma}_\alpha^{-1}(\alpha-\bar{\alpha})\right]$$

其中，$\bar{\alpha}$ 由上述公式给出，并且：

$$\bar{\Sigma}_\alpha=(W'W)^{-1}=\left[V_\alpha^{-1}+\left(ZZ'\otimes\Sigma_u^{-1}\right)\right]^{-1}$$

后验分布是多元正态分布，均值为 $\bar{\alpha}$，协方差矩阵为 $\bar{\Sigma}_\alpha$。换句话说，α 的后验分布为 $\mathcal{N}\left(\bar{\alpha},\bar{\Sigma}_\alpha\right)$。该分布可用于推断 α。从上述后验分布中抽样特别容易，因为分布的形式已知。

2）先验分布的另一种表达式

α 的先验信息可等价地写成

$$C\alpha=c+e,\ e\sim\mathcal{N}(0,I)$$

其中，C 为一个固定矩阵；c 为一个固定向量。如果 C 是一个 $K(Kp+1)\times K(Kp+1)$ 非奇异矩阵，该表达式意味着

$$\alpha\sim\mathcal{N}\left(C^{-1}c,C^{-1}\left(C^{-1}\right)'\right)$$

这是前面指定的正态先验，均值为 $C^{-1}c$，协方差矩阵为 $(C'C)^{-1}$。后验均值可表示为

$$\bar{\alpha}=\left[C'C+\left(ZZ'\otimes\Sigma_u^{-1}\right)\right]^{-1}\left[C'c+\left(Z\otimes\Sigma_u^{-1}\right)y\right]$$

请注意，在这种先验设计下，无须对协方差矩阵 V_α 求逆。这种形式的另一个优点是不需要对矩阵 C 求逆，因此 C 不必是方阵。

估计量 $\bar{\alpha}$ 正是从回归模型中得到的广义最小二乘估计值：

$$\begin{bmatrix} y \\ c \end{bmatrix} = \begin{bmatrix} Z' \otimes I_K \\ C \end{bmatrix} \alpha + \varepsilon, \quad \varepsilon \sim \left(0, \begin{bmatrix} I_T \otimes \Sigma_u & 0 \\ 0 & I \end{bmatrix} \right)$$

因此，在这种情况下，施加先验等同于扩大样本。与无约束最小二乘估计相比，增加更多的观测值会减小广义最小二乘估计的方差，从而提高估计效率。

为了使这些概念具有可操作性，必须首先设定好先验均值 α^* 和先验协方差矩阵 V_α（C 和 c）。如果没有关于参数的先验知识，可选择大的先验方差，即使用扩散高斯先验，这样 V_α^{-1}（也称为精度矩阵）变得非常小。在这种情况下，可以看到后验均值接近最小二乘估计值。

后验均值可解释为 α 的收缩估计量，收缩程度由 V_α^{-1} 决定。如果 $V_\alpha^{-1}=0$，则后验均值将简化为最小二乘估计值。当然，在这种情况下，贝叶斯分析就失去了优势。在实践中，有多种方法可以指定精度矩阵。

实践中的一个重要问题是，先验可能会提供有关参数的信息。因此，人们对不提供信息的先验值很感兴趣。为所有参数值分配相等的先验概率可避免这种扭曲，在这种情况下，先验密度只是一个与后验密度相抵消的常数。不幸的是，在整个欧几里得空间中，不存在恒定的概率密度。任何正数在整个空间内积分为无穷大。因此，这种平面先验不是正确的先验。换句话说，VAR 参数的真正无信息先验是不存在的。

另一种方法是高斯先验 V_α^{-1} 接近零。这种先验也称为 VAR 参数的扩散先验。但要注意，这种先验虽然看起来对斜率参数约束不大，但对于参数的非线性函数（如脉冲响应），仍可能会无意中提供信息。在一个维度上没有信息量的先验，在其他维度上往往是有信息量的。鉴于很难在主观先验达成一致，通常做法是按惯例选择 VAR 参数的先验值。例如，可选择具有某些理想特性的先验。在 VAR 文献中，通常根据模型的预测精度来选择先验。

3. 明尼苏达先验

Litterman（1986）和 Doan 等（1984）为 VAR 模型参数提出了一个特定的高斯先验，称为明尼苏达先验或 Litterman 先验。最初的明尼苏达先验将 VAR 估计缩小为多变量随机游走模型。这种做法在预测持续性经济时间序列时非常有用。明尼苏达先验将先验均值和协方差矩阵设定如下：

（1）在 VAR 的每个方程中，将因变量第一滞后期的先验均值设为 1，将所有其他斜率系数的先验均值设为 0。换句话说，如果先验均值是真实参数值，那么每个变量都服从随机游走。

（2）将截距项的先验方差设为无穷大，将矩阵 A_l 的第 ij 个元素 $a_{ij,l}$ 的先验方差设为

$$v_{ij,l} = \begin{cases} \left(\dfrac{\lambda}{l}\right)^2, & i=j \\ \left(\dfrac{\lambda\theta\sigma_i}{l\sigma_j}\right)^2, & i \neq j \end{cases}$$

其中，λ 表示 $a_{ii,1}$ 的先验标准差，其中 $0<\theta<1$ 控制着其他滞后期的先验方差与自身滞后期的先验方差的相对松紧度（θ 越小，则增加了其他滞后期的相对松紧度），其中 σ_i^2 是 Σ_u 第 i 个对角线元素。

例如，在双变量 VAR(2)模型中，所有斜率参数都按其先验均值评估，我们可得出

$$y_{1t}=\underbrace{0}_{(\infty)}+\underbrace{1\cdot y_{1,t-1}}_{(\lambda)}+\underbrace{0\cdot y_{2,t-1}}_{(\lambda\theta\sigma_1/\sigma_2)}+\underbrace{0\cdot y_{1,t-2}}_{(\lambda/2)}+\underbrace{0\cdot y_{2,t-2}}_{(\lambda\theta\sigma_1/2\sigma_2)}+u_{1t}$$

$$y_{2t}=\underbrace{0}_{(\infty)}+\underbrace{0\cdot y_{1,t-1}}_{(\lambda\theta\sigma_2/\sigma_1)}+\underbrace{1\cdot y_{2,t-1}}_{(\lambda)}+\underbrace{0\cdot y_{1,t-2}}_{(\lambda\theta\sigma_2/2\sigma_1)}+\underbrace{0\cdot y_{2,t-2}}_{(\lambda/2)}+u_{2t}$$

括号中的数字是先验标准差。这两个等式分别设定了因变量的随机游走先验均值。不为零的先验标准差反映了模型的不确定性。标准差随滞后期长度的增加而减小，这是因为假定最近的滞后期更有可能出现非零值。截距项的标准差设为无穷大，以反映我们对这些参数的无知。此外，先验分布还规定了参数的独立性。因此，V_α 是对角矩阵，其逆矩阵为

$$V_\alpha^{-1}=\mathrm{diag}\left(0\quad 0\quad \frac{1}{\lambda^2}\quad \frac{\sigma_1^2}{(\lambda\theta\sigma_2)^2}\quad \frac{\sigma_2^2}{(\lambda\theta\sigma_1)^2}\quad \frac{1}{\lambda^2}\quad \frac{2^2}{\lambda^2}\quad \frac{2^2\sigma_1^2}{(\lambda\theta\sigma_2)^2}\quad \frac{2^2\sigma_2^2}{(\lambda\theta\sigma_1)^2}\quad \frac{2^2}{\lambda^2}\right)$$

斜率参数的先验值设定为

$$C=\left[0_{8\times2}\quad \mathrm{diag}\left(\frac{1}{\lambda^2}\quad \frac{\sigma_1^2}{(\lambda\theta\sigma_2)^2}\quad \frac{\sigma_2^2}{(\lambda\theta\sigma_1)^2}\quad \frac{1}{\lambda^2}\quad \frac{2^2}{\lambda^2}\quad \frac{2^2\sigma_1^2}{(\lambda\theta\sigma_2)^2}\quad \frac{2^2\sigma_2^2}{(\lambda\theta\sigma_1)^2}\quad \frac{2^2}{\lambda^2}\right)\right],\ c=\frac{1}{\lambda}\begin{bmatrix}1\\0\\0\\1\\0\\0\\0\\0\end{bmatrix}$$

其中，$c=\frac{1}{\lambda}\left(\mathrm{vec}(I_2)',0_{1\times4}\right)'$，$C$ 是一个 8×10 维矩阵，前两列为零，剩余列组成的方阵的对角线元素为矩阵 V_α 对角线元素平方根的倒数。请注意，这种表示法没有为截距指定先验值。

明尼苏达先验的优势在于，它通过对先验施加额外的结构约束，将高维先验分布简化为选择两个参数的问题。在设定明尼苏达先验时，用户只需选择两个超参数 λ 和 θ。参数 λ 控制所有 VAR 系数的总体先验方差，而 θ 控制因变量以外的滞后变量系数方差的松紧度。θ 的值接近 1 意味着滞后 1 期的所有系数都有大致相同的先验方差，除了一个旨在捕捉各变量变化差异的比例因子。Litterman（1986）发现，当 $\theta=0.3$ 和 $\lambda=0.2$ 时，BVAR 模型预测美国宏观经济变量时效果很好。对于给定的 θ，缩减由 λ 决定。因此，λ

常被称为收缩参数。λ 越小，向先验均值收缩的程度越大。

在使用明尼苏达先验时，Σ_u 常常是未知的。在贝叶斯方法中，必须为 Σ_u 的元素指定先验概率密度。一个简单的替代方法是将 Σ_u 替换为最小二乘估计值或最大似然估计值：

$$\tilde{\Sigma}_u = \frac{Y\left(I_T - Z'(ZZ')^{-1} Z\right)Y'}{T}$$

其中，T 表示样本数。由于计算 $\bar{\alpha}$ 需要求矩阵 $V_\alpha^{-1} + \left(ZZ' \otimes \Sigma_u^{-1}\right)$ 的逆。因此，在明尼苏达先验中，贝叶斯估计是针对系统中的每个方程分别进行的。在这种情况下：

$$\bar{\alpha}_k = \left[V_k^{-1} + \sigma_k^{-2} ZZ'\right]^{-1} \left(V_k^{-1} a_k^* + \sigma_k^{-2} Zy_{(k)}\right)$$

其中，a_k 表示第 k 个方程的参数，其中 $y_{(k)} \equiv \left(y_{k1}, \cdots, y_{kT}\right)'$。换句话说，$a_k'$ 是矩阵 $A = \left[\nu, A_1, \cdots, A_p\right]$ 的第 k 行。这里 V_k 表示 a_k 的先验协方差矩阵，a_k^* 表示 a_k 的先验均值。未知数 σ_k^2 可用矩阵 $\tilde{\Sigma}_u$ 的第 k 个对角线元素代替。

将宏观变量的参数缩小为随机游走，只对具有随机趋势的时间序列才可行。在处理平稳变量时，可将 VAR 参数缩减为零。在这种情况下，在拟合 VAR 模型之前对数据进行均值调整，可避免为截距项指定先验项。明尼苏达先验的主要优点是它能得到一个简单易分析的正态后验分布，这解释了为什么尽管明尼苏达先验有一些缺点，但多年来一直很流行。

4. 自然共轭高斯逆 Wishart 先验

到目前为止，我们已经用估计值代替了未知的 Σ_u。这种方法可以改进，不仅可以为斜率参数设定先验，还可以为 Σ_u 设定先验。新息协方差矩阵的先验分布必须保证 Σ_u 是正定的。本节将讨论这种先验值，并推导出相应的后验值。

令 $x_i \sim \mathcal{N}\left(0, \Sigma_x\right)$，表示 K 维独立、同分布的正态随机向量。那么 $\sum_{i=1}^n x_i x_i'$ 的分布称为 K 维 Wishart 分布，相关参数为 Σ_x 和 n，表示为

$$\sum_{i=1}^n x_i x_i' \sim \mathcal{W}_K\left(\Sigma_x, n\right)$$

对于单变量标准正态随机变量 x_i，$\sum_{i=1}^n x_i^2$ 具有 $\chi^2(n)$ 分布，这说明 Wishart 分布可看作自由度为 n 的 χ^2 分布的多变量一般化。如果 $\Omega \sim \mathcal{W}_K\left(\Sigma, n\right)$，则 Ω^{-1} 取决于 Σ^{-1} 和 n。后一种分布称为逆 Wishart 分布，简称为

$$\Omega^{-1} \sim \mathcal{IW}_K\left(\Sigma^{-1}, n\right)$$

假设 VAR(p)模型具有高斯新息，$u_t \sim \mathcal{N}\left(0, \Sigma_u\right)$，我们设定先验

$$\alpha | \Sigma_u \sim \mathcal{N}\left(\alpha^*, V_\alpha = V \otimes \Sigma_u\right)$$

和

$$\Sigma_u \sim \mathcal{IW}_K\left(S_*, n\right)$$

于是$\Sigma_u^{-1} \sim \mathcal{W}_K\left(S_*^{-1}, n\right)$。$\alpha$的先验协方差矩阵表示为克罗内乘积$V \otimes \Sigma_u$，简化了后验分布，得到高斯逆 Wishart 分布：

$$\alpha \left| \Sigma_u, y \sim \mathcal{N}\left(\bar{\alpha}, \bar{\Sigma}_\alpha\right), \Sigma_u \right| y \sim \mathcal{IW}_K\left(S, \tau\right)$$

其中，

$$\bar{\Sigma}_\alpha = \left[\left(V^{-1} \otimes \Sigma_u^{-1}\right) + \left(ZZ' \otimes \Sigma_u^{-1}\right)\right]^{-1} = \left(V^{-1} + ZZ'\right)^{-1} \otimes \Sigma_u$$

将$V \otimes \Sigma_u$代入V_α表达式，可得

$$\begin{aligned}
\bar{\alpha} &= \left[\left(V^{-1} \otimes \Sigma_u^{-1}\right) + \left(ZZ' \otimes \Sigma_u^{-1}\right)\right]^{-1}\left[\left(V^{-1} \otimes \Sigma_u^{-1}\right)\alpha^* + \left(Z \otimes \Sigma_u^{-1}\right)y\right] \\
&= \left[\left(V^{-1} + ZZ'\right)^{-1} \otimes \Sigma_u\right]\left[V^{-1} \otimes \Sigma_u^{-1}, Z \otimes \Sigma_u^{-1}\right]\begin{bmatrix} \alpha^* \\ y \end{bmatrix} \\
&= \left(\left(V^{-1} + ZZ'\right)^{-1}\left[V^{-1}, Z\right] \otimes I_K\right)\text{vec}\left[A^*, Y\right]
\end{aligned}$$

因此，后验均值可用矩阵符号表示为

$$\bar{A} = \left(A^* V^{-1} + YZ'\right)\left(V^{-1} + ZZ'\right)^{-1}$$

该等式说明了为什么即使回归系数数量超过样本量，也可使用贝叶斯估计方法。在这种情况下，ZZ'不可逆，因此最小二乘估计不可行。但贝叶斯估计仍然可行。将可逆精度矩阵V^{-1}加到ZZ'就可以求$V^{-1} + ZZ'$的逆矩阵，这是构建后验均值$\bar{A}$所需要的。当然，$\bar{A}$的解很大程度上取决于V^{-1}。

逆 Wishart 分布中的参数为

$$S = T\tilde{\Sigma}_u + S_* + \hat{A}ZZ'\hat{A}' + A^* V^{-1} A^{*\prime} - \bar{A}\left(V^{-1} + ZZ'\right)\bar{A}'$$

此处A^*和$\hat{A}$是$K \times (Kp+1)$维矩阵，使得$\alpha^* = \text{vec}\left(A^*\right)$和$\bar{\alpha} = \text{vec}\left(\hat{A}\right)$，$\hat{A} = YZ'\left(ZZ'\right)^{-1}$和$\tilde{\Sigma}_u = (Y - \hat{A}Z)(Y - \hat{A}Z)'/T$。由于后验分布与似然函数属于同一分布系，因此先验是共轭先验。

自然共轭先验的优点是可得后验分布，无须额外模拟就可用于对α的推断。事实上，α的边际后验分布是一个多变量t-分布，自由度为$\tau = T + n$，均值为$\bar{\alpha}$，协方差矩阵为

$$\Sigma_{\alpha|y}=\frac{1}{\tau-K-1}\left(\left(V^{-1}+ZZ'\right)^{-1}\otimes S\right)$$

高斯逆 Wishart 后验分布可作为推断 α 和 Σ_u 函数的基础，如结构脉冲响应。如果结构 VAR 模型是刚刚识别的,那么结构参数将是简化式参数的非线性函数。在这种情况下，结构脉冲响应的后验分布可通过从简化式参数的联合后验分布中抽取并将这些抽取结果代入结构脉冲响应公式来模拟。在实际应用中，可首先抽样 τ 个独立向量 x_i，从 K 维正态分布中抽取独立向量 $\mathcal{N}\left(0,S^{-1}\right)$，然后以 $\sum_{i=1}^{\tau}x_ix_i'$ 为条件，对 α 的后验值模拟抽样。如果指定了先验参数，S 不涉及任何未知量，因此可在指定先验和数据可用时计算。如果我们选择 $V^{-1}=0$，这意味着后验均值可以简化为最小二乘估计数。

自然共轭先验的一个缺点是，它取决于回归矩阵 $Z'\otimes I_K$。换句话说，它要求每个回归方程的回归因子必须相同。在某些应用中，这个条件是有问题的，因为我们希望在一个方程中丢弃某些变量的滞后变量，而在其他方程中不丢弃滞后变量。尽管贝叶斯方法可视为子集 VAR 模型的替代方法，因为它可通过平滑来减少参数的变异性，但即使在贝叶斯分析中，也有理由从某些方程中剔除某个变量的滞后期，如当一个变量与另一个变量无因果关系时。在这种情况下，后验将不再是高斯逆 Wishart 后验，我们必须使用新的仿真方法从后验中抽样。

10.3 BVAR 工具箱简介和实操

本节主要介绍 Ferroni 和 Canova（2022）的实证宏观工具箱。该工具箱是一个基于 MATLAB 平台的软件包，以经典或贝叶斯方法估计 VAR、因子模型和局部投影。通过该工具箱，研究人员可在各种先验假设下进行推断，生成点预测和密度预测，测量溢出效应，并使用多种识别方案追踪冲击的因果效应。该工具箱可处理缺失观测数据、混合频率和具有大量截面信息的时间序列［如面板向量自回归（panel vector autoregression，PVAR）、因子增广向量自回归（factor-augmented vector autoregression，FAVAR）和因子模型（factor model）］。该工具箱包含许多提取经济信息和经济周期日期的程序。该工具箱可与 OCTAVE 配合使用，会不断更新，最新版本可从以下网址下载：https://github.com/naffe15/BVAR_ 。

该工具箱包含所有补充材料（数据和源代码），可用于复制工具箱示例。工具箱收集了作者在中央银行和国际机构的博士课程或课堂上使用的一套程序。当程序出现问题时，用户可以通过电子邮件或在 GitHub 上发布问题通知作者。

现有工具箱包括 BEAR 工具箱（Bayesian estimation，analysis and regression toolbox，贝叶斯估计、分析与回归工具箱）（Dieppe et al.，2016）、安布罗吉奥・切萨-比安奇（Ambrogio Cesa-Bianchi）的 VAR 工具箱、詹姆斯・拉萨奇（James LaSage）的计量经济学工具箱、Dynare 项目、凡妮莎・史密斯（Vanessa Smith）的全球 VAR 工具箱、Brave 等（2020）的混频 VAR 工具箱、Miranda-Agrippino 和 Ricco（2017）的 BVAR 和贝叶斯

局部投影工具箱，以及哈龙·穆姆塔兹（Haroon Mumtaz）和季米特里斯·科罗比利斯（Dimitris Korobilis）的一系列代码。

10.3.1　基本操作

工具箱入门简单。打开 MATLAB，将工具箱添加到 MATLAB 路径中。假设工具箱存储在 C:/USER_LOCATION，为了将工具箱添加到 MATLAB 路径中，可在命令窗口中键入：

```
addpath C:/USER_LOCATION/BVAR_/bvartools
```

每次开启 MATLAB 会话时都需要添加工具箱路径。如果要将工具箱永久添加到 MATLAB 路径中，请转到 MATLAB 主页窗口中的设置路径图标，单击该图标，添加子文件夹 BVAR_/bvartools，然后保存。类似地，我们还需添加 Chris Sims 程序，用于选择明尼苏达先验的超参数，可在命令窗口中键入：

```
addpath C:/USER_LOCATION/BVAR_/cmintools
```

用户需要事先准备好要使用的数据。数据可按任何方式格式化，但最终需加载到 MATLAB 工作区，并以 $T\times n$ 维矩阵格式存在，其中 T 表示时间维度，n 表示样本数量。例如，在预测示例中，我们使用了欧元区从 2000m1（2000 年 1 月）到 2015m8（2015 年 8 月）的月度数据，包括一年期欧洲银行间同业拆借利率（Euribor1Y）、居民消费价格指数（HICP）对数、不包括食品和能源的居民消费价格指数（CORE）对数、工业生产指数（IPI）对数和 M3 对数。数据存储在 MATLAB 文件 Data.mat 中，数据规模为 188×5，该文件位于

```
C:/USER_LOCATION/BVAR_/examples/BVAR tutorial
```

原则上，不需要指定频率：时间单位可以是月、季度、年，或混合的月度和季度。工具箱可自动处理缺失数据和混频数据。为了绘制图表，我们定义了一个与估计样本长度相同的数组列向量 T。我们采用的惯例是，年份的第一季度（第一个月）与该年的整数相对应；例如，2000Q1（2000m1）与 2000.00 相对应。使用标准命令加载已转换为 MATLAB 格式的数据

```
load Data.mat
```

Excel 电子表格中的数据可通过以下命令读取，并将其存储在变量 y 中。

```
y=xlsread('filename', 'sheetname');
```

有关读取其他格式数据的详细信息，请参阅 MATLAB 手册。

10.3.2　VAR 模型

具有 p 个滞后期的自回归模型向量[VAR(p)]表示为

$$y_t = \Phi_1 y_{t-1} + \cdots + \Phi_p y_{t-p} + \Phi_0 + u_t = \Phi(L) y_{t-1} + \Phi_0 + u_t$$

其中，y_t 为 $n\times 1$ 内生变量向量；Φ_0 为 $n\times 1$ 常数向量；Φ_j（$j=1,\cdots,p$）为 $n\times n$ 矩阵；u_t 为独立同分布正态分布、零均值、随机向量，其协方差矩阵为 Σ。待估计参数向量为 $\vartheta = \mathrm{vec}(\Phi_0,\Phi_1,\cdots,\Phi_p,\Sigma)$。

VAR(p)模型也可以用其他方式书写。本工具包经常使用的是 VAR(1)伴随形式。伴

随形式对于生成预测和计算脉冲响应函数非常有用，伴随形式为

$$\underset{(np\times1)}{x_t} = \underset{(np\times np)}{F} x_{t-1} + \underset{(np\times1)}{F_0} + \underset{(np\times n)}{G} u_t$$

$$x_t = \begin{pmatrix} y_t \\ y_{t-1} \\ \vdots \\ y_{t-p+1} \end{pmatrix}, F = \begin{pmatrix} \Phi_1 & \Phi_2 & \ldots & \Phi_{p-1} & \Phi_p \\ I & 0 & \ldots & 0 & 0 \\ 0 & I & \ldots & 0 & 0 \\ \vdots & \ddots & \ddots & \vdots & \vdots \\ 0 & 0 & \ldots & I & 0 \end{pmatrix}, G = \begin{pmatrix} I \\ 0 \\ \vdots \\ 0 \end{pmatrix}, F_0 = \begin{pmatrix} \Phi_0 \\ 0 \\ \vdots \\ 0 \end{pmatrix}$$

其中，I 为 $n\times n$ 的单位矩阵；0 为 $n\times n$ 零矩阵。

为计算预测误差方差和历史分解，将 VAR 模型写成向量移动平均形式

$$y_t = u_t + \Psi_1 u_{t-1} + \cdots + \Psi_t u_1 + \overline{\Psi}_t = \Psi(L) u_t + \overline{\Psi}_t$$

其中，Ψ_j 为 $(\Phi_1,\cdots,\Phi_p)$ 的函数；$\overline{\Psi}_t$ 为常数矩阵 Φ_0、自回归系数矩阵 $(\Phi_1,\cdots,\Phi_p)$ 和初始条件 $(y_0, y_{-1},\cdots,y_{-p})$ 的函数，代表确定性或非随机成分。

有时，特别是在处理小型开放经济体时，可能需要在 VAR 中包含给定变量。在这种情况下，我们需考虑 VARX(p)模型，将其写为

$$y_t = \Phi(L) y_{t-1} + \Phi_0 + \Gamma z_t + u_t$$

其中，假设 y_t 有 p 个滞后期，z_t 是外生变量向量。y_t 是 $n\times1$ 维内生变量向量，$\Phi(L)$ 表示滞后算子，包含 $\Phi_1,\Phi_2,\cdots,\Phi_p$，$\Phi_0$ 表示常数项，Σ 是模型中误差项 u_t 的协方差矩阵，维度是 $n\times n$，它描述的是内生变量之间的冲击之间的相关性和方差结构，在冲击相应分析和方差分解中尤为关键，z_t 是 $q\times1$ 维向量，Γ 是 $n\times q$ 矩阵。该模型需估计的参数向量为 $\vartheta = \mathrm{vec}(\Phi_0,\Phi_1,\cdots,\Phi_p,\Gamma,\Sigma)$。用户向工具包提供 z_t，因此 z_t 不仅可包含同期变量，还可包含滞后变量，即 $z_t = [w_t, w_{t-1}]$。

10.3.3 推断

工具包可估计 ϑ，并以 ϑ 的估计值为条件进行推断。估算可使用经典（平面先验）和贝叶斯技术。默认情况下，工具箱指定 Jeffrey（uninformative）[杰弗里（非信息性）]先验；也可使用其他先验。给定先验后，使用吉布斯抽样算法从参数的后验分布中生成抽样。基准估计函数为

$$\mathrm{BVAR} = \mathrm{bvar}(y, \mathrm{lags}, \mathrm{options})$$

第一个输入是数据 y，一个大小为 $T\times n$ 的数组，这里我们假设没有缺失值。第二个输入是滞后期，lags，必须是大于零的整数。第三个输入是指定选项；如果使用默认选

项，则可以省略。

备注 1：在以前版本的工具箱中，VAR 的估计通过函数 bvar.m 实现。MATLAB2020 版有一个名为“bvar”的内置对象，它会导致工具箱中的 bvar.m 函数崩溃。我们建议使用 bvar_.m 代替。而 bvar.m 仍可在 2020 年之前的 MATLAB 版本中使用。

自回归模型指定了一个常数。我们可以在启动估计命令前使用 noconstant 选项将其删除，例如

```
options.noncostant=1;
BVAR=bvar_(y, lags, options)
```

在使用平面先验或多元正态逆 Wishart 共轭先验时，如果使用者对时间趋势感兴趣，还可在模型中加入时间趋势。为此，请在 bvar_命令前输入 options.timetrend=1。在使用明尼苏达先验进行贝叶斯估计时，不能使用时间趋势。除非另有说明，我们假设用户在 VAR 模型中加入一个常数，并且不含有时间趋势。

函数 BVAR 的输出是一个包含多个字段和子字段的结构，其中包含的估计结果：

●BVAR.Phi_draws 是一个 $(n\times \text{lags}+1)\times n\times K$ 矩阵，包含自回归参数 Φ_j 后验分布的 K 次抽样。对于每个抽样 k，BVAR 的第一个 $n\times n$ 子矩阵为 BVAR.Phi_draws（:,:,k）包含一阶自回归系数矩阵，随后的子矩阵包含更高阶的滞后。BVAR.Phi_draws（:,:,k）的最后一行包含常数 Φ_0（如果假设存在）。

●BVAR.Sigma_draws 是一个 $n\times n\times K$ 矩阵，包含从新息协方差矩阵 Σ 的后验分布中提取 K 次抽样。

●BVAR.e_draws 是一个（$T-$ lags）$\times n\times K$ 矩阵，包含新息值的 K 次抽取。

●BVAR.ir_draws 是一个四维对象（$n\times \text{hor}\times n\times K$），收集了递归识别的脉冲响应函数。第一个维度对应变量，第二个维度对应响应期数，第三个维度对应冲击，第四个维度对应从后验分布中的抽样。

●BVAR.forecasts.no_shocks 是一个三维对象（$\text{fhor}\times n\times K$），用于收集假设未来冲击为零的预测结果。第一个维度对应时间跨度，第二个维度对应变量，第三个维度对应抽样。

●logmlike 包含对数边际似然——一种拟合度量。

●BVAR.InfoCrit 包含四个信息准则，可用于选择模型的滞后长度：Akaike 信息量准则、Hannan-Quinn 信息准则和贝叶斯信息准则。

默认情况下，K 值设为 5000。在调用 bvar_程序前，可将 options.K 设为任意所需的正数。

例 10.1 为了更直观地理解 BVAR 的应用，我们使用欧元区的月度数据（Data），考虑包含以下变量的 VAR：2000m1 至 2015m8 的工业生产指数（IPI）的对数、HICP（HICP）的对数、不包括食品和能源的 HICP（CORE）的对数、一年期 Euribor（Euribor1Y）、M3（M3）的对数和汇率（EXRATE）。我们最优化选择 VAR 的滞后长度。

1. 明尼苏达先验

明尼苏达先验是一种特殊的共轭先验。在原始公式中，VAR 参数的先验值是正态分

布的，而新息值的协方差视为固定。有关明尼苏达先验特征的更多详情，请参阅 Canova（2007）。明尼苏达先验很方便，因为在先验超参数固定（或可估计）的假设下，不仅可以分析后验分布，还可以做矩分析。

工具箱考虑了 Sims 和 Zha（1998）、del Negro 和 Schorfheide（2011）或 Villemot 和 Pfeifer（2017）讨论的明尼苏达先验，其中新息的协方差矩阵是随机的，并且通过虚拟观测数据实现了多层次收缩。收缩方向由以下几个超参数控制：①一阶自回归系数的先验紧密度；②更高阶滞后自回归系数的先验紧密度；③持续性权重；④数据协动性权重（共持续性先验）；⑤新息协方差矩阵的先验权重。持续性权重通常被称为系数总和先验，反映了如果一个变量一直稳定在初始水平上，那么无论其他变量的值如何，它都会倾向于保持在该水平上。共持续性先验虚拟观测值，反映了当数据稳定在其初始水平时，它将倾向于保持在该水平的信念。

控制先验二阶矩约束的超参数利用预抽样信息得出。默认情况下，预抽样大小与滞后期数量一致。可通过设置 options.presample 为整数来改变这一特性（默认 options.presample =0）。

要使用明尼苏达先验，用户需使用激活命令 option.priors.name。为此，请在 MATLAB 命令窗口（或在脚本中）键入以下命令序列：

```
options.priors.name='Minnesota';
BVAR=bvar_(y, lags, options);
```

与 Jeffrey 先验一样，后验分布的抽样收集在 BVAR.Phi_draws 和 BVAR.Sigma_draws 中，其维度与之前相同。控制明尼苏达先验的超参数是：

options.minn_prior_tau 是一个标量（默认值为 3），用于控制整体的松紧度。该值越大，先验值越紧。

options.minn_prior_decay 是一个标量，用于控制滞后期大于 1 的先验紧密度（默认值为 0.5）。该值越大，滞后期衰减越快。

options.minn_prior_lambda 是一个控制系数和先验的标量（默认值为 5）。

options.minn_prior_mu 是一个控制共轭先验的标量（默认值为 2）。

options.minn_prior_omega 是一个控制协方差矩阵先验的标量（默认值为 2）。

用户也可以自行选择超参数值。可通过在选项命令中设置来实现。当其中一个超参数被设置为特定值时（如 options.minn_prior_tau=10），明尼苏达先验值就会自动激活。也可根据 Canova（2007）或 Giannone 等（2015），选择先验超参数来最大化边际数据密度。如果偏好最大化边际数据密度，请使用以下命令：

```
options.max_minn_hyper =1;
BVAR = bvar_(y, lags, options);
```

请注意，超参数最大化不适用于缺失数据的情况。默认情况下，优化是在无约束下进行的，并使用 Chris Sims 优化器 cminwel.m（options.max_compute=3）。在最大化步骤中可设置以下选项：

options.index_est 是一个行向量，用于选择需要优化的参数。默认情况下，options.index_est=1:5，即对所有五个超参数进行优化。

options.lb 和 options.ub 设置优化的下限和上限。两者都是与 options.index_est 大小相同的行数组向量。

options.max_compute 是一个标量，用于选择最大化程序：

options.max_compute =1 使用 MATLAB fminunc.m（无约束）。

options.max_compute =2 使用 MATLAB fmincon.m（受约束）。

options.max_compute =3 使用 Chris Sims 的 cminwel.m。

options.max_compute =7 使用 MATLAB fminsearch.m。

前三种是基于导数的牛顿算法；后一种是基于函数比较的直接搜索方法。后一种方法通常速度较慢，但在导数表现不佳的情况下非常有用。

超参数的排序必须遵循列表的顺序，即 1 是 tau，5 是 omega。混合期权可在下面的例子中使用。

例 10.2　混合选项最大化。使用例 10.1 中的相同数据，我们使用明尼苏达先验值和 6 个滞后期来估计 VAR。我们将总体先验紧密度设为 10（而不是默认值 3），并估计系数之和和共轭先验超参数。我们使用 MATLAB 的 Symplex 程序优化。下面的命令集合可完成这项任务：

```
options.max_minn_hyper = 1;
options.minn_prior_tau = 10; % set tau
options.index_est = [3 4]; % define the hyper-parameters to maximize
options.max_compute = 7; % optimization by Matlab Simplex
lags = 6;
BVAR = bvar_(y,lags,options);
```

命令窗口打印输出报告如下：

```
Iteration Func-count min f(x) Procedure
0 1 -3791.37
1 3 -3791.47 initial simplex
2 5 -3792.76 expand
...
37 70 -3800.44 contract inside
Optimization terminated:
the current x satisfies the termination criteria using OPTIONS.TolX of
1.000000e-03
and F(X) satisfies the convergence criteria using OPTIONS.TolFun of
1.000000e-03
==================================================================
** Initial Hyperpara Values and Log Density **
tau = 10
decay = 0.5
lambda = 5
mu = 2
omega = 2
```

```
log density = 3791.4
** Posterior Mode: (Minimization of -Log Density) **
tau = 10
decay = 0.5
lambda = 1.0533
mu = 1.4001
omega = 2
log density = 3800.4
Maximization Successful: I will use the the mode values.
```

上述估计可找到最优值，边际似然值增加了 9 个对数值。工具箱一旦找到最大值，就会使用最优超参数值计算后验分布。如果最大化不成功[收敛标准不满足或 Hessian（海森）矩阵不是正定]，则使用默认值计算后验分布。在这种情况下，命令窗口发出警告。

通常情况下，最大化在最初几次运行中并不成功。导致程序失败的原因很多，从初始条件“不佳”到后验众数过于接近参数空间的边界等。很难就如何进行优化给出一般性建议，因为解决方案往往与具体情况有关，并取决于使用的数据。建议从少数几个超参数（如总体先验松紧度）开始最大化对数边际似然，然后根据上步得到的最优值，依次添加一个或多个参数，开始优化。

由于不需从后验分布中抽取样本，因此与其使用 bvar_ 函数，不如使用 bvar_max_hyper 函数加快计算速度。

例 10.3　仅最大化边际似然。我们使用与例 10.2 相同的设置。在给定其他超参数默认值的情况下，我们仅在整体松紧度（tau）上最大化边际似然。我们为 tau 添加上下限，并使用 MATLAB 约束最小化程序 fmincon.m：

```
clear options
% setting the default values for the hyperparameters
hyperpara(1) = 3; % tau
hyperpara(2) = 0.5; % decay
hyperpara(3) = 5; % lambda
hyperpara(4) = 2; % mu
hyperpara(5) = 2; % omega
% setting the options
options.index_est = 1:1; % hyper-parameter over which to maximize
options.max_compute = 2; % maximize using Matlab fmincon function
options.lb = 0.8; % Lower bound
options.ub = 10; % Upper bound
[postmode,logmlike,HH] = bvar_max_hyper(hyperpara,y,lags,options);
```

在 bvar_max_hyper 程序的输出中，postmode 表示后验众数，logmlike 表示后验众数下边际似然的对数，HH 表示后验众数下的海塞矩阵。最优化过程的输出结果如下：

```
** Initial Hyperpara Values and Log Density **
tau = 3
```

```
decay = 0.5
lambda = 5
mu = 2
omega = 2
log density = 3792.6
** Posterior Mode: (Minimization of -Log Density) **
tau = 5.1539
decay = 0.5
lambda = 5
mu = 2
omega = 2
log density = 3802
```

例 10.4　利用例 10.3 中最大化的众数值，联合最大化总体松紧度、衰减和系数之和超参数。需要最大化的参数边界为[0.05, 50]。命令如下：

```
hyperpara(1) = postmode(1); % use as starting value previous mode
options.index_est = 1:3; % set hyper-parameters over which maximize
options.lb = [0.05 0.05 0.05]; % Lower bounds
options.ub = [50 50 50]; % Upper bounds
[postmode,log_dnsty,HH] = bvar_max_hyper(hyperpara,y,lags,options);
```

最优化过程的输出结果为：

```
** Initial Hyperpara Values and Log Density **
tau = 5.1539
decay = 0.5
lambda = 5
mu = 2
omega = 2
log density = 3802
** Posterior Mode: (Minimization of -Log Density) **
tau = 1.2553
decay = 1.8578
lambda = 1.1325
mu = 2
omega = 2
log density = 3813.9
```

采用新的最优 tau 值、衰减值和 lambda 值后，边际似然对数增加了近 12 个对数值。如果需要，可在最大化过程的第三阶段添加其他两个参数。

2. 共轭先验

后验分布也可使用多元正态逆 Wishart 共轭先验来构建。激活该先验的命令是

```
options .priors . name = 'Conjugate';
```

在共轭先验下，自回归参数的先验值以零为中心，对角协方差矩阵为 10，残差协方差矩阵的先验值为逆 Wishart，尺度为单位对角矩阵，自由度为 n+1。先验设置与 VAR 的所有变量具有相同单位。如果情况并非如此，应使用选项（options.priors.Phi.cov 和/或 options.priors.Sigma.scale）来改变协方差矩阵的先验规模。一般来说，超参数可按以下方式定制：options.priors.Phi.mean 是一个（n×lags+1）×n 矩阵，包含自回归参数的先验均值。

- options.priors.Phi.cov 是（n×lags +1）×（n×lags +1）矩阵，包含自回归参数的先验协方差。
- options.priors.Sigma.scale 是一个（n×n）矩阵，包含残差协方差的先验规模。
- options.priors.Sigma.df 是一个标量，定义了先验自由度。

我们可以逐个或联合设置这些选项。在此先验条件下，使用吉布斯抽样算法从后验分布中抽取样本。后验分布的抽样结果存储在 BVAR.Phi_draws 和 BVAR.Sigma_draws 中，其维度与之前相同。

本章小结

本章主要讲解了简化式 VAR 模型的基本形式，主要包括移动平均表达式和一阶伴随矩阵形式。同时本章介绍了简化式 VAR 模型的滞后阶数选择方法。尽管 VAR 模型有多种估计方法，本章仅介绍目前流行的贝叶斯估计方法，主要包括后验抽样算法和先验设计。最后，本章介绍了 Ferroni 和 Canova（2022）的实证宏观工具箱，示例如何运用工具箱实现贝叶斯估计。

本章习题

1. 请将高阶简化式 VAR(p)模型转化为一阶伴随矩阵表达式，然后转化为移动平均表达式。

2. 考虑如下的三变量 VAR 模型：

$$y_{1t} = \alpha y_{1,t-1} + \beta y_{2,t-1} + \varepsilon_{1t}$$

$$y_{2t} = \gamma y_{1,t-1} + \varepsilon_{2t}$$

$$y_{3t} = \xi y_{1,t-1} + \zeta y_{2,t-1} + \eta y_{3,t-1} + \varepsilon_{3t}$$

（a）y_{1t} 对于向量$(y_{2t}, y_{3t})'$是否为外生？

（b）向量(y_{1t}, y_{2t})对于 y_{3t} 是否为外生？

（c）y_{3t} 对于向量$(y_{1t}, y_{2t})'$是否为外生？

3. 考虑如下的二元 VAR 模型：

$$y_{1t}=\alpha_1 y_{1,t-1}+\alpha_2 y_{1,t-2}+\cdots+\alpha_p y_{1,t-p}+\beta_1 y_{2,t-1}+\beta_2 y_{2,t-2}+\cdots+\beta_p y_{2,t-p}+\varepsilon_{1t}$$

$$y_{2t}=\gamma_1 y_{1,t-1}+\gamma_2 y_{1,t-2}+\cdots+\gamma_p y_{1,t-p}+\delta_1 y_{2,t-1}+\delta_2 y_{2,t-2}+\cdots+\delta_p y_{2,t-p}+\varepsilon_{2t}$$

$$E\left(\varepsilon_t\varepsilon_\tau'\right)=\begin{cases}\begin{bmatrix}\Omega_{11} & \Omega_{12}\\ \Omega_{21} & \Omega_{22}\end{bmatrix}, & t=\tau\\ 0, & 其他\end{cases}$$

上述简化式改写成结构式：

$$y_{1t}=\zeta_1 y_{1,t-1}+\zeta_2 y_{1,t-2}+\cdots+\zeta_p y_{1,t-p}+\eta_1 y_{2,t-1}+\eta_2 y_{2,t-2}+\cdots+\eta_p y_{2,t-p}+u_{1t}$$

$$y_{2t}=\lambda_0 y_{1t}+\lambda_1 y_{1,t-1}+\lambda_2 y_{1,t-2}+\cdots+\lambda_p y_{1,t-p}+\xi_1 y_{2,t-1}+\xi_2 y_{2,t-2}+\cdots+\xi_p y_{2,t-p}+u_{2t}$$

其中，

$$E\left(u_t u_\tau'\right)=\begin{cases}\begin{bmatrix}\sigma_1^2 & 0\\ 0 & \sigma_2^2\end{bmatrix}, & t=\tau\\ 0, & 其他\end{cases}$$

第一种表达式的参数$\left(\alpha_j,\beta_j,\gamma_j,\delta_j,\Omega_{il}\right)$与第二种表达式的参数$\left(\zeta_j,\eta_j,\lambda_j,\xi_j,\sigma_i^2\right)$的关系如何？$\varepsilon_t$ 和 u_t 的关系如何？

4. 考虑如下的二元 VAR 模型：

$$y_{1t}=0.3y_{1,t-1}+0.8y_{2,t-1}+\varepsilon_{1t}$$

$$y_{2t}=0.9y_{1,t-1}+0.4y_{2,t-1}+\varepsilon_{2t}$$

其中，对 $t=\tau$ 有 $E\left(\varepsilon_{1t}\varepsilon_{1\tau}\right)=1$，并且对其他情形为 0，对于 $t=\tau$ 有 $E\left(\varepsilon_{2t}\varepsilon_{2\tau}\right)=2$，并且其他情形为 0，且对于所有 t 和 τ 都有 $E\left(\varepsilon_{11}\varepsilon_{2\tau}\right)=0$。

（a）此系统是否为协方差平稳？

（b）对于 $s=0,1$ 和 2，计算 $\Psi_s=\partial y_{t+s}/\partial\varepsilon_t'$。当 $s\to\infty$ 时的极限是什么？

（c）计算对于变量 y_{1t} 提前两期的预测误差 MSE，

$$E\left[y_{1,t+2}-\widehat{E}\left(y_{1,t+2}|\ y_t,y_{t-1},\cdots\right)\right]^2$$

归因于 $\varepsilon_{1,t+1}$ 和 $\varepsilon_{1,t+2}$ 的那部分。

第 11 章

结构向量自回归模型和短期约束识别

> **学习目标**

1. 区分格兰杰因果和经济学意义上的因果关系
2. 理解什么是经济结构冲击
3. 了解结构向量自回归模型和其他宏观模型的关系
4. 掌握结构向量自回归模型的主要分析工具
5. 理解短期约束的基本原理和应用实例

> **知识点摘要**

1. 格兰杰因果、前定性和经济学因果关系
2. 结构向量自回归模型与动态联立模型的关系和 VAR 模型与 DSGE 模型的关系
3. 结构脉冲响应、预测误差方差分解、历史分解和反事实分析
4. 递归约束的基本原理和应用

结构向量自回归（structural vector autoregressive，SVAR）模型将观测数据变化视为由经济结构冲击所驱动。当前的观测数据可视为当前和过去结构冲击的加权累积效应。SVAR 模型有助于研究人员量化数据中的因果关系，而简化式 VAR 无法分析经济学上的因果关系。与其他计量经济学方法相比，SVAR 模型能很好地拟合数据，而且只涉及最低限度的识别约束。

11.1　因果推断与结构冲击

SVAR 分析的核心目标是量化变量之间的因果关系，主要通过分离外生冲击，以此

研究变量之间的因果关系。分离外生冲击有多种方法，如基于历史事件的叙述法、基于数据的反事实法、基于宏观经济公告构建预期冲击。随着经济学家逐步采用结构 VAR 框架，外生冲击的定义得到扩展。SVAR 模型将数据的预测误差分解为相互不相关的外生冲击，并对这些独立的外生冲击赋予经济学含义。在因果关系的演变过程中，我们正式引入了前定性、严格外生性和格兰杰因果关系等概念。

20 世纪 70 年代，经济学界关于货币总量与国民收入之间因果关系展开了激烈的争论。长期以来，数据显示美国的货币增长与收入增长呈正相关。Friedman 和 Schwartz（1963）在《美国货币史》中强调货币存量（或其变化率）的变动先于总体经济活动，认为货币增长变化导致收入增长变化，因此美联储应奉行不变的货币增长规则，以稳定经济周期。这一看法后来演变成货币主义学派。货币主义强调货币存量与总体经济活动之间的关系。虽然货币和收入的相关性符合货币主义理论，但相关性也可能源于货币存量对实际活动变化的内生响应。凯恩斯主义者与货币主义者的观点形成鲜明对比。凯恩斯主义者认为，货币政策对于经济波动的重要性远不及财政政策。凯恩斯主义者认为，货币总量是内生和被动变化的。由于较高的产出需要更多货币维持经济运转，因此实际经济活动的变化通过银行系统的货币乘数引起货币总量的内生变化。

在货币主义者和凯恩斯主义者争论之时，Granger（1969）提出一种检验因果关系的统计检验方法，也就是格兰杰因果检验。格兰杰因果检验的零假设是不存在格兰杰因果关系，拒绝零假设意味着存在格兰杰因果关系。

11.1.1　协方差二元 VAR 模型的格兰杰因果检验

假设一个二元货币-收入自回归模型：

$$\begin{pmatrix}\Delta m_t\\ \Delta n_t\end{pmatrix}=\begin{pmatrix}v_1\\ v_2\end{pmatrix}+\begin{bmatrix}a_{11,1} & a_{12,1}\\ a_{21,1} & a_{22,1}\end{bmatrix}\begin{pmatrix}\Delta m_{t-1}\\ \Delta n_{t-1}\end{pmatrix}+\cdots+\begin{bmatrix}a_{11,p} & a_{12,p}\\ a_{21,p} & a_{22,p}\end{bmatrix}\begin{pmatrix}\Delta m_{t-p}\\ \Delta n_{t-p}\end{pmatrix}+\begin{pmatrix}u_{1t}\\ u_{2t}\end{pmatrix}$$

其中，Δm_t 表示货币增长率；Δn_t 表示国民收入增长率。原假设 $H_0: a_{12,1}=\cdots=a_{12,p}=0$，表示 Δn_t 不是 Δm_t 的格兰杰原因；原假设 $H_0: a_{21,1}=\cdots=a_{21,p}=0$，表示 Δm_t 不是 Δn_t 的格兰杰原因。可能结果包括：①无格兰杰因果关系；②单向格兰杰因果关系；③双向格兰杰因果关系。当时，许多经济学家将货币增长与收入增长之间的单向格兰杰因果关系视为货币增长驱动收入增长的证据。

从预测角度看，格兰杰因果关系意味着，引入一个变量的滞后期有助于减少另一个变量的预测平方误差。但这其实不等价于经济学上的因果关系，而只是一种先后发生的关系。换言之，格兰杰因果关系至多能说明一个变量的变动早于（或领先于）另一个变量。可预测性与因果关系之间的区别在于，前者本质是一种统计关系，后者依赖于经济理论和因果逻辑，因果关系需要建立在结构模型基础上。接下来，我们用两个例子说明。

例 11.1　生物研究表明，公鸡有内部时钟，即使被关在黑暗的房间中，它们也会在太阳升起前打鸣。因此，根据格兰杰因果检验，公鸡打鸣有助于预测日出。如果这种因果关系成立，那么人为地干预阻断其打鸣行为，应该可以阻止太阳升起。但情况显然并非如此，所以预测关系不是因果关系。

例 11.2 在很多时期，石油价格上涨后，美国都出现了经济衰退。因此，根据格兰杰因果检验结果，油价上涨导致经济衰退。同样的，“油价上涨导致经济衰退”是有逻辑缺陷的。事实上，这种逻辑缺陷称为“后验先验”谬误。换句话说，先后发生不一定意味着因果关系。

11.1.2 格兰杰因果关系、前定性和异质性

区分可预测性和因果关系之所以重要，更深层次的原因在于预测关系不一定能用于政策分析。因此有必要正式定义因果关系、格兰杰因果关系、前定性和严格外生性等概念。继续考虑货币-收入两变量 SVAR 模型：

$$\Delta m_t = \theta \Delta n_t + \beta_{11}\Delta m_{t-1} + \beta_{12}\Delta n_{t-1} + w_{1t}$$

$$\Delta n_t = \gamma \Delta m_t + \beta_{21}\Delta m_{t-1} + \beta_{22}\Delta n_{t-1} + w_{2t}$$

其中，w_{1t} 和 w_{2t} 表示互不相关的白噪声新息。根据这一模型，我们可以定义前定性和严格外生性。

定义 1：如果 $\theta = 0$，那么 Δm_t 对于 Δn_t 是前定的，即不存在从 Δn_t 到 Δm_t 的同期反馈。

定义 2：如果 $\theta = \beta_{12} = 0$，那么 Δm_t 对 Δn_t 是严格外生的。

格兰杰因果关系可根据 VAR(1)的简化式来定义：

$$\Delta m_t = a_{11,1}\Delta m_{t-1} + a_{12,1}\Delta n_{t-1} + u_{1t}$$

$$\Delta n_t = a_{21,1}\Delta m_{t-1} + a_{22,1}\Delta n_{t-1} + u_{2t}$$

定义 3：如果 $a_{12,1} = 0$，那么 Δn_t 不是 Δm_t 的格兰杰原因。

那么格兰杰非因果关系与前定性和严格外生性有怎样的关系呢？首先，拒绝格兰杰因果关系既不是前定性的必要条件，也不是充分条件，因为

$$a_{12,1} \equiv \frac{\theta\beta_{22} + \beta_{12}}{1-\theta\gamma} = 0 \nRightarrow \theta = 0$$

显然，即使 $\theta \neq 0$，$\theta\beta_{22} = -\beta_{12}$。此外，

$$\theta = 0 \nRightarrow a_{12,1} \equiv \frac{\theta\beta_{22} + \beta_{12}}{1-\theta\gamma} = 0$$

例如，对于 $\theta = 0$ 和 $\beta_{12} \neq 0$，$a_{12,1} \neq 0$。因此，一个变量对另一个变量的格兰杰非因果关系不意味着一个变量对前一个变量是前定的。反之，一个变量对另一个变量是前定的，也不一定意味着一个变量对另一个变量是格兰杰非因果关系。

同样的：

$$a_{12,1} \equiv \frac{\theta\beta_{22} + \beta_{12}}{1 - \theta\gamma} = 0 \nRightarrow \theta = \beta_{12} = 0$$

因为，对于 $\theta \neq 0$ 和 $\beta_{12} \neq 0$，仍然存在 $\theta\beta_{22} = -\beta_{12}$。格兰杰非因果关系不意味着外生性，因为前定性是外生性的一部分。然而，严格的外生性意味着格兰杰非因果关系，因为

$$\theta = \beta_{12} = 0 \Rightarrow a_{12,1} \equiv \frac{\theta\beta_{22} + \beta_{12}}{1 - \theta\gamma} = 0$$

这意味着，通过检验格兰杰非因果关系，我们可以检验外生性。如果我们无法拒绝格兰杰因果关系，我们也就拒绝了严格的外生性。但如果我们拒绝格兰杰因果关系，我们仍然无法得知严格的外生性是否成立。一些学者进行格兰杰因果检验的目的是确定变量的外生性。不幸的是，这一结果恰恰是格兰杰因果检验无法确定的。

因此，即使货币以单项格兰杰方式引起收入增加，也不意味着货币供应量增加引起经济增长。然而，这一事实没有阻止许多研究人员将格兰杰因果检验误解为真正的因果检验。客观来说，格兰杰因果检验的实际用途之一是否定经济变量的严格外生性。随着传统动态结构方程模型（dynamic structural equation modeling）的消亡和 SVAR 模型出现，“评估经济变量的外生性”这个问题的必要性大大降低。学者很快接受了宏观经济总量不太可能严格外生的观点。例如，长期以来，经济学家在宏观经济模型中将原油价格视为外生，但显然石油价格不是严格外生的，因此文献从实证和理论两方面对石油价格的内生性进行建模。

虽然在宏观经济学中很难找到严格的外生变量，但在 DSGE 模型中，严格的外生性假设较为常见，DSGE 模型假定技术增长、货币供应增长或政府支出增长等变量是严格外生的。经济学家之所以将这些变量视为外生变量，主要是因为他们没有能力或不愿意为这些外生变量建模，而不是因为证据支持严格的外生性假设。事实上，凯恩斯主义者早在 20 世纪 60 年代就已经强调美国货币增长相对于经济的内生性，而政府支出对于经济周期的内生性也是不言而喻的。即使是技术冲击也可能是内生的，比如经济增长理论致力于解释技术进步的内生性。

随着经济学界对格兰杰因果检验的含义及其统计特性有了更好的理解，关于货币是否是收入的格兰杰原因也开始受到质疑。最初，经济学家们基于二元格兰杰因果检验发现货币增长导致收入变化。然而，一旦在 VAR 模型中加入更多变量，这一结果可能弱化，甚至不成立。到 20 世纪 80 年代末，人们发现，货币变量在统计上可能能够预测收入的变化（即货币格兰杰导致收入），但这并不等同于货币主义者所主张的货币变动是收入变动的根本原因。充其量它与相关性检验并无不同。因此，业界对格兰杰因果检验失去了兴趣。格兰杰因果检验被一种新的观点所取代，即我们感兴趣的不是货币与收入增长之间的同期相关性或领先-滞后相关性，而是收入如何对货币增长的意外变化或冲击做出响应的问题。

11.1.3 SVAR 冲击

识别结构冲击最常用的方法是以 Sims（1980a）的研究为基础的 SVAR 模型。这种方法假设数据生成过程可用 SVAR 模型来近似，其形式为

$$B_0 y_t = B_1 y_{t-1} + \cdots + B_p y_{t-p} + w_t$$

其中，确定性项被略去、y_t 为 $K \times 1$ 维向量；模型系数 B_i 为 $K \times K$ 维矩阵；w_t 为互不相关的白噪声，其协方差矩阵 Σ_w 为对角矩阵，其对角线元素具有经济含义。该模型可视为动态结构方程模型的特殊形式。将上式两边左乘 B_0^{-1}，可得相应的简化式 VAR：

$$y_t = A_1 y_{t-1} + \cdots + A_p y_{t-p} + u_t$$

其中，$A_i = B_0^{-1} B_i$ 和 $u_t = B_0^{-1} w_t$。只要知道 B_0^{-1}，就足以恢复结构模型的参数和冲击。估计 B_0^{-1} 需要对 B_0 或 B_0^{-1} 施加约束，这些约束可基于经济理论、制度知识或结构模型的其他外部约束。通过施加约束，可将简化式残差 u_t 分解为互不相关的结构冲击 w_t。需指出，如果没有对结构新息赋予明确的经济学含义，模型就不具有结构含义。早期的 VAR 应用忽略了这一基本要求，识别依赖于没有经济含义的假设。这种无理论基础的 VAR 模型招致了强烈批评，促使人们开发更为明确的 SVAR 模型。为了回应对识别假设的质疑，SVAR 模型自 20 世纪 80 年代以来不断发展。

与直接测量外生冲击的方法相比，SVAR 模型的结构冲击一般不可直接观测，不需专门与任何一个 VAR 变量相关联，这大大扩展了 VAR 方法的应用范围。考虑一个仅含有商品价格和产出的微观经济模型，可观测变量包括价格 (p_t) 和产出 (q_t)，由需求冲击 (w_t^d) 和供给冲击 (w_t^s) 驱动。这个模型可写成一个 SVAR 模型：

$$\begin{bmatrix} b_{11,0} & b_{12,0} \\ b_{21,0} & b_{22,0} \end{bmatrix} \begin{pmatrix} q_t \\ p_t \end{pmatrix} = \begin{bmatrix} b_{11,1} & b_{12,1} \\ b_{21,1} & b_{22,1} \end{bmatrix} \begin{pmatrix} q_{t-1} \\ p_{t-1} \end{pmatrix} + \cdots + \begin{bmatrix} b_{11,p} & b_{12,p} \\ b_{21,p} & b_{22,p} \end{bmatrix} \begin{pmatrix} q_{t-p} \\ p_{t-p} \end{pmatrix} + \begin{pmatrix} w_t^s \\ w_t^d \end{pmatrix}$$

或更紧凑的：

$$B_0 u_t = w_t \Leftrightarrow \begin{bmatrix} b_{11,0} & b_{12,0} \\ b_{21,0} & b_{22,0} \end{bmatrix} \begin{pmatrix} u_t^q \\ u_t^p \end{pmatrix} = \begin{pmatrix} w_t^s \\ w_t^d \end{pmatrix}$$

其中，u_t 为简化式 VAR 模型的残差，也可解释为 p_t 和 q_t 的预期外变化。上式重新整理为

$$u_t = B_0^{-1} w_t \Leftrightarrow \begin{pmatrix} u_t^q \\ u_t^p \end{pmatrix} = \begin{bmatrix} b_0^{11} & b_0^{12} \\ b_0^{21} & b_0^{22} \end{bmatrix} \begin{pmatrix} w_t^s \\ w_t^d \end{pmatrix}$$

在模型中，价格和产出同时由需求和供给冲击决定，此时简化式残差 u_t^q 和 u_t^p 是结构冲击 w_t^s 和 w_t^d 的线性组合。显然，只有当 $b_0^{12} = b_{12,0} = 0$ 时，产出相对于价格才是前定的，

此时供给冲击与产出存在直接联系。注意，SVAR 分析的目标不是结构冲击本身，而是结构冲击对模型变量的因果效应。此时结构冲击可解释为经济模型中需求和供给曲线的外生移动。例如，正的需求冲击表示为需求曲线沿供给曲线向右的外生移动。

11.2　SVAR 模型和其他宏观模型的关系

向量自回归作为一种宏观经济分析工具，最早由 Sims（1980a，1980b）提出。它很快成为实证宏观经济学和实证金融学的主要模型。1980 年以前，实证宏观经济学中使用的主要模型是动态联立方程模型（dynamic simultaneous equation model，DSEM）。这类模型由考尔斯经济学研究委员会开发，该委员会致力于将经济理论与数理统计联系起来。从 1950 开始，考尔斯经济学研究委员会，包括后来的诺贝尔经济学奖得主劳伦斯・克莱因，开始构建第一批美国宏观经济的 DSEM。他们基于凯恩斯宏观经济理论，对美国经济进行定量分析，并将 DSEM 转化为决策者的工具。随着时间推移，DSEM 的规模越来越大，因为经济学家们努力追求更高的现实性，并试图使模型与政策问题更加相关。这些 DSEM 通常包含几十个甚至上百个方程。DSEM 由大量的外生变量驱动，而只包含少量的内生变量。大型 DSEM 便于政策制定者理解，因此一些私营预测公司至今仍采用这类模型。但在学术界，这些模型逐渐被主流经济学家所抛弃，主要源于 DSEM 未能准确预测出美国 20 世纪 70 年代的经济衰退。这一重大失败支持了 Lucas（1976）对结构 DSEM 的批判。随后，理性预期模型在 20 世纪 70 年代兴起，VAR 模型和 DSGE 模型在 20 世纪 80 年代发展起来。

11.2.1　SVAR 模型与 DSEM 之间的关系

由于 DSEM 中对滞后模型变量的约束很少是可信的，而且数据生成过程的精确形式在应用中并不为人所知，因此 Sims（1980a）提出用一个无约束的 VAR 模型来取代有约束的简化模型。当然，这种方法迫使我们不得不降低模型维度，因为 VAR 模型需要估计更多参数。此外，如果没有一套可信的识别假设，VAR 模型只能提供简化式的数据信息，从经济学角度来看并不具有吸引力。Sims（1980a）从以下结构模型开始：

$$B_0 y_t = B_1 y_{t-1} + \cdots + B_p y_{t-p} + w_t$$

具有简化表达式：

$$y_t = \underbrace{B_0^{-1} B_1}_{A_1} y_{t-1} + \cdots + \underbrace{B_0^{-1} B_p}_{A_p} y_{t-p} + \underbrace{B_0^{-1} w_t}_{u_t}$$

在设定 $\Sigma_w = I_K$ 后，假定 $B_0^{-1} B_0^{-1\prime} = \Sigma_u$，我们可以完全省去对斜率参数的约束，只要我们能够约束结构响应矩阵中的元素 B_0^{-1}，从而可以根据数据估算出其余元素。换言之，了解 B_0^{-1} 的知识足以追溯模型变量对结构冲击的动态响应，即使没有对斜率参数施加约束。计量经济学家很快开发出一系列方法，对 B_0^{-1}（或等价于 B_0）施加约束。只要这些约束在经济上比传统 DSEM 的约束更可信，那么 SVAR 方法就是传统 DSEM 的一种更好替代方法。事实上，传统 SVAR 模型可解释为小规模 DSEM。SVAR 模型只对响应矩阵施加排除约束，而滞后系数矩阵则不受约束。

11.2.2 VAR 模型与 DSGE 模型之间的关系

VAR 模型与 DSGE 模型关系密切。DSGE 模型明确设定经济的微观结构。经济主体在资源约束条件下最大化其预期目标函数，同时考虑其他经济主体的行为。经济主体处在外生随机变化的世界中，这些随机变量外生于经济主体。在合适条件下，DSGE 模型的对数线性化状态空间形式可写成内生变量的向量自回归滑动平均模型（vector autoregressive moving average model，VARMA），而在合适条件下，VARMA 模型又可以近似为有限阶 VAR 模型。下面，我们将简要介绍用有限阶 VAR 模型近似 DSGE 模型的问题。

令 z_t 表示 DSGE 模型的 $n\times1$ 维内生向量（如资本存量、产出、消费、投资）。令 s_t 表示 $m\times1$ 维外生状态向量（如技术冲击、政府支出冲击、货币供应冲击、偏好冲击）。可将 s_t 的运动规律表示为一个 VAR(1)过程：

$$s_t = Ps_{t-1} + \varepsilon_t$$

其中，$m\times1$ 向量 ε_t 为零均值白噪声，使得 ε_t 与 ε_{t-l} 和 s_{t-l} 无关。

用 VAR 模型近似 DSGE 模型的简化式需要几个条件。首先，DSGE 模型中的冲击个数必须与简化式 VAR 模型中的冲击个数匹配。其次，DSGE 模型必须可逆，VAR 近似才会有效。然而，具有前瞻性的经济主体模型可能没有后顾型的 VAR 表达式。尽管如此，许多 DSGE 模型都是可逆的。

Lucas 批判在 20 世纪 70 年代引起了人们对理性预期模型的兴趣，由此催生了“理性预期假说”（rational expectations hypothesis），即经济主体的预期必须与经济模型一致，并且经济主体理解这一结构。换句话说，对理性预期假说的否定可能源于经济主体不理性，也可能源于模型误设。早期，经济学家放弃估算小规模理性预期模型，因为理性预期的条件常被拒绝，而且所得模型比无约束模型的表现更差，然而当中等规模的 DSGE 模型成为学术界的主流模型时，理性预期卷土重来。

部分宏观经济学家存在一个误解，即 DSGE 模型是“结构的”，而 SVAR 模型不是。因此，SVAR 模型的估计结果即使没有缺陷，也是有争议的，本质上不如 DSGE 模型可靠。造成这种认识的原因是，这些宏观经济学家所指的“结构”与计量经济学家使用的方式不同。在计量经济学中，“结构模型”指识别结构冲击所需的条件。而在 DSGE 模型中，它指经济中的市场微观结构、经济主体的约束条件及其目标函数。

DSGE 的微观结构不是识别结构冲击所必需的。DSGE 模型相当于对 VAR 模型施加额外的交叉约束，这可能会提高估计效率。但如果 DSGE 模型与实际经济的微观结构不同，这些约束也可能使 VAR 模型的估计结果不一致。在一般均衡背景下，DSGE 模型中任何误设都会使 DSGE 模型中的参数估计失效。简言之，一个模型从假设中得出的严谨性并不等同于该模型的现实性。此外，在 DSGE 模型的状态空间表达式中，结构参数存在弱识别问题。弱识别意味着整个参数空间的似然函数几乎是平的，这意味着模型参数的后验受先验支配。弱识别问题使我们对估计 DSGE 模型的标准方法产生怀疑。因此，必须谨慎看待许多 DSGE 模型的估计值。

每种方法都有自己的优缺点。例如，传统 DSEM 需要许多不切实际的外生约束，而 SVAR 模型完全不需要外生性假设。同样，DSEM 模型需要许多动态排除约束，而 SVAR 模型除了滞后阶数的上限外没有其他约束。反过来，DSGE 模型不直接限制内生模型变量的动态，而是限制外生状态变量的动态。DSEM 模型允许纳入大量变量，而标准 SVAR 模型和 DSGE 模型在规模上要小得多。最后，只有 DSGE 模型需要对市场微观结构做出明确假设，包括支配家庭偏好和企业生产可能性的深层参数的规定、对效用函数和生产函数的函数形式的选择，以及对市场结构（如完全竞争、垄断竞争、不完全竞争）的设定。有鉴于此，人们尝试将 DSEM 模型与 SVAR 模型相结合，以及将 SVAR 模型与 DSGE 模型相结合，以提高它们的性能。

随着 DSEM 在学术研究中的消亡，研究者转向将 DSGE 模型与 SVAR 模型相结合。假设存在 DSGE 模型的 VAR 近似，VAR 模型与 DSGE 模型的主要区别在于，后者意味着对 VAR 模型参数施加额外交叉方程约束，而标准 VAR 模型忽略了这一点。无约束 VAR 模型的优点是，它们有可能与 DSGE 模型保持一致。其缺点是，缺乏结构约束可能导致估计的准确性较低，而 DSGE 模型所施加的结构约束可以减少 VAR 的估计误差。

11.3　SVAR 分析工具

本节介绍了 SVAR 模型的用途，回顾了结构脉冲响应、预测误差方差分解、历史分解和反事实分析。考虑如下 SVAR 模型：

$$B_0 y_t = B_1 y_{t-1} + \cdots + B_p y_{t-p} + w_t$$

其中，y_t 表示 $K\times 1$ 维向量，均值为零；B_i 表示 $K\times K$ 维系数矩阵；w_t 表示 $K\times 1$ 维结构冲击向量，服从白噪声过程。假设 K 个变量由 K 个结构冲击驱动，这意味着 w_t 的方差-协方差矩阵 Σ_w 满秩。上式两边同乘 B_0^{-1}，SVAR 模型可以表示为简化式：

$$y_t = \underbrace{B_0^{-1}B_1}_{A_1} y_{t-1} + \cdots + \underbrace{B_0^{-1}B_p}_{A_p} y_{t-p} + \underbrace{B_0^{-1}w_t}_{u_t}$$

假设结构冲击向量的协方差矩阵为单位矩阵，于是有 $E(w_t w_t') \equiv \Sigma_w = I_K$。简化式残差的协方差矩阵为 $E(u_t u_t') \equiv \Sigma_u = B_0^{-1}B_0^{-1\prime}$。显然，结构式和简化式之间的转化，需要明确同期效应矩阵 B_0。给定 $u_t \equiv B_0^{-1}w_t$，矩阵 B_0^{-1} 将简化式新息 (u_t) 转化为结构式新息 (w_t) 的加权平均值，B_0^{-1} 中的元素可视为加权系数。

11.3.1 结构脉冲响应

给定 B_0 和 u_t，可得结构冲击向量 $w_t = B_0 u_t$。在确定了结构冲击 w_t 之后，我们感兴趣的通常不是冲击本身，而是内生变量 $y_t = \left(y_{1t},\cdots,y_{Kt}\right)'$ 对 $w_t = \left(w_{1t},\cdots,w_{Kt}\right)'$ 的脉冲响应，

$$\frac{\partial y_{t+i}}{\partial w_t'} = \Theta_i$$

其中，Θ_i 表示 $K \times K$ 维矩阵。矩阵 Θ_i 的元素表示为

$$\theta_{jk,i} = \frac{\partial y_{j,t+i}}{\partial w_{k,t}}$$

于是 $\Theta_i = \left[\theta_{jk,i}\right]$。由于模型存在 K 个变量和 K 个结构冲击，所以有 K^2 个脉冲响应函数，每个脉冲响应长度为 $H+1$。研究脉冲响应 $\left(\theta_{jk,i}\right)$ 的起点是 y_{t+i} 对简化式残差 u_t 的响应。我们首先将 VAR(p)转化为紧凑型的 VAR(1)过程，以此获得 y_{t+i} 对简化式残差 u_t 的脉冲响应，

$$Y_t = AY_{t-1} + U_t$$

其中，

$$Y_t \equiv \begin{pmatrix} y_t \\ \vdots \\ y_{t-p+1} \end{pmatrix}, \quad A \equiv \begin{bmatrix} A_1 & A_2 & \cdots & A_{p-1} & A_p \\ I_K & 0 & \cdots & 0 & 0 \\ 0 & I_K & \cdots & 0 & 0 \\ \vdots & \vdots & \ddots & \vdots & \vdots \\ 0 & 0 & \cdots & I_K & 0 \end{bmatrix}, \quad U_t \equiv \begin{pmatrix} u_t \\ 0 \\ \vdots \\ 0 \end{pmatrix}$$

通过迭代 Y_{t-i}，方程重写为

$$Y_{t+i} = A^{i+1} Y_{t-1} + \sum_{j=0}^{i} A^j U_{t+i-j}$$

上式两边左乘 $J \equiv \left[I_K, 0_{K\times K(p-1)}\right]$，可得

$$\begin{aligned} y_{t+i} &= JA^{i+1} Y_{t-1} + \sum_{j=0}^{i} JA^j U_{t+i-j} = JA^{i+1} Y_{t-1} + \sum_{j=0}^{i} JA^j J'JU_{t+i-j} \\ &= JA^{i+1} Y_{t-1} + \sum_{j=0}^{i} JA^j J' u_{t+i-j} \end{aligned}$$

于是变量 $j = 1,\cdots,K$ 对简化式残差冲击 u_{kt} 的脉冲响应表示为

$$\underset{K\times K}{\varPhi_i}=\left[\phi_{jk,i}\right]\equiv JA^iJ'$$

其中，$\varPhi_i$ 也表示变量对预测误差的脉冲响应、动态乘子或简化式脉冲响应。如果 y_t 是协方差平稳过程，那么 y_t 可表示为当前和过去结构冲击的加权平均值。冲击离现在越远，权重 $\varPhi_i$ 越小。于是多变量移动平均表达式为

$$y_t=\sum_{i=0}^{\infty}\varPhi_i u_{t-i}=\sum_{i=0}^{\infty}\varPhi_i B_0^{-1}B_0 u_{t-i}=\sum_{i=0}^{\infty}\varTheta_i w_{t-i}$$

其中，$w_{t-i}=B_0 u_{t-i}$，同时定义 $\varTheta_i\equiv\varPhi_i B_0^{-1}$。在平稳性条件下，可得

$$\frac{\partial y_t}{\partial w'_{t-i}}=\frac{\partial y_{t+i}}{\partial w'_{t-i}}=\varTheta_i$$

$\varTheta_i$ 通过简单右乘矩阵 $\varPhi_i$ 矩阵 B_0^{-1} 得到

$$\varTheta_0=\varPhi_0 B_0^{-1}=I_K B_0^{-1}=B_0^{-1}$$

$$\varTheta_1=\varPhi_1 B_0^{-1}$$

$$\varTheta_2=\varPhi_2 B_0^{-1}$$

$$\vdots$$

如果 VAR 模型不平稳，我们仍然能采用相同方式计算 $\varPhi_i$ 和 $\varTheta_i$，但脉冲响应不再收敛到零，同时脉冲响应也不能代表结构移动平均表达式的系数。我们将矩阵 $\varTheta_i$ 的第 jk 个元素表示为 $\theta_{jk,i}$，也就是第 j 个变量对第 k 个结构冲击的脉冲响应函数，于是有 K^2 个脉冲响应函数：

$$\theta_{jk,0},\theta_{jk,1},\cdots,\theta_{jk,H}$$

同样地，我们也可以构建结构脉冲响应函数的线性组合。例如，一个 VAR 模型可以生成名义利率的响应 $\theta_{lk,i}$ 和通货膨胀率的响应 $\theta_{mk,i}$，在这种情况下，实际利率的响应可以表示为 $\theta_{lk,i}-\theta_{mk,i}$。同样地，我们可以从通胀的响应 Δp_t，推断出对价格水平的隐含响应：

$$p_{t+h}=p_{t-1}+\Delta p_t+\Delta p_{t+1}+\cdots+\Delta p_{t+h}$$

换句话说，价格水平在 t 期的响应表示为

$$\sum_{i=0}^{h}\theta_{mk,i}$$

最后，还可以计算脉冲响应函数的非线性变换，如响应的半衰期，即响应绝对值下

降到初始响应一半的时间。

线性 VAR 模型意味着，负向冲击的响应是正向冲击响应的镜像。线性 VAR 模型还意味着，结构冲击的大小不影响脉冲响应的形态，只影响脉冲响应的数值大小。需注意，结构冲击一般是无单位的，不能用模型变量单位来表示。在实践中，要估算脉冲响应，我们只需用一致的估算值代替简化式 VAR(p)模型中的未知参数。给定 VAR 参数 $\hat{A}_j$ 和 $\hat{\Sigma}_u$ 的估计值，以及 B_0^{-1} 的隐含估计值，我们就可以递归地构建 $\hat{\Phi}_i$（从而 $\hat{\Theta}_i$）。脉冲响应不仅能判定响应的方向，还能量化冲击的影响大小。

11.3.2 预测误差方差分解

结构 VAR 模型可回答的第二个问题是，y_{t+h} 的预测误差方差或预测均方误差（mean squared prediction error，MSPE）如何被结构冲击 w_{kt} 所解释。在平稳模型中，预测误差方差分解的极限，如 $h \to \infty$，就是 y_t 的方差分解，因为此时预测误差的协方差矩阵或 MSPE 会收敛到 y_t 的无条件协方差矩阵。因此，对于平稳系统，人们可以构建一个无穷期的 MSPE 分解。在非平稳系统中，MSPE 在预测水平期无穷大时会发散，但预测误差方差分解在有限水平期仍然有效。计算预测方差分解需要矩阵 Θ_i，我们在结构脉冲响应分析时已计算了这些矩阵。对于 VAR 过程，前向 h 期预测误差为

$$y_{t+h} - y_{t+h|t} = \sum_{i=0}^{h-1} \Phi_i u_{t+h-i} = \sum_{i=0}^{h-1} \Theta_i w_{t+h-i}$$

其中，$u_t = B_0^{-1} w_t$，于是我们用 $\Theta_i w_{t+h-i}$ 代替 $\Phi_i u_{t+h-i}$。于是，在 h 时期的 MSPE 为

$$\text{MSPE}(h) \equiv \mathbb{E}\left[\left(y_{t+h} - y_{t+h|t}\right)\left(y_{t+h} - y_{t+h|t}\right)'\right] = \sum_{i=0}^{h-1} \Phi_i \Sigma_u \Phi_i' = \sum_{i=0}^{h-1} \Theta_i' \underbrace{\Sigma_w}_{I_K} \Theta_i' = \sum_{i=0}^{h-1} \Theta_i \Theta_i'$$

令 $\theta_{kj,h}$ 表示 Θ_h 的第 kj 个元素。那么，冲击 j 对水平期 h 处 y_{kt} 的 MSPE 的贡献为

$$\text{MSPE}_j^k(h) = \theta_{kj,0}^2 + \cdots + \theta_{kj,h-1}^2$$

而水平期 h 处 y_{kt} 的总 MSPE 为

$$\text{MSPE}^k(h) = \sum_{j=1}^{K} \text{MSPE}_j^k(h) = \sum_{j=1}^{K} \left(\theta_{kj,0}^2 + \cdots + \theta_{kj,h-1}^2\right)$$

如果我们将 $\text{MSPE}_j^k(h)$ 除以，$\text{MSPE}^k(h)$，就可以得到各冲击对 $\text{MSPE}^k(h)$ 的贡献比例。

可得如下方差分解：

$$1=\frac{\mathrm{MSPE}_1^k(h)}{\mathrm{MSPE}^k(h)}+\frac{\mathrm{MSPE}_2^k(h)}{\mathrm{MSPE}^k(h)}+\cdots+\frac{\mathrm{MSPE}_K^k(h)}{\mathrm{MSPE}^k(h)}$$

上式中每个比率表示第 j 个冲击对变量 k 的 MSPE(h)的贡献率。

11.3.3　历史分解

结构预测误差方差分解和结构脉冲响应函数描述了数据的平均变化。它们代表的是无条件预期。有时我们希望量化结构冲击对特定历史时期模型变量波动的解释程度。换句话说，我们想知道结构冲击在给定时点对每个变量的累积效应。例如，我们可能对货币政策冲击对实际 GDP 增长波动的平均贡献不感兴趣，但对货币政策冲击是否导致了 2008 年金融危机感兴趣。历史分解可以通过协方差平稳 VAR 模型计算。假设我们有从 1 到 t 时期的数据。

$$y_t=\sum_{s=0}^{t-1}\Theta_s w_{t-s}+\sum_{s=t}^{\infty}\Theta_s w_{t-s}$$

换言之，y_t 的值取决于结构冲击 $w_1,\cdots,w_t$ 和样本开始前的冲击，因此无法估计。鉴于移动平均线的系数逐渐衰减，随着时间的推移，第二项（对应于样本以前时期）对 y_t 的影响会随着时期增加而减小。去掉第二项可得

$$y_t\approx\sum_{s=0}^{t-1}\Theta_s w_{t-s}$$

除了样本早期的几个时期。我们将近似值表示为

$$\hat{y}_t=\sum_{s=0}^{t-1}\Theta_s w_{t-s}$$

首先，我们将 $\hat{y}_t$ 和实际数据 y_t（经过除均值和去趋势处理）绘制在同一幅图中。我们剔除初始观测值，因为这两个序列并不有效重合。结构冲击需要多少周期才能使近似有效，取决于 VAR 过程的主根（定义为最接近单位圆的根）。主根越接近单位圆，冲击对 y_t 的影响越持久，转移期也越长。对于余下样本，我们可以分离出每个冲击对 $\hat{y}_t$ 的每个元素的累积贡献。

在实践中，构建历史分解包括三个步骤。第一，计算结构化移动平均系数矩阵 $\Theta_0,\cdots,\Theta_{T-1}$。第二，计算结构冲击 $w_t=B_0u_t,t=1,\cdots,T$。第三，根据结构移动平均表示法，将每个结构冲击（如冲击 j）与脉冲响应权重匹配，形成变量 k 的 $T\times 1$ 拟合值向量，表示为 $\hat{y}_k^{(j)}$，$j=1,\cdots,K$。

例如，令 K=5，假设我们希望计算五个结构冲击对 VAR 系统中第 4 个变量的累积影响。我们计算以下加权和：

$$\hat{y}_{4t}^{(1)} = \sum_{i=0}^{t-1} \theta_{41,i} w_{1,t-i}$$

$$\hat{y}_{4t}^{(2)} = \sum_{i=0}^{t-1} \theta_{42,i} w_{2,t-i}$$

$$\hat{y}_{4t}^{(3)} = \sum_{i=0}^{t-1} \theta_{43,i} w_{3,t-i}$$

$$\hat{y}_{4t}^{(4)} = \sum_{i=0}^{t-1} \theta_{44,i} w_{4,t-i}$$

$$\hat{y}_{4t}^{(5)} = \sum_{i=0}^{t-1} \theta_{45,i} w_{5,t-i}$$

其中，$\theta_{jk,i}$ 表示变量 j 在水平期 i 对冲击 k 的响应；$w_{k,t}$ 表示时间 t 的第 k 个结构冲击。每个向量 $\hat{y}_4^{(j)} = \left(\hat{y}_{41}^{(j)}, \cdots, \hat{y}_{4T}^{(j)}\right)'$ 表示冲击 j 对 VAR 模型中第 4 个变量的累积贡献。通过构造，$\hat{y}_{4t}$ 为以下值之和

$$\hat{y}_{4t} = \sum_{j=1}^{K} \hat{y}_{4t}^{(j)}$$

实际上，历史分解用估计值代替未知量 $\theta_{jk,i}$ 和 w_t 来计算。需注意，历史分解涉及近似误差。产生近似误差是因为我们截断了移动平均表示。例如，y_{k1} 取决于第 1 期的结构冲击以及结构冲击过去的无限历史时期。由于大部分历史冲击都无法观测到，因此最初的近似结果必然较差。然而，随着我们递归更新 $\hat{y}_{kt}$，高权重的近期结构冲击占据主导，而早期未观察到的冲击的权重下降。因此，$\hat{y}_{kt}$ 接近 y_{kt}。这种收敛速度取决于 y_{kt} 的持久性。

在实践中，确定历史分解的合理时间点 T^* 的最佳方法是绘制与时间相关的 $\hat{y}_{kt}$ 和 y_{kt}。如果我们将历史分解与实际数据一起绘制，我们必须首先移除实际数据中的所有确定性成分，因为结构化移动平均表示生成的数据是零均值的。必须舍弃收敛之前的所有数据。只有 $t = T^*, T^*+1, \cdots, T$ 的 $\hat{y}_{kt}^{(j)}, j = 1, \cdots, K$，才能用于历史分解分析。当样本较短且数据具有持久性时，可能无法使用这一工具。

解释历史分解的方法是，每个 $\hat{y}_{kt}^{(j)}, j = 1, \cdots, K$ 显示了冲击 j 到此时为止对 y_{kt} 的累积效应。相对于零基准，这种累积效应可能是正，也可能是负。每个时间序列 $\hat{y}_{kT^*}^{(j)}, \cdots, \hat{y}_{kT}^{(j)}$，$j = 1, \cdots, K$，表明如果关闭所有其他结构冲击，我们的近似变量 $\hat{y}_{kt}$ 将如何演变。将每个时间序列 $\hat{y}_{kT^*}^{(j)}, \cdots, \hat{y}_{kT}^{(j)}, j = 1, \cdots, K$ 与实际数据进行对比，有助于评估特定历史时期，哪些结构冲击单独或共同导致了 $\hat{y}_{kT^*}, \cdots, \hat{y}_{kT}$ 的波动。通过构造，所有冲击的累积效应之和为

$$\sum_{j=1}^{K}\hat{y}_{kt}^{(j)}$$

所有结构冲击的累积效应之和，在扣除模型参数估计误差和因截断无限阶移动平均过程产生的近似误差后，应等于实际观测数据扣除其长期均值的剩余部分。由于结构化移动平均表示是基于数据平均值的参数估计，即$\left(I_K-\hat{A}_1-\cdots-\hat{A}_p\right)^{-1}\hat{v}$的第$k$个元素，而有限样本中的估计值可能与数据的样本平均值不同，定义为$\bar{y}$的第k个元素的$\hat{y}_{kt}$，即使忽略瞬态，实际上$\hat{y}_{kt}$也可能与除均值y_{kt}略有不同，差值为一个常数。在绘制$\hat{y}_{kt}$和除均值y_{kt}的时间曲线图时，可通过除均值$\hat{y}_{kt}$来消除这种差异。

在实证宏观经济学中，历史分解的重要性并非总能得到重视。经济周期文献中偶尔会出现的一个错误是，将实际产出对结构冲击的巨大且持续的脉冲响应视为该冲击有能力解释商业周期的证据。这一结论是毫无根据的，因为脉冲响应只能追踪变量对一次性正向冲击的反应，而实际产出的商业周期变化是由一系列不同程度和符号的冲击所驱动的。一个时期的正向冲击的影响在随后被负向冲击所掩盖的情况并不少见。只有通过历史分解，我们才能评估这些冲击对商业周期的累积影响，以及不同冲击在解释特定衰退或扩张时的相对重要性。

Kilian 和 Lee（2014）提出两种更简单的形式来呈现历史分解。第一种形式以柱状图形式表达每个结构冲击所解释的平稳变量的累积变化。令$\hat{y}_{4T_1}^{(j)}$表示冲击j在T_1日对变量y_{4t}的累积贡献，$\hat{y}_{4T_2}^{(j)}$表示$T_2>T_1$的相应结果。那么冲击j在日期T_1和T_2之间对变量y_{4t}影响的累积变化近似为

$$\hat{y}_{4T_2}^{(j)}-\hat{y}_{4T_1}^{(j)}$$

于是y_{4t}的总体变化表示为

$$\sum_{j=1}^{5}\left(\hat{y}_{4T_2}^{(j)}-\hat{y}_{4T_1}^{(j)}\right)=\hat{y}_{4T_2}-\hat{y}_{4T_1}\approx y_{4T_2}-y_{4T_1}$$

Kilian 和 Lee（2014）还提出了另一种评估各冲击对y_{kt}的累积贡献的方法，即构建反事实序列

$$y_{kt}-\hat{y}_{kt}^{(j)}$$

其中，y_{kt}表示第k个实际时间序列变量（包括任何确定性均值或趋势）；$\hat{y}_{kt}^{(j)}$表示冲击j对变量k直至第t个日期的累积贡献。这种表示方法避免了将y_{kt}的确定性部分归因于单个冲击j。反事实序列表明，如果能够将冲击j的所有实现值替换为零，同时保留模型中的其余结构冲击，那么相关变量会如何演变。如果反事实超过y_{kt}，意味着结构冲击j降低了y_{kt}。如果反事实低于y_{kt}，则意味着有关冲击提高了y_{kt}。实际y_{kt}与反事实之间的垂直距离告诉我们j冲击在此时对y_{kt}的影响程度。

将这一方法与之前构建 $\hat{y}_{kt}^{(j)}$ 和 y_{kt} 的累积增加值方法对比是有益的。这种方法的重点是特定结构冲击对变量的累积影响随时间的变化，而不是该结构冲击所驱动的 y_{kt} 在特定时间点对变量的即时影响。要将反事实分析转换为累积增长测量，需要计算 y_{kt} 在反事实的第一个日期和最后一个日期的差值，并构建出该差值随时间的变化率。因此，这些表示方法是一致的，只是侧重于同一数据的不同方面。

11.3.4 反事实分析

历史分解和条件预测的构建与反事实构建密切相关。反事实指模拟 VAR 模型变量在与实际数据不同的结构冲击序列下的路径。反事实可以通过一个经验实例得到说明。自 2008 年 11 月以来，美国非常规原油产量激增。这一激增与页岩油生产的快速扩张有关。美国页岩油的繁荣对全球原油市场产生了重要影响。它代表了全球供给曲线沿着全球需求曲线移动，因此，在其他条件不变的情况下，人们预期页岩油的繁荣降低了全球原油价格。因此一个有趣的问题是，如果没有页岩油繁荣，世界原油价格会高多少。要回答这个问题，需在全球石油市场动态模型的基础上构建一个反事实模型。

简言之，我们感兴趣的问题是，如果除美国外所有生产国都保持其石油生产水平，而美国页岩油繁荣从未发生，那么全球原油价格会有多大不同。在 Kilian（2016）的实验中，美国页岩油产量的增加完全由外生石油供给冲击造成，而非石油需求冲击引起。这一假设与没有技术创新就不会出现页岩油繁荣的观点一致。分析包括三个步骤。第一，构建全球石油生产的反事实水平。第二，设定一个全球石油市场的 SVAR 模型，并对该模型进行全样本估计。考虑到反事实情况下石油生产的变化，可以直接从该模型中推断出，供给曲线每月必须移动多少，才能产生反事实情况下的全球石油均衡产量。第三，在 SVAR 模型中，我们用由此得出的反事实流动供给冲击替代原来的流动供给冲击序列，并模拟在这一新序列下全球原油价格的变化，同时保持模型中所有其他结构冲击不变。

令 $y_t=(y_{1t},y_{2t},y_{3t},y_{4t})'$ 表示该模型变量，其中 y_{1t} 代表世界石油产量增长，y_{2t} 代表全球石油需求增长或全球经济活动指数（如工业生产总值），用于反映石油需求的变化，y_{3t} 代表原油实际价格对数，y_{4t} 代表石油库存水平的变化或汇率变动(如美元实际汇率)，用于捕捉影响原油价格的宏观经济因素。考虑 SVAR 模型：

$$B_0 y_t = B_1 y_{t-1}+\cdots+B_p y_{t-24}+w_t$$

其中，假定向量 y_t 是平稳的，确定性回归因子已被忽略。B_i 的维数为 4×4。结构冲击向量 $w_t=(w_{1t},w_{2t},w_{3t},w_{4t})'$，其中 w_{1t} 表示对全球原油流动供给的冲击，假定 w_t 为零均值白噪声，具有对角协方差矩阵 Σ_w，该矩阵为满秩矩阵，可标准化为单位矩阵。结构模型的简化式为

$$y_t = A_1 y_{t-1}+\cdots+A_p y_{t-24}+u_t$$

其中，$A_i = B_0^{-1}B_i$，$u_t = B_0^{-1}$，方差-协方差矩阵 $\Sigma_u = B_0^{-1}\left(B_0^{-1}\right)'$。令矩阵 $\partial y_{t+i} / \partial w_t' = \Theta_i$ 表示模型变量对各结构冲击的脉冲响应。矩阵 $\Theta_i = \left[\theta_{jk,i}\right]$ 由元素 $\theta_{jk,i} = \partial y_{j,t+i} / \partial w_{kt}$ 组成，表示变量 j 在水平期 i 对结构冲击 k 的响应。这些响应可计算为 $\Theta_i = JA^i J'B_0^{-1}$，其中 $J = \left[I_4, 0_{4\times4(24-1)}\right]$，矩阵 A 表示 VAR(24)模型的 VAR(1)伴随矩阵。

在构建反事实时，我们利用了这样一个事实，即在去除确定性项之后

$$y_t \approx \sum_{i=0}^{t-1}\Theta_i w_{t-i}$$

在历史分解部分已经提到过。因此，实际石油价格对数的拟合值可写为

$$\hat{y}_{3t} \approx \sum_{j=1}^{4}\hat{y}_{3t}^{(j)}$$

其中，$\hat{y}_{3t}$ 表示结构冲击 j 自样本开始以来对时间 t 的第三个模型变量的累积贡献，定义为

$$\hat{y}_{3t}^{(1)} \equiv \sum_{i=0}^{t-1}\theta_{31,i}w_{1,t-i}$$

$$\hat{y}_{3t}^{(2)} \equiv \sum_{i=0}^{t-1}\theta_{32,i}w_{2,t-i}$$

$$\hat{y}_{3t}^{(3)} \equiv \sum_{i=0}^{t-1}\theta_{33,i}w_{3,t-i}$$

$$\hat{y}_{3t}^{(4)} \equiv \sum_{i=0}^{t-1}\theta_{34,i}w_{4,t-i}$$

实际上，$\theta_{jk,i}$ 和 w_t 被一致估计值所取代。全球石油产量增长的拟合值 $\hat{y}_{1t}$ 也存在类似分解。这些分解在构建反事实时发挥了重要作用。

一个重要的问题是，在 2008 年 11 月之后，为实现预先指定的全球石油生产路径所需的流量供应冲击，其幅度是否超出历史标准（即是否过大），或者其可预测性是否过高，以至于无法维持时变结构 VAR 模型的假设。反事实冲击序列不涉及按历史标准异常巨大的流量供应冲击，从而解决了第一个问题。我们也没有理由相信经济行为主体能够预测这些反事实流量供应冲击。如果与过去的数据相比，连续出现的相同符号的流量供应冲击（称为"运行"）的数量异常之多，那么这种担忧就有必要了。2008 年 12 月之后，在反事实下观察到的最长流量供应冲击时间为 14 个月。尽管在 2008 年 12 月之前，流量供应冲击序列的最长运行仅持续了 9 个月，但 14 个月的运行并非完全没有先例。在同一模型的其他结构冲击序列中也可以发现类似长度的运行，这表明这种反事实并非不合理。

这些例子说明，基于 SVAR 模型的政策反事实有明显的局限性。不过，如果谨慎使

用，政策反事实分析仍可以提供有价值的见解。

11.4 短期约束识别

11.4.1 递归识别简介

考虑一个 K 维时间序列 y_t。假设 y_t 的数据生成过程可通过有限阶向量自回归近似，于是有

$$B_0 y_t = B_1 y_{t-1} + \cdots + B_p y_{t-p} + w_t$$

其中，w_t 表示误差项，均值为零且序列无关，也称为结构新息或结构冲击。除非另有说明，否则误差项是同方差的。非奇异矩阵 B_0 控制着变量之间的同期交互效应。所有确定性项（如截距项、时间趋势）都略去。等价地，该模型可以简洁地写为

$$B(L) y_t = w_t$$

其中，$B(L) \equiv B_0 - B_1 L - B_2 L^2 - \cdots - B_p L^p$，表示自回归滞后多项式。结构冲击的方差-协方差矩阵通常标准化为单位矩阵：

$$E(w_t w_t') \equiv \Sigma_w = I_K$$

首先，上式意味着模型的结构冲击和内生变量相同。其次，结构冲击互不相关，这意味着 Σ_w 是对角矩阵。最后，所有结构冲击的方差标准化为 1。只要 B_0 的对角元素不受约束，上述标准化不失一般性。此外，结构冲击必须在经济上可解释。一般来说，结构冲击不对应于模型变量，因此结构冲击没有计量单位。将 SVAR 两边同乘 B_0^{-1}，有

$$B_0^{-1} B_0 y_t = B_0^{-1} B_1 y_{t-1} + \cdots + B_0^{-1} B_p y_{t-p} + B_0^{-1} w_t$$

于是理论模型可表示为简化式，此时 y_t 表示其过去 p 个的滞后期值的函数：

$$y_t = A_1 y_{t-1} + \cdots + A_p y_{t-p} + u_t$$

其中，$A_i = B_0^{-1} B_i$，$u_t = B_0^{-1} w_t$。显然，简化式新息 u_t 是结构冲击 w_t 的加权平均。等价地，这个模型可以简洁地表示为

$$A(L) y_t = u_t$$

其中，$A(L) \equiv I_K - A_1 L - A_2 L^2 - \cdots - A_p L^p$ 表示自回归滞后多项式。根据标准估计方法，可得简化式参数 A_i、简化式新息 u_t 及其协方差矩阵 $E(u_t u_t') \equiv \Sigma_u$ 的一致估计。在估计简化式后，接下来我们讨论如何从简化式中恢复结构式 B_0。注意 $u_t = B_0^{-1} w_t$，因此 u_t 的方差

表示为

$$\Sigma_u = E\left(u_t u_t'\right) = B_0^{-1} E\left(w_t w_t'\right) B_0^{-1\prime} = B_0^{-1} \Sigma_w B_0^{-1\prime} = B_0^{-1} B_0^{-1\prime}$$

其中，$\Sigma_w = I_K$。我们可把 $\Sigma_u = B_0^{-1} B_0^{-1\prime}$ 看作 B_0^{-1} 元素的非线性方程组。简化式残差的协方差矩阵 Σ_u 可被一致估计，因此被视为已知。请注意，由于 Σ_u 是对称矩阵，只代表一个 $K\left(K+1\right)/2$ 维方程系统。可使用数值方法求解 B_0^{-1} 中的未知参数，前提是 B_0^{-1} 中未知参数数量不超过独立方程的数量。这涉及对 B_0^{-1} 的元素施加额外约束。这种约束可采取排除约束、比例约束或其他等式约束。最常见的方法是对 B_0^{-1} 的选定元素施加排除约束。

为了验证未知矩阵 B_0^{-1} 的所有元素是否恰好识别，Σ_u 有 $K\left(K+1\right)/2$ 个自由参数。这由协方差矩阵是对称矩阵得出。因此，$K\left(K+1\right)/2$ 是 B_0^{-1} 中可恰好识别的最大参数个数。在应用中，通过计算 B_0^{-1} 中的非约束元素，可检查出恰好识别的条件。然而，这只是识别的必要条件。即使 B_0^{-1} 满足秩条件，方程组也可能没有唯一解。为确保识别出结构冲击，该系统还必须满足其他秩条件。Rubio-Ramírez 等（2010）讨论了 SVAR 模型中全局识别秩条件的一般方法。需注意，即使 w_t 所有元素是恰好识别的，它们也不需要在经济上是全部识别的。例如，在一些 SVAR 模型中，w_t 的所有元素在统计上可唯一识别，但只有部分元素在经济上可识别。

令 Σ_w 的对角线元素不受约束，并假设 B_0 的对角线元素为 1，此时结构冲击的方差将不再为 1，所以脉冲响应必须按结构冲击的标准差重新调整。在这种替代方案下，恰好识别的条件要求 B_0 有 $K\left(K-1\right)/2$ 个约束，不包括对角线元素的约束。在某些情况下，约束 B_0^{-1} 更自然，而在其他情况下约束 B_0 更自然。最后，将模型等价写为

$$B_0 u_t = C w_t$$

其中，$\Sigma_w = I_K$，使得 $\Sigma_u = B_0^{-1} C C' B_0^{-1\prime}$。这种表示法允许我们放宽 $C = I_K$ 或 $B_0 = I_K$ 的假设，有助于阐述识别假设。如果 B_0 的对角线元素被标准化，并且 $\Sigma_w = I_K$，那么秩条件需要对 B_0 和 C 一起施加 $K^2 + K\left(K-1\right)/2$ 个约束，包括对 B_0 对角线元素的约束。同样地，如果将 B_0 和 C 的对角线元素设定为 1，而 Σ_w 的对角线元素不受约束，那么秩条件要求 $K^2 + K\left(K+1\right)/2$ 个约束，包括对角线元素的单位化约束。

11.4.2　递归识别模型

将结构新息 w_t 与简化式新息 u_t 分开的一种常用方法是对简化式误差“正交化”。正交意味着误差互不相关。定义主对角线元素为正的下三角 $K \times K$ 维矩阵 P，使 $PP' = \Sigma_u$。该矩阵 P 称为 Σ_u 的下三角 Cholesky 分解①。从 $\Sigma_u = B_0^{-1} B_0^{-1\prime}$ 可得出，$B_0^{-1} = P$ 是 w_t 的一个可能解。由于 P 是下三角矩阵，它有 $K\left(K-1\right)/2$ 个零参数。因此，恰好识别 B_0^{-1} 中未知

① 后者有时称 $Au_t = Bw_t$ 为 AB 模型，B=I 时为 A 模型，A=I 时为 B 模型。

参数的条件得到满足。在这种情况下，B_0^{-1}是下三角矩阵，于是B_0也是下三角矩阵。

只有当递归结构在经济上合理时，基于Cholesky分解的正交化才合适。Cholesky正交化意味着我们强加一个特定的因果链，而不是从数据中获取因果关系。然而，如果没有合理的经济解释，这种解决方案不具有经济含义。正交化听起来很中性和科学，但其实对VAR模型的误差项施加了较强的约束。在20世纪80年代初，许多VAR模型的使用者未意识到这一点，他们认为数据本身能说话。这种“无理论基础”的VAR模型很快就受到批评，促使人们更加关注递归模型的经济基础。事实证明，在特殊情况下，递归模型可具有结构或半结构性解释。此外，针对递归约束的批评刺激了SVAR模型和非递归识别约束的发展。

在VAR模型中，每种排序都有不同解。有人认为，应根据所有排序进行敏感性分析。但这个建议是有问题的。尽管我们认为排序是递归的，但我们其实不知道变量以什么顺序递归。例如，对于一个$K=4$维的小型VAR模型，共有24种排序方式。很少有研究者愿意尝试这么多排序。除非简化式的误差不相关，否则每种排序的结果都不一样，这可通过观察Σ_u的非对角线元素来检验。即使这24种设计没有差异，也只能证明结果在递归排序中稳健，但结构模型不一定是递归形式。令p_t表示商品价格，q_t表示产出。价格和数量由需求冲击w_t^d和供给冲击w_t^s驱动。

11.4.3 理论依据

和其他识别约束一样，短期约束需要基于经济理论。在某些情况下，我们可根据特定的经济模型施加约束。在这种情况下，只有当基础模型可靠，实证结果才可靠。一个典型的例子是Blanchard（1989）对传统凯恩斯主义模型的SVAR分析，该模型涉及总需求方程、奥肯定律、价格设定方程、菲利普斯曲线和货币政策规则。另一个例子是Sims和Zha（2006），他们提出了一个VAR模型，识别假设基于一个DSGE模型。第三个例子是Fisher（2006），他从真实经济周期模型中得出VAR识别假设。

在现实应用中，通常没有完善的理论模型。递归识别的一种理论依据是经济中的信息延迟。由于不少宏观数据发布的频率较低，如很多宏观经济数据为月度或季度频率，我们可能无法及时获得信息，从而排除了即时反馈的可能性。不少经济学家利用数据发布时间上的差异来实施短期排除约束。例如，专业预测者调查（Survey of Professional Forecasters，SPF）对当季通胀的预测是在当季利率确定之前形成，而家庭调查对实际利率的预期是在当季观察名义利率之后形成的。这种预测的先后体现了一种递归结构，即SPF排序在前，利率和家庭实际利率预期排序在后。这种结构使我们能够评估SPF中的通胀消息对家庭通胀预期的影响。Sims（1998）也提出了类似的论点，他认为货币政策制定者只对他们可以立即观察到的变量（如大宗商品价格、货币总量和金融变量）立即做出反应，而不对他们只能延迟观察到的变量（如实际GDP或GDP平减指数）做出反应。

此外，短期约束的理论基础还来自一系列非正式的模型结构。

（1）有形约束。例如，企业做出投资决策和安装新设备都需要时间，因此实物投资对投资决策的响应是延迟的。这种延迟意味着可对投资冲击的响应施加递归约束。这种摩擦与许多 DSGE 模型中使用的建设时间技术是一致的。更一般地说，人们通常假定实际 GDP、工业生产和实际投资等变量是迟滞和缓慢变化的，因此不会对货币政策冲击做出同期响应。

（2）制度知识。例如，供应商因调整成本而无法在短期内对需求冲击做出反应，这相当于在短期对供给曲线施加了一个垂直斜率（Kilian，2009）。Davis 和 Kilian（2011）认为汽油税不会因经济周期变化做出即时反应，具有同期外生性，因为立法者的行动是缓慢的。

（3）关于市场结构的假设。例如，世界上 90%以上的国家为小型经济体，包括发达经济体和新兴市场，如加拿大、墨西哥，因为其经济体量较小，无法影响世界产出、价格和利率，更难以对世界主要经济体形成同期反馈，因此可将美国经济视为外生，同时施加递归约束。

（4）无关参数估计。当 B_0 的元素可视为弹性时，就可以根据其他研究为这些弹性强赋值。例如，Blanchard 和 Perotti（2002）采用了这种方法。同样，Blanchard 和 Watson（1986）也根据外来信息，将一些结构参数设置为非零值。如果不能可靠地确定参数值，另一种方法是探索可能的结构参数值网格，如 Abraham 和 Haltiwanger（1995）以及 Blanchard（1989）的研究。Kilian（2010）以及 Davis 和 Kilian（2011）也采用了类似的方法，以评估其基准结果的稳健性。

（5）高频数据。在少数情况下，数据频率差异可以直接使研究者排除约束。例如，Kilian 和 Vega（2011）使用美国宏观经济新闻的日度数据，检验了美国宏观经济总量对油价在月内无反馈效应的识别假设。他们发现无法拒绝能源价格无反馈的原假设，但有足够能力拒绝资产价格无反馈的原假设。这一结果使月度 VAR 模型中的排除约束变得可信，排除了美国宏观经济总量对美国石油价格的即时反馈。

总的来说，提出一套可信的短期识别约束是困难的。特定的排除约束是否令人信服，往往取决于数据频率，而且在许多情况下，没有足够可信的排除约束实现完全识别。这一事实激发了人们对替代识别方法的兴趣。

11.4.4　递归识别应用

1. 简单的宏观经济模型

令 $y_t = \left(p_t, \text{gdp}_t, m_t, i_t\right)'$，其中 p_t 表示对数价格水平、gdp_t 是对数实际国内生产总值、m_t 是对数货币总量，i_t 是联邦基金利率。数据为季度频率，识别方式为递归形式：

$$\begin{pmatrix} u_t^p \\ u_t^{\text{gdp}} \\ u_t^m \\ u_t^i \end{pmatrix} = \begin{bmatrix} b_0^{11} & 0 & 0 & 0 \\ b_0^{21} & b_0^{22} & 0 & 0 \\ b_0^{31} & b_0^{32} & b_0^{33} & 0 \\ b_0^{41} & b_0^{42} & b_0^{43} & b_0^{44} \end{bmatrix} \begin{pmatrix} w_{1t} \\ w_{2t} \\ w_{3t} \\ w_{4t} \end{pmatrix}$$

上述 SVAR 系统每一行都可看作一个方程。每个简化式冲击都是结构冲击的加权平均值。字母 b_0^{ij} 代表结构冲击的权重。例如，第一个方程为 $u_t^p = b_0^{11} w_{1t} + 0 + 0 + 0$，第二个方程为 $u_t^{\text{gdp}} = b_0^{21} w_{1t} + b_0^{22} w_{2t} + 0 + 0$ 等。

前两个方程可解释为总供给（aggregate supply，AS）和总需求（aggregate demand，AD）模型，AS 曲线水平，AD 曲线向下。w_{1t} 移动价格水平和实际产出，因此是 AS 曲线的移动，表示供给冲击。w_{2t} 只移动实际产出，所以是 AD 曲线的移动，表示需求冲击。第三个等式可解释为由数量等式推导出的货币需求方程：$MV = PY$，其中 V 代表货币流通速度，Y 代表实际收入。因此，w_{3t} 可以解释为货币流通速度冲击或货币需求冲击。最后一个等式代表货币政策反应函数。美联储系统地对 u_t^p, u_t^{gdp} 和 u_t^m 做出响应，任何未被解释的利率变化都是外生的货币政策冲击。这种政策冲击可能来自联邦公开市场委员会（Federal Open Market Committee，FOMC）组成的变化，也可能反映出美联储对特定事件的反应，如 9・11 美国遭受恐怖袭击或住房危机等特别事件的反应，而标准政策规则无法捕捉这些事件。

需指出，这种模型存在明显的局限性。例如，为什么货币需求在季度内不会对利率做出响应？水平供给曲线的假设可信吗？这些都是在评估 SVAR 模型合理性时必须提出的问题。这个例子还说明，理论有时也存在不确定性，不足以识别结构冲击。例如，如果 AS 曲线是垂直的，而假设 AD 曲线是水平的，那么结构模型的前两个方程就必须修改。更一般地说，如果 AS 和 AD 曲线既不水平也不垂直，那么任何递归结构都无法识别供给冲击或需求冲击，而现实中，的确可能存在斜向上的 AS 曲线和斜向下的 AD 曲线。这些凸显了以递归形式设定宏观经济结构模型的困难，也解释了为什么递归约束在宏观经济分析中的重要性下降了。

2. 全球原油市场模型

第二个例子是基于 Kilian（2009）的全球原油市场 SVAR 模型。令 $y_t = (\Delta\text{prod}_t, \text{rea}_t, \text{rpoil}_t)'$，其中 Δprod_t 表示世界原油产量的增长率、rea_t 是全球实际经济活动指数，rpoil_t 表示对数实际石油价格。数据为月度频率，假设：

$$\begin{pmatrix} u_t^{\Delta\text{prod}} \\ u_t^{\text{rea}} \\ u_t^{\text{rpoil}} \end{pmatrix} = \begin{bmatrix} b_0^{11} & 0 & 0 \\ b_0^{21} & b_0^{22} & 0 \\ b_0^{31} & b_0^{32} & b_0^{33} \end{bmatrix} \begin{pmatrix} w_t^{\text{原油供给}} \\ w_t^{\text{总需求}} \\ w_t^{\text{专有型需求}} \end{pmatrix}$$

上述全球原油市场模型包含一条垂直的短期石油供给曲线和一条向下倾斜的短期石油需求曲线，以所有变量的滞后期为条件。两种需求冲击通过延迟约束分别确定，石油专有型需求冲击会提高石油价格，但不会影响当月的全球经济活动，而总需求冲击影响经济活动和石油价格。

该模型同样存在局限性。例如，有人可能会问，是否可施加如下形式的过度识别约束 $b_0^{21} = 0$？换句话说，我们可以预期，和石油专有型需求冲击类似，意外的石油供给冲击引发的油价上涨不会在当月影响全球经济。事实证明，b_0^{21} 的估计值基本上为零。我们还可以质疑短期供应曲线是否真的垂直，这种垂直假设同样需要石油市场的制度知识或计量经济学证据。Kilian（2009）构建了历史分解模型，发现石油需求冲击而非石油供给冲击可以解释实际石油价格的大部分波动，这不仅体现在最近几年，而且可以追溯到 20 世纪 70 年代末。根据石油需求和石油供给冲击的构成，实际石油价格响应的持续性、形状和幅度可能大不相同。

3. 油价冲击与股票回报率

Kilian 和 Park（2009）使用 Kilian（2009）的方法，研究了美国股票价格对石油供给冲击、总需求冲击和石油专有型需求冲击的动态响应。

$$\begin{pmatrix} u_t^{\Delta\text{prod}} \\ u_t^{\text{rea}} \\ u_t^{\text{rpoil}} \\ u_t^{\text{ret}} \end{pmatrix} = \begin{bmatrix} b_0^{11} & 0 & 0 & 0 \\ b_0^{21} & b_0^{22} & 0 & 0 \\ b_0^{31} & b_0^{32} & b_0^{33} & 0 \\ b_0^{41} & b_0^{42} & b_0^{43} & b_0^{44} \end{bmatrix} \begin{pmatrix} w_t^{\text{总供给}} \\ w_t^{\text{总需求}} \\ w_t^{\text{专有型需求}} \\ w_t^{\text{其他}} \end{pmatrix}$$

其中，ret 表示美国股票收益率；u_t^{ret} 表示 VAR 方程的简化残差。在这个模型中，美国股票收益率可能对任何影响石油市场的结构冲击做出即时反应。剩余冲击 $w_t^{\text{其他}}$ 统称为影响美国股票收益率的其他所有冲击，但不影响同月的石油价格。

另外一个关键的识别假设是，全球石油价格在当月不对美国股票回报率的意外变化做出反应，而这些意外变化是前三个冲击无法解释的。传统假设认为，石油价格前定于美国经济，因此对美国股票收益率产生影响：

$$u_t^{\text{rpoil}} = b_0^{31} w_t^{\text{总供给}} + b_0^{32} w_t^{\text{总需求}} + b_0^{33} w_t^{\text{专有型需求}}$$

通过计算股票收益率的累积反应，我们可推断美国股票价格对石油需求和石油供给冲击的反应。Kilian 和 Park（2009）说明，石油收益率和股票收益率之间的动态相关性随着石油需求和石油供给冲击构成变化而变化，可能是正、负或零。这一发现解释了金融文献中石油价格与股票价格之间的关系不稳定的原因。

4. 能源价格冲击的传播模型

递归识别模型是完全识别的。通常我们没有足够的约束条件来完全识别 VAR 模型。这就促使了半结构或部分识别 VAR 模型的发展。我们通常只对一种结构冲击感兴趣。一个例子是能源价格冲击的传导模型，因为能源价格相对于国内宏观经济总量是前定的，这与 Kilian 和 Vega（2011）提供的经验证据一致。例如，Edelstein 和 Kilian（2009）采用了递归模型识别月度双变量模型：

$$\begin{pmatrix} u_t^{\Delta p_t} \\ u_t^{\Delta c_t} \end{pmatrix} = \begin{bmatrix} b_0^{11} & 0 \\ b_0^{21} & b_0^{22} \end{bmatrix} \begin{pmatrix} w_{1t} \\ w_{2t} \end{pmatrix}$$

其中，Δp_t 表示美国能源价格变化；Δc_t 表示美国实际消费增长。该模型是半结构的，因为只有能源价格的新息 w_{1t} 能在经济上识别。而 w_{2t} 则是其他结构冲击的集合体，不能单独识别，不具有明确的经济学含义。因此，w_{2t} 没有经济学解释。换句话说，w_t 在统计上是可识别的，但只有 w_{1t} 在经济上可识别。识别方案假定 Δp_t 相对于 Δc_t 是前定的。需指出，某一特定时间点的实际反应可能与平均反应不同，这取决于能源价格冲击的决定因素。

5. 货币政策的半结构模型

大量文献利用部分识别的 SVAR 模型来识别货币政策冲击。在适当的条件下，可使用递归约束识别 VAR 模型，并将货币政策工具排在 VAR 变量最后。Bernanke 和 Blinder（1992）率先提出一个三变量季度模型，即 $y_t=(\Delta \text{gdp}_t,\pi_t,i_t)'$，其中 Δgdp_t 表示美国 GDP 增长率、π_t 表示通胀，i_t 表示联邦基金利率。我们使用下三角 Cholesky 分解法识别货币政策冲击：

$$\begin{pmatrix} u_t^{\Delta \text{gdp}} \\ u_t^{\pi} \\ u_t^{i} \end{pmatrix} - \begin{bmatrix} b_0^{11} & 0 & 0 \\ b_0^{21} & b_0^{22} & 0 \\ b_0^{31} & b_0^{32} & b_0^{33} \end{bmatrix} \begin{pmatrix} w_{1t} \\ w_{2t} \\ w_{3t} \end{pmatrix}$$

最后一个方程解释为货币政策反应函数，利率是政策工具。在设定 u_t^i 时，美联储对 Δgdp_t 和 π_t 的同期和滞后期变化做出反应。模型捕捉了中央银行对经济的系统性反应。在考虑了利率的内生变化后，残差 w_{3t} 表示外生货币政策冲击。这种政策冲击可能反映了预期政策反应的偏差，如 FOMC 组成的变化、FOMC 对不同目标所赋予权重的变化，或应对特殊事件的酌情决策。它也可能来自市场对美联储政策预期的自我实现冲击，或来自美联储在预测国库业务时出现的错误。政策冲击 w_{3t} 是模型中唯一关注的结构冲击，但模型没有从经济学角度识别结构冲击 w_{1t} 和 w_{2t}。这类模型在实证工作中得到普遍应用。半结构 VAR 模型中的政策变量不一定是短期利率。类似的识别方法也可用于其他政策指标，如非借贷准备金。无论如何，考虑到中央银行倾向于对大多数变量做出反应，这种识别方案要求将相关冲击排在模型的底部或接近底部。

需指出，货币政策的半结构 VAR 模型同样有不少缺点。首先，该模型不考虑季度内从货币政策冲击 w_{3t} 到 Δgdp_t 和 π_t 的反馈。在季度频率上，这一约束其实是难以置信的。因为无法获得月度频率 Δgdp_t，因此我们对这个问题无能为力。经济分析局不发布美国的月度 GDP。如果我们用月度工业生产增长率代替 GDP，并以月度频率数据估计模型，由于工业产出只占总产出的一部分且其占比不稳定，模型估计结果可能会受到影响。最后，众所周知，美联储关注更广泛的实际活动标准，这使得基于工业生产增长的政策在经济上不那么合理。在这方面，衡量美国月度实际活动的更好方法是芝加哥联邦储备银行的全国活动指数。此外，一些经济学家或者研究机构可能通过插值法构建和发布美国的非官方月度 GDP。然而，这种插值法不仅存在与工业生产数据相同的缺陷，而且很可能会扭曲结构脉冲响应。

更重要的是，美联储可能会对更多变量做出系统性反应，而不仅仅是 Δgdp_t 和 π_t。如果 b_0^{31} 和 b_0^{32} 的估计值不一致，那么经济学家对货币政策冲击 w_{3t} 的测量也不正确。换言之，政策冲击必须外生，这样我们才能了解货币政策冲击的影响。解决这一问题的潜在办法是使用更多的变量集，并估计更大规模的 VAR 系统（Bernanke and Blinder，1992；Sims，1992；Christiano et al.，1999）。然而，添加更多变量会导致模型过度拟合，破坏 VAR 估计的可信度。考虑到一般的样本规模，标准 VAR 模型通常无法有效处理超过 6 个变量的情况。

解决这一问题的一个办法是使用因子增广 VAR 模型，如 Bernanke 和 Boivin（2003），Bernanke 等（2005），Stock 和 Watson（2005），Forni 等（2009）。另外，我们也可以使用大规模 BVAR 模型，允许横截面维度 K 大于时间维度 T，如 Bańbura 等（2010）。与传统货币政策半结构 VAR 模型相比，这些大规模模型旨在纳入更丰富的信息。与传统的中小型 VAR 模型相比，FAVAR 模型和大规模 BVAR 模型有三个优势：①现实中，中央银行根据数百个经济和金融时间序列预期国内实际活动和通货膨胀；②国内经济活动和通胀等经济概念可能无法通过单一指标体现；③可计算更多变量的响应。有证据表明，在设定 VAR 模型时，引入更丰富的信息集可能提高估计响应的可信度。

另一种策略是在模型中选择性地加入有关未来经济活动和通胀的信息，从而解决低维度 VAR 模型的信息缺陷（Sims and Zha，2006）。例如，资产价格包含未来经济的新信息，资产价格包括住房价格、股票价格和大宗商品价格。货币政策 VAR 模型的一个常见问题是存在所谓的“价格之谜”。这一发现表明 VAR 模型无法捕捉预期通胀。Sims（1992）建议，将全球大宗商品价格作为预期通胀指标纳入模型中，可以解决价格之谜。随后，Hanson（2004）发现，全球商品价格预测美国通胀的能力与其解决价格之谜的能力之间不存在系统性关系。

遵循 Sims（1992）的建议，经济学家习惯于在货币政策 VAR 模型中将大宗商品价格排在利率之前，这使中央银行能够对大宗商品价格的变动做出反应。然而，这一假设限制了商品价格在当期对利率政策变化做出反应。后一种约束在经济上并不合理，而将大宗商品价格指数排在最后可解决这一问题，但与 Sims（1992）关于中央银行对商品价格波动做出同期反应的前提不一致。因此，这两种设计在经济上都不具有吸引力。事实上，随后的研究表明，即使将全球商品价格纳入 VAR 模型，价格之谜仍然存在，表明该模型仍然存在设计错误。

此外，VAR 模型的识别取决于货币政策反应函数的稳定性，但真实经济可能是非线性的。由于政策制定者有时会大幅改变通胀和产出目标的权重，甚至改变政策工具，因此在估算 VAR 模型时必须对样本进行拆分。由于缺乏自由度，缩短样本又增加了引入更多变量的难度。这也使统计推断变得更加复杂。再者，传统 VAR 模型是线性的。例如，该模型不允许利率下限，因此不适合研究联邦储备委员会近年来的量化宽松政策。利率下限意味着模型的非线性。最后，结构 VAR 模型考虑现有货币政策规则内的意外货币政策冲击。这种做法有别于改变货币政策规则，如 1979 年保罗 · 沃尔克时期或 2008 年联邦储备委员会量化宽松政策。货币政策规则的改变对经济产生什么影响，这个问题与其他问题一样令人感兴趣，但却更难回答。举例来说，对线性 VAR 模型中系统性货币政策作用的计量经济学评估仍存在争议，而且难以避免“卢卡斯批判”。

6. 美国货币政策的三个基准模型

在文献中，采用递归识别的货币政策模型包含的变量比典型化三变量模型要多得多。例如，Christiano 等（1999）为货币政策的半结构 VAR 模型提出了三种基准设计，这些设计因我们是否将联邦基金利率(i_t)、非借贷储备金(nbr_t)、非借贷储备金与总储备金之比$(\mathrm{nbr}_t/\mathrm{tr}_t)$视为货币政策工具而有所不同。这些模型均为季度模型，各涉及七个变量。第一个模型是

$$y_t=\begin{pmatrix}y_{1t}\\ i_t\\ y_{2t}\end{pmatrix}$$

其中，y_{1t}表示宏观经济总量向量，美联储在制定政策工具时对其做出同期反应；y_{2t}表示美联储在当季做出反应的货币向量。假定宏观经济y_{1t}在季度内不对政策意外做出反应、y_{2t}在季度内对货币政策做出反应。Christiano 等（1999）定义$y_{1t}=(\mathrm{gdp}_t,p_t,\mathrm{pcom}_t)'$，其中$\mathrm{gdp}_t$表示美国实际 GDP、$p_t$表示国内生产总值平减指数，$\mathrm{pcom}_t$表示大宗商品价格指数，$y_{2t}=(\mathrm{tr}_t,\mathrm{nbr}_t,m_t)'$，其中$\mathrm{tr}_t$和$\mathrm{nbr}_t$分别表示总储备和非借贷储备金，$m_t$指货币总量。除利率外，所有变量均以对数表示。

第二种设计是

$$y_t=\begin{pmatrix}y_{1t}\\ \mathrm{nbr}_t\\ y_{2t}\end{pmatrix}$$

其中，政策工具nbr_t表示非借贷储备金、$y_{1t}=(\mathrm{gdp}_t,p_t,\mathrm{pcom}_t)'$和$y_{2t}=(i_t,\mathrm{tr}_t,m_t)'$。

第三种设计是

$$y_t=\begin{pmatrix}y_{1t}\\ \mathrm{nbr}_t\\ y_{2t}\end{pmatrix}$$

其中，政策工具还是nbr_t，是非借贷储备金，$y_{1t}=(\mathrm{gdp}_t,p_t,\mathrm{pcom}_t,\mathrm{tr}_t)'$和$y_{2t}=(i_t,m_t)'$。Christiano 等（1999）将政策冲击称为$\mathrm{nbr}_t/\mathrm{tr}_t$冲击。

已有大量文献论述了上述设计的优点，以及如何建立联邦基金利率、非借贷储备金和总储备之间关系的模型。Christiano 等（1999）对这些文献进行了综述，他们还发现，三种情况下联邦基金利率都会上升，货币总量会随着时间的推移而下降，价格水平最初会疲软，实际产出会暂时下降，商品价格也会因意外的货币紧缩而下跌。

（1）货币政策的宏观经济效应模型。文献中较新的模型倾向于忽略非借贷储备和总储备的数据，并在很大程度上侧重于联邦基金利率。例如，Christiano 等（2005）分析了

货币政策递归 VAR 模型的九变量版本。数据为季度数据：

$$y_t = \begin{pmatrix} y_{1t} \\ i_t \\ y_{2t} \end{pmatrix}$$

其中，i_t 表示联邦基金利率。Christiano 等定义

$$y_{1t} = \left(\text{gdp}_t, c_t, p_t, \text{inv}_t, \text{wage}_t, \text{prod}_t\right)'$$

其中，gdp_t 表示美国实际 GDP；p_t 表示 GDP 平减指数；c_t 表示实际消费；inv_t 表示投资；wage_t 表示实际工资；prod_t 表示劳动生产率。定义 $y_{2t} = \left(\Delta m_t, \text{rp}_t\right)'$，其中 Δm_t 是指 M2 增长，rp_t 代表实际利润。除利率和 Δm_t 外，其他变量均以对数表示。货币政策冲击是通过对 B_0^{-1} 施加一个递归结构，这样 B_0 可解释为以所有模型变量的过去数据为条件的政策反应函数。其他结构冲击均未从经济学角度识别。

（2）货币政策冲击对汇率的影响。Eichenbaum 和 Evans（2005）扩展了封闭经济半结构 VAR 框架，将美元相对于其他国家的双边汇率纳入模型中。数据为月度数据，假设：

$$y_t = \begin{pmatrix} y_{1t} \\ i_t^{\text{US}} \\ y_{2t} \end{pmatrix}$$

其中，i_t^{US} 表示美国联邦基金利率。Eichenbaum 和 Evans（2005）定义

$$y_{1t} = \left(\text{ip}_t^{\text{US}}, p_t^{\text{US}}\right)'$$

其中，ip_t^{US} 表示美国工业生产的对数值；p_t^{US} 表示美国消费价格指数的对数值，而

$$y_{2t} = \begin{pmatrix} i_t^{\text{Foreign}} - i_t^{\text{US}} \\ \text{er}_t^{\text{US/Foreign}} \end{pmatrix}$$

其中，$i_t^{\text{Foreign}} - i_t^{\text{US}}$ 表示短期名义利率差；$\text{er}_t^{\text{US/Foreign}}$ 表示美国名义汇率或实际汇率。外国包括日本、德国、意大利、法国和英国。一个识别假设是，美联储对当前的美国实际产出和美国价格水平做出反应，但忽略当期的外国利率和汇率。另一个识别假设是，美国实际产出和美国价格水平在当月内不会对货币政策扰动做出反应。该模型只有货币政策冲击在经济上是可识别的。研究侧重两个问题。一是汇率对货币政策冲击的反应。根据 Eichenbaum 和 Evans（2005）的记录，在紧缩性货币政策冲击下，名义和实际汇率会持续升值。另一个问题是利率平价是否适用于利差对货币政策冲击的反应。Eichenbaum 和 Evans（2005）发现数据持续且显著地偏离利率平价。

7. 消费的永久收入模型

Cochrane（1994）在消费的永久收入模型框架内分解永久冲击和暂时冲击。标准的永久收入模型意味着对数实际消费(c_t)和对数实际收入(gnp_t)是协整的，因此消费-收入比率是平稳变量。Cochrane（1994）对简化式 VAR 模型施加了协整约束。永久收入模型预测，如果收入发生意外变化而消费没有相应变化，那么消费者会认为收入受到的冲击是暂时的。Cochrane（1994）在对简化式误差协方差矩阵施加 Cholesky 分解时，首先对消费新息进行递归排序。通过分解，他将永久性冲击与暂时性冲击区分开，并量化它们的重要性：

$$\begin{pmatrix} u_t^c \\ u_t^{\mathrm{gnp}} \end{pmatrix} = \begin{bmatrix} b_0^{11} & 0 \\ b_0^{21} & b_0^{22} \end{bmatrix} \begin{pmatrix} w_t^{\text{永久性}} \\ w_t^{\text{暂时性}} \end{pmatrix}$$

从结构上看，消费只取决于永久性冲击，而收入取决于暂时性冲击和永久性冲击。暂时性冲击和永久性冲击的术语有些误导，因为任何冲击在结构上都只涉及一次性扰动。更准确地说，暂时性冲击指对观测变量产生短暂影响的冲击，而永久冲击是对变量产生永久（或长期）影响的冲击。Cochrane（1994）验证了收入对暂时性冲击的反应是快速均值回归的，而收入对同时影响消费和收入的冲击的反应是持久的。此外，消费对永久性冲击的大部分反应是立刻发生的，而消费对暂时性冲击的反应在所有期限内都接近零。总之，Cochrane（1994）证实了暂时性冲击对收入和消费水平没有长期影响。

与之前的例子不同，这种方法无法从经济上解释永久性冲击和暂时性冲击。具体地，我们无法从数据中确定永久性冲击和暂时性冲击是指供给冲击还是需求冲击，也无法确定是指偏好冲击、政策冲击还是技术冲击。一般来说，暂时性和永久性冲击是这些更深层次经济冲击的混合体。

11.4.5 非递归识别应用

并非所有结构 VAR 模型都具有递归结构。20 世纪 80 年代中期，人们对递归识别模型的怀疑越来越多，从而引发了一系列研究，提出了通过非递归短期约束识别结构模型。与递归模型一样，对 B_0 或 B_0^{-1} 施加非递归约束和矩条件，可估计模型中 B_0 的未知系数。一般来说，求解未知结构参数的矩条件需要迭代，但在某些情况下，可使用传统的工具变量技术构建广义矩估计器。另一种常用的方法是将误差分布设为高斯分布，并用最大似然法估计结构模型。这种方法将结构模型参数的似然函数最大化。

1. 财政政策冲击

Blanchard 和 Perotti（2002）提出了一个偏离通常递归结构的美国财政政策模型。他们提出了一个季度美国经济模型，$y_t=(\mathrm{tax}_t,\mathrm{gov}_t,\mathrm{gdp}_t)$，其中 tax_t 指实际税收，gov_t 指实际政府支出，而 gdp_t 指实际国内生产总值。所有变量均为对数。忽略滞后期，结构关系可写成：

$$\begin{bmatrix} 1 & 0 & b_{13,0} \\ 0 & 1 & b_{23,0} \\ b_{31,0} & b_{32,0} & 1 \end{bmatrix} \begin{pmatrix} u_t^{\text{tax}} \\ u_t^{\text{gov}} \\ u_t^{\text{gdp}} \end{pmatrix} = \begin{bmatrix} 1 & c_{12} & 0 \\ c_{21} & 1 & 0 \\ 0 & 0 & 1 \end{bmatrix} \begin{pmatrix} w_t^{\text{tax}} \\ w_t^{\text{gov}} \\ w_t^{\text{gdp}} \end{pmatrix}$$

以致

$$u_t^{\text{tax}} = -b_{13,0} u_t^{\text{gdp}} + c_{12} w_t^{\text{gov}} + w_t^{\text{tax}}$$

$$u_t^{\text{gov}} = -b_{23,0} u_t^{\text{gdp}} + c_{21} w_t^{\text{tax}} + w_t^{\text{gov}}$$

$$u_t^{\text{gdp}} = -b_{31,0} u_t^{\text{tax}} - b_{32,0} u_t^{\text{gov}} + w_t^{\text{gdp}}$$

Blanchard 和 Perotti（2002）首先提出延迟约束的制度论据，$b_{23,0} = 0$，该约束排除了季度内经济活动对政府支出的反馈。然后他们证明了税收对经济活动的同期响应 $-b_{13,0}$，可根据外在的税收弹性估算出 $b_{13,0} = -2.08$。参数 $b_{31,0}$ 和 $b_{32,0}$ 不受约束。税收与支出间的内生性可通过施加约束 $c_{21} = 0$ 或 $c_{12} = 0$。最后我们得到：

$$u_t^{\text{tax}} = 2.08 u_t^{\text{gdp}} + w_t^{\text{tax}}$$

$$u_t^{\text{gov}} = c_{21} w_t^{\text{tax}} + w_t^{\text{gov}}$$

$$u_t^{\text{gdp}} = -b_{31,0} u_t^{\text{tax}} - b_{32,0} u_t^{\text{gov}} + w_t^{\text{gdp}}$$

可对该系统进行数值估计。请注意，Blanchard 和 Perotti（2002）将前两个新息视为互为外生的，而没有施加关于 c_{21} 的约束。

2. 简单宏观经济模型

Keating（1992）讨论了简单宏观经济模型的一个变种，该模型没有施加递归结构，因此涉及不同的经济解释。他的结构方程是

$$u_t^{p} = w_t^{\text{AS}}$$

$$u_t^{\text{gdp}} = -b_{21,0} u_t^{p} - b_{23,0} u_t^{i} - b_{24,0} u_t^{m} + w_t^{\text{IS}}$$

$$u_t^{i} = -b_{34,0} u_t^{m} + w_t^{\text{MS}}$$

$$u_t^{m} = -b_{42,0} \left(u_t^{\text{gdp}} + u_t^{p} \right) - b_{43,0} u_t^{i} + w_t^{\text{MD}}$$

第一个等式代表水平的 AS 曲线，第二个等式可解释为 IS 曲线，允许实际产出对所有其他变量做出反应。第三个等式表示简单的货币供给函数，根据该函数，中央银行根据货币存量调整利率。第四个等式是货币需求函数，根据该函数，短期货币持有量的上升与名义收入成比例，这产生了恰好识别所需的最终约束。与之前的例子不同，货币持有量取决于利率。很明显，与泰勒规则相比，该模型体现的货币政策是不同的。

非递归识别 VAR 模型更接近于传统的动态同期方程模型。这意味着它们具有动态同期方程模型的弱点，包括难以识别数据中的因果效应。流动性效应指利率对意外货币扩张的短期负面反应。尽管早期怀疑存在这种效应，但直到 20 世纪 90 年代，基于 SVAR 模型的研究得出存在流动性效应的结论。在递归识别的 VAR 货币政策模型中，同样没有发现流动性效应，但基于非递归识别的 VAR 模型发现存在强烈的流动性效应。这些证据表明，更明确的结构模型在本质上优于早期的半结构货币政策模型。

本章小结

SVAR 分析的核心问题是从简化式模型恢复到结构式模型。获取结构参数后，我们就能确定内生变量对结构冲击的响应以及相关统计量。求解未知结构参数作为简化式的问题称为识别问题。解决识别问题需要施加额外约束。只要我们施加足够多的约束，结构模型的所有参数都可以唯一求解。这些约束条件决定了结构模型的参数值。识别约束必须具有经济学含义。在没有经济理由的情况下施加约束，将无法正确识别结构模型的参数。因此，研究者面临的挑战是提出经济上合理的识别约束。

在本章中，我们研究了从简化式模型中识别 SVAR 模型参数所需的条件。我们讨论了标准化假设对识别的作用，以及提出经济上可信的识别约束所面临的挑战。识别约束有许多不同类型，但应用工作中最常见的方法是对结构响应矩阵施加排除约束。由于这种约束只影响模型变量之间的同期相互作用，因此也被称为短期识别约束。

我们举例说明了短期识别约束的使用。一个常见的假设是模型变量之间存在因果排序。从经济学角度看，递归识别约束通常难以激发人们的兴趣。这种方法的许多应用都被批评为非理论的，因为其中隐含的冲击互不相关，但没有经济含义，因此不是真正的结构冲击。如果我们愿意把注意力局限于识别一种结构冲击上，递归模型有时可赋予半结构性解释。例如，局部识别模型在货币经济学中发挥了重要作用，但也并非没有局限性。另一种不太常见的方法是允许结构模型是非递归的。这种约束有时可从经济模型中推导出来。

本章习题

1. 请阐述格兰杰因果、前定性和经济学因果关系之间的关系。

2. 请详细阐述 VAR 模型和 DSGE 模型之间的关系？哪一种方法更为优越？

3. 请根据一个三元 VAR(2)模型推导其结构脉冲响应、预测误差方差分解和历史分解表达式。

4. 请基于递归约束分析一个三变量货币政策 VAR(2)模型，模型包括产出、通胀和利率。请阐述递归约束的理由和局限性。

第 12 章

空间计量经济模型与应用

➢ **学习目标**

1. 掌握空间计量经济学的相关概念
2. 辨识空间数据与其他数据类型的差异以及空间数据的特征
3. 熟悉邻接与邻接原则并了解空间权重矩阵的构建方法、标准化方法
4. 能够使用度量空间自相关性的统计量对数据的空间自相关性做出判断
5. 掌握截面数据空间计量模型
6. 了解空间面板数据模型、空间离散选择模型、地理加权回归模型的构造原理及方法
7. 对 Geoda、GeodaSpace、Stata、ArcGIS、MATLAB 等空间分析常用软件的使用有大致了解并能进行简单操作
8. 基于本章学习能够实现简单的空间计量建模与分析

➢ **知识点摘要**

1. 空间计量经济学的含义及其发展脉络
2. 空间数据及其特征
3. 空间依赖性、空间异质性的概念及其产生的原因
4. 邻接与邻接原则、空间权重矩阵的含义、标准化及其应用
5. Moran's I 指数、Geary's C、General G 统计量、局部 Moran's I 指数、局部 Geary's C 指数、G 统计量、LISA 统计量、局部 Getis-Ord G 统计量
6. 空间自回归模型、空间滞后模型、空间杜宾模型、空间误差模型

12.1 空间计量经济学基本原理

让一部分地区先富裕起来，然后带动其他地区共同富裕，这是中国在改革开放之初对全国区域经济发展所做出的重大战略安排。该战略可以分为两个阶段：第一阶段强调通过政策倾斜，支持一些经济和地理条件较优的地区率先发展；第二阶段则侧重于通过这些率先发展地区的带动作用，促进其他地区实现共同繁荣（覃成林和杨霞，2017）。第一阶段的目标早已顺利实现（孙红玲，2009）。因为率先发展地区在改革开放初期受益于优惠政策，已达到联合国设定的中上等收入国家的人均 GDP 水平。然而，对于战略安排的第二阶段是否正在实现，即“先富地区是否有效带动了其他地区实现共同富裕”这一问题，仍需深入讨论。

“先富带动后富”有两大途径：一是在中央政府的协调下，先富地区通过财政转移支付等方式支持其他地区；二是先富地区对周边地区的经济增长产生的空间外溢效应。在分析研究后者时，空间计量经济学方法的应用尤其重要，因为它能帮助研究者捕捉到在传统数据分析中常被忽视的空间结构信息，识别地区间经济活动的相互依赖关系及其随时间的动态变化，揭示出经济增长在受到本地因素的影响以外还受到邻近地区的影响的现象。例如，发达地区的经济增长可能会通过商品流动、资本投资、劳动力迁移、技术与信息传播等多种方式，对周边地区的经济增长产生溢出影响。与此同时，这种外溢效应的强度和范围可能会由于地理距离、交通基础设施、教育水平和政策环境等因素的不同而存在显著差异。因此，在研究中国实际经济问题时，应该考虑空间因素，并使用空间计量模型对传统的计量模型进行相应的调整与完善。

12.1.1 空间计量经济学的含义与发展脉络

空间计量经济学（spatial econometrics）是一门研究经济现象与空间关系之间相互作用的学科。与传统的计量经济学相比，空间计量经济学引入了空间因素，能够更好地解释和预测经济现象。空间计量经济学采用模型驱动的方法，通过引入空间权重矩阵来捕捉区域之间的空间依赖关系，以此分析经济现象在空间上的相互影响。空间计量学的发展脉络见图 12-1。

空间计量经济学的发展最早可以追溯至 20 世纪中叶。空间统计学方法的进步为其产生和发展奠定了基础。Moran（1948）首次引入了 0-1 连接矩阵来界定空间邻接关系，之后 Moran（1950）和 Geary（1954）又分别引入了统计量 Moran’s I 和 Geary’s C 来衡量空间自相关性。

20 世纪 70 年代，空间计量经济学作为一个独立的学科逐渐成形。这一时期，研究者开始关注空间自相关性和空间异质性，并在模型设定方面取得显著进步。在空间效应研究方面，Cliff 和 Ord（1972）首次采用 Moran’s I 统计量对普通最小二乘法的残差项进行空间自相关性检验，将空间自相关性纳入计量经济学的考虑范畴；Casetti（1972）引入了空间异质性的概念，并将其纳入空间计量模型中。1974 年 5 月 2 日，帕林克（Paelinck）

图 12-1　空间计量经济学的发展脉络

在荷兰统计协会年会大会上首次提出将“空间经济计量学”设立为一个独立的学科。在模型设定方面，Ord（1975）提出了空间误差模型和空间滞后模型，并给出其最大似然估计方法；Brandsma 和 Ketellapper（1979）进一步发展了 Ord 的空间误差模型和空间滞后模型，并引入了双重参数模型的概念；Paelinck 和 Klaassen（1979）在《空间计量经济学》（Spatial Economics）一书中详细介绍了空间计量经济学的主要研究领域和模型建立原则，为空间计量经济学提供了系统的理论和方法论基础。

20 世纪 80 年代是空间计量经济学发展过程中具有承上启下意义的阶段。这一阶段，明确了采用空间计量模型分析经济现象的原因，扩展了经典模型及其估计方法，并对相关理论做出了阶段性总结。Anselin（1980）在估计方法上突破了最大似然估计法，将工具变量引入空间计量经济学模型中，提出了空间两阶段最小二乘法。Burridge（1981）在 Ord 基础上提出了同时包含因变量和自变量的空间滞后算子的空间杜宾模型，拓展了空间计量经济学的模型设定方法。Casetti（1986）进一步将空间异质性引入分析框架。Anselin（1988）在《空间计量经济学：方法与模型》（Spatial Econometrics: Methods and Models）一书中全面论述了空间计量经济学的建模视角，以此区分了空间计量经济学与空间统计学、空间数据分析。

20 世纪 90 年代是空间计量经济学飞速发展的阶段。在这一时期，学者们在空间计量经济学模型设定、估计、检验以及对空间异质性的研究方面取得了显著进展。在最大似然估计方法上，Barry 和 Kelley Pace（1999）等引入了稀疏矩阵对空间计量模型进行估计。除了最大似然估计法，吉布斯抽样和马尔可夫链蒙特卡罗等估计方法也被应用于空间计量经济学模型的估计。同时，至今仍被广泛使用的拉格朗日乘数检验（Lagrange multiplier test，LM 检验）方法也被应用于空间计量经济学的研究中。此外，时间序列分析中的滤波法、地理加权回归（Fotheringham et al.，1997）等方法也被应用于空间异质性的研究。Kelejian 和 Prucha（1998）提出了空间自回归模型的广义矩估计。然而，尽管空间计量经济学的理论和应用研究都取得了较大的发展，但大多数计量经济学教材仍未包括空间计量的相关内容。

2000 年以来，空间计量经济学逐渐走向成熟，并在城市经济学、区域经济学、环境经济学、产业经济学等领域得到广泛应用。在此阶段，空间面板数据和广义矩估计方法被引入空间计量经济学并得到迅速发展。Elhorst（2003）讨论了空间面板数据的估计方法。LeSage 和 Pace（2009）的《空间计量经济学导论》（Introduction to Spatial Econometrics）反映了空间计量经济学最新进展，支持了更一般的模型规范，并讨论了使用间接效应来检验空间溢出效应是否显著等问题，推动了空间计量经济学的新发展。Elhorst（2014）的著作《空间计量经济学：从横截面数据到空间面数》（Spatial Econometrics: From Cross-Sectional Data to Spatial Panels）更是总结性地概括了三代空间计量经济学模型，包括基于横截面数据的模型、基于空间面板数据的静态模型以及基于空间面板数据的动态模型。该书不仅介绍了不同的模型规范及其相应的估计方法，还批判性地讨论了这些模型的使用目的及其结果解释，对空间计量经济学的发展有着重要的贡献。

12.1.2 空间数据

1. 空间数据定义

空间数据是指包含地理位置和空间特征的数据，可以通过 GIS、GPS 等工具进行收集和处理。空间数据的特点在于它同时具有地理位置信息和事物的属性信息，可以用来描述、分析地理空间上的现象和变化。通过收集和分析空间数据，我们可以了解不同地区的特点和差异，发现各地区地理空间上的模式和关联，并为决策制定和问题解决提供科学依据。狭义上的空间数据通常指的是地理数据或者地图数据，如山脉、河流、道路、居民点等。

广义上的空间数据指的是考虑到绝对位置或相对位置的观测数据，又称空间参照数据（spatial referenced data）或地理参照数据（geo-referenced data）。其中，同时包含位置信息和属性信息的空间属性数据是空间计量经济学中主要的数据类型。可以表述为如下形式：

$$\left\{z_j\left(s_i,t:j=1,2,\cdots,k;i=1,2,\cdots,n;t=1,2,\cdots,T\right)\right\}=\left\{z_j\left(s_i,t\right)\right\}_{i,j,t} \tag{12-1}$$

其中，z_j 表示第 j 个属性信息；s_i 表示第 i 个空间单元；t 则代表时间。上述表达式的含义为，于 t 时在 n 个地点测量了 k 个属性。空间数据与其他数据最大的差异就在于空间数据中的 s_i 储存了空间信息。空间信息一般通过坐标来表达。在研究中最常使用的就是相邻关系（通常用 $N(i)$ 表示），因此包含相邻关系的空间属性数据可以简化表达为

$$\left\{z_j\left(s_i,t\right),N\left(i\right)\right\}_{j,i,t} \tag{12-2}$$

空间数据与常见的用于宏微观计量经济分析的非空间数据有显著的不同，后者主要分为三类——截面数据、时间序列数据和面板数据，见表 12-1。其中，截面数据是一种在特定时间点或者较短时间跨度内收集的数据，通常涉及不同观察单位在同一时间点上的各种变量和属性；时间序列数据是按照时间的先后顺序，将同一指标的观测值进行排序的数列，它们在时间上是有序的，变量的取值通常会随时间发生变化；面板数据则是截面数据与时间序列数据的结合，能够提供同一组观察单位在一段时间内的变化。

表 12-1　截面数据、时间序列数据、面板数据、空间数据的对比

数据类型	构成特征	反映内容
截面数据	同一时间、不同统计单位、相同统计指标	反映同一时间点上同一主体的特征
时间序列数据	不同时点上的数据	反映某一事物或现象随时间变化的状态即趋势
面板数据	在时间序列数据上取多个横截面，是截面数据与时间序列数据的结合	反映一段时间内不同事物或现象的某一指标
空间数据	空间信息、属性信息	一段时间内或某一时间点上某一主体的个体特征及其空间信息

2. 空间数据的类型

地理空间的特征和位置在许多领域中都扮演着重要的角色。为了更好地理解、分析与地理位置相关的现象和特征，学者们利用空间数据来揭示地理空间模式、解释经济地理现象，并为决策制定提供支持。根据性质和表达方式，数据又可以划分为栅格数据和矢量数据。

（1）栅格数据（raster data）是由离散的单元格构成的空间数据。每个单元格代表一定的区域，其属性可以是连续的数值或离散的分类数据，并携带着与之相关的属性信息。栅格数据具有明确的空间参考系统和精确的分辨率，可以用来表示地图、图像等空间信息。

（2）矢量数据（vector data）由点、线和多边形等几何对象组成，每个对象都具有相应的属性信息。矢量数据以几何形状和位置关系为基础，能够精确表示地理现象的形状、大小和相互关系。适用于处理具体的地理要素，如道路、建筑物等。

3. 空间数据的特征

传统的统计理论建立在独立观测值假设的基础上。然而，独立观测值的情况在现实生活中并不是普遍存在的。一般而言，在经济研究中出现不恰当的模型识别和设定所忽略的空间效应主要来自空间依赖性（spatial dependence）和空间异质性（spatial heterogeneity）（Anselin，1988）。

空间依赖性是指经济和社会现象在空间上相互关联和相互影响。一般认为，在空间上离得近的变量之间具有比离得远的变量之间更紧密的关系（Anselin and Getis，1992）。正如 Tobler（1979）地理学第一定律所说："一切事物都与其他事物相关，但近距离的事物比远距离的事物更加相关。"空间依赖性的存在意味着相邻地区之间存在着空间交互作用，其中一个地区的特征或行为可能会对周围地区产生影响。空间依赖性的产生主要源于测量误差和空间之间的实质性相互影响。当研究者无法准确识别地理区域时，就会导致测量误差的出现。因此，在处理具有空间特性的数据时，无论经济理论是否明确显示空间相关性，我们都应该在模型设定时进行充分考虑。空间依赖性不仅表示空间上的观测值缺乏独立性，还意味着空间相关的强度及模式由研究对象的绝对位置和相对位置共同决定。

空间异质性是指每个空间位置上的事物和现象都具有与其他位置上的事物和现象不同的特征。空间异质性的存在意味着不同地区具有不同的特征和发展趋势。从统计学角度来看，空间异质性指的是研究对象在空间上具有非平稳性。各种空间现象结构的不稳定性和待观测空间单元本身的差异性是产生空间异质性的主要原因。由于异质性是一种空间结构，空间异质性的形式取决于观测点的位置。同时，由于结构具有空间性质，空间异质性通常与空间依赖性同时存在。此外，在单个横截面数据中，空间依赖性和空间异质性在观测上可能是相似的，因此区分空间异质性和空间依赖性往往比较困难，所以在进行回归分析时必须明确考虑到空间异质性。

12.1.3 空间效应与空间权重矩阵

对空间数据进行空间相关性的度量是进行空间计量分析的前提和基础。只有在确定存在空间相关关系之后，才能对数据进行空间相关性的建模分析。空间权重矩阵是度量空间自相关性的核心，其构建反映了空间单元与其周边地区之间的关系。不同的空间权重矩阵会对结果产生不同的影响，因此，根据研究对象科学地构建空间权重矩阵非常重要。

1. 邻接与邻接原则

在空间计量经济学中，通常用空间对象的邻接关系来描述空间自相关，主要有邻近指标和距离指标两种实现方式。对于一个包含 n 个空间单元的系统，基于邻近设定的空间权重矩阵是一个稀疏的 $n \times n$ 二元 0-1 矩阵。通常情况下，矩阵的对角线元素为 0，相邻的空间单元对应的矩阵元素为 1。因此，该空间权重矩阵可以表示为

$$w_{ij} = \begin{cases} 1, & \text{当区域}i\text{和区域}j\text{相邻接} \\ 0, & \text{其他} \end{cases} \tag{12-3}$$

基于邻近的空间权重矩阵可以进一步分为一阶邻近矩阵和高阶邻近矩阵。这些邻近矩阵被用于表达地理空间中的邻接关系，以帮助我们理解地理空间中点或区域的空间关系，并进一步识别空间模式、网络结构以及它们之间的相互作用。

一阶邻近矩阵假定只有两个地区相邻时才会发生空间关系，即当 X 与 Y 相邻时用 1 表示，否则用 0 表示。常见的相邻关系主要包括："车"相邻（边相邻）、"象"相邻（角相邻）、"后"相邻（边角相邻）。

"车"相邻（rook contiguity）：若 i 和 j 有共同边界，则它们被视为相邻，记作 $w_{ij}=1$；若无共同边界，则被视为不相邻，记作 $w_{ij}=0$。基于"车"相邻规则构造的空间权重矩阵具有对称性。

"象"相邻（bishop contiguity）：若 i 和 j 有共同顶点但无共同的边界，则它们被视为相邻，记作 $w_{ij}=1$；否则记作 $w_{ij}=0$。

"后"相邻（queen contiguity）：若 i 和 j 有共同顶点或共同边界，则它们被视为相邻，记作 $w_{ij}=1$；否则记作 $w_{ij}=0$。

从图 12-2 可以看出，相较于"车"相邻和"象"相邻，"后"相邻常常与周围地区具有更加紧密的关联结构。当然，若区域间公共边界的长度不同，其空间作用的强度也不同，我们还可以通过将公共边界的长度纳入权重计算，以使邻近指标更加准确。

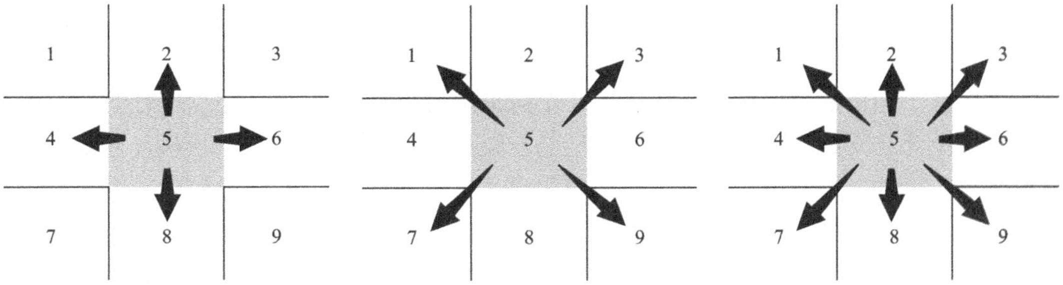

图 12-2　常见的地理邻接关系图

为了消除在创建矩阵时出现的冗余和循环，Anselin 和 Smirnov（1996）提出了利用"相邻之相邻"（包括一阶邻接和二阶邻近）关系定义空间权重矩阵。"相邻之相邻"可以反映空间扩散过程。在这种情况下，特定地区的初始效应或随机冲击不仅会影响其直接邻近地区，而且随着时间的推移，这种影响还会逐渐弱化并扩散到其间接邻近地区。换句话说，影响从初始地区扩散到其邻近地区，然后再向更远离的地区传播，这种"相邻之相邻"的效应随着空间距离的增加逐渐减弱。

然而，上述基于门槛距离定义的邻近常常会导致非常不均衡的邻近结构。比如，在空间单元的面积相差较大的情况下，可能会导致一些小的地理单元反而有很多的邻近单元，而较大的地理单元则可能有很少的邻近单元，甚至可能由于没有邻近单元而成为"飞地"。为解决这种弊端，Anselin（2003）提出了一种 K 值最邻近办法，即在给定的空间单元周围选择最邻近的 4 个单元（亦可选 4 个以上），计算 K 值最近邻居权重的大小。这也是依据邻接关系创建空间距离权重矩阵的第二种选择。

此外，在讨论邻接原则时，我们除了使用真实的地理坐标计算地理距离外，也可以使用包括经济和社会因素在内的更加复杂的权重矩阵设定方法。比如，可以根据区域间交通运输流量、通讯量、GDP 总额、贸易流动、资本流动、人口迁移等确定空间权重，计算各个地区任何两个变量之间的距离。

2. 空间权重矩阵

空间权重矩阵是空间计量经济学中的一个重要概念，是反映变量的空间依赖结构、构建空间计量模型的主要工具。空间权重矩阵作用在不同的变量上可以形成不同的空间交互关系，从而影响模型设定和最终估计结果。将 n 个空间单元两两组合就构成了一个 $n\times n$ 的矩阵 W，矩阵 W 中的元素 w_{ij} 就反映了空间单元 i 与空间单元 j 之间的空间关系。矩阵 W 如下所示：

$$W=\begin{bmatrix} w_{11} & \cdots & w_{1n} \\ \vdots & \ddots & \vdots \\ w_{n1} & \cdots & w_{nn} \end{bmatrix} \tag{12-4}$$

常见的空间权重矩阵类型包括了：

（1）二元空间权重矩阵（binary spatial weight matrix）。由于元素的取值只有 0 和 1，所以也被称为 0-1 邻接矩阵。在这个矩阵中若两个地理单元邻接，则对应的矩阵元素取值为 1，否则为 0。

（2）基于距离的空间权重矩阵（distance-based spatial weight matrix）。元素的取值是根据地理单元之间的距离或反距离来确定的。常见的距离权重包括地理距离、经济距离、投影距离、产业距离、技术距离、核函数距离（指数核函数、高斯核函数）等。

（3）函数型空间权重矩阵，可分为幂函数空间权重矩阵和指数函数空间权重矩阵。

在使用空间权重矩阵时，为了消除权重矩阵中的尺度差异，通常需要对空间权重矩阵进行标准化，从而使权重的取值范围在 0 到 1 之间或具有统一的尺度。最常见的标准化方法是行标准化。行标准化就是将每一行的元素都除以其均值，使每一行的权重之和等于 1，以确保每个地理单元的权重在 0 到 1 之间。因此，在行标准化后每一个空间单元受到的来自其他单元的影响之和是相同的。同理，列标准化则表示每一个空间单元对其他空间单元的影响之和是相同的。常见的标准化方法还有特征值标准化（Elhorst，2001），即用标准化前矩阵 W 的每个元素除以 W 的最大特征根，标准化前后 W 各元素之间的比例保持不变。

空间权重矩阵的构建方法是多种多样的。在选择构建方法时，我们需要考虑空间、地理、经济等各方面的含义，并根据研究对象和研究问题来确定。同时，为了消除权重矩阵中的尺度差异，在使用空间权重矩阵时应对其进行标准化处理。

3. 空间自相关性

空间自相关性是指一些变量在空间上观测到的数据之间具有潜在的相互依赖关系。测度空间自相关性一方面可以对这种潜在的相互依赖关系有一个探索性的分析，另一方面也可以检验误差项中是否存在空间自相关以确保模型的正确性、有效性。

空间自相关性可以从全局自相关和局部自相关两个方面来测度。全局自相关性是指在整个空间数据集中地区之间存在的整体相关关系，用于描述整个地理区域的空间模式和空间依赖性；局部自相关性则是指空间数据集中某一个地区与其他地区存在的相关关系。全局自相关的统计量可以通过对局部自相关性统计量的平均计算得出。因此，有可能出现整体不相关但局部相关的情况。而局部自相关性由于允许了空间异质性的存在，较全局自相关性能够反映更多的信息。因此，当全局自相关统计量显著时，可以推断误差项存在明显的空间自相关性。在这种情况下，可以直接使用空间计量模型对该样本进行分析，并最后对模型进行检验。

测度全局自相关性最常用的三个指标分别是：Moran's I 指数、Geary's C 指数和 General G 统计量。

（1）Moran's I 指数：Moran's I 指数是一种最为常用的用来测度全局空间自相关性的统计指标。其计算基于地区的观测值和空间权重矩阵，取值范围在–1 到 1 之间。大于 0 表示正相关，小于 0 表示负相关，越接近于 0 则表示空间自相关性越弱。Moran's I 指数通过比较每个地区观测值与其周围地区观测值之间的关系，评估整个空间数据集的全局空间自相关性。计算公式如下：

$$\text{Moran's } I=\frac{n}{s_0}\frac{\sum_{i=1}^{n}\sum_{j=1}^{n}w_{ij}z_i z_j}{\sum_{i=1}^{n}z_i^2} \tag{12-5}$$

其中，z_i 表示要素 i 的属性预期平均值 $x_i-\bar{X}$ 的偏差；w_{ij} 表示要素 i 和 j 之间的空间权重矩阵；n 表示要素总数；s_0 表示所有空间权重的聚合；Z_i 表示统计上的得分。

$$s_0=\sum_{i=1}^{n}\sum_{j=1}^{n}w_{ij} \qquad z_i=\frac{I-E[I]}{\sqrt{V[I]}}$$

$$E[I]=-\frac{1}{n-1} \qquad V[I]=E[I^2]-E[I]^2 \tag{12-6}$$

在统计推断的过程中，通常需要对变量 X 的分布做出假设。常见的假设是假设变量 X 服从正态分布。如果 X 的分布未知，则使用随机化方法得到 X 的近似分布。最后通过在正态或随机两种分布假设下得到 I 的期望值和方差来分别进行假设检验。

$$E_n(I)=-\frac{1}{n-1}$$

$$\text{VAR}_n(I)=\frac{n^2 s_1-ns_2+3s_0^2}{s_0^2(n^2-1)}-E_0^2(I) \tag{12-7}$$

其中，$s_0=\sum_i^j\sum_j^n w_{ij}$，$s_1=\frac{1}{2}\sum_i^j\sum_j^n(w_{ij}+w_{ij})^2$，$s_2=\sum_i^n(w_i+w_{-i})^2$，$w_i=\sum_{j=1}^n w_{ij}$，$w_{-i}=\sum_{j=1}^n w_{jt}$。

在使用 Moran's I 对全局空间自相关性进行分析时，需要注意一些潜在的问题。首先，如果未对空间权重矩阵进行行标准化处理，计算得到的 Moran's I 可能会超出范围[–1, 1]。因此，在计算之前，需要确保对空间权重矩阵进行适当的标准化处理。其次，如果输入的数据存在明显的偏斜，Moran's I 的计算可能会受到影响。对于偏斜数据，至少需要每个要素与其周围的 8 个相邻要素具有足够的观测值，以确保 Moran's I 计算的可靠性。

（2）Geary's C 指数：Geary's C 指数的取值范围在 0 到 2 之间。若 Geary's C 指数接近 0，则代表地区间存在显著的空间正相关性；若 Geary's C 指数接近 2，则代表地区间存在显著的空间负相关性；若 Geary's C 指数接近 1，则代表地区间的空间相关性较弱，即地区的观测值在空间上呈现随机分布。计算公式如下：

$$C=\frac{n-1}{2s_0}\frac{\sum_{i=1}^{n}\sum_{j=1}^{n}w_{ij}\left(x_i-\overline{x}\right)^2}{\sum_{i=1}^{n}\left(x_i-\overline{x}\right)^2} \tag{12-8}$$

在正态分布假设下，Geary's C 的期望值和方差分别为

$$\begin{aligned}&E_n\left(C\right)=1\\&\mathrm{VAR}_n\left(C\right)=\frac{1}{2\left(n+1\right)s_0^{\ 2}}\left[\left(2s_1+s_2\right)\left(n-1\right)-4s_0^{\ 2}\right]\end{aligned} \tag{12-9}$$

在随机分布假设下，Geary's C 的期望和方差分别表示为

$$E_R\left(C\right)=1$$

$$\begin{aligned}\mathrm{VAR}_n\left(C\right)=&\frac{1}{n\left(n-2\right)\left(n-3\right)s_0^{\ 2}}\Big\{\left(n-1\right)s_1\left[n^3-3n+3-\left(n-1\right)b_2\right]\\&-\frac{1}{4}\left(n-1\right)s_2\left[n^3+3n-6-\left(n^2-n+2\right)b_2\right]\\&+s_0^{\ 2}\left[n^2-3-\left(n-1\right)^2b_2\right]\Big\}\end{aligned} \tag{12-10}$$

其中，符号同 Moran's I 指数期望和方差。

（3）Getis-Ord General G 统计量：Moran's I 和 Geary's C 统计量均可以表明空间单元的相似程度以及在空间上的分布模式，但 Moran's I 和 Geary's C 统计量不能区分是高值的空间集聚（高值簇或热点）还是低值的空间集聚（低值簇或冷点），因此可能会掩盖不同的空间集聚类型。而 Getis-Ord General G 统计量可以识别这两种不同模式的空间集聚（Getis and Ord，1992；O'sullivan and Unwin，2002）。计算公式如下：

$$G\left(d\right)=\frac{\sum\sum w_{ij}\left(d\right)x_ix_j}{\sum\sum x_ix_j}\quad\left(i\neq j\right) \tag{12-11}$$

其中，$w_{ij}\left(d\right)$表示根据距离规则定义的空间权重矩阵；x_i 与 x_j 的含义同上。

对 General G 的统计检验采用：

$$Z=\frac{G-E\left(G\right)}{\sqrt{\mathrm{VAR}\left(G\right)}} \tag{12-12}$$

当 General G 值低于 $E(G)$，且 Z 值显著时，观测值之间呈现低值集聚；当 General G 值高于 $E(G)$，且 Z 值显著时，观测值之间呈现高值集聚；当 General G 值趋于 $E(G)$，观测值在空间上随机分布。全局空间自相关性统计量见表 12-2。

表 12-2　全局空间自相关性统计量

全局相关性统计量	计算方法	取值	特点
Moran's I 指数	$I=\frac{n}{s_0}\frac{\sum_{i=1}^{n}\sum_{j=1}^{n}w_{ij}z_iz_j}{\sum_{i=1}^{n}z_i^2}$	[−1,1]	可以反映区域间的高低集聚情况
Geary's C 指数	$C=\frac{n-1}{2s_0}\frac{\sum_{i=1}^{n}\sum_{j=1}^{n}w_{ij}\left(x_i-\overline{x}\right)^2}{\sum_{i=1}^{n}\left(x_i-\overline{x}\right)^2}$	[0,2]	数学期望恒定为 1（不受样本量、观察值、空间权重影响）因此统计性能比全局 Moran's I 指数差
General G 统计量	$G(d)=\frac{\sum\sum w_{ij}(d)x_ix_j}{\sum\sum x_ix_j}$	不限	能够识别“热点区”和“冷点区”两种不同的正的空间自相关，但是在识别负空间自相关时效果不好

在讨论空间自相关性时，除全局空间自相关外，还有局部空间自相关。局部空间自相关是指在空间数据中，地区之间的局部相关关系。与全局空间自相关不同，局部空间自相关只关注地区的局部依赖性。局部空间自相关分析可以帮助我们识别数据集里地区之间的空间聚集模式，并探究这种相似性是否在统计上显著。在局部空间自相关分析中，常用指数分别是：局部 Moran's I 指数、局部 Geary's C 指数、G 统计量、LISA 统计量、局部 Getis-Ord G 统计量等。

（1）局部 Moran's I 指数：Anselin（1995）提出局部空间自相关分析方法，包括局部 Moran's I 指数和 Moran 散点图。局部 Moran's I 的高值表示具有相似性单元的空间聚集，而局部 Moran's I 的低值则表示不相似的空间单元的空间聚集。

$$I_i=\frac{\left(z_i-\overline{z}\right)\sum_{j=1}^{n}w_{ij}\left(z_j-\overline{z}\right)}{\frac{1}{n}\sum_{j=1}^{n}\left(z_j-\overline{z}\right)^2} \tag{12-13}$$

（2）局部空间关联指标（local indicators of spatial association，LISA）：局部空间关联指标并不是特指某一个统计量，所有同时满足以下两个条件的统计量都可以认为是局部空间关联（Anselin，1995）。

首先，每一个观测值的 LISA 表示该值周围相似观测值在空间上的集聚程度。

其次，所有观测值的 LISA 之和与全局空间关联度量指标之间成比例。

LISA 可以表达位置 i 上的观察值与周围邻居观察值之间的关系。具体表示如下：

$$L_i=f\left(y_i,y_{j_i}\right) \tag{12-14}$$

其中，L_i 表示位置 i 上的统计量；f 表示一个函数形式；Y_i 表示位置 i 上的观测值；j_i 表示位置 i 周围的所有邻居集合；Y_{j_i} 表示邻居 j 上的观测值。位置 i 上的所有邻居通过空间权

重矩阵 W 表示，如 W 中第 i 行上所有非 0 元素对应的列，即构成位置 i 的邻居集合 j_i。

采用 LISA 的主要目的是识别数据集中的局部空间集聚或热点，并揭示局部的非平稳性。若某个位置的 LISA 显著，则可将该位置看作热点；若某个位置上的 LISA 与其均值之间的差距较大，则可将该位置看作异常点或强影响点（Anselin，1995）。

（3）局部 Geary's C：局部 Geary's C 统计量定义如下所示：

$$C_i = \sum_{j \neq i}^{n} w_{ij} \left(z_i - z_j \right)^2 \tag{12-15}$$

其中，z_i 和 z_j 表示观测值的标准化形式，空间权重矩阵中的元素采用行标准化。

局部 Geary's C 统计量的伪显著水平 p 值的计算与局部 Moran's I 统计量类似。若 p 值较大（如 $p>0.95$），表明 Geary's C 值异常小，说明位置 i 的观测值与周围邻居的观测值之间是正向的空间关系；若 p 值比较小（如 $p<0.05$），表明 Geary's C 值异常大，说明位置 i 的观测值与周围邻居的观测值之间是负的空间联系。

（4）局部 Getis-Ord G 统计量：局部 Getis-Ord G 同全局 Getis-Ord 一样，只能采取距离定义的空间邻近方法生成权重矩阵，其计算公式为

$$G_i = \frac{\sum_{i=1}^{n} w_{ij} x_j}{\sum_{j=1}^{n} x_j} \tag{12-16}$$

当局部 Getis-Ord G 的值大于数学期望，并且通过假设检验时，提示存在“热点区”，相反，则存在“冷点区”。局部空间自相关性统计量见表 12-3。

表 12-3　局部空间自相关性统计量

局部相关性统计量	计算方法	取值范围	特点
局部 Moran's I	$I_i = \frac{(z_i - \bar{z}) \sum_{j=1}^{n} w_{ij} (z_j - \bar{z})}{\frac{1}{n} \sum_{j=1}^{n} (z_j - \bar{z})^2}$	[−1,1]，越趋近于 0 相关性越弱	能够反映某一区域与其他区域的高低集聚情况
LISA	$L_i = f(y_i, y_{j_i})$	LISA 显著，则可将该位置看作热点；LISA 与其均值之间的差距大，则看作异常点或强影响点	并不特指某一个统计量，需满足：①每一个观测值的 LISA 表示该值周围相似观测值在空间上的集聚程度；②所有观测值的 LISA 之和与全局空间关联度量指标之间成比例
局部 Geary's C	$C_i = \sum_{j \neq i}^{n} w_{ij} (z_i - z_j)^2$	$p>0.95$ 相似 $p<0.05$ 不相似或差异大	通过观察 Geary's C 统计量的伪显著水平 p 值判断与周围区域的相关性
局部 Getis-Ord G	$G_i = \frac{\sum_{i=1}^{n} w_{ij} x_j}{\sum_{j=1}^{n} x_j}$	Getis-Ord $G>E(G)$ 存在热点区 Getis-Ord $G<E(G)$ 存在冷点区	采取距离定义的空间邻近方法生成权重矩阵，能够识别“热点区”与“冷点区”，但无法反映负空间相关性

在对数据的全局空间自相关性和局部空间自相关性进行测度后，通过可视化空间关联特征，我们能够更加直观地理解和解释地理数据中的空间模式和关联性。空间关联特征可视化的方法包括散点图、热力图、空间插值图、空间聚类图、空间自相关图等。其中，最常使用的是通过将 Moran's I 可视化得出的 Moran 散点图。它可以帮助我们更加直观地理解空间聚集模式或分散模式。利用 Moran 散点图，我们可以探索空间关联关系的全局模式，识别空间异常和局部不平稳等。Moran 散点图将变量在每个位置上的观测值表示在横轴，其空间滞后（标准化的局部空间自相关指标 Moran's I）表示在纵轴上。因此，观测值与其空间滞后之间的相关关系就可以用坐标系中的散点形象地表示出来。变量观测值与其空间滞后之间的拟合程度（即直线的斜率）恰好是 Moran's I 指数。

如图 12-3 所示，Moran 散点图分为四个象限，分别对应四种不同类型的局部空间关联模式。

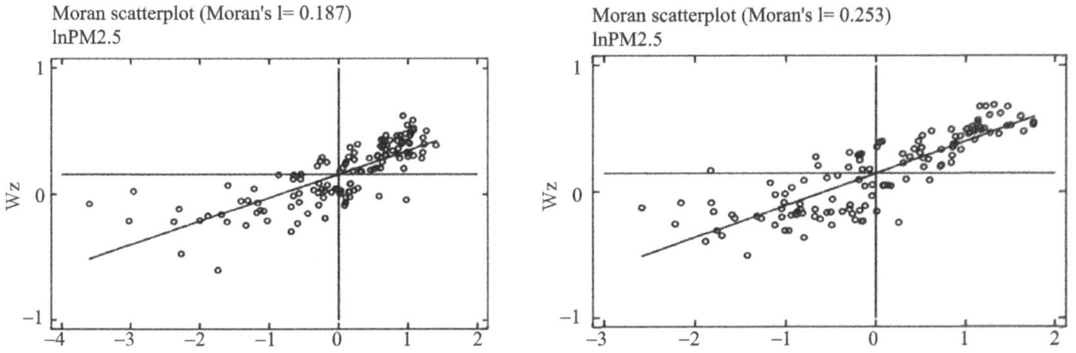

图 12-3　Moran 散点图

资料来源：欧阳艳艳等（2020）

右上象限（H-H）：观测值大于均值（high），其空间滞后也大于均值（high）。

左下象限（L-L）：观测值小于均值（low），其空间滞后也小于均值（low）。

左上象限（L-H）：观测值小于均值（low），其空间滞后大于均值（high）。

右下象限（H-L）：观测值大于均值（high），其空间滞后小于均值（low）。

右上象限（H-H）和左下象限（L-L）对应正的空间自相关，表示该位置上的观测值和周围邻居的观测值之间相似。其中，右上象限（H-H）对应高-高相似，左下象限（L-L）对应低-低相似。左上象限（L-H）和右下象限（H-L）对应负的空间自相关，表示该位置上的观测值和周围邻居的观测值之间相异。其中，左上象限（L-H）对应低-高相异，即低值被周围的高值所围绕；右下象限（H-L）是高-低相异，即高值被周围的低值所围绕。

12.2　空间计量经济学经典模型

12.2.1　空间计量经济学模型的分类

空间单元的经济地理现象或属性与邻近空间单元的相应现象或属性具有显著的相

关性，这一事实挑战了主流计量经济学中的基本假设，可能削弱了经济研究结果的可靠性。空间数据存在空间依赖性和空间异质性，传统的统计分析和计量模型中的独立同分布假设不再适用，导致 OLS 估计不再有效，传统的统计推断也不再适用。因此，在处理空间数据时，要引入合适的空间计量方法来调整经典计量技术，以适用于空间数据的分析。

在截面数据空间计量经济学模型中，Elhorst（2014）根据空间交互效应的不同将空间面板的三种不同的空间交互效应阐述为被解释变量之间的内生性交互效应、自变量与被解释变量之间的外生性交互效应、误差项之间的交互效应，分别对应为经典空间模型中的空间自回归模型或空间滞后模型、空间杜宾模型、空间误差模型。除了这些模型之外，研究者还发展了其他模型来探索和检验各种空间依赖和空间相互作用的机制。这些模型的关系和一般形式如图 12-4 所示。

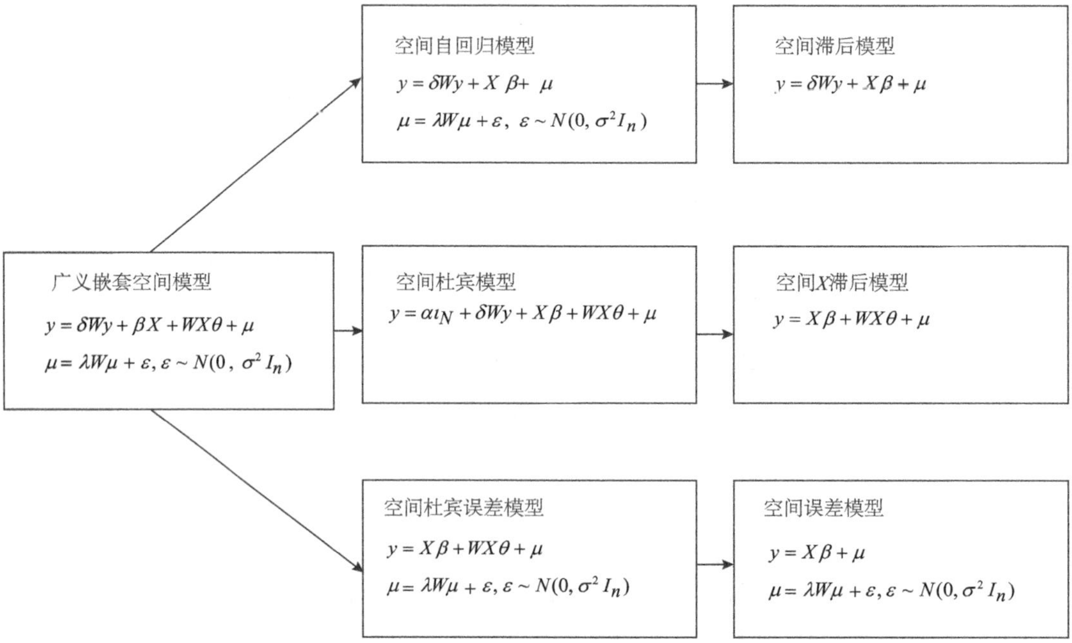

图 12-4　主要截面数据空间计量经济学模型

随着跨期且包含大量空间单位的数据集增加，学者们开始对空间面板计量关系进行设定和估计。空间面板模型被认为是空间计量经济学的第二代和第三代模型，包括静态空间面板模型和动态空间面板模型。

具有共同因子的动态空间面板计量模型被称为第四代空间计量模型。这是一种结合了动态面板数据模型和空间计量经济学方法的高级模型，用于分析存在的时间动态性和空间依赖性的面板数据。这种模型特别适用于处理经济、社会和环境数据，模型中不同个体（如国家、地区、城市）之间存在相互影响，并且这些影响随着时间的变化而变化。

除了以上模型，空间计量经济模型仍在不断延伸和拓展。例如，被解释变量由连续型扩展到离散型形成空间离散模型——空间 Probit 模型和空间 Tobit 模型，模型形式由线性化扩展到非线性化形成空间半参数模型——半参数空间自回归模型(semi parametric

SAR model）、含有空间内生变量的半参数模型、空间变系数模型、地理加权模型及相关半参数模型等。下文将对其中一些经典的模型进行介绍。

12.2.2　截面数据空间计量经济学模型

1. 空间自回归模型

空间自回归（spatial autoregressive，SAR）模型在传统线性回归模型的基础上引入了被解释变量的空间滞后项，以此来捕捉空间单元之间的相互依赖性。这种模型因此也被称为空间滞后模型（spatial lag model，SLM），它是空间计量分析中的一种基础模型。其模型形式如下：

$$y = \delta Wy + \beta X + \varepsilon \tag{12-17}$$

其中，y 表示一个 $n \times 1$ 的向量，代表了依赖变量的观测值，如个体或区域的经济产出；δ 表示空间自相关系数，它衡量了依赖变量在空间上的自相关程度；W 表示一个 $n \times n$ 的空间权重矩阵，它定义了空间单元之间的邻接关系或空间相互作用的强度，W 的构造通常基于地理距离、经济距离或其他形式的空间联系；X 表示一个 $n \times k$ 的矩阵，包含 k 个解释变量；β 表示一个 $k \times 1$ 的向量，代表了解释变量的系数；ε 表示一个 $n \times 1$ 的向量，代表了随机误差项，通常假设误差项是独立同分布的。

SAR 模型适用于多种情况，尤其是在数据显示出空间依赖性时。以下是一些典型的适用情况：当一个区域的变量（如房价、犯罪率、疾病发生率）受到周边区域同类变量的影响时，SAR 模型可以用来量化这种空间溢出效应。在分析区域经济活动时，如 GDP 增长、就业率或投资水平，如果认为一个区域的经济表现可能会影响或受到相邻区域的影响，SAR 模型是合适的工具。环境问题如污染往往不局限于行政边界，污染物可能会扩散到相邻地区，SAR 模型可以帮助研究这种空间上的扩散过程。房地产价格通常会显示出强烈的空间相关性，因为相邻地区的房价往往相互影响，SAR 模型可以用来研究这种空间动态。交通流量和拥堵往往在空间上是相关的，SAR 模型可以用来分析这种空间相关性及其对周边区域的影响。

2. 空间误差模型

空间误差模型（spatial error model，SEM）讨论误差项之间的空间相关性。这种模型通过将误差项设定为某种空间过程（如空间自回归）的形式来显式地表达由测量误差等原因引起的冗余空间。其基本形式如下：

$$y = X\beta + \mu,\quad \mu = \lambda W\mu + \varepsilon \tag{12-18}$$

其中，y 表示一个 $n \times 1$ 的向量，代表了依赖变量的观测值；W 表示一个 $n \times n$ 的空间权重矩阵，它定义了空间单元之间的邻接关系或空间相互作用的强度，W 的构造通常基于地理距离、经济距离或其他形式的空间联系；X 表示一个 $n \times k$ 的矩阵，包含 k 个解释变量；β 表示一个 $k \times 1$ 的向量，代表了解释变量的系数；λ 表示空间误差自相关系数，它衡量了误差项在空间上的自相关程度；ε表示一个$n\times1$的向量，代表了随机误差项，通常假设误差项是独立同分布的。

此外，根据误差项空间相关结构不同，空间误差模型还包括空间误差移动平均模型、空间误差自相关移动平均模型和空间误差分量模型。

空间误差移动平均模型中，误差项表现为空间移动平均结构，其模型设定如下：

$$y = X\beta + \mu,\ \ \mu = \theta W\varepsilon + \varepsilon \tag{12-19}$$

其中，误差项包括随机扰动项ε及其空间自相关项$W\varepsilon$，θ表示空间误差移动平均系数，ε满足正态独立同分布的假定。

空间误差自相关移动平均模型中，误差项同时存在空间自相关和移动平均结构，其模型设定如下：

$$y = X\beta + \mu,\ \ \mu = \rho W_1\mu + \theta W_2\varepsilon + \varepsilon \tag{12-20}$$

其中，误差项包括误差项的空间自相关项$W_1\mu$、随机扰动项的空间自相关项ε和随机扰动项$W_2\varepsilon$。W_1和W_2两个空间权重矩阵可以相同也可以不同。

空间误差分量模型则将误差项设置为空间干扰项和随机干扰项，其模型设定形式如下：

$$y = X\beta + \mu,\ \ \mu = \gamma W\varepsilon + \nu \tag{12-21}$$

其中，ε和ν表示满足独立同分布假设的随机干扰项，两者相互独立；$W\varepsilon$表示空间干扰项；如果$\varepsilon=\nu$，该模型就转化为空间误差移动平均模型。

3. 空间杜宾模型

空间滞后模型和空间误差模型分别将被解释变量和误差项的空间自相关纳入模型，但均未考虑到多变量间的空间相关性。例如，本地财政投入的提高不仅会带动本地产出增加，还会通过外部效应带动周边地区产出的增加，因此需要在空间滞后模型或者空间误差模型的基础上增加解释变量的空间滞后项，构成空间杜宾模型或者空间杜宾误差模型。空间杜宾模型是基于传统回归模型的扩展，它考虑了空间上的自相关性，即一个区域内的观测值不仅受到自身特性的影响，还受到周围地区观测值的影响。

模型设定如下：

$$y = \delta Wy + X\beta + WX\gamma + \mu \tag{12-22}$$

其中，δ表示空间滞后系数，反映了因变量在空间上的相关性；β和γ表示参数向量，其中γ捕捉了解释变量在空间上的溢出效应。空间杜宾模型的优势在于其能够同时捕捉因变量的空间依赖性和解释变量的空间滞后效应，使模型更加精确地描述空间数据的复杂关系。这种模型在区域经济分析、环境研究、公共政策评估等领域有广泛的应用。

12.2.3　扩展空间计量经济学模型

1. 空间面板数据模型

面板数据也称为时间序列截面数据，是一种同时在时间和截面维度上采集的二维数据。研究和分析面板数据的模型称为面板数据模型。面板数据模型通常有三种基本形式，即混合模型、固定效应模型、随机效应模型。除此三种基本形式之外，还有随机系数回归模型、动态面板数据模型、面板似不相关模型。这些普通面板模型的方法已经得到广泛应用并具有成熟的理论支持。然而，如果模型变量之间存在空间效应，模型就不满足普通面板数据模型的基本假设，无法使用普通面板数据模型的方法估计结果。因此，需要进一步考虑空间效应，探讨空间面板数据模型。

空间面板模型是空间计量经济学的第二代和第三代模型，包括静态空间面板模型和动态空间面板模型。在实证研究中，我们经常使用的是静态空间面板数据模型，如固定效应模型、随机效应模型、固定系数模型、随机系数模型、多水平模型以及动态空间面板模型。

一个基本的空间面板数据模型设定为

$$y_{it} = \delta W y_{it} + X_{it}\beta + \mu_i + \lambda_t + \varepsilon_{it} \tag{12-23}$$

其中，y_{it} 表示在时间 t 和空间单元 i 的因变量；W 表示空间权重矩阵；δ 表示空间自相关系数；X_{it} 表示解释变量；β 表示待估计的参数向量；μ_i 表示空间单元固定效应或随机效应；λ_t 表示时间固定效应或随机效应；ε_{it} 表示误差项。

1）固定效应模型

在空间计量经济学领域，空间固定效应模型（spatial fixed effects model）用于分析面板数据，它融合了传统固定效应模型的核心特征与空间数据分析的细致要求，充分考虑了空间单元之间的相互依赖性及各自的独特属性。通过引入空间固定效应，模型能够捕捉和控制那些对于研究对象有显著影响的不随时间变化的空间特异性因素，从而提高估计结果的精确度和解释力。这种方法不仅增强了模型对空间动态的捕捉能力，也为深入理解空间数据的内在联系提供了一个有效的分析工具。

空间固定效应模型考虑了固定效应来控制不随时间变化的空间单元特性，以确保模型估计不受这些静态特征的影响。同时。模型还扩展了其分析范围，包括对空间滞后效应和空间自相关性的评估。这些空间联系通常反映了空间单元间的交互作用，如贸易往来、人口迁移、环境影响的扩散等现象。固定效应模型的基本形式如下：

$$y_{it} = \delta W y_{it} + X_{it}\beta + \alpha_i + \lambda_t + \varepsilon_{it} \tag{12-24}$$

其中，y_{it} 表示被解释变量；δ 表示空间自回归系数，衡量空间依赖性的程度；W 表示空间权重矩阵，定义了空间单元之间的相互关系；Wy_{it} 表示空间滞后的被解释变量，反映了其他空间单元的被解释变量对当前单元的潜在影响；X_{it} 表示解释变量的矩阵；β 表示解释变量的系数向量；α_i 表示空间单元 i 的固定效应，用于捕捉个体特定的不变特征，通常通过引入个体特定的哑变量来估计，以消除不随时间变化的异质性影响；λ_t 表示时间固定效应；ε_{it} 表示误差项。

固定效应 α_i 用于控制那些不随时间变化而变化的空间单元特定特征。这些特征可能会对被解释变量造成影响，但在模型中不作为解释变量直接观测。例如，一个城市的地理位置和历史背景可能会影响其经济发展，但这些因素在短期内是不变的，因此可以通过固定效应来控制。固定效应模型特别适用数据中存在不可观测的个体特异性的情况，尤其是当这些特异性可能与模型中的解释变量相关，从而导致估计偏误时。通过引入固定效应，可以减少这种偏误，更准确地估计解释变量的影响。例如，想要分析不同国家的 GDP 增长率如何受到教育水平和政府投资的影响，同时控制每个国家的固有特征（如文化、政策环境等）。

2）随机效应模型

随机效应空间模型（random effects spatial model）是一种用于处理面板数据中空间依赖性和个体特异性的模型。该模型允许模型中的一些参数在不同的空间单元间具有随机性，以捕捉个体特异性的动态变化。随机效应模型的独特之处是引入了个体特异性的随机效应，这些效应假设服从某种概率分布，通常为正态分布。该模型构架的灵活性使其不仅能精确捕捉解释变量变化时空间单元之间的随机异质反应，还能有效处理数据中存在的交叉区域异质性问题。并且，随机效应模型不仅将空间单元特性纳入随机效应，还整合了空间滞后和空间自相关性的影响。该模型的具体设定如下：

$$y_{it} = \delta W y_{it} + X_{it}\beta + \alpha_i + \mu_{it} + \varepsilon_{it} \tag{12-25}$$

其中，μ_{it} 表示空间单元 i 的随机效应。该模型适用于空间特性被认为是随机的，并且与其他解释变量不相关的情况。

在实际应用中，选择合适的空间面板模型需要对数据和研究背景有深入的理解。通常，研究者会采取以下步骤：

第一，LM 检验：用于检测模型中是否存在空间自相关。

第二，Hausman（豪斯曼）检验：用于比较固定效应模型和随机效应模型，确定个体效应的性质。

第三，横截面依赖性检验：用于检测面板数据中是否存在横截面依赖性，即不同个体之间是否存在相关性。

第四，模型拟合指标：如赤池信息量准则和贝叶斯信息准则，用于比较不同模型的拟合优度。

2. 空间离散选择模型

在空间计量经济学领域，定量分析涉及的数据类型有连续型和离散型。当关注的被解释变量为离散型数据时，其取值不具有数量含义，以条件均值为基础的传统回归模型可能不再适用。通常采用空间 Probit 模型或空间 Logit 模型来处理离散型被解释变量，二者都属于广义线性模型的范畴，适用于二元因变量的情况。其中，空间 Probit 模型假设个体特异性的随机效应服从正态分布，而空间 Logit 模型则将误差项假设为服从逻辑分布。当关注的因变量为二元结构时，两个模型都能够有效地处理空间依赖性（例如，一个事件发生与否，一个地区是否接受某种政策等），能够为经济政策的制定和评估提供更精确的分析基础。

1）Probit 空间面板数据模型

$$y^* = \delta W y^* + X\beta + \varepsilon$$
$$y^* = \begin{cases} 1, & y^* > 0 \\ 0, & y^* \leqslant 0 \end{cases} \tag{12-26}$$

其中，y^* 表示潜在的、不可观测的连续变量；y 表示观测到的二元因变量；δ 表示空间自相关系数；W 表示空间权重矩阵；X 表示解释变量的矩阵；β 表示待估计的参数向量；ε 表示误差项，通常假设为正态分布。

2）Logit 空间面板数据模型

空间 Logit 模型的形式与 Probit 模型类似，但是在链接函数上有所不同。其形式可以表示为

$$\text{logit}\left(P\left(y=1\middle|X\right)\right) = \delta W y + X\beta \tag{12-27}$$

其中，$\text{logit}(P)$ 表示事件发生概率 P 的对数概率比，即 $\text{logit}(P) = \log\left(\frac{P}{1-P}\right)$，其他符号与 Probit 模型中的相同。

对于空间 Probit 或 Logit 模型的估计通常比标准的 Probit 或 Logit 模型更加复杂，因为传统的最大似然估计方法不适用于包含空间滞后的模型。需要使用贝叶斯方法、模拟最大似然估计或广义矩估计等更高级的技术。

3. 地理加权回归模型

通常情况下，将空间单元的特性考虑进去就可以使用经典的计量经济学方法对空间异质性进行估计。但是当空间异质性与空间相关性同时存在时，经典的空间计量经济学估计方法不再有效，空间变系数的地理加权回归（geographic weighted regression）模型是一种更好的估计方法。地理加权回归是一种用于空间数据分析的局部回归技术，它允许模型参数在空间上变化，从而能够捕捉和揭示数据的局部空间异质性。这种方法与传统的全局回归模型形成对比，后者假设模型参数在整个研究区域内是恒定的。

考虑一个全局回归模型：

$$y_i = \beta_0 + \sum_k \beta_k X_{ik} + \varepsilon_{it} \tag{12-28}$$

地理加权回归拓展了传统回归框架，允许局部而不是全局的参数估计，拓展后的模型如下：

$$y_i = \beta_0(u_i, v_i) + \sum_k \beta_k(u_i, v_i) X_{ik} + \varepsilon_{it} \tag{12-29}$$

其中，(u_i,v_i)表示第i个样本点的空间坐标；$\beta_k(u_i,v_i)$表示连续函数$\beta_k(u,v)$在i点的值。如果$\beta_k(u,v)$在空间上保持不变，则该模型变为全局模型。地理加权回归方程认可空间变化关系可能存在这一假设，并对此提供了一种度量方法。

地理加权回归模型的参数估计通常采用加权最小二乘法。该方法对每个观测点周围的数据进行回归系数估计，并利用空间权重函数来赋予数据点不同的权重。这个权重通常是基于距离的函数，如高斯函数，赋予距离观测点越近的数据点更高的权重。

当数据显示出明显的空间异质性，即回归系数随地理位置变化而变化时，使用地理加权回归模型可以更精确地捕捉局部的变异性。此外，当研究假设或观察到数据中存在空间依赖性，即一个区域的观测值可能受到邻近区域的影响时，地理加权回归可以提供更加精细化的分析以展现空间数据的复杂关系和内在模式。

12.3 空间计量经济模型的应用

12.3.1 常用软件介绍

空间计量经济学利用统计建模方法处理和分析空间数据时需要借助专门的软件工具。这些软件工具不仅能有效地处理分析空间数据，还能对地理信息进行可视化展示，即通过地图等形式直观地展现空间经济关系和各种经济现象。本节将重点介绍在空间计量经济学领域广泛使用的 GeoDa、Stata、ArcGIS 以及 MATLAB 等软件。

首先，GeoDa 是一个开源的空间数据分析软件，主要用于分析空间数据的空间自相关、空间回归和空间聚类等问题。在空间自相关分析中，GeoDa 提供了多种统计指标来衡量空间数据的空间相关性，如 Moran's I、Geary's C 等。在空间回归分析中，GeoDa 可以用来估计空间数据的空间回归模型，如空间滞后模型和空间误差模型，并进行相应的统计检验和模型拟合。在空间聚类分析中，GeoDa 提供了多种聚类算法，如空间扫描统计（spatial scan statistics）、密度聚类算法、k 均值（k-means）聚类算法等，可以帮助用户识别空间数据中的聚类模式和热点区域。

其次，Stata 是一个统计分析软件，它提供了一些功能和方法来进行空间计量分析。可以通过以下流程图在 Stata 中实现空间计量操作（图 12-5）。

再有，ArcGIS[①]是一个常用的 GIS 软件，广泛应用于空间计量分析。ArcGIS 为用户提供了丰富的工具和功能，可以帮助用户进行空间数据的处理、分析和可视化。

最后，MATLAB[②]是一个科学计算软件，在数据处理、矩阵计算和交互式系统中得到了广泛的应用。在空间计量中，MATLAB 提供了丰富的工具和函数，可以帮助用户进

---

① ArcGIS 的官方下载网站为：https://www.esri.com/en-us/arcgis/products/arcgis-desktop/overview。

② MATLAB 的官网地址是：https://www.mathworks.com/help/matlab/index.html。

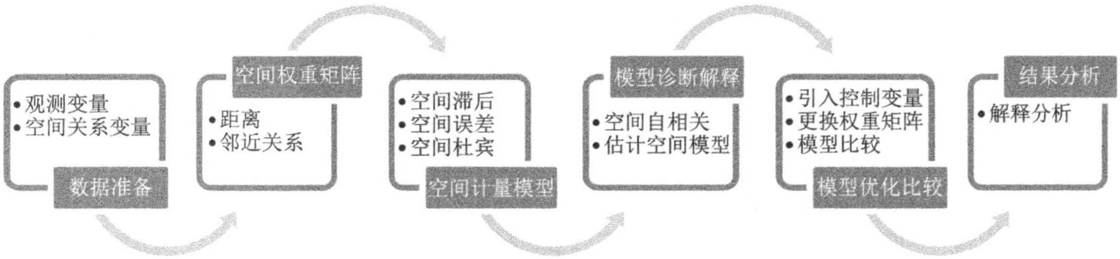

图 12-5　空间计量在 Stata 中的操作步骤

行空间数据的处理、分析和可视化。通过 MATLAB，用户可以更好地理解和利用地理空间数据，从而揭示地理现象的空间关系和变化。并且，MATLAB 具有很强的开放性：除了内部函数以外，用户可以通过对 MATLAB 的源文件进行读写、修改，并在此基础上编写新的工具包，以适用于一些特殊的应用。

软件功能比较，见表 12-4。对于简单的空间相关性分析，可以选择 GeoDa 或 Stata；对于复杂的空间分析或者需要使用专业的 GIS 工具，可以选择 ArcGIS；对于复杂的数学建模和数据分析或者需要进行自定义开发和扩展，可以选择 MATLAB。无论选择哪种软件，都需要充分了解其使用方法和限制条件，并进行充分的数据处理和结果验证，以确保分析结果的准确性和可靠性。

表 12-4　软件功能比较

软件	空间计量主要功能	优点	不足
Stata	可以处理面板数据和截面数据；支持多种空间权重矩阵的生成和空间自相关检验	易于学习和使用，并且具有丰富的数据处理功能	空间计量分析结果展示不够直观；不太适合高级的图形可视化；对于时间序列数据的支持有待加强
GeoDa	空间计量分析功能完善，包括空间自相关分析、空间回归分析等	支持多种文件格式和图表类型，提供了可视化工具，可以帮助用户更好地理解分析结果	对于时间序列数据的支持有待加强；对大规模的数据分析的速度有待提高
ArcGIS	具有丰富的空间分析功能；可以处理多种数据类型（矢量数据、栅格数据等）	专业的 GIS 软件，地图制作和空间数据分析能力强大	对于高级的空间统计和模型检验，可能需要结合其他工具使用
MATLAB	可以处理面板数据和截面数据，支持多种空间权重矩阵的生成和空间自相关检验	灵活性高，可以进行各种复杂的数学建模和数据分析；具有丰富的可视化工具和编程接口，方便用户进行自定义开发和扩展	不是专门的空间分析软件，在一些特定的空间分析任务上可能不是最佳选择

12.3.2　空间效应分析案例

针对本章开篇提出的“先富地区是否有效带动了其他地区实现共同富裕？”这一问题，本案例研究发现中国各城市的经济增长在空间上呈现出一定的聚集性，即经济增长速度较快的地区通常与其他经济增长速度较快的地区相邻，这意味着经济增长可能存在空间效应。因此，本节将运用空间计量的方法来对这种空间效应进行具体的检验和分析。

首先，本案例使用覃成林和杨霞（2017）的《先富地区带动了其他地区共同富裕吗——基于空间外溢效应的分析》这篇文献提供的数据作为案例的数据来源。数据涵盖了 1999 年至 2013 年中国 285 个地级及以上市行政区的实际人均 GDP 增长率等相关指标。在本案例中，观测变量为“区域经济增长”，以实际人均 GDP 增长率表示，该指标由文献作者采用居民消费价格指数将人均 GDP 折算得出。其次，本案例选用了维度为 285×285 的基于邻近关系的空间权重矩阵，其中的元素取值为 0 或 1，代表城市之间的空间相邻关系。最后，本案例利用选用的空间权重矩阵对观测变量进行“空间自相关”的检验。由于篇幅限制，只在案例中展示 2013 年的空间自相关指数测算值和 Moran 散点图，其余年份的检验结论也与展示年份一致。读者可以使用本案例提供的代码来自行计算和绘制其他年份的空间自相关指数与 Moran 散点图。

具体步骤为：

· spatwmat using W0.dta，name(W)

该命令用于导入空间权重矩阵：spatwmat 是一个用于计算空间权重矩阵的函数，它需要输入一个数据集文件名（如“W0.dta”）和一个变量名（如“name(W)”）。

· spatgsa growth，weights(W) moran geary go

该命令用于测算全局空间自相关指数，“growth”为 2013 年各城市的实际人均 GDP 增长率；选择项“moran geary go”分别表示计算 Moran's I，Geary's C 以及 Getis-Ord G。读者可以只选择最常用的 Moran's I 作为测度空间自相关的工具。命令为：

· spatgsa growth，weights(W) moran

在 Stata 中执行上述命令后，读者即可得到全局空间自相关检验的结果。在表 12-5 中，三个全局空间自相关指标均可以拒绝“无空间自相关”的原假设，认为存在空间自相关。这里本书重点介绍全局 Moran's I。

表 12-5　全局空间自相关检验

	变量	统计量计算结果	E	sd	z	p-value
Moran's I	growth	0.144	–0.004	0.036	4.157	0.000
Geary's C	growth	0.790	1.000	0.087	–2.406	0.008
Getis-Ord's G	growth	0.020	0.018	0.000	2.922	0.002

资料来源：数据来源于覃成林和杨霞（2017），由作者测算

注：表中均为单尾检验结果

在结果中，全局 Moran's I 为正值且可以强烈拒绝“无空间自相关”的原假设。该结果说明 2013 年中国各城市实际 GDP 增长率数据存在正的空间自相关性，即对于经济增长速度较快的地区，往往存在着一个或多个经济增长速度较快的地区与其相邻（高-高的正相关）。同理，对于经济增长速度较慢的地区，往往存在一个或多个经济增长速度较慢的地区与其相邻（低-低的正相关）。

观察结果中其他指标，以 Moran's 为例，$E(I)$代表 Moran's I 的期望值，它是根据样本数据计算出来的总体 Moran's I 的估计值；sd(I)代表 Moran's I 的标准差，它衡量了样本数据中 Moran's I 的离散程度；z 则是 Z 得分，它是 Moran's I 除以标准误差的结果，Z

得分的绝对值越大，表明空间相关性越明显。

其次，进行局部自相关检验。检验局部自相关一个常用的方法是绘制“Moran 散点图”，通过 Moran 散点图读者可以观察到数据在空间上的分布情况。命令为：

· splagvar growth，wname(W)wfrom (Stata) moran (growth) plot(growth)

splagvar 用来计算变量 growth 的空间自相关性。wname(W)用来指定空间权重矩阵。wfrom 用来指定空间权重矩阵的来源。moran 用来指定要进行空间自相关分析的变量。plot 用来指定要绘制的空间自相关图。

图 12-6 为实际人均 GDP 增长率数据的 Moran 散点图。图中有四个象限分别用来识别一个地区与其邻近地区之间的关系。其中，第一（三）象限表示高-高（低-低）的正相关，第二（四）象限表示低-高（高-低）的负相关。样本点距离原点的远近代表了聚集显著性的高低，离原点越远，显著性水平越好。观察 Moran 散点图，可以看到大多数城市分布在一、三象限，表现出正相关，本例中第二、四象限为非典型观测区域。由此可见：2013 年中国各城市实际人均 GDP 增长率数据具有正的空间自相关性，经济增长较快的地方往往与其他经济增长较快的地方聚集，经济增长较慢的地方往往与经济增长较慢的地方聚集。

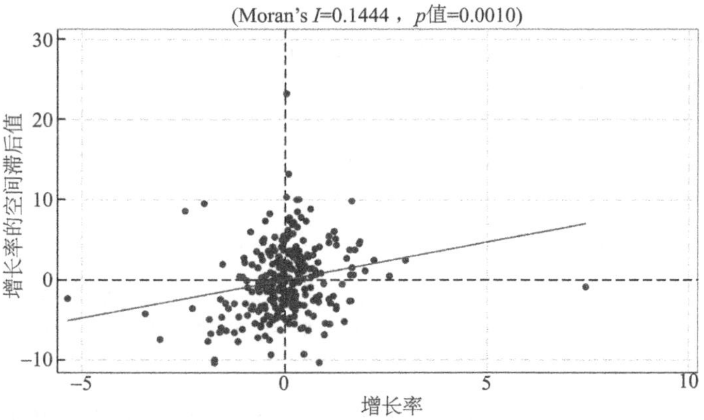

图 12-6 Moran 散点图

资料来源：数据来源于覃成林和杨霞（2017），由作者测算

12.3.3 空间计量模型的应用实例

改革开放 40 多年来，中国在经济领域取得了举世瞩目的发展成就，成为世界第二大经济体。在发展经济的早期过程中，中国采取了区域差异化发展的策略，允许和支持部分地区（尤其是沿海地区）通过引进外资、发展出口导向型产业等方式率先实现经济增长，并给予这些地区税收等方面的政策支持。这一策略的理念是，让部分地区率先实现发展，随后让这些地区能够通过各种机制（如投资、技术转移、劳动力流动等）促进其他地区的发展，最终实现全国范围内的共同富裕。然而，尽管该策略在促进经济快速增长方面取得了显著的成效，但也导致了一系列新的问题和挑战，如区域间发展的不平衡和不充分。具体来说，虽然东部地区的经济快速增长，但内陆及西部地区的发展相对

滞后，区域间经济差距扩大。并且，城乡之间的贫富差距也在不断扩大。这些问题引起了社会的广泛关注，相关学者开始思考“先富地区是否有效带动了其他地区实现共同富裕”这一问题。这个问题事关区域协调发展及区域公平这两个重大的区域发展问题，对我国经济发展的战略全局有着深远的影响。

因此，为了解答这个问题，案例基于本章开篇提到的“先富带动后富”的两种途径，将先富地区对周边地区的经济增长产生的空间外溢效应纳入考虑范围，参阅相关文献构建了一个包含空间外溢变量的区域经济增长收敛检验模型。运用该模型考察在市场经济条件下，先富地区是否通过经济增长的空间外溢带动了其他地区共同富裕。具体内容如下：

案例参考了覃成林和杨霞（2017）的《先富地区带动了其他地区共同富裕吗——基于空间外溢效应的分析》这篇文献的研究成果，并使用该文献提供的数据作为案例的数据来源。数据涵盖了 1999 年至 2013 年的 285 个地级及以上市行政区的面板数据①。区域样本的数据来自《中国区域经济统计年鉴》和有关省份对应时段的统计年鉴，以及《中国统计年鉴》。案例根据区域经济增长收敛假说（Barro et al.，1991；Barro and Sala-I-Martin，1992），选择区域经济增长的收敛模型作为实证分析的基本模型。考虑到经济增长存在的空间效应，引入空间外溢变量以构建包含空间外溢的区域经济增长收敛模型（选用包含固定效应的空间杜宾模型，选择依据在后文阐述），检验先富地区是否带动了其他地区共同富裕。模型的具体形式为

$$g_{it} = C + \beta \ln y_{i0} + \rho W g_{jt} + \gamma W \ln y_{j0} + \varepsilon_{it} \tag{12-30}$$

其中，g_{jt} 和 y_{j0} 分别表示区域 j 的经济增长率与期初经济水平，用于测度邻居区域对本区域经济增长的影响；W 表示描述区域空间关系的 285×285 阶基于邻近关系的空间权重矩阵；ε_{it} 表示误差项；β 表示收敛系数；ρ 表示空间外溢系数；γ 表示邻居区域期初经济水平估计系数。

表 12-6 为包含固定效应的经济增长绝对收敛的基准检验和空间检验结果。在该模型中，不包含其他影响经济增长的因素。第（1）列结果显示，lnpgdp 系数 β 符号为正，并通过了 1%的显著性检验。这表明，样本区域之间不存在绝对收敛现象，即不存在其他地区对先富地区的追赶效应这个过程。但值得注意的是，并不能据此得出样本区域中不存在先富地区带动其他地区共同富裕的结论。因为在表 12-7 LM 检验中，检验结果表明样本区域之间的经济增长存在显著的空间关联。具体而言，在 LM 检验和稳健 LM 检验中，测算值均为正且 p 值均小于 1%，说明同时存在空间误差效应和空间滞后效应。因此，可以拒绝使用混合面板回归，并且初步选择空间杜宾模型。

① 综合考虑数据的可得性和排除个别资源型城市数据异常值对样本数据分析的干扰，文献选定 1999—2013 年为研究时段。由于数据缺失比较严重，样本不包括新疆、青海、西藏、海南的全部及内蒙古、甘肃、云南、黑龙江的部分区域。另外，考虑到中国香港、澳门、台湾与大陆经济体系相差较大，文献对这三个地区也不做考虑。

表 12-6　经济增长绝对收敛的基准检验和空间检验结果

变量	基准回归	空间面板数据回归
	(1)	(2)
β	0.3108*** (0.0182)	–1.0203*** (0.0703)
C	–0.5693*** (0.0407)	
ρ		0.6068*** (0.0136)
γ		1.1576*** (0.0714)
N	4275	4275
R^2	0.0682	0.1122

资料来源：数据来源于覃成林和杨霞（2017），由作者测算整理

*** 表示在 1%显著性水平下显著

表 12-7　LM 检验

检验方法	统计量	自由度	p 值
空间误差模型			
Moran's I	9.139 ***	1	0.000
LM 检验	2202.212***	1	0.000
稳健 LM 检验	740.882***	1	0.000
空间滞后模型			
LM 检验	1482.745***	1	0.000
稳健 LM 检验	21.415 ***	1	0.000

资料来源：数据来源于覃成林和杨霞（2017），由作者测算整理

***表示在 1%显著性水平下显著

基于 LM 检验结果，案例分别进行了 LR 检验（likelihood ratio test，似然比检验）、Wald（沃尔德）检验及 Hausman 检验，来进一步确认是否使用空间杜宾模型，检验结果如表 12-8 所示。LR 检验和 Wald 检验关于滞后项（Lag）和误差项（Err）的检验值均在 1%的统计水平上显著为正，说明应该使用空间杜宾模型。并且，Hausman 的结果在 1%的统计水平上拒绝了“使用随机效应”的原假设，因此应该使用包含固定效应的空间杜宾模型。

表 12-8　LR 检验、Wald 检验及 Hausman 检验结果

检验方法	统计值	p 值
LR Lag	255.43***	0.000

续表

检验方法	统计值	p 值
LR Err	295.70***	0.000
Wald Lag	107.53***	0.000
Wald Err	49.47***	0.000
Hausman	166.03***	0.000

资料来源：数据来源于覃成林和杨霞（2017），由作者测算整理

基于上述检验结果，案例应用空间杜宾模型来进一步检验经济增长的绝对收敛。表12-9第（2）列结果显示，在考虑空间关系后，lnpgdp系数 β 估计值在1%的显著性水平下显著为负，说明样本区域的经济增长呈现出了显著的收敛趋势。并且，空间外溢系数 ρ 的估计值在1%的显著性水平下为正，表明邻居的区域经济增长已经对目标区域的经济增长产生了一定程度的空间外溢。这也说明在样本区域中，空间外溢是促进区域经济增长的一个重要因素。另外，邻居区域的期初经济水平的估计系数 γ 也都在5%的显著性水平下为正。这说明，相邻区域的期初经济水平越高，对目标区域经济增长的促进作用也越大。回归结果中，空间杜宾模型中 R^2 要大于基准回归的 R^2，说明使用空间杜宾模型检验经济增长的绝对收敛要比普通模型更加准确。据此，可以初步认为，在分析时段内存在先富地区带动其他地区共同富裕的现象。

表 12-9　经济增长条件收敛的相关检验结果

	固定效应回归	空间面板数据回归
	（1）	（2）
lnpgdp	–0.3793***	–0.1882***
	(0.0344)	(0.0283)
hr	0.0406***	0.0020*
	(0.0021)	(0.0010)
k	0.1063***	0.0390***
	(0.0089)	(0.0064)
tech	0.0104***	0.0009
	(0.0034)	(0.0016)
open	0.0038***	0.0011**
	(0.0007)	(0.0005)
C	0.7363***	
	(0.0698)	
ρ		0.4231***
		(0.0179)
γ		0.1011**
		(0.0420)

续表

	固定效应回归	空间面板数据回归
Whr		0.0012
		(0.0021)
Wk		0.0192*
		(0.0102)
Wtech		–0.0024
		(0.0025)
Wopen		0.0000
		(0.0008)
N	4275	4275
R^2	0.2017	0.1818

资料来源：数据来源于覃成林和杨霞（2017），由作者测算整理

*、**、***分别表示在 10%、5%、1%水平上显著

由于表 12-9 中，空间杜宾模型的双固定效应模型仅考虑了空间外溢的作用，诸如物质资本、人力资本、技术水平、对外开放等因素对区域经济增长可能产生的影响尚未考虑进来。因此，为了验证模型估计结果的稳健性，案例根据所参考文献将物质资本、人力资本、技术水平、对外开放这些因素作为控制变量引入式（12-30）进行回归，分析在控制了这些因素的影响后，是否依然存在先富地区带动其他地区共同富裕的现象。模型的具体形式为

$$g_{it} = C + \beta \ln y_{i0} + \rho W g_{it} + \gamma W \ln y_{j0} + \theta_a X_{it} + \lambda_a W X_{jt} + \varepsilon_{it}$$

$$X = k, \text{hr}, \text{tech}, \text{open}; a = 1,2,3,4 \tag{12-31}$$

其中，主要变量与式（12-31）一致，控制变量 hr_{it} 、 k_{it} 、 tech_{it} 、 open_{it} 分别表示 i 城市在 t 年的人力资本、物质资本、技术资本、对外开放指标。案例也针对加入控制变量后的模型进行了 LM、LR、Wald 和 Hausman 检验，检验结论均与绝对收敛模型一致。由于篇幅有限，案例不再展示，读者可以根据案例提供的代码自行操作检验。

表 12-9 为经济增长条件收敛的相关检验结果。具体而言，第（1）列为引入控制变量后的固定效应回归结果，第（2）列为引入控制变量后的空间杜宾模型固定效应回归结果。两列结果显示，lnpgdp 系数 β 估计值在 1%的显著性水平上为负，第（2）列系数的绝对值小于第（1）列，进一步说明了经济增长的空间外溢效应在普通模型中被忽略。ρ 和 γ 的解释与前文一致。Whr、Wk、Wtech、Wopen 的系数分别衡量了邻近地区物质资本、人力资本、技术水平、对外开放等因素的空间外溢对本地经济增长的影响。

基于此，可以得出结论：一个地区的经济增长会受到相邻地区经济增长的影响，经济增长在空间具有一定的溢出效应。20 世纪末以来，先富地区确实带动了与之邻近的部

分其他地区实现了经济增长。中国在改革开放之初所采取的让一部分地区先富裕起来，然后带动其他地区共同富裕的战略安排在一定的空间范围内是有效的，能够达到预期的目标。当然，对于“先富带动后富”机制的研究远不止于此，本案例只选取部分内容向读者简单介绍空间效应和空间模型在国民经济问题研究中的分析运用，感兴趣的读者可以继续阅读相关文献对该问题进行更加深刻的研究。

```
操作命令①：
第一部分：2013 年空间效应相关命令
**指标测算
use "共同富裕.dta"
spatwmat using W0.dta, name(W)
preserve
keep if year ==2013
asdoc spatgsa g, weights(W)moran geary go
restore
**Moran 散点图
preserve
keep if year ==2013
splagvar g, wname(W)wfrom (Stata) moran (g) plot(g)
restore
***经济增长绝对收敛模型检验
**回归检验
use "共同富裕.dta"
xtset region year
spatwmat using W0.dta, name(W) standardize
xtreg g lnpgdp, fe
xsmle  g lnpgdp, fe model(sdm) wmat(W) nolog noeffects
**LM 检验
clear
use W0
spcs2xt var1-var285, matrix(aaa)time(15)
spatwmat using aaaxt, name(W)
clear
use "共同富裕.dta"
xtset region year
reg g lnpgdp
spatdiag, weights(W)
**LR 检验
clear
use "共同富裕.dta"
spatwmat using W0.dta, name(W) standardize
xtset region year
```

① 代码参考覃成林和杨霞(2017)，链接：https://pan.baidu. com/s/1loAp_34ZmPBaE_SimqvMQQ，密码：kle1。

```
xsmle g lnpgdp , model(sdm) wmat(W) fe nolog noeffects
 est store sdm_a
xsmle g lnpgdp , model(sar) wmat(W) fe nolog noeffects
 est store sar_a
xsmle g lnpgdp , model(sem) emat(W) fe nolog noeffects
est store sem_a
lrtest sdm_a sar_a    //比较 sdm 与 sar 模型
lrtest sdm_a sem_a   //比较 sdm 与 sem 模型
**Wald 检验
clear
use "共同富裕.dta"
spatwmat using W0.dta, name(W) standardize
xtset region year
xsmle g lnpgdp, fe model(sdm) wmat(W) type(both) nolog noeffects
test [Wx]lnpgdp =0
testnl ([Wx]lnpgdp = -[Spatial]rho*[Main]lnpgdp)
**Hausman 检验//检验是否用固定效应
clear
use "共同富裕.dta"
spatwmat using W0.dta, name(W) standardize
xtset region year
xsmle g lnpgdp, fe model(sdm) wmat(W) nolog noeffects type(both)
est store fe
xsmle g lnpgdp, re model(sdm) wmat(W) nolog noeffects type(both)
est store re
asdoc hausman fe re
第二部分：经济增长条件收敛模型检验
**回归检验
clear
use "共同富裕.dta"
spatwmat using W0.dta, name(W) standardize
xtset region year
xtreg g lnpgdp hr k tech open, fe
xsmle g lnpgdp hr k tech open , fe model(sdm) wmat(W) nolog noeffects
type(time)
```

专栏 12-1　空间计量经济学在房地产价格分析领域的运用

空间计量经济学作为一门将地理信息与经济分析结合起来的学科，在现实生活中有着广泛的应用，如房地产价格分析、区域经济发展规划、环境政策制定、公共健康策略等领域。空间计量分析方法的核心在于利用空间数据分析和解释经济活动的空间特性及其相互作用，这些数据可以涉及个人、企业、房产或整个经济体。空间计量经济学的应用不仅加深了我们对经济现象的理解，还能够对社会发展和人民福祉产生实质性的影响。本专栏重点为读者介绍空间计量经济学在房地产价格分析领域的运用。

在具体分析房地产价格时，不仅需要考虑房屋物理属性的影响，如面积、房龄、建筑风格等，还需要重点关注房屋所处的地理环境，如邻近的学校、商场、公园、医疗设施和交通网络的便利性等因素。研究者可以通过收集与这些因素相关的数据，构建相应的模型，对房价进行全面深入的分析和预测。例如，使用 Moran's *I* 指数来检测房价数据中的空间自相关性。Moran's *I* 指数可以揭示房价在空间分布上是否存在系统性的模式，或者受到周边地区房价的影响等。根据自相关性分析的结果，研究者可以选择空间滞后模型或空间误差模型进行更深入的分析，例如利用空间滞后模型探讨一个区域的房价是否受到邻近区域房价的影响，利用空间误差模型解释由未观测到的共同因素的影响。利用空间计量模型不仅可以识别出影响房价的核心因素，而且能深入分析这些因素在空间层面如何相互作用并对房价产生影响。例如，某个区域的房价可能不只是受到其自身特性（如房屋大小和条件）的影响，还可能受到邻近区域的发展水平、环境质量或公共服务设施等因素的综合影响。这些分析对于房地产开发商、投资者和政策制定者而言极为重要，因为他们可以根据这些信息来决策选择新项目的选址、评估潜在投资的价值，以及指导城市规划和房地产市场的调整。

随着技术的进步，尤其是 GIS 和大数据分析技术的发展，空间计量经济学在房地产价格分析方面变得更加重要。GIS 的应用使得研究者能够更加精确地处理和分析地理位置数据，而大数据分析则赋予了研究者处理和分析大规模房地产数据的能力。这些技术的融合不仅提高了房地产价格分析的精确度和深度，还为市场参与者提供了更为丰富和多维的分析视角。

总体而言，空间计量经济学的应用在加深我们对房地产市场动态的理解的同时，也为该市场的健康发展提供了强有力的支持。

本章小结

本章介绍了空间计量经济学的相关内容。首先，对空间计量经济学的基本原理进行了一个简单的说明，包括空间计量经济学的概念、发展历史，空间数据及空间权重矩阵等；其次，介绍了空间计量经济学的经典模型，如空间自回归模型、空间误差模型和空间杜宾模型，并进一步介绍了扩展空间计量经济学模型，如空间面板数据模型、空间离散选择模型和地理加权回归模型；最后，介绍了常用的空间计量经济学软件工具和运用空间计量经济学方法的具体案例，进一步将理论方法和具体研究结合起来。

本章习题

1. 简述什么是空间计量经济学。
2. 简述“空间依赖”概念，并说明其对实证研究的影响。

3. 简述“空间异质性”概念，并说明其在空间计量经济学中的重要性。

4. 简述 Moran's I、Moran 散点图。

5. 简述空间计量经济学中的三种主要模型：空间自回归模型、空间误差模型和空间杜宾模型。

第六篇

国民经济预测与预警方法

第 13 章

国民经济预测方法与应用

➢ **学习目标**

1. 掌握国民经济预测基本方法的相关概念
2. 了解用于国民经济预测的主要模型及其应用
3. 掌握国民经济预测的基本模型及其设定
4. 熟悉国民经济预测中各类模型的使用场景
5. 掌握国民经济预测中模型的 R 语言实现
6. 了解国民经济预测方法及应用的重要意义

➢ **知识点摘要**

1. 用于国民经济预测主要模型的分类
2. 国民经济预测基本模型的具体设定
3. 国民经济预测基本模型的数学表达
4. 国民经济预测基本模型的应用场景
5. 国民经济预测基本模型的 R 语言实现

13.1 国民经济预测的基本方法

13.1.1 国民经济预测方法的简介

国民经济预测涉及复杂的经济系统，需要使用多种模型和方法来进行预测。以下是几类主要用于国民经济预测的模型。

1. 总需求总供给模型

总需求总供给模型，也被称为凯恩斯模型（Keynesian model），是 20 世纪初期由经济学家约翰·梅纳德·凯恩斯提出的一种宏观经济学模型。这一模型的核心思想是关注总体经济水平，特别是总需求和总供给之间的关系，以解释和预测整体经济活动的波动。在凯恩斯模型中，经济体系被划分为几个主要部分：个人、企业和政府。模型关注的第一个关键概念是总需求，即经济中所有最终产品和服务的总购买力。总需求包括消费支出、投资、政府支出和净出口（出口减去进口）。凯恩斯认为，总需求是决定整体经济活动水平的主要因素。 模型中的第二个关键概念是总供给，即经济中所有最终产品和服务的总产出。总供给主要由企业和生产者决定，取决于生产力、资源利用率和其他相关因素。凯恩斯强调，总供给并不总是能够迅速调整以满足总需求的变化，特别是在短期内。核心思想在于经济体系可能陷入失业平衡，即总需求水平与充分就业水平下的总供给水平不相匹配。凯恩斯认为，市场在短期内可能不会迅速自我调整，因此需要政府干预来刺激总需求，从而提高就业水平。他提倡通过增加政府支出、刺激投资和运用货币政策等手段来实现这一目标。

总需求总供给模型对宏观经济预测和政策制定产生了深远的影响。在经济衰退时，政府可以通过增加支出来提高总需求，刺激生产和就业。然而，这也引起了一些争议，尤其是在长期内，一些经济学家提出了供给侧经济政策的观点，认为通过提高生产力和创造更好的生产环境可以实现持续的经济增长。总体而言，总需求总供给模型为理解短期内经济波动提供了有力的框架，强调了政府在刺激需求方面的作用。然而，在实践中，经济体系的复杂性和多因素影响仍然是经济学研究和决策制定的关键挑战。这是基于凯恩斯经济学理论的模型，强调总需求对经济增长和就业的影响。考虑政府支出、私人消费、投资和净出口等因素，通过调整这些因素的变量来预测国民经济的总体趋势。

2. 大规模宏观经济模型

大规模宏观经济模型是一种包含多个方程的经济学模型，用于描述整个宏观经济体系的运行。这些模型的发展起源于 20 世纪 60 年代和 70 年代，是计量经济学的一部分，旨在更全面、系统地捕捉宏观经济中各种关系和相互作用。这类模型通常涵盖了多个经济领域，包括消费、投资、政府支出、货币政策、劳动市场和国际贸易等。其中一些模型还考虑了不同产业和部门之间的联系。模型中的方程系统反映了这些经济变量之间的相互依赖关系，以及它们如何随着时间的推移而变化。

大规模宏观经济模型的优势在于其全面性和复杂性。通过考虑多个方程和变量，这些模型能够提供对整个宏观经济体系的深入理解。它们不仅能够用于解释当前经济状况，还可以用于预测未来经济趋势和评估不同政策对经济的影响。在这些模型中，方程的形式和参数通常基于理论和历史数据。研究人员使用估计技术，比如最小二乘法，来确定这些方程中的参数值，使得模型能够尽可能准确地拟合观察到的经济行为。

大规模宏观经济模型通常由政府机构、中央银行、大型研究机构和国际组织使用，以进行宏观经济政策的制定和评估。这些模型可以用于分析不同政策选择对通货膨胀、就业、生产等方面的影响。例如，政府可以使用这些模型来评估财政刺激计划或中央银行决策对利率和货币供应的影响。尽管大规模宏观经济模型在提供全面宏观经济分析方面具有很大优势，但它们也有一些局限性。首先，模型的建立和维护需要大量的数据和计算资源。其次，模型中的方程和参数通常基于一些假设，而这些假设的合理性可能受到质疑。最后，由于复杂性，这些模型的结果可能受到数据的不确定性和模型的局限性的影响。

总的来说，大规模宏观经济模型为政策制定提供了重要的工具，帮助决策者更好地理解和应对宏观经济的挑战。这些模型的发展和改进仍然是宏观经济研究领域的重要方向。这些模型包括数百个方程，用于描述经济的各个方面，如消费、投资、就业、通货膨胀等。它们通常由政府机构、中央银行或大型研究机构使用，以更全面地预测国民经济的动向。

3. DSGE 模型

DSGE 模型是宏观经济学领域中用于分析经济系统的一种重要模型。它的建立旨在将微观经济学原理与宏观经济现象相统一，通过考虑经济主体的决策行为、市场出清机制以及外部冲击，为深入理解宏观经济的长期趋势和短期波动提供了一种一致的理论框架。DSGE 模型试图在宏观经济预测中整合微观基础，考虑家庭、企业和政府的决策，以及市场的出清机制。它更注重宏观经济在时间上的动态演变，对于长期趋势的分析较为有力。

DSGE 模型的核心特征之一是其对时间的动态性的关注。模型中的经济变量是随时间变化的，允许经济系统在多个时期内发生演变。此外，DSGE 模型引入了随机性的概念，认识到经济系统中存在各种不确定性和外部冲击。这些随机冲击可能包括技术进步、货币政策变化等，它们在模型中被建模为随机过程，使得模型更能反映真实世界的复杂性。在 DSGE 模型中，一般均衡的概念是至关重要的。模型涵盖了整个经济体系中的多个市场，包括商品市场、劳动市场和资本市场等。这些市场之间通过供求关系相互关联，从而形成一个整体均衡。经济主体，如家庭和企业，被赋予动态决策的能力，以最大化效用或利润。这使得 DSGE 模型能够在理论上更全面地分析宏观经济系统。DSGE 模型不仅考虑了动态决策行为，还关注了政策决策。模型中包括了中央银行或政府的政策决策规则，如货币政策规则和财政政策规则。这使得 DSGE 模型成为研究经济政策效果的重要工具。通过调整模型的参数或引入不同的政策规则，研究人员可以模拟不同政策和经济情境下的经济表现。尽管 DSGE 模型在提供一致的理论框架方面具有显著优势，但它也面临一些挑战。首先，模型的复杂性使得估计其参数变得复杂，而且往往需要大量的数据。其次，模型中包含的许多参数具有不确定性，这使得模型的结果受到参数估计的影响。此外，对随机冲击的合理建模也是一个挑战，因为这需要对经济中许多不确定的因素进行合理的假设。

尽管存在这些挑战，DSGE 模型仍然在宏观经济学的理论研究和政策分析中发挥着重要作用。其提供的一致性框架使得研究人员能够更深入地理解经济体系的内在机制，从而更有效地制定和评估宏观经济政策。

4. VAR 模型

VAR 模型是一种多变量时间序列模型，用于描述经济变量之间的动态关系。通过分析变量之间的滞后关系，VAR 模型可以捕捉宏观经济系统中的短期动态。

5. 机器学习模型

近年来，机器学习方法在国民经济预测中得到越来越广泛的应用。神经网络、决策树、随机森林等算法可用于处理大规模数据，挖掘非线性关系，提高预测准确性。这些模型能够更好地处理复杂的经济关系和非线性动态。

6. 其他计量经济学模型

计量经济学方法仍然是国民经济预测的重要组成部分。回归分析、面板数据分析等方法可用于估计经济关系，并提供对影响国民经济的因素的定量评估。这些模型通常在实践中相互结合使用，以充分利用它们各自的优势。预测结果的准确性取决于模型的适用性、数据的质量以及经济体系的复杂性。

13.2　国民经济预测的基本模型

13.2.1　单变量基准模型

简单的单变量基准模型是一种预测模型，它只使用一个变量（目标变量）及其时间变化来预测未来。这种模型的优点在于其简单性和易于理解，但是它可能无法捕捉到更复杂的、由多个变量驱动的信息。有大量关于使用不同计量经济学模型预测宏观经济变量的文献，就预测性能而言，菲利普斯曲线和大多数结构模型很难超越简单的单变量基准模型（Stock and Watson，2008；Stock and Watson，2010；Faust and Wright，2013）。这可能是因为在许多情况下，目标变量的历史值已经包含了大量的信息，足以进行有效的预测。接下来，我们将介绍三个最基础的单变量基准模型，分别是自回归模型、随机游走模型以及不可观测分量随机波动模型（unobserved components stochastic volatility，UCSV）。它们在宏观预测文献中通常具有优越的预测性能。

1. 自回归模型

自回归（autoregressive，AR）模型是一种时间序列模型，其中自变量线性地依赖于其历史值和一个随机项，从而形成了一个随机差分方程。一般形式如下：

$$y_t = \varphi_0 + \varphi_1 y_{t-1} + \ldots + \varphi_k y_{t-k} + \alpha_t \tag{13-1}$$

其中，k表示非负整数；$\varphi_0,\cdots,\varphi_k$ 表示模型的参数；α_t 被假设为具有均值零和方差为 σ^2 的白噪声序列。

在时间序列分析中，AR 模型被广泛应用于研究数据中的序列相关性和自相关性。通过考虑历史值和随机项的影响，AR 模型能够捕捉到时间序列数据的动态变化。模型

中的参数 $\varphi_0, \cdots, \varphi_k$ 代表了自变量对因变量的滞后影响，而随机项 α_t 则表示了模型无法完全解释的随机性。这种随机差分方程的形式使得 AR 模型能够在一定程度上预测未来的数值。通过估计 AR 模型的参数，我们可以获得对未来值的预测和推断。这对于决策制定和预测分析非常有用。模型当中的 y_t 通常可以是我们希望进行预测的宏观经济变量，如 GDP、通货膨胀率和失业率。此外，AR 模型还可以用于其他领域的时间序列数据分析，如气象学中的温度和降雨量预测，医学中的疾病传播模型等。

AR 模型与大家更为熟悉的简单线性回归模型具有相同的形式，其中 y_t 是因变量，$y_{t-1}, \cdots, y_{t-k}$ 是自变量。然而，AR 模型的独特之处在于它考虑了时间序列数据的自相关性，将过去观测值作为自变量来解释当前观测值。这种自相关性的引入使得 AR 模型能够捕捉到数据中的动态演化和趋势。值得注意的是，AR 模型的阶数（k 值）决定了模型考虑的历史观测值的数量。在时间序列文献中，当 k=1 时，模型（13-1）被称为一阶 AR 模型，简称 AR(1)模型。AR(1)模型具有与简单线性回归模型相似的几个属性：

$$E\left(y_t \mid y_{t-1}\right) = \varphi_0 + \varphi_1 y_{t-1}, \quad \operatorname{Var}\left(y_t \mid y_{t-1}\right) = \operatorname{Var}\left(\alpha_t\right) = \sigma_\alpha^2$$

这两个性质意味着给定过去的收益率 y_{t-1}，当前的收益率围绕着 $\varphi_0 + \varphi_1 y_{t-1}$ 的数值进行波动，标准差为 σ_α。这是一种马尔可夫性质，即在给定 y_{t-1} 的条件下，收益率 r_t 与 $r_{t-k} k > 1$ 不相关。换句话说，当我们已知过去的收益率 r_{t-1} 时，当前的收益率 r_t 与过去更早时刻的收益率 $r_{t-i} i > 1$ 之间没有相关性。这意味着当前的收益率只受到过去一期的收益率的影响，而不受到更早时期的收益率的影响。

下面，我们以 AR(1)模型为例来讨论 AR 模型的一般性质。首先，我们假设时间序列 y_t 是一个弱平稳序列，这也就意味着{ y_t }的均值、方差和自协方差均不随时间变化，即

$$E\left(y_t\right) = \mu = E\left(y_{t-1}\right), \quad \operatorname{Var}\left(y_t\right) = \gamma_0 = \operatorname{Var}\left(y_{t-1}\right), \quad \operatorname{Cov}\left(y_t, y_{t-k}\right) = \gamma_k$$

其中，μ 和 γ_0 为常数，而 γ_k 是 k 的函数而并非时间 t 的函数；因此，我们得到以下结果

$$E\left(y_t\right) = \varphi_0 + \varphi_1 y_{t-1} = \mu \to E\left(y_t\right) = \mu = \frac{\varphi_0}{1-\varphi_1}$$

对于 y_t 来说，这个结果有两个含义。第一，当 $\varphi_1 \geqslant 1$ 时，y_t 的均值存在。第二，当且仅当 $\varphi_0 = 0$ 时，y_t 的均值为零。类似地，我们可以重新写出 y_t 方差的表达式：

$$\operatorname{Var}\left(y_t\right) = \varphi_1^2 \operatorname{Var}\left(y_{t-1}\right) + \sigma_\alpha^2 = \varphi_1^2 \gamma_0 + \sigma_\alpha^2 = \gamma_0 \to \operatorname{Var}\left(y_t\right) = \frac{\sigma_\alpha^2}{1-\varphi_1^2}$$

此外，基于 $\varphi_0 = \mu\left(1-\varphi_1\right)$ 我们可以重新将 AR(1)模型写成 $y_t = \mu\left(1-\varphi_1\right) + \varphi_1 y_{t-1} + \alpha_t$。这个模型常常用于宏观预测文献中，其中 φ_1 衡量了 AR(1)时间序列动态依赖的持续性。换言之，φ_1 的大小可以表示时间序列中的依赖程度，如果 φ_1 接近于 1，则表示时间序列的变动在时间上具有持续性，而如果 φ_1 接近于 0，则表示时间序列的变动不具有持续性。

例如，当 $\varphi_0=0$ 时，当前时刻的值 y_t 与之前时刻的值 y_{t-1} 没有任何关系，即时间序列的变动是完全随机的。在这种情况下，时间序列的变动不受之前的值的持续性依赖影响，每个时间点的值都是独立的，并且没有趋势可言。

案例：中国 GDP 预测

我们以我国 GDP 的季度增长率为例，来具体说明 AR 模型的应用。图 13-1 展示了从 1992 年第一季度至 2019 年第二季度的 GDP 增长率，数据以百分比的形式表示。在这里，我们简单地使用了一个 AR(3)模型来拟合这些数据，并使用拟合得到的 AR(3)模型参数，对未来一个季度的观测值进行估计。

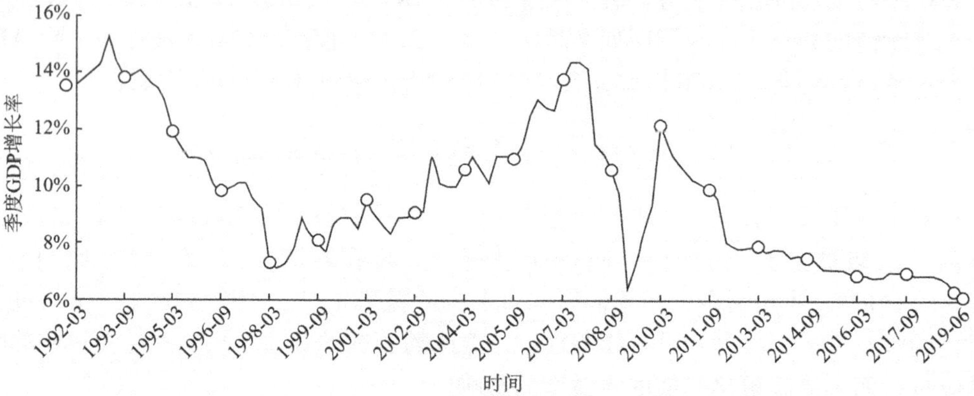

图 13-1　中国季度 GDP 增长率

R 语言代码示例：

```
# 导入时间序列数据
data <- read.csv("data.csv")
# 安装和加载相关包
library(stats)
# 拟合AR(3)模型
arima_model <- arima(gnp_growth, order = c(3, 0, 0))
# 查看拟合结果
summary(arima_model)
# 进行预测
arima_forecast <- forecast(arima_model, h = 1)
```

1）移动平均模型

移动平均（moving average，MA）模型同样是一种常用的时间序列模型，它是用过去白噪声误差项的线性组合来预测当前观测值，用于描述时间序列数据中的波动和季节性。MA 模型的数学表达式为

$$y_t = \mu + \alpha_t + \theta_1\ \alpha_{t-1} + \theta_2\ \alpha_{t-2} + \cdots + \theta_k\ \alpha_{t-k}$$

其中，y_t 表示时间序列的观测值；μ 表示常数项；$\{\alpha_t\}$ 表示白噪声误差项；θ_1、θ_2、⋯、

θ_k是模型的参数，表示过去 k 个时间点的白噪声误差项对当前观测值的影响。MA 模型和 AR 模型大同小异，它们都通过对历史数据的线性组合来实现预测。但 MA 模型并非历史序列值的线性组合而是历史白噪声的线性组合。与 MA 最大的不同之处在于，AR 模型中历史白噪声的影响已被完全包含在历史时序值中，并通过自回归过程间接影响当前预测值。这种差异导致了 MA 模型和 AR 模型在应用上的一些不同之处。MA 模型通常适用于描述时间序列数据中短期波动和季节性波动，而 AR 模型则更适用于捕捉时间序列数据中的趋势和模式。类似地，当 k=1 时波动，我们能够得到一阶 MA 模型的一般形式，即 MA(1)模型 $y_t = \mu + \alpha_t + \theta_1 \alpha_{t-1}$。

再次，我们关注简单的 MA(1)模型来说明 MA 模型的性质。MA 模型总是弱平稳的，因为它们是白噪声序列的有限线性组合，t 和 t–1 时刻均值是不随时间发生变化的。因此，我们可以得到以下两条性质：

$$E(y_t) = c_0,\quad \mathrm{Var}(y_t) = \sigma_\alpha^2 + \theta_1^2\sigma_\alpha^2 = (1+\theta_1^2)\sigma_\alpha^2$$

其中，c_0 不随时间变化，因此，均值和方差都不随时间发生变化。在实际应用中，可以使用最大似然估计等方法来估计 MA(1)模型的参数，进而进行模型的拟合和预测。

R 语言代码示例：

```
library(stats)
# 导入时间序列数据
data <- read.csv("data.csv")
# 拟合 MA 模型
order <- c(0, 0, q) # 设置 MA 模型的阶数，其中 q 为 MA 模型的阶数
model <- arima(data, order = order) # 拟合 MA 模型
# 输出模型诊断结果
summary(model) # 查看模型的诊断统计量和参数估计结果
# 进行未来值的预测
forecast_values <- forecast(model, h = n) # 预测未来 n 个时间点的值
# 打印预测结果
print(forecast_values) # 输出预测结果
```

2）自回归移动平均模型

在实际对宏观经济进行预测时所使用的数据结构往往更加复杂，为了充分描述数据的动态结构，可能需要高阶模型和许多参数的 AR 或 MA 模型，从而使得模型变得烦琐。假设我们想预测某国家的经济增长率，我们可以考虑使用自回归移动平均（autoregressive moving average，ARMA）模型来捕捉宏观经济变量的动态结构。如果我们只使用简单的 AR(1)模型，即当前的经济增长率仅仅依赖于前一个时间点的经济增长率，可能无法充分捕捉到经济增长的复杂波动和趋势。此时，我们可以考虑更高阶的 AR 模型，如 AR(2)、AR(3)等，以及可能带有滞后 MA 项的 ARMA 模型。

为了克服这个困难，引入了 ARMA 模型，该模型将 AR 和 MA 模型的思想结合在一个紧凑的形式中，从而克服了需要高阶模型和许多参数的 AR 或 MA 模型所带来的烦

琐问题。在 ARMA 模型中，自回归部分（AR）和移动平均部分（MA）的阶数可以是任意的，可以根据数据的特点和需要来选择合适的阶数。这样一来，ARMA 模型可以通过较少的参数来描述时间序列数据的动态结构，从而实现了参数化的简洁性。具体而言，ARMA 模型使用过去的观测值（AR 部分）和过去的白噪声误差项（MA 部分）的线性组合来预测当前观测值。这样，ARMA 模型同时考虑了时间序列数据的自相关性和滞后误差项的相关性，而无须引入过多的参数。也就是说，被预测宏观变量既受到过去的值的影响，因为过去的趋势可能会持续影响未来的趋势，又被一些无法预测的随机事件影响。ARMA(1, 1)模型是最简单的 ARMA 模型，它包含一个自回归（AR）项和一个移动平均（MA）项。如果时间序列 y_t 满足 ARMA(1, 1)模型，那么它可以表示为

$$y_t = \varphi_0 + \varphi_1 y_{t-1} + \theta_1 \alpha_{t-1} + \alpha_t$$

其中，φ_0 表示常数；φ_1 表示 AR（自回归）参数；θ_1 表示 MA（移动平均）参数；α_t 表示白噪声误差项。在此基础上可以写出 ARMA 模型的一般形式：

$$y_t = \varphi_0 + \sum_{i=1}^{p} \varphi_i y_{t-i} + \sum_{i=1}^{q} \theta_i \alpha_{t-i} + \alpha_t$$

其中，$\{\alpha_t\}$表示一个白噪声序列；p 和 q 表示非负整数。AR 和 MA 模型分别是 ARMA(p, q)模型的特殊情况。

ARMA 模型的形式虽然简洁，但在各种经济变量的预测中发挥着重要的作用，并取得了显著的效果。在预测通货膨胀率方面，大多数文献将 ARMA 模型视为基准模型。

R 语言代码示例：

```
library(stats)
# 导入时间序列数据
data <- read.csv("data.csv")
# 拟合 ARMA 模型
order <- c(p, d, q) # 设置 ARMA 模型的阶数
# p 是 AR 模型的阶数，d 是差分阶数（如果需要进行差分处理），q 是 MA 模型的阶数
model <- arima(data, order = order) # 拟合 ARMA 模型
# 输出模型诊断结果
summary(model) # 查看模型的诊断统计量和参数估计结果
# 进行未来值的预测
forecast_values <- forecast(model, h = n) # 预测未来 n 个时间点的值
# 打印预测结果
print(forecast_values) # 输出预测结果
```

2. 随机游走模型

在上述讨论中，我们提到的模型都需要至少满足弱平稳性条件。然而，在一些研究中，我们所关心的宏观经济变量，如利率、外汇汇率或资产价格序列等，往往是非平稳的。在时间序列文献中，这种非平稳序列被称为单位根非平稳时间序列（unit-root nonstationary time series）。随机游走模型是单位根非平稳时间序列中最为著名的例子。

如果一个时间序列{ y_t }满足 $y_t = y_{t-1} + \alpha_t$ ，那么它被称为随机游走模型（random walk model），其中 y_0 是表示过程起始值的实数，{ α_t }是白噪声序列。如果我们将随机游走模型视为一个特殊的 AR(1)模型，那么 y_{t-1} 的系数为 1，这不满足 AR(1)模型的弱平稳性条件。显然，随机游走序列不满足弱平稳条件。

在 ARMA 模型中，我们考虑了自回归和移动平均的组合，以捕捉时间序列的相关性和季节性。然而，随机游走模型放弃了这些复杂的组合，采用了更简单的假设。从考虑复杂的时间序列模式转变为采用更简单的假设，这使得预测模型更加直观和简洁。随机游走模型提供了一种基准模型，用于比较其他更复杂模型的预测性能，并为我们理解和解释非平稳时间序列的行为提供了一个起点。

随机游走模型被广泛应用于描述股票价格的演化过程。例如，如果 y_t 是某个特定股票在 t 时期的对数价格，那么 y_0 可以是该股票在其首次公开发行（initial public offering, IPO）时的对数价格。如果 α_t 在零的周围具有对称分布，那么在给定 y_{t-1} 的条件下，y_t 有 50%的概率上涨或下跌，这意味着 y_t 将随机上涨或下跌。因此，随机游走模型的预测效果是非常有限的。根据随机游走模型的性质，其所有的点预测都等于预测起点的值：

$$
\begin{aligned}
\hat{y}_{h=1} &= E\left(y_{t+1} \mid y_t, y_{t-1}, \cdots\right) = y_t \hat{y}_{h=2} = E\left(y_{t+2} \mid y_t, y_{t-1}, \cdots\right) = E\left(y_{t+1} + \alpha_{t+2} \mid y_t, y_{t-1}, \cdots\right) \\
&= E\left(y_{t+1} \mid y_t, y_{t-1}, \cdots\right) = y_t
\end{aligned}
$$

接下来，我们通过将随机游走模型写成 MA 模型的形式来说明其预测方差的性质：

$$
y_t = \alpha_t + \alpha_{t-1} + \alpha_{t-2} + \cdots
$$

其中，y_t 表示 t 时刻的观测值；α_t 表示 t 时刻的随机冲击。预测误差可以进一步表示成：

$$
e_{h=l} = y_{h=1} - \hat{y}_{h=l} = \alpha_{t+l} + \cdots + \alpha_{t+1} \mathrm{Var}\left(e_{h=l}\right) = l\sigma_\alpha^2
$$

其中，σ_α^2 表示随机冲击的方差。

因此，当预测水平逐渐提升至正无穷时预测方差也将发散到无穷大。换句话说，由于随机游走模型非平稳的特性，其预测误差会逐渐积累，随机游走模型时常表现出正向或负向的趋势性。它在预测股票价格或其他时间序列变量时通常不会提供准确的预测结果。在实践中，使用随机游走模型进行预测往往只能提供一种基准预测。虽然随机游走模型的预测效果有限，但它在一些情况下仍然可以作为一个有用的参考。例如，在短期内，股票价格可能会受到各种市场因素和突发事件的影响，此时随机游走模型的预测可以提供一个基准，帮助研究员判断是否存在异常的价格波动。总之，随机游走模型的预测效果有限，特别是对于长期预测。

图 13-2 呈现了从 1997 年 1 月至 2007 年 10 月中国上证综合指数的序列。根据经典的时间序列分析理论，我们可以直观地得出结论，该对数序列不满足弱平稳性条件。在这个特定区间的上证综合指数序列中，我们可以观察到明显的非平稳特征，包括趋势和

波动性的变化。

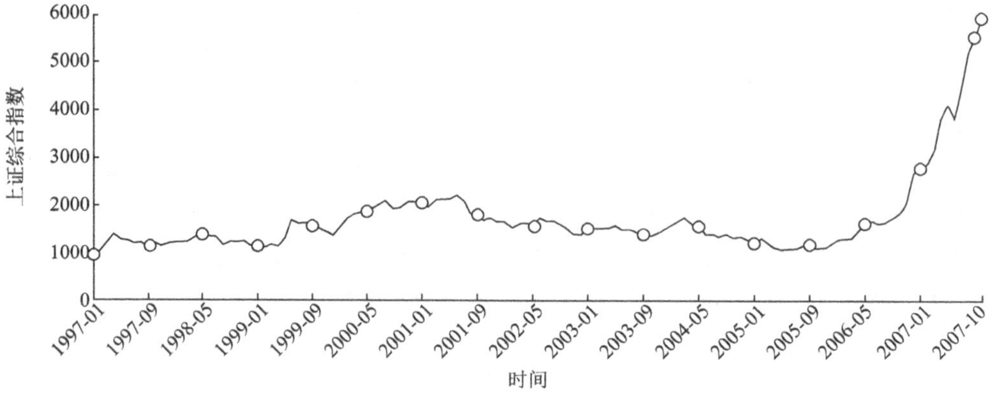

图 13-2　中国上证综合指数

R 语言代码示例：

```
# 加载 forecast 包
library(forecast)
# 创建一个包含观测值的向量
data <- c(10, 12, 15, 13, 11, 9, 8)
# 使用 ts() 函数创建时间序列对象
ts_data <- ts(data, start = 1, end = 7, frequency = 1)
# 定义预测时期
fc_horizon <- 3
# 运行随机游走模型预测
rw <- forecast(ts_data, h = fc_horizon)
# 打印预测结果
print(rw)
Point Forecast   Lo 80    Hi 80    Lo 95    Hi 95
 8          8 5.332238 10.66776 3.9200096 12.07999
 9          8 4.227214 11.77279 2.2300223 13.76998
10          8 3.379300 12.62070 0.9332494 15.06675
```

3. UCSV 模型

最后一个基准模型是 UCSV 模型。UCSV 模型是一种用于预测通货膨胀的单变量趋势周期模型，由 Stock 和 Watson 在 2007 年提出。该模型在通货膨胀建模和预测研究中引起了极大的兴趣。Chan（2013）比较了同时具有随机波动性和移动平均误差的模型与仅包含随机波动的模型的预测效果，发现加入移动平均误差提升了预测性能。Harvey（2011）、Kim 等（2014）以及 Cecchetti 等（2017）考虑了其他 UCSV 模型规范。这些研究表明，UCSV 模型所隐含的预测函数具有灵活性，可以提供准确的通货膨胀预测。该模型假设时间序列变量可以用一个具有随机波动性的不可观测分量来描述。UCSV 模型考虑了时间序列的波动性随时间的变化，因此在建模宏观经济时间序列的时变均值和提取动态特征方面取得了良好的效果，目前已被广泛用于建模宏观经济时间序列以及相关预测分析。UCSV 模型表示如下：

$$y_t = \tau_t + \eta_t$$

具体而言，对于一个时间序列，我们可以将其分解为两个不可观测的分量，即趋势项 τ_t 和波动项 η_t。其中，趋势项被假设为随机游走，即其值取决于前一期的值加上一个随机扰动项：

$$\tau_t = \tau_{t-1} + \varepsilon_t$$

波动项的表达式为

$$\eta_t = \sigma_{\eta,t}\ \xi_{\eta,t}$$

其中，η_t 和 ε_t 分别包含一个时变的波动项 $\sigma_{\eta,r}$ 和 $\sigma_{\varepsilon,r}$，这两个时变波动项的对数分别服从独立的随机游走过程：

$$\eta_t = \sigma_{\eta,r}\xi_{\eta,t},\quad \varepsilon_t = \sigma_{\varepsilon,r}\xi_{\varepsilon,t}$$

$$\ln\sigma^2_{\eta,t+1} = \ln\sigma^2_{\eta,t} + v_{\eta,t}$$

$$\ln\sigma^2_{\varepsilon,t+1} = \ln\sigma^2_{\varepsilon,t} + v_{\varepsilon,t}$$

其中，（$\xi_{\eta,t},\xi_{\varepsilon,t}$）独立且服从 $N(0,I_2)$，（$v_{\eta,t},v_{\varepsilon,t}$）独立且服从 $N(0,\gamma I_2)$。在 UCSV 模型中，有一个超参数 γ，用于控制随机波动过程的平滑性，即波动性的波动程度。

观察整个 UCSV 模型，我们可以看到趋势项 τ_t 代表了序列 y_t。对于波动项 $\sigma_{\eta,r}$ 与 $\sigma_{\varepsilon,r}$ 而言，$\sigma_{\eta,r}$ 可被视为“暂时波动”，因为它们只在当前时刻产生影响；而 $\sigma_{\varepsilon,r}$ 可以被看作“永久波动”，这种波动会通过随机游走的累积效应对趋势项产生持续性影响。Li 和 Koopman（2018）对整体季度通胀数据分别对 1，4，8，12 个季度后的通胀水平进行预测。研究发现，在较短的预测期内，UCSV 模型往往比多变量不可观测成分随机波动模型（multivariate unobserved components stochastic volatility model，MUCSV 模型）表现更好。总的来说，UCSV 模型在宏观经济预测中的应用主要体现在对通胀的模拟和预测上，它能够揭示观察到的时间序列的均值和方差中的动态结构。这种模型的一个重要特点是，它能够将趋势、季节性和不规则的组件分开，并使它们随时间随机演变，并受到随机波动性的影响。这为我们理解和预测宏观经济提供了强大的工具。

下面，我们使用一个简单的数据来演示如何在 R 语言中使用 UCSV 模型进行预测分析。在示例中，我们首先加载了失业率的数据，然后定义了一个包含趋势和季节性组件的 UCSV 模型。我们使用最大似然法估计模型参数，然后使用卡尔曼滤波和平滑（Kalman filter smoother）进行状态空间模型的滤波和平滑。最后，我们使用模型进行了 12 步预测，并输出了预测结果。

R 语言代码示例：

```
# 安装并加载 KFAS 包
install.packages("KFAS")
library(KFAS)
# 加载数据
data("unemployment")
# 定义模型
model <- SSModel(USunemployment ~ SSMtrend(1, Q = list(fixed = FALSE)) +
    SSMseasonal(12, sea.type = "dummy", Q = list(fixed = FALSE)), H = NA)
# 估计模型参数
fit <- fitSSM(inits = rep(0, 3), model = model)$model
# 使用模型进行预测
kfs <- KFS(fit)
forecasts <- predict(fit, n.ahead = 12)
# 输出预测结果
print(forecasts)
```

13.2.2 主成分回归

随着数据科学的快速发展和技术进步，经济学研究中使用的数据维度不断增加。然而，这种数据维度的增加也带来了一系列挑战，其中之一就是所谓的“维度诅咒”（dimensionality curse）。维度诅咒是指随着数据维度的增大，模型计算复杂度和计算成本呈指数级增长的现象。具体来说，随着数据维度的增加，模型的参数空间也随之增加，导致模型的计算复杂度急剧增加。这意味着需要更多的计算资源和时间来处理和分析高维数据，从而增加了研究的计算成本。维度诅咒还会导致模型不收敛和过拟合等问题。此外，高维数据中的样本稀疏性也会增加，导致模型估计的不稳定性和预测精度的下降。

例如，我们有一个预测模型，其中包含了多个宏观经济变量来预测 GDP 增长率。这些变量可能包括消费支出、投资、贸易余额、劳动力市场指标等。如果我们只考虑少量几个变量，比如 3 个或 4 个，那么模型相对简单，参数估计和预测也相对容易。然而，随着我们增加考虑的变量数量，比如增加到 10 个、20 个或更多，我们面临的问题就会变得更复杂。这是因为随着变量数量的增加，模型的参数空间也随之增加，需要估计的参数数量急剧增加。这就意味着我们需要更多的数据和更多的计算资源来进行参数估计和模型拟合。此外，高维数据中存在样本稀疏性的问题。例如，如果我们有 100 个时间点的数据，同时考虑 20 个宏观经济变量，那么每个变量在各时间点上只有 5 个观测值。这样的样本稀疏性会导致模型估计不稳定，容易受到噪声的影响，并可能造成过拟合。

当面临高维数据集时，主成分回归（principal components regression，PCR）是一种常用的降维技术，可以帮助解决维度诅咒问题并提高预测模型的性能和稳定性。PCR 的第一步是使用主成分分析方法从大量的预测变量中提取出少数几个主成分（因子）。主成分是原始预测变量的线性组合，通过捕捉数据中最大的方差来代表原始变量的变异性。通过主成分分析，我们可以将高维数据降低为低维度的主成分，从而减少了预测模型中需要估计的参数数量。在 PCR 的第二步，提取的主成分与目标变量 y_t 的滞后项以及其他预测变量结合起来构建一个线性回归模型。这个模型用于预测目标变量在未来时间点（如 y_{t+h}）的值。通过将主成分作为预测模型的输入，PCR 可以帮助我们降低模型的复杂性并提高计算效率。

PCR 的一个重要特点是它通过将低方差的主成分上的系数设为零来实现模型的正则化。这意味着 PCR 在建模过程中会自动选择对目标变量具有较大方差影响的主成分，并将对目标变量影响较小的主成分的系数设为零。这样可以减少模型中不必要的噪声和冗余信息，提高预测的准确性和稳定性。

因子模型往往作为 PCR 的第一步。因子模型的核心思想是寻找一组相互独立的共同因子，这些因子能够涵盖原始解释变量集中的大部分信息。假设我们有 k 个宏观经济变量和 T 个时间段，x_{it} 是宏观经济变量 i 在 t 时刻的观测值。此时，因子模型的一般形式为

$$x_{it}=\alpha_i+\lambda_{i1}f_{1t}+\cdots+\lambda_{im}f_{mt}+\varepsilon_{it},\quad t=1,2,\cdots,T,\ i=1,2,\cdots,k$$

在这个模型中，m 是共同因子的数量，λ_{ij} 是宏观经济变量 i 与共同因子 j 之间的因子载荷（factor loading），f_{jt} 是共同因子 j 在时刻 t 的值，ε_{it} 是特殊因子（idiosyncratic factor）。因子模型通过将原始的高维解释变量表示为共同因子和特殊因子的线性组合，实现了对数据维度的降低。共同因子包含了多个宏观经济变量的共同信息，而特殊因子则捕捉了每个变量独有的信息。通过选择适当的共同因子数量 m，我们可以在保留足够的解释力的同时减少模型的复杂性。

我们进一步假定因子 $f_t=(f_{1t},\cdots,f_{mt})'$ 是一个 m 维平稳过程，这使得

$$E(f)=\mu_f\text{Cov}(f)=\sum\nolimits_f$$

并且，特殊因子 ε_{it} 是一个白噪声序列，与共同因子 f_{jt} 和其他特殊因子不相关。具体而言：

$$E(\varepsilon_{it})=0$$

$$\text{Cov}(f_{jt},\varepsilon_{it})=0$$

$$\text{Cov}(\varepsilon_{it},\varepsilon_{jt})=\begin{cases}\sigma_i^2, & i=j \text{ 和 } t=s\\ 0, & \text{其他}\end{cases}$$

基本因子模型为后续的目标因子模型和因子增强模型提供了基础，这些模型在基本因子模型的基础上进一步改进和扩展，以提高模型的性能和预测能力。更多有关因子模型的理论，可以在 Bai（2003）的研究中找到相关内容。

13.2.3 惩罚回归模型

惩罚回归（penalized regression），又称为收缩或正则化方法，是一种用于处理线性回归模型中过多预测因子的方法。在传统线性回归中，我们经常使用多个预测因子来构建模型，但当预测因子过多时，模型可能变得过于复杂、难以解释或容易出现过拟合问题。因此，惩罚回归方法通过在损失函数中引入一些限制条件，对模型进行调整和约束。

具体而言，惩罚回归模型会对模型的系数（即预测因子的权重）施加一定的惩罚项，以限制它们的大小。这样一来，对预测结果贡献较小的因子权重会被压缩或缩小，减少它们对模型的影响。这样做的好处是提高了模型的稳健性和泛化能力，避免过度依赖某些预测因子。同时，惩罚回归还可以简化模型，使其更易于解释。一般来说，惩罚回归模型会在传统最小二乘法基础上引入了正则化项。正则化是机器学习中用于防止过拟合的重要技术之一。常见的惩罚回归模型包括：套索回归、岭回归、弹性网回归。下面我们将逐一对它们进行介绍。

1. 套索回归模型

Lasso（least absolute shrinkage and selection operator，最小绝对收缩与选择算子）回归（又称套索回归）是一种线性回归分析方法，它通过引入一个正则化项来同时实现变量选择和参数估计，由罗伯特·蒂布希拉尼（Robert Tibshirani）在 1996 年首次提出。与普通的最小二乘法不同，Lasso 在优化目标函数时考虑了系数的绝对值之和，这使得某些不重要的特征的系数能够被压缩为零，从而达到特征选择的目的。数学表达上，假设我们有一个线性回归问题：

$$y = X\beta + \epsilon$$

其中，y 表示被解释变量；X 表示解释变量的矩阵；β 表示待估参数向量；ϵ 表示误差项。对于 Lasso 回归，我们的目标是最小化以下损失函数：

$$L(\beta) = \frac{1}{2n}\|y - X\beta\|_2^2 + \lambda\|\beta\|_1$$

这里，n 是样本数量，λ 是一个正的调节参数，控制着正则化强度。$\|\cdot\|_2$ 表示 L2 范数（欧几里得范数），$\|\cdot\|_1$ 表示 L1 范数（绝对值之和）。举例来说，对于一个向量 $x = (x_1, x_2, \cdots, x_n)$，其 L2 范数定义为 $|x|_2 = \sqrt{x_1^2 + x_2^2 + \cdots + x_n^2}$；其 L1 范数定义为：$|x|_1 = |x_1| + |x_2| + \cdots + |x_n|$。当 λ 接近于 0 时，Lasso 回归将退化为普通最小二乘法；而随着 λ 的增大，Lasso 会逐渐压缩一些系数为零，使模型更加稀疏。这种特性有助于我们识别哪些特征对响应变量的影响最大，并且可以在高维数据中有效地进行特征选择。在预测问题中，Lasso 可以帮助我们找到对目标变量影响最大的特征，并自动将不重要的特征的系数压缩为零，从而达到特征选择的目的。

Lasso 回归的缺点是其解可能不是唯一的，因为 L1 正则化会导致解的非唯一性。

具体来说，在求解 Lasso 回归模型时，我们通常使用梯度下降法或其他优化算法来寻找损失函数的最小值。然而，由于 L1 范数是非光滑的（即它的导数在零点处不连续），这使得优化过程变得复杂，并可能导致找到的解并不是全局最优解。此外，当两个或更多的特征高度相关时，它们可能会同时被压缩为零，形成所谓的“解簇”，这意味着在这组特征中选择任何一个特征作为非零系数都可以得到相同的损失函数值。

此外，Lasso 回归可能会过度收缩某些系数，导致预测性能下降。当 λ 参数（控制正则化强度）增大时，L1 正则化的惩罚力度也会增大，从而导致更多的系数被压缩为零。虽然这有助于降低模型的复杂性并提高泛化能力，但如果压缩得过头，也可能导致模型损失了捕捉数据模式的能力，进而影响预测准确性。为了克服这个问题，在实际应用中，通常需要通过交叉验证等方法来选择合适的 λ 值。交叉验证是一种评估和调整模型参数的有效方法，它将数据集分为训练集和验证集，并在不同的 λ 值下训练模型，然后在验证集上评估模型性能。这样可以找到使模型在验证集上表现最佳的 λ 值，以获得良好的预测性能和模型解释性。

总之，Lasso 回归的优点在于能够自动进行特征选择和避免过拟合，但选择合适的 λ 值对于确保模型的预测性能至关重要。通过适当的参数调整，如使用交叉验证选择最优 λ 值，可以帮助我们充分利用 Lasso 回归的优势。

案例：

让我们考虑一个金融风险预测的问题。假设我们正在研究一家银行的贷款违约情况，我们需要根据借款人的若干财务指标来预测他们是否可能违约。我们的数据集包含了成千上万的潜在财务指标，但是我们知道并非所有指标都与违约有关。使用 Lasso 回归，我们可以有效地找出哪些财务指标对于违约预测最相关。我们使用 R 语言中的 glmnet 包来拟合 Lasso 回归模型，并通过交叉验证来选择最佳的 λ 值。

R 语言代码示例：

```
# 加载必要的包
library(glmnet)
# 假设我们有一个名为 loan_data 的数据框，其中包含响应变量 default（是否违约）和多个预测变量 X1, X2, ..., Xp
data(loan_data)
# 使用 cv.glmnet 函数对数据集(X,default)进行交叉验证并拟合了一个 Lasso 回归模型。参数 alpha=1 表示使用 Lasso 回归（L1 正则化）
model_lasso =cv.glmnet(X,default,alpha=1)
# 使用 glmnet 函数在指定的 λ 值（这里是 model_lasso$lambda.min，即交叉验证得到的最佳 λ 值）下拟合了一个 Lasso 回归模型。其他参数如 nlambda=1、intercept=TRUE 等用于控制模型的设置：
# nlambda=1：这个参数指定了拟合模型时要使用的 λ 值的数量。
# intercept=TRUE：这个参数表示是否要在模型包含截距项。如果为 TRUE，那么模型会自动计算并包含截距项。
```

```
# lower.limits=-1, upper.limits=1：这两个参数限制了模型系数（β）的取值范围。在这种情况下，我们设置了所有系数的下限为-1，上限为1。
lasso_fit = glmnet(X,default,
                   lambda=model_lasso$lambda.min,
                   alpha=1,
                   nlambda = 1,
                   intercept = TRUE,
                   lower.limits = -1, upper.limits = 1)
```

除了 Lasso 回归之外，还有一种类似的回归方法叫作岭回归。岭回归也使用了正则化项，但它的正则化项是 L2 范数（即系数的平方和），而不是 L1 范数。相比之下，岭回归不会产生稀疏解，可以有效地防止过拟合，特别是在特征之间高度相关的情况下。

2. 岭回归模型

岭回归（也称为 Ridge 回归）同样是一种线性回归模型，它通过在损失函数中添加 L2 正则化项来克服过拟合问题。这使得模型更加稳定，并且在特征之间高度相关的情况下表现得更好。具体而言，岭回归的目标是最小化一个修改后的损失函数，该函数既考虑了预测误差（与普通最小二乘法相同），又考虑了系数的平方和（即 L2 范数）。通过增加正则化项，我们可以对模型复杂度进行控制，防止模型过于复杂而出现过拟合现象。同样，假设我们有一个线性回归问题：

$$y = X\beta + \epsilon$$

其中，y 表示被解释变量；X 表示解释变量的矩阵；β 表示待估参数向量；ϵ 表示误差项。对于岭回归，我们的目标是最小化以下损失函数：

$$L(\beta) = \frac{1}{2n}\|y - X\beta\|_2^2 + \lambda\|\beta\|_2^2$$

这里，n 是样本数量，λ 是一个正的调节参数，控制着正则化强度，$\|\cdot\|_2$ 表示 L2 范数（平方和开方）。当 λ 接近于 0 时，岭回归将退化为普通最小二乘法；而随着 λ 的增大，岭回归会逐渐压缩所有系数的大小，但不会将其压缩到零。

为了理解为什么岭回归会逐渐压缩所有系数的大小但不会将其压缩到零，我们可以观察正则化项的梯度。对于 L2 范数，其梯度公式如下：

$$\nabla_\beta \|\beta\|_2^2 = 2\beta$$

这意味着随着 β 的增大或减小，梯度也会相应地增大或减小。因此，在优化过程中，如果某个系数过大，那么正则化项将会增加，从而促使该系数减小；反之，如果某个系数过小，那么正则化项将会减小，从而促使该系数增大。由于正则化项是连续且平滑的，所以在优化过程中，系数只会朝着更小或更大的方向移动，而不会直接变为零。这与 Lasso 回归中的 L1 范数不同，L1 范数的梯度在接近于零时有一个不连续的跳跃，导致某些系数可以直接变为零。对于 L2 范数来说，即使某个系数 β_i 非常接近于 0，它的平方仍然大于等于 0，因此正则项的总和也大于等于 0。这意味着在优化过程中，即使某些系数接近于零，它们也会对正则项产生非零的影响。由于这个特性，岭回归通常会产生“软阈值”效应，即所有系数都会被适度地减小，而不是像 Lasso 那样直接将一些系数设为零。这种特性使得岭回归在特征之间高度相关的情况下表现得更好，因为它可以保持所有特征的影响，只是程度不同而已。

案例：

让我们考虑一个住房价格预测的问题。假设我们正在研究一个城市的房价数据，我们需要根据房屋的各种特性（如面积、卧室数量、地理位置等）来预测其售价。由于这些特性之间可能存在高度的相关性，使用普通最小二乘法可能会导致过拟合。此时，我们可以使用岭回归来改善模型性能。我们使用 R 语言中的 glmnet 包来拟合岭回归模型，并通过交叉验证来选择最佳的 λ 值。

R 语言代码示例：

```
# 加载必要的包
library(glmnet)
# 假设我们有一个名为 house_data 的数据框，其中包含响应变量 price 和多个预测变量 X1, X2, ..., Xp
data(house_data)
# 使用 cv.glmnet 函数对数据集(X,default)进行交叉验证并拟合了一个 Lasso 回归模型。参数 alpha=0 表示使用 Ridge 回归（L2 正则化）
model_ridge=cv.glmnet(X,price,alpha=0)
# 使用 glmnet 函数在指定的λ值(这里是 model_lasso$lambda.min，即交叉验证得到的最佳λ值)下拟合了一个 Ridge 回归模型。其他参数如 nlambda=1、intercept=TRUE 等用于控制模型的设置。
ridge_fit[[i]] = glmnet(X,price,
                        lambda=model_1$lambda.min,
                        alpha=0,
                        nlambda = 1,
                        intercept = TRUE,
                        lower.limits = -1, upper.limits = 1)
```

3. 弹性网回归模型

弹性网回归是岭回归和 Lasso 回归的结合体，它同时使用了 L1 范数（绝对值之和）和 L2 范数（平方和开方）作为正则化项。弹性网可以看作这两者的折中方案，既具有 Lasso 的特征选择能力，又具有岭回归对共线性较好的处理能力。弹性网的目标是最小化一个修改后的损失函数，该函数考虑了预测误差（与普通最小二乘法相同）、系数的绝对值之和（L1 范数）以及系数的平方和（L2 范数）。通过调整 L1 和 L2 范数的相对权重，我们可以控制模型的复杂度，并在特征之间高度相关的情况下进行有效的特征选择。同样，我们假设有一个线性回归问题：

$$y = X\beta + \epsilon$$

其中，y表示被解释变量；X表示解释变量的矩阵；β表示待估参数向量；ϵ表示误差项。对于弹性网回归，我们的目标是最小化以下损失函数：

$$L(\beta) = \frac{1}{2n}\|y - X\beta\|_2^2 + \lambda\left[(1-\alpha)\|\beta\|_1 + \alpha\|\beta\|_2^2\right]$$

这里，n是样本数量，λ是一个正的调节参数，控制着正则化强度，α是一个介于0和1之间的混合参数，用于平衡L1和L2范数的影响。当$\alpha = 0$时，弹性网退化为岭回归；当$\alpha = 1$时，弹性网退化为Lasso回归。

案例：

假设我们正在研究一组公司的财务指标（如市盈率、市净率、收入增长率等）与未来股价之间的关系。我们收集了大量的历史数据，并希望用这些财务指标来预测未来的股价。

由于这些财务指标之间可能存在高度的相关性，使用普通最小二乘法可能会导致过拟合。此外，我们还希望模型能够自动选择出真正影响股价的最重要的财务指标，而忽略其他不重要的指标。此时，我们可以使用弹性网回归来实现这一目标。我们使用R语言中的glmnet包来拟合弹性网回归模型，并通过交叉验证来选择最佳的λ值和α值。

R语言代码示例：

```
# 加载必要的包
library(glmnet)
# 假设我们有一个名为stock_data的数据框，其中包含响应变量future_price和多个预测变量X1, X2, ..., Xp
data(stock_data)
# 使用cv.glmnet函数进行交叉验证并拟合Elastic Net模型，其中alpha=0.5表示L1和L2正则化项的权重为0.5:0.5。
model_elasticnet=cv.glmnet(X,future_price,alpha=0.5)
# 使用glmnet函数在最佳λ值（由cv.glmnet函数确定）下拟合Elastic Net回归模型
elasticnet_fit = glmnet(X,future_price, lambda=model_1$lambda.min,
                        alpha=0.5,
                        nlambda = 1,
                        intercept = TRUE,
                        lower.limits = -1, upper.limits = 1)
```

13.2.4　支持向量机回归模型

支持向量机回归是一种监督学习方法，用于预测连续变量。它是在支持向量机（support vector machine，SVM）分类的基础上发展起来的，旨在处理回归问题。虽然它不是典型的惩罚回归模型，但可以将支持向量机回归理解为一种正则化方法，因为它通过优化过程引入了一个惩罚项来控制模型的复杂性。在支持向量机中，我们使用了一个软间隔损失函数来定义优化目标，该损失函数包含了对预测误差和模型复杂度的惩罚。这与惩罚回归模型中的 L1 或 L2 范数惩罚项类似，都是为了防止过拟合和提高泛化能力。因此，尽管支持向量机回归在概念上与惩罚回归模型有所不同，但它在功能上确实起到了类似的正则化作用，有助于构建更加稳健的回归模型。

在支持向量机回归中，我们试图找到一个超平面，该超平面能够最大限度地将数据点与两个平行于超平面且具有一定宽度的边界带分开。在这个过程中，我们允许一些数据点偏离超平面，只要它们在设定的容差范围内。这种方法有助于减少过拟合，提高模型的泛化能力。为了能够更好地理解支持向量机回归模型的基本思想，让我们逐步解析：

（1）超平面：在线性回归中，我们通常试图找到一个线性函数来拟合数据点。而在支持向量机回归中，我们也寻找一个类似的“超平面”，这是一个多维空间中的分割面，可以将数据分为两部分。

（2）平行于超平面的边界带：在支持向量机回归中，我们不仅关注超平面本身，还关注与超平面平行的两个边界带。这些边界带有一定宽度，表示我们允许预测值在一定范围内偏离真实值。

（3）允许数据点偏离超平面：对于落在边界带内的数据点，即使它们没有完全被超平面正确地分类或拟合，我们仍然接受这种结果。这是因为我们的目标是找到一个能够最好地概括整个数据集的模型，而不是完美拟合每一个单独的数据点。

（4）容差范围：容差范围是指我们允许数据点偏离超平面的最大距离。这个距离是由参数 ϵ 设定的。

通过允许数据点在一定的容差范围内偏离超平面，支持向量机回归降低了对训练数据中噪声或异常值的敏感性。这样可以降低过拟合的风险，即模型过于复杂以至于只适合训练数据而不能很好地泛化到新数据的情况。因此，这种方法有助于提高模型的泛化能力，使其在未见过的数据上也能有良好的表现。

具体而言，给定训练集 $\left\{\left(x_i, y_i\right)\right\}_{i=1}^{n}$，其中 $x_i \in \mathbb{R}^d$ 是输入特征向量，$y_i \in \mathbb{R}$ 是对应的被解释变量，我们的目标是找到一个函数 $f(x)=\omega^{\mathrm{T}}x+b$，使得预测值 $f(x_i)$ 尽可能接近真实值 y_i。对于支持向量机回归，我们使用了一个软间隔损失函数：

$$L(f)=C\sum_{i=1}^{n}\left[\max\left(0,\left|f(x_i)-y_i\right|-\epsilon\right)\right]+\frac{1}{2}\|\omega\|^2$$

这里，ω 是权重向量，C 是正则化参数，控制了对误差的容忍度和对模型复杂度的惩罚程度，ϵ 是容差带的宽度，ξ_i 是松弛变量，用于处理不满足条件的数据点。优化问题可以转化为以下约束优化问题：

$$\min_{\omega,b,\xi_i,\xi_i^*} \frac{1}{2}\omega^2 + C\sum_{i=1}^{n}(\xi_i + \xi_i^*)$$

$$\text{s.t.}\begin{cases} y_i - f(x_i) \leqslant \epsilon + \xi_i \\ f(x_i) - y_i \leqslant \epsilon + \xi_i \\ \xi_i, \xi_i^* \geqslant 0 \end{cases}$$

引入拉格朗日乘子 α_i , β_i 和 μ_i ，我们可以将这个约束优化问题转化为无约束的拉格朗日函数：

$$L(\omega,b,\alpha,\beta,\mu) = \frac{1}{2}|\omega|^2 + C\sum_{i=1}^{n}\xi_i - \sum_{i=1}^{n}\alpha_i\left[y_i - f(x_i) - \epsilon - \xi_i\right] - \sum_{i=1}^{n}\beta_i\left[f(x_i) - y_i - \epsilon - \xi_i\right] - \sum_{i=1}^{n}\mu_i\xi_i$$

接下来，我们可以通过求解拉格朗日对偶问题来得到最优解。

此外，在处理非线性问题时，我们需要使用非线性映射将数据投影至特征空间，并在特征空间使用线性分类器。但是，映射到高维空间的维度是呈指数增长的，计算起来十分困难，这时候就需要核函数（kernel function）了。核函数也是将特征从低维到高维进行转换，但是它是先在低维上进行计算，实际的分类效果表现在高维上。这样，我们就避免了在高维上复杂的计算，仍得到相同的结果。常用的核函数有径向基函数、多项式核函数等。例如，我们可以使用核函数 $K(x_i,x_j)$ 来替代内积 $\omega^{\mathrm{T}}x_i$ 。这样，我们可以在高维特征空间中进行操作，而无须实际计算高维特征向量。

案例：

假设我们在经济学中研究一组公司的财务指标（如市盈率、市净率、收入增长率等）与未来股价之间的关系。我们收集了大量的历史数据，并希望用这些财务指标来预测未来的股价。由于这些财务指标之间可能存在非线性关系，传统的线性回归方法可能无法有效地捕捉这种复杂的关系。此时，我们可以使用 SVR 来构建一个非线性的预测模型。

R 语言代码示例：

```
# 加载必要的包
library(e1071)
# 假设我们有一个名为 stock_data 的数据框，其中包含响应变量 future_price 和多个预测变量 X1, X2, ..., Xp
data(stock_data)
# 使用 svm 函数拟合 SVR 模型
svr_fit <- svm(future_price ~ ., data = stock_data[, -which(colnames(stock_data) == "future_price")],
               kernel = "radial", # 使用径向基函数作为内核
```

```
        cost = 10, # 正则化参数C
        epsilon = 0.1 # 容差带宽度
        )
```

13.2.5　神经网络模型

神经网络（neural network，NN）是一种模仿人脑中神经元之间连接和交互的计算模型。在我们的大脑中，神经元之间通过轴突和突触进行信息传递。当我们思考、学习或者做出决策时，这些神经元会相互作用，形成复杂的网络。同样地，神经网络模型由许多模拟神经元的节点（也称为神经元）组成，这些节点被组织成多层结构。每一层中的节点接收来自上一层节点的输出作为输入，并经过一些计算后产生自己的输出，传递给下一层的节点。每两个节点之间的连接都有一个权重，这个权重表示了从一个节点到另一个节点的信息传输强度。通过训练神经网络，我们可以调整这些权重以优化网络的性能。总的来说，神经网络模型由多个层组成，每层包含多个节点或神经元，这些神经元之间通过权重连接。神经网络可以用于分类、回归和聚类等各种机器学习任务。

神经网络的基本结构包括输入层、隐藏层和输出层。输入层接收原始数据，隐藏层进行特征提取和转换，输出层生成最终预测结果。

一个简单的单层神经网络可以表示为如下形式：

$$y = f\left(Wx + b\right)$$

其中，x表示输入向量；W表示权重矩阵；b表示偏置向量；f表示激活函数；y表示输出向量。对于多层神经网络，我们可以使用类似的表达式来描述每一层的计算过程，并将它们组合起来得到最终的预测结果。具体而言，设神经网络有L层，其中第l层的节点数为n_l。

我们用向量$x^{(0)}$表示输入数据，用$y^{(L)}$表示输出预测结果。对于隐藏层（包括输入层），我们可以定义一个线性变换和一个非线性激活函数。给定第$l-1$层的输出$a^{(l-1)}$，第l层的输入可以表示为

$$z^{(l)} = W^{(l)} a^{(l-1)} + b^{(l)}$$

这里，$W^{(l)}$是一个权重矩阵，它的每一行对应于第l层的一个节点，每一列对应于第$l-1$层的一个节点；$b^{(l)}$是一个偏置向量，它的每个元素对应于第l层的一个节点。

接下来，我们应用一个非线性激活函数$f(\cdot)$到$z^{(l)}$上，得到第l层的输出：

$$a^{(l)} = f\left(z^{(l)}\right)$$

对于最后一层（即输出层），我们通常不使用激活函数，直接将线性变换的结果作为输出：

$$y^{(L)} = W^{(L)}a^{(L-1)} + b^{(L)}$$

图 13-3 展示了神经网络结构。输入层接收原始数据，隐藏层对数据进行处理和特征提取，输出层产生最终的预测结果。每条连接线上都有一个权重值，表示从一个神经元到另一个神经元的信息传输强度。

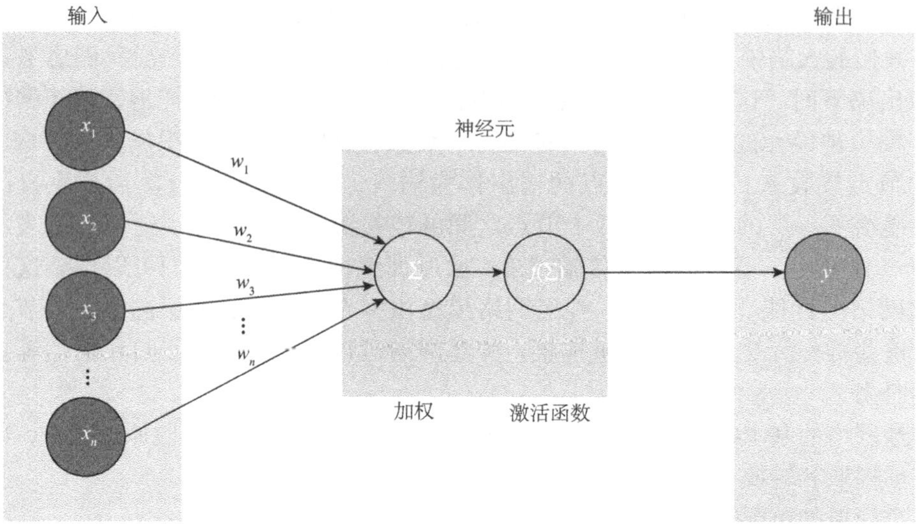

图 13-3　感知机示意图

神经网络的学习过程主要包括前向传播和反向传播两个阶段。在前向传播过程中，数据从输入层经过隐藏层传递到输出层；在反向传播过程中，误差信号从输出层反向传递到输入层，根据这个信号更新权重以减少误差。

前向传播是数据从输入层经过隐藏层传递到输出层的过程。在这个过程中，每个神经元都会执行一个线性变换和一个非线性激活函数的操作。具体来说，对于第 l 层的每个神经元，它会将来自上一层所有神经元的加权输入求和，并加上一个偏置项，然后通过一个非线性激活函数得到输出值。这个过程可以表示为

$$z_j^{(l)} = \sum_{i=1}^{n^{(l-1)}} w_{ji}^{(l)} a_i^{(l-1)} + b_j^{(l)}$$

$$a_j^{(l)} = f\left(z_j^{(l)}\right)$$

其中，$z_j^{(l)}$ 表示神经元 j 在第 l 层的加权输入；$a_j^{(l)}$ 表示神经元 j 在第 l 层的输出；$w_{ji}^{(l)}$ 表示连接神经元 i 在第 $l-1$ 层和神经元 j 在第 l 层的权重；$b_j^{(l)}$ 表示神经元 j 在第 l 层的偏置；$f(\cdot)$ 表示激活函数。

反向传播是误差信号从输出层反向传递到输入层的过程。在这个过程中，我们会计算损失函数关于每个参数的梯度，然后根据这些梯度来更新参数以减小误差。具体来说，

我们首先计算实际输出与目标输出之间的误差。然后，我们从输出层开始，沿着网络反向传播这个误差，计算每个参数对误差的影响。这个过程可以表示为

$$\delta_j^{(L)} = \frac{\partial C}{\partial z_j^{(L)}} \odot f'\left(z_j^{(L)}\right)$$

$$\delta_j^{(l)} = \left(\sum_{k=1}^{n^{(l+1)}} w_{kj}^{(l+1)} \delta_k^{(l+1)}\right) \odot f'\left(z_j^{(l)}\right)$$

其中，$\delta_j^{(l)}$ 表示神经元 j 在第 l 层的误差信号；C 表示损失函数；$f'(\cdot)$ 表示激活函数的导数。最后，我们可以使用梯度下降法或其他优化算法来更新参数。对于每个参数 $w_{ji}^{(l)}$ 和 $b_j^{(l)}$，我们可以将其更新为

$$w_{ji}^{(l)} \leftarrow w_{ji}^{(l)} - \eta \frac{\partial C}{\partial w_{ji}^{(l)}}$$

$$b_j^{(l)} \leftarrow b_j^{(l)} - \eta \frac{\partial C}{\partial b_j^{(l)}}$$

其中，η 表示学习率，$\frac{\partial C}{\partial w_{ji}^{(l)}}$ 和 $\frac{\partial C}{\partial b_j^{(l)}}$ 可以通过反向传播计算得到。

总的来说，神经网络的学习过程就是通过反复进行前向传播和反向传播来不断调整参数，使得网络能够更准确地拟合训练数据。常用的激活函数包括以下几种：

1. Sigmoid（S 型）函数

（1）数学表达式：$\sigma(x) = \frac{1}{1+\mathrm{e}^{-x}}$。

（2）特征：①输出范围在(0, 1)之间，适合处理二分类问题；②中间部分梯度较大，两端梯度较小，容易导致梯度消失问题。

2. Tanh（双曲正切）函数

（1）数学表达式：$\tanh(x) = \frac{\mathrm{e}^{x} - \mathrm{e}^{-x}}{\mathrm{e}^{x} + \mathrm{e}^{-x}}$。

（2）特征：①输出范围在(−1, 1)之间，解决了 Sigmoid 函数输出值偏向 0 或 1 的问题；②同样存在中间部分梯度较大、两端梯度较小的问题。

3. ReLU（rectified linear unit，修正线性单元）函数

（1）数学表达式：$\mathrm{ReLU}(x) = \max(0, x)$。

（2）特征：①当输入大于 0 时，输出等于输入；当输入小于等于 0 时，输出为 0；②简单且计算效率高，有效缓解了梯度消失问题；③存在“死亡神经元”问题，即当输

入小于等于 0 时，梯度始终为 0，导致某些节点无法学习。

4. Leaky ReLU 函数

（1）数学表达式：$\text{LReLU}(x)=\max(\alpha x, x)$，其中 α 是一个小的常数，如 0.01。

（2）特征：①在 ReLU 的基础上引入了一个小的负斜率，以避免死亡神经元问题；②比 ReLU 更稳定，但可能会产生一些噪声。

5. ELU（exponential linear units）函数

（1）数学表达式：$\text{ELU}(x)=\begin{cases} x, & if \quad x>0 \\ \alpha\left(e^{x}-1\right), & if \quad x\leqslant 0 \end{cases}$，其中 α 是一个小的常数，如 1.0。

（2）特征：①对于负输入，其输出具有指数性质，有助于解决梯度消失问题；②平滑的渐近线有利于模型的收敛。

6. Softmax 函数

（1）数学表达式：$\text{Softmax}(x)_i=\frac{e^{x_i}}{\sum_{j=1}^{n}e^{x_j}}$。

（2）特征：①用于多分类问题，将任意实数向量转化为概率分布的形式；②保证输出向量的元素和为 1。

选择哪种激活函数取决于具体的应用场景和网络结构。通常情况下，深度神经网络中会使用 ReLU 及其变体作为隐藏层的激活函数，而 Sigmoid 或 Softmax 则常常用于输出层进行二分类或多分类预测。

案例：

假设我们在经济学中研究一组公司的财务指标（如市盈率、市净率、收入增长率等）与未来股价之间的关系。我们收集了大量的历史数据，并希望用这些财务指标来预测未来的股价。由于这些财务指标之间可能存在非线性关系，传统的线性回归方法可能无法有效地捕捉这种复杂的关系。此时，我们可以使用神经网络来构建一个非线性的预测模型。

R 语言代码示例：

```
# 加载必要的包
library(neuralnet)
# 假设我们有一个名为 stock_data 的数据框，其中包含响应变量 future_price 和多个预测变量 X1, X2, ..., Xp
data(stock_data)
# 使用 neuralnet 函数拟合神经网络模型
nn_fit <- neuralnet(future_price ~ ., data = stock_data[, -which(colnames(stock_data) == "future_price")],
                    hidden = c(36, 16, 8),
# 隐藏层神经元数量，表示模型有 3 个隐藏层，第一个隐藏层有 32 个节点，第二个隐藏层有 16
```

```
个节点，第三个隐藏层有 8 个节点。
                   act.fct = "logistic" # Sigmoid 激活函数)
```

这个案例展示了如何使用神经网络来分析经济数据，识别哪些财务指标对股票价格具有显著影响，并在此基础上进行有效的预测。

总的来说，神经网络模型是一种强大的机器学习方法，它可以处理非线性问题，具有很好的泛化能力，并且可以自动进行特征选择。然而，神经网络的训练过程通常需要大量的计算资源和时间，尤其是在处理高维数据和大量样本时。此外，神经网络模型的可解释性较差，很难理解其内部工作原理。

13.2.6　随机森林模型

随机森林（random forest，RF）是一种集成学习方法。集成学习是使用一系列的弱学习器（或称为基础模型）进行学习，并将各个弱学习器的结果进行整合从而获得比单个学习器更好的学习效果的一种机器学习方法。集成学习模型有两种常见的算法：Bagging 算法和 Boosting 算法。Bagging 算法的典型机器学习模型为接下来将要介绍的随机森林模型。它通过构建多个决策树并结合它们的预测结果来提高模型的稳定性和准确性。随机森林算法的核心思想是利用随机性来降低模型之间的相关性，从而提高整体模型的泛化能力。具体来说，它包括以下步骤。

第一，从原始数据集中抽取有放回的随机子集作为训练样本：在 Bootstrap 抽样中，我们首先从原始数据集中随机选择一个样本，并将其放入新的训练集中。然后，我们将这个样本放回原始数据集中，以便它有可能被再次选中。我们重复这个过程，直到新训练集中包含了与原始数据集相同数量的样本。

第二，对每个特征进行随机抽样，只使用一部分特征来构建决策树：在这个步骤中，我们对每个特征进行随机抽样，以减少特征之间的相关性。具体来说，我们可以从所有特征中随机选择一部分特征，并只使用这些特征来构建决策树。这样，每棵树都可以专注于学习不同部分的特征空间，从而提高模型的多样性。

第三，根据抽样的训练样本和特征建立多棵决策树，并让每棵树完全生长：在每一轮迭代中，我们都根据上一步骤中的随机抽样结果，为当前轮次构建一棵新的决策树。这棵树将完全生长，这样，每棵树都可以基于不同的样本和特征进行学习，得到各自的决策规则。我们通过这种方式构建多棵决策树，以形成最终的集成模型。

第四，对新的未知数据点，通过所有决策树进行投票或平均，得到最终的预测结果：当我们需要对新的未知数据点进行预测时，我们可以将该数据点输入到每棵决策树中，并获取每棵树的预测结果。如果我们的目标是分类任务，则可以通过多数表决的方式确定最终的类别；如果是回归任务，则可以将所有树的预测结果取平均值，得到最终的预测值。

这种做法可以减少过拟合的风险，并且能够在处理高维数据、缺失值和不平衡数据等方面表现出良好的性能。

案例：

假设我们在经济学中研究一组公司的财务指标（如市盈率、市净率、收入增长率等）与未来股价之间的关系。我们收集了大量的历史数据，并希望用这些财务指标来预测未来的股价。由于这些财务指标之间可能存在非线性关系，传统的线性回归方法可能无法有效地捕捉这种复杂的关系。此时，我们可以使用随机森林来构建一个非线性的预测模型。

R 语言代码示例：

```
# 加载必要的包
library(randomForest)
# 假设我们有一个名为 stock_data 的数据框，其中包含响应变量 future_price 和多个预测变量 X1, X2, ..., Xp
data(stock_data)
# 使用 randomForest 函数拟合随机森林模型
rf_fit <- randomForest(future_price ~ ., data = stock_data[, -which(colnames(stock_data) == "future_price")],
                       ntree = 500, # 决策树数量
                       mtry = sqrt(ncol(stock_data[, -which(colnames(stock_data) == "future_price")])), # 在每次分割时使用的特征数
                       importance = TRUE # 计算特征重要性)
# 在测试集上进行预测
predictions <- predict(rf_fit, newdata = test_data)
```

在这个例子中，我们从一个假设存在的数据框 stock_data 中分离出训练集和测试集。接着，我们使用 randomForest 函数来拟合随机森林模型，并在测试集上进行预测。这个案例展示了如何使用随机森林模型来分析经济数据，识别哪些财务指标对股票价格具有显著影响，并在此基础上进行有效的预测。

总的来说，随机森林模型是一种强大的机器学习方法，它可以处理非线性问题，具有很好的泛化能力，并且可以自动进行特征选择。然而，随机森林模型的计算成本较高，尤其是在处理高维数据和大量样本时。

本章小结

在宏观预测领域，我们已经回顾了八种主流的预测方法：自回归、随机游走、UCSV、主成分回归、惩罚回归、支持向量机回归、神经网络以及随机森林。每种方法都有其独特的优势和适用场景：

自回归模型是一种基于时间序列数据的历史值来预测未来值的方法，它假设当前值与过去值之间存在线性关系。随机游走模型认为资产价格的变化是随机的，不受过去价格的影响，适用于短期预测。UCSV 是一种无参数的非线性回归方法，能够处理非平稳时间序列数据。主成分回归是一种降维技术，

通过提取数据的主要特征来进行预测。惩罚回归通过对模型的复杂性进行约束来防止过拟合，提高预测性能。支持向量机是一种强大的分类和回归工具，能够处理高维数据和非线性问题。神经网络是一种模仿人脑中神经元工作方式的计算模型，可以自动学习复杂的模式和关系。随机森林也是一种集成学习方法，通过构建多棵决策树并结合它们的预测结果来提高模型的稳定性和准确性。

总的来说，选择哪种预测方法取决于具体的应用场景和数据特性。这些方法为我们提供了丰富的工具箱，可以根据需要灵活运用，以获得最佳的预测效果。

本章习题

1. 用于国民经济预测的模型主要可以概述为哪几类?
2. 国民经济预测基本模型中的单变量基准模型包括哪三类模型?
3. 什么是惩罚回归模型？典型的惩罚回归模型有哪些?
4. 如何基于 R 语言来实现神经网络模型?有哪几类常用的激活函数?
5. 请说明主成分回归模型的产生背景，并举例?

第 14 章

国民经济监测预警方法与应用

> 学习目标

1. 掌握国民经济预警基本原理
2. 了解国民经济监测预警方法发展历程
3. 掌握景气预警系统编制及应用

> 知识点摘要

1. 国民经济预警基本原理
2. 宏观经济周期理论
3. 国民经济预警的常用模型
4. 国民经济景气预警应用案例

科学有效的宏观经济治理是实现国家治理体系和治理能力现代化的客观要求，也是构建高水平社会主义市场经济体制的重要组成部分。党的十九届五中全会通过的《中共中央关于制定国民经济和社会发展第十四个五年规划和二〇三五年远景目标的建议》，从全局和战略的高度，对健全宏观经济治理体系、健全宏观经济政策制定和执行机制、提升政府经济治理能力做出系统安排，明确了完善宏观经济治理的战略方向和重点举措。

14.1　国民经济预警基本原理

国民经济预警是在经济周期理论的基础上，通过有关统计和计量方法对国民经济运行过程中可能发生的重大经济波动或者偏差做出准确的预报和分析，为宏观经济调控提供准确的预警、分析及排警建议等，基本内容包括明确警情、寻找警源、分析警兆和预报警度。

14.1.1　国民经济预警的理论及方法概述

1. 国民经济预警的理论基础

国民经济预警方法的理论基础是经济周期波动理论。经济周期（business cycle），又称为经济循环或商业循环，是指市场经济在生产和再生产过程中周期性出现的经济扩张与经济紧缩交替更迭循环往复的一种现象。经济周期表明国民经济的运行具有明显的波动性，具有一定的周期性和阶段性。

（1）经济周期是经济活动的波动形态。宏观经济周期是一个包含经济过度扩张、衰退、底部收缩和复苏等四个阶段的过程。在一个经济周期内，许多经济活动领域的运行节奏都会大同小异，如工业生产、商业销售、劳动力市场等。该过程可以再细分为基钦周期、朱格拉周期、库兹涅茨周期和康德拉季耶夫周期，这四个周期的定义主要根据其时长（表 14-1）。

表 14-1　经济周期的不同类型

周期名称	周期类型	周期长短	周期特点
基钦周期	短周期	平均 3.5 年	库存周期
朱格拉周期	中周期	8～10 年	设备投资周期
库兹涅茨周期	中长周期	15～25 年，平均 20 年	建筑活动周期
康德拉季耶夫周期	长周期	50 年左右（50～60 年，平均 54 年）	技术周期

（2）经济周期波动的类型。古典周期（classical cycle）又称古典循环，表现为经济时间序列“绝对水平”本身的周期性波动。目前美国商务部发布的景气指数仍基于古典循环的概念。增长周期（growth cycle）则是指经济时间序列围绕一上升趋势而波动。在古典周期波动的概念中，趋势要素与循环要素被视为一体而不加分离。在增长周期波动中却是将趋势要素和循环要素相分离，把循环要素的变动看作景气变动，即增长周期波动是循环要素的波动。增长率周期（growth rate cycle）则是指经济指标增长率随时间而发生的波动。为了克服增长循环方法中趋势估计不够准确的难点，20 世纪 80 年代，人们开始使用增长率循环（growth rate cycle）测度经济周期。

（3）经济周期波动的分析法。①基准分法。从景气指标的基准出发，高于基准线的称为景气期（business boom），低于基准线的称为萧条期（business depression）。②方向分法。从景气指标的变化方向出发，从谷到峰的期间称为扩张期（expansion），从峰到谷的期间称为收缩期（contraction），峰到谷或谷到峰的期间称为一个阶段，而两个相同转折点之间的期间称为周期。经济周期波动的基准日期（the reference date of business cycle）是指宏观经济波动达到经济周期的高峰和低谷的时点，即历史上经济周期波动的转折点日期。其一旦确定，周期的持续时间、扩张和收缩时间也就确定了。

基准日期既是分析波动周期及波动特征的主要依据，又是确定经济变量之间时差关系的基准。

2. 国民经济监测预警的方法及模型

经济监测预警方法及模型可以分为指数方法和基于计量经济模型方法两大类，其中，指数方法兼顾监测和预警作用，基于计量经济模型方法侧重于评估和预测。考虑到上述两类模型的特征，常用模型主要包括以下十种。①经济预警指标法：通过对一系列经济指标进行监测，如 GDP、失业率、物价水平、利率等，进行经济运行趋势的预测和评估。当某些关键指标超过设定的阈值时，则发出预警信号。②经济周期分析法：通过分析经济周期，识别经济运行所处的阶段以及可能面临的风险。③经济模型预测法：基于经济理论建立估算模型，比如输入输出模型、计量经济模型、脉冲响应分析模型等，预测经济未来可能的运行路径。④统计学习方法：使用统计方法和 AI 技术，如时间序列分析、回归分析、深度学习、支持向量机等，对大量经济数据进行分析，预测经济发展趋势，发现潜在风险。⑤景气调查法：通过定期或不定期地对企业家、金融机构、政府机构等相关人员进行调查，了解他们对当前经济状况的看法和预期，从而评估经济的景气程度和未来趋势。这种方法可以及时捕捉到市场主体的预期变化，为预警提供更为直接的依据。⑥情景分析法：通过对不同经济发展情景进行分析，评估不同情景下经济可能的发展路径和潜在风险。这种方法可以帮助决策者对未来经济状况进行更为全面和细致的预测，从而制定更为精确的应对策略。⑦大数据分析法：利用大数据技术，对海量的经济数据进行实时监测和分析，发现隐藏的经济规律和趋势。这种方法能够快速地处理大量数据，提供实时的预警信息。⑧复杂系统模拟法：通过建立经济系统的复杂模型，模拟经济系统的运行，预测未来的经济趋势。这种方法可以考虑到各种经济因素之间的相互作用，提供更为精确的预警信息。⑨信号灯预警法：通过设定一系列的信号灯指标，根据这些指标的变化情况发出不同的预警信号。这种方法简单直观，易于理解和应用。⑩混合方法：结合多种预警方法，形成一个综合的预警系统。这种方法可以充分发挥各种预警方法的优势，提高预警的准确性和可靠性。

国民经济监测预警方法的实现需要多方面的技术支持和方法论指导。通过整合这些技术和方法，可以构建一个更为全面、准确、实时的预警系统，为经济决策提供更为科学和有力的支持。同时，还需要不断进行技术更新和方法改进，以适应不断变化的经济环境和决策需求。

14.1.2 国民经济预警流程与预警系统

1. 国民经济预警内容及流程

国民经济预警内容主要包括明确警情、寻找警源、分析警兆、划分警限、预报警度。

（1）明确警情。警情一般用若干重要的经济指标来反映。经济指标主要有两类：一类是关于增长速度的指标，称为甲类警情，如 GDP 增长率、能源原材料生产增长率、农业尤其是粮食生产增长率、社会商品零售总额的增长率、货币供给量的增长率、财政收入增长率等；另一类是关于经济发展质量的指标，称为乙类警情，如通货膨胀率、零售物价指数、财政赤字率、国际收支差额、失业率、资金利税率、资金周转天数、投资率、固定资产投资完成额等。

（2）寻找警源。宏观经济警源主要有四类：一是经济系统的内生警源，如货币发行过多引起严重通货膨胀和物价上涨，分配不公导致比较利益过低的产业急剧衰退，比价关系不顺引起产业结构不合理，经济体制和经济关系调整过快诱发重大经济秩序混乱和重大社会经济矛盾激化等问题；二是经济系统的外生警源，主要是指国际政治经济环境变化引起重大经济波动，如国际政治经济关系变动、国际封锁和经济制裁、贸易条件急剧恶化等；三是自然警源，主要是指自然条件变化引起严重的经济波动，如自然资源储量锐减、自然灾害等；四是非经济性警源，主要是指国内政治和社会动荡对国内经济的严重干扰，如政治动乱、民族纠纷、社会不稳定等。

（3）分析警兆。从经济预警的角度看，警兆有两类。第一类是景气警兆。主要是由警情指标中先行警情指标和来自警源的部分指标构成，如主要工农业产品的波动，主要原材料和能源生产的波动等,它们可以直接反映宏观经济运行过程中景气或警情的程度。第二类是动向警兆。它是由警情发展过程中所产生的外部现象特征指标所组成的，如工资水平与劳动生产率相比增长过快，价格水平与收入水平相比增长过快，信贷规模和投资规模过大等。

（4）划分警限。所谓警限，是指衡量警情强弱程度的数量指标，它是根据历史数据，经过定量分析和定性分析之后人为确定的，是划分经济发展状态的一种数量界限。划分警限是预报警度的基础。划分警限是国民经济预警过程中至关重要的一步，它决定了预警的精度和准确性。警限的划分需要综合考虑历史数据分析和专家判断，通过定性和定量分析来确定各个经济指标在不同经济状态下的阈值范围。在确定警限时，需要特别注意稳定性与动态性的结合，既要保证预警的准确性，也要根据经济环境和数据的变化进行适时的调整。同时，为了提高预警的准确性和可靠性，需要综合考虑多种相关指标，进行多指标的综合分析。

（5）预报警度。根据警情和警兆指标的实际变化情况，依据警限划分标准，分析和判断宏观经济运行状态处在哪一个警限区间内，并据此对警情的强度做出预报，预报警度是国民经济预警的最终目的。

2. 国民经济预警系统

国民经济预警系统是一个涵盖了一系列的预警指标、预警模型和预警机制，旨在对可能发生的经济风险进行预测和预警的综合系统，包括以下三个环节。

（1）监测与预警。首先，通过从各个数据来源（如统计局、金融机构、企业等）收集宏观经济数据，包括 GDP、通货膨胀率、利率、失业率和贸易数据等，使用统计分析、时间序列分析等技术识别数据中的模式和趋势；其次，运用宏观经济理论和历史经验，评估当前经济运行的状况和可能的发展趋势，根据分析结果，当经济运行接近或超过某些设定的阈值时，发出预警信号，提醒决策者关注并采取相应措施。

（2）指标与模型。首先，根据特定时期的经济目标和发展战略，选择一系列关键的经济指标来构建预警体系。这些指标应能够敏感地反映经济运行的变化，并具有一定的前瞻性。其次，利用计量经济学模型[如自回归积分滑动平均（autoregressive integrated moving average，ARIMA）模型、向量自回归模型等]对经济数据进行深入分析，预测未来的经济走势。这些模型可以帮助理解不同经济变量之间的关系，以及它们对未来经济活动的影响。最后，要定期对模型进行验证，确保其准确性，并根据经济发展的实际情况，不断调整和优化预警指标体系和模型。

（3）调控与响应。第一，实施宏观经济调控措施。基于预警结果，为决策者提供针对性的经济调控政策建议，如财政政策、货币政策等。通过预警体系，提前识别可能的经济风险点，采取措施进行预防和化解，降低经济波动对国家经济的负面影响。第二，建立宏观经济响应机制。建立一套应对经济风险的快速响应机制，当接收到预警信号时，能够迅速启动相应的应对策略，减小潜在的经济损失。对已实施的经济调控政策进行持续监控，根据实际效果进行必要的调整。

通过上述三个环节的紧密结合，国民经济预警体系旨在为决策者提供及时、准确的经济运行信息和政策建议，帮助其更好地管理经济活动，防范和化解经济风险，促进经济的稳定和持续发展。

14.2 国民经济预警的常用模型

14.2.1 国民经济预警中的数据预处理

1. 季节数据调整

经济指标预警模型是一个用于提前警示可能的经济风险的重要工具。该模型集成了多个经济时序指标，如GDP、通胀率、失业率、利率、货币供应、政府债务等来预测和早期警示经济风险。宏观经济指标的时间序列数据可以进行因素分解，分解因素包括时间序列的四要素。采用月度或季度数据来进行分析和预警，对于每个经济指标的月度或季度时间序列来说，包含着四种变动要素：长期趋势要素（trend）、循环要素（cycle）、季节变动要素（seasonal）和不规则要素（irregular）。长期趋势要素代表经济时间序列长期的趋势特性。循环要素是以数年为周期的一种周期性变动，它可能是一种景气变动、经济变动或其他周期变动。季节变动要素是每年重复出现的循环变动，以12个月或四个季度为周期的周期性影响，是由温度、降雨、月份、节假日等引起的。不规则要素，其变动无规则可循，这类因素是由偶然发生的事故引起的，如故障、罢工、意外事故、地震、水灾、恶劣气候、战争、法令更改、测定误差等。季节变动要素和不规则要素往往遮盖或混淆了经济发展中的客观变化，给研究和分析经济发展趋势和判断经济处于什么状态带来困难，在经济分析之前，通常采用如下方法将经济时间序列进行分解，剔除其中的季节变动要素和不规则要素。

（1）移动平均法：通过计算一定时间范围内的平均值来消除季节性变动。具体来说，移动平均法将每个季节性周期内的数据加总，然后除以季节性周期的长度，得到一个平均值。这样能够得到消除季节性影响的数据，更好地观察长期趋势。实现比较简单，代码如下。

```
import pandas as pd
 # 假设你有一个名为'data'的 Pandas DataFrame，其中包含时间序列数据
data = pd.DataFrame({
    'date': pd.date_range(start='2022-01-01', end='2022-12-31'),
    'value': range(365)
})
# 将日期设置为索引
data.set_index('date', inplace=True)
# 计算移动平均值，窗口大小为 30 天
data['moving_average'] = data['value'].rolling(window=30).mean()
# 打印结果
print(data)
```

（2）季节性指数法：通过计算每个季节性周期内的相对指数来消除季节性变动。具体来说，季节性指数法将每个季节性周期内的数据除以整个数据集的平均值，得到一个相对指数。然后，将所有的相对指数进行加权平均，得到一个季节性指数。最后，将原始数据除以季节性指数，即可得到消除季节性影响的数据，实现代码如下：

```
import pandas as pd
import matplotlib.pyplot as plt
from statsmodels.tsa.seasonal import seasonal_decompose
  # 假设你有一个名为'data'的 Pandas DataFrame，其中包含时间序列数据
data = pd.DataFrame({
    'date': pd.date_range(start='2022-01-01', end='2022-12-31'),
    'value': range(365)
})
# 将日期设置为索引
data.set_index('date', inplace=True)
# 使用季节性分解函数计算季节性指数
result = seasonal_decompose(data['value'])
# 提取季节性指数
seasonal = result.seasonal
# 计算原始数据与季节性指数的乘积，得到调整后的数据
adjusted_data = data['value'] / seasonal
# 打印结果
print(adjusted_data)
```

常用季节调整模型还包括季节性分解的循环调整模型、自回归积分移动平均模型，即 ARIMA 模型和 X-12-ARIMA 模型等。

2. Hodrick-Prescott 滤波方法

Hodrick-Prescott（HP）滤波方法在经济学中常被用于分析经济数据的变化和趋势。这种方法通过对时间序列数据进行滤波，将数据分解为趋势和周期两个成分，使得我们可以更好地了解经济的长期趋势和短期波动。

在预警经济风险的应用中，HP 滤波法可以分离出经济的长期趋势和短期波动，从而更准确地判断经济的发展方向和风险。例如，在分析 GDP 等宏观经济指标时，通过将原始数据分解为趋势和周期成分，可以发现经济的潜在增长动力和周期性波动，进而对未来的经济走势进行预测和预警。

$$Y_t = Y_t^T + Y_t^c$$

其中，Y_t 表示原始数据；Y_t^c 表示短期波动；Y_t^T 表示长期趋势。最终目的是将长期趋势 Y_t^T 分解出来，通常是求解最小化问题而得出：

$$\min \sum_{t=1}^{T} \{(Y_t - Y_t^T)^2 + \lambda \left[c(L) Y_t^T \right]^2$$

其中，$c(L)$表示延迟算子多项式，$c(L)=(L^{-1}-1)-(1-L)$。

通过求解最小化问题，λ 的取值大小也会影响最小化问题的解。HP 滤波依赖于参数 λ，该参数需要事先给定。λ 的取值需要在趋势要素对实际序列的跟踪程度和趋势光滑程度之间做一个选择。当 λ=0 时，满足最小化问题的趋势序列为 Y_t 序列；随着 λ 取值的增加，估计的趋势变得光滑；当 λ 趋于无穷大时，估计的趋势将接近线性函数。

事实上，可以证明，λ 的取值决定了趋势项中包含的最短周期成分。对于季度数据，通常取 λ 为 1600，称为 HP（1600）滤子。但是，对于年度数据和月度数据，对 λ 的取值并没有达成共识。Ravn 和 Uhlig（2002）的研究表明：λ 的取值应该是观测数据频率的次方，即年度数据应取 λ=6.25，季度数据应取 λ=1600，月度数据应取 λ=129 600。通常根据序列的数据频度不同，λ 设为不同的值：月度数据为 14 400，季度数据为 1600，年度数据为 100。

具体代码实现如下：

```
def hp(y, lamb=10):
    def D_matrix(N):
        D = np.zeros((N-1,N))
        D[:,1:] = np.eye(N-1)
        D[:,:-1] -= np.eye(N-1)
        """D1
        [[-1.  1.  0. ...  0.  0.  0.]
         [ 0. -1.  1. ...  0.  0.  0.]
         [ 0.  0. -1. ...  0.  0.  0.]
         ...
         [ 0.  0.  0. ...  1.  0.  0.]
         [ 0.  0.  0. ... -1.  1.  0.]
```

```
        [ 0.  0.  0. ...  0. -1.  1.]]
        """
        return D
    N = len(ts)
    D1 = D_matrix(N)
    D2 = D_matrix(N-1)
    D = D2 @ D1
    g = np.linalg.inv((np.eye(N)+lamb*D.T@D))@ ts
    return g
```

函数的详细解释如下：

定义了一个嵌套函数 D_matrix(N)，用于生成一个特定的矩阵 D。这个矩阵在 HP 滤波中用于分离趋势和周期性成分。在主函数 hp 中，首先获取时间序列的长度 N。调用 D_matrix(N)函数生成矩阵 D1。调用 D_matrix(N–1)函数生成矩阵 D2。计算矩阵乘积 $D =$ D2 @ D1。使用线性代数方法计算趋势成分 g。这里使用了矩阵求逆和矩阵乘法。返回趋势成分 g。

14.2.2　指标预警模型与灰色模型应用

1. 指标预警模型

指标预警模型是一个用于提前警示可能的经济风险的重要工具。它通过集成多个核心经济指标，如 GDP、通胀率、失业率、利率、货币供应和政府债务等，对潜在的经济风险进行早期预警。该模型利用数学模型对经济数据进行深入分析，挖掘隐藏的经济规律和趋势，从而发现潜在的经济问题。在这一过程中，通常涉及统计学和计量经济学的知识。指标预警模型主要包括以下几个方面。

（1）数据收集：预警模型的建立始于数据收集阶段，这是整个预警过程中至关重要的一环。为了确保预警的准确性和及时性，需要广泛收集历史和实时的经济数据。这些数据不仅包括宏观经济的总体数据，如国家经济账户、货币和信贷情况、劳动力市场动态等，还要深入到特定行业的数据，如房地产市场、股票市场等。此外，全球经济数据也是不可忽视的一部分，因为各国经济之间存在着密切的相互影响。

（2）模型构建：模型构建环节涉及的一项主要工作是根据经济理念和观点选择适当数量和类型的经济指标。再根据历史数据和统计分析来建立模型。常用的模型有：多元线性回归模型、对数线性回归模型、概率模型、时间序列模型和基于机器学习的模型等。

（3）阈值设定与预警出现：在模型构建好之后，我们需要设定每个经济指标的阈值，超过或者是未达到阈值都会发出预警信号。阈值可以根据历史经验和数据统计结果来定，也可以根据不同模型要求来设定。

（4）模型更新：一旦模型建立完成并设定阈值，该模型并非静态的，而是需要定期更新调整以便准确反映当前的经济形势。模型的更新和调整依赖于新的数据和统计分析结果。

（5）分析和决策：预警信号出现后，需要结合其他信息和分析结果对当前和未来的经济形势进行综合判断，并为政策制定者、企业和投资者等提供决策依据。

此外，有一点需要强调的是，尽管模型提供了前瞻性预测，但经济现象与事件通常非常复杂，并受多种无法预测的因素影响，因此对模型的结果始终需要保持审慎态度。

指标预警模型是利用计量经济学建模，广义计量经济学是利用经济学、数学、统计学定量研究经济现象的方法。计量经济方法是运用数学回归分析，研究经济变量之间的定量关系。下面介绍一种常见指标预警模型的构建方法。

2. 灰色模型

灰色模型（grey model）是一种常用的经济预测模型，它适用于样本数据较少、趋势变化较为平稳的情况。该模型具有三大特点。①少样本需求：相比其他经济预测模型，灰色模型对数据样本的需求较少。即使在数据样本较少的情况下，灰色模型仍然可以进行相对准确的预测。②趋势平稳性：灰色模型适用于对趋势变化比较平稳的经济数据进行预测。它通过分析和拟合数据的灰色关联度，研究其趋势，从而对未来进行预测。③可解释性：灰色模型的计算过程相对简单，预测结果较直观，容易理解和解释。灰色模型的数学原理如下：

灰色 GM(1,1)模型就是在给定灰色时间序列的累加生成上用灰色微分拟合方法建立的一阶单变量常系数微分方程，适于描述一个环境相对不变的广义系统，因而是适用于预测的灰色模型，也是灰色预测的基本模型。

建立灰色 GM(1,1)模型设非负的原始等距时间序列为 $X(0)=\{x(0)(1),x(0)(2),\cdots,x(0)(n)\}$，$n$ 为序列长度，对 $X(0)$做一阶累加生成数列序列（1-AGO），即得到一个生成序列 $X(1)=\{x(1)(1), x(1)(2), \cdots, x(1)(n)\}$，其中 $x^{(1)}(k)=\sum_{t=1}^{k}x^{(0)}(t)(k=1,2,\cdots,n)$。对 $X(0)$与 $X(1)$分别进行准光滑性和准指数规律性检验。确定数据矩阵 $B=\begin{bmatrix}-Z^{(1)}(2) & 1\\ -Z^{(1)}(3) & 1\\ \vdots & \vdots\\ -Z^{(1)}(n) & 1\end{bmatrix}$，$Y=\begin{bmatrix}x^{(0)}(2)\\ x^{(0)}(3)\\ \vdots\\ x^{(0)}(n)\end{bmatrix}$，其中 $z(1)(t+1)=0.5x(1)(t)+0.5x(1)(t+1)$，$(t=1,2,\cdots,n+1)$，由最小二乘估计参数列 $\hat{a}=(a,b)^{\mathrm{T}}=(B^{\mathrm{T}}B)^{-1}B^{\mathrm{T}}Y$ 建立生成数据序列模型 $\frac{\mathrm{d}x^{(1)}}{\mathrm{d}t}+ax^{(1)}=b$ 及时间响应式 $\hat{x}^{(1)}(t+1)=\left(x^{(0)}(1)-\frac{b}{a}\right)\mathrm{e}^{-at}+\frac{b}{a}$，建立原始时间序列模型 $\hat{x}(t)=\begin{cases}\hat{x}(1)=\hat{x}^{(0)}(1)\\ \hat{x}^{(1)}(t)-\hat{x}^{(1)}(t-1)\end{cases}$。以下是灰色模型 GM(1,1)的 Python 代码实现样例。灰色模型 GM(1,1)是一种用于解决小样本、不完全信息预测的方法，下面的例子中，data 变量中存放的是进行预测的时序数据。

```
import numpy as np
```

```
import pandas as pd
from scipy.optimize import curve_fit
# 初始化数据
data=pd.Series([2.56, 2.66, 2.77, 2.96, 3.36, 3.62, 3.71, 4.16, 4.28, 4.62])
# 计算累加生成序列
def cumsum(sequence):
    res = []
    for i in range(len(sequence)):
        res.append(sum(sequence[: i+1]))
    return res
cumdata = cumsum(data)
# 构建数据矩阵 B 和数据向量 Y
B = np.zeros([len(data)-1, 2])
Y = np.zeros([len(data)-1])
for i in range(len(data)-1):
    B[i] = [-0.5*(cumdata[i]+cumdata[i+1]), 1]
    Y[i] = data[i+1]
# 计算 GM(1, 1)模型参数
a, u = np.linalg.lstsq(B, Y, rcond=None)[0]
a = float(a)
u = float(u)
# 建立灰色预测函数
def grey_model(x, a, u):
    return (data[0]-u/a)*np.exp(-a*(x-1))+u/a
# 用 curve_fit()函数，快速得到灰色预测函数的参数
popt, pcov = curve_fit(grey_model, np.arange(1, len(data)+1), data)
# 预测下一期的值
next_data = grey_model(len(data)+1, popt[0], popt[1])
print('GM(1, 1)预测下一期的值是：', next_data)
```

在上述程序中：

（1）初始化时间序列数据，然后计算出其累加生成序列。

（2）创建数据矩阵 B 和数据向量 Y。这两个变量将用于计算模型参数。

（3）使用 numpy 的 linalg.lstsq 函数根据数据矩阵 B 和数据向量 Y 计算模型参数。

（4）我们根据这些参数建立灰色预测函数。

（5）我们使用 curve_fit 函数找到预测函数的最佳参数，并使用这些参数对下一期的值进行预测。

14.2.3　景气指数与景气预警系统

景气指数预警法是通过构建多维指标体系，综合监测和预测宏观经济运行状态的分析方法。宏观经济景气指数主要包括先行指数、一致指数、滞后指数和预警指数等。编

制宏观经济景气指数主要有合成指数法、扩散指数法等方法。

1. 历史扩散指数

历史扩散指数（historical diffusion index，HDI）被定义为一系列经济指标在某一特定时期内变化的分散程度，该指数适用于确认过去的景气变动模式和转折点的位置。根据 HDI 可以初步确定基准日期，然后根据经济周期波动年表和专家意见再进行检验和修订，最终确定基准日期。计算 HDI 和确定基准日期的方法具体分为以下四步。

（1）从经济各领域中选择比较重要而且被认为其变动与经济周期波动大体上一致的经济指标 5～10 个。

（2）对每个指标进行季节调整，然后利用 Bry-Boschan 方法确定每个指标的峰、谷日期。

（3）计算变化方向表。对每个序列由谷到峰期间均规定是上升的，都标上统一符号“+”，峰本身也标以“+”；由峰到谷期间均规定是下降的，都标以统一符号“–”，谷本身也标以“–”，这样就得到一个变化方向表。每个月上升指标的个数占总指标个数的百分比就是 HDI。

（4）HDI 穿过 50%线的时点。由下方向上方通过 50%线之前的月份就是经济周期波动谷的基准日期，而由上方向下方通过 50%线之前的月份就是经济周期波动峰的基准日期。由 HDI 确定的基准日期一般要根据专家意见进行修正，并去掉较短的波动，如不超过 6 个月的峰或谷，由此得到与历史经济周期波动更加吻合的基准日期。

2. 扩散指数

每一个经济周期都包括扩张和收缩两个阶段。经济繁荣时，各种经济活动活力增强，大部分经济指标持续上升。当景气迎来成熟阶段后，部分指标开始改变方向，下降的指标开始增多，当保持上升的指标与转为下降的指标均等时，即是景气由扩张局面向收缩局面变换的转折点（景气的峰）。其后，下降的指标逐渐占上风，经济进入萧条期，大部分指标在收缩期里保持下降趋势。再往后，景气的前景又明朗起来，数个指标转向上升，景气开始恢复。当仍在下降的指标和转而回升的指标均等时，即是景气由收缩局面向扩张局面变换的转折点（景气的谷)。因此，扩散指数（diffusion index，DI）的基本思想是把保持上升（或下降）的指标占上风的动向看作景气波及、渗透的过程，景气综合用来把握整个景气状况。利用各种景气指标选择方法，可以从大量的经济指标中选择出先行、一致、滞后三类指标组，分别计算三类指标组的扩散指数。

扩散指数又称扩张率，它是对各个经济指标循环波动进行测定的基础上，所得到的第 t 月扩张（上升）指标个数占所采用指标个数的比率，即

$$\mathrm{DI}(t)=\sum_{i=1}^{N}W_i I\left(X_i(t)\right)\geqslant X_i(t-j)\times 100\%$$

其中，$\mathrm{DI}(t)$ 为 t 时刻的扩散指数；$X_i(t)$ 为第 i 个变量指数在 t 时刻的波动测定值；W_i 为第 i 个变量指标分配的权数；N 为变量指标总数；I 为示性函数；j 为两比较指标值的时

间差。若权数相等，则公式化简为

$$\mathrm{DI}(t)=\frac{1}{N}\sum_{i=1}^{N}\frac{I\left(X_i(t)\right)\geqslant X_i(t-j)}{N}\times 100\%$$

如何判断一个指标的扩张与否取决于比较基期，一般来说把本月值与它上个月的值相比是最理想的。但是这种方法编制的扩散指数有可能因不规则变化而产生偏差，为了避免这种偏差，可考虑用 3 个月做比较间隔。例如一指标序列对应于 1 月，2 月，3 月，…的数值为 x_1，x_2，x_3，…。要求 4 月份的数值与 1 月份的数值相比较，即考虑 x_4-x_1。由于

$$\frac{x_4-x_1}{3}=\frac{x_2+x_3+x_4}{3}-\frac{x_1+x_2+x_3}{3}$$

于是 4 月份的数值与 1 月份数值相比较的变化方向同 3 月份的 3 项移动平均与 2 月份的 3 项移动平均相比较的变化方向一致。后者比较稳定，故在扩散指数的制作中一般要求与前 3 个月值相比较。

在确定了指标的变化方向之后，增长加速的指标赋值为 1，减速的指标赋为 0，既没加速也没减速的指标赋值为 0.5，加权平均的结果即为扩散指数。具体计算分为以下四步。

第一步，收集整理或计算各指标各月增长率，然后消除季节变动和不规则变动影响，从而使计算所得的各指标循环序列比较稳定地反映循环波动，即分离出循环部分。

第二步，将每个指标当月增长率与其比较基期的增长率相比，若当月值大，则为扩张，此时 DI=1；若当月值小，则为收缩，此时 DI=0；若两者基本相等，则 DI=0.5。

第三步，将这些指标升降应得的数值相加，即得出“扩张的指标数”，即在特定时刻扩张的变量个数。

第四步，以扩张指标数除以全部指标数，乘以 100%，即得扩散指数。在分析扩散指数时，扩散指数大于 50%还是小于 50%是重要的，而百分比的水平没有更大的意义。

3. 合成指数

合成指数（composite indexes，CI），也被称为景气综合指数，由多个对经济景气敏感的指标的加权平均构成。它不仅可以预测经济周期波动的转折点，而且可以在一定程度上衡量经济周期波动的幅度。与扩散指数类似，合成指数也是从各种主要经济活动中选取敏感指标，通过这些指标的变化率来反映经济景气的变动。合成指数包括先行、一致和滞后指标组，这些组的功能类似于扩散指数。因此，扩散指数和合成指数通常使用相同的指标组。

接下来，将重点介绍美国经济周期研究所（Economic Cycle Research Institute）基于“增长率循环”的合成指数计算方法。该方法的计算步骤大致可以分为以下几个步骤。

（1）计算指标的对称变化率并进行标准化处理。设指标 $Y_{ij}(t)$ 为第 j 指标组的第 i 个指标；$j=1,2,3$，分别代表先行指标组、一致指标组和滞后指标组；$i=1,2,\cdots$，Y_j 为组内指

标的序号；Y_j 为第 j 指标组的指标个数；n 为样本个数。先对 $Y_{ij}(t)$ 求对称变化率 $C_{ij}(t)$。

$$C_{ij}(t)=\frac{Y_{ij}(t)-Y_{ij}(t-1)}{Y_{ij}(t)+Y_{ij}(t-1)}\times 200 \quad (t=2,3,\cdots,n)$$

为了防止变动幅度大的指标在合成指数中取得支配地位，各指标的对称变化率都会进行标准化，时期平均绝对值等于 1，求标准化因子 A_{ij}：

$$A_{ij}=\sum_{t=2}^{n}\frac{\left|C_{ij}(t)\right|}{n-1}$$

用 A_{ij} 将 $C_{ij}(t)$ 标准化，得到标准化变化率 $S_{ij}(t)$：

$$S_{ij}(t)=\frac{C_{ij}(t)}{A_{ij}} \quad (t=2,3,\cdots,n)$$

（2）分别求出各指标组的标准化综合变化率。

$$R_j(t)=\frac{\sum_{i=1}^{k_j}S_{ij}(t)\cdot w_{ij}}{\sum_{i=1}^{k_j}w_{ij}} \quad (j=1,\ 2,\ 3;\ \ t=2,3,\cdots,n)$$

在这个公式中，$R_j(t)$代表第 j 组中所有变量的加权平均值，$S_{ij}(t)$代表第 j 组中的第 i 个变量在时刻 t 的值，w_{ij} 代表第 j 组中的第 i 个变量的权重，k_j 代表第 j 组指标的数量。也可采用 Moore 和 Shiskin（1967）设计的评分系统计算，即考虑指标的经济重要性、统计适当性、与经济周期的同步性、与经济周期时间关系的紧密性、数据报道的时效性及时间序列的平滑性，不过，评分系统计算的权重并没有受到重视，因为与按照等权重方式计算出来的指数相比，为指标赋予权重并不能得到更多的有用信息。

然后计算标准化因子 F：

$$F_j=\left|\frac{\sum_{t=2}^{n}R_j(t)}{n-1}\right|\left|\frac{\sum_{t=2}^{n}R_2(t)}{n-1}\right| \quad (j=1,2,3)$$

计算标准化综合变化率：

$$V_j(t)=\frac{R_j(t)}{F(j)} \quad (t=2,3,\cdots,n)$$

这样做目的是增强先行指数、一致指数、滞后指数三个指数的可比性，将它们作为协调一致的体系来运用。

（3）求出合成指数。

$$C_{ij}(t)=C_{ij}(t-1)\times\frac{200+V_j(t)}{200-V_j(t)}\quad(j=1,2,3;t=2,3,\cdots,n)$$

以上是计算合成指数的一般步骤及相应的公式。这些步骤可以帮助分析者综合考虑多个指标的变化情况，从而得出合成指数以反映总体变化趋势。

4. 景气指数与景气指数法

国民经济景气指数是一种用来衡量一个国家或地区经济状况的经济指标，也被视为预测经济走势的重要工具。景气指数由一系列重要的宏观经济指标组成，如 GDP 增长率、就业率、工业产出、消费者信心等。当这些指标的真实值或趋势发生显著改变时，可能就预示着经济将进入新的阶段，比如从扩张转向衰退，或者从衰退恢复。经济预警的景气指数主要包括以下几种。

（1）宏观经济景气指数：也称为经济预警指数，是一套综合性的经济指标体系，通过对多个经济指标的综合分析来反映宏观经济运行态势。宏观经济景气指数包括预警指数、一致指数、先行指数和滞后指数等。预警指数用于判断当前经济是否过热或过冷，而一致指数则反映总体经济的基本走势。先行指数和滞后指数则分别用于预测未来经济走势和确认经济循环的峰谷。

（2）企业景气指数：反映企业家对当前经济形势和企业经营状况的看法和预期。通过问卷调查的方式收集企业家的评分，并计算出景气指数。该指数通常以 100 为基数，大于 100 表示景气状态，小于 100 则表示不景气状态。

（3）消费者信心指数：通过调查消费者的收入预期、就业预期和消费预期等来反映消费者的信心水平。该指数以 100 为基数，大于 100 表示消费者信心较高，小于 100 则表示消费者信心较低。

（4）行业景气指数：针对特定行业或领域的经济指标，用于反映该行业的经济状况和未来趋势，如房地产景气指数、旅游业景气指数等。行业景气指数通常由该行业内的重要企业和专家进行评估和预测，并结合相关经济指标进行分析得出。

景气指数法是一种常用的宏观经济预警方法。它主要通过对一系列经济指标的统计分析来判断经济运行的情况和未来走势。主要包括以下步骤。

（1）指标选择：选择具有代表性的宏观经济指标进行监测。这些指标通常包括 GDP、消费者价格指数、工业生产量指数、固定资产投资、劳动市场状况、财政收支和货币供应等。

（2）指标处理：对经济指标进行统一的处理，如对数化、季节调整和去趋势等，这一步的目的是让各指标可以在同一标准下进行比较。

（3）指数计算：基于处理好的指标计算出景气指数，这一步一般会用到主成分分析等统计方法。景气指数是一个可以综合反映经济活动状况的一维度量。

（4）预警判断：对景气指数进行解读和判断。一般来说，如果景气指数高于某一阈值，那么可能意味着经济处于扩张阶段；如果景气指数低于某一阈值，那么可能意味着经济处于衰退阶段。

该方法具有实际操作简单、能够全面反映经济运行状态的优点。但是，它的效果会受到选取的经济指标、指标处理方法和计算方式等多方面因素的影响。在实际应用中，需要根据实际情况进行灵活应用并结合其他经济分析方法进行综合判断。

5. 监测指标的计算方法

监测指标临界值是指与某一特定分值相对应的指标取值。其作用是在适当的假定下将监测指标的取值转换成0到100之间的分值。每个监测指标应根据实际情况设定几个临界值，当与经济运行状态之间的关系较复杂时，需要设定更多的临界值；若为线性关系，则仅需两个临界值。通常情况下，每个监测指标设定6个临界值，分别对应分值0、20、40、60、80和100，并分别称为最小临界值、严重过冷临界值、适度下限、适度上限、严重过热临界值和最大临界值。测算临界值的方法有三种：经验分析法、影响因素分析法和数量关系推算法。

1）经验分析法

经验分析法的第一步是按大多数人的看法确定以往各年经济所处的运行状态，并剔除一些争议过大的年份。第二步是计算监测指标在各种运行状态的平均值，并作为确定相关临界值的依据。确定适度上限和适度下限的依据是历史平均水平、正常年份的平均值、按波动过程划分的时期平均值；确定严重过热临界值的依据是历史上经济过热和严重过热时期的平均值；确定严重过冷临界值的依据是历史上经济过冷和严重过冷时期的平均值；确定最大临界值和最小临界值的依据是历史上的最大值和最小值。

用经验分析法来测算临界值对历史数据有较高要求。一是数据序列必须要有足够的时间长度，至少要包括两个完整波动过程；二是各种经济运行状态在以往波动中均出现过。若不满足这两个要求，经验分析法就只能用于测算部分临界值，并且可靠性也较差。经验分析法测算的临界值一般只能作为初步结果，用作进一步分析的参考。

2）影响因素分析法

若要确定对未来经济情况的适用性，则必须进一步观察影响经济长期发展的因素有没有发生较大变化。以经济增长速度的临界值来说，其取值高低主要与潜在经济增长速度有关，若决定潜在经济增长速度的因素发生变动，如资本使用效率的变化、全社会储蓄率的变化、资源约束的变化、技术进步速度的变化，那么临界值水平就要做相应调整。

3）数量关系推算法

各种经济监测指标之间存在着多种数量依存关系，如总需求增长率可分解为经济增长率和通货膨胀率，货币供应量增长率可分解为货币流通速度变化率和总需求增长率。依据这些数量关系，可根据某些指标的临界值推算出其他指标的临界值。

14.3 国民经济预警的应用案例

结合上节模型特征，本文通过具体案例和专题介绍来进一步深刻理解国民经济预警模型在宏观经济管理和调控中的作用。

14.3.1　指标预警模型的应用案例

国民经济指标预警模型在许多场景中都有应用，主要用于提前预警经济风险，以便于政府、企业和投资者提前做出符合实际情况的决策。以下是金融危机预警的应用案例：在 2008 年国际金融危机后，许多经济学家和政策制定者开始寻找有效的宏观经济指标预警模型，以识别出类似危机发生前的迹象。例如，许多金融机构和政策制定者开始关注债务水平，包括私人部门和公共部门的债务，以及国家的对外债务。同时，也关注像房地产市场这样的不动产价格、银行负债结构，甚至是全球资本流动的变化。当这些指标的变化超过某个阈值时，预警模型就会发出警报，以便于相关方采取行动。这类模型的应用，可以帮助政策制定者更早地发现可能的问题，并得以及时采取行动来防止风险扩大，或者至少将其影响降到最低，也可以帮助企业及时调整策略，防止在经济风险面前损失过大。同样，模型也能辅助投资者做出投资决策，例如在预测到金融市场可能下跌时，及时调整投资组合，降低风险。需要注意的是，虽然宏观经济指标预警模型能提供一定的预测，但是由于宏观经济受众多复杂因素影响，预测可能并不总是准确，所以使用这种模型时要考虑到其局限性。

专题一：宏观经济景气预警系统应用

（一）《世界经济展望报告》《全球经济展望》：《世界经济展望报告》是国际货币基金组织的旗舰报告之一。国际货币基金组织通常每年在其和世界银行的春季会议和秋季年会期间分别发布上、下半年的《世界经济展望报告》。涵盖了全球各国和地区的经济增长、通货膨胀、失业率、贸易和金融市场等方面的数据和趋势分析。世界银行根据全球各经济体宏观经济数据，通过景气预警系统，预测全球经济走势，并在全球经济展望报告中公布。通过这个景气预警系统，可以提前预警全球经济危机或周期性波动，有助于世界各国政策制定者实现全球经济的持续、健康发展。该系统不仅为政府、企业和投资者提供决策参考，还在国际金融政策制定、全球经济合作和发展中发挥着重要作用。国际货币基金组织的经济预测和分析被广泛视为全球经济状况的权威参考，为各国政府和国际组织提供数据支持，有助于更好地了解全球经济的发展趋势，促进国际金融合作和政策协调。

如 2024 年第一期《世界经济展望报告》阐述了在货币政策紧缩、金融条件受限、全球贸易投资疲软等因素作用下，全球经济增速将进一步放缓。下行风险包括近期中东地区冲突升级、金融压力、通胀持续、贸易割裂以及气候相关的灾害。需要全球合作来提供债务减免、促进贸易一体化、应对气候变化以及缓解粮食不安全问题。三分之二的发展中国家——特别是大宗商品出口国——可以采取哪些措施来避免繁荣与萧条的周期变化。报告发现，这些国家政府往往采取加剧繁荣和萧条的财政政策。例如，如果大宗商品价格上涨带来 1 个百分点的经济增长，政府增加支出的方式就会使经济增长再提高 0.2 个百分点。一般来说，经济形势好的时候，财政政策往往会使经济过热。而在经济不景气时，财政政策则加深了低迷。与其他发展中经济体相比，出口大宗商品的发展中经济体的这种“顺周期性”要高出30%，财政政策波动性要高出40%。

财政政策更高的顺周期性和波动性带来的不稳定因素长期拖累了发展中经济体大宗商品出口国的增长前景。但这种拖累可以减轻，包括通过建立有助于节制政府支出的财政框架，采用灵活的汇率制度，以及避免限制国际资本流动。平均而言，这些政策措施可以帮助发展中经济体大宗商品出口国每四五年将人均 GDP 增长率提高一个百分点。各国建立主权财富基金以及其他应急基金以备不时之需也是有益之举。

（二）美国国家经济研究局：美国国家经济研究局（National Bureau of Economic Research，NBER）是美国一家非营利性经济研究机构，总部位于马萨诸塞州剑桥市。NBER 通过开展高质量的经济研究，促进对经济现象和政策的理解，为政策制定者、学者和公众提供有关经济问题的可靠信息和分析。NBER 设有商业周期测定委员会，来确定美国宏观经济周期的波峰和波谷。它的任务主要是通过对广泛经济活动进行深入研究，以明确经济扩张和衰退期。这是一个典型的国内宏观经济景气预警系统。其中最著名的贡献之一是对商业周期的研究。该机构的经济学家们通过对宏观经济数据的分析和研究，提出了对商业周期的定义、测度和理解，为经济周期研究提供了重要的理论和实证基础。NBER 的研究成果对于理解和预测经济衰退、复苏和增长阶段，以及制定应对经济周期的政策具有重要意义。

（三）日本内阁府经济社会综合研究所（Cabinet Office, Economic and Social Research Institute）：该机构负责对日本经济景气状况进行判断和分析，发布的经济景气判断报告对政府决策、企业投资和民众消费等方面具有重要影响。其判断主要基于对宏观经济数据、企业调查和消费者信心等多方面的分析，以及对国内外经济形势的评估。

日本内阁府经济社会综合研究所的景气判断报告被广泛视为对日本经济状况的权威评估。政府部门、企业和投资者都会密切关注该报告，以便根据其判断结果来制定经济政策、制订商业计划和投资决策。因此，该机构的景气判断对于引导经济政策和指导市场行为具有重要作用，也为公众提供了对经济形势的重要参考。这些宏观经济景气预警系统运用大量的经济数据和分析结果，通过专家的判断，为决策者、企业和投资者提供决策依据，以应对可能的经济风险和问题。

（四）欧洲经济研究中心是欧洲地区的主要经济预警机构之一，成立于1990年。它的主要任务是监测和预警欧洲经济状况，为政策制定者提供有关欧洲经济的分析和建议。欧洲经济研究中心通过收集和分析欧洲各国和地区的宏观经济数据，运用先进的景气预警系统，预测欧洲经济的走势和潜在风险。欧洲经济研究中心的预警分析不仅覆盖了经济增长、通货膨胀、贸易和金融市场等方面，还涉及就业、产业、投资和科技创新等多个领域。这些分析结果为政策制定者提供了重要的决策参考，有助于欧洲各国政府更好地应对经济挑战和促进经济发展。除了为政府提供服务，欧洲经济研究中心还与国际货币基金组织等国际机构保持密切合作，共同监测全球经济状况和政策协调。通过与世界银行等机构的合作，欧洲经济研究中心为促进欧洲和全球经济的稳定与发展做出了积极贡献。

14.3.2　景气预警系统的应用案例

1. 经济景气预警系统

经济景气预警系统是以经济周期波动理论为依据，根据经济波动的周期及规律性，建立的反映经济运行轨迹的监测预警系统。宏观经济景气分析方法，是把一系列重要的宏观经济指标，划分为超前、同步和滞后三类指标，并以此建立各种指数或模型来描述宏观经济的运行状况和预测未来走势。它通过类似于一组交通管制信号：红（过热）、黄（趋热）、绿（正常）、浅蓝（趋冷）、蓝（冷）灯的标识，对这组指标和各综合指数当时的周期波动状况发出预警信号，通过观察信号的变动情况，来判断未来经济增长的趋势（表 14-2）。

表 14-2　宏观经济景气检测信号图（1~12 月）

指标	月份											
	1	2	3	4	5	6	7	8	9	10	11	12
国内生产总值	G	G	G	G	G	G	G	G	G	G	G	G
工业总值	R	R	R	R	R	R	R	R	R	R	R	R
社会消费品零售总额（实际）	G	G	Y	Y	Y	Y	Y	G	G	G	G	G
外贸出口总值	LB	LB	LB	G	G	G	Y	R	R	R	R	R
固定资产投资	G	G	G	G	G	G	G	G	G	G	G	G
金融贷款余额	LB	LB	LB	LB	B	B	B	B	B	B	LB	LB
全市财政收入	G	G	G	G	G	G	G	G	G	G	G	G
城镇居民人均可支配收入（实际）	G	G	G	G	G	G	G	G	G	G	G	G
城市居民人均消费支出	B	LB	LB	B	B	B	B	B	B	B	B	B
居民消费价格指数	B	B	B	B	B	B	B	B	B	B	B	B
综合分数（分）	G	G	G	G	G	G	G	G	G	G	G	G
	26	27	28	28	27	27	28	28	28	28	29	30

注：红灯，R（热，40 分以上）；黄灯，Y（趋热，35～40 分）；绿灯，G（稳定，25～35 分）；浅蓝灯，LB（趋冷，20～25 分）；蓝灯，B（冷，20 分以下）

2. 应用案例：中国中小工业企业景气监测预警系统

随着我国经济转轨步伐的加快，作为非公有制经济主要形态的中小工业企业在取得了快速发展的同时，企业所面临的外部环境也时刻发生着变化。研究中小工业企业的整体变化趋势是基于微观基础研究宏观经济变动的一个重要途径，对于了解经济整体运行情况无疑具有十分重要的现实意义。本案例通过指标筛选，选出了对中小工业企业各部门运行状况反应灵敏性较高的预警指标构成了预警指标组（表 14-3）。

表 14-3　我国中小企业的景气指标组

指标类型	指标名称
先行指标	应交增值税增长率
	利润总额增长率
	产品销售收入增长率
	流动资产余额增长率
	资产合计增长率
滞后指标	产成品库存增长率
	亏损企业亏损额增长率
	从业人员人数增长率

通用的景气指数方法，根据中小工业企业实际经济统计数据，研制了反映中小工业企业经济运行状况的景气指数和预警信号系统，并建立了相应的中小工业企业景气监测预警系统（图 14-1）。

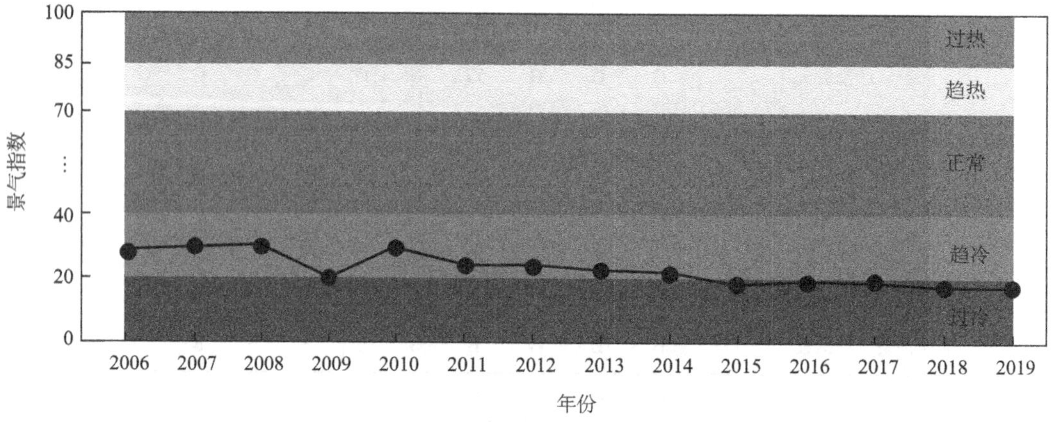

图 14-1　中小工业企业景气监测预警系统

由图 14-1 可以看出中小工业企业的景气指数自 2006 年 1 月进入趋冷的“浅蓝灯区”，在该区域持续数年之久后于 2015 年 1 月进入过冷区域——“蓝灯区”，之后景气信号虽有所波动，但波动幅度不大。

Python 代码示例：

以上案例实现的 Python 程序代码如下。

1）计算景气指标

```
def calculate_index(data):
    # 数据处理和权重分配
```

```
    #processed_data = preprocess_data(data)
    weights = [0.12, 0.15, 0.18, 0.12, 0.15, 0.12, 0.15, 0.12]

    # 合成景气指数
    synthetic_index = sum(a * b for a, b in zip(data, weights)) / sum(weights)
    return synthetic_index

def divide_light_zone(synthetic_index):
    if 85 <= synthetic_index < 100:
        return "红灯区，过热"
    elif 70 <= synthetic_index < 85:
        return "黄灯区，趋热"
    elif 40 <= synthetic_index < 70:
        return "绿灯区，正常"
    elif 20 <= synthetic_index < 40:
        return "浅蓝灯区，趋冷"
    else:
        return "蓝灯区，过冷"

# 输入数据并处理
data1 = int(input('应交增值税增长率:')) # 一致指标
data2 = int(input('利润总额增长率: ')) # 一致指标
data3 = int(input('产品销售收入增长率: ')) # 一致指标
data4 = int(input('从业人员人数增长率: ')) #滞后
data5 = int(input('资产合计增长率: ')) #一致
data6 = int(input('产成品库存增长率: ')) # 滞后
data7 = 100 - int(input('亏损企业亏损额增长率: ')) # 滞后
data8 = int(input('流动资产余额增长率: ')) # 一致
data = [data1, data2, data3, data4, data5, data6, data7, data8]
synthetic_index = calculate_index(data)
light_zone = divide_light_zone(synthetic_index)
print(light_zone)
##################################################
```

2）景气指标数据可视化

```
import pandas as pd
import matplotlib.pyplot as plt
df = pd.read_excel(r'**** \八项数据.xlsx')
plt.rcParams['font.sans-serif']=['SimHei'] #显示中文

# 计算每一个指标的方差，确定信息熵
var1 = 1/df.iloc[:, 2].var()
var2 = 1/df.iloc[:, 4].var()
var3 = 1/df.iloc[:, 6].var()
```

```
var4 = 1/df.iloc[:, 8].var()
var5 = 1/df.iloc[:, 10].var()
var6 = 1/df.iloc[:, 12].var()
var7 = 1/df.iloc[:, 14].var()
var8 = 1/df.iloc[:, 15].var()
var = [var1, var2, var3, var4, var5, var6, var7, var8]
total_var = sum(var)
weight = [(num/total_var)*100 for num in var]
print(weight)

index = df.apply(lambda x:
              x.iloc[2]*weight[0]+x.iloc[4]*weight[1]
              +x.iloc[6]*weight[2]+x.iloc[8]*weight[3]
              +x.iloc[10]*weight[4]+x.iloc[12]*weight[5]
              +x.iloc[14]*weight[6]+(1-x.iloc[15])*weight[7]
              , axis=1)
index = index.dropna()
time = [2006, 2007, 2008, 2009, 2010, 2011, 2012, 2013, 2014, 2015, 2016,
2017, 2018, 2019]
 fig, ax = plt.subplots()
# 设置横纵坐标细节
ax.set_xticklabels(time, rotation = 45)
ax.set_xticks(time)
ax.set_ylim(0, 100)
ax.set_yticks([0,20,40,70,85,100])
ax.set_aspect(0.05)
 # 设置 y 轴的颜色
plt.fill_between(time, 0, 20, color='blue')
plt.fill_between(time, 20, 40, color='dodgerblue')
plt.fill_between(time, 40, 70, color='green')
plt.fill_between(time, 70, 85, color='yellow')
plt.fill_between(time, 85, 100, color='red')
for label in ax.get_yticklabels():
   if int(label.get_text()) < 20:
      label.set_color('dodgerblue')
   elif int(label.get_text()) < 40:
      label.set_color('blue')
   elif int(label.get_text()) < 70:
      label.set_color('green')
   elif int(label.get_text()) < 85:
      label.set_color('yellow')
   else:
      label.set_color('red')
```

14.3.3　大数据预警系统的应用案例

随着大数据技术的快速发展，国家统计局开始探索将大数据技术应用于国民经济预警。通过对海量的互联网数据、社交媒体数据、金融市场数据等进行分析，建立了一个基于大数据的经济预警模型。

大数据预警系统首先通过爬虫技术从互联网上抓取了大量的经济相关数据，包括新闻报道、论坛讨论、社交媒体分享等。然后，利用自然语言处理技术对这些非结构化数据进行清洗和预处理，提取出与经济相关的关键词和主题。接下来，基于时间序列分析和机器学习算法，对这些关键词和主题进行趋势分析和预测。

通过监测和预测关键词和主题的变化趋势，该模型能够及时发现经济运行中的异常情况，并发出预警信号。例如，当模型监测到"失业率"这个关键词的搜索量突然增加，并且相关的负面情绪词汇也增多时，模型就会发出预警信号，提示决策者关注可能出现的经济风险。除了预警功能，该模型还能够提供政策建议。通过对不同政策的影响进行模拟和预测，为决策者提供更加科学和全面的政策制定依据。例如，决策者可以根据模型预测的未来经济走势，制定相应的财政政策和货币政策，以促进经济的稳定发展。通过应用大数据技术，国家统计局成功地建立了基于大数据的经济预警模型，为国民经济预警提供了新的思路和方法。这种模型不仅提高了预警的准确性和时效性，还为政策制定提供了更加科学和全面的依据，有助于更好地管理经济活动和防范经济风险。

大数据作为政府统计数据来源的"第二轨"（或新兴之轨），应用领域非常广泛，几乎覆盖数据采集、处理、存储、分析和发布等整个统计过程。近些年来，我国政府统计积极开展大数据应用，取得显著成效。在核算、工业、能源、投资、经贸、人口、社会、科技、农业、价格、住户、服务业等领域，广泛使用部门行政记录、互联网电子化数据等大数据作为常规统计调查数据的补充，提高统计调查结果的科学性。将大数据方法应用到数据质量问题查找、数据质量审核评估等工作环节，提升统计数据质量，为遏制统计造假提供新技术新手段，在提升统计数据准确性可靠性方面发挥了积极作用。利用大数据开展专业统计评估，补充常规统计调查短板，完善统计调查方法，改进数据生产方式，拓展统计调查指标体系， 提升统计调查质量和效能。利用大数据改进数据处理、分析和共享机制，进一步提高开发应用数据的能力，增强统计分析、监测和预警的准确性时效性。整体而言，目前我国政府统计运用大数据工作已经走在全球前列，和主要发达国家与地区基本站在同一起跑线上。

本章小结

国民经济预警是宏观经济工作中的重要任务之一。经济预警方法以宏观经济周期理论为基础，运行宏观计量经济模型、统计学理论以及数据驱动的人工智能方法对国民经济系统运行趋势进行监测预警，为宏观经济部门经济政策制定和实施提供重要理论和数据支持。本章以国民经济预警基本理论、常用模型和应用案例为主要内容，通过本章学习，掌握国民经济预警方法和应用场景，并能够建设国民经济预警系统。

本章习题

1. 简述预警指标的分类与选择。
2. 简述景气指数的定义与分类。
3. 试述宏观经济预警的性质、功能与结构。
4. 试述景气指数预警法的基本原理与应用。
5. 实践练习题。

项目一：数据收集与处理

（1）选择一个具体的经济领域（如房地产、股市、进出口等），并确定该领域的经济指标。

（2）查找并收集相关经济数据，确保数据的可靠性和时效性。

（3）对收集到的数据进行清洗和整理，确保数据的准确性和一致性。

（4）对数据进行初步的分析，了解数据的分布和特征。

项目二：经济预警模型构建

（1）确定适合该经济领域的预警模型，如时间序列分析、回归分析、机器学习等。

（2）根据所选择的模型，选择合适的算法和参数。

（3）利用处理后的数据训练预警模型，并进行模型的验证和优化。

（4）使用模型进行经济预警分析，预测未来的经济走势。

项目三：预警报告撰写

（1）根据预警模型的分析结果，撰写一份关于该经济领域的预警报告。

（2）预警报告应包括以下内容：当前经济形势的评估、未来经济走势的预测、潜在的风险点、政策建议等。

（3）确保预警报告的逻辑清晰、条理分明，易于理解。

参考文献

埃尔霍斯特 J P. 2015. 空间计量经济学: 从横截面数据到空间面板. 肖光恩译. 北京: 中国人民大学出版社.

安格里斯特 J D, 皮施克 J-S. 2012. 基本无害的计量经济学: 实证研究者指南. 郎金焕, 李井奎, 译. 上海: 格致出版社.

安格里斯特 J D, 皮施克 J-S. 2021. 精通计量: 因果之道. 郎金焕译. 上海: 格致出版社.

白勤, 林泽炎, 谭凯鸣. 2012. 中国农村留守儿童培养模式实验研究: 基于现场干预后心理健康状况前后变化的数量分析. 管理世界, 28(2): 62-72.

曹清峰. 2020. 国家级新区对区域经济增长的带动效应: 基于 70 大中城市的经验证据. 中国工业经济, (7): 43-60.

陈创练, 高锡蓉, 徐锦辉, 等. 2023. 渐进式改革、双支柱调控转型与财政政策效果研究. 经济研究, 58(8): 43-61.

陈强. 2023. 计量经济学及 Stata 应用. 2 版. 北京: 高等教育出版社.

陈锡康, 杨翠红, 等. 2011. 投入产出技术. 北京: 科学出版社.

成思危. 1999. 复杂科学与系统工程. 管理科学学报, 2(2): 1-7.

段巍, 王明, 吴福象. 2020a. 中国式城镇化的福利效应评价(2000—2017): 基于量化空间模型的结构估计. 经济研究, 55(5): 166-182.

段巍, 吴福象, 王明. 2020b. 政策偏向、省会首位度与城市规模分布. 中国工业经济, (4): 42-60.

樊海潮, 张丽娜, 丁关祖, 等. 2021. 关税与汇率变化对福利水平的影响: 基于理论与量化分析的研究. 管理世界, 37(7): 61-75, 5, 15-17.

冯有宽. 2006. 人类生存函数的数学模型及其应用. 内蒙古财经学院学报, (5): 93-98.

海宁 R. 2009. 空间数据分析理论与实践. 李建松, 秦昆, 译. 武汉: 武汉大学出版社.

胡焕庸. 1935. 中国人口之分布: 附统计表与密度图. 地理学报, (2): 33-74.

勒沙杰 J, 凯利・佩斯 R. 2014. 空间计量经济学导论. 肖光恩, 杨勇, 熊灵, 等译. 北京: 北京大学出版社.

李向阳. 2022. 动态随机一般均衡(DSGE)模型: 理论、方法和 Dynare 实践. 北京: 清华大学出版社.

李震中 刘成瑞, 吴微. 1992. 国民经济计划学. 沈阳: 辽宁科学技术出版社.

林木西, 黄泰岩. 2018. 国民经济学. 3 版. 北京: 经济科学出版社.

林毅夫. 2001. 经济学研究方法与中国经济学科发展. 经济研究, 36(4): 74-81.

刘斌. 2022. 动态随机一般均衡模型及其应用. 4 版. 北京: 中国金融出版社.

刘光明, 郭新章, 王裕晏, 等. 1985. 国民经济计划学. 济南: 山东教育出版社.

刘起运. 2002. 宏观经济数量分析方法与模型. 北京: 高等教育出版社.

刘起运, 陈璋, 苏汝劼. 2020. 投入产出分析. 3 版. 北京: 中国人民大学出版社.

刘起运，夏明，张红霞. 2006. 宏观经济系统的投入产出分析. 北京：中国人民大学出版社.
刘瑞. 2009. 国民经济学. 北京：首都经济贸易大学出版社.
刘友金，曾小明. 2018. 房产税对产业转移的影响：来自重庆和上海的经验证据. 中国工业经济，(11): 98-116.
陆方文. 2014. 经济学中的审计实验法研究. 教学与研究，(4): 70-77.
陆方文. 2017. 随机实地实验：方法、趋势和展望. 经济评论，(4): 149-160.
陆方文. 2020. 随机实地实验：理论、方法和在中国的运用. 北京：科学出版社.
马盈盈. 2022. 中国服务业制度开放的福利效应评估(2014—2019)：基于量化模型的结构估计. 国际经贸探索，38(3): 82-97.
米勒 R E，布莱尔 P D. 2019. 投入产出分析：基础与扩展. 夏明，张红霞，等译. 2 版. 北京：中国人民大学出版社.
欧阳艳艳，黄新飞，钟林明. 2020. 企业对外直接投资对母国环境污染的影响：本地效应与空间溢出. 中国工业经济，(2): 98-21.
齐良书，赵俊超. 2012. 营养干预与贫困地区寄宿生人力资本发展：基于对照实验项目的研究. 管理世界，28(2): 52-61, 72.
钱伯海. 1982. 国民经济综合平衡统计学. 北京：中国财政经济出版社.
覃成林，杨霞. 2017. 先富地区带动了其他地区共同富裕吗：基于空间外溢效应的分析. 中国工业经济，(10): 44-61.
邱嘉平. 2020. 因果推断实用计量方法. 上海：上海财经大学出版社.
沈体雁，冯等田，孙铁山. 2010. 空间计量经济学. 北京：北京大学出版社.
孙红玲. 2009. 论崛起三角向均衡三角的有机扩散：基于“两个大局”战略与大国崛起之路. 中国工业经济，(1): 29-41.
藤田昌久，克鲁格曼 P，维纳布尔斯 A J. 2005. 空间经济学：城市、区域与国际贸易. 梁琦译. 北京：中国人民大学出版社.
王敏璇，阳璇，查起航，等. 2023. 顾及空间分布的改进薄板样条矢量数据几何精度降低方法. 地球信息科学学报，25(11): 2120-2133.
王岳龙，蔡玉龙，唐宇晨. 2023. 房价升值预期、财富幻觉与家庭消费：基于《国六条》的证据. 数量经济技术经济研究，40(9): 116-137.
魏宏森，曾国屏. 2009. 系统论——系统科学哲学. 北京：中国出版集团.
吴幼喜. 1995. 改革试点方法分析. 经济体制改革，(6): 7-10.
伍德里奇 J M. 2018. 计量经济学导论：现代观点. 张成思译. 北京：中国人民大学出版社.
习明明. 2022. “傻瓜”计量经济学与 Stata 应用. 北京：经济科学出版社.
夏明，张红霞. 2019. 投入产出分析：理论、方法与数据. 2 版. 北京：中国人民大学出版社.
徐舒. 2010. 技术进步、教育收益与收入不平等. 经济研究，45(9): 79-92, 108.
徐舒，赵绍阳. 2013. 养老金“双轨制”对城镇居民生命周期消费差距的影响. 经济研究，48(1): 83-98.
殷红. 2019. 延迟退休对职工福利水平的影响：基于效用视角. 人口与经济，(1): 80-94.
尹恒，迟炜栋. 2022. 增值税减税的效应：异质企业环境下的政策模拟. 中国工业经济，(2): 80-98.
曾启贤，马晋民. 1988. 总量 结构 政策. 经济研究，(3) : 10-16.
曾毅，陈华帅，王正联. 2012. 21 世纪上半叶老年家庭照料需求成本变动趋势分析. 经济研究，47(10): 134-149.
张德霖. 1990. 总量分析、结构分析、制度分析的探索与争鸣. 经济学动态，(6): 30-35, 55.
张欣. 2010. 可计算一般均衡模型的基本原理与编程. 上海：格致出版社.
张泽宇，曹彬彬，姚曼曼. 2022. 断点回归方法及其应用. 统计与决策，38(4): 54-59.
赵西亮. 2017. 基本有用的计量经济学. 北京：北京大学出版社.

周黎安, 陈烨. 2005. 中国农村税费改革的政策效果: 基于双重差分模型的估计. 经济研究, 40(8): 44-53.
《中国国民经济计划学》编写组. 1987. 中国国民经济计划学. 北京: 中国金融出版社.
宗庆庆, 张熠, 陈玉宇. 2020. 老年健康与照料需求: 理论和来自随机实验的证据. 经济研究, 55(2): 36-51.
Abadie A, Diamond A, Hainmueller J. 2010. Synthetic control methods for comparative case studies: estimating the effect of California's tobacco control program. Journal of the American Statistical Association, 105(490): 493-505.
Abadie A, Gardeazabal J. 2003. The economic costs of conflict: a case study of the Basque country. The American Economic Review, 93(1): 113-132.
Abel A B. 1990. Asset prices under habit formation and catching up with the joneses. The American Economic Review, 80(2): 38-42.
Abraham K G, Haltiwanger J C. 1995. Real wages and the business cycle. Journal of Economic Literature, 33(3): 1215-1264.
Akaike H. 1973. Information theory and an extension of the maximum likelihood principle. Petrov B, Csáki F. International Symposium on Information Theory. Budapest: Académiai Kiadó: 267-281.
Akaike H. 1974. A new look at the statistical model identification. IEEE Transactions on Automatic Control, 19(6): 716-723.
Alesina A, Favero C, Giavazzi F. 2015. The output effect of fiscal consolidation plans. Journal of International Economics, 96: S19-S42.
Alessi L, Barigozzi M, Capasso M. 2011. Non-fundamentalness in structural econometric models: a review. International Statistical Review, 79(1): 16-47.
Allan G, Lecca P, McGregor P, et al. 2014. The economic and environmental impact of a carbon tax for Scotland: a computable general equilibrium analysis. Ecological Economics, 100: 40-50.
Almon C. 1998. The INFORUM approach to interindustry modeling. Dietzenbacher H D, Lager E, Kurz C. Input-Output Analysis. London: Edward Elgar Publishing: 200-206.
Alquist R, Kilian L. 2010. What do we learn from the price of crude oil futures? Journal of Applied Econometrics, 25(4): 539-573.
Andrews I, Gentzkow M, Shapiro J M. 2017. Measuring the sensitivity of parameter estimates to estimation moments. The Quarterly Journal of Economics, 132(4): 1553-1592.
Andrews I, Gentzkow M, Shapiro J M. 2020. On the informativeness of descriptive statistics for structural estimates. Econometrica, 88(6): 2231-2258.
Angrist J. 2002. How do sex ratios affect marriage and labor markets?evidence from America's second generation. The Quarterly Journal of Economics, 117(3): 997-1038.
Anselin L. 1980. Estimation Methods for Spatial Autoregressive Structures. New York: Nniversity Intaca.
Anselin L. 1988. Spatial Econometrics: Methods and Models. Dordrecht: Kluwer Academic Publishers.
Anselin L. 1995. Local indicators of spatial association: LISA. Geographical Analysis, 27(2): 93-115.
Anselin L. 2003. GeoDa™ 0.9 user's guide. Champaign: University of Illinois, Urbana-Champaign.
Anselin L. 2010. Thirty years of spatial econometrics. Papers in Regional Science, 89(1): 3-26.
Anselin L, Getis A. 1992. Spatial statistical analysis and geographic information systems. The Annals of Regional Science, 26(1): 19-33.
Anselin L, Smirnov O. 1996. Efficient algorithms for constructing proper higher order spatial lag operators. Journal of Regional Science, 36(1): 67-89.
Arezki R, Ramey V A, Sheng L. 2016. News shocks in open economies: evidence from giant oil discoveries. The Quarterly Journal of Economics, 132(1): 103-155.

Arias J E, Rubio-Ramírez J F, Waggoner D F. 2014. Inference based on SVARs identified with sign and zero restrictions: theory and applications. International Finance Discussion Papers, 16311.

Ashenfelter O. 1978. Estimating the effect of training programs on earnings. The Review of Economics and Statistics, 60(1): 47.

Athey S, Imbens G W. 2017. The econometrics of randomized experiments. Banerjee A V, Duflo E. Handbook of Economic Field Experiments. Amsterdam: North-Holland: 73-140.

Attanasio O P, Meghir C, Santiago A N A. 2012. Education choices in Mexico: using a structural model and a randomized experiment to evaluate PROGRESA. The Review of Economic Studies, 79(1): 37-66.

Auerbach A J, Gorodnichenko Y. 2012. Measuring the output responses to fiscal policy. American Economic Journal: Economic Policy, 4(2): 1-27.

Autor D, Kostøl A, Mogstad M, et al. 2019. Disability benefits, consumption insurance, and household labor supply. The American Economic Review, 109(7): 2613-2654.

Bai J S. 2003. Inferential theory for factor models of large dimensions. Econometrica, 71(1): 135-171.

Bai J S, Ng S. 2002. Determining the number of factors in approximate factor models. Econometrica, 70(1): 191-221.

Bańbura M, Giannone D, Reichlin L. 2010. Large Bayesian vector auto regressions. Journal of Applied Econometrics, 25(1): 71-92.

Barro R J, Sala-I-Martin X. 1992. Convergence. Journal of Political Economy, 100(2): 223-251.

Barro R J, Sala-I-Martin X, Blanchard O J, et al. 1991. Convergence across states and regions. Brookings Papers on Economic Activity, (1): 107.

Barry R P, Kelley Pace R. 1999. Monte Carlo estimates of the log determinant of large sparse matrices. Linear Algebra and Its Applications, 289(1/2/3): 41-54.

Barsky R B, Kilian L. 2001. Do we really know that oil caused the great stagflation?A monetary alternative. NBER Macroeconomics Annual, 16: 137-183.

Barsky R B, Sims E R. 2011. News shocks and business cycles. Journal of Monetary Economics, 58(3): 273-289.

Basu S, Fernald J G, Kimball M S. 2006. Are technology improvements contractionary? The American Economic Review, 96(5): 1418-1448.

Baumeister C, Hamilton J D. 2015. Sign restrictions, structural vector autoregressions, and useful prior information. Econometrica, 83(5): 1963-1999.

Baumeister C, Peersman G. 2013. The role of time-varying price elasticities in accounting for volatility changes in the crude oil market. Journal of Applied Econometrics, 28(7): 1087-1109.

Beaudry P, Portier F. 2006. Stock prices, news, and economic fluctuations. The American Economic Review, 96(4): 1293-1307.

Beckman J, Hertel T, Tyner W. 2011. Validating energy-oriented CGE models. Energy Economics, 33(5): 799-806.

Bernanke B S, Blinder A S. 1992. The federal funds rate and the channels of monetary transmission. The American Economic Review, 82(4): 901-921.

Bernanke B S, Boivin J. 2003. Monetary policy in a data-rich environment. Journal of Monetary Economics, 50(3): 525-546.

Bernanke B S, Boivin J, Eliasz P. 2005. Measuring the effects of monetary policy: a factor-augmented vector autoregressive(FAVAR) approach. The Quarterly Journal of Economics, 120(1): 387-422.

Bernanke B S, Gertler M, Gilchrist S. 1999. The financial accelerator in a quantitative business cycle framework. Handbook of Macroeconomics, 1(Part C): 1341-1393.

Bernanke B S, Gertler M, Watson M, et al. 1997. Systematic monetary policy and the effects of oil price shocks. Brookings Papers on Economic Activity, (1): 91.

Bertrand M, Mullainathan S. 2004. Are Emily and Greg more employable than Lakisha and Jamal?A field experiment on labor market discrimination. The American Economic Review, 94(4): 991-1013.

ben-Aaron J, Denny M, Desmarais B, et al. 2017. Transparency by conformity: a field experiment evaluating openness in local governments. Public Administration Review, 77(1): 68-77.

Benati L, Lubik T A. 2014. Sales, inventories, and real interest rates: a century of stylized facts. Journal of Applied Econometrics, 29: 1210-1222.

Beveridge S, Nelson C R. 1981. A new approach to decomposition of economic time series into permanent and transitory components with particular attention to measurement of the 'business cycle'. Journal of Monetary Economics, 7(2): 151-174.

Blanchard O J. 1989. A traditional interpretation of macroeconomic fluctuations. The American Economic Review, 79(5): 1146-1164.

Blanchard O J, Perotti R. 2002. An empirical investigation of the dynamic effects of shocks to government spending and taxes on output. The Quarterly Journal of Economics, 117(4): 1329-1368.

Blanchard O J, Quah D. 1989. The dynamic effects of aggregate demand and supply disturbances. The American Economic Review, 79: 655-673.

Blanchard O J, Watson M W. 1986. Are business cycles all alike? Gordon R J. The American Business Cycle: Continuity and Change. Chicago: University of Chicago Press: 123-179.

Boivin J, Giannoni M P, Mihov I. 2009. Sticky prices and monetary policy: evidence from disaggregated US data. The American Economic Review, 99(1): 350-384.

Bold T, Kimenyi M, Mwabu G, et al. 2013. Scaling up what works: experimental evidence on external validity in Kenyan education. Center for Global Development Working Paper 321.

Bouakez H, Normandin M. 2010. Fluctuations in the foreign exchange market: how important are monetary policy shocks? Journal of International Economics, 81(1): 139-153.

Brandsma A S, Ketellapper R H. 1979. A biparametric approach to spatial autocorrelation. Environment and Planning A: Economy and Space, 11(1): 51-58.

Brave S, Butters R, Li Y. 2020. Mixed-Frequency VAR Toolbox: a MATLAB implementation. Federal Reserve Bank of Chicago Working Paper No. 2020-19.

Breiman L. 2001. Random Forests. Machine Learning, 45(1): 5-32.

Burnside C, Eichenbaum M. 1996. Small-sample properties of GMM-based Wald tests. Journal of Business & Economic Statistics, 14(3): 294-308.

Burridge P. 1981. Testing for a common factor in a spatial autoregression model. Environment and Planning A, 13(7): 795-800.

Caliendo L, Parro F. 2015. Estimates of the trade and welfare effects of NAFTA. The Review of Economic Studies, 82(1): 1-44.

Calonico S, Cattaneo M D, Farrell M H, et al. 2017. rdrobust: Software for regression discontinuity designs. Stata Journal, 17(2): 372-404.

Calonico S, Cattaneo M D, Titiunik R. 2014. Robust data-driven inference in the regression-discontinuity design. The Stata Journal: Promoting Communications on Statistics and Stata, 14(4): 909-946.

Canova F. 2007. Methods for Applied Macroeconomic Research. Princeton: Princeton University Press.

Canova F, Ciccarelli M. 2009. Estimating multi-country VAR models. International Economic Review, 50(3): 929-959.

Canova F, Gambetti L. 2009. Structural changes in the US economy: is there a role for monetary policy?

Journal of Economic Dynamics and Control, 33(2): 477-490.

Card D, Krueger A B. 1994. Minimum wages and employment: a case study of the fast-food industry in New Jersey and Pennsylvania. The American Economic Review, 84(4): 772-793.

Carroll C D. 2006. The method of endogenous gridpoints for solving dynamic stochastic optimization problems. Economics Letters, 91(3): 312-320.

Casetti E. 1972. Generating models by the expansion method: applications to geographical research. Geographical Analysis, 4(1): 81-91.

Casetti E. 1986. The dual expansion method: an application for evaluating the effects of population growth on development. IEEE Transactions on Systems, Man, and Cybernetics, 16(1): 29-39.

Cecchetti S G, Hooper P, Kashyap A K, et al. 2017. Deflating inflation expectations: the implications of inflation's simple dynamics. CEPR Discussion Papers 11925.

Chalmers K, Weiler S. 2011. Sorting winners and losers: using CGE models to assess income distribution effects of economic development choices. Regional Science Policy & Practice, 3(1): 1-15.

Chan J C C. 2013. Moving average stochastic volatility models with application to inflation forecast. Journal of Econometrics, 176(2): 162-172.

Chari V, Kehoe P J, McGrattan E R. 2008. Are structural VARs with long-run restrictions useful in developing business cycle theory? Journal of Monetary Economics, 55(8): 1337-1352.

Chen Y Y, Zhou L. 2007. The long-term health and economic consequences of the 1959-1961 famine in China. Journal of Health Economics, 26(4): 659-681.

Chenery H B. 1953. Le interdipendenze strutturali tra l'Italia del Nord e quella del Sud. L'Industria : Bologna, 1: 3-26.

Choukhmane T, Coeurdacier N, Jin K Y. 2023. The one-child policy and household saving. Journal of the European Economic Association, 21(3): 987-1032.

Christiano L J, Eichenbaum M, Evans C L. 1996. The effects of monetary policy shocks: evidence from the flow of funds. The Review of Economics and Statistics, 78(1): 16.

Christiano L J, Eichenbaum M, Evans C L. 1999. Monetary policy shocks: what have we learned and to what end? Handbook of Macroeconomics, 1(Part A): 65-148.

Christiano L J, Eichenbaum M, Evans C L. 2005. Nominal rigidities and the dynamic effects of a shock to monetary policy. Journal of Political Economy, 113(1): 1-45.

Christiano L J, Motto R, Rostagno M. 2014. Risk shocks. The American Economic Review, 104(1): 27-65.

Cliff A D, Ord J K. 1972. Testing for spatial autocorrelation among regression residuals. Geographical Analysis, 4(3): 267-284.

Cliff A D, Ord J K. 1981. Spatial Processes: Models & Applications. London: Pion.

Cochrane J H. 1994. Permanent and transitory components of GNP and stock prices. The Quarterly Journal of Economics, 109(1): 241-265.

Cressie N. 1993. Statistics for Spatial Data. New York: Wiley.

Dammert A C, Galdo J, Galdo V. 2013. Digital labor-market intermediation and job expectations: evidence from a field experiment. Economics Letters, 120(1): 112-116.

Dantzig G B. 1966. Linear control processes and mathematical programming. SIAM Journal on Control, 4(1): 56-60.

Davis L W, Kilian L. 2011. Estimating the effect of a gasoline tax on carbon emissions. Journal of Applied Econometrics, 26(7): 1187-1214.

de Janvry A, He G J, Sadoulet E, et al. 2023. Subjective performance evaluation, influence activities, and bureaucratic work behavior: evidence from China. The American Economic Review, 113(3): 766-799.

de Nardi M, French E, Jones J B. 2016. Medicaid insurance in old age. The American Economic Review, 106(11): 3480-3520.

Deaton A. 1991. Saving and liquidity constraints. Econometrica, 59(5): 1221.

DeJong D N, Dave C. 2011. Structural Macroeconometrics. 2nd ed. Princeton: Princeton University Press.

del Negro M, Schorfheide F. 2004. Priors from general equilibrium models for VARS. International Economic Review, 45(2): 643-673.

del Negro M, Schorfheide F. 2011. Bayesian macroeconometrics. Handbook of Macroeconomics, 2: 293-395.

Devarajan S, Robinson S. 2002. The impact of computable general equilibrium models on policy. New Haven: Conference on Frontiers in Applied General Equilibrium Modeling.

Diebold F X, Kilian L. 2001. Measuring predictability: theory and macroeconomic applications. Journal of Applied Econometrics, 16(6): 657-669.

Dieppe A, Legrand R, van Roye B. 2016. The BEAR Toolbox. European Central Bank Working Paper Series, No. 1934.

Doan T, Litterman R, Sims C. 1984. Forecasting and conditional projection using realistic prior distributions. Econometric Reviews, 3(1): 1-100.

Druedahl J, Jørgensen T H. 2017. A general endogenous grid method for multi-dimensional models with non-convexities and constraints. Journal of Economic Dynamics and Control, 74: 87-107.

Druedahl J. 2021. A guide on solving non-convex consumption-saving models. Computational Economics, 58(3): 747-775.

Duflo E, Glennerster R, Kremer M. 2007. Using randomization in development economics research: a Toolkit. Handbook of Development Economics, 4: 3895-3962.

Eaton J, Kortum S. 2002. Technology, geography, and trade. Econometrica, 70(5): 1741-1779.

Edelstein P, Kilian L. 2009. How sensitive are consumer expenditures to retail energy prices? Journal of Monetary Economics, 56(6): 766-779.

Eichenbaum M, Evans C L. 1995. Some empirical evidence on the effects of shocks to monetary policy on exchange rates. The Quarterly Journal of Economics, 110(4): 975-1009.

Elhorst J P. 2001. Dynamic Models in Space and Time. Geographical Analysis, 33(2): 119-140.

Elhorst J P. 2003. Specification and estimation of spatial panel data models. International Regional Science Review, 26(3): 244-268.

Elhorst J P. 2010. Applied spatial econometrics: raising the bar. Spatial Economic Analysis, 5(1): 9-28.

Elhorst J P. 2014. Spatial Econometrics: From Cross-Sectional Data to Spatial Panels. Heidelberg: Springer.

Erceg C J, Guerrieri L, Gust C. 2005. Can long-Run restrictions identify technology shocks? Journal of the European Economic Association, 3(6): 1237-1278.

Faust J, Rogers J H, Swanson E, et al. 2003. Identifying the effects of monetary policy shocks on exchange rates using high frequency data. Journal of the European Economic Association, 1(5): 1031-1057.

Faust J, Swanson E T, Wright J H. 2004. Identifying VARS based on high frequency futures data. Journal of Monetary Economics, 51(6): 1107-1131.

Faust J, Wright J H. 2013. Forecasting inflation. Handbook of Economic Forecasting, 2(A): 2-56.

Feltenstein A, Martinez Vazquez J, Datta B, et al. 2022. A general equilibrium model of Value Added Tax evasion: an application to Pakistan. International Economics and Economic Policy, 19(3): 537-556.

Fernández-Villaverde J, Rubio-Ramírez J F, Sargent T J, et al. 2007. ABCs(and Ds) of understanding VARs. The American Economic Review, 97(3): 1021-1026.

Ferroni F, Canova F. 2022. A Hitchhiker's guide to empirical macroeconomic Toolkit. Journal of Economic Surveys, 36(3): 593-630.

Finkelstein A. 2007. The aggregate effects of health insurance: evidence from the introduction of medicare. The Quarterly Journal of Economics, 122(1): 1-37.

Fischer M M, Getis A. 1997. Recent Developments in Spatial Analysis: Spatial Statistics, Behavioural Modelling, and Computational Intelligence. Heidelberg: Springer: 1-12.

Fischer S. 2017. Stanley Fisher: I'd Rather Have Bob Solow than an Econometric Model, But . . . Speech at the Warwick Economics Summit, Coventry, United Kingdom, February 11. http: //www. bis. org/review/r170214a. htm.

Fisher J D M. 2006. The dynamic effects of neutral and investment-specific technology shocks. Journal of Political Economy, 114(3): 413-451.

Forni M, Giannone D, Lippi M, et al. 2009. Opening the black box: structural factor models with large cross-sections. Econometric Theory, 25(5), 1319-1347.

Forni M, Reichlin L. 1998. Let's get real: a factor analytical approach to disaggregated business cycle dynamics. Review of Economic Studies, 65(3): 453-473.

Fotheringham A S, Charlton M, Brunsdon C. 1997. Two techniques for exploring non-stationarity in geographical data. Geographical Systems, 4(1): 59-82.

French E, Jones J B. 2011. The effects of health insurance and self-insurance on retirement behavior. Econometrica, 79(3): 693-732.

Friedman M, Schwartz A J. 1963. A Monetary History of the United States, 1867–1960. Princeton: Princeton University Press.

Fry R, Pagan A. 2011. Sign restrictions in structural vector autoregressions: a critical review. Journal of Economic Literature, 49(4): 938-960.

García M G P, Medeiros M C, Vasconcelos G F R. 2017. Real-time inflation forecasting with high-dimensional models: the case of Brazil. International Journal of Forecasting, 33(3): 679-693.

Geary R C. 1954. The contiguity ratio and statistical mapping. The Incorporated Statistician, 5(3): 115-146.

Gelman A, Imbens G. 2018. Why high-order polynomials should not be used in regression discontinuity designs. Journal of Business & Economic Statistics, 37(3): 447-456.

Gertler M, Karadi P. 2015. Monetary policy surprises, credit costs, and economic activity. American Economic Journal: Macroeconomics, 7(1): 44-76.

Gertler M, Kiyotaki N. 2015. Banking, liquidity, and bank runs in an infinite horizon economy. The American Economic Review, 105(7): 2011-2043.

Gertler M, Kiyotaki N, Prestipino A, 2016. Anticipated banking panics. The American Economic Review, 106(5): 554-559.

Getis A, Ord J K. 1992. The analysis of spatial association by use of distance statistics. Geographical Analysis, 24(3): 189-206.

Giannone D, Lenza M, Primiceri G E. 2015. Prior selection for vector autoregressions. Review of Economics and Statistics, 97(2): 436-451.

Glennerster R, Takavarasha K. 2013. Running Randomized Evaluations: A Practical Guide. Princeton: Princeton University Press.

Glewwe P, Park A, Zhao M. 2016. A better vision for development: eyeglasses and academic performance in rural primary schools in China. Journal of Development Economics, 122: 170-182.

Goodwin R M. 1949. The multiplier as matrix. The Economic Journal, 59(236): 537-555.

Granger C W J. 1969. Investigating causal relations by econometric models and cross-spectral methods. Econometrica, 37(3): 424.

Greenwood J, Hercowitz Z, Huffman, G W. 1988. Investment, capacity utilization, and the real business cycle.

The American Economic Review, 78(3): 402-417.

Hahn J, Todd P, van der Klaauw W. 2001. Identification and estimation of treatment effects with a regression-discontinuity design. Econometrica, 69(1): 201-209.

Hamilton J D, 1989. A new approach to the economic analysis of nonstationary time series and the business cycle. Econometrica, 57(2): 357.

Hamilton J D, Herrera A M. 2004. Oil shocks and aggregate macroeconomic behavior: the role of monetary policy: a comment. Journal of Money, Credit, and Banking, 36(2): 265-286.

Hannan E J, Quinn B G. 1979. The determination of the order of an autoregression. Journal of the Royal Statistical Society Series B: Statistical Methodology, 41(2): 190-195.

Hansen G D. 1985. Indivisible labor and the business cycle. Journal of Monetary Economics, 16(3): 309-327.

Hanson M S. 2004. The “price puzzle” reconsidered. Journal of Monetary Economics, 51(7): 1385-1413.

Harrigan F, McGregor P G, 1989. Neoclassical and Keynesian perspectives on the regional macro-economy: a computable general equilibrium approach. Journal of Regional Science, 29(4): 555-573.

Harvey A. 2011. Modelling the Phillips curve with unobserved components. Applied Financial Economics, 21(1/2): 7-17.

He H, Ning L, Zhu D. 2019. The impact of rapid aging and pension reform on savings and the labor supply. International Monetary Fund.

Heady C. 2018. Improving the realism of tax CGE models. Tax Administration Research Centre Discussion Paper 020-18.

Heady C, Taylor L. 1991. Socially relevant policy analysis: structuralist computable general equilibrium models for the developing world. The Economic Journal, 101(409): 1584.

Heathcote J, Storesletten K, Violante G L. 2017. Optimal tax progressivity: an analytical framework. The Quarterly Journal of Economics, 132(4): 1693-1754.

Herbst E, Schorfheide F. 2016. Bayesian Estimation of DSGE Models. Princeton: Princeton University Press.

Herrera A M, Lagalo L G, Wada T. 2011. Oil price shocks and industrial production: is the relationship linear? Macroeconomic Dynamics, 15: 472-497.

Hertel T W. 1996. Global Trade Analysis: Modeling and Applications. Cambridge: Cambridge University Press.

Hoerl A E, Kennard R W. 1970. Ridge regression: biased estimation for nonorthogonal problems. Technometrics, 12(1): 55-67.

Hosoe N, Gasawa K, Hashimoto H. 2010. Textbook of Computable General Equilibrium Modeling: Programming and Simulations. Heidelberg: Springer.

Hurvich C M, Tsai C-L. 1993. A corrected Akaike information criterion for vector autoregressive model selection. Journal of Time Series Analysis, 14(3): 271-279.

Imbens G W, Kalyanaraman K. 2012. Optimal bandwidth choice for the regression discontinuity estimator. The Review of Economic Studies, 79(3): 933-959.

Imbens G W, Lemieux T. 2008. Regression discontinuity designs: a guide to practice. Journal of Econometrics, 142(2): 615-635.

Inoue A, Kilian L. 2006. In-sample or out-of-sample tests of predictability: which one is better? Econometric Reviews, 25(5): 571-603.

Isard W. 1951a. Distance inputs and the space-economy 1 part I: the conceptual framework. The Quarterly Journal of Economics, 65(2): 181-198.

Isard W. 1951b. Distance inputs and the space-economy part Ⅱ: the Locational Equilibrium of the Firm. Quarterly Journal of Economics, 65(3): 373-399.

Isard W. 1951c. Interregional and regional input-output analysis: a model of a space-economy. The Review of Economics and Statistics, 33(4): 318-328.

Isard W. 1960. Methods of Regional Analysis: An Introduction to Regional Science. New York: Wiley.

Iskhakov F, Jørgensen T H, Rust J, et al. 2017. The endogenous grid method for discrete-continuous dynamic choice models with(or without) taste shocks. Quantitative Economics, 8(2): 317-365.

Iskhakov F, Keane M. 2021. Effects of Taxes and safety net pensions on life-cycle labor supply, savings and human capital: The case of Australia. Journal of Econometrics, 223(2): 401-432.

Johansen B L. 1960. A Multi-Sectoral Study of Economic Growth. Amsterdam: North-Holland.

Jones P N, Geoffrey M J. 1992. Improving the convergence rate of the em algorithm for a mixture model fitted to grouped truncated data. Journal of Statistical Computation and Simulation, 43(1/2): 31-44.

Jordà Ò. 2005. Estimation and inference of impulse responses by local projections. The American Economic Review, 95(1): 161-182.

Jorgenson D W, Yun K. 2013. Taxation, efficiency and economic growth. Handbook of Computable General Equilibrium Modeling, (1): 659-741.

Kaplan G, Moll B, Violante G L. 2018. Monetary policy according to HANK. The American Economic Review, 108(3): 697-743.

Keating J W. 1992. Structural Approaches to Vector Autoregressions. Stock J H, Watson M W. Business Cycles, Indicators and Forecasting. Chicago: University of Chicago Press: 151-198.

Kelejian H H, Prucha I R. 1998. A generalized spatial two-stage least squares procedure for estimating a spatial autoregressive model with autoregressive disturbances. Journal of Real Estate Finance and Economics, 17(1): 99-121.

Kesselman J R, Spiro P S. 2014. Challenges in shifting Canadian taxation toward consumption. Canadian Tax Journal, 62(1): 1-41.

Khandker S R, Koolwal G B, Samad H A. 2009. Handbook on Impact Evaluation: Quantitative Methods and Practices. Washington, DC: World Bank Publications.

Kilian L. 2001. Impulse response analysis of VAR models. Economic Review, 86(2): 71-81.

Kilian L. 2009. Not all oil price shocks are alike: disentangling demand and supply shocks in the crude oil market. The American Economic Review, 99(3): 1053-1069.

Kilian L. 2010. Explaining fluctuations in U. S. gasoline prices: a joint model of the global crude oil market and the U. S. retail gasoline market. The Energy Journal, 31(2): 87-112.

Kilian L. 2016. The impact of the shale oil revolution on U. S. oil and gas prices. The Energy Journal, 37(3): 1-16.

Kilian L, Lee T K. 2014. Quantifying the speculative component in the real price of oil: the role of global oil inventories. Journal of International Money and Finance, 42: 71-87.

Kilian L, Manganelli S. 2007. Quantifying the risk of deflation. Journal of Money, Credit and Banking, 39(2/3): 561-590.

Kilian L, Murphy D P. 2012. Why agnostic sign restrictions are not enough: understanding the dynamics of oil market var models. Journal of the European Economic Association, 10(5): 1166-1188.

Kilian L, Park C. 2009. The impact of oil price shocks on the U.S. stock market. International Economic Review, 50(4): 1267-1287.

Kilian L, Vega C. 2011. Do energy prices respond to U.S. macroeconomic news?A test of the hypothesis of predetermined energy prices. Review of Economics and Statistics, 93(2): 660-671.

Kilian L, Zha T. 2002. Quantifying the uncertainty about the half-life of deviations from PPP. Journal of Applied Econometrics, 17(2): 107-125.

Kim C J, Manopimoke P, Nelson C R. 2014. Trend inflation and the nature of structural breaks in the new Keynesian Phillips curve. Journal of Money, Credit and Banking, 46(2/3): 253-266.

King R G, Plosser C I, Rebelo S T. 1988. Production, growth and business cycles: I. The basic neoclassical model. Journal of Monetary Economics, 21(2/3): 195-232.

Kleiman-Weiner M, Luo R F, Zhang L X, et al. 2013. Eggs versus chewable vitamins: which intervention can increase nutrition and test scores in rural China? China Economic Review, 24: 165-176.

Korobilis D. 2013. VAR forecasting using Bayesian variable selection. Journal of Applied Econometrics, 28: 204-230.

Kydland F E, Prescott E C. 1982. Time to build and aggregate fluctuations. Econometrica, 50(6): 1345.

Lanne M, Meitz M, Saikkonen P. 2017. Identification and estimation of non-Gaussian structural vector autoregressions. Journal of Econometrics, 196(2): 288-304.

Lee D S. 2008. Randomized experiments from non-random selection in U.S. House elections. Journal of Econometrics, 142(2): 675-697.

Lee H, Oliveira-Martins J, van der Mensbrugghe D. 1994. The OECD GREEN model: an updated overview. OECD Development Centre, Technical Paper No. 97.

Leeper E M. 1997. Narrative and VAR approaches to monetary policy: common identification problems. Journal of Monetary Economics, 40(3): 641-657.

Lemelin A, Robichaud V, Decaluwé B. 2013. Endogenous current account balances in a world CGE model with international financial assets. Economic Modelling, 32: 146-160.

Leontief W W. 1936. Quantitative input and output relations in the economic systems of the United States. The Review of Economics and Statistics, 18(3): 105.

Leontief W. 1941. The Structure Of American Economy, 1919-1929: An Empirical Application of Equilibrium Analysis. Cambridge: Harvard University Press.

Leontief W. 1953. Domestic production and foreign trade: the American capital position re-examined. Proceedings of the American Philosophical Society, 97(4): 332-349.

Leontief W. 1965. An institute for technical economics. Bulletin of the Atomic Scientists, 21(7): 46.

Leontief W, Chenery H B, Clark P G, et al. 1953. Studies in the Structure of the American Economy: theoretical and Empirical Explorations in Input-Output Analysis. New York: Oxford University Press.

Leontief W, Morgan A, Polenske K, et al. 1965. The economic impact–industrial and regional–of an arms cut. The Review of Economics and Statistics, 47(3): 217.

LeSage J, Pace R K. 2009. Introduction to Spatial Econometrics. New York: Chapman and Hall/CRC.

Levitt S D, List J A. 2009. Field experiments in economics: the past, the present, and the future. European Economic Review, 53(1): 1-18.

Li M H, Koopman S J. 2018. Unobserved components with stochastic volatility in U.S. inflation: estimation and signal extraction. Journal of Applied Econometrics, 36(5): 614-627.

Lin B Q, Jia Z J. 2018. The energy, environmental and economic impacts of carbon tax rate and taxation industry: a CGE based study in China. Energy, 159: 558-568.

Litterman R B. 1986. Forecasting with Bayesian vector autoregressions: five years of experience. Journal of Business & Economic Statistics, 4(1): 25-38.

Lofgren H, Harris R L, Robinson S. 2002. A standard computable general equilibrium(CGE) model in GAMS. Washington, D. C. : International Food Policy Research Institute.

Long Jr J B, Plosser C I. 1983. Real business cycles. Journal of Political Economy, 91(1): 39-69.

Loyalka P, Liu C F, Song Y Q, et al. 2013. Can information and counseling help students from poor rural areas go to high school?Evidence from China. Journal of Comparative Economics, 41(4): 1012-1025.

Lucas R E. 1976. Econometric policy evaluation: a critique. Carnegie-Rochester Conference Series on Public Policy, 1: 19-46.

Lujan A. 2023. The Sequential Endogenous Grid Method. Econ-ARK Working Paper Series, No. 2023-01.

Lütkepohl H, Milunovich G. 2016. Testing for identification in SVAR-GARCH models. Journal of Economic Dynamics and Control, 73: 241-258.

Lütkepohl H, Saikkonen P, Trenkler C. 2004. Testing for the cointegrating rank of a VAR process with level shift at unknown time. Econometrica, 72(2): 647-662.

Macours K, Schady N, Vakis R. 2012. Cash transfers, behavioral changes, and cognitive development in early childhood: evidence from a randomized experiment. American Economic Journal: Applied Economics, 4(2): 247-273.

Matzkin R L. 2007. Nonparametric identification. Handbook of Econometrics, (6): 5307-5368.

McCarl B A, Meeraus A, van der Eijk P, et al. 2014. McCarl GAMS User Guide. GAMS Development Corporation.

McCracken M W, Ng S. 2016. FRED-MD: a monthly database for macroeconomic research. Journal of Business & Economic Statistics, 34(4): 574-589.

McCrary J. 2008. Manipulation of the running variable in the regression discontinuity design: a density test. Journal of Econometrics, 142(2): 698-714.

McKay A, Nakamura E, Steinsson J. 2016. The power of forward guidance revisited. American Economic Review, 106(10): 3133-3158.

McKibbin W J, Wilcoxen P J. 1999. The theoretical and empirical structure of the G-Cubed model. Economic Modelling, 16(1): 123-148.

Medeiros M C, Vasconcelos G F R, Veiga Á, et al. 2021. Forecasting inflation in a data-rich environment: the benefits of machine learning methods. Journal of Business & Economic Statistics, 39(1): 98-119.

Meese R A, Rogoff K. 1983. Empirical exchange rate models of the seventies: do they fit out of sample? Journal of International Economics, 14(1/2): 3-24.

Meese R, Rogoff K. 1983. The out-of-sample failure of empirical exchange rate models: sampling error or misspecification? Bilson J F O, Marston R C. Exchange Rates and International Macroeconomics. Chicago: University of Chicago Press: 67-112.

Meese R, Rogoff K. 1988. Was it real?The exchange rate-interest differential relation over the modern floating-rate period. The Journal of Finance, 43(4): 933.

Melitz M J. 2003. The impact of trade on intra-industry reallocations and aggregate industry productivity. Econometrica, 71(6): 1695-1725.

Mertens E, Nason J M. 2020. Inflation and professional forecast dynamics: an evaluation of stickiness, persistence, and volatility. Quantitative Economics, 11(4): 1485-1520.

Miller G, Luo R F, Zhang L X, et al. 2012. Effectiveness of provider incentives for anaemia reduction in rural China: a cluster randomised trial. BMJ, 345: e4809.

Miller R E, Blair P D. 2009. Input-output Analysis: Foundations and Extensions. 2nd ed. Cambridge: Cambridge University Press.

Miranda-Agrippino S, Ricco G. 2017. Bayesian VAR and Bayesian Local Projections Toolbox Working Paper.

Mo D, Zhang L X, Yi H M, et al. 2013. School dropouts and conditional cash transfers: evidence from a randomised controlled trial in rural China's junior high schools. The Journal of Development Studies, 49(2): 190-207.

Moore G H, Shiskin J. 1967. Indicators of Business Expansions and Contractions. New York: National Bureau

of Economic Research.
Moran P A P. 1948. The interpretation of statistical maps. Journal of the Royal Statistical Society: Series B(Methodological), 10(2): 243-251.
Moran P A P. 1950. Notes on continuous stochastic phenomena. Biometrika, 37(1/2): 17-23.
Moses L N. 1955. The stability of interregional trading patterns and input-output analysis. The American Economic Review, 45(5): 803-826.
Mountford A, Uhlig H. 2009. What are the effects of fiscal policy shocks? Journal of Applied Econometrics, 24(6): 960-992.
Mumtaz H, Surico P. 2009. The transmission of international shocks: a factor-augmented VAR approach. Journal of Money, Credit and Banking, 41: 71-100.
Nakamura E. 2005. Inflation forecasting using a neural network. Economics Letters, 86(3): 373-378.
Nordhaus W D. 1977. Economic growth and climate: the carbon dioxide problem. The American Economic Review, 67(1): 341-346.
Nordhaus W. 2013. Integrated economic and climate modeling. Handbook of Computable General Equilibrium Modeling, 1: 1069-1131.
Nordhaus W. 2017. Integrated assessment models of climate change. NBER Reporter, (3): 16-20.
Olken B A. 2005. Monitoring corruption: evidence from a field experiment in Indonesia. National Bureau of Economic Research Working Paper Series, No. 11753.
Ord K. 1975. Estimation methods for models of spatial interaction. Journal of the American Statistical Association, 70(349): 120-126.
O'sullivan D, Unwin D. 2002. Geographic Information Analysis. Hoboken: John Wiley & Sons.
Paelinck J, Klaassen L. 1979. Spatial Econometrics. Farnborough: Saxon House.
Pagan A R, Pesaran M H. 2008. Econometric analysis of structural systems with permanent and transitory shocks. Journal of Economic Dynamics and Control, 32(10): 3376-3395.
Paul Schultz T. 2004. School subsidies for the poor: evaluating the Mexican progresa poverty program. Journal of Development Economics, 74(1): 199-250.
Peersman G. 2005. What caused the early millennium slowdown?Evidence based on vector autoregressions. Journal of Applied Econometrics, 20(2): 185-207.
Pesaran M H, Pick A, Timmermann A. 2011. Variable selection, estimation and inference for multi-period forecasting problems. Journal of Econometrics, 164(1): 173-187.
Pesaran M H. 2015. Time Series and Panel Data Econometrics. Oxford: Oxford University Press.
Phillips P C B, Ploberger W. 1996. A new approach to testing for a change in trend. Econometrica, 64(5): 1123-1153.
Primiceri G E. 2005. Time varying structural vector autoregressions and monetary policy. The Review of Economic Studies, 72(3): 821-852.
Qian N. 2008. Missing women and the price of tea in China: the effect of sex-specific earnings on sex imbalance. Quarterly Journal of Economics, 123(3): 1251-1285.
Quinn B G. 1980. A note on the determination of the order of an autoregression. Journal of Time Series Analysis, 1(1): 69-75.
Ramey V A, Shapiro M D. 1998. Costly capital reallocation and the effects of government spending. Carnegie-Rochester Conference Series on Public Policy, 48: 145-194.
Ramey V A, Vine D J. 2011. Oil, automobiles and the U. S. economy: how much have things really changed? NBER Macroeconomics Annual, 25: 333-367.
Ravn M O, Uhlig H. 2002. On adjusting the Hodrick-Prescott filter for the frequency of observations. Review

of Economics and Statistics, 84(2): 371-376.

Rissanen J. 1978. Modeling by shortest data description. Automatica, 14(5): 465-471.

Romer C D, Romer D H. 1989. Does monetary policy matter?A new test in the spirit of Friedman and Schwartz. NBER Macroeconomics Annual, 4: 121-170.

Romer C D, Romer D H. 2004. A new measure of monetary shocks: derivation and implications. The American Economic Review, 94(4): 1055-1084.

Rosenthal R E. 2007. A gams tutorial. GAMS-A User's Guide, 5(26): 649.

Rossi B. 2013. Exchange rate predictability. Journal of Economic Literature, 51(4): 1063-1119.

Rotemberg J J, Woodford M. 1997. An optimization-based econometric framework for the evaluation of monetary policy. NBER Macroeconomics Annual, 12: 297-346.

Rubio-Ramírez J F, Waggoner D F, Zha T. 2010. Structural vector autoregressions: theory of identification and algorithms for inference. Review of Economic Studies, 77(2): 665-696.

Saunders C, Dastrup E, Epstein Z, et al. 2019. Evaluation of Impacts of the Reemployment and Eligibility Assessment(REA)Program: Final Report Appendices. Cambridge: Abt Associates.

Schwarz G. 1978. Estimating the dimension of a model. The Annals of Statistics, 6(2): 461-464.

Shoven J B, Whalley J. 1984. Applied general-equilibrium models of taxation and international trade: an introduction and survey. Journal of Economic Literature, 22(3): 1007-1051.

Sims C A. 1980a. Macroeconomics and reality. Econometrica, 48(1): 1-48.

Sims C A. 1980b. Analysis of the impulse response of a macroeconomic model. Econometrica, 48(5): 1089-1105.

Sims C A. 1992. Interpreting the macroeconomic time series facts: The effects of monetary policy. European Economic Review, 36(5): 1001-1011.

Sims C A, 1998. Comment on Glenn Rudebusch's "do measures of monetary policy in a var make sense?". International Economic Review, 39(4): 933-941.

Sims C A, Zha T. 1998. Bayesian methods for dynamic multivariate models. International Economic Review, 39(4): 949-968.

Sims C A, Zha T. 2006. Does monetary policy generate recessions? Macroeconomic Dynamics, 10(2): 231-272.

Sin W L, White H. 1996. A generalization of the information criterion and its application to model selection in time series. Journal of Time Series Analysis, 17(3): 219-233.

Smets F, Wouters R. 2007. Shocks and frictions in US business cycles: a Bayesian DSGE approach. The American Economic Review, 97: 586606.

Snow J. 1855. On the Mode of Communication of Cholera. 2nd ed. London: John Churchill.

Stock J H, Watson M W. 2002. Forecasting using principal components from a large number of predictors. Journal of the American Statistical Association, 97(460): 1167-1179.

Stock J H, Watson M W. 2005. Implications of dynamic factor models for VAR analysis. NBER Working Paper No. 11467.

Stock J H, Watson M W. 2007. Why has U. S. inflation become harder to forecast? Journal of Money, Credit and Banking, 39(s1): 3-33.

Stock J H, Watson M W. 2008. Phillips curve inflation forecasts. Journal of Economic Literature, 51(4), 1063-1119.

Stock J H, Watson M W. 2010. Indicators for dating business cycles: cross-history selection and comparisons. The American Economic Review, 100(2): 16-19.

Sylvia S, Warrinnier N, Luo R F, et al. 2021. From quantity to quality: delivering a home-based parenting intervention through China's family planning cadres. The Economic Journal, 131(635): 1365-1400.

Taylor L. 1990. Socially Relevant Policy Analysis: Structuralist Computable General Equilibrium Models for the Developing World. Cambridge: MIT Press.

Thistlethwaite D L, Campbell D T. 1960. Regression-discontinuity analysis: an alternative to the ex post facto experiment. Journal of Educational Psychology, 51(6): 309-317.

Tibshirani R. 1996. Regression shrinkage and selection via the lasso. Journal of the Royal Statistical Society: Series B(Statistical Methodology), 58(1): 267-288.

Tobler W R. 1979. Cellular geography. Gale S, Olsson G. Philosophy in Geography. Berlin: Springer: 379-386.

United Nations. 2022. World Population Prospects 2022: Summary of Results. New York: United Nations.

Villemot S, Pfeifer J. 2017. A Toolkit for analyzing DSGE models with rare disasters and time-varying risk premia. Dynare Working Papers, 57.

Weise C L. 1999. The asymmetric effects of monetary policy: a nonlinear vector autoregression approach. Journal of Money, Credit and Banking, 31(1): 85-108.

White H. 2009. Theory-based impact evaluation: principles and practice. Journal of Development Effectiveness, 1(3): 271-284.

Wong H L, Shi Y J, Luo R F, et al. 2014. Improving the health and education of elementary schoolchildren in rural China: iron supplementation versus nutritional training for parents. The Journal of Development Studies, 50(4): 502-519.

Woodford M. 2003. Interest Rates and Prices: Foundations of a Theory of Monetary Policy. Princeton: Princeton University Press.

Zellner A, Palm F. 1974. Time series analysis and simultaneous equation econometric models. Journal of Econometrics, 2(1): 17-54.

Zou H, Hastie T. 2005. Regularization and variable selection via the elastic net. Journal of the Royal Statistical Society: Series B(Statistical Methodology), 67(2): 301-320.